Bosnie-Herzégovine

COMPLEXE ET PASSIONNANTE

Bienvenue en Bosnie-Herzégovine ! Niché entre Croatie, Serbie et Monténégro, ce petit pays de 3,2 millions d'habitants évoque immédiatement le dernier conflit qui a secoué l'ex-Yougoslavie dans les années 1990. La plupart des touristes viennent d'ailleurs ici pour voir les traces de cette guerre. Mais, une fois sur place, c'est autre chose que l'on découvre : la nature sauvage, les stations de ski olympiques autour de Sarajevo, le climat méditerranéen de l'Herzégovine, les rivières à parcourir en rafting, des monuments hérités des Ottomans et de l'Empire austro-hongrois et l'accueil formidable de ses habitants. Qu'ils soient Bosniaques (musulmans, 50 % de la population), Bosno-Serbes (orthodoxes, 37 %), Bosno-Croates (catholiques, 13 %) ou « autres », tous partagent un passé douloureux et un sacré sens de l'humour. La plupart d'entre eux étant persuadés de vivre dans un pays de fous ! Difficile à comprendre, mais facile à découvrir, la Bosnie Herzégovine est le pays idéal pour tous ceux qui recherchent une destination en dehors des sentiers battus. Si vous hésitiez encore, cette septième édition de notre guide devrait vous aider à franchir le pas vers de belles découvertes.

W0333077

SOMMAIRE

Canyon de la Neretva. © KIZARU - ISTOCKPHOTO.COM

Vieille ville de Sarajevo. © XANTANA - ISTOCKPHOTO.COM

6 INSPIRER

Si beaucoup viennent ici pour voir les traces de la guerre, une fois sur place, c'est autre chose que l'on découvre : la nature, le ski, le climat méditerranéen…

29 DÉCOUVRIR

Bienvenue dans un véritable livre d'histoire à ciel ouvert, avec des communautés, certes divisées, mais qui partagent encore un sens de l'accueil et de fortes traditions.

93 RÉGION DE SARAJEVO

Située entre la Bosnie centrale, la Bosnie orientale et l'Herzégovine, la région de Sarajevo est la plus riche et la plus peuplée et une destination à part entière.

159 HERZÉGOVINE

C'est la province la plus touristique du pays. Elle profite d'un climat méditerranéen, de beaux paysages variés et aussi de la proximité de Dubrovnik en Croatie.

Encore peu touristique, cette province mérite amplement une halte de deux ou trois jours sur la route entre Mostar et le parc national de l'Una, en Krajina bosnienne.

Les chevaux sauvages de Livno. © CHUTURA - ISTOCKPHOTO.COM

Moins montagneuse que le reste du pays, elle offre de superbes paysages : parc national de l'Una, vallée des Vrbas, lacs des chutes de la Pliva, forêt primaire de Janj…

urs d'observation à Štrbački Buk, dans le parc national de l'Una. © MILANMAKSOVIC - ISTOCKPHOTO.COM

La Bosnie centrale s'étend le long de la rivière Bosna, à l'est de la région de Sarajevo. Un peu plus au nord, le mont Vlašić abrite une station de ski très active.

Ce sont les régions le long du Monténégro, de la Serbie, et du nord-est de la Croatie. Au sud, le point culminant du pays, le mont Maglić, atteint 2 388 m d'altitude.

Après avoir atterri à Sarajevo, Tuzla ou Duborvnik (en Croatie), vos naviguerez facilement dans ce pays encore peu couvert par les grandes agences de voyages.

© GLIGATRON - ISTOCKPHOTO.COM

DONJA GRADINA
Kozarska Dubica
Gradiška
Korana
CAZIN
Prijedor
PARC NATIONAL DE KOZARA
Laktaši
OSTRA LUKA
BIHAĆ
BANJA LUKA
Korenica
SANSKI MOST
VALLÉE DE LA VRBAS
RÉPUBL
SERBE DE
STRICICI
KOTOR VAROŠ
UNA NATIONAL PARK
Udbina
BOSANSKI PETROVAC
Ključ
Mrkonjić Grad
DRVAR
JAJCE
ŠIŠAVA
SIPOVO
TRAVNIK
Obrovac
Bosansko Grahovo
NOVI TRAVNI
DONJI VAKUF
GLAMOČ
BUGOJNO
Knin
CROATIE
KUPRES
Vrlika
LIVNO
PROZOR-RAMA
Šibenik
Sinj
TOMISLAVGRAD
LAC DE BUŠKO
PARC NATUREL DE BLIDINJE
Split
Kaštela
POSUŠJE
Omiš
Brač Channel
SIROKI BRIJEG
Mer Adriatique
Makarska
LJUBUSKI
Hvar
Bosnie-Herzégovine
POCIT
Metkov
Vis
Vela Luka
Korčula
Korčula
NEUM
Mljet Channel
50 KM

Bačka Palanka
Novi Sad
CROATIE
Slavonski Brod
Derventa
Modrica
Sremska Mitrovica
BRČKO
DISTRICT DE BRČKO
BIJELJINA
DOBOJ
SREBRENIK
SERBIE
TUZLA
Loznica
Zavidovići
BANOVIĆI
Zvornik
FÉDÉRATION DE BOSNIE-ET-HERZÉGOVINE
KLADANJ
Valjevo
ZENICA
VITEZ
RÉPUBLIQUE SERBE DE BOSNIE
Bratunac
KAKANJ
SREBRENICA
BIJAMBARE
VISOKO
MONT OZREN
SKELANI
Bajina Basta
NAHOREVO
ISTOČNO SARAJEVO
SARAJEVO
MONT TREBEVIĆ
Ilidža
Užice
PALE
MONT IGMAN
VISEGRAD
MONT BJELAŠNICA
MONT JAHORINA
UMOLJANI
Trnovo
GORAZDE
KONJIC
LUKOMIR
MONT TRESKAVICA
Priboj
FOCA
HUMILISANI
PARC NATIONAL DE SUTJESKA
KOSOVO
MOSTAR
Pljevlja
PODVELEZ
CANYON DE LA TARA
BUNA
BLAGAJ
Medjugorje
GACKO
Žabljak
STOLAC
RÉPUBLIQUE SERBE DE BOSNIE
HUTOVO
MONTÉNÉGRO
RAVNO
BILEĆA
Berane
TREBINJE
Dubrovnik
IVANICA

QUAND Y ALLER

JANVIER

-4° / 3°

L'HIVER DE SARAJEVO
(SARAJEVO)
La promesse d'une animation par jour durant les trois mois d'hiver : concert, lecture, visite guidée, film, conférences…

$

FÉVRIER

-3° / 5°

FESTIVAL DE TANGO DE SARAJEVO
(ILIDŽA)
Un événement consacré au tango et aux musiques argentines avec des des DJ remixant des airs de milonga et des cours de tango.

$

MARS

0° / 10°

FESTIVAL INTER DANCE
(ILIDŽA)
Depuis 2010, ce très grand rassemblement de danseurs internationaux (Inter Dance Fest) est le plus important des Balkans.

$

JUILLET

13° / 26°

LES NUITS DE BAŠČARŠIJA
(SARAJEVO)

© CATUNCIA/SHUTTERSTOCK.COM

Le plus important festival du pays, attirant environ 200 000 personnes à Sarajevo, dans le quartier historique de Baščaršija.

$ $ $

AOÛT

13° / 27°

FESTIVAL DU FILM DE SARAJEVO
(SARAJEVO)

© ELLICA/SHUTTERSTOCK.COM

Créé durant le siège de la ville en 1995, ce festival est le plus prestigieux du pays avec une compétition de films internationaux.

$ $ $

SEPTEMBRE

10° / 23°

FESTIVAL DE DANSE DE SARAJEVO
(SARAJEVO)
Ce festival (Balet Fest Sarajevo) propose des spectacles de danses classique et contemporaine durant sept jours au Théâtre national.

$ $

Il se passe toujours quelque chose à Sarajevo, y compris en hiver avec les stations de ski de Jahorina et de Bjelašnica. Dans le reste du pays, ce sera pêche à la mouche en automne, rafting au printemps et festivals en été : BiH Color Festival de Brčko (fin juillet), OK Fest au parc national de Sutjeska (mi-juillet), petits festivals à Banja Luka (juin-septembre), corrida de Grmeč à Oštra Luka (2 août), jeux anciens et chants polyphoniques à Rastovača, en Tropolje (20 juillet)…

AVRIL

5° / 15°

FESTIVAL DVA SUPER DANA
(SARAJEVO)
Ce festival rassemble toujours des groupes de rock indépendant d'ex-Yougoslavie dans l'ancien cinéma d'art et d'essai Kriterion.

$

MAI

8° / 20°

JOURNÉES DU CANTON DE SARAJEVO
(SARAJEVO)
Des cérémonies commémoratives s'accompagnent de concerts de sevdah, de musique classique ou de rock, d'expos, de danses…

$

JUIN

12° / 24°

FESTIVAL ZVRK
(SARAJEVO)
Plutôt pointu, ce festival réputé de danse contemporaine attire chaque année des artistes et compagnies de toute l'Europe.

$ $

OCTOBRE

6° / 16°

FESTIVAL MESS
(SARAJEVO)

© LEONID ANDRONOV/ SHUTTERSTOCK.COM

C'est le plus important rendez-vous théâtral d'ex-Yougoslavie, où sont notamment passés Peter Brook, Bob Wilson et Olivier Py.

$

NOVEMBRE

3° / 10°

FESTIVAL DE JAZZ DE SARAJEVO
(SARAJEVO)
Toutes les « pointures » actuelles y sont passées, d'Avishai Cohen à Ibrahim Maalouf, de Bugge Wesseltoft à Dhafer Joussef.

$

DÉCEMBRE

-1° / 6°

FESTIVAL DU FILM DE MODE
(SARAJEVO)
Avec le soutien des Fashion Weeks, ce festival propose une sélection de pubs et de films artistiques sur le thème de la mode.

$

LES BONNES RAISONS D'Y ALLER

L'HISTOIRE

Un pays tel un livre ouvert pour parcourir l'histoire complexe de l'Europe au XXe siècle.

MOSTAR

La capitale de l'Herzégovine est incontournable : le Vieux-Pont et ses plongeurs, le vin…

LA NATURE

Des montagnes, des paysages karstiques, de vastes forêts, des parcs nationaux…

LE SKI

Des super-stations de ski des JO de 1984 aux monts Jahorina et Bjelašnica, près de Sarajevo.

LES CHEVAUX SAUVAGES

Ne manquez pas une excursion à la rencontre des centaines de chevaux sauvages de Livno.

DES MONUMENTS UNIQUES

Superbes monuments de la période socialiste, notamment celui du parc national de Sutjeska.

LES RIVIÈRES

Canyons profonds, gros rapides pour le rafting, eaux poissonneuses, cascades, etc.

LES BONNES RAISONS D'Y ALLER

LES ÉDIFICES RELIGIEUX

Vieux monastères orthodoxes, synagogues, belles mosquées ottomanes et églises catholiques…

© CEZARY WOJTKOWSKI/SHUTTERSTOCK.COM

© ADNAN VEJZOVIC/SHUTTERSTOCK.COM

LES MUSÉES

Les deux plus beaux sont le Musée national, à Sarajevo, et le Musée franciscain de Livno.

© LECHATNOIR - ISTOCKPHOTO.COM

LE COÛT DE LA VIE

Les tarifs sont ici deux fois moins élevés qu'en France.

LES 12 MOTS-CLÉS

#ALCOOLS

Toutes les communautés, y compris les musulmans, produisent et consomment de l'alcool. La *rakija* est une eau-de-vie plutôt délicate distillée un peu partout. Le vin provient surtout de vignerons catholiques ou orthodoxes d'Herzégovine. Quant à la bière, elle connaît aujourd'hui une embellie avec environ 60 microbrasseries à travers le pays.

© NATALIIA SIROBABA - SHUTTERSTOCK.COM

#BOSNIENS

Tous les habitants du pays sont des Bosniens, qu'ils soient de Bosnie ou d'Herzégovine, bosniaques (musulmans), juifs, roms, serbes (chrétiens orthodoxes) ou croates (chrétiens catholiques). On appelle les Serbes et les Croates du pays des « Bosno-Serbes » et des « Bosno-Croates » pour les distinguer des habitants de la Serbie et de la Croatie.

#ĆEVAPI

Ces rouleaux de viande grillés constituent la base de la nourriture de rue servie ici et dans la plupart des pays des Balkans. Il s'agit en général d'un mélange de bœuf et d'agneau assez gras et de consistance spongieuse. Les *ćevapi* (prononcez « chevapi ») sont servis chauds avec des oignons crus dans un pain rond (*somun*) sous forme de sandwich.

© MAZUR TRAVEL - SHUTTERSTOCK.COM

#DRAPEAUX

Chacune des trois grandes communautés arbore fièrement un drapeau : le drapeau national chez les Bosniaques (fond bleu, triangle jaune et étoiles blanches), celui de la Serbie chez les Bosno-Serbes (bandes rouge, bleue, blanche et aigle bicéphale) et celui de la Croatie chez les Bosno-Croates (bandes rouge, banche, bleue et damier rouge et blanc).

#GUERRE

Celle de 1992-1995 est encore très présente dans les esprits et sur les murs de nombreux bâtiments criblés d'impacts. C'est elle aussi qui a provoqué la division actuelle du pays entre les communautés. Le sujet est délicat à aborder, mais il revient constamment dans les conversations. Le souvenir des deux guerres mondiales est aussi très vivace.

#ISLAM

Environ 51 % de la population est musulmane. Les Bosniaques constituent la plus importante communauté et pratiquent dans l'ensemble un islam « modéré » (consommation d'alcool, femmes rarement voilées, etc.). Les chrétiens ont en revanche une approche de la religion plus conservatrice, en particulier les Bosno-Serbes, très attachés à l'orthodoxie.

#MONTAGNES

Elles ne sont pas très hautes, puisque le point culminant, le mont Maglić, n'atteint que 2 386 m d'altitude. Mais elles couvrent 80 % du territoire. Les déplacements sont donc souvent difficiles. En revanche, les stations de ski sont nombreuses. Les plus importantes sont celles des JO d'hiver de 1984, Jahorina et Bjelašnica, près de Sarajevo.

#OURS

La Bosnie-Herzégovine abrite la deuxième population d'ours bruns des Balkans après la Roumanie : environ un millier d'entre eux vivent dans les forêts des montagnes et collines de la partie nord. Mais leur population est en baisse du fait du braconnage, de la chasse légale, de chocs avec des véhicules et d'explosions de mines antipersonnel.

#PÈLERINAGES

En Herzégovine, le village de Međugorje attire chaque année 2 millions de catholiques, ce qui en fait le troisième plus grand lieu de pèlerinage en Europe, après Fátima et Lourdes. En Bosnie centrale, le rocher d'Ajvatovica est quant à lui le deuxième site de pèlerinage musulman le plus fréquenté du continent, après le mont Tomor, en Albanie.

© RYAN T THOMAS - SHUTTERSTOCK.COM

#STEĆCI

Ces tombes médiévales des XIIe-XVe siècles sont typiques de la Bosnie-Herzégovine. Leur nom se prononce « stechsti » et se dit *stećak* au singulier. On en trouve environ 60 000 dans le pays, contre seulement 10 000 dans les trois pays voisins. Depuis 2016, vingt-deux nécropoles bosniennes de *stećci* sont inscrites au patrimoine mondial de l'Unesco.

© AJDIN KAMBER/SHUTTERSTOCK.COM

#POLAKO

En langues slaves locales, cela signifie « doucement » ou « lentement ». Les Bosniens vous répondront souvent par ce mot, si vous êtes pressé ou nerveux. En voiture, il vous faudra aussi rouler *polako*, car les routes sont souvent étroites et sinueuses, sans compter que la vitesse maximale autorisée oscille fréquemment entre 40 et 70 km/h.

#VISITES

En trouvant porte close devant les petits musées, les églises ou les mosquées, ne vous découragez pas : il faut demander aux voisins, aux moines ou aux passants avec le sourire. Cela fait partie du charme du pays. Cela permet aussi de rencontrer les habitants et d'entamer la discussion avec deux-trois mots d'anglais, d'italien ou d'allemand.

VOUS ÊTES D'ICI, SI…

- **Vous êtes un géant.** Les Bosniens sont parmi les plus grands hommes au monde : 177,8 cm en moyenne.
- **Vous avez un seul enfant.** La Bosnie-Herzégovine possède le plus bas taux de fécondité des Balkans : 1,24 enfant/femme.
- **Vous allez skier après le travail.** Dans ce pays de montagnes, il y a des stations de ski presque partout et pas chères.
- **Vous vous garez n'importe où.** Sur la voie de droite des grandes avenues de préférence.
- **Vous parlez au moins trois langues.** C'est une blague bien connue ici, tant les trois « langues officielles » du pays sont proches et similaires.
- **Vous vivez avec moins de 600 €/mois.** Le salaire mensuel moyen était de 564 € en 2022.
- **Vous vous chauffez au bois.** Même en ville.
- **Vous êtes « yougostalgique ».** En 2017, 77 % des Bosniens disaient regretter la disparition de la Yougoslavie. Y compris parmi les générations nées après 1992.
- **Vous n'êtes plus d'ici.** Près de la moitié de la population bosnienne vit en dehors du pays.

Café traditionnel dans la rue dans la vieille ville de Baščaršija, Sarajevo.

© NEYYA - ISTOCKPHOTO.COM

IDÉES DE SÉJOUR

La Bosnie-Herzégovine n'est pas très grande, de la taille d'une région française, mais elle est très morcelée avec des montagnes et des routes sinueuses qui allongent les temps de parcours. Il faut donc essayer de faire des trajets pas trop longs pour se laisser du temps pour les visites, le shopping, les découvertes gastronomiques, les dégustations de vin, etc. Il faut aussi éviter de voyager en fin de journée, car la nuit tombe assez tôt. Une fois cela intégré, vous pourrez partir en vadrouille en laissant une part à l'improvisation. Les parcours que nous indiquons ici sont simplement des « idées », des propositions. À vous de vous les approprier, de zapper certaines étapes pour mieux vous concentrer sur d'autres au gré de vos envies, de vos moyens et du temps dont vous disposez. Rappelons toutefois que Mostar est la plus belle ville du pays et que Sarajevo est la plus riche culturellement.

LA BOSNIE-HERZÉGOVINE EN DEUX OU TROIS SEMAINES

Vous aurez une image presque complète de la Bosnie-Herzégovine. Il ne tiendra qu'à vous, si vous avez plus de temps, d'approfondir en restant plus longtemps dans certains endroits ou bien de suivre tous les itinéraires proposés. N'oubliez pas : la Bosnie ★ se découvre lentement…

› Jour 1 - Arrivée à Sarajevo

Visite approfondie de la capitale, les monuments, mosquées et les vieux quartiers dont Bascarsija et les terrasses de la Ferhadija ★★★. Humez l'ambiance de la ville et son atmosphère bosniaque éternelle.

› Jour 2 - Sarajevo

Approfondissez la ville, montez dans le quartier de Bistrik sur la rive gauche de la Miljacka puis poussez, sur la colline opposée, jusqu'à Vratnik, quartier village, en hauteur. En été, profitez des festivals (cinéma ou musique, par exemple) et terminez la soirée dans un club de jazz.

› Jour 3 - Les alentours de Sarajevo

Toujours Sarajevo ★★★ (p.99), mais en élargissant votre horizon aux environs. Montez en suivant un des circuits de marche à l'assaut des collines environnantes pour la vue et les paysages de Bosnie ★, au-delà des derniers quartiers. Tentez les chutes de Skakavac, les plus hautes d'Europe, à 10 km du centre et ter-

© NIGHTMAN1965 - ISTOCKPHOTO

Le village touristique de Neum.

minez par les sources de la Bosna (p.144) et le village de Ilidza (p.143).

› Jour 4 - Randonnée vers Lukomir

La station de ski olympique du mont Igman et une vraie randonnée sur le massif, avec le tour-opérateur Greenvisions jusqu'au village de Lukomir ★★ (p.154).

› Jour 5 - Herzégovine

Départ vers l'Herzégovine ★★★ (p.159)et Mostar ★★★★ (p.165) en s'arrêtant dans les gorges de la Neretva, en faisant un détour par le lac de Boracko (p.198). Puis, à Jablanica ★ (p.201), arrêtez-vous au bord du lac ainsi que dans le canyon de la Neretva au niveau de Drezinca, par exemple. Arrivée à Mostar ★★★★ (p.165) le soir.

› Jour 6 - Mostar

Visite de Mostar ★★★★ (p.165) et sa vieille ville, autour de la Neretva, un des plus beaux sites de Bosnie ★. Poussez jusqu'à Blagaj ★★ (p.191) à quelques kilomètres (possible en bus) pour y voir les sources de la Buna (p.192) jaillir de la montagne et visitez la maison des derviches (p.193) accolée à la falaise.

Retournez à Mostar ★★★★ (p.165) pour passer la soirée dans un restaurant qui surplombe la Neretva, puis allez faire la fête sur les terrasses autour du vieux pont ou bien montez à la croix qui domine la ville.

› Jour 7 - Vallée de la Neretva

Visite de la vallée de la Neretva et de l'Herzégovine ★★★ (p.159). Stolac ★★★ (p.214) et ses sites anciens, puis la basse vallée pour arriver à la réserve naturelle de Hutovo Blato ★★ où les oiseaux migrateurs font escale dans les marais.

› Jour 8 - La charmante Trebinje

Depuis Hutovo Blato ★★, partez à travers les plateaux karstiques vierges de l'Herzégovine ★★★ (p.159)jusqu'à Trebinje ★★ (p.228). Visitez Trebinje ★★ (p.228) et son centre ancien, exemple d'architecture méditerranéenne.

› Jour 9 - Farniente sur l'Adriatique

Néum (p.223), la plage, l'Adriatique et l'arrière-pays, belle balade de 50 km jusqu'à Stolac ★★★ (p.214).

› Jour 10 - Parc de Sutjeska

Partez vers l'est jusqu'au parc national de Sutjeska ★★★ (p.343). Baladez-vous dans les hautes montagnes du parc ou bien dans le parc (dormez à Tjentiste).

› Jour 11 - Descente en rafting

Prenez la journée pour vous balader dans le canyon de la rivière Tara.

© MARINMTK - ISTOCKPHOTO.COM

Nécropole de Stolac.

› Jour 12 - Le pont sur la Drina

Poussez jusqu'à Visegrad (p.346)à la frontière serbe sur les traces du fameux pont sur la Drina. Prenez votre temps dans les gorges de la Drina et visitez Dobrun, la forteresse (p.312) et le monastère.

› Jour 13 - Tuzla

De la route jusqu'à Tuzla ★★ (p.327). Soirée dans la vieille ville, totalement romantique.

› Jour 14 - Banja Luka

Visitez cette grande ville pas comme les autres. La forteresse (p.312) et ses soirées au bord de la Vrbas en été. Avec un peu de chance (au niveau des dates), soirée techno en plein air dans la forteresse (p.312).

› Jour 15 - Alentours de Banja Luka

Les environs de Banja Luka ★★ (p.263) et notamment le monastère de Gomionica ou bien le mont Šehitluci. Descendez les gorges de la Vrbas jusqu'à Jajce ★★ (p.280), avant la nuit.

› Jour 16 - Jajce

Vous avez dormi à l'hôtel Stari Grad et visité cette ville d'histoire, sans oublier les chutes de la Pliva (p.281), en pleine ville. Faites un tour au lac de Plivska à 5 km.

› Jour 17 - Travnik

L'ancienne capitale ottomane ★★ (p.311) avec sa mosquée Sulejmania (p.314), extraordinaire, et le site de Plava Voda au pied de la forteresse (p.312). Soirée au Tarvan, surtout si un événement culturel a lieu.

© JOEL CARILLET - ISTOCKPHOTO

La Neretva et le quartier du Vieux Pont (Stari Most), à Mostar.

› Jour 18 - Balade sur le mont Vlasic

En repartant vers le nord ★★★, grimpez sur le mont Vlasic ★ (p.316) et sa station de ski, sa forêt. Essayez d'arriver à Bihac ★★ (p.296) avant la nuit et visitez la vieille ville.

› Jour 19 - Du rafting pour finir

Belle descente en rafting sur la Una ou bien balade dans la haute Una jusqu'à Martin Brod ★★et au-delà, à pied.

DÉCOUVERTE DE LA BOSNIE-HERZÉGOVINE

La Bosnie-Herzégovine est au carrefour de l'Orient et de l'Occident. De cette position découle un brassage des cultures que l'on observe dans son architecture, sa gastronomie et sa population. Sept jours complets vous permettront d'en témoigner amplement.

› Jour 1 - Arrivée à Sarajevo

La « Jérusalem d'Europe », comme elle est parfois surnommée, est le point central de toute visite de la Bosnie. ★ Vous visiterez tout le vieux centre dans la journée, ses mosquées et monuments et apprécierez son ambiance. Passez un bon moment dans le vieux quartier de Basarcarsija et les terrasses de la Ferhadija ★★★.

› Jour 2 - Sarajevo

Toujours Sarajevo ★★★ (p.99) mais en élargissant votre horizon aux environs. Montez à l'assaut des collines environnantes pour la vue et les paysages de Bosnie ★. Tentez les chutes de Skakavac, les deuxièmes plus hautes d'Europe, à 10 km du centre, et terminez par les sources de la Bosna (p.144) et le village de Ilidza (p.143).

› Jour 3 - Randonnée vers Lukomir

La station de ski olympique du mont Igman et une vraie randonnée sur le massif jusqu'au village de Lukomir ★★ (p.154).

› Jour 4 - Direction l'Herzégovine

Départ vers l'Herzégovine ★★★ (p.159)et Mostar ★★★★ (p.165) en s'arrêtant dans les gorges de la Neretva, en faisant un détour par le lac de Boracko (p.198). Puis à Jablanica ★ (p.201), au bord du lac, et dans le canyon au niveau de Drezinca, par exemple. Arrivée à Mostar ★★★★ (p.165) le soir.

› Jour 5 - Mostar

Visite de Mostar ★★★★ (p.165) et sa vieille ville, autour de la Neretva, un des plus beaux sites de Bosnie ★. Poussez jusqu'à Blagaj ★★ (p.191) à quelques kilomètres (possible en bus) pour y voir les sources de la Buna (p.192) jaillir de la montagne et visitez la maison des derviches (p.193) accolée à la falaise.

› Jour 6 - Vallée de la Neretva

Visite de la vallée de la Neretva et de l'Herzégovine ★★★ (p.159). Stolac ★★★ (p.214) et ses sites anciens, puis la basse vallée pour arriver à la réserve naturelle de Hutovo Blato ★★ où les oiseaux migrateurs font escale dans ces marais.

› Jour 7 - Néum et baignade

L'arrière-pays de Néum (p.223), tout en garrigue, puis un bon coup de farniente sur l'Adriatique à Néum (p.223).

DE L'AÉROPORT AU CENTRE-VILLE

Le pays possède trois aéroports internationaux à Sarajevo, à Tuzla et à Banja Luka. Dans ces pages, nous vous indiquons à chaque fois les moyens de transport possibles (bus ou taxi). Il existe aussi un aéroport à Mostar, mais celui-ci ne dispose d'aucune liaison aérienne régulière : il est surtout utilisé par des groupes de pèlerins se rendant à Medugorje. Enfin, il faut noter que nombreux touristes visitant la Bosnie-Herzégovine arrivent par les aéroports de Split et de Dubrovnik, en Croatie. Ceux-ci disposent de davantage de liaisons que les aéroports bosniens (Nantes, Bordeaux, Toulouse, Lyon…).

ARRIVÉE EN TRAIN

Il existe une seule liaison ferroviaire internationale avec la Bosnie-Herzégovine : le port croate de Ploče est relié à Sarajevo avec un train par jour le vendredi, le samedi et le dimanche, en été seulement. Cette ligne traverse des paysages magnifiques et dessert quatre villes de l'Herzégovine : Čapljina, Mostar, Jablanica et Konjic. Ploče est accessible en bus depuis Dubrovnik (108 km). Au total, la Bosnie-Herzégovine compte trois lignes de train qui sont exploitées par deux compagnies publiques distinctes (voir « Organiser son séjour »).

ARRIVÉE EN BATEAU

La Bosnie-Herzégovine possède un minuscule littoral sur la mer Adriatique autour de la ville de Neum. Mais les gros bateaux ne peuvent y accéder. Des ferries relient les ports voisins de Croatie (Dubrovnik, Split et Zadar) avec plusieurs villes d'Italie (Ancône, Bari, Cesenatico, Pesaro, Pescara, Trieste et Venise). Sinon, au nord-est du pays, le port fluvial de Brčko, sur la Save, accueille quelques bateaux de croisière venant du Danube depuis Budapest, en Hongrie.

TRANSPORTS EN COMMUN

Les villes de Bosnie-Herzégovine sont reliées entre elles par un vaste réseau de bus, efficace et pas cher. Il existe des réseaux de transport en commun dans les principales agglomérations. Le plus développé est celui de Sarajevo avec en particulier des tramways très pratiques. À Mostar, les bus urbains permettent d'accéder aux villages touristiques de Buna et de Blagaj.

VÉLO, TROTTINETTE & CO

Sarajevo dispose d'un réseau de vélos classiques en libre service ainsi que de deux autres de trottinettes électriques. Mais il n'existe encore aucune législation encadrant ces pratiques. Par ailleurs, plusieurs agences de tourisme proposent des excursions à vélo dans la capitale et en VTT dans les montagnes voisines. On trouve aussi des vélos en libre service à Banja Luka et à Zenica.

AVEC UN CHAUFFEUR

Les taxis sont peu chers : entre 0,50 et 1 € du kilomètre, plus la prise en charge (0,75/2 €) et les bagages (0,50 € chacun). Il n'existe pas de service VTC type Uber. En revanche, des compagnies spécialisées comme Pajo Taxi, à Mostar, proposent des voitures avec chauffeur sur de longues distances : pour l'aéroport de Dubrovnik, par exemple, ou carrément pour visiter plusieurs pays des Balkans.

→ Le calcul de cette consommation CO_2 est fait à partir de Paris, mais l'idée est avant tout de montrer la différence entre les différents moyens de locomotion. Le différence entre chacun garde la même proportion depuis votre point de départ quel qu'il soit également.

EN VOITURE

La voiture est la meilleure option pour visiter le pays. Certains sites requièrent un véhicule avec une haute garde au sol, parfois un 4 × 4. Mais avec une simple citadine, vous aurez accès à la vaste majorité des lieux de visite. Comme la vitesse est souvent très limitée (nombreuses portions à 60, 50 ou 40 km/h), une grosse sportive ne sera pas d'une grande utilité. On trouve de nombreux loueurs de voiture à Sarajevo (aéroport et ville), à Mostar, à Banja Luka et à Tuzla. Il est aussi possible de louer sa voiture en Croatie, aux aéroports de Split et de Dubrovnik (voir « Organiser son séjour »). Dans les villes, le stationnement est réglementé et parfois compliqué. On conseille d'ailleurs de choisir un hôtel avec parking à Mostar et à Sarajevo.

ACCESSIBILITÉ

Grâce à ses larges trottoirs et à ses rues piétonnes du centre-ville, Sarajevo se prête plutôt bien aux visites en fauteuil roulant ou avec une poussette. Ses hôtels modernes ont souvent des aménagements prévus pour les personnes à mobilité réduite (ascenseur, salle de bains adaptée…). Les transports en commun et certains lieux de visite de la capitale sont en revanche difficiles d'accès. Ailleurs, Banja Luka et Tuzla peuvent se défendre. Mais Mostar, la capitale touristique du pays, est quasi impraticable du fait de ses ruelles pavées menant au Vieux-Pont, qui lui-même est un enfer en fauteuil roulant.

LES ATTRAPE-TOURISTES

Les arnaques sont rares. Sans surprise, quelques chauffeurs de taxi pratiquent des tarifs abusifs comme partout dans le monde. Il faut aussi se méfier de certains policiers qui peuvent vous facturer 10 € pour un petit dépassement de vitesse sans établir de PV officiel.

LES PHRASES CLÉS

Bonjour, comment puis-je me rendre à…
Hello, how can I get to…

Est-ce loin à pied ? Y a-t-il le métro ou un bus... pour y aller ?
Is it far on foot? Is there a tube or a bus I can take to get there?

Pouvez-vous me montrer cet endroit sur la carte s'il vous plait ?
Can you show me this place on the map please?

Où puis-je acheter les tickets de transport ? Est-ce que je peux payer en carte de crédit ?
Where can I buy transport tickets? Can I pay by credit card?

Où est la sortie ? A gauche, à droite ou tout droit ?
Where is the exit? Left, right or straight on?

Je suis perdu et je suis en retard, s'il vous plait, aidez-moi ! Merci beaucoup !
I'm lost and I'm running late, please help me! Thank you very much!

HORAIRES

Nous vous indiquons à chaque fois les horaires des lieux de visite. Ils peuvent être très précis pour les musées nationaux, théoriques et tout à fait aléatoires dans le cas de petits musées locaux, voire inexistants pour la plupart des lieux de culte. Dans ce cas, il faut se renseigner auprès de l'office de tourisme local ou des riverains. Par ailleurs, les musées nationaux sont fermés les 1er et 2 janvier, le 1er mars (jour de l'Indépendance), les 1er et 2 mai ainsi que le 25 novembre (fête nationale de l'État). Pour les autres lieux de visite, chaque communauté suit ses propres fêtes et possède ses propres jours fériés : fêtes religieuses mobiles musulmanes, orthodoxes et catholiques, célébration illégale le 9 janvier en République serbe de Bosnie, etc.

A RÉSERVER

Aucun lieu de visite ne nécessite de réservation particulière dans le pays. Mais parfois, hors saison, il est préférable de prévenir de sa venue pour entrer dans un musée ou un monastère ou pour pratiquer une activité particulière (montgolfière dans le parc naturel de Blidinje, train touristique de Banovići, etc.). Enfin, pour le Musée national, à Sarajevo, arrangez-vous pour programmer votre visite un jour où la salle de la Haggadah est ouverte au public (voir description).

BUDGET / BONS PLANS

Le tarif d'entrée des lieux de visite est peu élevé, à l'exception des chutes de Kravica (20 km, soit environ 10 €/personne). Les enfants bénéficient en général de la gratuité ou d'une forte réduction, et les étudiants, de prix avantageux sur présentation d'un justificatif. À Sarajevo, il existe deux pass : la Sarajevo Card, qui donne droit à de nombreux avantages, et le billet groupé des musées de la ville (Muzej Sarajevo). Les lieux de culte sont en accès libre sauf quelques exceptions telles l'église des Archanges-Michel-et-Gabriel de Sarajevo et la mosquée Hadži Alija de Počitelj. Enfin, certaines activités encadrées comme l'équitation ou le rafting nécessitent des budgets plus conséquents.

© RUSM - ISTOCKPHOTO.COM

Chutes de Kravica.

LES ÉVÉNEMENTS

Il ne se passe pas un mois sans un événement culturel à Sarajevo (voir « Quand y aller ? »). L'été, c'est la saison des festivals un peu partout dans le pays. On citera les Nuits de Baščaršija (juillet) et le festival du Film (mi-août) à Sarajevo, un festival rock et blues à Mostar en juillet, plein de petites fêtes à Banja Luka, ou encore cinq gros festivals de la bière organisés par les brasseries industrielles de Sarajevo et de Banja Luka en juin, de Mostar, de Tuzla et de Bihać en août. Toujours en été se déroulent des événements plus traditionnels comme l'Olympiade des sports anciens de Rastovača (vers le 20 juillet) et la corrida de Grmeč (premier week-end d'août). Le reste de l'année est marqué par une succession de fêtes religieuses. Certaines sont fixes comme Noël orthodoxe (7 janvier) ou le pèlerinage soufi d'Ajvatovica (26 juin). D'autres sont mobiles : Aïd el-Fitr (20 avril 2023, 8 avril 2024, 29 mars 2025, 18 mars 2026…), Pâques catholique (9 avril 2023, 31 mars 2024, 20 avril 2025, 5 avril 2026…), Pâques orthodoxe (16 avril 2023, 5 mai 2024, 20 avril 2025, 12 avril 2026…) et Aïd al-Adha (28 juin 2023, 16 juin 2024, 6 juin 2025, 27 mai 2026…).

VISITES GUIDÉES

Très peu de visites guidées en anglais sont proposées dans les grands musées. Mais la visite avec guide a parfois un caractère obligatoire, notamment à la Vjetrenica, la plus grande grotte du pays, près de Ravno. Dans certains petits musées, vous aurez la surprise d'être parfois accompagné par le directeur en personne, content de faire découvrir l'histoire de sa région. À Sarajevo et à Mostar, des agences proposent des visites gratuites des centres-ville, cela pour vous inciter à choisir ensuite une visite payante plus longue et plus approfondie. On peut aussi trouver des visites insolites (graffitis, ruines de la guerre, vestiges de la période yougoslave…) ou gastronomiques, des visites de l'héritage juif de Sarajevo, des visites-dégustations chez les viticulteurs de l'Herzégovine, des visites en 4 × 4 à la rencontre des chevaux sauvages de Livno, des visites en courant, en VTT, en montgolfière, en rafting, etc. Quant aux offices de tourisme, ils ne proposent pas de visites, sauf celui de Trebinje.

LES ATTRAPE-TOURISTES

Certains lieux de visite sont survendus et peuvent être décevants au vu des tarifs, comme le tunnel de l'Espoir, à Ilidža, ou les chutes de Kravica, près de Ljubuški. À Mostar, les musées sont aussi de qualité médiocre, à l'exception du musée du Vieux-Pont. Le Bosnaseum, en particulier, est avant tout une boutique de souvenirs avec un espace « musée » sans aucun objet authentique.

LES PHRASES CLÉS

Bonjour, puis-je avoir deux entrées adultes et un enfant s'il vous plait ?
Hello, can I have two adults and two children tickets please?
Le tarif enfant est jusqu'à quel âge ? Et pour les seniors, est-ce qu'il y a une réduction ?
What age counts as a child? Is there an OAP discount?
Est-ce qu'il y a des visites guidées en français ou un audioguide ?
Is a guided tour in French or an audioguide available?
Combien de temps faut-il pour faire la visite ?
How long does the visit take?
J'ai du mal à monter les escaliers, avez-vous un ascenseur ?
I struggle with stairs, do you have a lift please?
Excusez-moi, pouvez-vous me dire où sont les toilettes ? Merci beaucoup.
Excuse me, can you tell me where the toilets are please? Thank you very much.

PRATIQUE

SE RÉGALER

HORAIRES

Les restaurants sont en général ouverts tous les jours de 8h à 22h. Cela veut dire que l'on peut y prendre un café ou un petit déjeuner le matin. Le véritable service commence vers midi. Il est alors possible d'y manger un repas complet pendant le reste de la journée. Certains établissements, qui proposent une cuisine plus haut de gamme ou avec une touche plus personnelle, sont fermés d'un à deux jours par semaine, et ne sont parfois ouverts que pour le dîner ou le déjeuner. Mais cela reste rare.

BUDGET / BONS PLANS

Hors boissons, il faut prévoir un budget compris entre 5 et 12 € pour un repas complet dans la plupart des restaurants. À partir de 15 €, on se retrouve soit dans de bons restaurants, soit dans des établissements pour touristes (pas forcément mauvais, d'ailleurs). Côté *street food* et fast-food, il est possible de manger pour moins de 5 €. Il existe aussi une toute petite catégorie d'adresses gastronomiques haut de gamme à partir de 25 €/personne, à Sarajevo, à Banja Luka ou à Trebinje.

C'EST TRÈS LOCAL

Dans certains villages ou tard le soir dans les grandes villes, on ne trouve à manger que dans une *ćevabdžinica*. Ce genre d'endroit s'apparente à un fast food où l'on vend des grillades placées dans de petits pains ronds ou de la pita et servis avec des oignons crus. On a le choix entre les *ćevapi* et la *pljeskavica*. Les premiers sont des rouleaux de viande spongieux (agneau et bœuf), la seconde est un steak de bœuf haché. Nous, pour manger sur le pouce, on préfère le burek, une pâtisserie salée avec de la pâte filo fourrée au fromage ou aux herbes. Tout cela n'est pas spécifiquement bosnien, puisqu'on trouve le burek jusqu'au Proche-Orient et les *ćevapi* et *pljeskavica*, dans toute l'ex-Yougoslavie. Il existe toutefois deux variantes locales de *ćevapi* : ceux de Sarajevo et ceux de Banja Luka.

EN SUPPLÉMENT

L'addition comprend presque toujours le service, le pain, l'eau et les couverts. Pour les pourboires, les Français ont ici comme ailleurs la réputation d'être pingres. Disons que, vus les tarifs pratiqués, laisser 10 % en plus pour le personnel commence à être convenable sans mettre en péril votre budget vacances. Mais rien ne vous y oblige.

FUMEURS

C'est le gros souci des restaurants bosniens : la fumée et l'odeur de cigarette sont omniprésentes. Espérons que cela change avec la nouvelle loi antitabac votée en 2022.

LES ATTRAPE-TOURISTES

Même le plus touristique des restaurants de Mostar, avec ses rabatteuses en « tenue traditionnelle », n'est pas si catastrophique que cela. En fait, les restaurateurs bosniens sont plutôt honnêtes. Le problème est que l'on mange beaucoup de viande ici, et que la viande servie dans la plupart des établissements est souvent grasse et sans goût. Pour manger bien et/ou sainement, il vaut mieux fuir les rues touristiques. Hors des sentiers battus, il existe même des adresses végétariennes à Sarajevo, à Banja Luka et à Mostar.

LES PHRASES CLÉS

Bonjour, je voudrais réserver une table pour deux personnes pour ce midi ou ce soir.
Hello, I'd like to book a table for two for today at lunchtime or in the evening.
Avez-vous un menu en français ou en anglais ?
Do you have a menu in French or English?
Je suis végétarien, y a t-il des plats sans viande ?
I'm vegetarian, are there any dishes that don't contain meat?
Je n'ai vraiment plus faim mais avez-vous une carte des desserts ?
I'm full now but can I see the dessert menu just in case?
Puis-je avoir l'addition s'il vous plait ? Je peux payer par carte ou en espèces ?
Can I have the bill please? Can I pay by card, or do you need cash?

PRATIQUE

FAIRE UNE PAUSE

HORAIRES

La plupart des cafés et bars ferment assez tôt, entre 22h et minuit pour la plupart. Mais la vie nocturne se poursuit plus tard à Mostar, à Banja Luka et, surtout, à Sarajevo.

BUDGET / BONS PLANS

Comptez entre 1,50 et 2,50 € pour une pinte de bière locale, aux alentours de 3 € pour une petite bouteille de *rakija*, environ 2 € pour une boisson gazeuse sans alcool et un peu plus de 1 € pour un café bosnien. Quelques bars et pubs proposent des formules *happy hour* dans les grandes villes.

A PARTIR DE QUEL ÂGE

La législation interdit la vente d'alcool aux mineurs jusqu'à 18 ans. Pour les adultes, on déconseille l'état d'ébriété sur la voie publique : c'est très mal vu, surtout aux alentours d'une mosquée.

C'EST TRÈS LOCAL

La *rakija* est l'eau-de-vie traditionnelle de nombreux pays des Balkans et d'Europe centrale (environ 50 degrés d'alcool). La meilleure est celle produite artisanalement par certains bars et restaurants ainsi que par des particuliers. Elle est obtenue par distillation de fruits. La *šljivovica* à base de prune ou de quetsche est la plus réputée. La Bosnie-Herzégovine est aussi un producteur de vin, essentiellement en Herzégovine, mais celui servi dans les bars n'est en général pas très intéressant. Les Bosniens apprécient davantage la bière. On compte cinq brasseries industrielles à Sarajevo, à Banja Luka, à Tuzla, à Bihać et à Mostar ainsi qu'une cinquantaine de microbrasseries artisanales à travers le pays. Enfin, la mode actuelle est au narguilé (plein de bars à chicha à Mostar et à Sarajevo).

FUMEURS

Encore plus que dans les restaurants et les hôtels, la fumée de cigarette est une nuisance dans les bars, pubs et cafés. À moins que cela ne change avec la nouvelle loi antitabac passée en 2022.

LES ATTRAPE-TOURISTES

Pas grand-chose. Mais on signale quand même une arnaque à la carte bancaire dans un pub très fréquenté par les touristes dans le centre de Sarajevo, près du pont Latin : sous prétexte d'un problème de lecture du terminal, le personnel passe plusieurs fois la carte, entraînant plusieurs débits successifs, mais un seul ticket est remis au client.

LES PHRASES CLÉS

Bonjour, quelle est la spécialité de la maison ? Nous voulons découvrir.
Hello, what's the speciality here? We want to try it.

Avez-vous de la place en terrasse ?
Do you have any room on the terrace?

Quel est votre nom ? Je m'appelle… Ravi de vous rencontrer !
What's your name? I'm... So pleased to meet you!

A votre santé ! Zut, j'ai renversé mon verre… pouvez-vous m'aider ?
Cheers! Oh no, I've knocked over my drink...can you help me?

C'était très bon. Nous allons reprendre la même chose s'il vous plait.
It was delicious. We'll have the same again please.

PRATIQUE

(SE) FAIRE PLAISIR

HORAIRES

Pour le shopping, les magasins et centres commerciaux sont en règle général ouverts tous les jours sauf le dimanche, de 8h à 19h. Le marché aux puces de Vrapčići (6 km au nord-est de Mostar) se tient le week-end entre 6h30 et 15h. Celui de Ciglane, à Sarajevo, tous les jours de 8h à 18h et jusqu'à 16h le dimanche. Pour les dégustations de vin dans les domaines de l'Herzégovine, le mieux est de prendre rendez-vous par téléphone la veille.

C'EST TRÈS LOCAL

Outre les marchés aux puces de Vrapčići et de Ciglane, vous trouverez des artisans traditionnels dans la rue Kujundžiluk de Mostar et au bazar de Kazandžiluk, à Sarajevo. On conseille surtout d'aller voir les très beaux meubles en bois à l'ébénisterie Zanat, à Konjic. Parmi les spécialités locales, n'oubliez pas les herbes aromatiques et médicinales, le café bosnien ou encore les loukoums (voir « Que rapporter de son voyage ? »).

LES ATTRAPE-TOURISTES

Beaucoup d'objets « traditionnels » en cuivre martelé ou de tapis « bosniens » vendus dans dans la rue Kujundžiluk et au bazar de Kazandžiluk sont des importations. En l'absence de législation sur le vin, certains grands domaines viticoles de l'Herzégovine font venir une partie de leurs raisins de Macédoine du Nord.

LES PHRASES CLÉS

Bonjour, c'est superbe, mais combien ça coûte ?
Hello, that's stunning, but how much is it?

Vous auriez ma taille ? Où se trouvent les cabines d'essayage ?
Do you have it in my size? Where are the changing rooms?

Est ce que je pourrai vous le rapporter et l'échanger si ça ne va pas ?
Can I exchange it if it doesn't fit?

J'ai trop dépensé aujourd'hui, pouvez-vous me faire une réduction sympa ?
I've spent too much today already, any chance of a discount?

Je prendrai celui-ci. Pouvez-vous me faire un paquet cadeau ?
I'll take this one. Can you gift-wrap it for me?

Vous prenez la carte de crédit ? Où puis-je trouver un distributeur de billets ?
Do you take credit cards? Where can I find a cash point?

BUDGET / BONS PLANS

La Bosnie-Herzégovine est une vraie destination « nature ». Les possibilités de randonnée ne manquent pas. De même que les stations de ski, les réserves ornithologiques, les forêts primaires… En ville, certains parcs publics sont équipés d'appareils de musculation en plein air. À Sarajevo, la promenade Wilson est un bel endroit pour faire son footing le long de la Miljacka. Prudence tout de même avec vos poumons : c'est la capitale la plus polluée d'Europe. Prudence aussi pendant les randonnées du fait de la présence de mines antipersonnel depuis la guerre de 1992-1995. Dans ces pages, nous vous indiquons les tarifs et nos conseils pour la plupart des activités. Le ski se pratique surtout aux stations de ski de Jaohrina et de Bjelašnica, près de Sarajevo. Les quatre sites pour le rafting sont la vallée de la Vrbas près de Banja Luka, le parc national de l'Una près de Bihać, le canyon de la Tara près de Foča et la Neretva au départ de Konjic. On trouve des spots d'escalade surtout à Šipovo, à Blagaj, à Livno et dans la vallée de la Vrbas. On peut s'envoler en montgolfière depuis le parc naturel de Blidinje.

VOS PAPIERS SVP

Pour la pêche à la mouche, le tarif des permis journaliers varie selon les rivières : 21 € sur l'Una et l'Unac, 25 € sur la Sanica et la Krušnica, 30 € sur la Klokot, la Pliva et la Ribnik. Vous pourrez vous procurer ces licences auprès des associations sportives locales, dont la plus importante est l'Association de pêche sportive de Bosnie-et-Herzégovine (www.srsfbih.ba).

LES PHRASES CLÉS

Bonjour, comment puis-je me rendre à… ? Est-ce loin ?
Hello, how can I get to...? -Is it far?

J'aimerais aller courir. Il y a un coin sympa pour cela dans la ville ?
I'd like to go for a run. Is there somewhere good to run around the town?

J'adore cuisiner. Savez-vous où je peux trouver des cours de cuisine ?
I love cooking. Do you know where I can take a cooking class?

Vous pourriez m'indiquer une salle de sport pas très loin ?
Can you tell me where the nearest public gym is?

Quel est le sport national ?
What is the national sport?

Pensez-vous que nous pourrions voir cela ou même participer ?
Do you think we could watch it somewhere, or maybe try it?

PRATIQUE

SORTIR

HORAIRES

Difficile de s'ennuyer à Sarajevo avec ses cinémas multiplex et ses salles d'art et d'essai, ses salles de spectacle (Théâtre national, Centre culturel bosnien...), ses arènes sportives, ses discothèques et bars de nuit, ses festivals, etc. Les adresses, horaires et tarifs sont détaillés dans la partie sur Sarajevo. Dans le reste du pays, les possibilités de sortie sont plus limitées. Mostar et Banja Luka sont toutefois relativement animées en été.

BUDGET / BONS PLANS

Les tarifs pour une séance de cinéma, une entrée en discothèque ou une soirée à l'opéra varient de 5 à 15 €.

TRANSPORTS NOCTURNES

À Sarajevo, Mostar et Banja Luka, les transports publics fonctionnent jusqu'à environ minuit. Ensuite, on peut prendre des taxis, peu onéreux.

A PARTIR DE QUEL ÂGE

La consommation d'alcool est autorisée à partir de l'âge de 18 ans.

C'EST TRÈS LOCAL

La *rakija* est l'eau-de-vie traditionnelle de nombreux pays des Balkans et d'Europe centrale (environ 50° d'alcool). La meilleure est celle produite artisanalement par certains bars et restaurants ainsi que par des particuliers. Elle est obtenue par distillation de fruits. La *šljivovica* à base de prune ou quetsche est la plus réputée. La Bosnie-Herzégovine est aussi un producteur de vin, essentiellement en Herzégovine, mais celui servi dans les bars n'est en général pas très intéressant. Les Bosniens apprécient davantage la bière. On compte cinq brasseries industrielles à Sarajevo, à Banja Luka, à Tuzla, à Bihać et à Mostar ainsi qu'une cinquantaine de microbrasseries artisanales à travers le pays. Enfin, la mode actuelle est au narguilé (plein de bars à chicha à Mostar et à Sarajevo).

FUMEURS

Encore plus que dans les restaurants et les hôtels, la fumée de cigarette est une nuisance dans les bars, pubs et cafés. À moins que cela ne change avec la nouvelle loi antitabac passée en 2022.

LES ATTRAPE-TOURISTES

Pas grand-chose. Mais on signale quand même une arnaque à la carte bancaire dans un pub aux murs jaunes très fréquenté par les touristes dans le centre de Sarajevo, près du pont Latin : sous prétexte d'un problème de lecture du terminal, le personnel passe plusieurs fois la carte, entraînant plusieurs débits successifs, mais un seul ticket est remis au client.

LES PHRASES CLÉS

Bonsoir, comment puis-je me rendre à...
Good evening, how can I get to ...

Est ce que cet endroit est tranquille ? Il n'y a pas de problème de sécurité ?
Is it a calm place? Are there any safety issues?

J'aimerais voir un spectacle typique ! Qu'est-ce qu'il y a en ce moment ?
I'd love to see a traditional show! What's on at the moment?

Je ne comprends pas... pouvez-vous répéter s'il vous plait ? Merci.
I don't understand, can you repeat please? Thank you.

Est-ce que je peux vous offrir un verre ? Quel est le meilleur cocktail de la maison ?
Can I buy you a drink? What's the best house cocktail?

J'ai la gueule de bois, auriez-vous quelque chose pour que j'aille mieux ?
I'm hungover, do you have anything that might help?

SE LOGER

BUDGET / BONS PLANS

Sur une semaine pour deux personnes, le budget hébergement revient à environ 300 € en dormant dans des auberges de jeunesse et des hôtels de première catégorie, 400/700 € dans des hôtels de charme et plus de 1 000 € dans des établissements plus luxueux. Les prix sont en général moins élevés en hiver, sauf dans les stations de ski. Le petit déjeuner est presque toujours inclus et une majorité d'hôteliers acceptent les paiements par carte bancaire (prévoyez cependant du liquide au cas où…).

A RÉSERVER

On conseille vivement de réserver bien en amont vos hôtels si vous venez en été. C'est la période la plus touristique et celle durant laquelle la diaspora rentre au pays. C'est aussi la saison des festivals. En particulier à Sarajevo, pendant le festival du Film (mi-août) : la plupart des hôtels de la capitale affichent alors complet.

POUR LES GOURMANDS

Le meilleur petit déjeuner que vous puissiez attendre des hôtels de Bosnie-Herzégovine se compose d'*uštipci*, des petits beignets à manger avec de la confiture ou du *kaymak* (entre le beurre et la crème fraîche), ou de *peksimeti* (des *uštipci* plus aériens avec du yaourt), de *burek* (de la pâte filo fourrée au fromage ou aux herbes), de fruits, de crudités, de fromage, de salaisons (du jambon cru dans les établissements non musulmans) et se termine par un café bosnien. Préférez les petits hôtels familiaux et les auberges qui ont aussi souvent un bon restaurant.

FUMEURS

Dans les lieux publics clos, et donc les hôtels, il est officiellement interdit de fumer. Mais les hôteliers ont deux ans pour se conformer à la dernière loi antitabac votée en 2022. Pas certain que ça fonctionne partout.

LES ATTRAPE-TOURISTES

Non seulement les mauvaises surprises sont rares, mais on peut bénéficier de ristournes inattendues hors saison. En revanche, on peut être étonné par le sens des affaires des hôteliers du village de pèlerinage catholique de Međugorje (non reconnu par le Vatican). Dans tous les cas, le plus choquant est de loin la ville de Višegrad : l'office de tourisme local recommande sans sourciller des hôtels qui furent les lieux des pires atrocités durant la dernière guerre.

LES PHRASES CLÉS

Bonjour, avez-vous de la disponibilité pour une chambre double pour ce soir ou demain soir ?
Hello, do you have a double room available tonight or tomorrow?

Avez-vous un code wifi… les enfants ne tiendront pas sans !
Do you have a Wi-FI code... otherwise my kids will go nuts!

C'est bruyant, est ce que je peux changer de chambre ?
It's noisy, can I move to a different room?

Jusqu'à quelle heure est-ce que nous pouvons aller à la salle de sport et à la piscine ?
What time do the swimming pool and gym close?

Est-ce que je peux laisser mon bagage et revenir plus tard le récupérer ?
Can I leave my luggage and come back later to pick it up?

Est-ce que vous pouvez nous appeler un taxi ? Merci beaucoup.
Can you call us a taxi? Thank you very much.

ALLO ?

Pour téléphoner de France en Bosnie.
Vers un poste fixe : 00 387 suivi de l'indicatif sans le 0, puis du numéro à 6 chiffres. Exemple : +387 33 321890 pour Sarajevo.
Vers un mobile : +387, puis le numéro du mobile sans le 0. Exemple : +387 61 809 765.

Pour téléphoner de Bosnie en France.
Vers un poste fixe : +33, puis le numéro sans le 0. Exemple : +33 1 43 67 89 32.
Vers un mobile : +33, puis le numéro sans le 0. Exemple : +33 6 64 12 67 90.
Dans la même circonscription : vers un poste fixe et depuis un poste fixe, les 6 chiffres sans l'indicatif. Exemple : 200 456. Vers un mobile, le numéro à 9 chiffres. Exemple : 061 809 765.
Vers une autre circonscription : l'indicatif complet, puis le numéro à 6 chiffres. Exemple : de Sarajevo à Banja Luka 051 567 890.

Téléphone mobile
Si vous êtes grand consommateur de téléphone portable et que vous l'utilisez en Bosnie, il peut être judicieux d'acheter un service à carte prépayée. La concurrence aidant, c'est intéressant. Ainsi, vous pouvez acheter à la poste un numéro 062 pour 15 km, comprenant 10 km de communication. Vous achetez ensuite des recharges jusqu'à 100 km, dans la plupart des postes et dans les kiosques.

ACCESSIBILITÉ

Comme dans bien des pays des Balkans, les structures d'accueil pour touristes ne sont pas aux normes pour recevoir les visiteurs à mobilité réduite. Mais les choses progressent avec de plus en plus d'hôtels récents disposant d'équipements adaptés. Grâce à ses larges trottoirs et à ses rues piétonnes du centre-ville, Sarajevo se prête plutôt bien aux visites en fauteuil roulant ou avec une poussette. Ses hôtels modernes ont souvent des aménagements prévus pour les personnes à mobilité réduite (ascenseur, salle de bains adaptée…). Les transports en commun et certains lieux de visite de la capitale sont en revanche difficiles d'accès. Ailleurs, Banja Luka et Tuzla peuvent se défendre. Mais Mostar, la capitale touristique du pays, est quasi impraticable du fait de ses ruelles pavées menant au Vieux-Pont, qui lui-même est un enfer en fauteuil roulant.

SANTÉ

Vaccins. Aucun vaccin n'est obligatoire pour se rendre en Bosnie-Herzégovine. Il est cependant conseillé d'être à jour dans les vaccins classiques (hépatite A et B, DTCP), voire d'y ajouter le vaccin contre l'encéphalite à tiques si un séjour prolongé en campagne est au programme.

Qualité des soins. De manière générale, la qualité des soins est moyenne en Bosnie, mais elle tend à s'améliorer. En cas de problème, il vaut mieux avoir souscrit une assurance rapatriement pour rentrer en France et s'y faire soigner, sauf urgence évidemment. Les hôpitaux, nombreux, et les centres de soins, intermédiaires entre ceux-ci et les médecins, assurent un service de proximité. La liste des médecins parlant français est disponible auprès du consulat à Sarajevo.

Frais médicaux. Les soins prodigués à l'étranger et en Bosnie sont remboursés à hauteur des frais réels et dans la limite des tarifs et taux français. Pour la pharmacie, le plafond est de 65 % des frais réels. Pour ce faire, vous devez disposer du formulaire bleu « Feuille de soins dispensés à l'étranger ». Ce formulaire est téléchargeable sur le site Internet des étrangers de la Sécurité sociale (www.cfe.fr).

Pharmacies. Aucun souci pour trouver une pharmacie ouverte jour et nuit à Sarajevo, puisque la ville compte un réseau public ayant huit pharmacies fonctionnant 24h/24 dans tous les quartiers. En cas de traitement médical en cours, partez avec votre stock, car il n'est pas certain que votre médicament existe sous le même nom. Si c'est le cas, alors rien de plus facile parce qu'il n'est pas nécessaire (pour l'instant) d'avoir une quelconque ordonnance pour acheter un médicament.

Risques et maladies. Pour les maladies, rien de particulier en Bosnie et d'ailleurs aucun vaccin n'est demandé à l'entrée sur le territoire. Attention aux vipères, l'été, en Herzégovine.

URGENCES SUR PLACE

- **Police :** 122 dans les deux entités.
- **Urgences hospitalières à Sarajevo :** +33 611 111/124 (partout).
- **Pompiers à Sarajevo :** 123.
- **Hôpital général de Sarajevo :** +33 285 100. Celui de Koševo +33 444 800.
- **Hôpital de Banja Luka :** +51 308 111.
- **Dépannage sur les routes :** 987 ou 1282 en RS et 1288 en Fédération.

SÉCURITÉ

Mis à part les problèmes des zones minées, il n'y a vraiment aucun danger pour un touriste en Bosnie. Le vol est rare et la délinquance tout autant.

Attention cependant, dans les grandes villes et particulièrement à Sarajevo, le casse de voiture, à la recherche d'objets de valeur, est en hausse depuis deux ans. Seule une éventuelle opération de l'Eufor (Force de stabilisation militaire de l'Union européenne), cherchant des criminels de guerre, pourrait impressionner car vous pourriez alors vous trouver face à un déploiement de blindés. Mais comme ce n'est pas vous qu'ils cherchent, vous aurez alors droit à un spectacle gratuit... Les éventuels problèmes avec la police (amendes douteuses auxquelles vous opposez une question de principe, par exemple) se règlent grâce à la European Union Police Force (EUPM), dont le rôle est de former et superviser les polices en Bosnie. Elle est joignable, à Sarajevo : tél. 033 752 500 – Aleja Bosne Srebrene bb, 71000 Sarajevo.

LGBTQ

La Bosnie-Herzégovine reste un pays très conservateur et traditionaliste. L'homosexualité n'y est d'ailleurs autorisée légalement que depuis 1998 en Fédération et depuis 2000 en Republika Srpska. Autant dire que si les mentalités changent, le processus prend du temps. Il est donc conseillé d'être discret et prudent si vous devez aborder le sujet. Pour plus d'infos sur la situation et les quelques événements gays et lesbiens, consultez le site de l'association pionnière en la matière (www.queer.ba).

AMBASSADE ET CONSULATS

- L'ambassade de France se trouve sur Mehmed-bega Kapetanovića Ljubušaka 18 à Sarajevo. Tél. : +387 33 282 050
- ba.ambafrance.org/Coordonnees-et-plan-d-acces
- Pour le consulat français, s'adresser à : Mehmed-bega Kapetanovića Ljubušaka 16, à Sarajevo. Tél. : +387 33 282 050

POSTE

Spécificité bien locale, chaque communauté possède son propre service postal. À Mostar, on trouve ainsi une poste différente de chaque côté du pont ! Le prix du timbre ne change pas, lui. Compter 1 km pour une carte postale vers la France avec un temps d'acheminement aléatoire.

MÉDIAS LOCAUX

Il n'existe pas beaucoup de sources d'informations journalistiques sur la Bosnie-Herzégovine. Sur place, presque aucun média ne publie en anglais (et encore moins en français). Les quelque 180 journaux et magazines ainsi que la quarantaine de chaînes de télévision du pays ne sont de toute façon pas d'une très grande qualité. Ceux de la République serbe de Bosnie font l'objet d'une censure et relaient la propagande nationaliste des autorités locales. Ailleurs, les journalistes sont un peu plus libres, mais le manque d'argent les empêche de traiter des vrais problèmes comme la corruption des élites. À l'étranger, seuls trois sites Internet de qualité suivent l'actualité locale au quotidien : *Osservatorio Balcani e Caucaso Transeuropa* (en italien et en anglais), *Balkan Insight* (en anglais) et *Courrier des Balkans* (en français). Avant de partir, faites aussi un tour sur le site Internet du ministère des Affaires étrangères de votre pays.

LES PHRASES CLÉS

Bonjour, mon téléphone ne fonctionne pas, pouvez-vous m'aider s'il vous plait ?
Hello, my phone isn't working, can you help me please?

Je ne me sens pas bien, pouvez-vous m'amener à l'hôpital le plus proche ?
I don't feel well, can you take me to the nearest hospital?

Est-ce que vous avez un médecin qui parle français ?
Do you have a doctor who speaks French?

Je viens de me faire voler mes papiers, où est le poste de Police le plus proche ?
My passport has just been stolen, where is the nearest police station?

Est-ce un quartier dangereux ou je peux y aller sans crainte ?
Is this area dangerous or can I walk around without worrying?

Avez-vous des timbres pour une carte postale à envoyer en France ? C'est combien ?
Do you have any stamps for a postcard to France? How much is that?

La Bosnie-Herzégovine est un pays intéressant à visiter pour ses paysages de montagne, ses rivières, ses forêts, ses parcs nationaux, sa faune et sa flore. Elle possède une large variété d'architectures : des forteresses médiévales, un fort héritage ottoman, des bâtiments austro-hongrois tantôt de style viennois, tantôt d'inspiration arabisante, mais aussi de splendides monuments de la période socialiste. C'est aussi un des rares pays au monde où se côtoient autant d'églises catholiques et orthodoxes, de synagogues ashkénazes et séfarades, de mosquées sunnites et de tekkés soufis. Cette diversité religieuse explique aussi en partie que le pays se soit autant déchiré au cours du XXe siècle. C'est justement un des autres intérêts de la Bosnie-Herzégovine : c'est un véritable livre d'histoire à ciel ouvert, avec des communautés, certes divisées, mais qui partagent encore un agréable sens de l'accueil et de fortes traditions balkaniques.

LES PONTS BOSNIENS, SYMBOLES D'UN PAYS

Nation montagneuse traversée d'innombrables rivières, la Bosnie-Herzégovine s'est construite autour de ses ponts. Du célèbre *Stari Most* (Vieux-Pont), qui donne son nom à Mostar, jusqu'au pont Latin de Sarajevo, devant lequel eut lieu l'attentat déclencheur de la Première Guerre mondiale, ils sont chargés d'histoire. Traits d'union entre des communautés aujourd'hui divisées, ces ouvrages en pierre, en acier ou en béton relient le pays à son passé. Témoins des grandes heures du commerce entre l'Orient et l'Occident, ils ont vu passer bien des envahisseurs et couler des flots de larmes et de sang, comme le pont ottoman de Višegrad, désormais inscrit, comme celui de Mostar, au patrimoine mondial de l'Unesco. Au fil des siècles, les ponts de Bosnie-Herzégovine ont aussi inspiré les voyageurs, les romanciers et les cinéastes, notamment le prix Nobel de littérature Ivo Andrić, enfant du pays et auteur d'un chef-d'œuvre : *Le Pont sur la Drina*.

Tour d'horizon des ponts

« *Il n'est rien à mes yeux de mieux ni de plus précieux que les ponts. Ils ne servent aucune fin qui soit secrète ou maligne.* » Ivo Andrić écrivit ceci en 1933, douze ans avant de publier *Le Pont sur la Drina*, chef-d'œuvre de la littérature yougoslave paru en 1945. Hélas, l'histoire a depuis donné tort au grand écrivain originaire de Trvanik. En Bosnie orientale, le vénérable pont Mehmed-Pacha-Sokolović de Višegrad, qui inspira tant Ivo Andrić, fut le lieu d'un des pires massacres de civils bosniaques lors de la guerre de Bosnie-Herzégovine (1992-1995) : hommes, femmes, enfants et vieillards furent égorgés sur ce vieux pont ottoman et leurs corps jetés dans la Drina durant l'été 1992. Si, depuis, le pont de Višegrad a été inscrit au patrimoine mondial de l'Unesco, rien sur place ne rappelle cette page « secrète » et « maligne » de l'histoire du pays. Autres temps, autre lieu. Nous sommes à Mostar en 1664. Le grand voyageur ottoman Evliya Çelebi écrit dans ses chroniques : « *J'ai parcouru le monde pendant vingt-sept ans et jamais je n'ai rencontré un pont aussi magnifique et unique parmi les milliers d'œuvres architecturales que j'ai vues.* » C'est ce même sentiment qui étreint encore les touristes venant admirer le *Stari Most*, le Vieux-Pont de Mostar. Cette arche majestueuse qui enjambe la Neretva depuis 1566 est le plus célèbre monument de l'ex-Yougoslavie. Ici, comme Evliya Çelebi, on assiste toujours, près de cinq siècles plus tard, au spectacle superbe et effrayant des *mostari*, « *les courageux enfants de cette ville* (qui) *sautent dans l'eau froide de la Neretva* » en s'élançant du Vieux-Pont. Mais ce dernier revient de loin. L'ouvrage fut détruit par les forces bosno-croates au cours de la dernière guerre. Ce fut le dernier pont de Mostar à tomber le 9 novembre 1993. Les images filmées de ce « crime » (terme retenu par le Tribunal pénal international pour l'ex-Yougoslavie) firent le tour du monde. L'émotion fut telle que l'Unesco lança la reconstruction dès l'année suivante, avant même la fin de la guerre. Mais il fallut dix ans d'efforts et de calculs compliqués pour retrouver la forme (quasi) identique de l'arche initiale conçue par les architectes ottomans. Inscrit au patrimoine mondial depuis 2005, le « nouveau Vieux-Pont » est hélas depuis devenu le symbole de la séparation entre catholiques et musulmans dans la ville la plus touristique, mais aussi la plus divisée du pays.

Pont Mehmed Pacha Sokolović, à Višegrad.

Le pont de l'attentat de Sarajevo

L'histoire des ponts de Bosnie-Herzégovine n'est décidément pas un long fleuve tranquille. Elle

© TATIANA POPOVA - SHUTTERSTOCK.COM

Le pont Latin à Sarajevo.

DÉCOUVRIR

passe forcément par le **pont Latin** (p.121) qui enjambe la Miljacka à Sarajevo. Nous sommes cette fois le 28 juin 1914. Il est précisément 10h50 ce dimanche matin, quand Gavrilo Princip assassine juste devant cet autre pont ottoman l'héritier du trône austro-hongrois, l'archiduc François-Ferdinand. C'est l'événement déclencheur de la Première Guerre mondiale. Aussi étonnant que cela puisse paraître, le pont Latin sera rebaptisé pendant soixante-dix ans en l'honneur de l'auteur de l'attentat de Sarajevo. Car pour les autorités yougoslaves (royales, puis socialistes), Gavrilo Princip avait par son acte funeste surtout cherché à libérer la Bosnie-Herzégovine de la tutelle austro-hongroise et à unir les Slaves des Balkans. « *De toute façon, les Allemands auraient trouvé un autre prétexte pour entrer en guerre* », déclarera Gavrilo Princip peu avant de mourir de maladie dans sa prison tchèque, en 1918. Il faudra attendre 1992 et la déclaration d'indépendance de la Bosnie-Herzégovine pour que le pont Latin retrouve son nom d'origine, hérité du XVIIe siècle, quand il desservait le principal quartier catholique de l'actuelle capitale.

Mais 1992 marque aussi le début du terrible siège de Sarajevo, le plus long de l'histoire moderne : 1 425 jours, du 5 avril 1992 au 29 février 1996. Si les ponts de Sarajevo furent relativement épargnés par les bombardements de l'armée bosno-serbe, ils furent les témoins de scènes choquantes. L'un d'eux en particulier fut le théâtre de trois événements marquants : le **pont de Vrbanja** (p.129). Cet ouvrage en béton de 1974 a d'abord été le lieu où tombèrent les premières victimes du siège, Suada Dilberović et Olga Sučić, deux jeunes femmes qui furent fauchées par des tireurs bosno-serbes alors qu'elles manifestaient pour la paix le 5 avril 1992. Un an plus tard, le 19 mai 1993, c'est aussi ici que tomba sous les balles des snipers bosno-serbes un couple qui tentait de traverser le pont : la Bosniaque Admira Ismić et le Bosno-Serbe Boško Brkić. Leur mort, filmée par une équipe de télévision, inspira un documentaire et une pièce de théâtre nommés *Roméo et Juliette à Sarajevo*. Enfin, les casques bleus français livrèrent ici le « combat du pont de Vrbanja » le 27 mai 1995, au lendemain de la capture d'un poste de contrôle onusien par les forces bosno-serbes. Cet assaut à la baïonnette et au corps à corps se solda par la mort de deux soldats français et de quatre miliciens ennemis. Il marqua aussi le début d'une réaction plus musclée des Occidentaux face aux forces serbes, qui aboutit à la fin de la guerre avec les accords de Dayton, le 14 décembre 1995.

Des ponts et des films

Après la paix officielle, il fallut encore deux mois et demi pour que le siège de Sarajevo soit levé en février 1996. Mais déjà, la ville martyre était devenue une source d'inspiration pour les artistes du monde entier, du groupe de rock U2 au dessinateur français d'origine yougoslave Enki Bilal. Dès 1993, Jean-Luc Godard avait tourné le court-métrage *Je vous salue, Sarajevo*. Vingt et un ans plus tard, en 2014, le cinéaste suisse participera avec douze autres réalisateurs au film *Les Ponts de Sarajevo*, un long-métrage poétique dédié à la ville où, selon une formule d'historien, le XXe siècle a commencé (avec l'assassinat du 28 juin 1914) et où il s'est achevé (avec le siège de 1992-1996). Les premières années de paix qui s'ensuivent sont marquées par une forte présence militaire internationale. Partout dans le pays, les soldats de l'Otan reconstruisent les ponts ou installent des structures temporaires, comme le pont en fer de Martin Brod, dans le parc national de l'Una, « provisoire »... depuis 1997.

© DINOSMICHAIL - SHUTTERSTOCK.COM

Le vieux pont de Trebinje.

Mais les lourds engins et blindés causent aussi des dégâts. En témoigne le petit pont en pierre de Stari Majdan (p.291), près de Sanski Most, tant de fois emprunté par les véhicules du contingent canadien de l'Otan qu'il est devenu impraticable par les voitures aujourd'hui. La ville de Sanski Most (p.289) elle-même doit son nom à un ancien pont ottoman qui traversait la rivière Sana. Mais celui-ci a disparu au cours de la Seconde Guerre mondiale. Car, en Bosnie-Herzégovine, ce conflit fut encore plus destructeur et meurtrier que la dernière guerre. En 1945, pour échapper à l'avancée des partisans de Tito, les forces allemandes et leurs alliés firent sauter bien des ouvrages historiques, comme le pont Arslanagić de Trebinje (p.231) (XVIe siècle) et le Vieux-Pont de Konjic (p.199) (XVIIe siècle). Tous deux ont depuis été reconstruits. D'autres ont été remplacés par des édifices modernes en béton. Mais à Jablanica, un pont détruit a, lui, été volontairement conservé en l'état, avec sa structure métallique toujours effondrée sur la berge droite de la Neretva. Il marque le souvenir d'un des plus grands combats menés ici par les partisans yougoslaves en août 1943. Il faut toutefois noter que le pont effondré que l'on peut voir aujourd'hui n'est pas l'original. Il s'agit d'une réplique qui fut construite et dynamitée pour les besoins du film le plus cher tourné en Yougoslavie, *La Bataille de la Neretva* (1969), avec Yul Brynner et Orson Welles dans les rôles principaux. Ce fut un coup d'explosif pour rien. Car les prises furent jugées si mauvaises qu'il fallut reconstituer la scène la plus intense du film en studio… avec un pont miniature. C'est aussi cela, la saga des ponts de Bosnie-Herzégovine : des histoires grinçantes et amusantes que cultivent avec délice les habitants du pays.

Il est « pont » de rire parfois

Parmi les bonnes blagues de ponts bosniens, on retiendra celle du « pont de l'obstination » (Inat Ćuprija) à Stolac. Cet étrange petit ouvrage en pierre du XVIe ou XVIIe siècle doit son nom à la légende selon laquelle le commanditaire et l'artisan chargé de la construction se seraient fâchés en cours de chantier. Vexé par le client qui ne trouvait pas l'ouvrage assez symétrique, l'artisan se serait obstiné, par bravade, à rendre celui-ci le plus asymétrique possible. Si bien que l'on se retrouve aujourd'hui avec un pont soutenu par cinq arches presque toutes de largeur différente.

Côté humour noir, il faut évoquer ce complice de Gravilo Princip qui, le jour de l'attentat de Sarajevo, tenta de se suicider pour échapper à la foule en avalant une capsule de cyanure et en se jetant du pont de Ćumurija (en aval du pont Latin). Mais le cyanure ne lui causa que des vomissements et il se retrouva dans la Miljacka qui n'atteignait alors que 13 cm de hauteur.

Les contribuables européens peuvent quant à eux rire (jaune) à l'évocation du pont routier de Pelješac. C'est lui qui a le plus marqué l'histoire récente de la Bosnie-Herzégovine. Il se trouve pourtant en Croatie. Cet ouvrage de 2,4 km de longueur a été conçu en 2007 pour contourner l'unique ville bosnienne du littoral adriatique, Neum, qui coupe la Croatie en deux au niveau de la Dalmatie. Du fait d'un conflit juridique entre les deux pays, de problèmes techniques, mais aussi de détournements massifs d'argent, le chantier a pris quinze ans de retard et vu son coût exploser pour atteindre au moins 420 millions d'euros finalement (+ 50 % par rapport au budget initial). Largement financé par l'Union européenne, il a finalement été ouvert à la circulation en 2022. Ce très coûteux, mais néanmoins superbe pont à haubans permet de rouler le long du rivage croate sans devoir passer obligatoirement par les postes-frontières de Neum. Mais il bouche aussi à présent le dernier petit bout d'horizon maritime de la Bosnie-Herzégovine.

GÉOGRAPHIE

Avec sa géographie très particulière, la Bosnie-Herzégovine fait le bonheur des randonneurs, des pêcheurs à la mouche, des amateurs de sports en eaux vives et des géologues. Car c'est avant tout un pays de (moyennes) montagnes et de (grosses) rivières. Si les rares plaines sont concentrées au nord, les sols karstiques de la partie sud offrent de surprenants paysages de dolines, poljés et rivières souterraines. Quant au curieux petit bout de littoral coincé entre deux parties de la Croatie, il ne présente guère d'intérêt : même la marine bosnienne préfère mouiller ses navires dans le pays voisin. Moins amusante est la géographie politique. Celle-ci est héritée de la guerre de 1992-1995 et ne prend pas en compte les régions naturelles et historiques. Si bien que ce pays déjà pas bien grand se retrouve scindé en trois entités semi-indépendantes qui attisent les divisions entre communautés.

Généralités

La Bosnie-Herzégovine est située dans les Balkans, région du sud-est de l'Europe qui s'étend de la Slovénie à la Grèce et de la Croatie à la Roumanie. Le pays affiche une superficie de 51 129 km², c'est-à-dire un peu moins que la région française Grand Est. Il est aussi de taille comparable à la Croatie et à la Slovénie. La Bosnie-Herzégovine est bordée par trois pays, totalisant 1 459 km de frontières terrestres : 932 km avec la Croatie au nord, à l'ouest et au sud ; 357 km avec la Serbie à l'est ; 249 km avec le Monténégro au sud-est. Presque complètement enclavée, elle dispose toutefois d'un petit débouché sur la mer Adriatique avec 20 km de côte autour de la ville de Neum qui est coincée entre deux parties de la Croatie. La forme de la Bosnie-Herzégovine évoque un triangle pénétrant au sein de la Croatie. Ce triangle, qui figure d'ailleurs sur le drapeau national de manière stylisée, possède son côté le plus long, d'environ 350 km à vol d'oiseau, entre le sud-est et le nord-ouest, presque parallèle à la côte adriatique. Le côté nord fait environ 250 km en suivant principalement la Save, un affluent du Danube qui sert de frontière avec le nord de la Croatie. Enfin, le côté oriental du triangle longe la Serbie et le Monténégro sur environ 260 km du nord au sud à vol d'oiseau. Il faut aussi noter que le pays possède une enclave au sein de la Serbie : les villages de Međurečje et Sastavci, situés à environ 1 km à l'est de la frontière bosnienne.

Relief

La Bosnie-Herzégovine est un pays de montagnes. Celles-ci couvrent environ 80 % du territoire et l'altitude moyenne est de 693 m. Le pays est en effet traversé par les Alpes dinariques, grand massif qui longe l'Adriatique sur 650 km entre la Slovénie et l'Albanie. On compte ainsi onze sommets à plus de 2 000 m d'altitude dans le pays, principalement en Herzégovine et en Bosnie centrale, près de Sarajevo, ville qui a accueilli les Jeux olympiques d'hiver en 1984. Le point culminant est le mont Maglić à 2 388 m d'altitude. Il est situé dans le parc national de Sutjeska, en Bosnie orientale, tout près de l'Herzégovine et à la frontière avec le Monténégro. Le second sommet le plus haut, le mont Volujak (2 336 m), est aussi partagé avec le Monténégro. Ce relief recèle d'importantes réserves minières, notamment en Bosnie centrale (Zenica, Kakanj…) et en Bosnie orientale (Tuzla, Srebrenica…). On constate aussi une nette division géologique entre des zones typiquement alpines couvrant la plus grande partie du territoire et des zones karstiques dans le tiers sud. Ainsi, en Herzégovine, en Tropolje et dans le sud de la Krajina bosnienne, les phénomènes karstiques (dolines, poljés, effondrements…) sont si fréquents et si impressionnants que toute cette région sert de laboratoire géant aux géologues depuis le XIXe siècle.

© MARTPOD - SHUTTERSTOCK.COM

Le mont Maglić.

DÉCOUVRIR

Canyon de la Drina et parc national de la Drina, près de Skelani.

La seule partie non montagneuse se trouve sur la frange nord du pays : une bande d'environ 50 km de hauteur qui s'étend le long de la frontière nord et de la rivière Save entre Bijeljina (à l'est) et Cazin (à l'ouest). Cette zone relativement plate et très fertile appartient à la vaste plaine de Pannonie. Celle-ci commence en Bosnie et s'étend jusqu'en Ukraine à l'emplacement de l'ancienne mer de Pannonie qui s'est asséchée il y a environ 1 million d'années. Propice à l'agriculture, cette frange nord est toutefois peu peuplée. En raison de fréquentes inondations de la Save et des soubresauts de l'histoire, les habitants du pays se concentrent surtout dans les zones minières et dans les vallées plus faciles à défendre.

Rivières

La Bosnie-Herzégovine est surtout un pays de rivières. Celles-ci sont omniprésentes avec des eaux souvent cristallines et poissonneuses, des cascades magnifiques et quantité de ruisseaux et résurgences. La Bosnie-Herzégovine est ainsi considérée comme le paradis des pêcheurs à la mouche en Europe aux côtés de l'Irlande. Elle est aussi réputée pour ses activités nautiques (rafting, kayak, canyoning). Le pays doit une partie de son nom à la Bosna (271 km de longueur) qui prend sa source près de Sarajevo. Les frontières sont quant à elles formées par trois importantes rivières. Au nord-est, la Drina (346 km) délimite plus ou moins la frontière avec la Serbie en offrant de beaux paysages de vallées karstiques. Au sud-ouest, l'Una (214 km) traverse le parc national de l'Una et longe la partie sud de la Croatie. Surtout, au nord, la Save (ou Sava) sert de démarcation naturelle sur 345 km avec la partie nord de la Croatie et constitue la seule rivière navigable de Bosnie-Herzégovine. Prenant sa source en Slovénie, la Save est la plus longue rivière d'ex-Yougoslavie (945 km) et le troisième plus gros affluent du Danube qui termine sa course dans la mer Noire. En Bosnie-Herzégovine, la Save représente le plus important bassin de drainage, recueillant les eaux de la quasi-totalité des rivières du pays comme la Bosna, la Drina, l'Una ou encore la Vbras (250 km de longueur) qui possède de belles gorges près de Banja Luka et une superbe chute d'eau à Jajce. Un seul grand cours d'eau n'appartient pas au bassin versant du Danube : c'est la Neretva (250 km de longueur, dont 22 km en Croatie). C'est le plus grand fleuve de Bosnie-Herzégovine, réputé l'un des plus froids au monde. La Neretva se jette dans l'Adriatique après avoir coulé sous le célèbre pont de Mostar et aux pieds du superbe village de Počitelj. Elle reçoit au passage de nombreux affluents. Parmi ceux-ci, une dizaine ont la particularité d'être en partie souterrains, profitant des sols karstiques pour disparaître et réapparaître dans tout le sud du pays. Toujours au sud, il faut aussi citer un autre fleuve rejoignant l'Adriatique : la Trebišnjica, qui prend son nom de la belle ville de Trebinje. Sur les 187 km de son parcours à travers l'Herzégovine, le Monténégro et la Croatie, elle disparaît sous terre sur 97 km. Cela en fait la plus longue rivière souterraine au monde.

Lacs

Les rivières alimentent des centaines de lacs. Les seuls lacs naturels représentent 67,5 km^2 d'étendue d'eau, mais le plus grand, le lac de Blidinje (région de Tropolje) ne fait que 2,5 km^2 quand il est plein. En fait, ce sont les lacs artificiels qui sont les plus imposants. Créé en 1974 en drainant les rivières souterraines de la province de Tropolje, le lac Buško s'étend à lui seul sur plus de 55 km^2. Les autres grands réservoirs sont le lac Modrac (17 km^2, sur la Spreča, près de Tuzla), le lac Rama (15 km^2, sur un affluent de la Neretva), le lac de Jablanica (13 km², sur la Neretva), le lac de Perućac (12 km², sur la Drina et à la frontière avec la Serbie) et le lac de Višegrad (11 km², sur la Drina). Près de Čapljina, en Herzégovine, la vaste zone de marais semi-artificiels de Hutovo Blato couvre une superficie de 74 km² et constitue la plus grande réserve ornithologique du pays.

Régions historiques

On distingue deux grandes régions : la Bosnie et l'Herzégovine. Cette dernière occupe la pointe sud du pays entre la côte dalmate et le Monténégro. Elle couvre environ 20 % du territoire. Faisant pleinement partie de la Bosnie géographique, elle se distingue toutefois par son climat méditerranéen, ses sols essentiellement karstiques et une végétation moins dense. On y trouve des villes comme Mostar, Trebinje, Konjic et Čapljina. La Bosnie comprend quant à elle quatre sous-ensembles. Au centre se trouvent Sarajevo et la Bosnie centrale avec en particulier Zenica et Travnik. La moitié occidentale est occupée par la Krajina bosnienne qui constitue la plus vaste région du pays (environ 30 % du territoire) avec notamment les villes de Banja Luka et de Bihać. Au nord-est, près de la Serbie, la Bosnie orientale comprend des villes comme Tuzla et Brčko ainsi que deux sous-régions : la Semberija (avec Bijeljina comme chef-lieu) et la Podrinje (Foča, Srebrenica...). Enfin, au sud-ouest, la Tropolje doit son nom à ses dépressions karstiques (c'est la région des « trois poljés »). Elle abrite les villes de Livno et de Tomislavgrad. Mais c'est la plus sauvage et la plus petite des régions du pays (environ 8 % du territoire).

Entités administratives

Depuis les accords de Dayton qui ont mis fin à la guerre de Bosnie-Herzégovine (1992-1995), le pays est séparé en trois entités qui ne tiennent pas du tout compte des régions historiques. La division actuelle suit à quelques exceptions près le tracé de la ligne de front au moment de l'arrêt des hostilités.

Première entité : la Fédération de Bosnie-et-Herzégovine. Elle s'étend sur 26 076 km² (près de 51 % du territoire national) et a son siège à Sarajevo, qui est aussi la capitale du pays. C'est le territoire qui était tenu par l'armée nationale et les forces bosno-croates fin 1995. Elle couvre toute la bande frontalière sud, la zone littorale de Neum et une large avancée au centre du pays incluant la majeure partie de la Bosnie centrale. Elle possède aussi deux enclaves au nord-est le long de la Save. La Fédération de Bosnie-et-Herzégovine est subdivisée en dix cantons et compte environ 2,2 millions d'habitants, principalement bosniaques et bosno-croates.

Deuxième entité : la République serbe de Bosnie. Elle couvre 25 053 km² (presque 49 % du pays) et a pour capitale Banja Luka. C'est la zone qui était tenue par les forces bosno-serbes à la fin de la guerre. Elle est coupée en deux : à l'ouest, elle occupe la plus grande partie de la Krajina bosnienne ; à l'est, elle s'étend le long des frontières de la Serbie et du Monténégro et s'avance au centre du pays jusque dans les faubourgs de Sarajevo. La République serbe de Bosnie compte environ 1 million d'habitants, principalement bosno-serbes. Elle ne possède pas de subdivision administrative, hormis 64 municipalités.

Troisième entité : le district de Brčko. Celui-ci est situé le long de la Save, au nord-est du pays. Cette zone, qui jouxte les deux autres entités, restait disputée lors de l'arrêt des hostilités. Elle s'étend sur seulement 493 km² et comprend moins de 90 000 habitants, dont 43 % de Bosniaques.

© DRAZEN BOSKIC PHOTO - SHUTTERSTOCK.COM

Plage de Marinovac, au sud du lac de Buško.

NATURE

La Bosnie-Herzégovine est un luxuriant paradis vert. Sur un territoire onze fois moins grand que la France métropolitaine, vous trouverez ici des forêts et des montagnes à perte de vue, des rivières parmi les plus poissonneuses d'Europe, des lacs d'altitude, des cascades et des chutes d'eau magnifiques, des ours, des chamois et des hordes de chevaux sauvages, des centaines de grottes karstiques où sont constamment découvertes de nouvelles espèces, de vastes zones humides accueillant des milliers d'oiseaux migrateurs… Bref, une vraie merveille de biodiversité. Même si tout n'est pas rose dans ce paradis vert. Des centaines de projets de barrages hydroélectriques, la chasse aux grands mammifères, les pesticides, le réchauffement climatique et les espèces invasives menacent un écosystème d'autant plus fragile qu'il y a peu de défenseurs de l'environnement parmi les habitants (et les visiteurs) du pays.

Les forêts

Elles couvrent entre 55 et 60 % du territoire (28 000-30 000 km²). On les trouve principalement dans les zones montagneuses et semi-montagneuses et elles appartiennent pour 70 % à l'État. Les trois arbres les plus emblématiques sont le majestueux pin de Bosnie (*Pinus heldreichii*), qui pousse dans les Balkans jusqu'à 2 500 m d'altitude, l'épicéa de Serbie (*Picea omorika*), espèce endémique qui ne se trouve qu'ici et en Serbie, et l'érable de Bosnie (*Acer obtusatum*), avec lequel furent fabriqués les violons Stradivarius. Toutefois, les essences les plus répandues sont le hêtre des Balkans (*Fagus moesiaca*), le chêne chevelu et le chêne rouvre. Les forêts sont dominées par le hêtre des Balkans associé au chêne rouvre, au chêne chevelu, au tilleul argenté, à l'alisier torminal (*Sorbus torminalis*) et à différents conifères jusqu'à 800 m d'altitude. Viennent ensuite les forêts mixtes de conifères et de feuillus (24 %) : épicéa commun, sapin blanc, pin sylvestre, pin mugo, hêtre, différents chênes et frênes ou encore érable de Bosnie, surtout présent dans la région de Tuzla. Viennent ensuite les forêts de chêne rouvre (14 %) où celui-ci côtoie le charme commun, le frêne à fleurs ou le tilleul argenté. La dernière grande catégorie est celle des forêts de pins (7 %) qui grimpent jusqu'aux plus hauts sommets du pays, à plus de 2 300 m d'altitude, en Bosnie centrale et le long des frontières avec la Serbie et le Monténégro. C'est le royaume du pin de Bosnie, de l'épicéa commun et du sapin blanc. Mais le très rare épicéa de Serbie, qui peut atteindre 35 m de hauteur (comme le pin de Bosnie) ne se trouve que dans deux zones : autour de Višegrad et dans la vallée de la Drina. Enfin, parmi les autres catégories, il faut citer les forêts de zones humides et les forêts méditerranéennes (chênes, pins, genévriers, maquis, etc.) qui dominent la partie sud. Le pays abrite également

Chute de Skakavac, dans la forêt primaire de la Perućica du parc national de Sutjeska.

© JASMIN MESIC - SHUTTERSTOCK.COM

Attention aux ours bruns !

cinq petites forêts primaires, où l'homme n'est jamais intervenu : Perućica (1 434 ha, dans le parc national de Sutjeska), Lom (298 ha, près de Bosanski Petrovac), Janj (295 ha, près de Šipovo), Plješivica (39 ha, près de Bihać) et Žuča-Ribnica (32 ha, près de Kakanj). La forêt de Janj est d'ailleurs inscrite depuis 2021 sur la liste des forêts primaires d'Europe du patrimoine mondial de l'Unesco. D'une manière générale, les forêts bosniennes se portent plutôt bien et gagnent du terrain du fait de la désertification du pays. Le secteur forestier représente quant à lui 5 % de la population active et 15 % des exportations. Mais certaines chênaies et pinèdes font l'objet de coupes illégales.

Espèces endémiques

Les Balkans possèdent la plus riche biodiversité en Europe en termes d'endémisme, c'est-à-dire des espèces végétales ou animales qui sont originaires de la région et/ou que l'on ne trouve que sur place. Ainsi, en Bosnie-Herzégovine, on recense environ 5 000 espèces, dont 540 sont endémiques, soit un taux d'endémisme de 10,8 %. Par comparaison, la France métropolitaine, pourtant onze fois plus grande, possède un taux de 6,3 % (3 251 espèces endémiques sur 51 400). À elle seule, l'Herzégovine (20 % du territoire) concentre la moitié des espèces endémiques du pays. Cela en raison de son relief varié et de ses différents types de climat. C'est par exemple dans le bassin de la Neretva que vit la dizaine de poissons endémiques du pays (lire ci-après). La grotte de Vjetrenica (près de Trebinje) abrite quant à elle 37 espèces uniques, dont un coléoptère (*Scotoplanetes arenstorffianus*) et une crevette (*Troglomysis vjetrenicensis*). Classée sur la liste indicative de l'Unesco en vue d'une inscription au patrimoine mondial, c'est la deuxième grotte au monde en termes de biodiversité. À travers le pays, les grottes karstiques fourmillent d'insectes, de mollusques, de crustacés ou d'arachnides endémiques. Les plus étonnants sont deux pseudo-scorpions (corps d'araignée et pinces de scorpion) découverts récemment : le *Neobisium radjai*, en 2017, près de Livno, et le *Roncus travuniensis*, en 2007, près de Trebinje. Côté fleurs, une trentaine d'espèces endémiques sont recensées. Certaines campanules comme la *Campanula hofmannii* ne poussent que dans les gorges de la Cvrcka (près de Banja Luka). Les hauts plateaux de l'Herzégovine abritent pour leur part un œillet mauve (*Dianthus freynii*), une sarriette fuchsia (*Acinos orontius*), une légumineuse à fleurs (*Oxytropis prenja*) ou encore la violette du mont Prenj (*Viola prenja*). Mais la fleur la plus célèbre du pays est sans conteste le lys bosniaque (*Lilium bosniacum*). Emblème des rois de Bosnie au Moyen Âge, il est aujourd'hui le symbole de la communauté bosniaque.

Mammifères

Le plus grand mammifère terrestre de Bosnie-Herzégovine est l'ours brun qui peut peser jusqu'à 700 kg pour les mâles. Sa population est estimée à 1 000 individus. C'est la deuxième des Balkans après celle de Roumanie (6 000). Les plantigrades bosniens sont répartis dans les zones forestières des montagnes et collines de la moitié nord. Mais leur nombre est en baisse (- 200 entre 2011 et 2021). Cela est dû à plusieurs facteurs : braconnage, chocs avec des véhicules, explosions de mines antipersonnel et chasse légale. Car oui, le pays compte toujours de nombreuses zones minées datant de la dernière guerre, notamment dans les forêts difficiles d'accès. Et oui, la chasse à l'ours est toujours autorisée dans le cadre de quotas accordés aux associations cynégétiques.

En fait, la chasse légale s'applique à presque tous les mammifères, y compris à des espèces menacées comme l'ours et le loup. Ce dernier voit ses effectifs diminuer de manière encore plus inquiétante, puisqu'on ne compterait plus que 350 individus, contre 600 en 2006. Il vit surtout dans les régions proches de la Serbie et du Monténégro ainsi que dans la partie centrale du pays, dans la forêt de Čemernica (près de Fojnica), sur le mont Vlašić (près de Travnik) et dans la forêt primaire de Janj (près de Donji Vakuf). Un autre prédateur a quant à lui déjà disparu : le lynx des Balkans (*Lynx lynx balcanicus*), qui a été aperçu pour la dernière fois en Bosnie-Herzégovine en 1911. Seuls 50 de ces félins subsistent en Macédoine du Nord et en Albanie. Mais une autre espèce typique des Balkans est, elle, en plein boom. C'est le chacal doré (*Canis aureus*), dont la population locale était de l'ordre de 2 000 individus en 2021, avec une croissance estimée de 35 % par an. On retrouve ce petit cousin du loup surtout dans la plaine de Pannonie, au nord. Les autres prédateurs sont le renard, le chat sauvage, le putois, la fouine, le blaireau, la loutre et la petite mangouste indienne (*Urva auropunctata*), importée sur les îles croates en 1910 et qui est aujourd'hui une espèce invasive très préoccupante. Quant au minuscule littoral de Neum (20 km), il est parfois visité par des cétacés comme le dauphin de Risso (*Grampus griseus*).

Parmi les herbivores, les plus imposants sont le sanglier, le cerf, le chevreuil ainsi qu'une sous-espèce menacée (et pourtant chassée) : le chamois des Balkans (*Rupicapra balcanica*) qui vit dans le parc national de Sutjeska et dans la réserve naturelle de Blidinje (Tropolje). Dans les environs de Mostar et, surtout, de Livno (Tropolje) vivent aussi des hordes de chevaux revenus à l'état sauvage. Le lapin et le lièvre côtoient quant à eux une trentaine de rongeurs comme l'écureuil roux, la marmotte, le castor et le *Nannospalax leucodon*, un rat taupe aveugle des Balkans. À cela s'ajoutent 29 espèces de chauves-souris. La grotte de Mišarica (près de Banja Luka) est ainsi considérée comme l'une des plus grandes « maternités » pour chauves-souris des Balkans, où des milliers de grands murins et de minioptères de Schreibers viennent se reproduire l'été.

Poissons des rivières

Connues des pêcheurs à la mouche de toute la planète, les rivières de Bosnie-Herzégovine sont parmi les plus poissonneuses d'Europe. On y trouve la truite arc-en-ciel, la truite fario, le brochet, différentes carpes et, surtout, l'un des plus gros salmonidés au monde : le huchon ou saumon du Danube (*Hucho hucho*) qui peut atteindre 1,50 m de longueur pour 50 kg. Cette espèce menacée du bassin du Danube a fait de la Bosnie-Herzégovine l'un de ses derniers refuges. Hélas, les rivières du pays sont en danger. Pas tant à cause des pêcheurs amateurs qui pratiquent surtout le « no kill » (le poisson est relâché après sa capture), mais du fait de la prolifération de centrales hydroélectriques. En 2020, alors que plus de 400 nouveaux barrages de toutes tailles étaient en projet ou déjà en chantier, un moratoire a été décrété par les autorités face à l'opposition des habitants. Parmi les six cours d'eau les plus poissonneux, il y a tout d'abord la petite Ribnik (près de Banja Luka), où l'on trouve surtout l'ombre commun et la truite fario. Jolie rivière de montagne, la Sanica (près de Sanski Most) regorge de brochets, d'ombres et compte aussi quelques huchons. Toutes deux rejoignent la Sana, où vivent des truites et, là encore, quelques huchons. Autre affluent de la Sana, l'Una est la plus belle rivière

Lys bosniaque, dans l'aire protégée du mont Tajan, près de Kakanj.

du pays. Elle abrite la truite arc-en-ciel, la truite fario et le huchon. Mais c'est la Neretva et ses affluents qui surprennent le plus avec leurs nombreuses espèces endémiques. Chez les salmonidés figurent la truite dentée (*Salmo dentex*), la truite marbrée (*Salmo marmoratus*) et la truite à lèvres molles de la Neretva (*Salmo obtusirostris oxyrhinchus*).

Oiseaux

Le pays compte 321 espèces d'oiseaux, dont les deux tiers nidifient sur place. Ils se concentrent dans trois régions qui disposent chacune d'une zone humide reconnue par la convention de Ramsar : l'Herzégovine et sa voisine la Tropolje ainsi que les marais de Bardača, le long de la Save. En Herzégovine, la réserve naturelle de Hutovo Blato (74 km², Ramsar) accueille jusqu'à 10 000 oiseaux en même temps : le cormoran pygmée, des hérons venant d'Afrique, l'ibis falcinelle (*Plegadis falcinellus*), qui nidifie en hauteur près de l'eau, et de grandes flopées de combattants variés (*Philomachus pugnax*). Parmi les canards, remarquez la nette rousse (*Netta rufina*), peu répandue en Europe. Toujours en Herzégovine, Mostar est un bon endroit pour découvrir des espèces typiques des Balkans : le chocard à bec jaune (*Pyrrhocorax graculus*), au vol majestueux, et le cincle plongeur (*Cinclus cinclus*), qui se nourrit dans la Neretva. À proximité, le mont Prenj et le plateau de Podveležje abritent la très rare perdrix bartavelle (*Alectoris graeca*), qui niche sur les pentes rocheuses à partir de 1 000 m d'altitude. L'Herzégovine accueille aussi des migrateurs, comme l'hirondelle rousseline (*Cecropis daurica*), au beau plumage coloré, la fauvette orphéane (*Curruca crassirostris*), le martinet à ventre blanc (*Tachymarptis melba*), qui peut voler des mois sans se poser, et la splendide huppe fasciée (*Upupa epops*). La région de Tropolje possède deux importants sites naturels. La vaste plaine karstique du poljé de Livno (459 km², Ramsar) est la plus grande zone fréquemment inondée au monde et une étape de choix pour les migrateurs comme le circaète Jean-le-Blanc, la spatule blanche ou le râle des genêts (*Crex crex*). On y croise aussi des espèces sédentaires rares en Europe occidentale : le pic à dos blanc (*Dendrocopos leucotos*), typique des Alpes dinariques, le petit roselin cramoisi (*Carpodacus erythrinus*), surtout présent en Asie, la pie-grièche à poitrine rose (*Lanius minor*), récemment disparue de France, et le fuligule milouin (*Aythya ferina*), un canard plongeur en voie d'extinction. Aux confins de la Tropolje et de l'Herzégovine, la réserve naturelle de Blidinje (358 km²) abrite aussi bien des oiseaux des sous-bois comme le grand tétras que le hibou grand-duc qui niche dans les falaises. Avec son lac, la réserve attire également des espèces qui viennent hiverner comme le héron cendré et le goéland pontique (*Larus cachinnans*). Au nord du pays, les marais de Bardača (35 km², Ramsar) accueillent en partie les mêmes oiseaux qu'à Hutovo Blato et au poljé de Livno, mais en moins grand nombre. Parmi ceux qui nidifient sur place, citons la cigogne blanche, l'aigrette garzette, le blongios nain, qui est le plus petit des hérons, et un oiseau marin, la sterne pierregarin. Mais à l'exception du pygargue à queue blanche (*Haliaeetus albicilla*), les grands rapaces qui vivaient autrefois ici ont disparu. On en retrouve certains à l'est du pays, comme le vautour fauve et l'aigle royal, dont il reste quelques couples dans les parcs nationaux de Sutjeska et de la Drina.

Reptiles

Parmi les 14 espèces de serpents présentes dans le pays, trois sont dangereuses pour l'homme. La vipère cornue (*Vipera ammodytes*) est celle qui présente le risque le plus important. Mesurant environ 85 cm de longueur et vivant sur des terrains rocheux ou sableux jusqu'à 2 000 m d'altitude, elle possède un venin qui est dix fois plus fort que celui des autres vipères. Il peut causer la mort et plusieurs incidents (non mortels) ont été signalés récemment autour de Sarajevo. Le problème est que les hôpitaux locaux peuvent être rapidement être à court sérum antivenimeux comme cela est déjà arrivé. La vipère d'Orsini (*Vipera ursini*) atteint quant à elle 50 cm de longueur et sa morsure peut entraîner des complications (fièvre, nausées…). Plus rare est la vipère bosnienne (*Vipera berus bosniensis*), une petite espèce des Balkans de 40 cm de longueur. Ces trois vipères sont identifiables à leurs motifs noirs en forme de zigzag. Le pays compte par ailleurs 22 espèces d'amphibiens : 12 grenouilles et crapauds, 10 salamandres et tritons. Parmi ces derniers, le triton alpin de Bosnie (*Ichthyosaura alpestris reiseri*) est seulement présent dans le lac de Prokoško (près de Fojnica).

Arachnides

Le groupe des arachnides (araignées et scorpions) ne cesse de s'agrandir avec de nouvelles découvertes chaque année. Le pays compte aujourd'hui environ 200 espèces d'araignées, dont une trentaine ne se trouvent qu'ici, troglodytes pour la plupart. En forêt et à la campagne, il faut se méfier de la famille des *Theridiidae*, à l'abdomen globuleux et dont le venin peut tuer un rat. C'est le cas du théridion bosnien (*Theridion bosniense*), araignée endémique signalée en 2011. Les scorpions locaux présentent moins de danger, puisque leur venin n'a en général qu'un léger effet cutané sur l'homme. Pensez toutefois à mettre vos chaussures à l'envers la nuit si vous dormez à la campagne : cela vous évitera une mauvaise surprise en les enfilant le matin. On recense pour l'heure cinq espèces de scorpions, toutes endémiques des Balkans.

CLIMAT

En Bosnie-Herzégovine, les étés sont très chauds et les hivers froids et longs. Mais il existe de fortes disparités selon la géographie. Au sud, Mostar, l'Herzégovine et une partie de la Tropolje profitent d'un climat méditerranéen. Au nord, Sarajevo, les zones montagneuses et la plaine de Pannonie sont soumises à des climats de types continental et alpin. On constate aussi des changements dus au réchauffement climatique avec notamment une hausse des températures moyennes de l'ordre de 2 °C depuis un siècle. Mais une constante demeure : l'humidité. Cela du fait des nombreuses rivières et des fortes précipitations tout au long de l'année, avec neuf jours de pluie en moyenne en juillet, qui est pourtant le mois le plus sec. On recommande l'été pour un circuit « classique », l'automne pour les amateurs de pêche, l'hiver pour profiter des stations de ski et le printemps pour des descentes en rafting sur de gros rapides.

Été

Entre juin et août, il fait très chaud partout dans le pays : 28/30 °C en moyenne en journée à Banja Luka et dans la plaine de Panonnie, au nord, et des pointes jusqu'à 45 °C (34 °C en moyenne) dans le triangle compris entre Mostar, Posušje et Ravno. Dans la région la plus au sud, autour de Trebinje, les températures sont plus clémentes (28 °C) du fait de la proximité du littoral croate et des hautes montagnes du Monténégro. Mais cette zone est à présent en proie à de grands incendies à cause de la sécheresse engendrée par le réchauffement climatique. Prévoyez de la crème solaire, des produits contre les moustiques (qui adorent ce pays de rivières), un maillot de bain pour vous baigner dans la mer (à Neum) ou dans les nombreuses piscines à l'air libre ainsi qu'une petite laine, car les soirées peuvent être fraîches. Par exemple, à Sarajevo, durant le Festival du film (mi-août), il fait en moyenne 28 °C en journée, mais 14 °C la nuit.

Automne

Les températures tombent très vite. De septembre à novembre, elles passent de 24 à 13 °C en moyenne en journée à Banja Luka, de 23 à 11 °C à Sarajevo et de 27 à 16 °C à Mostar. Tandis que septembre permet de prolonger l'été sans les trop fortes chaleurs, en octobre le ciel est souvent gris, mais les forêts se couvrent alors de superbes couleurs. Enfin, en novembre, il faut se méfier des précipitations (12 jours en moyenne sur le mois) qui ont tendance à se transformer en neige dès que l'on quitte l'Herzégovine pour les régions montagneuses de la Bosnie. Attention donc aux passages de col en voiture sur les grands axes très fréquentés et sur les petites routes mal entretenues.

Hiver

C'est la saison préférée de nombreux habitants. De début décembre à début avril, ceux-ci s'adonnent aux joies du ski à travers presque tout le pays, de la piste unique de Rujište, près de Mostar, à Jahorina, la deuxième plus grande station d'ex-Yougoslavie, près de Sarajevo. La neige qui commence à tomber en novembre devient épaisse grâce à des précipitations constantes. Elle tient bien avec des températures constamment inférieures à zéro dans les zones de montagne, à plus de 1 000 m d'altitude, entre décembre et février (- 10 °C toutes les nuits). Le pays est habitué à de telles conditions : routes déneigées, matériel de ski, feu de cheminée et vin chaud dans les hôtels, patinoires publiques sur les places des grandes villes. Le climat est toutefois nettement plus doux dans les plaines et vallées d'Herzégovine : ici, pas de neige et les températures oscillent entre 3 °C la nuit et 11 °C en journée à Mostar entre décembre et février. Hélas, l'hiver est aussi la saison durant laquelle les niveaux de particules fines sont les plus hauts à Sarajevo, la capitale la plus polluée d'Europe.

Printemps

La saison est très courte, puisqu'elle s'étale seulement sur avril et mai. Si la neige subsiste encore dans les hautes vallées et aux sommets des montagnes, les paysages sont verdoyants et les températures deviennent plus clémentes. Celles-ci montent de 21 à 25 °C en journée pendant ces deux mois à Mostar. La capitale de l'Herzégovine n'enregistre alors « que » 8-9 jours de pluie par mois. Mais sur l'ensemble du pays, le mois de mai est le plus pluvieux de l'année avec plus d'un jour sur deux de précipitations en moyenne. Cumulées à la fonte des neiges, ces conditions sont propices à une pratique sportive du rafting ou du kayak sur les puissants rapides de l'Una (près de Bihać), de la Neretva (près de Konjic), de la Vrbas (près de Banja Luka) et de la Tara (près de Foča). Le courant des rivières se calme ensuite, permettant des descentes plus paisibles en été.

ENVIRONNEMENT

Si l'écologie est loin d'être au centre des préoccupations en Bosnie-Herzégovine, c'est principalement à cause de deux phénomènes principaux. Le premier est la philosophie productiviste, héritée de la Yougoslavie socialiste. Le second est une conséquence directe de la guerre qui a meurtri le pays entre 1992 et 1995, au point que beaucoup priorisent bien plus la reconstruction que l'environnement, et que l'environnement politique encore fragile laisse peu de place aux mouvements écologistes. Pourtant, quelques voix se lèvent timidement, et des actions émergent, laissant entrevoir un avenir plus vert. Il faut dire que la prise de conscience est nécessaire, face à la mauvaise gestion des ressources en eau, à la piètre qualité de l'air, à la pollution des sols et à l'amoncellement de déchets. Toutefois, la Bosnie-Herzégovine a échappé à l'industrialisation massive, si bien qu'elle abrite encore des paysages parmi les mieux préservés d'Europe.

Un cadre politique fragile

Ralentie par le manque de coopération entre la Fédération de Bosnie-et-Herzégovine et la République serbe de Bosnie, l'écologie a bien du mal à trouver sa place. Pourtant, chacune des deux subdivisions possède un cadre légal défini : le ministère du Tourisme et de l'Environnement pour la Fédération et le ministère de la Planification spatiale, de la Construction et de l'Écologie pour la République serbe. À l'échelle nationale, la Bosnie-Herzégovine essaye de marcher dans les pas de l'Union européenne, et donc de montrer de la bonne volonté sur le plan écologique. C'est pour cela qu'elle a signé les accords de Paris dès 2016, ou qu'elle s'est dotée en 2017 d'un plan d'action visant à se rapprocher des normes environnementales européennes, avec un budget attribué. Dans les faits, les progrès sont lents, justement à cause du manque de finances. La redynamisation de l'industrie après la guerre s'équipe bien souvent d'un matériel vétuste, souvent bien dommageable pour l'environnement. Bien que ce soit loin d'être unanime, la jeune génération semble tout de même plus investie dans les problématiques environnementales. Les associations écologistes bourgeonnent dans tout le pays, à l'image d'Eko Centar, fondée à Višegrad en 2020, qui se bat notamment contre la multiplication des minicentrales hydrauliques, ou d'Eko Forum Zenica, qui bataille pour une politique environnementale aux normes internationales.

Le paradoxe bosnien de l'eau

Comment est-il possible qu'un pays dont l'eau est l'une des plus grandes richesses ait de telles difficultés à abreuver sa population ? Avec un réseau fluvial extrêmement développé et des ressources élevées à 10 000 m^3 par habitant, l'un des scores les plus élevés d'Europe centrale, où la moyenne est de 2 400 m^3, l'eau ne devrait pas être un problème. Pourtant, seulement 65 % des Bosniens sont desservis par le réseau d'eau public. C'est d'abord la vétusté des infrastructures qui est pointée du doigt. On estime qu'elle cause des pertes allant jusqu'à 50 % sur le réseau public. En plus de cela, faute de stations d'épuration, seuls 3 % des eaux usées sont traités (contre 85 % en UE).

À cela s'ajoute un problème purement politique : la richesse du réseau fluvial bosnien, qui fait du pays l'un des rares exportateurs européens d'électricité, semble bien souvent bradée aux investisseurs qui multiplient les barrages. La Neretva, bien connue des vacanciers pour couler sous le pont de Mostar, se voit gangrenée de stations hydroélectriques. En 2022, 70 projets de centrales sont étudiés, alors que la situation ne le justifie pas. Les centrales déjà présentes, faute de matériel moderne, ne sont exploitées qu'à 25 % de leurs capacités. Il suffirait donc d'investir dans les centrales actuelles. En 2017, la course au kilowatt avait même asséché le lac Jablanica (p.202), qui permet pourtant à la population de se nourrir d'une pêche abondante. Pourtant, l'hydroélectricité bosnienne a encore des beaux jours devant elle, alors qu'un contrat à 200 millions de dollars a été signé avec une entreprise chinoise, en vue de construire la mégacentrale Dabar. Son réseau labyrinthique de tunnels devrait permettre de détourner 210 m^3 par seconde, et ainsi d'en priver la réserve naturelle d'Hutovo Blato (p.206). Cette zone abrite pourtant une richesse biologique extraordinaire, notamment en raison de la présence de 250 espèces d'oiseaux, se nourrissant des poissons du marais, bientôt asséché.

Absence de réponse face à la pollution

Comme l'eau, les déchets font face à un manque d'infrastructures important. Ainsi, seul 0,5 % des déchets municipaux est recyclé, contre 44 % en moyenne en UE. Mais le recyclage n'est pas la priorité, alors que les bases d'un système de gestion des déchets ne sont pas posées.

Le taux de mise en décharge est deux fois plus important que dans le reste du continent. Le long des routes et des cours d'eau, les bouteilles d'eau, emballages plastiques, sacs poubelles remplis et matériels électroménagers s'accumulent. Le phénomène est tel qu'à la moindre pluie, ces décharges sauvages se délestent d'une partie de leur masse, qui finit sa course dans les rivières. La rivière Drina disparaît ainsi parfois sous une épaisse couche de détritus. Son importance est pourtant vitale, puisqu'elle irrigue la majeure partie des forêts bosniennes.

Ce problème récurrent est même source de tensions entre la Bosnie-Herzégovine, la Serbie et le Monténégro, qui partagent plusieurs cours d'eau en commun et renvoient donc toujours la balle aux municipalités en amont, sans trouver de solutions. L'Union européenne essaye pourtant d'apporter des fonds pour améliorer la situation, mais le chemin reste long.

Les déchets qui sont quant à eux collectés finissent généralement incinérés, et cette fumée toxique vient s'ajouter aux émanations des centrales à charbon et aux gaz d'échappement des véhicules d'un autre temps. Le charbon est un problème récurrent, alors que les 18 centrales des Balkans polluent à elles seules plus que les 250 centrales européennes. Sarajevo s'est ainsi parfois retrouvée en tête des villes à l'air le plus pollué au monde.

Une biodiversité préservée par des parcs nationaux

Malgré tout, la biodiversité bosnienne est plutôt bien préservée, puisque le pays a échappé à l'industrialisation massive. Les aires protégées permettent d'assurer la pérennité de cette conservation, à travers neuf statuts différents, parmi lesquels on trouve les réserves naturelles intégrales, qui bénéficient d'un encadrement strict, quatre parcs nationaux ou encore les réserves naturelles.

Parmi ses nombreux trésors : la forêt Perućica, l'une des dernières forêts primaires d'Europe, soit une forêt sans trace de l'activité humaine. Elle entend bien le rester, puisqu'en tant que réserve intégrale, les rares visites se font obligatoirement accompagnées d'un garde forestier. Elle s'intègre elle-même au sein du **parc national de Sutjeska** ★★★ (p.343), le plus ancien de Bosnie-Herzégovine. En plus d'abriter le mont Maglić, plus haut sommet du pays avec ses 2 386 m d'altitude, il abrite une faune et une flore d'une importance capitale. C'est notamment ici que l'on trouve la plus forte concentration de loups et d'ours du pays. Le chamois des Balkans (*Rupicapra rupicapra balcanica*) y a quant à lui fait l'objet d'un programme de réintroduction qui s'est avéré un succès.

Avec près de 20 000 ha de superficie, c'est le **parc national de l'Una** ★★★ (p.302) qui est le plus grand de Bosnie-Herzégovine. Il protège le bassin de la sublime rivière Una. Au-delà de la beauté de ses rapides turquoise, son importance est vitale aussi bien pour la trentaine d'espèces de poissons qui y vivent que pour la flore, parfois rare, qui l'entoure.

Le parc national de Kozara, ouvert sur ordre de Tito, abrite quant à lui des paysages vallonnés et verdoyants typiques du nord du pays. Sapins, hêtres, chênes et pins y forment des couverts forestiers typiques d'Europe centrale. De nombreux petits mammifères y coulent des jours heureux, comme les furets, écureuils et martes. Ils permettent également la présence d'oiseaux de proie, comme les aigles et les chouettes.

Le tout jeune parc national de la Drina a quant à lui été créé en 2017. S'il permet à son échelle de soulager la rivière Drina, il ne suffit pas à la désengorger totalement, puisqu'elle s'étend sur trois pays.

Lac Gorjne Nus, parc national de la Sutjeska.

HISTOIRE

Le XXe siècle a commencé et s'est achevé à Sarajevo : il a commencé avec l'attentat du 28 juin 1914, qui fut l'élément déclencheur de la Première Guerre mondiale, et il s'est achevé avec le terrible siège de la capitale bosnienne, de 1992 à 1996. Si la petite Bosnie-Herzégovine s'est ainsi retrouvée au centre des événements qui ont modelé notre monde actuel, c'est qu'elle occupe une région charnière qui fut l'un des premiers foyers de développement humain en Europe, puis à la croisée des empires, entre l'Orient et l'Occident. De la guerre des Batons, au tournant de notre ère, au camp de concentration de Jasenovac-Donja Gradina, durant la Seconde Guerre mondiale, en passant par le lys des rois de Bosnie et les mosquées ottomanes, l'histoire bosnienne est riche, parfois surprenante et souvent triste. S'y plonger permet en tout cas de mieux comprendre ce qui est aujourd'hui l'un des pays les plus complexes d'Europe.

VERS 30 000 ANS AV. J.-C

Paléolithique : l'arrivée d'Homo sapiens

Homo sapiens s'installe définitivement en Grèce et en Bulgarie il y a environ 50 000 ans, se propageant ensuite au reste de l'Europe *via* le Danube et la Méditerranée. Le peuplement de la Bosnie-Herzégovine va ainsi débuter vers 30000 ans av. J.-C. avec des tribus s'installant aussi bien au nord sur la Save (bassin du Danube) qu'au sud (près de l'Adriatique). Parmi les plus anciens sites figurent celui de la colline de Kadar, le long de la Save, et celui de Velika Gradina (sur le lac de Prozor-Rama), en Herzégovine, où l'on a retrouvé l'un des premiers ateliers de métallurgie au monde. L'Herzégovine abrite aussi l'un des plus anciens monuments humains des Balkans : la grotte de Badanj, près de Stolac. Elle est ornée d'une gravure murales réalisée il y a environ 14 000 ans.

6200-4500 AV. J.-C

Néolithique : cultures de Kakanj et de Butmir

La Bosnie-Herzégovine foisonne de sites de cette période qui ne sont, hélas, pas mis en valeur mais qui passionnent les archéologues. La révolution néolithique (agriculture, sédentarisation) parvient en Bosnie-Herzégovine vers 7000 av. J.-C. Le territoire est alors dominé par deux sociétés : la culture de Starčevo, originaire du Danube, et l'impresso-cardial, issu de l'Adriatique (et qui se propagera dans le sud de la France). De la rencontre de ces deux sociétés naît la culture de Kakanj (6200-4900 av. J.-C.) avec six sites en Bosnie centrale qui ont livré de belles céramiques monochromes aux formes variées que l'on peut voir au Musée national, à Sarajevo. En parallèle, dans la région de Tuzla (Bosnie orientale) commence l'exploitation d'une des plus anciennes mines de sel d'Europe, à Donja Tuzla, vers 5300 av. J.-C. Mais c'est surtout la culture de Butmir (5100-4500 av. J.-C.) qui connaît le plus fort développement avec 35 sites autour de Sarajevo et en Bosnie centrale, notamment ceux de Butmir (Ilidža) et d'Okolište (Visoko). Cette société se distingue par son raffinement, produisant une céramique dont le décor possède une ressemblance troublante avec l'art minoen que l'on trouve en Crète trois mille ans plus tard. Émergent ensuite de nouvelles cultures couvrant surtout le sud du pays et la Dalmatie (Croatie) : la culture de Danilo (4700-3900 av. J-C) et la culture de Hvar-Lisičići (3500-2500 av. J-C).

DU 3E MILLÉNAIRE AU IER SIÈCLE AV. J.-C

Tribus illyriennes

Le troisième millénaire avant notre ère est marqué par l'arrivée de peuples indo-européens, parmi lesquels les Illyriens qui colonisent toute la côte adriatique. Sur le territoire bosnien, ceux-ci se mêlent aux tribus locales ainsi qu'aux Celtes. À partir du VIIe siècle, ils nouent des relations avec les Grecs et s'organisent en petits royaumes. La moitié sud du pays est alors occupée par sept peuples illyriens. La tribu hellénisée des Daorses est la seule à avoir laissé des vestiges importants : les murs cyclopéens de Daorson, leur capitale, près de Stolac.

DU IER SIÈCLE AV. J.-C. AU IVE SIÈCLE APR. J.-C

Période romaine

Romains et Illyriens nouent des contacts à partir du IVe siècle av. J.-C. Mais les relations se tendent au siècle suivant, lorsque les Ardiéens de la Neretva se transforment en pirates de l'Adriatique. Dotés d'une flotte puissante, ils perturbent le commerce et s'emparent de territoires jusqu'en Grèce. Rome réplique en lançant les guerres illyriennes (229-127 av. J.-C.). Cette série de trois conflits se déroule surtout dans l'actuelle Albanie et s'achève par l'anéantissement des Ardiéens. Le territoire bosnien passe peu à peu sous contrôle de Rome et, en 32 av. J.-C., il est intégré à la province de Dalmatie. Mais dès l'an 6 de notre ère débute une révolte dirigée par deux chefs de tribus de Bosnie : Baton le Dæsitiate et Baton le Breuce. Cette « guerre des Batons » (*Bellum Batonianum*) est courte et peu connue. C'est pourtant l'un des plus importants conflits menés par Rome qui mobilise jusqu'à quinze légions face à un million de guerriers illyriens et pannoniens. Après plusieurs défaites en Croatie et Serbie, les troupes de l'empereur Tibère saccagent la Bosnie-Herzégovine pour affamer les insurgés et obtiennent leur reddition en l'an 9. Le retour à la paix ne se traduit pourtant que par un faible développement. Si les Romains créent la cité minière d'Argentina (Srebrenica) et quelques villes de garnison, ils n'érigent aucune grande infrastructure (voie pavée, théâtre…). Les seuls vestiges notables sont ceux de la colonie d'Aquae Sulphurae, à Ilidža, et de la *villa rustica* de Mogorjelo, près de Čapljina. La présence romaine entraîne toutefois une arrivée précoce du christianisme, dès la fin du Ier siècle.

Site archéologique de Mogorjelo, près de Čapljina.

DÉCOUVRIR

Le temps des invasions

IVe-Xe SIÈCLES

En 395, face aux invasions qui menacent l'Empire romain, celui-ci est divisé en deux : à l'ouest, l'Empire romain d'Occident est dirigé par Rome ; à l'est, l'Empire romain d'Orient, dit byzantin, a pour capitale Constantinople. Si le territoire bosnien dépend en théorie de l'Empire d'Occident, ce dernier se montre incapable de refouler les Wisigoths qui déferlent sur le pays (375), suivis par les Huns (422-452). Après la chute de Rome (476), le territoire est ravagé par les Ostrogoths (478-480), puis accueille les premiers peuples slaves, dont les Croates (vers 520). En 535, le général byzantin Bélisaire parvient à reprendre la partie sud qu'il place sous la juridiction du diocèse de Ravenne (Italie). Cela explique que l'Herzégovine et la Tropojle soient devenues des terres d'influence latine et catholique. Mais la partie nord passe sous le contrôle des Lombards et des Avars en 567. L'empereur byzantin Héraclius parvient à y rétablir son autorité. En 610, il invite d'autres peuples slaves, dont les Serbes, à s'y installer afin de contrer une nouvelle invasion des Avars. Cette stratégie se retourne contre lui : en 626, les Avars et les Slaves assiègent Constantinople et manquent de faire chuter l'Empire. L'Église byzantine parvient toutefois à rechristianiser les Serbes qui resteront désormais attachés à l'orthodoxie. Mais ceux-ci sont organisés en principautés qui ne parviennent pas à s'unir. Si bien que la Bosnie est envahie par l'Empire carolingien (vers 810), l'Empire bulgare (870), le royaume de Croatie (960), puis de nouveau les Bulgares (997). Lorsque l'empereur byzantin Basile II parvient à reconquérir les Balkans en 1018, son expansion est stoppée par le royaume de Hongrie qui occupe depuis l'an mil la partie ouest de l'actuelle Bosnie-Herzégovine.

Banat de Bosnie

1154-1377

Le terme « Bosnie » apparaît au IXe siècle. L'idée d'un État bosnien indépendant émerge deux siècles plus tard. Le territoire est alors disputé entre l'Empire byzantin et le royaume de Hongrie. Mais compte tenu du relief difficile, ces grandes puissances n'y exercent qu'une autorité limitée. C'est ainsi qu'en 1154, la Hongrie accorde la quasi-indépendance à la Bosnie dirigée par un noble croate, le ban Borić. Lorsque les Byzantins reprennent la main en 1166, le Banat est confié à un autre noble croate, le ban Kulin. Celui-ci s'émancipe et prend la décision d'accueillir en Bosnie le mouvement révolutionnaire chrétien des bogomiles, chassé du reste des Balkans pour « hérésie ». Cela provoque la colère des souverains chrétiens, mais Kulin parvient à éviter la guerre jusqu'à sa mort en 1204. Toutefois, en 1238-1241 a lieu la croisade de Bosnie. Ordonnée par le pape et menée par les Hongrois, celle-ci donne lieu à des massacres en Bosnie centrale. En réaction, le Banat rompt avec Rome. En 1252, l'Église bosnienne est fondée. Ce schisme et l'adoption de l'alphabet cyrillique bosnien au XIIIe siècle traduisent la volonté d'émancipation qui anime alors les bans de Bosnie.

DÉCOUVRIR

Royaume de Bosnie

1377-1463

Depuis 1267, les bans de Bosnie sont les vassaux du royaume de Hongrie. Mais en 1366, le ban Tvrtko Kotromanić refuse de prêter allégeance. Il profite d'un conflit de succession en Hongrie pour se faire couronner roi de Bosnie le 26 octobre 1377 à Visoko. Tvrtko Ier ne se contente pas de donner l'indépendance à son pays, il lui offre de nouveaux territoires. Alors que le royaume se résumait à la Bosnie centrale, il annexe l'Herzégovine, la Bosnie orientale et une portion du Monténégro. En 1390, il étend son territoire à une partie de la côte dalmate. Cette extension est peu contestée : les États voisins sont affaiblis par l'avancée fulgurante des Ottomans dans les Balkans. À sa mort en 1391, dans la forteresse royale de Bobovac, Tvrtko laisse un pays riche, grâce aux mines d'argent de Fojnica et de Srebrenica, et uni, malgré les trois religions qui se côtoient (orthodoxie, catholicisme et Église de Bosnie). Mais ses treize successeurs vont se perdre en une série de conflits internes. En 1388, les Ottomans lancent les premiers raids contre le royaume, puis grignotent peu à peu le territoire sans rencontrer de réelle résistance. En mai 1463, après la reddition de la ville de Jajce, Stjepan Tomašević, dernier roi de Bosnie, est décapité.

Au temps de l'Empire ottoman

1463-1878

Les Ottomans s'emparent de la Bosnie-Herzégovine en 1463. Mais dès 1464, le roi hongrois Matthias Corvin reprend Jajce et fonde des principautés bosniennes qui tiennent jusque dans les années 1530. Quant à Bihać, elle ne tombe qu'en 1592, défendue par la Croatie, vassale des Habsbourg d'Autriche. Ces derniers parviennent même un temps à contrôler la Bosnie (1718-1739). Pour autant, les Ottomans mettent fin au système féodal et organisent la province en deux régions : le *sanjak* de Bosnie et celui d'Herzégovine qui sont confiés à une élite locale. Cette période est aussi marquée par un développement urbain avec la création de Sarajevo (1461) et la généralisation du modèle de la *charchia*, complexe à la fois commercial et religieux installé au cœur des villes, comme Baščaršija, à Sarajevo, et le quartier du Vieux-Pont, à Mostar. L'autre fait marquant est l'islamisation. Environ un tiers de la population est convertie, principalement pour éviter le *haraç* (impôt dû par les non-musulmans) et le *devşirme* (levée d'enfants chrétiens destinés à l'armée et à l'administration ottomanes). Par pragmatisme, les Ottomans accordent une large autonomie aux autres religions. En 1541, ils accueillent à Sarajevo des Juifs chassés d'Espagne qui sont souvent des artisans et des marchands qualifiés. Ils se reposent aussi sur le clergé orthodoxe pour percevoir le *haraç*. Mais ce système fait naître des inégalités entre musulmans (élite urbaine, propriétaires terriens) et chrétiens (paysannerie), mais aussi parmi les chrétiens, puisque les catholiques sont défavorisés par rapport aux orthodoxes. Les trois grandes communautés du pays se mettent alors en place : les Serbes (orthodoxes), les Bosniaques (musulmans) et les Croates (catholiques). Au XIXe siècle, l'Empire connaît une grave crise. Incapable de se moderniser, il suscite la colère des populations. Les propriétaires terriens bosniaques se révoltent en 1831-1832. Au même moment, la Grèce devient la première nation des Balkans ottomans à accéder à l'indépendance, suscitant une montée du sentiment national chez les autres peuples chrétiens. C'est ainsi qu'éclate la Grande Crise orientale (1875-1878) avec le soulèvement des Serbes en Bosnie et en Herzégovine et une série de guerres dans la péninsule. Acculé par les grandes puissances, l'Empire ottoman doit signer le traité de Berlin (13 juillet 1878) qui reconnaît la souveraineté de la Serbie, de la Roumanie et du Monténégro. Ce traité confie aussi le sort de la Bosnie-Herzégovine à l'Empire austro-hongrois.

Empire austro-hongrois

1878-1918

Jusqu'en 1908, la Bosnie-Herzégovine demeure officiellement ottomane. Mais ce sont bien les Austro-Hongrois qui gouvernent la province à partir de 1878. Ceux-ci lancent un programme de modernisation avec la construction de voies ferrées, de systèmes d'égouts ou encore de bâtiments publics, comme la Vijecnica de Sarajevo (1896), qui adopte un style néomauresque censé se fondre dans un paysage urbain dominé par l'architecture islamique. Tout est fait pour assurer une continuité avec les Ottomans et, surtout, promouvoir une identité bosnienne : trois religions, certes, mais un seul peuple. Cela passe notamment par une représentation politique égalitaire des trois grandes communautés. Si les Bosniaques (37 % de la population) adhèrent globalement, les Croates (18 %) se sentent déçus par cet empire catholique qui ne les favorise pas davantage. Quant aux Serbes (43 %), ils se montrent d'autant plus hostiles aux Austro-Hongrois que ceux-ci entretiennent des relations houleuses avec le royaume de Serbie. Ainsi, ce sont les services secrets de la Serbie qui organisent l'assassinat de l'héritier du trône des Habsbourg, l'archiduc François-Ferdinand, à Sarajevo, le 28 juin 1914. Cet événement est l'étincelle qui provoque la Première Guerre mondiale. Le conflit entraîne la mort de 10 % des Bosniens et la disparition de l'Empire austro-hongrois.

Royaume de Yougoslavie

1818-1941

En 1918, la Bosnie-Herzégovine est intégrée à la Yougoslavie, d'abord appelée royaume des Serbes, Croates et Slovènes. Les Serbes, qui ont été le peuple européen le plus meurtri par la Première Guerre mondiale (20 % de morts), dirigent d'une main de fer cette monarchie constitutionnelle à la tête de laquelle est placé un roi serbe. Les musulmans (Bosniaques, Albanais…), qui représentent 30 % de la population yougoslave, sont relégués au second plan. De profondes reformes agraires suscitent le mécontentement en Croatie et chez les propriétaires terriens bosniaques. En 1929, le royaume devient une monarchie quasi absolue, change de nom pour devenir le royaume de Yougoslavie et un nouveau découpage administratif fait disparaître la Bosnie-Herzégovine. Celle-ci se retrouve éclatée entre quatre entités : la banovine de la Drina (Bosnie centrale, Bosnie orientale, ouest de la Serbie), la banovine du Vrbas (Krajina bosnienne), la banovine du Littoral (Tropolje, Herzégovine occidentale, nord ouest de la côte dalmate) et la banovine de Zeta (Herzégovine orientale, Monténégro, Serbie centrale, sud-est de la côte dalmate). Alors que le régime traque les militants communistes et indépendantistes, l'illettrisme touche 80 % des Bosniens. La colère grandit, notamment chez les Croates. Le roi Alexandre Ier est assassiné lors de son arrivée à Marseille, le 9 octobre 1934, par un Macédonien manipulé par l'extrême droite croate. Une régence de plus en plus pronazie s'installe alors au pouvoir.

DÉCOUVRIR

1939-1941

Seconde Guerre mondiale

Si la Yougoslavie est restée neutre au début du conflit, le coup d'État qui renverse le régime pronazi, le 27 mars 1941, provoque l'invasion du royaume par l'Allemagne en onze jours (avril 1941). La Bosnie-Herzégovine se retrouve occupée par le nouvel État indépendant de Croatie, pronazi, qui persécute les Serbes, les Juifs et les Roms. En août 1941 est créé le camp de concentration de Jasenovac-Donja Gradina, où environ 100 000 personnes trouveront la mort. Les massacres ont aussi lieu dans les villes et les villages, menés par les soldats allemands et croates, les oustachis (nationalistes croates), et des supplétifs bosniaques. La position des Bosniaques est toutefois à nuancer. Présentés par la propagande croate comme des « Aryens » ou des « Croates musulmans », plusieurs milliers d'entre eux s'enrôlent dans la division SS Handschar en 1943. Mais dès 1941, une centaine d'imams bosniaques condamnent la persécution des Serbes. De nombreux musulmans viennent aussi en aide aux victimes, sauvant même la *Haggadah de Sarajevo*, précieux livre médiéval de la communauté juive. Surtout, les Bosniaques s'engagent massivement aux côtes des Serbes au sein de la résistance communiste dirigée par Josip Broz, dit Tito (1892-1980). La Bosnie-Herzégovine devient d'ailleurs le principal théâtre d'opérations yougoslave. L'impressionnant monument de la bataille de Sutjeska rappelle les grands affrontements qui se déroulèrent ici à partir de 1942. Dans le sud du pays, où Tito avait son quartier général, les partisans possédaient même une ligne de train reliant Bihać et une base aérienne à Glamoč. C'est ainsi que la Yougoslavie parvint, presque sans aide extérieure, à se libérer en mai 1945. Toutefois les derniers combats furent fratricides, puisque le second mouvement de résistance, celui des tchetniks (nationalistes serbes), s'allia aux Allemands contre les troupes de Tito. Sur les 14,5 millions d'habitants que comptait la Yougoslavie en 1939, un million trouvèrent la mort, dont un tiers en Bosnie-Herzégovine (environ 170 000 Serbes, 75 000 Bosniaques, 65 000 Croates, 10 000 Juifs, 5 000 Roms et 4 000 membres des minorités).

1945-1980

Yougoslavie socialiste (1) : l'apaisement

Au sortir de la guerre, la Bosnie-Herzégovine intègre la République fédérale socialiste de Yougoslavie dirigée par Tito. Elle bénéficie d'une large autonomie au même titre que les cinq autres républiques socialistes (Serbie, Croatie, Slovénie, Monténégro et Macédoine). Si les Serbes ont une nouvelle fois été les principales victimes de la guerre, Tito entend ne pas réitérer les erreurs du royaume de Yougoslavie et fait taire les nationalismes. Les oustachis, les tchetniks et les « nationalistes musulmans » (bosniaques et albanais) sont condamnés, de même que les stalinistes après la rupture avec l'URSS en 1948. La Yougoslavie opte alors pour le modèle du collectivisme, se rapproche du bloc occidental et garantit la plupart des libertés individuelles. Les religions sont tolérées, mais encadrées, en particulier le clergé catholique croate qui a largement collaboré avec l'État indépendant de Croatie. Les Bosniaques bénéficient de la « nationalité musulmane » qui leur garantit les mêmes droits que les Serbes ou les Croates. République la plus pauvre en 1945, la Bosnie-Herzégovine profite du formidable essor économique yougoslave : 10 % de croissance par an de 1950 à 1965. Mostar, Konjic et Bugojno concentrent les usines d'armement, dont peu de choses subsistent aujourd'hui. Mais on peut toujours visiter le bunker de Tito, à Konjic, et l'immense base aérienne souterraine de Željava, près de Bihać. Le pays se dote aussi de routes, d'hôpitaux, d'universités, de centres culturels et de grands quartiers d'habitation comme Novo Sarajevo et Mostar-Ouest dans les années 1960-1970.

Yougoslavie socialiste (2) : vers la guerre

1980-1992

Après la mort de Tito en 1980, la Yougoslavie est en proie à une grave crise financière et les nationalismes resurgissent. Les premiers troubles apparaissent dans la province serbe du Kosovo en 1981 : les Albanais, majoritaires, réclament le statut de république. Cela favorise l'ascension des nationalistes serbes à Belgrade qui s'immiscent aussi dans les affaires de la Bosnie-Herzégovine. En 1983, ils obtiennent la tenue d'un grand procès à Sarajevo où quatorze intellectuels bosniaques sont condamnés, dont le juriste Alija Izetbegović (1925-2003), auteur d'un pamphlet « islamiste ». L'année suivante, en février 1984, Sarajevo accueille les Jeux olympiques d'hiver. Ce sera le dernier symbole d'unité de la Yougoslavie. Car partout, les nationalistes s'emparent du pouvoir, comme Franjo Tuđman (1922-1999) en Croatie et Slobodan Milošević (1941-2006) en Serbie. En 1990, après six années de prison, Izetbegović devient quant à lui le président de la Bosnie-Herzégovine et prépare la cessation de la Yougoslavie. Il est devancé par la Croatie et la Slovénie qui déclarent leur indépendance en juin 1991, provoquant l'intervention de l'armée yougoslave contrôlée par les Serbes. C'est le début des guerres de Yougoslavie (1991-2001). En Slovénie, le premier conflit est court (26 juin-7 juillet 1991), peu meurtrier (63 morts) et se conclut par la reconnaissance de l'indépendance du pays par la Yougoslavie. Mais en Croatie, les habitants serbes réclament la sécession de certaines régions. La guerre va durer quatre ans (17 août 1991-12 novembre 1995), faire plus de 22 000 morts et déborder sur la Bosnie-Herzégovine.

© FOTOKON - SHUTTERSTOCK.COM

Le podium des Jeux olympiques d'hiver de 1984 sur le mont Igman.

Guerre de Bosnie (1) : le déclenchement

6 AVRIL 1992

Le conflit européen le plus meurtrier depuis la Seconde Guerre mondiale débute dès la proclamation d'indépendance de la Bosnie-Herzégovine, le 6 avril 1992. Le même jour, le leader des Bosno-Serbes Radovan Karadžić (né en 1945) annonce la création d'une République serbe de Bosnie et ordonne le bombardement de la capitale bosnienne. Déjà formée et équipée grâce à la capture des dépôts d'armes, son armée de 80 000 soldats a commencé dès la veille à encercler Sarajevo avec le soutien de l'armée yougoslave afin d'obliger le président Izetbegović à renoncer à l'indépendance. Le plus long siège de l'histoire moderne va durer trois ans, huit mois et neuf jours, entraînant la mort de plus de 8 000 personnes. En face, l'armée nationale bosnienne (surtout composée de Bosniaques) compte alors environ 90 000 volontaires. Mais elle est mal équipée et mal formée. Le président Izetbegović doit ainsi se résoudre à confier des commandements à des repris de justice et à des chefs de gangs peu fiables. Malgré le déploiement de 39 000 casques bleus de la Force de protection des Nations unies (Forpronu) à partir de juin 1992, le conflit se propage rapidement au reste du pays. Car la Russie, alliée à la Serbie, a tout fait pour limiter le mandat des soldats de la paix au Conseil de sécurité.

18 OCTOBRE 1992

Guerre de Bosnie (2) : la guerre dans la guerre

La guerre change de dimension le 18 octobre 1992. Tout d'abord, l'ONU obtient que l'armée yougoslave se retire. Mais celle-ci laisse derrière elle une grande partie de ses officiers et de son matériel à l'armée bosno-serbe. Le même jour commence un autre conflit au sein du pays : la guerre croato-bosniaque. Une armée bosno-croate d'environ 40 000 soldats s'est en effet formée et entre en action dans le Sud avec le soutien de l'armée croate. Un accord secret vient en effet d'être conclu entre les présidents Milošević (Serbie) et Tuđman (Croatie) pour se partager la Bosnie-Herzégovine. Sur le terrain, les forces bosno-serbes et bosno-croates pratiquent le « nettoyage ethnique », chassant les habitants qui ne sont pas de leur communauté, principalement les Bosniaques, occasionnant au passage des viols quasi systématiques et parfois des tueries. Les Bosno-Serbes se rendent ainsi maîtres de plus de la moitié du pays. Ils sont en revanche chassés de certaines villes comme Livno et Stolac. À Mostar, les Bosno-Croates s'allient d'abord avec l'armée bosnienne contre les Bosno-Serbes, puis se retournent contre l'armée bosnienne. Mais cette dernière résiste. Le siège entraînera la mort de 2 000 personnes et d'importantes destructions, dont le célèbre Vieux-Pont en novembre 1993.

18 MARS 1994

Guerre de Bosnie (3) : le tournant

À partir de janvier 1994, l'armée bosnienne parvient à prendre l'avantage face aux Bosno-Serbes et aux Bosno-Croates. Ces derniers acceptent alors de signer l'accord de Washington, le 18 mars 1994, qui met fin à la guerre croato-bosniaque. Dès lors, les anciens ennemis unissent leurs forces (environ 250 000 soldats) contre l'armée de la République serbe de Bosnie (moins de 100 000 combattants). Dans les mois qui suivent, celle-ci doit reculer et commet de plus en plus d'atrocités, notamment le massacre de Srebrenica en juillet 1995, où plus de 8 300 Bosniaques sont tués. Elle s'en prend aussi davantage aux casques bleus. Malgré leur mandat limité, ceux-ci commencent à répliquer. C'est le cas le 27 mai 1995, lorsque des casques bleus français reprennent le pont de Vrbanja, à Sarajevo, lors d'un assaut mené baïonnette au canon. Mais l'événement qui marque alors l'opinion internationale est le bombardement du 28 août 1995 qui frappe le marché Markale, à Sarajevo, faisant 37 morts. Les États membres de l'Otan réagissent et lancent une vaste opération de bombardement aérien du 30 août au 20 septembre 1995 contre l'armée bosno-serbe. Cela favorise alors les armées bosnienne et bosno-croate qui s'emparent de villes occupées pendant trois ans comme Sanski Most, Kupres, Jajce, Zavidovići et Mrkonjić Grad, où aura lieu l'un des rares massacres de Bosno-Serbes (181 morts en octobre 1995). Mais leur avancée est stoppée nette par les accords de Dayton.

Guerre de Bosnie (4) : la fin des combats

14 DÉCEMBRE 1995

Les accords de Dayton, signés à Paris le 14 décembre 1995, mettent fin à la guerre après trente-quatre jours de négociations dans une base militaire américaine située près de Dayton, dans l'Ohio. Les dirigeants de Bosnie-Herzégovine, de Yougoslavie et de Croatie cosignent le document ainsi que les représentants des Bosno-Serbes et des Bosno-Croates. Si, après trois ans de refus, Milosević et Karadžić acceptent la paix, c'est que, sur le terrain, les troupes bosno-serbes sont sur le point de s'effondrer. Ils reconnaissent certes l'indépendance de la Bosnie-Herzégovine, mais l'entité semi-indépendante de la République serbe de Bosnie est, elle aussi, officialisée. Comme le diront plus tard des négociateurs français et américains, les accords de Dayton sont une victoire pour le camp serbe. Ces mêmes accords définissent aussi les institutions de la Bosnie-Herzégovine, qui sont parmi les plus complexes au monde. Ils prévoient enfin le déploiement d'un contingent de 55 000 soldats de l'Otan chargés du maintien de la paix : l'IFOR (Im plantation Force), qui est aujourd'hui remplacé par la force de l'Union européenne Althea (1 600 militaires). Au total, la guerre de Bosnie a causé la mort ou la disparition d'environ 101 000 Bosniens : 62 100 Bosniaques (dont 31 600 civils), 25 300 Bosno-Serbes (dont 4 200 civils), 8 500 Bosno-Croates (dont 2 500 civils) et 5 100 personnes non identifiées (des corps continuent d'être découverts chaque année). Par ailleurs, environ 2 millions d'habitants ont été déplacés, dont près de la moitié à l'étranger. Le pays comptait 4,4 millions d'habitants en 1991, contre 3,5 millions en 1996.

Guerre de Bosnie (5) : la justice

DEPUIS 1995

Année après année, le pays suit toujours les procès des responsables de crimes commis durant la guerre de Bosnie. Entre 1996 et 2021, 89 Bosniens ont été reconnus coupables par la justice internationale (cour de La Haye, aux Pays-Bas) ou par la Cour d'État de Bosnie-Herzégovine de génocide et/ou crime contre l'humanité et/ou crime de guerre et/ou infractions graves à la convention de Genève. Les deux plus hauts responsables, Radovan Karadžić (président de la République serbe de Bosnie de 1992 à 1996) et Ratko Mladić (commandant de l'armée bosno-serbe), ont quant à eux été condamnés à la prison à vie, l'un en 2019, l'autre en 2021. Toutefois, la majorité des Bosno-Serbes ayant commis des massacres, dont celui de Srebrenica, n'ont pas été poursuivis. Enfin, certains inculpés sont morts avant leur verdict. C'est le cas du président serbe Slobodan Milošević qui est décédé à La Haye après cinq ans de procès en 2006.

Un pays en crise

DEPUIS 1995

Les accords de Dayton qui ont mis fin à la guerre ont non seulement provoqué la division du pays, mais aussi une crise économique. Sous l'influence des États-Unis, la Bosnie-Herzégovine est passée du collectivisme au modèle libéral. Tandis qu'une minorité d'habitants s'est enrichie dans des conditions souvent troubles, nombre d'entreprises ont fermé, faisant grimper le taux de chômage en flèche (31 % en 2006). Face à cette situation, au blocage des institutions et à la corruption généralisée, en février-mars 2014, les grandes villes industrielles de Tuzla et de Sarajevo ont été secouées par de vastes manifestations spontanées. Ce mouvement, appelé le « printemps bosnien », n'a hélas débouché sur aucune réforme majeure. Il s'est même traduit en République serbe de Bosnie par une dérive autocratique et indépendantiste de la part de l'élite nationaliste bosno-serbe. Alors que le pays est toujours en proie au chômage (37 % de la jeunesse est sans emploi) et à un fort déclin démographique, la seule perspective semble être l'Union européenne. Celle-ci est déjà le principal soutien économique et politique de la Bosnie-Herzégovine. En 2022, elle a aussi accordé le statut de « candidat officiel » au pays. Le chemin à parcourir pour devenir membre de l'UE reste long, mais cela apporte enfin une vraie lueur d'espoir aux habitants.

LES ENJEUX ACTUELS

La Bosnie-Herzégovine n'est pas simple à comprendre. Très éprouvée par le conflit de 1992-1995, la population est divisée entre trois religions et par des institutions qualifiées de « système politique le plus compliqué au monde ». Cette réalité est tangible lorsqu'on voyage entre des villes qui affichent des symboles bien distincts : édifices religieux, drapeaux, graffitis, monuments à la mémoire des victimes ou des combattants des guerres passées, etc. Dans le contexte d'un risque réel de scission du pays, toutes les autres questions de société passent au second plan des débats nationaux. Les problèmes du chômage et du déclin démographique, de la corruption des élites, mais aussi la place des femmes et des minorités sont pourtant des enjeux importants. Car il y a fort à parier que si le pays était plus riche, plus vertueux et plus inclusif, il serait nettement moins englué dans les luttes de pouvoir que se livrent les communautés.

Un pays divisé

La guerre de 1992-1995 a bouleversé la Bosnie-Herzégovine. Toute une partie de la population a été déplacée. D'un point de vue institutionnel, le pays est depuis la fin du conflit divisé en trois entités : la République serbe de Bosnie (49 % du territoire), qui est essentiellement peuplée de Bosno-Serbes de confession chrétienne orthodoxe, la Fédération de Bosnie-et-Herzégovine (50 % du territoire), où, selon les cantons, dominent les Bosniaques musulmans ou les Bosno-Croates chrétiens catholiques, et le petit district de Brčko (1 % du territoire), seule entité à voir conservé son caractère multicommunautaire d'avant-guerre. Ainsi, à quelques exceptions près, les Bosniaques, les Bosno-Serbes et les Bosno-Croates vivent désormais chacun de leur côté, dans des régions qui étaient autrefois mixtes. À cela vient s'ajouter le fort ressentiment des familles déplacées et des anciens combattants qui soutiennent des partis politiques nationalistes ayant peu d'égard pour l'intérêt général de la nation. Cela se traduit par des blocages institutionnels. Faute de consensus, les institutions culturelles nationales sont en crise, à l'image du Musée national, à Sarajevo, qui est resté fermé plusieurs années et qui souffre toujours d'un manque de financement. Autre exemple sur les questions de santé : face au coronavirus, la République serbe de Bosnie a adopté des mesures bien plus laxistes que les deux autres entités avec, à la clé, une situation sanitaire déplorable.

Un cadre politique complexe

Les accords de Dayton signés à Paris le 14 décembre 1995 régissent le fonctionnement des

© AJDIN KAMBER/SHUTTERSTOCK.COM

Drapeaux de Bosnie-Herzégovine devant le parlement à Sarajevo.

DÉCOUVRIR

Rose de Sarajevo en hommage au Siège de Sarajevo de 1992-1996.

institutions du pays. S'ils ont mis fin à la guerre de Bosnie-Herzégovine, ils ont créé les conditions de la division actuelle du pays. Déjà, ce sont ces accords qui ont donné naissance aux trois entités politiques que sont la République serbe de Bosnie, la Fédération de Bosnie-et-Herzégovine et le district de Brčko. Chacune possède une large autonomie avec une Constitution, un président (sauf pour le district de Brčko), un gouvernement et un parlement. Au niveau national, le pays est dirigé par une présidence collégiale de trois élus représentant chacun une des communautés principales. Ce système implique que chaque communauté vote pour ses propres partis politiques. Non seulement aucune place n'est prévue pour des partis transcommunautaires, mais les minorités (les Roms, les Albanais, les Monténégrins…) doivent se faire enregistrer en tant que « Bosniaques », « Serbes » « Croates » ou « autres » pour pouvoir voter. Enfin, le plus haut pouvoir politique est occupé par un étranger. Il s'agit du « haut-représentant international en Bosnie-Herzégovine ». Ce poste est confié depuis sa création en 1995 à des responsables politiques de pays de l'UE – c'est l'ancien ministre de l'Agriculture allemand Christian Schmidt qui occupe cette fonction depuis 2021. Secondé par un diplomate américain, le haut-représentant possède de larges prérogatives, comme de pouvoir révoquer des élus locaux corrompus. S'il a par le passé joué un rôle important, par exemple en imposant un système unique pour les plaques d'immatriculation ou en indexant la monnaie nationale sur l'euro, il reste à l'écart de la plupart des débats qui agitent la société aujourd'hui.

Un risque d'éclatement

En République serbe de Bosnie, une majorité de la classe politique souhaite l'indépendance de son entité, faisant craindre une nouvelle guerre. L'idée est portée par Milorad Dodik. Né à Banja Luka en 1959, c'est l'homme fort de l'entité bosno-serbe. Président de celle-ci depuis 2010, il s'affiche comme un ultranationaliste et bénéficie du soutien non seulement des dirigeants de la Serbie, mais aussi du président russe Vladimir Poutine. Ainsi, depuis 2021, Milorad Dodik a entrepris de bloquer les institutions centrales du pays (justice, impôts, armées) en affichant son « mépris » pour la Bosnie-Herzégovine. Toutefois, malgré sa victoire aux élections d'octobre 2022 (avec un fort soupçon de fraude électorale), son projet de sécession est freiné. D'une part, les pays occidentaux voient l'indépendance de la République serbe de Bosnie comme une violation des accords de Dayton et menacent l'entité de fortes sanctions en cas de sécession. D'autre part, depuis février 2022, la guerre en Ukraine est venue fissurer l'unité des nationalistes serbes soutenus par Vladimir Poutine. En Serbie, une majorité d'entre eux a condamné l'agression russe et souhaite éviter de s'opposer frontalement au bloc occidental par crainte de sanctions. Milorad Dodik se retrouve donc isolé. De même, certains nationalistes bosno-croates, qui bénéficiaient, eux aussi, du soutien russe, ont depuis la guerre en Ukraine mis en sourdine leur projet séparatiste des cantons peuplés en majorité de Bosno-Croates, en Tropolje et en Herzégovine.

Les traces de la guerre

Elles sont visibles partout, des portraits de criminels de guerre peints sur les murs de Srebrenica aux impacts d'explosion ou de tirs de snipers dans les rues de Sarajevo. Malgré des milliards d'euros d'aide internationale investis pour la reconstruction du pays, celui-ci n'a toujours pas pansé complètement ses plaies. Toute une partie des usines des secteurs de l'automobile, de l'armement et de l'aéronautique a fermé définitivement à cause du conflit, engendrant un fort taux de chômage qui alimente l'exode massif de la jeunesse. Mais les cicatrices les plus profondes restent invisibles. Il s'agit des troubles psychologiques subis par les anciens combattants, par les blessés et orphelins de guerre, par les proches des familles de victimes, par les femmes violées et par les centaines de milliers de réfugiés intérieurs. Des pensions spéciales et des ONG viennent un peu soulager ces souffrances. Mais il suffit parfois d'une phrase, d'un mot dans une conversation pour raviver les souvenirs d'un conflit qui reste encore très vivace dans la mémoire collective, y compris parmi les jeunes générations nées après 1995. C'est sur ce terreau qu'ont fleuri les partis nationalistes qui polluent aujourd'hui la vie politique bosnienne. On recommande d'ailleurs d'aborder avec prudence toutes les questions relatives aux conflits qu'a traversés le pays au cours du XXe siècle.

L'ingérence étrangère

Elle est officielle et plutôt bénéfique dans le cas de l'Union européenne. Celle-ci nomme le haut-représentant international en Bosnie-Herzégovine, finance toutes sortes de projets et dirige une mission militaire de maintien de la paix, la force européenne Althea (du nom de la déesse grecque de la Guérison Althée) qui compte aujourd'hui environ 1 600 militaires. L'UE est surtout un horizon d'espoir pour les habitants. Le pays a déposé son dossier de candidature pour l'adhésion en 2016 et s'est vu reconnaître le titre de « candidat officiel » en 2022. Cela se traduit par une convergence aux niveaux des normes et des lois, mais aussi par une aide financière accrue. Toutefois, aucun accord sur les taxes douanières n'est encore à l'ordre du jour. Cela demeure un frein aux échanges, notamment avec l'Allemagne, la Croatie, l'Italie et l'Autriche qui sont les principaux partenaires économiques du pays. L'influence des États-Unis demeure, elle aussi, très forte. Ceux-ci disposent sur place d'une immense ambassade à Sarajevo et d'un diplomate au sommet de l'État chargé de seconder le haut-représentant. Washington, qui a défini les termes des accords de Dayton sous la présidence de Bill Clinton, demeure très impliqué, notamment pour garantir l'intégrité du pays face aux nationalistes bosno-serbes soutenus par Moscou. La Croatie et la Serbie, nations voisines et belligérantes durant le conflit bosnien, avancent aussi leurs pions. Par exemple, les habitants bosno-serbes peuvent bénéficier de la nationalité serbe offerte par Belgrade. Zagreb fait de même avec les Bosno-Croates, avec l'attrait supplémentaire de l'accès à l'Union européenne qui va de pair avec la nationalité croate. La communauté bosniaque est quant à elle la cible d'une opération séduction lancée par les riches pays musulmans du Golfe (Arabie saoudite, Koweït, Qatar...). Depuis la fin de la guerre, ceux-ci financent des mosquées ou des médias (dont la grande chaîne d'information Al Jazeera Balkans lancée en 2011), mais aussi des organisations religieuses, avec à la clé l'essor d'un islamisme radical, certes marginal, mais qui a déjà provoqué des actes de terrorisme. Enfin, la Turquie est présente dans toute l'ex-Yougoslavie. Ici, Ankara restaure des mosquées, favorise les investissements turcs et s'assure des relais d'opinion, notamment auprès des communautés bosniaque et bosno-serbe.

Une identité bosnienne malgré tout

Malgré ses divisions, la Bosnie-Herzégovine possède une véritable identité nationale. Déjà, les habitants parlent tous la même langue. Certes, il existe ici à présent trois « langues officielles » : le bosniaque, le croate et le serbe. Mais les différences sont ténues : certains mots de vocabulaire, l'utilisation fréquente du cyrillique pour le serbe et quelques particularismes régionaux. Si bien que les Bosniens de toutes origines peuvent se parler et suivent *grosso modo* les mêmes programmes à la télévision. Ils sont aussi très attachés à leur histoire, en particulier à la figure des rois bosniens et aux *stećci* du Moyen Âge. Ils partagent les mêmes passions pour le sport et la pratique du sport, les musiques traditionnelles locales, la nourriture de rue (bureks et *ćevapi*) et les montagnes et les rivières. Sur le terrain, des associations de montagnards ou d'écologistes militent ensemble pour sauvegarder l'environnement. Si les mariages mixtes sont désormais rares, ils étaient fréquents avant la guerre. Ainsi, de nombreux enfants de double culture aujourd'hui devenus adultes continuent de faire le lien entre les communautés. D'un point de vue génétique, les Bosniens dans leur ensemble ont aussi hérité de leurs ancêtres de la préhistoire un particularisme qui en fait les plus grands hommes d'Europe.

BEAUX-ARTS

Terre de contrastes, la Bosnie-Herzégovine abrite un patrimoine ancestral. Située à la frontière de l'Empire romain d'Orient et d'Occident, elle a accueilli les civilisations les plus variées. Après quatre siècles de domination ottomane, et des conflits particulièrement destructeurs, la Bosnie-Herzégovine conserve de précieux vestiges. Des sites archéologiques d'exception, comme la cité de Stolac, des traces romaines et byzantines, mais aussi des lieux de culte d'une rare diversité. Car ici, toutes les principales religions sont représentées. A l'époque moderne, des talents se démarquent en peinture et en sculpture. Certains restent, d'autres choisissent de s'exiler pour lancer leur carrière. Mais où qu'ils soient, l'histoire nationale reste dans le cœur des artistes bosniens. Ce sont avant tout des trajectoires individuelles qui ont tissé le paysage artistique actuel. A découvrir dans l'espace public et dans les musées du pays !

Émergence de la peinture

La peinture d'icônes religieuses compte parmi les arts les plus anciens de la Bosnie-Herzégovine. Peintes sur des panneaux de bois, elles sont destinées aux églises orthodoxes, nombreuses dans ces régions.

La création d'images sacrées apparaît dans la culture gréco-byzantine. Les canons stylistiques de l'icône perdurent de longs siècles dans le monde chrétien. L'icône est largement diffusée dans les Balkans. Héritière de l'art de la mosaïque, ces peintures en reprennent les caractéristiques : les figures de face, représentées par à-plat, les drapés raides, le naturalisme et la palette riche.

Lieu de culte depuis le VIe siècle, l'**église des archanges-Michel-et-Gabriel** (p.115) à Sarajevo abrite une iconostase (vaste mur d'icônes) en excellent état de conservation.

Temps modernes

La Bosnie, pourtant enclavée, reçoit tous les courants européens. Pour suivre l'apparition de l'identité culturelle nationale, la **Galerie nationale de Bosnie-Herzégovine** (p.116) à Sarajevo présente, en exposition permanente, trois siècles de peinture en Bosnie. Le **Musée d'art contemporain de la République serbe** (p.266) à Banja Luka se concentre sur les premiers maîtres contemporains.

Gabriel Jurkić (1886-1974) est le plus important représentant du courant Art moderne. Né à Livno, Gabriel Jurkić étudie la peinture à Zagreb puis à Vienne. Il peint très tôt selon un procédé pointilliste, inspiré de la doctrine de Georges Seurat. Au cours de sa carrière, il s'essaie à tous les genres, du portrait au paysage monumental, et tend de plus en plus vers l'impressionnisme, en particulier l'impressionnisme allemand.

DÉCOUVRIR

Intérieur de la cathédrale orthodoxe de Sarajevo.

A voir, ses toiles des années 1920 : *Sous un parasol* (1919), *Le Retour du troupeau* (1920), et une série de motifs sur la Neretva et le littoral adriatique (certaines sont visibles à Sarajevo). On peut admirer son travail au Musée Franciscain et Galerie Gorica (p.245) situé dans le monastère de Gorica où l'artiste vécut les dix-huit dernières années de sa vie. Différentes facettes de son travail y sont présentées, dont ses paysages hivernaux.
Les moines ont ici réuni une formidable collection d'art contemporain, nettement plus intéressante que la galerie des tableaux du XIXe siècle.

L'influence de Cézanne

Précurseur du cubisme et de l'art postimpressionniste, le Français Paul Cézanne exerce une forte influence sur l'avant-garde bosnienne.

Petar Tiješić (1888-1978), contemporain de Gabriel Jurkić, est un des fondateurs de la peinture contemporaine bosnienne, influencé par Cézanne. Le travail sur la couleur est une marque importante de cet artiste impressionniste par ailleurs très prolifique. Chercheur insatiable, il s'oriente ensuite vers le cubisme selon les motifs et l'on trouve dans la plupart de ses toiles des influences diverses mais souvent françaises et parisiennes. Ce qui ne l'empêche pas d'être considéré, pour ses paysages, comme LE peintre de la Bosnie, dont il restitue la lumière comme nul autre.

De même, Roman Petrović (1896-1947) est un admirateur de Cézanne. Peintre de l'avant-garde, il marque la vie artistique de l'entre-deux guerres. L'Association des Artistes de Bosnie-Herzégovine donne son nom à sa galerie, ouverte en 1980. La Galerija Roman Petrović à Sarajevo reste un haut-lieu d'exposition d'art contemporain et de photographie.

Le solitaire Behaudin Selmanović (1915-1971) connaît lui aussi une période inspirée par Cézanne. Par la suite, il s'oriente vers un art réaliste aux couleurs expressives.

L'une des rares femmes peintres de cette période, Mica Todorović (1900-1981) s'inspire aussi de Cézanne. Dans les années 1930, sa peinture est engagée socialement. Lui succède une période intimiste puis réaliste. Puis, influencée par le parti communiste yougoslave, elle fonde le Collegium Artisticum (p.126), lieu d'exposition toujours actif à Sarajevo. Son parcours est plus militant que la plupart des autres peintres, et ses toiles, souvent plus urbaines.

© PANOGLOBE - SHUTTERSTOCK.COM

« Monument to the Battle for the Wounded » de Boško Kućanski, 1978.

L'expressionnisme de Lazar Drljaca

Comme beaucoup de ses contemporains, Lazar Drljaca (1882-1970) s'inscrit à l'école des Beaux-Arts de Vienne. Dès 1911, il est convié à exposer à l'Exposition internationale de Rome. La même année, il s'installe à Paris et recopie les œuvres des grands maîtres au Louvre.
A son retour, en 1914, il abandonne temporairement la peinture pour voyager. Dans les années 1930, il participe à plusieurs expositions à Mostar ; l'inspiration est revenue. Mais un drame survient en 1943 : un incendie détruit un grand nombre de ses dessins et tableaux. Accablé, sa santé déjà fragile se détériore. Il demeure une vingtaine d'années dans la montagne qu'il ne quitte que pour raisons de santé, en 1959. Ce faisant, il exerce une variété de métiers manuels. L'année 1962 marque sa consécration avec l'exposition individuelle organisée à Mostar pour fêter ses 80 ans. Connu pour son tempérament acariâtre, il tente de s'opposer à l'événement. Il estime ne rien avoir à montrer. Pourtant, son œuvre puissante et variée l'impose comme une figure de l'art bosnien.

Peintres engagés

Vojo Dimitrijević (1910-1980) est l'inclassable de la peinture bosnienne, car influencé par aucune école. Né à Sarajevo, cet avant-gardiste se démarque par un engagement social et antifasciste très fort. C'est naturellement qu'il se rapproche de l'expressionnisme allemand. Après-guerre, il peint les réalités objectives de manière expressionniste puis, après être passé par le style monumental et héroïque (le communisme sans doute), il s'oriente vers le fauvisme que tout le monde a délaissé. Ses toiles sont alors très complexes et symboliques.

Les thèmes sociaux sont également au cœur de la démarche de Daniel Ozmo (1912-1942), peintre de confession juive né à Olovo. A Belgrade, où il poursuit ses études, Ozmo rejoint le parti de la jeunesse communiste. Ozmo s'attache à représenter la vie rurale et le quotidien de la classe ouvrière. Déporté dans le camp de concentration de Jasenovac, l'artiste y dirige un atelier « céramique » qui produit des œuvres de propagande. Il sera exécuté en 1942.

Parmi les peintres politiquement engagés, Mario Mikulić (1924-1991) est aussi caricaturiste. Spécialiste du portrait, il devient quasiment un peintre officiel communiste puisqu'il peint Tito.

Sculpture

La sculpture contemporaine de Bosnie-Herzégovine est représentée par 3 grands noms.

Arfan Hozić (1928-1991). Tour à tour professeur d'arts appliqués et directeur de la Galerie d'art nationale de Bosnie-Herzégovine, il se distingue par des œuvres davantage inspirées par la peinture. Du réalisme social à l'avant-garde, il devint un artiste du « milieu « en revenant au pays après ses études à Belgrade. Il commence par travailler le bois, façonnant des nus polis avant d'adopter la pierre. Ses références sont alors Rodin et Maillol. Il réalise ensuite des portraits imaginaires et des œuvres monumentales. Prolifique, il est comparé à Giacometti pour ses bronzes puis à Brancusi pour ses pierres artificielles. On lui doit notamment le **monument de Smetovi** (p.320), près de Zenica (Bosnie Centrale).

Son contemporain Boško Kućanski (1931-2016), originaire de Krbavica en Croatie, poursuit une longue carrière. Il produit plus de 3 000 sculptures, dessins et peintures au cours de sa vie. Ce touche-à-tout étudie la médecine, les beaux-arts et la philosophie avant de visiter l'Europe et les Etats-Unis. Son parcours inhabituel, à l'époque du réalisme socialiste, lui permet dès le début de trouver son propre chemin en détruisant et transformant les formes pour aboutir à une sculpture moderne unique. Il combine le bois, la pierre, la terre cuite pour aboutir à des instruments métaphoriques qui s'adressent au subconscient et à l'énergie spirituelle. Son art reste avant tout ancré dans les Balkans et son histoire. Les restes de son *Monument to the Battle of the Wounded (The Fist of the Poet)* se dressent depuis 1978 à Makljen, l'œuvre ayant été partiellement détruite en 2000.

Drago Handanović est né en 1939 à Ostrožac, près de Bihać. Il s'installe à Doboj (Bosnie Centrale) où il ouvre son atelier et construit plusieurs monuments. De 1989 à 1992, il enseigne la céramique et la technologie au département céramique à l'Ecole des arts appliqués de Sarajevo et est membre de l'Académie internationale de céramique (AICA). Dans ce domaine, sa recherche de formes modernes le rapproche davantage de la sculpture abstraite. Plusieurs de ses céramiques sont exposées au **Musée régional de Doboj** (p.278).

Contemporain

Depuis la guerre des années 1990, dans un climat peu favorable, une poignée d'artistes tentent de repousser les limites. Tous les nouveaux modes d'expression, dans les arts graphiques notamment, sont expérimentés. Zoran Banović, né en 1966 à Prijedor, propose une nouvelle sensibilité, centrée sur une approche plus libre et plus directe du graphisme. **Ars Aevi** (p.109), le musée d'art contemporain situé à Sarajevo, devient l'emblème de la résistance culturelle. Fondé en 1992, il rassemble des artistes de renommée mondiale, dont Michelangelo Pistoletto, Anish Kapoor ou encore Joseph Beuys.

Sans doute l'artiste le plus célèbre des années 1990, Safet Zec s'expatrie en 1992 à Venise. Longtemps, il vit et expose entre Sarajevo, l'Italie et Paris. Né en 1943 à Rogatica, il devient la figure de proue du « réalisme poétique ». Son immense toile *Descente de Croix*, peinte pour la sacristie de l'Eglise de Jésus à Rome a même été bénie par le Pape François.

Le peintre Mersad Berber s'illustre en intégrant la collection de la Tate Gallery. Né en 1940 à Zagreb, il enseigne aux Beaux-Arts de Sarajevo. Ses cycles complexes de peintures historiques séduisent les collectionneurs du monde entier.

Street Art

A Sarajevo, les graffeurs livrent un combat intense pour assurer leur promotion dans l'espace public. Des techniques empruntées au marketing sont appliquées à la création artistique, dans le but de se faire connaître auprès du public. Cette pratique picturale « coup de poing », qui envahit parfois une rue entière, en force, a pris le nom d'art de guérilla.

Ainsi, les installations de rue se développent depuis la guerre. Celle qui a marqué les annales, la Ligne rouge de Sarajevo, a recouvert en 2012 la rue Maršal Tito. La Red Lign était composée de chaises et d'affiches de guerre.

Les supporters sportifs s'expriment sur les murs, dont les Ultras, peintres amateurs passionnés de football. Autre thème présent, les peintures qui rendent hommage aux victimes de la guerre sont déployées sur des murs abandonnées.

En vous baladant, amusez-vous à repérer les Mr Chat : originaire d'Orléans, le gros chat jaune apparaît une douzaine de fois dans les rues de la capitale !

Les amateurs d'art en plein air ne manqueront pas le Festival d'art de rue de Sarajevo. Durant trois jours, tous les ans au mois de juillet, des concerts accompagnent la réalisation de fresques collectives. Unique dans cette partie de l'Europe, le Beton Fest célèbre l'art de rue en 3D. Toutes les pointures de l'art public se retrouvent à Sarajevo !

ARCHITECTURE

Oubliez vos idées préconçues sur la Bosnie-Herzégovine et laissez-vous emporter par les richesses d'un pays unique. Vous découvrirez d'abord d'étonnants vestiges préhistoriques et antiques. Puis vous serez impressionné par la puissance des forteresses médiévales jalonnant le pays, et par la beauté de l'architecture funéraire de cette époque. Vous ne pourrez qu'être charmé par l'architecture ottomane mêlant science de l'ingénierie, sobriété et art du décor dans de superbes ponts, mosquées et grands complexes résidentiels. Surpris, vous le serez devant les édifices de la période austro-hongroise qui mêlent élan de modernité et emprunts vernaculaires dans un style résolument éclectique. Ne faites pas l'impasse sur la période yougoslave et ses bâtiments alliant modernisme et expressivité. Surtout, ne vous fiez pas aux stigmates de la guerre encore très présents, car derrière eux se cachent de beaux projets contemporains et résolument bosniens !

Aux origines

Tout commence à Okolište qui abrite l'un des plus grands tells néolithiques des Balkans, un tell désignant une colline formée par une continuelle alternance de destructions et de reconstructions de villages… et ceux d'Okoliste pouvaient atteindre 3 000 habitants ! La Bosnie-Herzégovine abrite également des traces de la présence des Illyriens, qui édifiaient leurs villes sur des éperons rocheux qu'ils entouraient de puissants murs fortifiés. À Ošanići, le site archéologique de Daorson nous présente, lui, les vestiges d'une ville hellénistique. Un fort y surplombe une acropole et une zone résidentielle et commerçante. Un mur de pierre constitué de deux tours entourait l'ensemble du site. Mais ce sont surtout les Romains qui ont laissé leur empreinte. Leurs structures étaient avant tout militaires, comme l'atteste le site de Gračine, avec ses vestiges de bâtiments rectangulaires protégés par un rempart de pierres. Le plus impressionnant de tous les sites romains est celui du **site archéologique de Morgojelo** (p.206), à Čapljina. Il s'agit là d'un fascinant exemple de villa suburbaine fortifiée. La *villa rustica* s'est ensuite agrandie pour devenir un *latifundium*, grand domaine agricole exploité de façon extensive. La villa principale se compose de quatre ailes fortifiées délimitant une cour desservant entrepôts et ateliers. Murs massifs et tours, composés d'un mélange de couches de roches calcaires et couches de pierres mêlées de briques, s'y font les gardiens d'un riche décor de mosaïques et de faux marbre. Le site de Morgojelo s'est ensuite transformé en village à l'époque byzantine, dont subsistent deux basiliques à nef disposées de façon parallèle et représentant un bel exemple d'églises doubles, comme on en trouve beaucoup sur la côte dalmate. La basilique paléochrétienne de Gradac est également immanquable pour l'originalité de son plan qui représente l'un des premiers exemples d'ajout d'une chapelle à abside au plan basilical initial.

Puissance médiévale

La Bosnie-Herzégovine est célèbre pour sa multitude de forteresses (plus de trois cents !). Ces complexes systèmes défensifs réalisés dans un impressionnant appareillage de pierres de taille ont souvent été érigés sur les fondations de forts préhistoriques et illyriens. Leurs formes variées s'expliquent par le fait que chaque forteresse s'adapte à la topographie unique des collines ou éperons rocheux. Le polygone irrégulier de la **forteresse de Blagaj** (p.192) en est un parfait exemple. D'un point de vue stylistique, on retrouve dans ces forteresses des influences romanes, notamment dans la sobriété des tours de plan carré, mais aussi gothiques (jeux sur les arcatures, motifs en lancette). Ces forteresses protègent d'étonnants noyaux urbains qui croissent en même temps que leurs remparts s'agrandissent, s'étageant ainsi sur plusieurs niveaux. À l'abri de ses remparts jalonnés de portes fortifiées, la ville de Jajce déploie un urbanisme typiquement médiéval. La citadelle y surplombe une zone résidentielle faite de maisons originellement en bois formant une sorte d'amphithéâtre et dont les espaces sont desservis par un dédale de ruelles et passages voûtés reliant la place centrale. L'église et sa tour-clocher Saint-Luc y sont des immanquables. Les cimetières de tombes médiévales *stećci* sont, eux, les superbes représentants d'une architecture médiévale religieuse. Organisées en rangées, ces tombes sont taillées et sculptées dans le calcaire et impressionnent par leur diversité de formes (dalles, coffres, sarcophages, stèles, dalles surmontées de croix, structures à pignons) et leurs décors sculptés et gravés (hauts et bas-reliefs aux formes géométriques, florales, zoomorphiques, héraldiques et épigraphiques).

© LEV_LEVIN - ISTOCKPHOTO.COM

Forteresse de Blagaj.

Interconfessionnelles, ces tombes sont un symbole de dialogue entre les cultures. Les plus impressionnantes sont à voir dans la région de Stolac. La **nécropole médiévale de Boljuni** (p.216) y abrite des centaines de tombes portant la marque de Grubac, l'un des plus grands artisans de l'époque, qui y déploya des motifs d'une grande originalité (lions, animaux fantastiques aux allures de lézard, rosettes stylisées, personnages dansants...). Une disposition et des motifs qui inspirèrent également les bâtisseurs des tombes en pierre locale du grand cimetière juif de Sarajevo, témoin, lui aussi, d'un fructueux échange entre les cultures.

Richesse ottomane

En parallèle du renforcement des structures défensives existantes (ajouts de poudrières et éléments bastionnés), les Ottomans développent un art du génie civil étonnant. Le **pont Mehmed-Pacha-Sokolović** (p.350) de Višegrad avec ses onze arches maçonnées et le **Vieux-Pont de Mostar** (p.176), avec son arche unique de 28 m de portée et ses tours de protection, ont été pensés par le légendaire Mimar Sinan. Les Ottomans ont également élaboré une très riche architecture de l'eau. Bâti en pierre et recouvert de chaux, avec des murs épais percés de petites ouvertures, et des pièces couronnées de dômes, le hammam de Stolac est un modèle de l'architecture des bains. La fontaine Sebilj de Sarajevo, elle, est l'une des plus belles avec ses élégants lambrequins de bois finement ciselés. Les villes ottomanes sont organisées selon un urbanisme où les espaces verts relient la *čaršija* (centre d'échange et d'artisanat et cœur battant de la ville) aux *mahala* (quartiers résidentiels). Les mosquées y ont une place de premier ordre. Ces dernières se caractérisent souvent par une pièce unique surmontée d'un dôme et flanquée d'un ou plusieurs minarets fins et élancés, et par une décoration mêlant motifs géométriques, floraux et calligraphiques. Les mosquées appartenaient le plus souvent à des ensembles plus vastes rassemblant notamment des caravansérails et des médersas, écoles coraniques organisées autour de cours intérieures ceintes de galeries en bois et aux salles couvertes de dômes aux tailles variées. La mosquée Hadj Halija de Počitelj, la mosquée du Sultan Suleyman de Blagaj et la mosquée Gazi Husrev Beg de Sarajevo comptent parmi les plus belles. De nombreuses villes comme Livno ou Gradac possèdent également des *sahat-kula* ou tours d'horloge de plan carré. Les Ottomans ont aussi développé une riche architecture résidentielle : de plan rectangulaire, fondées sur des bases en pierre, à ossature mêlant briques et bois, aux toits aux avancées en saillie et couverts de bardeaux de bois, de tuiles d'argiles ou de grosses pierres, aux murs chaulés de blanc et percés de fenêtres disposées symétriquement, avec une façade principale ornée d'oriels (balcons en bois fermés et vitrés) et une façade sur cour rythmée de balcons ouverts et porches-galeries en bois sculpté donnant sur une cour arborée et pavée de galets, ceintes de hauts murs... les maisons ottomanes impressionnent par leur harmonie. Les espaces intérieurs y sont divisés en *selamuk* (quartier des hommes public) et *haremluk* (quartier des femmes privé). Au niveau supérieur se trouve le *divanha* ou grand salon que l'on reconnaît à son *musandera*, mobilier en bois intégré. Tous ces espaces sont reliés par des escaliers en bois et donnent sur la cour centrale. Beaucoup de ces maisons appartenaient à de vastes complexes résidentiels. Parmi les plus belles maisons ottomanes du pays, notons la **maison Svrzo** (p.117) à Sarajevo, la kuća Resulbegovića à Trebinje, ou bien encore l'impressionnant complexe de **villas Begovina** (p.221) à Stolac.

Le gymnasium de Mostar.

Éclectisme austro-hongrois

En opposition au caractère « informel » des villes ottomanes, les Austro-hongrois établissent une réglementation urbaine stricte : obligation de permis de construire, mesures de lutte contre les incendies, normalisation des proportions des bâtiments et exigence d'harmonisation des styles. Dans un premier temps, les Austro-Hongrois font souffler sur le pays un vent historicisant, notamment pour les bâtiments publics et les églises. Les deux grands architectes de l'époque sont Karel Pařík et Josip Vancaš. Au premier, surnommé le « bâtisseur de Sarajevo », on doit l'harmonieux et très néoclassique musée national de Bosnie-Herzégovine et l'Académie des beaux-arts (ancien siège de l'Église évangélique) aux atours romano-byzantins. Au second, on doit notamment l'impressionnante **cathédrale du Sacré-Cœur de Sarajevo** (p.113) au clocher double de 43 m de haut et au portail en rosette octogonale résolument néogothiques. Pařík était un fervent défenseur du Sarajevo historique et souhaitait établir toute nouvelle construction loin du cœur de la ville, tandis que Vancaš est le premier à avoir établi une législation en matière de protection des monuments historiques. Progressivement, les Austro-Hongrois prennent conscience que l'application de styles ouest-européens ne peut pas convenir à ce pays multiethnique. Ils choisissent donc de promouvoir l'identité bosnienne, sans pour autant l'associer à l'Empire ottoman ou au mouvement panslave alors en plein développement, en employant un style pseudo-mauresque inspiré de l'architecture mudéjare espagnole et de l'architecture mamelouke d'Égypte et de Syrie. Silhouettes crénelées, baies surmontées d'arcs outrepassés, richesse ornementale comptent parmi les grandes caractéristiques de ce style que l'on retrouve dans la Bibliothèque nationale de Sarajevo inspirée de la mosquée Kemal II du Caire, et dans l'impressionnant Gymnasium de Mostar. Puis le pays va connaître une petite révolution avec l'apparition du style bosnien. Porté par de jeunes architectes formés à Vienne par Otto Wagner, le père de la Sécession viennoise, branche de l'Art nouveau aux formes géométriques plus épurées, le style bosnien se traduit par un mélange d'éclectisme, de modernité et d'emprunts aux motifs vernaculaires orientalisants. La poste centrale réalisée par Josip Vancaš ou la caserne de pompiers de Josip Pospišil comptent parmi les grandes représentantes de ce style, dont la clarté des formes et l'absence d'ornementation « outrancière » annoncent les contours du modernisme.

Période yougoslave

Cette période peut se découper en deux grandes étapes. La première correspond à la période de l'entre-deux-guerres et se distingue par un modernisme teinté de la géométrie simple du cubisme et du néoplasticisme héritée du mouvement De Stijl néerlandais. Les grands représentants de ce mouvement sont les frères Muhamed et Reuf Kadić, à qui l'on doit notamment le Mekteb Building sur Ferhadija à Sarajevo avec ses façades couvertes de céramique verte et de loggias de verre, et Juraj Neidhart, qui a travaillé avec de grandes figures du modernisme comme Peter Behrens et Le Corbusier, et qui a développé une architecture associant éléments vernaculaires et intégration à l'environnement.

La seconde période correspond à la Yougoslavie socialiste. La Bosnie-Herzégovine n'échappe pas à l'avènement du béton et à la création de cités-dortoirs aux grands ensembles destinés à loger les ouvriers des nouvelles banlieues industrielles. Mais très vite, du fait d'une politique de décentralisation, le pays développe une forme de régionalisme critique, établissant un modernisme à la sobriété modérée par de vrais élans expressionnistes. L'un des grands architectes de l'époque est Zlatko Ugljen. On lui doit de nombreux hôtels aux lignes sobres et épurées, comme le célèbre Hôtel Visoko, et des relectures « historiques » du modernisme comme dans la villa Gorica de Tito (p.321) à Dugojno et dans la superbe mosquée Blanche Serefudin (p.157) de Visoko, pour laquelle il reçut le prix Aga Khan d'architecture en 1983. Ugljen a également travaillé à la réalisation de nombreux mémoriaux et monuments érigés à la gloire de la Révolution yougoslave baptisés Spomenici. Inspiré de l'iconographie antique et païenne, le mémorial du parc commémoratif de Garavice prend des allures de totems en béton. Pour le Monument aux combattants tombés pour la libération du peuple à Sarajevo, il travailla en collaboration avec le sculpteur Petar Krstić, qui réalisa également les mémoriaux de Vogošća, Sanski Most ou Bratunac, faisant montre d'une impressionnante expressivité sculpturale. Ce mélange de brutalisme et d'expressivité se retrouve dans l'œuvre d'Ivan Strauss, qui y ajoute également des emprunts au style international avec l'emploi du verre, comme dans son Elektroprivreda Building, sorte de pyramide de verre inversée et à redans, l'hôtel Holiday Inn et surtout les célèbres tours UNIS de Sarajevo.

Depuis l'indépendance

Durant la guerre de Bosnie, plus de 2 000 bâtiments historiques sont détruits. Dans le cas de Sarajevo, on parle même d'urbicide pour désigner les attaques répétées dont elle fut l'objet et visant à détruire son identité architecturale et urbaine. Mais les habitants ont toujours montré une volonté farouche de protéger leur patrimoine et, par la suite, de le reconstruire, s'associant au projet de l'Unesco baptisé « Restoring Life in Sarajevo ». Puis, très vite, la capitale connaît un boom immobilier. La zone résidentielle de Hrasno voit ainsi naître le Bosmal City Center avec ses tours jumelles de près de 120 m de haut, et la ville se dote de la tour Avaz (Avaz Twist Tower (p.125)), avec son étonnante façade en verre torsadée se déployant sur 172 m de haut. En 2012, le réalisateur Emir Kusturica choisit les abords de Višegrad pour établir Andrićgrad, ville ainsi nommée puisque toute entière dédiée à l'œuvre de l'écrivain yougoslave Ivo Andrić. Objectif : donner l'impression que cette cité a été construite des siècles auparavant. Avec ses remparts et ses rues pavées, la ville fait illusion… et débat aussi. Pour la construire, Kusturica a détruit la forteresse centenaire de Petrinja et offre une relecture de l'histoire proserbe qui n'est pas vraiment du goût des Bosniens. Des débats que ne suscitent pas les réalisations contemporaines qui s'intègrent harmonieusement aux superbes paysages du pays : le Pino Nature Hotel avec ses grandes baies vitrées triangulaires rappelant les sapins, l'hôtel m Gallery au pied de la montagne Bjelašnica dont les étages supérieurs semblent prolonger la forêt, le restaurant panoramique au sommet de la montagne Raduša avec son toit à pentes douces, ses murs de verre et ses espaces intérieurs en bois local, ou bien encore la Bivouac Zoran Šimić Cabin à Pridvorci, abri aux allures de diamants de bois, comptent parmi les plus intéressantes créations contemporaines. Dans ces zones reculées, ces réalisations permettent également d'observer les trésors de l'architecture rurale où se mêlent maisons à toits de chaume, maisons aux fondations de pierre, aux murs en bois percés de petites fenêtres et aux toits fortement inclinés descendant presque jusqu'au sol, et maisons aux toits en croupe abritant de vastes greniers de stockage. Mais c'est sans doute Sarajevo qui se transforme le plus et le plus vite. Son étonnante passerelle Festina Lente (p.119) est ponctuée en son centre d'une boucle servant d'abri et de lieu de rencontre, comme un symbole du désir ardent de la ville à retrouver son unité. Lancé en 2021, son projet de rénovation d'une ancienne caserne militaire en grand campus universitaire auquel viendront s'adjoindre d'autres bâtiments modernes et un renouvellement de l'urbanisme de Novo Sarajevo promet également de belles nouveautés !

© TIJANA LUBURA - SHUTTERSTOCK.COM

La passerelle Festina Lente à Sarajevo.

MUSIQUES ET SCÈNES

Dire que la musique bosnienne ressemble à la bande-originale d'un film de Kusturica est… vrai et faux à la fois. C'est un peu vrai car Goran Bregović, grand compositeur bosnien, a largement pioché dans la musique de son pays natal pour nourrir ses œuvres. Mais c'est un peu faux aussi car la musique de Bregović est panbalkanique, embrassant toute la musique de la région et surtout celle des communautés tziganes. La culture bosnienne a été forgée par une histoire turbulente, faite d'invasions, de guerres et de soviétisation. Mais si elle apparaît comme une vraie rencontre entre Orient et Occident, c'est que la période ottomane a laissé une empreinte très profonde dans la tradition musicale du pays. Elle se ressent dans l'instrumentation, comme l'utilisation du *saz* (un luth aussi présent dans la musique irakienne, turque et grecque) ou dans les tonalités du grand courant national, la *sevdalinka*, sorte de *fado* bosnien. Tout un monde à découvrir en musique.

Les musiques et danses traditionnelles

S'il y a une tradition de Bosnie qui reflète tout à fait le tempérament de ses habitants, c'est bien la *sevdalinka,* la chanson d'amour passionnel bosnienne. Née dans la Bosnie ottomane, elle est une des traditions les plus anciennes – si n'est la plus ancienne. Parfois abrégé *sevdah*, cette chanson, chargée d'émotion, se distingue par sa mélancolie profonde – elle pourrait être perçue comme un *fado* bosnien – et la tristesse avec laquelle elle aborde des sujets importants comme l'amour ou la mort. Si elle est traditionnellement interprétée avec un *saz* (un luth oriental à manche long), on l'entend aujourd'hui la plupart du temps accompagnée à l'accordéon. Un très bon exemple de *sevdah* est *Kad ja pođoh na Benbašu*, l'hymne officieux de Sarajevo.

Les grands chanteurs traditionnels de la première vague de *sevdalinka* – Hašim Muharemović, Emina Ahmedhodžić ou Muhamed Mešanović-Hamić – sont toujours populaires mais moins que les stars du genre : Hanka Paldum, Beba Selimović, Zehra Deović, Zaim Imamović ou Silvana Armenulić (la « reine du *sevdalinka* »). Tradition toujours aussi populaire, la *sevdah* continue de séduire sans faillir la jeune génération. Elle est par exemple au cœur des créations du jeune groupe Divanhana qui la mélange avec des influences slaves et orientales. Une manière – saluée dans toute l'Europe – d'unir par l'art les esthétiques des différentes communautés présentes en Bosnie. Autrement, la *sevdah* peut aussi être entendue là où on ne l'attend pas forcément comme le festival de blues et de rock de Mostar. Pas uniquement porté sur le blues ou le rock, ce rendez-vous peut aussi convier la grande esthétique nationale, surtout quand s'y produit le plus grand groupe de la ville, le Mostar Sevdah Reunion, connu pour son mélange de blues et de *sevdah*.

Originaire des montagnes de Dalmatie – à cheval sur la Croatie et la Bosnie-Herzégovine –, la *ganga* est un style polyphonique crié particulièrement impressionnant. Cousin éloigné du chant bulgare ou des polyphonies corses, ce chant de gorge se singularise par sa puissance et sa brièveté (généralement une trentaine de secondes par chant), rappelant qu'originellement il était pratiqué par les bergers entre les vallées comme moyen de communiquer à distance (d'où le volume). Un style très physique donc, réclamant un grand investissement corporel, le chanteur devant s'impliquer tout entier. Pratiqué dans les bars, les fêtes ou en famille, ce chant vise à renforcer les liens entre ceux qui l'exécutent et peut aborder tout type de sujets, aussi bien le quotidien d'un village que la politique ou la religion.

Dans la ville de Grude en Herzégovine, se tenait autrefois le Ganga Fest, consacré à l'événement. Cela dit, il semblerait que le rendez-vous n'ait pas survécu aux diverses vagues de Covid.

Parmi les instruments traditionnels les plus courants, mentionnons le fifre, le *diple* (sorte de cornemuse), le *zurle* (un hautbois) ou encore la *gusle*, répandue dans tous les Balkans, également utilisée pour accompagner les anciens poèmes épiques slaves.

Aussi, on verra volontiers une sorte de synthèse – et surtout une immense vitrine – des traditions locales dans la musique (et le succès) de Goran Bregović. Pas uniquement bosnienne mais panbalkanique, la musique du plus célèbre des compositeurs de Bosnie, collaborateur éternel d'Emir Kusturica, n'est pas devenu un emblème sans raison (voir paragraphe « musique populaire »).

Côté danse, les traditions chorégraphiques du pays s'axent pour la plupart sur des rondes (les *kolo*) ou en arc de cercle, souvent en se tenant la main et parfois en employant de grands mouvements de bras pour répondre aux franches ruptures rythmiques. La ronde de l'ancienne Bosnie (*starobosansko kolo*), par exemple, voit un couple se détacher et venir danser au centre, soutenu alors par le reste de la troupe.

La musique populaire

Si l'on pose « musique » et « Bosnie » dans une même phrase, impossible de ne pas penser à Goran Bregović. Enfant d'un couple serbo-croate, Goran naît à Sarajevo en 1950. Son premier groupe de rock Bjelo Dugme (« Le Mouton Blanc ») connaît un franc succès en Yougoslavie dès la sortie de son premier album dans les années 1970. Jusqu'à la fin des années 1980 et en quelque neuf albums, le rock survolté de Bregović emporte tout sur son passage et surtout l'adhésion du public. En 1989, Goran se lance dans une nouvelle aventure : il compose la bande originale du *Temps des Gitans*, troisième film de son ami cinéaste Emir Kusturica. Un virage majeur dans sa carrière qu'il poursuit dans les années 1990 avec ses diverses BO, d'abord pour son ami Emir (*Arizona Dream*, notamment, et le fabuleux *In the Death Car*, en duo avec Iggy Pop), mais aussi pour *La Reine Margot* de Patrice Chéreau en 1994. L'année suivante, il compose la BO d'*Underground* (Kusturica, encore) qui empoche la Palme d'or. Fin des années 1990, nouveau virage réussi avec la fondation de l'Orchestre des mariages et des enterrements, ensemble gigantesque dédié à la musique des Balkans avec lequel il va tourner pendant des années dans toute l'Europe. La carrière couronnée de succès d'un artiste qui a popularisé comme nul autre la musique des peuples roms et la culture tzigane dans le monde.

Dans un autre registre, bien que le genre soit d'origine serbe, le turbo-folk connaît aussi un succès réel en Bosnie. Née dans les années 1980 et 1990, cette musique envoûtante, synthétique et très « orientalisante » assemble esthétiques traditionnelles et éléments électroniques (surtout eurodance et hip-hop). Fédératrice, elle est un plaisir partagé par toutes les couches de la société, sans frontière d'âge ou de classe. Cela étant dit, ses détracteurs lui opposent régulièrement son image kitsch et vulgaire et son discours vain et mercantile. En Bosnie, les grands noms du genre se nomment Lepa Brena (une star dans toute la Yougoslavie des années 1980), Goran Žižak, Indira Radić ou Kemal Malovčić.

La musique classique

Si la musique classique locale n'a pas produit de noms dont la réputation a traversé les frontières, le domaine compte un épisode important qui mérite d'être raconté. En 1992, l'incendie de la Vijećnica (causé par des bombardements serbes) suscite une vive émotion au sein de la communauté internationale. L'émoi est tel que des artistes du monde entier se rendent sur place pendant des années pour voir et témoigner aux côtés des journalistes. Parmi eux, le chef d'orchestre français Hugues Reiner, un habitué des représentations dans des conditions extrêmes (il vient par exemple de diriger un concert depuis le sommet du mont Blanc pour la fête de la Musique quelques mois plus tôt), arrive en novembre 1993 et choisit de rester sept semaines dans la capitale assiégée. Son objectif n'est pas seulement de donner un concert, mais de reconstituer l'Orchestre de la radiotélévision de Sarajevo. Composé d'habitants de toutes origines et confessions, celui-ci s'est disloqué dès les premiers mois de la guerre. Alors, avec l'aide de musiciens locaux, il part à leur recherche, tente de les faire revenir et, quand cela n'est pas possible, fait passer des auditions pour les remplacer. Ce qu'il leur propose, c'est de jouer ensemble, malgré leurs différences, un seul morceau, la troisième symphonie de Beethoven, la *Symphonie héroïque*. Celle-ci sera jouée dans les ruines de la Vijećnica ouverte à tous, le 31 décembre 1993. Mais l'événement, filmé seulement par une équipe de télévision française, passera alors inaperçu, Barbara Hendricks donnant elle aussi un récital ailleurs dans la ville le même soir. L'orchestre est, depuis, toujours en activité et enregistre de temps en temps certains de ses concerts.

Les musiques actuelles

Les musiques d'aujourd'hui sont bien vivantes en Bosnie. Tous les courants mondiaux sont représentés à commencer par le jazz, qui a pioché ici quelques-uns de ses grands noms comme le pianiste Sinan Allmanović, souvent considéré comme un des meilleurs de sa catégorie et qui a été un musicien particulièrement important en Bosnie. Citons aussi Bojan Z, pianiste lui aussi, bien connu des Français puisqu'il vit en France depuis les années 1990, ou encore Srđan Ivanović, percussionniste également installé en France.

La scène hip-hop est quant à elle plutôt bien portante, emmenée par la figure charismatique et engagée de Frenkie, sans doute le plus aimé et écouté des rappeurs du pays. Enfin, impossible de ne pas mentionner cet artiste inclassable et fabuleux qu'est Mario Batković, le « Philip Glass de l'accordéon », un prince de son instrument qui peut donner la chair de poule aux plus endurcis d'entre tous.

Une bonne occasion de goûter à la vitalité de la scène locale et de participer à l'événement Les Nuits de Baščaršija, se tenant dans le quartier du même nom tout le mois de juillet et proposant de nombreux concerts, aussi bien de musique traditionnelle des Balkans que de rock ou de musique classique.

LITTÉRATURE

La littérature est souvent la marque d'une époque mais, en Bosnie-Herzégovine, l'histoire a cette particularité d'avoir pris tant de détours – que ce soit en termes de brassages ethniques, de changements de religions, de multiplicité des langues – qu'elle est à l'image de sa géographie, une zone-frontière perméable entre plusieurs mondes. Ces échanges qui se superposent n'ont bien sûr pas évité les terribles déchirements, mais n'ont pas empêché non plus l'apparition d'écrivains émérites, dont un prix Nobel de littérature, Ivo Andrić, qui fut à la fois serbe, croate et bosnien, et qui surtout sut raconter, comme nul autre pareil, la complexité de son pays dans son œuvre maîtresse, *Le Pont sur la Drina*, disponible aux éditions Le Livre de Poche. De ce parcours unique est née une littérature universelle, autant parce qu'elle est le point de convergence de problématiques mondiales que parce qu'elle touche à ce qui est notre bien commun, notre humanité.

Entre Orient et Occident

Alors que l'Empire byzantin a survécu à l'Empire romain et que bientôt se dessinera le schisme qui vaudra séparation des Églises d'Orient et d'Occident, en Bosnie naît au Xe siècle le bogomilisme. De lui est peut-être issue la première littérature du pays. Bien que plusieurs ouvrages soient considérés comme apocryphes, il est en tout cas établi que ce mouvement religieux suscita de nombreuses controverses comme le démontre *Le Traité contre les bogomiles*, écrit en vieux-slave par le Bulgare Cosmas le Prêtre. C'est également au Xe siècle qu'apparaît pour la première fois le nom du pays, Bosona, qui n'est alors qu'un simple État vassal du royaume de Hongrie. L'autonomie ne se dessinera qu'au XIIe mais ne résistera pas à l'Empire ottoman auquel sera intégré le royaume de Bosnie en 1463.

Signe des temps, une bibliothèque est fondée à Sarajevo suite à la demande, formulée en 1537, par Gazi Husrev-Beg, gouverneur bosniaque ottoman sous le règne de Soliman le Magnifique. La littérature vit en effet son premier véritable essor, portée par l'apparition des langues orientales (turc, arabe et persan), par les caractères arabes qui servent désormais à écrire les langues slaves (littérature ***alhamiado***, ou ***aljamiado***), mais aussi par la pensée soufie qui inspire les poètes du ***divân***. L'ouverture des frontières favorise la vie intellectuelle ainsi que le prouve le cheminement d'Hasan Kafi Pruščak, figure importante du XVIe siècle, qui a étudié tout autant dans sa Bosnie natale qu'à Istanbul – l'identité même des écrivains s'enrichit de ces changements et influences diverses. Pour autant, bien qu'abondantes, ces œuvres ne feront

© ELDAR NURKOVIC - SHUTTERSTOCK.COM

Stèles bogomiles à la nécropole de Radimlja.

l'objet d'un regain d'intérêt qu'à partir de la fin du XXe siècle, sans doute quand se dessinera la volonté de définir une identité nationale. Nous pouvons néanmoins citer Uskufi (v. 1600-1651) qui fut l'auteur d'un dictionnaire bosnien-turc et dont la facilité à naviguer entre les langues est confirmée par sa poésie, la première écrite en langue populaire bosnienne, le derviche Sabit Alaudin Užičanin (v .1650-1712) qui signa, dit-on, pas moins de 650 chansons en langue turque (*Ramazani, Zafer, Edhem et Huma*...), ou encore Hasan Kâ'imi Baba (appelé encore Hasan Kaimija) à qui Jasna Šamić consacra une biographie aux éditions Recherches sur les civilisations en 1986 (*Divän de Kâ'imi, vie et œuvre d'un poète bosniaque du XVIIe siècle*). Nous pourrions aussi penser à Mula Mustafa Baseskija (1731-1809) qui, au XVIIIe siècle, figea la mémoire de sa ville natale, Sarajevo, dans ses chroniques, ou au polyglotte Abdulvehab Ilhamija (1773-1821) qui rédigea des traités de morale, alors fort répandus, mais que ses critiques à l'encontre du pacha, qu'il exprima dans sa poésie, menèrent à la mort.

Impossible enfin de ne pas évoquer la *Hasanaginica*, cette ballade du folklore illyrien que l'ethnographe italien Alberto Fortis collecta puis incorpora dans son *Voyage en Dalmatie* paru à Venise en 1774. L'année suivante, Goethe lui-même en donna une version allemande, avant que Walter Scott ne s'en empare et la traduise en anglais, preuve s'il en faut que ce *Chant de deuil de la noble épouse de Hasan Aga* avait vocation à s'adresser au monde entier, après avoir été transmise durant des générations de bouche à oreille. Toujours dans le domaine mi-musical, mi-poétique, Umihana Cuvidina (1794-1870) fut la première femme poétesse : elle contribua à enrichir le corpus de la *sevdalinka*. Son triste destin devint le souffle de son inspiration car son fiancé, incorporé dans l'armée, décéda lors du soulèvement serbe contre l'Empire ottoman. Elle décida alors de ne jamais se marier et de prolonger sa mémoire par des vers dont la mélancolie était en parfait accord avec la « sevdah », ce genre musical typiquement bosnien et encore très populaire.

De l'Empire austro-hongrois à la Yougoslavie

D'un point de vue politique tout autant que littéraire, le personnage d'Ivan Franjo Jukić, né à Banja Luka en 1818, est représentatif des forces sous-jacentes qui agitèrent le XIXe siècle. Ce franciscain qui se surnomma Slavoljub Bosnjak, un pseudonyme qui ne cachait rien de son amour pour sa patrie, entra en contact avec Ljudevit Gaj, Croate instigateur du Mouvement illyrien qui prônait la création d'un État unique pour tous les Slaves du Sud, à qui il fit parvenir ses premiers écrits. Il rencontra ensuite Bozidar Petranović, rédacteur en chef du magazine serbo-bosnien *Srpsko-dalmatinski* qui publia ses livres. Le jeu des pouvoirs était néanmoins subtil : si le poème *Slavodobitnica* qu'il consacra au gouverneur Omer-Pacha Latas lui valut l'amitié de celui-ci, ses *Requêtes et supplications des chrétiens de Bosnie-Herzégovine* lui coûtèrent répudiation et exil. Il décéda à Vienne en 1857. Dans la même veine, Musa Ćazim Ćatić (1878-1915) et Aleksa Šantić (1868-1924) s'inscrivent dans ce qui est à la fois un désir d'indépendance et l'affirmation d'une identité nationale. Le premier affiliera sa poésie à une lignée épique, la consacrant à l'amour – de Dieu, des femmes et de son pays – dans *Pjesme od godine 1900-1908*, l'unique recueil paru de son vivant, tandis que le second s'attellera à dénoncer les injustices sociales dans ses vers. Šantić dirigera également la revue littéraire *Zora* (publiée à Mostar de 1896 à 1901), l'un des nombreux titres qui favoriseront dans les Balkans l'émergence des courants européens, notamment le romantisme, et qui ouvriront leurs colonnes à de multiples auteurs, qu'ils soient Serbes, Croates ou musulmans.

© JOHAN10 - ISTOCKPHOTO.COM

Ivan Franjo Jukić.

La Première Guerre mondiale sonnera le glas de cette effervescence, elle sera aussi fatidique pour Ivo Andrić, né en 1892 dans une famille croate et dans une Bosnie-Herzégovine désormais administrée par l'Empire austro-hongrois, puisqu'il sera emprisonné en 1914 du fait de son appartenance à la Main noire, société secrète nationaliste serbe. L'année 1918 le retrouvera à Belgrade, éditeur puis diplomate, pour le royaume des Serbes, Croates et Slovènes, dans lequel venait de se fondre la Bosnie-Herzégovine, et qui sera appelé à devenir, en 1929, la Yougoslavie.

Bien qu'il soit alors difficile de parler d'écrivains bosniens au sens strict du terme – le choix de la nationalité se limitera à Serbe ou Croate –, il n'en demeure pas moins que la période de l'entre-deux-guerres sera littérairement féconde. Nous pourrions ainsi brièvement mentionner les écrits d'Isak Samokovlija, camarade d'école d'Andrić, sur les Juifs en Bosnie-Herzégovine, les dramaturges Hamza Humo (1895-1970) et Ahmed Muradbegović (1898-1972), le grand poète Antun Branko Šimić, mort de la tuberculose à 26 ans, ou Hasan Kikić qui s'interrogea sur l'émancipation culturelle et politique des musulmans bosniaques dans le journal *Putokaz* qu'il cofonda avec Skender Kulenović et qui parut de 1937 à 1939. Mais déjà plane l'ombre menaçante des tchetniks, puis celle de la Seconde Guerre mondiale qui va, à nouveau, tout recouvrir.

De l'après-guerre à aujourd'hui

En 1945 paraissent *La Chronique de Travnik* et *Le Pont sur la Drina* qu'Ivo Andrić a écrit à Belgrade, ville qu'il a refusé de quitter durant la guerre. Dans ces deux livres, le futur récipiendaire du Nobel 1961 s'intéresse à l'Histoire avec une majuscule, un thème que creusera également Mesa Selimović dans *Le Derviche et la Mort* (collection L'Imaginaire, Gallimard), récompensé par le prix Nin en 1966. Démêler l'écheveau du passé intéressera aussi Camil Sijarić, l'auteur de *Ram-Bulja*, *Bihorci*, *Mojkovacha Bitka*, etc., lui qui naquit au Monténégro d'une mère albanaise en 1913 et décéda accidentellement à Sarajevo, toujours en Yougoslavie, en 1989. Branko Ćopić (1915-1984) se servira également de l'écriture comme d'une nécessaire mise à plat pour décrypter les liens, ceux qui unissent et ceux qui entravent. Dans une approche quasi documentaire proche de la chronique, il évoquera dans sa poésie notamment les guerres et leurs conséquences (*Borci i bjegunci*, *Planinci*, *Surova skola*, etc.) mais deviendra aussi, grâce à ses contes, l'un des plus illustres auteurs jeunesse de son pays. Au faîte de ces volontés de réconcilier passé et présent, tradition et modernité, s'inscrit sans hésitation le travail de Mak Dizdar (1917-1971) qui s'inspira largement des *stećci*, pierres tombales bosniennes médiévales.

© JOHAN10 - ISTOKPHOTO.COM

Ivo Andrić.

Sans répit ni remords, l'histoire s'emballe à nouveau lorsque se profile la dislocation de la Yougoslavie. La Bosnie-Herzégovine proclame sa souveraineté en 1991, entérinée par un référendum en 1992. Si le résultat est majoritairement en faveur de l'indépendance, le fort taux d'abstention démontre la scission au sein de la population, et augure du conflit meurtrier à venir. Izet Sarajlić tiendra son journal durant le siège de Sarajevo, il sera publié en français sous le titre *Le Livre des adieux* en 1997. D'autres feront le douloureux choix de l'exil, à l'instar de Predag Matvejević (1932-2017), l'auteur de l'inclassable *Bréviaire méditerranéen* (éditions Pluriel), qui finira par se faire naturaliser italien, ou de Velibor Čolić qui vit en France depuis 1992 où il publie régulièrement, notamment aux éditions Gallimard (*Sarajevo Omnibus*, *Manuel d'exil : comment réussir son exil en trente-cinq leçons*, *Le Livre des départs*).

La guerre – plus précisément Sarajevo – reste au cœur de l'œuvre des auteurs contemporains. Le grand poète Abdulah Sidran, qui acquit aussi sa réputation pour avoir scénarisé les deux premiers films d'Emir Kusturica, consacra à sa ville natale devenue ville martyre un ouvrage éponyme publié en français en 1994 par les éditions du Demi-cercle (malheureusement épuisé). Dzevad Karahasan prit lui aussi Sarajevo comme décor des trois livres traduits dans notre langue, navigant du présent (*Un déménagement*, *L'Âge du sable*) au passé avec sa pièce *La Roue de Sainte-Catherine : miracle* qui se déroule au début du XVIIe siècle. Son cadet de quatre ans, Semezdin Mehmedinović, né en 1960 à Kiseljak, a vu en 2022 *Le Matin où j'aurais dû mourir* repris par les très belles éditions Le Bruit du monde ; il s'y inspire de son histoire pour camper un homme qui ne veut rien oublier de son passé, quand bien même celui-ci rime avec exil et douleur. Pour conclure, et parce qu'il est enfin désormais plus facile de se procurer des romans d'écrivains bosniens, n'oublions pas Aleksandar Hemon publié par Robert Laffont (*Amour et obstacles*, *Le Projet Lazarus*, *L'espoir est une chose ridicule*, etc.), et Miljenko Jergovic qui est toujours au catalogue des éditions Actes Sud (*Le Jardinier de Sarajevo*, *Buick riviera*, *Volga, Volga*).

TOP 10

LECTURE

En Bosnie-Herzégovine peut-être plus qu'ailleurs, la littérature au sens large démontre que la guerre n'aura pas raison de la volonté de créer et de transmettre des écrivains. Qu'ils soient natifs, déracinés ou de passage, toutes et tous se sont inspirés de ce pays pour en donner au monde leur propre vision. Le plus difficile sera de choisir parmi l'offre abondante.

SARA JEVO, SUIVI DE JELENA, JUSTE UNE FOIS !

© PAR AILLEURS

Sara Jevo, allégorie de la guerre des Balkans, est touchée à la tête par la balle d'un sniper. Un texte qui fait écho à l'attentat contre François-Ferdinand en 1914.
Veronika Boutinova, *éditions Par Ailleurs.*

LE LIVRE DE L'UNA

© DR

À la faveur d'une séance d'hypnose, le narrateur remonte le fil de ses souvenirs, qui le mènent de la guerre à son enfance à Bisanska Krupa. Premier roman.
Faruk Šehić, *éditions Agullo.*

LES TRAMWAYS DE SARAJEVO

© CASTERMAN

Tout se mélange pour le voyageur qui découvre une ville où errent encore les fantômes de la guerre, les odeurs, les images et les émotions.
Jacques Ferrandez, *éditions Casterman.*

THE FIXER

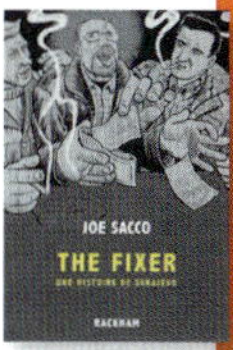

© RACKHAM

Journaliste, correspondant de guerre et bédéiste émérite, Joe Sacco revient sur son voyage à Sarajevo en 1995. Un témoignage indispensable accompagné des carnets de l'auteur.
Joe Sacco, *éditions Rackham.*

AILLEURS EST LE CIEL

© L'HARMATTAN

Un recueil qui se joue des contrastes, entre lumière et ténèbres, ciel et mer, passé et présent. Préfacé par Nedim Gürsel, chevalier des Arts et des Lettres.
Jasna Šamić, *éditions L'Harmattan.*

SARAJEVO MULTIPLEX

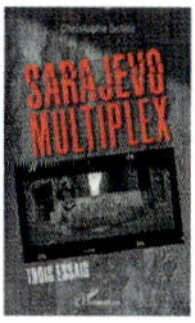

© L'HARMATTAN

L'auteur se promet de faire découvrir une autre Sarajevo, par trois biais artistiques : littéraire, pictural et cinématographique.
Christophe Solioz, *éditions L'Harmattan.*

LE PONT SUR LA DRINA

© LE LIVRE DE POCHE

Le prix Nobel de littérature, couronné en 1961, décrit ici la ville de Višegrad où il a passé une partie de son enfance, et surtout le pont du XVIe siècle qu'il a rendu célèbre.
Ivo Andrić, *éditions Le Livre de Poche.*

LE LIVRE DES DÉPARTS

© GALLIMARD

Čolić s'est fait remarquer dès son premier ouvrage, *Manuel d'exil*, il réitère dans la veine autobiographique avec un vrai talent.
Velibor Čolić, *éditions Gallimard.*

LES TURBINES DU TITANIC

Avec ironie, l'écrivain imagine en Bosnie la confrontation entre monde ouvrier et monde de la finance. Il dresse ainsi un saisissant portrait de la Yougoslavie, lui qui est désormais croate.
Robert Perišić, *éditions Gaïa.*

LES FOSSOYEUSES

© DELCOURT

L'auteure, journaliste, suit Senem, anthropologue judiciaire, qui est chargée d'identifier les ossements retrouvés dans les anciens charniers. Passionnant et bouleversant.
Taïna Tervonen, *éditions Marchialy.*

À L'ÉCRAN

Meurtrie par la tutelle yougoslave puis par la guerre des Balkans, la Bosnie-Herzégovine n'a pu que récemment développer une industrie du septième art. Pour autant, c'est ce pays qui est devenu le plus reconnu de la région, de par la qualité de ses productions cinématographiques. Si la Croatie voisine s'enorgueillit d'accueillir la série *Game of Thrones*, la Bosnie développe quant à elle une histoire du cinéma indépendant riche en pépites, inspirée autant par les histoires d'Europe de l'Est que par son propre passé. Tout récemment, c'est *La Voix d'Aïda* de la cinéaste Jasmila Žbanić qui a conquis les festivals internationaux et européens en empochant au passage une nomination aux Oscars. Cinéphiles, vous trouverez également votre bonheur dans les nombreuses salles de Sarajevo, qui accueillent depuis 1995 le plus grand festival de la région. Un événement dédié au court comme au long-métrage, avec son lot d'invités de marque.

Un cinéma jeune mais vivace

Avant l'indépendance, plusieurs productions yougoslaves sont déjà tournées dans la région de Sarajevo et aux alentours. Dès 1961, le cinéaste monténégrin Veljko Bulajić y pose sa caméra et réalise *Uzavreli grad*, un drame se déroulant dans la ville de Zenica, alors un centre industriel fourmillant de vie. Bulajić tourne plusieurs fois dans la région, notamment des films patriotiques à la gloire des héros yougoslaves face aux nazis. *Kozara* ou *Les Diables rouges face aux SS* (1962) remporte le grand prix du festival international de Moscou la même année. Deux décennies plus tard, c'est le Serbe Emir Kusturica, qui tourne son tout premier long-métrage à Sarajevo, sa ville natale. *Te souviens-tu de Dolly Bell ?* (1981) raconte la vie difficile de Dino, adolescent des banlieues qui se complaît dans le cinéma de l'Ouest, plein de promesses. Sa rencontre avec Dolly Bell, strip-teaseuse professionnelle, va accélérer la rude transition entre l'adolescence et l'âge adulte du jeune homme. Une première œuvre qui vaudra à son cinéaste trois récompenses au festival de Venise, dont celle du meilleur premier film. Cette même année s'ouvre l'Académie des arts performatifs de Sarajevo, qui accueillera certains des plus grands noms du cinéma yougoslave, puis bosnien. C'est de cette école qu'est issu Benjamin Filipović, peut-être le premier cinéaste national. En effet, c'est en 1991, à la veille du scrutin sur le point de confirmer l'indépendance du pays, qu'il sort son premier film, *Vacances à Sarajevo*. Entre drame et comédie, ce récit écrit par le poète et scénariste bosniaque Abdulah Sidran narre les aventures d'une bande de voleurs originaires de Sarajevo, de retour à la maison pour les fêtes de fin d'année.

Avec la guerre, le cinéma bosnien à peine né connaît un coup d'arrêt, même si plusieurs cinéastes dont Filipović réalisent des documentaires autour du conflit. Parmi ces productions, *Miracle en Bosnie* de Danis Tanović (1995) relate les difficiles premiers mois de l'armée bosnienne, dans laquelle le cinéaste était engagé. En 1994, il quitte la Bosnie pour la Belgique, où il reprend des études de cinéma. En 2001, il réalise *No Man's Land*, son premier long-métrage de fiction. Cette confrontation entre un Serbe et un Bosniaque, tous deux coincés dans une tranchée pendant le conflit des Balkans, vaudra à son auteur le prestigieux Oscar du meilleur film étranger, ainsi que le César du meilleur premier film, et le prix du scénario à Cannes. Depuis, il est un habitué de la Berlinale, où il a déjà remporté l'Ours d'argent en 2013 pour *La Femme du ferrailleur*, et le grand prix du jury en 2016 avec *Mort à Sarajevo*.

Enfin, l'on ne saurait parler du cinéma bosnien sans évoquer la cinéaste Jasmila Žbanić, également formée à l'Académie de Sarajevo. Ours d'or à Berlin avec *Sarajevo, mon amour* (2006), elle a tout récemment marqué l'année 2020 avec *La Voix d'Aida*. Sélectionnée à Venise, nominée aux Oscars, l'histoire de cette traductrice pour l'ONU coincée dans la tristement célèbre Srebrenica en 1995 a fait le tour du monde. La réalisatrice a d'ailleurs obtenu avec ce film le prix du meilleur film au cours des 34e European Film Awards, où l'actrice Jasna Đuričić a également été saluée pour sa prestation puissante. Des talents qui rayonnent de plus en plus à l'international, sans pour autant oublier les cicatrices de ce passé encore très récent.

Auriez-vous vu Sarajevo ?

Depuis l'indépendance, force est de constater que la Bosnie n'attire pas les tournages internationaux, malgré un renouveau de l'industrie nationale. Hormis les cinéastes locaux, il est en

Les drapeaux de l'édition 2016 du Sarajevo Film Festival.

effet assez rare de voir des productions s'arrêter dans le pays. Néanmoins, certains films mettent tout de même en lumière la ville, à l'instar de *Seule contre tous* de Larysa Kondracki (2010). Basé sur l'histoire vraie de Kathryn Bolkovac, inspectrice américaine qui révéla un réseau de proxénétisme au sein de la mission de l'ONU, le film met en scène Rachel Weisz dans le rôle-titre. Tourné majoritairement en Roumanie, *Seule contre tous* récolte des critiques mitigées à sa sortie, la presse saluant malgré tout la prestation de l'actrice, et le ton sombre et envoûtant de l'œuvre.

Capitale de cinéma

À défaut d'être représentée sur les écrans internationaux, Sarajevo peut se targuer d'accueillir l'un des plus grands festivals de la région. Initialement fondé en 1995, comme un appel à la vie alors que le siège de la ville est encore strict, cet événement a pris une ampleur internationale à la fin de la guerre, et accueille depuis des dizaines de productions du monde entier. Des célébrités comme Daniel Craig, Angelina Jolie ou encore Gérard Depardieu et Oliver Stone ont foulé le tapis rouge du festival, aux côtés de plus de 100 000 festivaliers en 2022. Depuis 2007, le Sarajevo Film Festival propose par ailleurs toute une série de rencontres, partie intégrante de son programme *CineLink* : des master class, des débats et des conférences mettant en avant le cinéma d'Europe de l'Est, tout en faisant se rencontrer la jeune génération bosnienne et les grands noms du septième art, Ruben Östlund, Sergueï Loznitsa, Ari Folman, des noms qui ne seront pas étrangers aux plus cinéphiles d'entre vous. Côté détente, la période estivale à laquelle se déroule le festival vous incitera à profiter des projections en plein air, où vous pourrez découvrir de nombreuses pépites. Sur les bords de la Miljacka, vous pourrez profiter de l'ambiance à nulle autre pareille que le festival imprime sur la cité.

Quelques salles à découvrir

À Sarajevo, votre première étape sera sans contexte le Meeting Point Cinema. Petit cinéma géré par l'Obala Art Center, organisateur du festival, cette salle vous accueille devant des productions européennes comme américaines. Une programmation riche et une ambiance sympathique qui se prolonge après la séance au Meeting Point Café attenant. Ensuite, direction le Cinema City, premier multiplex de la ville, et désormais lieu incontournable. Hors de la capitale, il vous sera plus difficile de trouver votre bonheur devant un écran. Vous trouverez cependant des multiplex dans les villes de Zenica, Mostar ou encore Banja Luka à des prix très abordables et avec des films projetés en version originale. De quoi satisfaire l'appétit des plus cinéphiles.

POPULATION

Voici un pays où plus de 97 % de la population appartient à la même ethnie et parle la même langue. Pourtant, ce même pays a été ravagé il y a peu par une guerre fratricide qui continue de diviser les communautés. Pour comprendre la Bosnie-Herzégovine actuelle, il suffit de prendre un paquet cigarettes locales. Les avertissements du genre « Fumer tue » y figurent en trois langues. Trois inscriptions identiques, même si l'une est rédigée en cyrillique. Cela résume toute l'absurdité du système politique né de la guerre de 1992-1995 : des populations qui ont vécu des siècles en bon voisinage sont cloisonnées en fonction de leur religion et ont chacune leur propre pseudolangue officielle. Tandis que la démographie dégringole, le sort des minorités, des migrants et de l'immense diaspora bosnienne est oublié dans les débats sans fin qui opposent les Bosniaques, les Bosno-Serbes et les Bosno-Croates.

Démographie

En 2022, la Bosnie-Herzégovine comptait 3,2 millions d'habitants, selon la Banque mondiale. Comme dans tous les pays des Balkans, la population est actuellement en baisse. Mais le phénomène est ici aggravé par les effets de la guerre de Bosnie-Herzégovine (1992-1995). Alors que le pays a vu sa population augmenter de 69 % entre 1950 et 1990, il a connu une chute brutale de 20 % durant le conflit : 4,4 millions d'habitants en 1992, contre 3,5 millions en 1995. Cela est dû à la mort d'environ 100 000 personnes (principalement des civils bosniaques) et à d'importants départs vers l'étranger durant les hostilités. Depuis 1995, la mauvaise situation économique et les tensions toujours vives entre communautés ont entraîné une baisse de la natalité (1,24 enfant par femme en 2020) et la poursuite de l'émigration. Ainsi, malgré une hausse de l'espérance de vie moyenne (77,4 ans en 2021), le pays devrait passer à moins de 3 millions d'habitants dans les années 2030. Alors que la densité de population est actuellement de 65 habitants/km², on constate déjà une désertification dans les campagnes. La Bosnie-Herzégovine demeure toutefois un pays encore très rural avec seulement 50 % de la population vivant en ville. Les cinq principales agglomérations sont Sarajevo (475 000 habitants), Banja Luka (190 000), Tuzla (115 000), Bijeljina (110 000) et Mostar (105 000). Parmi les trois entités du pays, la plus peuplée est la Fédération de Bosnie-et-Herzégovine avec environ 2 millions d'habitants. On compte à peu près deux fois moins d'habitants dans la République serbe de Bosnie et moins de 90 000 habitants dans le district de Brčko.

Bosniens

Ce terme désigne deux catégories de population. D'une part, tous les habitants de Bosnie-Herzégovine sont des Bosniens : c'est leur citoyenneté, qui figure par exemple sur leur passeport. D'autre part, tous les habitants doivent choisir une « nationalité », c'est-à-dire une communauté ou un groupe. Jusqu'en 2015, les citoyens avaient le choix entre quatre catégories : « Bosniaque », « Serbe », « Croate » ou « autre ». Mais un changement est intervenu à la naissance de Faruk Salaka, en avril 2014. Les parents de ce bébé ont bataillé pour que leur enfant soit enregistré par l'administration en tant que « Bosnien ». Ils ont obtenu gain de cause en février 2015 : le petit Faruk Salaka est ainsi devenu le premier habitant du pays à être un « Bosnien ». Toutefois, à ce jour, très peu de personnes ont opté pour cette nouvelle « nationalité » : quelques centaines, voire quelques milliers tout au plus, car les habitants demeurent très attachés aux anciennes « nationalités », d'autant que celles-ci donnent le droit à des avantages, notamment en termes de représentation politique, d'accès à l'éducation, etc.

Bosniaques

Ils seraient environ 1,6 million et représentent officiellement 50,1 % de la population. Le terme « bosniaque » désigne les habitants slaves de religion et/ou de tradition musulmane. Selon les institutions, les Bosniaques parlent le « bosnien », une langue presque identique aux deux autres langues officielles du pays (serbe et croate). Du fait de « l'épuration ethnique » menée par les forces bosno-serbes en 1992-1995, les Bosniaques résident aujourd'hui surtout dans la Fédération de Bosnie-et-Herzégovine où ils représentent 70,4 % de la population. Au sein de cette entité, ils constituent plus de 80 % de la population dans cinq des dix cantons : Sarajevo, Tuzla, Una-Sana (Bihać), Zenica-Doboj et Goražde. Ils sont également majoritaires dans le canton de Bosnie centrale (Travnik) avec 58 % de la population et représentent 41 % des habitants du canton d'Herzégovine-Neretva (Mostar). Au sein de la République serbe de

Bosnie, les Bosniaques représentent 14 % de la population et sont surtout présents dans la partie orientale, près de la Serbie et du Monténégro. Enfin, dans le district de Brčko, ils forment le groupe principal avec 43 % de la population. Comme les Serbes, les Croates, les Slovènes ou les Monténégrins, les Bosniaques sont les descendants de Slaves qui se sont mêlés aux précédents peuples des Balkans à partir du VIe siècle. L'identité « bosniaque » s'est forgée au fil des siècles. On retient trois étapes importantes : la fondation du royaume de Bosnie en 1154, la création de l'Église bosnienne, en 1252, sous l'influence du mouvement révolutionnaire chrétien des bogomiles (« les cathares des Balkans »), et la domination ottomane à partir de 1463 qui entraîne l'islamisation de toute une partie des habitants, appelés « bosniaques » pour les différencier des chrétiens serbes et croates vivant sur le même territoire. Aujourd'hui, les Bosniaques sont culturellement très proches des Serbes et des Croates avec une langue et des traditions communes. Mais ils se distinguent en suivant les grandes fêtes musulmanes (même s'ils sont en général peu pratiquants) et étant historiquement la population la plus urbanisée et la mieux éduquée du pays. Par ailleurs, le terme « bosniaque » sert aussi pour désigner la plupart des Slaves islamisés de la péninsule balkanique, qu'ils soient ou non originaires de Bosnie-Herzégovine. On trouve ainsi des Bosniaques surtout en Serbie (150 000 personnes) et au Monténégro (90 000).

Bosno-Serbes

Ils seraient environ 900 000 et représentent officiellement 30,8 % de la population. Mais ils ont longtemps constitué le premier groupe devant les Bosniaques (44 % encore en 1961). Le terme « bosno-serbe » désigne les habitants slaves de religion et/ou de tradition chrétienne orthodoxe serbe en Bosnie-Herzégovine. Toutefois, eux-mêmes se disent « Serbes » ou « Serbes de Bosnie ». Selon les institutions, les Bosno-Serbes parlent serbe, une langue quasi identique au bosnien et au croate, bien qu'elle s'écrive en théorie en alphabet cyrillique. Le serbe est l'une des trois langues officielles de Bosnie-Herzégovine. C'est également la langue officielle en Serbie et l'une des deux langues officielles du Kosovo. Depuis 1995, les Bosno-Serbes résident principalement en République serbe de Bosnie où ils représentent 81,5 % de la population. Ils constituent 2,4 % de la population en Fédération de Bosnie-et-Herzégovine et 34,6 % dans le district de Brčko. L'identité serbe s'est constituée progressivement depuis le VIe siecle. On retient trois étapes principales : la fondation du royaume de Serbie (au sud de la Serbie et au Kosovo) en 1166 avec la dynastie des Nemanjić qui se convertissent à l'orthodoxie sous l'influence des Byzantins, la victoire ottomane de Kosovo Polje (au Kosovo) en 1389, qui reste pour les Serbes le symbole du début d'une résistance culturelle, et les deux guerres mondiales durant lesquelles les Serbes ont subi des pertes effroyables causées notamment par les Bulgares, les Croates, les Albanais et, dans une moindre mesure, par les Bosniaques. L'Église orthodoxe serbe constitue le principal facteur d'unité des Serbes. Ainsi, historiquement, les Bosno-Serbes sont les habitants les plus pratiquants du pays. Ils sont aussi marqués par davantage de traditions rurales et militaires. Ailleurs dans les Balkans, les Serbes sont surtout présents en Serbie (83 % des 6,8 millions d'habitants) et au Monténégro (28 % des 600 000 habitants). Enfin, il faut noter qu'un grand nombre de Bosno-Serbes disposent de la double nationalité avec la Serbie.

Dans les rues de Sarajevo.

Bosno-Croates

Ils seraient environ 500 000 et représentent officiellement 15,4 % de la population. Le terme « bosno-croate » désigne les habitants slaves de religion et/ou de tradition chrétienne catholique romaine en Bosnie-Herzégovine. Eux-mêmes se disent « Croates », « Croates de Bosnie » ou « Croates d'Herzégovine ». Selon les institutions, les Bosno-Croates parlent croate, une langue quasi identique au bosnien et au serbe. C'est l'une des trois langues officielles en Bosnie-Herzégovine et la langue officielle de la Croatie. Depuis 1995, les Bosno-Croates résident principalement dans les régions proches de la Dalmatie (sud de la Croatie) et la majorité d'entre eux disposent de la double nationalité avec la Croatie. Au sein de la Fédération de Bosnie-et-Herzégovine, ils représentent 22,4 % de la population et plus de 75 % dans trois des dix cantons de l'entité : Herzégovine de l'Ouest, Posavina (enclaves du nord du pays) et Canton 10 (Tropolje). Ils sont également majoritaires (53 %) dans le canton d'Herzégovine-Neretva (Mostar). Par ailleurs, ils représentent 2,4 % de la population de la République serbe de Bosnie et 22,6 % de celle du district de Brčko. Depuis le VIe siècle, l'identité croate s'est forgée au contact des autres peuples des Balkans, mais aussi sous l'influence de puissances occidentales (papauté, Venise, Empire austro-hongrois). On retient trois dates décisives : en 679, l'assemblée de Duvno (aujourd'hui Tomislavgrad, en Tropolje) marque la première grande division entre la papauté et les Byzantins, faisant de la Croatie et d'une partie de la Bosnie-Herzégovine des terres « historiquement catholiques », en 1068, Krešimir IV fonde le premier royaume croate en unissant la Croatie et la Dalmatie, en 1934, l'assassinat du roi serbe de Yougoslavie à Marseille demeure le symbole du refus des Croates d'une mainmise serbe sur la Yougoslavie. Finalement, leur foi catholique place les Croates (comme les Slovènes) à mi-chemin entre le monde slave et le monde latin. N'ayant que peu subi les influences byzantine et ottomane, les Bosno-Croates sont nettement moins « orientalisés » que les Bosniaques et les Bosno-Serbes. Ailleurs dans les Balkans, les Croates sont surtout présents en Croatie (90 % des 4 millions d'habitants) et dans la province serbe de Voïvodine (47 000 habitants).

Minorités

Elles totalisent de 80 000 à 100 000 habitants, c'est-à-dire moins de 3 % de la population du pays. Au niveau national, dix-sept minorités sont reconnues et bénéficient en théorie de protection. Pour autant, celles-ci sont aussi très fortement touchées par l'émigration. Si bien que certaines minorités reconnues n'existent tout simplement déjà plus. Les Roms constituent la principale minorité et la seule dont la population augmente. Aujourd'hui, ils seraient de 60 000 à 80 000. Venus du sous-continent indien, leurs ancêtres ont pénétré dans les Balkans au XIIIe siècle. Autrefois principalement installés dans le territoire de l'actuelle République serbe de Bosnie, les Roms en ont été chassés durant la guerre de 1992-1995 et sont aujourd'hui surtout présents dans le canton de Tuzla (Fédération de Bosnie-et-Herzégovine). C'est la communauté du pays qui subit le plus de discriminations (déscolarisation, chômage, racisme…). Le deuxième groupe est celui des Albanais. Estimés à environ 10 000, ils vivent surtout à Sarajevo. Originaires du Kosovo et de Croatie, où réside la minorité albanophone des Arbanasis, ils sont arrivés ici à partir de l'ère ottomane. Viennent ensuite les Monténégrins : plus de 3 000 à Sarajevo, à Banja Luka et à Trebinje. Parmi les autres minorités d'ex-Yougoslavie, on trouve environ 2 000 Macédoniens et 400 Slovènes. Le pays compte également plusieurs petits groupes de descendants de familles de l'ex-Empire austro-hongrois qui se sont installées ici à la fin du XIXe siècle : environ 200 Slovaques, 300 Russes, 400 Allemands, 500 Polonais, 600 Tchèques, 800 Hongrois, un millier d'Italiens et à peu près autant d'Ukrainiens. Ces derniers sont surtout installés dans le nord, à Prnjavor et à Banja Luka, où 10 000 Ukrainiens s'étaient établis vers 1890 en arrivant de la province austro-hongroise de Galicie (aujourd'hui en Pologne). Les Italiens sont arrivés dans la même région et à la même période. Originaires du nord de l'Italie (Trentin), leurs descendants sont encore majoritaires dans certains villages comme Štivor (près de Prnjavor). Deux minorités toujours officiellement reconnues semblent quant à elles avoir disparu : les Ruthènes et les Roumains. Leur présence remonte aussi à la période austro-hongroise, mais chaque groupe ne comptait plus qu'une centaine de personnes avant la dernière guerre. Enfin, deux minorités issues de l'ère ottomane ont vu leur nombre fortement diminuer au XXe siècle. Il reste ainsi environ un millier de Turcs et à peu près autant de Juifs, principalement à Sarajevo. Ces derniers sont pour la plupart des descendants de Juifs chassés d'Espagne en 1492 et accueillis par les Ottomans en Bosnie en 1581. Ils étaient 14 000 avant la Seconde Guerre mondiale, mais environ 10 000 d'entre eux furent tués par les nazis et leurs alliés croates. On notera toutefois que les Juifs constituent sans doute la plus ancienne des communautés actuelles du pays. Leur présence remonte en effet à la fin de l'Antiquité. En témoignent les vestiges de la synagogue de Dabravina, près de Zenica, qui date de la période romaine ou byzantine.

Étrangers

La Bosnie-Herzégovine est confrontée à un phénomène nouveau d'immigration massive avec l'arrivée d'environ 100 000 personnes venant de pays musulmans depuis 2015 (l'équivalent de plus de 2 millions de personnes rapporté à la population française). On distingue deux tendances bien distinctes qui concernent surtout la Fédération de Bosnie-et-Herzégovine. D'une part, il y a l'installation de 20 000 à 40 000 ressortissants de pays arabes du Golfe (Arabie saoudite, Émirats arabes unis, Koweït...), notamment à Ilidža, la banlieue chic de Sarajevo. Ceux-ci ont fait le choix d'acquérir une résidence principale ou secondaire par attrait du pays. Cela fait suite au Printemps arabe (2010-2012) qui a rendu des destinations comme la Tunisie et l'Égypte moins attractives pour les touristes, expatriés et investisseurs des pays du Golfe. Ces derniers se sont ainsi rabattus sur la Bosnie-Herzégovine qui présente à leurs yeux deux avantages : un caractère « exotique » par son architecture, ses mœurs ou son climat, puisqu'elle est en Europe ; une certaine facilité pour vivre selon les règles strictes de l'islam, puisqu'on y trouve une large communauté musulmane ainsi qu'un grand nombre de mosquées et de magasins halal. L'autre tendance récente, c'est l'arrivée de migrants : des réfugiés provenant principalement de Syrie, d'Afghanistan et du Kosovo. Au départ, ceux-ci ne faisaient que passer pour rejoindre l'Union européenne. Mais lorsque la Croatie voisine, membre de l'UE, a fermé la plupart de ses postes-frontière en 2015, plusieurs milliers de migrants se sont retrouvés coincés en Bosnie-Herzégovine. Les passages vers la Croatie ont toutefois continué mais de manière illégale et périlleuse (environ 10 000 par an), tandis que des camps d'hébergement aux conditions de vie souvent inhumaines ont été créés, principalement à Sarajevo et à Bihać, près de la frontière. Au pic de la crise, de 2018 à 2021, la Bosnie-Herzégovine aurait ainsi accueilli 70 000 réfugiés. Toutefois, depuis fin 2021, le nombre de passages est en léger recul, une partie des candidats à l'immigration pour l'UE préférant désormais tenter leur chance en Serbie et en Roumanie pour rejoindre la Hongrie. La Bosnie-Herzégovine compte par ailleurs sur son territoire environ 30 000 ressortissants étrangers en situation régulière, dont près de 2 000 francophones. Il s'agit surtout de familles de diplomates et du personnel d'entreprises internationales (comme Sanofi, Schneider ou L'Oréal pour la France) ou bien encore de membres d'associations caritatives (très nombreuses depuis la guerre) ainsi que des familles binationales. Enfin, il faut ajouter la présence de 1 600 militaires de l'Eufor (ou force européenne Althea) qui, bien que dirigée par l'UE, comprend aussi bien des contingents autrichiens, hongrois et roumains que turcs et chiliens. Depuis 2004, l'Eufor a pris le relais de l'Otan (missions IFOR et SFOR) pour faire respecter les accords de paix de 1995.

Diaspora

Elle est très importante, puisqu'on estime que plus de 2 millions de Bosniens vivent à l'étranger. Selon la Banque mondiale, c'est le premier pays des Balkans et le seizième au monde en termes d'émigration. Plusieurs vagues de départs ont eu lieu depuis le XXe siècle. On retient par exemple celles qui suivent la prise de contrôle de la Yougoslavie par les Serbes en 1918 : nombre de Bosno-Croates se réfugient alors en Autriche, aux États-Unis ou en France. On peut également citer l'accord conclu entre la Yougoslavie socialiste et la Turquie en 1963, qui incite les populations musulmanes (Bosniaques, Turcs et Albanais) à s'installer en Turquie. Mais ce sont les guerres qui ont entraîné le plus de déplacements. Ainsi, durant les années 1941-1945, de nombreux Roms et Bosno-Serbes partent pour la Serbie afin d'échapper aux massacres commis par les oustachis croates. Le conflit de 1992-1995 est toutefois différent, puisqu'il a provoqué une émigration qui se poursuit aujourd'hui. La diaspora récente (depuis 1992) est surtout concentrée dans cinq pays, au premier rang desquels figure l'Allemagne. Celle-ci compte ainsi sur son territoire près de 400 000 personnes nées en Bosnie-Herzégovine (en majorité des Bosniaques), auxquelles s'ajoutent les enfants nés sur place et les Allemands d'origine bosnienne. Les citoyens bosniens sont 170 000 en Autriche, pays qui compte d'ailleurs la plus forte proportion d'exilés d'ex-Yougoslavie sur son sol. Les États-Unis affichent pour leur part une communauté de 350 000 Bosniens, mais en prenant en compte aussi bien les Américains d'origine bosnienne que les familles arrivées récemment (environ 100 000 personnes) et leurs enfants nés sur place. Quant à la Serbie et à la Croatie, elles ont accueilli environ 300 000 Bosno-Serbes et Bosniaques pour la première et environ 100 000 Bosno-Croates pour la seconde. Le reste de la diaspora vit ensuite principalement en Scandinavie (près de 200 000 citoyens bosniens en Norvège, en Suède et au Danemark), en Australie (40 000), en Italie (31 000) et en France (30 000). Tous ces exilés ont un poids considérable sur l'économie du pays, puisqu'ils investissent chaque année plus d'un milliard d'euros en Bosnie-Herzégovine. Pour autant, les autorités bosniennes ne font pas grand-chose pour eux, pour les inciter à revenir par exemple. Si bien que les liens se distendent de plus en plus. Depuis 1995, environ 100 000 membres de la diaspora ont ainsi renoncé à la citoyenneté bosnienne.

SOCIÉTÉ

Dans les Balkans, les vieux clichés ont la vie dure : les habitants sont accueillants, les vieilles traditions perdurent et le sens de l'entraide est plus développé qu'en Occident. Tout cela est vrai. Tout comme les Balkans sont une région pauvre, victime de la corruption et en proie au nationalisme. La Bosnie-Herzégovine ne fait pas exception. Ici, le conflit de 1992-1995 a été un facteur aggravant qui a entraîné l'exode massif des populations, des tensions toujours vivaces entre communautés et un repli identitaire autour des religions. Si une minorité a profité de la guerre et de la vague de privatisations qui a suivi pour s'enrichir, les conditions de vie de la majorité des Bosniens demeurent précaires. Elles sont encore plus difficiles pour les femmes, les minorités ethniques et les minorités sexuelles. Face à l'adversité, la population cultive l'humour noir, se réfugie dans la nostalgie ou s'invente de nouveaux mythes étranges.

Conditions de vie

Elles sont plutôt difficiles et sont aujourd'hui la principale cause de l'exode de la population et de la baisse démographique. La Bosnie-Herzégovine est le sixième pays le plus pauvre d'Europe en termes de PIB par habitant. En 2022, le taux de chômage atteignait 16 % (37 % chez les jeunes), tandis que le salaire mensuel moyen était de 564 €. À titre de comparaison, ce dernier était de 1 789 € en France. Mais le coût de la vie est ici dans l'ensemble deux fois moins élevé. Les Bosniens bénéficient aussi d'institutions médicales et sociales relativement efficaces héritées de la Yougoslavie socialiste. Malgré l'exode des médecins et un manque de matériel, le système de santé fournit encore une qualité de soins bien supérieure à la moyenne mondiale. Ainsi, l'espérance de vie moyenne est de 77,2 ans contre 81,3 ans dans l'Union européenne. Le taux de croissance du PIB est quant à lui de plus de 3 % par an depuis 2015, sauf en 2019 (- 3 %) à cause de la crise de la Covid-19, mais cela a été rattrapé par une hausse de 7 % en 2021. Toutefois, 17 % de la population vit sous le seuil de pauvreté. La majorité des habitants doit se débrouiller pour survivre. Ainsi, durant les hivers longs et froids, le bois de chauffage demeure le principal combustible, y compris dans les grandes villes. Ce qui explique, en partie, la très forte pollution à Sarajevo.

Modes de vie

Dans un pays toujours très rural (seule 50 % de la population vit en ville), les vieilles traditions demeurent bien ancrées. Certes, le conflit de 1992-1995, les contacts soutenus avec la diaspora installée en Occident ou encore, les nouvelles technologies sont venues perturber les modes de vie. Ainsi, depuis la guerre, le regroupement des communautés dans des zones géographiques distinctes a fait presque entièrement disparaître l'ancestral *komšiluk*, l'art de la coexistence entre Bosniaques, Bosno-Serbes et Bosno-Croates au sein d'un village ou

Village folklorique bosnien.

d'un quartier. Mais d'une manière générale, les influences orientales héritées de la période ottomane subsistent : la parole des anciens et des autorités religieuses est respectée, les familles aiment à se promener le soir sur le *corzo* (rue piétonne principale des villes des Balkans) et à se retrouver autour de grandes tables pour des repas longs et animés, on prend le temps de discuter entre collègues ou amis autour d'un café, on s'entraide pour les travaux des champs, etc. Tout cela peut paraître un peu cliché, mais reste néanmoins une réalité. Tout aussi réel est l'attrait pour la modernité. En témoignent les rutilants centres commerciaux des villes principales, la place occupée par les réseaux sociaux et les télévisions allumées un peu partout qui retransmettent les matchs de la Premier League ou les derniers clips de Beyoncé, de Dua Lipa et de The Weeknd. En même temps, la nostalgie occupe une place centrale. En 2017, selon un sondage Gallup, 77 % des Bosniens disaient regretter le temps de la Yougoslavie socialiste. Une « yougostalgie » qui se manifeste dans le décor de nombreux restaurants et bars, comme le Caffe Tito, à Sarajevo. Les habitants fantasment aussi sur des périodes plus éloignées. Depuis les années 2010, la mode est au « village folklorique » (*etno cela*) : un peu partout dans le pays, des zones de loisirs reconstituent des habitations traditionnelles des XVIIIe-XIXe siècles autour d'un restaurant ou d'un hôtel. Mais ce phénomène ne peut faire oublier les authentiques villages anciens qui se vident du fait de la guerre, de l'exode des populations et du désinvestissement de l'État dans les régions rurales.

La place des femmes

La société bosnienne est très patriarcale avec de fortes inégalités entre hommes et femmes. Ces dernières avaient pourtant profité de grandes avancées durant la période de la Yougoslavie socialiste. Mais la guerre de 1992-1995 est venue bouleverser cela : tandis que les différentes communautés se sont regroupées autour d'une vision conservatrice de la religion, une partie des hommes ayant combattu ont capté les postes du pouvoir économique et politique. Les femmes ont, elles, été fragilisées par le conflit : nombre d'entre elles se sont retrouvées seules et sans emploi et le viol a été utilisé de manière systématique comme un instrument de terreur par les forces bosno-serbes. Aujourd'hui encore, les femmes sont davantage touchées par le chômage : seules 40 % d'entre elles ont un emploi rémunéré, contre 65 % pour les hommes. L'accès au marché du travail est rendu difficile par l'absence de structures pour garder les enfants en bas âge. Pour rester compétitives, beaucoup de femmes renoncent à avoir des enfants. Le taux de fécondité est ainsi le plus bas des Balkans : 1,24 enfant par femme en 2020. Par ailleurs, selon une étude de l'OSCE

© AJDIN KAMBER - SHUTTERSTOCK.COM

Drapeaux flottant lors de la gay pride de Sarajevo.

publiée en 2019, 48 % des Bosniennes se disent déjà avoir été victimes de violences sexistes ou sexuelles. Si ce chiffre est alarmant, il est moins élevé que dans la plupart des pays de la région (67 % en Albanie et 64 % en Serbie, par exemple). Cela est en partie dû à une meilleure protection de la part des institutions. Dans le cadre de la candidature à l'adhésion à l'UE, le pays a adopté une loi sur l'égalité entre les sexes en 2003 et une autre contre les discriminations envers les femmes en 2016. Sur le plan politique, la loi de 2003 prévoit notamment un minimum de 30 % de candidates aux élections. Pour autant, les femmes ne représentent que 17 % des élus.

Minorités sexuelles

Il faut mettre ses préjugés de côté : c'est dans la plus grande ville musulmane du pays que la communauté LGBT+ peut s'afficher. Sarajevo n'est pas San Francisco, mais les minorités sexuelles bénéficient ici d'une plus grande tolérance qu'à Banja Luka ou à Mostar. C'est dans la capitale que la première « marche des fiertés » a été organisée en Bosnie-Herzégovine avec 2 000 participants en septembre 2019. Certes, l'annulation de celle-ci en 2020, pour cause de Covid-19, avait été saluée comme « un cadeau d'Allah » par le grand imam de la communauté islamique. Mais l'événement se déroule désormais (en juin) paisiblement sans provoquer trop de commentaires choquants. Dans le reste du pays, la communauté fait profile bas. Partout, les discriminations restent courantes. Celles-ci sont pourtant punies par la loi depuis 2003. Il existe aussi une loi sur les crimes de haine incluant l'identité de genre et l'orientation sexuelle depuis 2016. Les relations homosexuelles avaient quant à elles été dépénalisées par l'État yougoslave dès 1971, onze ans avant la France.

En 2022, le parlement national préparait une loi devant accorder de nouveaux droits et une meilleure protection à la communauté LGBT. Le projet prévoit un statut légal pour les couples du même sexe ou encore une assistance pour les personnes souhaitant changer de genre. D'une manière générale, on recommande aux touristes non hétérosexuels de ne pas s'afficher ouvertement dans les espaces publics, en particulier en République serbe de Bosnie où la population de confession orthodoxe serbe est la moins tolérante. Enfin, si le pays ne compte aucun bar ou discothèque affichant le drapeau arc-en-ciel, certains lieux organisent régulièrement des soirées LGBT à Sarajevo.

Libertés

La législation garantit les libertés individuelles. Mais plusieurs rapports internationaux soulignent de profonds problèmes. Le département d'État américain pointe ainsi de graves abus de la part de la police, un manque d'indépendance de la justice, des atteintes aux droits des femmes, des enfants et des minorités ou encore des menaces et violences envers les journalistes. Les observateurs étrangers remarquent cependant une grande disparité selon les entités. C'est principalement dans la République serbe de Bosnie que des abus sont constatés. On y déplore une « dérive autocratique » de la part du président local, Milorad Dodik, et de son parti ultranationaliste, le SNSD/СНСД (Alliance des sociaux-démocrates indépendants). Cela se traduit par une forte répression policière envers les groupes d'opposition et de fréquents contrôles d'identité sans raison apparente – nous en avons plusieurs fois fait l'expérience. Quant à l'influente radio-télévision publique de l'entité, la RTRS/РТРС, elle présente les informations selon les vues de Milorad Dodik. Dans le classement mondial de la liberté de la presse établi par Reporters sans frontières, la Bosnie-Herzégovine est passée de la 58e place sur 180 pays en 2021 au 67e rang en 2022. La situation n'est de toute façon guère brillante dans les Balkans avec, par exemple, la Grèce placée à la 108e position en 2022. L'organisation remarque toutefois une situation bien meilleure pour les journalistes basés à Sarajevo malgré des conditions économiques souvent précaires.

Mythes modernes

Le pays cultive toujours de vieilles histoires de fées, de haïdouks (brigands) courageux défiant les Ottomans ou de héros fictifs comme Nasr Eddin Hodja, connu de la Mongolie aux Balkans. Mais depuis la dernière guerre, les trois grandes communautés se sont regroupées chacune autour de nouveaux mythes modernes. Toute une partie des Bosniaques et de leurs représentants politiques soutient l'étrange théorie des « pyramides de Bosnie » : autour de Visoko, près de Sarajevo, plusieurs collines aux formes pyramidales seraient en fait les vestiges d'une ancienne civilisation liée aux extraterrestres. Les Bosno-Croates, dans leur majorité, croient, eux, aux apparitions à répétition de la Vierge, à Međugorje : un miracle non reconnu par le Vatican qui draine tout de même 2 millions de pèlerins chaque année dans ce village viticole de l'Herzégovine. Enfin, les Bosno-Serbes sont pour l'essentiel convaincus de n'avoir fait que « se défendre » au cours de la dernière guerre, en feignant d'oublier les innombrables massacres perpétrés par leurs troupes : un message constamment relayé par les autorités de la République serbe de Bosnie qui s'appuie sur le souvenir des souffrances endurées lors des précédents conflits par le peuple serbe.

La pyramide de Visoko inspire de nombreux mythes…

RELIGIONS

La religion occupe une place centrale dans la société bosnienne contemporaine. C'est elle qui détermine la place de chacun, puisque les trois « nationalités » qui dominent le pays correspondent aux trois grands cultes : les Bosniaques sont des musulmans sunnites ou soufis (51 % de la population), les Bosno-Serbes sont des chrétiens orthodoxes serbes (31 %) et les Bosno-Croates sont des catholiques romains (16 %). Ce système hérité de la guerre de 1992-1995 prévoit la liberté de culte, mais il ne permet qu'une représentation politique minime aux athées (1 %), aux minorités ethniques (Roms, Albanais, Macédoniens…) et aux minorités religieuses comme les musulmans chiites, les juifs, les chrétiens protestants ou les hindouistes. Si, dans l'ensemble, les Bosniens demeurent ouverts et tolérants, la guerre a provoqué une hausse de l'intégrisme religieux tant chez les musulmans que chez les chrétiens.

Sunnisme

Plus importante branche de l'islam à travers le monde, le sunnisme est la religion principale en Bosnie-Herzégovine, réunissant aux alentours de 1,6 million de personnes, soit environ 50 % de la population. La majorité des sunnites du pays sont des Bosniaques, auxquels s'ajoutent la plupart des Roms, Albanais et Turcs. Comme dans le reste des Balkans, l'islam demeure, d'une manière générale, modéré et cantonné à la sphère privée. La plupart des sunnites se disent religieux, suivent les grandes fêtes musulmanes (aïd al-adha et aïd al-fitr) et se rendent à la mosquée pendant le ramadan. Mais ils affichent peu de signes distinctifs (les femmes portent rarement le hijab) et s'autorisent pour certains à boire de l'alcool et/ou à assister à la messe de Noël avec les catholiques. L'ensemble de la communauté est placée sous l'autorité d'un grand mufti qui est à la tête de la Communauté islamique de Bosnie-Herzégovine. Basée à Sarajevo et fondée en 1993, celle-ci a aussi juridiction sur la diaspora bosniaque et sur les communautés sunnites de Serbie, de Croatie, de Slovénie, du Monténégro et de Hongrie. En théorie, les confréries soufies du pays dépendant également du grand mufti, même si elles sont autonomes et n'appartiennent pas au courant sunnite (lire ci-après). Ce sont ces confréries qui ont les premières islamisé les populations locales, dès l'arrivée des Ottomans en 1396. Les Bosniaques actuels sont ainsi les descendants de convertis qui appartenaient pour la plupart à l'Église bosnienne (qui était jugée « hérétique » par les autres chrétiens). Mais c'est au XVIe siècle que la majeure partie des conversions ont eu lieu. Toutes les grandes mosquées historiques du pays datent de cette époque : **mosquée Gazi Hüsrev-Bey** (p.112) de Sarajevo (1531), **mosquée Aldaža** (p.338) de Foča (1550), **mosquée Ferhadija** (p.267) de Banja Luka (1579), etc. Hélas, tout comme les Bosniaques ont été les principales victimes de la guerre de 1992-1995, la plupart des mosquées (81 %) ont alors été détruites. L'après-guerre a ainsi été marquée par une forte implication de pays musulmans (Arabie saoudite, Turquie…) pour reconstruire les mosquées et les villes, mais aussi pour influer sur les pratiques de l'islam. Cette ingérence étrangère associée aux rancœurs nées du conflit et à la crise économique qui perdure ont favorisé l'essor d'un intégrisme sunnite avec l'apparition du wahhabisme et du salafisme. Bien que minoritaires, les islamistes radicaux contrôlent désormais plusieurs mosquées. Ils se sont aussi engagés dans les rangs de Daesh en Syrie et en Irak ces dernières années et plus de 300 anciens djihadistes bosniaques sont aujourd'hui revenus au pays. Mais il convient de souligner à quel point la grande majorité des sunnites de Bosnie-Herzégovine est tolérante et pratique un islam modéré.

Orthodoxie

Les chrétiens orthodoxes seraient aux alentours de 900 000, soit environ 31 % de la population. Parmi ceux-ci, on trouve les petites minorités monténégrine, macédonienne et russe. Mais la vaste majorité des orthodoxes du pays sont bosno-serbes et appartiennent à l'Église orthodoxe serbe. Ils dépendent de la métropole de Dabro-Bosna, dont le siège est la **cathédrale de la Nativité-de-la-Mère-de-Dieu** (p.112) (1863), à Sarajevo. Toutefois, depuis 1995, 96 % des Bosno-Serbes vivent en République serbe de Bosnie et c'est la récente **cathédrale du Christ-Sauveur** (p.264) (2009) de Banja Luka qui fait figure de centre de l'orthodoxie serbe dans le pays. L'orthodoxie (littéralement « la droite opinion » en grec) est l'une des principales branches du christianisme. Les Églises orthodoxes sont organisées par « nations » et sont indépendantes les unes des autres.

Ayant son siège à Belgrade, en Serbie, l'Église orthodoxe serbe a ainsi juridiction en Bosnie-Herzégovine et dans tous les pays où résident des communautés serbes. Elle suit le rite byzantin, autorise le mariage des prêtres, reconnaît le caractère sacré des icônes et la liturgie (messe) se fait en serbe ou en slavon d'Église (vieux-slave). Progressivement convertis au christianisme par les Byzantins (VIIe-XIIe siècles), les Serbes ont dominé un temps les Balkans (XIIIe-XIVe siècles), avant de passer sous la coupe des Ottomans (XVe-XIXe siècles). Hormis lors de quelques révoltes, ils ont bénéficié d'une grande autonomie de la part de ceux-ci. Les sultans ont d'ailleurs largement favorisé le clergé orthodoxe aux dépens des catholiques. Si bien que les Serbes ont longtemps représenté la principale communauté de Bosnie-Herzégovine. Mais ils ont été dépassés démographiquement par les musulmans à partir des années 1960. C'est la forte natalité des Bosniaques et le contre-coup des guerres qui les a relégués au second plan. Durant la Seconde Guerre mondiale, de nombreux Serbes ont été massacrés par les Croates à travers la Yougoslavie et la plupart des églises et des monastères orthodoxes de Bosnie-Herzégovine ont été détruits. Parmi les rares monuments de valeur qui subsistent, il faut citer le **petit monastère de Liplje** (p.275) (XVe siècle), près de Banja Luka, et l'**église des Archanges-Michel-et-Gabriel** (p.115) (XVIe siècle) à Sarajevo. Cet acharnement contre leurs monuments explique en partie la funeste volonté de revanche des Bosno-Serbes au cours de la guerre de Bosnie-Herzégovine, puis la frénésie de construction de lieux de culte qui s'est emparée de la République serbe de Bosnie depuis 1995. Ceci permet aussi de mieux comprendre le très fort attachement des Bosno-Serbes à leur Église et pourquoi ils forment la communauté la plus religieuse du pays.

Catholicisme

Les chrétiens catholiques romains sont un peu plus de 500 000 et représentent entre 15 et 16 % de la population. La plupart sont des Bosno-Croates. Mais on trouve aussi parmi eux quelque 4 000 fidèles appartenant à des minorités : Italiens, Hongrois, Tchèques, Polonais, Allemands, Slovènes et Slovaques. Tous dépendent de la province ecclésiastique de Sarajevo, dont le siège est la **cathédrale du Sacré-Cœur** (p.113) (1889), dans la capitale. La majorité des catholiques réside toutefois dans les cantons de la Fédération de Bosnie-et-Herzégovine situés près des frontières avec la Croatie, notamment dans les régions d'Herzégovine et de Tropolje. L'origine des catholiques en Bosnie-Herzégovine remonte à 679, avec l'assemblée de Duvno (en Tropolje) qui marque la première grande division territoriale entre la papauté et les Byzantins. Cette présence a été renforcée par les conquêtes de puissances catholiques (Croatie, Hongrie, Empire austro-hongrois), mais aussi par l'installation de marchands ragusains (de l'actuelle Dubrovnik) et de moines franciscains, qui occupent toujours une place prépondérante dans le pays. L'histoire récente a été marquée par deux phénomènes. Tout d'abord la collaboration du clergé catholique avec le régime croate pronazi durant la Seconde Guerre mondiale. Celle-ci s'est soldée par la destruction de toute une partie des églises et mo-

Cathédrale du Christ-Sauveur à Banja Luka.

© IMRE CIKAJLO - ISTOCKPHOTO

Tekké et source de la Buna, à Blagaj.

nastères catholiques à la libération, puis par une méfiance des autorités yougoslaves qui ont longtemps interdit la construction de nouveaux lieux de culte aux Bosno-Croates. Cela explique que la plupart des monuments catholiques du pays soient de facture récente comme la remarquable **cathédrale Saint-Bonaventure** (p.265) (1973) de Banja Luka et le **monastère franciscain Saint-Pierre-et-Saint-Paul** (p.329) (2001) de Mostar, dont l'immense campanile est le plus haut édifice chrétien des Balkans (107,20 m). L'autre phénomène marquant sont les « apparitions de la Vierge » qui ont lieu depuis 1981 à Međugorje, près de Mostar. Bien que non reconnues comme « miraculeuses » par le pape, elles ont fait de ce village d'Herzégovine un des principaux sites de pèlerinage en Europe, attirant environ 2 millions de visiteurs chaque année. Les Bosno-Croates sont dans l'ensemble assez pratiquants (environ 50 % assistent à la messe dominicale) et se retrouvent sur les positions défendues par le pape. Enfin, le pays compte une autre communauté catholique : les Ukrainiens. Ils sont environ un millier installés dans la région de Banja Luka et appartiennent à l'Église grecque-catholique ukrainienne. Cette dernière reconnaît l'autorité du pape mais suit les rites byzantins (mariage des prêtres, culte des icônes…). Si bien que la minorité ukrainienne se sent plus proche des orthodoxes serbes.

Soufisme, chiisme et autres courants de l'islam

Depuis 1995, plusieurs courants islamiques ou proches de l'islam se sont développés et représentent environ 2 % de la population. Le plus influent est le soufisme. C'est le courant mystique de l'islam, surtout connu pour ses derviches tourneurs en Turquie ou en Égypte. Il a joué un rôle central dans l'islamisation des Bosniaques et connaît une renaissance depuis 1995 avec le soutien de la Turquie. S'il ne rassemble guère plus de 30 000 fidèles dans le pays, le soufisme jouit d'une aura considérable auprès des Bosniaques. Il propose un enseignement religieux rigoureux, mais emprunt d'humanisme qui est à l'opposé de l'intégrisme sunnite. Parmi la vingtaine de tariqats (confréries soufies) à travers le monde, deux sont présentes en Bosnie-Herzégovine et disposent de plusieurs tekkés, lieux de prière et de discussion qui accueillent aussi les derviches sur la voie de l'ascèse. Il y a d'abord la confrérie des nakshibandis (Naqshbandiyya) qui est l'une des plus importantes au monde. Elle possède notamment le célèbre et magnifique **tekké de Blagaj** (p.193) (1520), près de Mostar. La confrérie des kaderis (Qadiriyya) s'est, elle, surtout développée dans les Balkans. Elle a pour centre le tekké Hadži Sinanova (1640), à Sarajevo. On note aussi l'essor d'un « néo-soufisme » avec des mouvements issus des nakshibandis et qui rencontrent un large écho auprès de la jeunesse bosniaque. Les soufis organisent par ailleurs chaque année en juin l'un des plus importants pèlerinages musulmans en Europe, à Prusac (Bosnie centrale). Le deuxième courant minoritaire islamique dans le pays est celui du chiisme, la deuxième grande branche de l'islam après le sunnisme. Il est apparu sous l'influence de l'Iran qui fut l'une des premières nations à soutenir les Bosniaques durant la dernière guerre.

Les chiites sont peu nombreux (moins de 5 000), mais ils disposent d'importants relais : une chaîne de télévision, une école et trois instituts à Sarajevo. Plus influent encore est le mouvement Hizmet de l'intellectuel et religieux turc Fethullah Gülen (né en 1941). Basé aux États-Unis et au départ très proche du soufisme, celui-ci prône un islam à la fois fondamentaliste et moderniste. Les adeptes du mouvement, apparu ici en 1997, sont peu nombreux (environ un millier) mais gèrent un vaste réseau éducatif, dont deux universités à Bihać et à Sarajevo. Enfin, il faut citer la présence de deux courants proches de l'islam qui revendiquent moins de 300 adeptes chacun dans le pays : l'ahmadisme, un mouvement messianique qui propose une lecture humaniste du Coran, et le bahaïsme, une religion à part qui plonge ses racines dans l'islam tout en effectuant un syncrétisme avec le judaïsme et le christianisme.

Autres religions

Elles regroupent aux alentours de 3 000 personnes (moins de 0,1 % de la population). Les juifs sont aujourd'hui environ un millier et vivent surtout à Sarajevo. Mais le judaïsme est pratiqué en Bosnie-Herzégovine depuis la fin de l'Antiquité. Sa présence a été renforcée par l'installation de Juifs séfarades chassés d'Espagne et accueillis par les Ottomans (1581), puis de Juifs ashkénazes d'Europe centrale à l'arrivée des Austro-Hongrois (1878). Sur les 14 000 Juifs bosniens de 1941, 10 000 sont morts lors de la Shoah. Sarajevo, qui fut surnommée la « Jérusalem des Balkans », conserve toutefois un important patrimoine juif, en particulier le Vieux Temple (1581) au sein duquel se trouve le Musée juif, la synagogue ashkénaze (1902), toujours ouverte au culte, le cimetière juif de Sarajevo, l'un des plus anciens et des plus vastes d'Europe aujourd'hui, ou encore un précieux livre enluminé du XIVe siècle, la *Haggadah de Sarajevo*, conservée au Musée national. Le pays compte aussi environ un millier de chrétiens protestants (contre une centaine avant la guerre de Bosnie-Herzégovine) qui sont répartis dans dix villes. Établie en Yougoslavie en 1972, l'Église de Jésus-Christ des saints des derniers jours (les mormons) revendique pour sa part moins de 100 fidèles à Sarajevo, à Banja Luka et à Tuzla. Héritage du mouvement des non-alignés (1961) et des liens établis entre la Yougoslavie et l'Inde, l'hindouisme réunit quant à lui 300-500 personnes à Sarajevo et à Banja Luka. On note aussi l'émergence d'un néo-paganisme slave qui cherche à renouer avec les traditions des premières tribus slaves des Balkans et rejette les monothéismes considérés comme responsables de la division du pays. C'est notamment le cas de l'association Svaroži krug (« Cercle de Svarog », du nom du dieu slave du Ciel ou du Feu). Fondée en 2011, celle-ci ne compte que quelques dizaines de membres à Mostar et à Sarajevo. Les anciennes traditions slaves survivent toutefois plus largement dans le folklore des Bosniaques, des Bosno-Serbes et des Bosno-Croates.

© STU.DIO - SHUTTERSTOCK.COM

La Haggadah de Sarajevo.

Athéisme

Les athées et agnostiques sont extrêmement rares en Bosnie-Herzégovine, puisqu'ils seraient environ 35 000, soit un peu plus de 1 % de la population. La diminution du nombre de non-croyants est une tendance générale en ex-Yougoslavie depuis les années 1990 : la montée des nationalismes et les guerres ont provoqué un retour à la religion comme symbole d'identité pour chaque peuple. Le peu de Bosniens s'affichant ouvertement athées ou agnostiques sont souvent victimes de pressions sociales, de discriminations, voire de violences.

Une religion disparue : l'Eglise bosnienne

Après l'arrivée des Slaves (VIe-VIIe siècles), la Bosnie-Herzégovine reste mal contrôlée par les chrétiens. Au XIe siècle, elle sert de refuge aux bogomiles, chrétiens des Balkans pourchassés pour hérésie. C'est aussi à cette époque que la Bosnie tente de s'émanciper des royaumes voisins. L'Église bosnienne naît ainsi en 1252 d'un schisme avec l'Église catholique romaine. Elle conserve la plupart des rites de celle-ci, mais imite les orthodoxes serbes en prenant le vieux-slavon comme langue liturgique. Devenue l'Église officielle du royaume de Bosnie (1377-1463), elle intègre aussi certains cultes slaves de la nature : en témoignent les signes gravés sur les *stećci*, pierres tombales médiévales que l'on trouve notamment dans vingt sites du pays inscrits au patrimoine mondial de l'Unesco. L'Église bosnienne disparaît à l'ère ottomane, la plupart des fidèles se tournant vers l'Islam au XVIe siècle.

QUE RAPPORTER ?

Si, comme nous, vous êtes tombé sous le charme du café bosnien, prévoyez une petite place dans votre valise pour deux-trois sachets de mouture locale, mais aussi pour des loukoums, des herbes à infuser, de la *rakija*, du fromage de Livno… On est en revanche davantage partagé sur les vins de l'Herzégovine : ils peuvent paraître corrects sur place, mais les rares qui valent vraiment la peine d'être rapportés sont vendus assez cher, à plus de 15 € la bouteille. En tout cas, l'essentiel des bonnes adresses shopping se trouve à Mostar et à Sarajevo. On vous passe ici les affreuses petites reproductions du Vieux-Pont, les statuettes de la Vierge de Međugorje et les inquiétants T-shirts à l'effigie de nationalistes serbes à Višegrad. On vous donne toutefois un conseil d'achat « encombrant » : les fantastiques meubles en bois de l'atelier Zanat de Konjic. L'astuce est de venir les contempler sur place et de les commander ensuite en ligne.

Café bosnien

Ce proche et délicieux cousin du café turc est torréfié et préparé de manière légèrement différente. On peut se procurer la mouture chez de nombreux torréfacteurs, faciles à repérer grâce aux agréables et puissants arômes qui en émanent, ou dans certains cafés comme le Café de Alma, à Mostar, et Rahatlook, à Sarajevo. Ce dernier vous propose aussi d'apprendre la technique pour bien préparer le café bosnien. De retour de voyage, il vous faudra aussi la **džezva**, la petite casserole servant à faire chauffer l'eau avec la mouture sur une flamme au gaz. Les versions traditionnelles en cuivre martelé se trouvent notamment chez les artisans de la rue Kujundžiluk de Mostar et au bazar de Kazandžiluk, à Sarajevo. Elles sont généralement proposées avec quatre petites tasses (*fildžan*) et un bol pour le sucre (*šećerluk*). Vous trouverez des versions en acier émaillé compatibles avec des plaques électriques ou à induction dans les magasins d'électroménager ou dans certains supermarchés.

Vins et alcools

À travers les pages de ce guide consacrées à l'Herzégovine, nous indiquons plusieurs adresses de vignerons proposant des dégustations à Čapljina, à Međugorje, à Ljubuški et à Trebinje. Si vous n'avez pas le temps, vous trouverez un large éventail de vins de l'Herzégovine chez les cavistes Vinoteka, à Mostar, et Petrakijina Wine & Life, à Sarajevo. Ceux-ci proposent aussi des rakijas et des bières artisanales du pays. La meilleure *rakija* est généralement celle élaborée et vendue par les moines dans les monastères orthodoxes serbes, en particulier ceux de Žitomislić (près de Mostar) et de Tvrdoš (près de Trebinje). Quant aux bières artisanales, elles proviennent d'une cinquantaine de microbrasseries à Sarajevo, à Mostar et à Banja Luka ainsi qu'à Široki Brijeg, Livno et Posušje.

Produits gourmands

Les fromages les plus réputés du pays sont ceux de Livno et de Travnik. On les trouve sous vide dans presque tous les supermarchés. Mais des versions plus artisanales et plus goûteuses sont proposées dans certains restaurants des zones de production, en Tropoje et en Bosnie centrale. Plus confidentiel : le fromage de l'abbaye cistercienne Sainte-Marie-de-l'Étoile de Banja Luka. Il est disponible dans les supermarchés Mercator et Konzum de la ville. Pour ce qui est du miel (*med/мед*), les apiculteurs en vendent au bord des routes. Mais il faut se méfier de celui vendu dans les boutiques pour touristes, souvent coupé au sirop de glucose ou de maïs, en particulier à Međugorje, où les pèlerins catholiques se font arnaquer de toutes parts. On regrette aussi le faible nombre d'épiceries fines dans le pays. À Sarajevo, le magasin Dalkantina propose en tout cas une vaste sélection de fromages, miels, vins, bières, rakijas, mais aussi de jambons crus, de viandes séchées et d'herbes à infuser. Pour finir sur une note sucrée, les loukoums de la Butik Badem de Sarajevo sont pour nous les meilleurs.

Mobilier

Une adresse à ne pas manquer : l'atelier d'ébénisterie Zanat, à Konjic, entre Sarajevo et Mostar. On y trouve de superbes meubles en bois traditionnels ou design à acheter sur place ou à admirer dans le musée attenant. Les très réputées chaises et tables Zanat peuvent aussi être commandées en ligne ou chez certains revendeurs en France. Pour les amateurs de mobilier *vintage* de la Yougoslavie socialiste, il y a parfois des choses intéressantes aux marchés aux puces de Vrapčići (6 km au nord-est de Mostar) et de Ciglane (à Sarajevo). Sinon, la « yougostalgie » se décline sous forme de mugs, T-shirts et autres babioles à l'effigie du maréchal Tito dans de nombreuses boutiques pour touristes.

SPORTS ET LOISIRS

Comme souvent, c'est le football qui fait vibrer les foules en Bosnie-Herzégovine, même si les résultats de l'équipe nationale sont, il est vrai, bien plus ternes que ceux du voisin croate. Les autres sports collectifs sont également très populaires, avec en premier lieu le basket-ball et le handball. Les Bosniens aiment aussi s'adonner aux échecs, notamment sur les places de Sarajevo, ainsi qu'à la pêche dans les innombrables rivières et lacs du pays. Il faut dire que la nature locale est superbe et que c'est un vrai bonheur de partir à sa découverte en enfilant ses chaussures de randonnée ou en grimpant sur la selle de son VTT. Les amateurs de sensations fortes ne seront pas en reste. Au printemps et en été, le pays est un véritable paradis pour la pratique du rafting, alors qu'en hiver, on pourra aller balader ses spatules dans les stations de ski qui ont accueilli les Jeux olympiques d'hiver de 1984.

Le football, la passion locale

Pour l'heure, et avec un manque de moyens évident, le football bosnien n'est pas très bon au niveau international, comme peut l'être le football croate. Parmi les grands noms qui ont fait briller le pays, il faut surtout citer la légende Safet Sušić, qui a fait les beaux jours du Paris-SG et de la sélection de Yougoslavie dans les années 1980. Vahid Halilhodić mérite lui aussi une mention particulière après une belle carrière de joueur (Nantes, PSG) et de coach (Rennes, PSG, Côte d'Ivoire, Japon, Algérie...). Aujourd'hui, c'est l'attaquant de l'Inter Milan Edin Džeko qui porte haut les couleurs du pays.

A pied ou en vélo, à l'assaut de la nature

- **Randonnée.** Partout dans le pays, de grandes balades sur les hauts plateaux ou dans les grands massifs sont possibles. Tentez la randonnée dans les montagnes de Bjelašnica. D'une manière générale, évitez de quitter les sentiers balisés, car il peut encore rester des mines anti-personnel.
- **La** Via Dinarica (p.140) est un sentier de randonnée qui longe les Alpes dinariques sur près de 1 300 km et traverse 8 pays (Slovénie, Croatie, Bosnie-Herzégovine, Monténégro, Serbie, Kosovo, Macédoine du Nord, Albanie).
- **VTT.** Les randonnées du pays sont aussi possibles en VTT. Les canyons de la Neretva entre Sarajevo et Mostar ou bien le canyon de la Vrbas entre Jajce et Banja Luka sont, parmi d'autres, des promenades grandioses. Les lacs innombrables, souvent en altitude, peuvent, à eux seuls, vous donner le prétexte à un grand tour du pays, comme le lac Modrac (p.328), près de Tuzla, ou le lac Boračko (p.198).
- **La Tans-Dinarica**, à l'instar de la Via Dinarica, permet, pour l'heure, aux aventuriers en VTT de traverser 3 pays (Slovénie, Croatie et Bosnie-Herzégovine).

Le rafting et les sports en eaux vives

La Bosnie-Herzégovine est un pays de moyenne et haute montagne mais aussi de rivières. Elle est au trois quarts montagneuse et pourvue d'une hydrologie exceptionnelle, et les reliefs karstiques sont propices aux sports d'eaux vives. Vous ne serez jamais loin d'un canyon majestueux où les activités de loisirs se développent, avec le rafting notamment. Si un bon niveau est requis au printemps à l'heure de la fonte des neiges, les débutants pourront se faire plaisir sans aucun problème en été.

Direction d'abord Bihać au Nord du pays et la rivière Una. Elle passe dans le parc national de l'Una ★★★ (p.302) qui abrite les très populaires chutes de Štrbački Buk (p.303). Là, vous pourrez organiser des circuits d'une journée ou plus sur des sites d'une grande beauté. Egalement dans le nord du pays, Bania Luka et la rivière Vrbas offrent aussi de belles options.

Dans la zone de Sarajevo, les circuits rafting sont situés au-dessus de Konjic autour de la rivière Neretva et du lac Boračko (p.198) qui se love dans un cirque naturel. Un peu plus bas, près de Foća, c'est enfin la rivière Tara, frontalière du Monténégro, qui régale les amateurs de sensations fortes. Plus sauvage, près des plus hauts massifs de Bosnie, la Tara peut se descendre en deux jours avec un hébergement possible en camp.

Skier dans les traces des champions olympiques

En hiver, trois stations principales accueillent les amateurs de descente. A Sarajevo, les deux stations des Jeux olympiques d'hiver de 1984, à seulement 30 min du centre-ville, fonctionnent. La station olympique de Bjelašnica (p.153), appelé aussi Babin Do, a élu domicile dans les paysages superbes du massif éponyme. Aujourd'hui, vous y pratiquerez un ski familial tranquille. Sinon, la plus grande station du pays, la station olympique de Jahorina (p.150), en Republika Srpska, a été remise à neuf depuis les J.O. C'est désormais la plus moderne des Balkans. Elle possède 47 km de pistes (dont 10 km pour le ski de fond). En Bosnie centrale, la station de ski de Vlašić (p.316), au-dessus de Vratnik, est petite (10 km de pistes) mais charmante.

GASTRONOMIE

Lovée au cœur des Alpes dinariques, la Bosnie-Herzégovine offre le meilleur de la cuisine des Balkans. Ce pays multiconfessionnel se compose d'une majorité de Bosniaques musulmans avec d'importantes minorités d'orthodoxes serbes et de catholiques croates. Si cela se traduit par quelques différences culturelles comme l'absence de porc, la célébration du ramadan et une consommation moindre d'alcool pour la moitié des habitants de Bosnie-Herzégovine, dans la pratique la plupart des spécialités restent identiques entre les différentes communautés du pays, avec quelques ajustements bien sûr. Les viandes sont grillées ou mijotées longuement avec une foule de légumes, d'épices et de féculents, alors que le fromage frais est apprécié pour réaliser divers feuilletés salés. Les desserts présentent cette même dualité avec des influences venant à la fois d'Europe centrale et de Turquie. On produit dans le pays vins, bières et diverses eaux-de-vie de fruits.

Produits caractéristiques

Bien que plutôt montagneuse, la Bosnie-Herzégovine offre des conditions propices pour la culture d'un grand nombre de plantes potagères et de céréales : tomates, poivrons, aubergines, courgettes, pommes de terre, oignons, carottes, choux, champignons, épinards, poireaux et haricots secs. Sans oublier le *bamija*, mieux connu en France sous le nom de gombo ou okra, un légume vert en forme de piment mais au léger goût de courgette. Blé, maïs et orge sont largement cultivés. On produit ainsi divers pains : le *somun* est une sorte de pain plat avec parfois des graines de nigelle alors que le *djevrek* est un pain en forme de couronne aux graines de sésame, d'origine turque. Le simple *pogača* est un pain brioché alors que le *lepinja* est un pain plat brioché souvent garni de viande grillée. La cuisine bosnienne est très savoureuse, riche en épices, mais jamais réellement pimentée. On utilise abondamment ail, paprika, laurier, persil et poivre, sans oublier le Vegeta, une marque de fond de légumes en poudre très parfumé.

Les plats de viande typiques contiennent principalement du bœuf et de l'agneau en raison des lois alimentaires islamiques, bien que les Croates de Bosnie et les Serbes de Bosnie puissent consommer du porc. On notera également des plats à base de volaille. Il existe quelques charcuteries, comme le *sudžuk* ou *sujuk*, une variété de saucisse de bœuf épicée d'origine turque. Le *suho meso* et la *visočka pečenica* sont deux types de viande de bœuf séchée et fumée semblable à la *bresaola* italienne. Les poissons de rivières (carpes, truites, etc.) sont appréciés, sans oublier les poissons et fruits de mer de la région de Neum.

Les locaux consomment également de nombreux produits laitiers comme la *pavlaka* (crème aigre) et le *kajmak*, une sorte de fromage crémeux très riche produit par fermentation des matières grasses du lait, dont la saveur et l'aspect rappellent le mascarpone. On l'utilise aussi bien pour garnir des desserts que des plats salés. On retrouve d'autres fromages (*sir*) plus affinés comme le *livanjski*, le *tešanjski* (parfumé aux orties) ou le *suhi sir* (fumé). Le *travnički* s'apparente à la feta, alors que le *vlašićki* est un fromage frais.

On retrouvera divers types de restaurants dans le pays. Comme dans le reste des Balkans, l'amplitude horaire est plutôt vaste et on peut souvent consommer depuis le milieu de la matinée jusqu'à tard le soir (après 22h). Ces horaires s'appliquent encore plus largement pour les établissements de restauration rapide comme les pizzerias. Mais on notera aussi le *buregdžinica*, que l'on trouve à chaque coin de rue, spécialisé dans les *bureks* (viennoiseries salées), et le *ćevabdžinica*, dans le même genre, mais dédié aux *cevapi* (croquettes de viande). L'*aščinica* propose plutôt des plats en sauce et autres soupes, en mode cantine où l'on choisit ce que l'on préfère parmi plusieurs marmites.

On notera beaucoup de restaurants de grillades également, offrant généralement un bel aperçu des plats locaux. Très prisé également, le *kafana* est un lieu qui, pendant l'époque ottomane, était l'équivalent d'un café, d'où son nom. Aujourd'hui, on y sert également de l'alcool et de la nourriture à des prix généralement très abordables. Il est commun qu'on y joue de la musique traditionnelle. Il existe une – petite – offre de restaurants étrangers, notamment européens et asiatiques, dans les grandes villes.

Bien que la plupart des habitants de Bosnie-Herzégovine se considèrent comme religieux, dans la pratique on notera une certaine souplesse dans les mœurs, notamment dans les régions multiconfessionnelles. Ainsi, à part dans les villages reculés à forte majorité musulmane, on retrouvera des établissements proposant par exemple de la nourriture même pendant le ramadan. Les célébrations religieuses importantes sont suivies avec ferveur, mais au quotidien même les Bosniaques musulmans consomment parfois de l'alcool par exemple, sans oublier les Serbes et les Croates – chrétiens – qui composent ensembles près de 45 % de la population du pays.

Les classiques de la cuisine bosnienne

Le terme « mezzé » englobe diverses préparations que l'on consomme en apéritif en sirotant de l'alcool. On retrouve cette tradition dans les pays du Levant (Liban, Syrie, Palestine, etc.), en Turquie, ainsi qu'en Grèce. Le plus connu dans la région est l'*ajvar*, une compotée de poivrons, bien aillée, parfois pimentée. On savourera également du fromage, de la charcuterie, des olives, légumes en saumure (*turšija*) et ainsi de suite. Bien que la Grèce ne soit pas loin, ici le terme *pita* ne désigne pas un pain plat mais un type de viennoiserie salée, que l'on nomme de différentes manières selon ce que l'on y met : le *burek*, avec viande hachée et oignons, la *zeljanica*, avec épinards et fromage, ou la *krompiruša*, avec pommes de terre et oignons. Le *sirnica* est une pita à base de fromage frais.

L'autre star de la cuisine locale est le *ćevapi*. Cette croquette de viande hachée (bœuf, agneau et/ou porc selon la région) est grillée au barbecue et servie avec oignon cru, *kajmak*, *ajvar* et pain plat. Les *ćevapi* de Bosnie-Herzégovine seraient les meilleurs des Balkans. Assez proche, mais sous forme d'une galette de viande hachée, le *pljeskavica* est également servi dans du pain, façon burger, alors que les *cufte* sont des boulettes de viande. Le terme *meso ispod sača* désigne une façon traditionnelle de cuire l'agneau, le veau ou la chèvre sous un couvercle en métal, en céramique ou en terre cuite – appelé *sač* – que l'on recouvre de braises. On notera également des ragoûts comme le *sitni ćevap* (viande, oignons, carottes et épices) et le *bosanski lonac* (viande et légumes variés cuits au four dans un bouillon léger). Originaire de Hongrie, le *gulaš* (ragoût de viande avec pomme de terre, carotte, oignon et beaucoup de paprika) est largement répandu dans le nord des Balkans.

Le mot « paprika » désigne aussi les poivrons, qui peuvent être farcis de viande hachée (*paprika punjena*), mais on retrouve d'autres légumes farcis d'un mélange de riz et de viande hachée comme les *sogan dolma* (oignons), les *japrak* (feuilles de vigne) ou les *sarma* (feuilles de chou en saumure). Le *đuveč* est un ragoût de légumes avec du riz. Assez proche, le *sataraš* est un plat à base de poivrons, aubergines, oignons et tomates confites. La robuste *raštika* est une compotée de chou frisé avec viande et riz. Parfait pour les hivers rigoureux, le *grah* est un ragoût de haricots blancs avec morceaux de viande et de saucisse. Légèrement semblable au *rösti* suisse, la *kljukuša* est une épaisse galette de pommes de terre râpées mélangées avec de la farine et de l'eau, mais cuite au four. Ce plat traditionnel de la région de Bosanska Krajina est souvent nappé de crème aigre aillée avant de servir.

On notera également des soupes de légumes comme la *buranija*, à base de haricots verts avec parfois de la viande. La *tarhana* est une soupe d'origine turque à base de semoule, de tomate et d'épices. La *begova čorba* une soupe très populaire à base de viande et de légumes, dans un bouillon léger. Le *grašak* est une soupe délicate avec petits pois, légumes et cubes de viande. Très nourrissant, le *kačamak* est une pâte crémeuse de semoule de maïs, similaire à la polenta italienne, généralement garnie de fromage frais. Les recettes de riz ou de blé concassé cuit par absorption (*pilav*) avec viande et épices sont populaires. Les *klepe* sont des ravioles de viande hachée généralement nappée de crème aigre. Enfin, la *musaka* – dont on connaît en France la version grecque, à l'aubergine – se prépare ici aussi avec de la pomme de terre et parfois du chou, le tout garni de viande hachée.

Zeljanica aux épinards.

© ESIN DENIZ - ISTOCKPHOTO.COM

Tulumba.

DÉCOUVRIR

Desserts et boissons

En dessert, on retrouvera plusieurs types de beignets, comme les *uštipci* (petits beignets au sucre), les *krofne* (beignets fourrés) mais surtout l'incontournable *tulumba*, équivalent d'un churro imbibé d'un épais sirop. Assez proche, le *hurmašica* est un petit gâteau allongé également imbibé de sirop, commun pour l'aïd el-fitr. D'origine ottomane, l'immanquable baklava est composé de couches de pâte filo fine comme du papier et de divers fruits à coques, le tout cuit au four et richement imprégné de sirop. Assez proche, la *jabukovača* est garnie de pommes. Les *palačinke* sont tout simplement des crêpes.
On retrouvera des gâteaux multicouches comme les *šnite*, garnis par exemple de crème de noix et nappés de chocolat (*bosanska šnita*) ou parfumés au cacao avec crème vanille et chocolat (*boem šnita*). Le très populaire *šampita* se compose d'une fine croûte en pâte filo fourré d'une épaisse couche de meringue. Le *krempita* serait plus proche d'un mille-feuille, avec une crème à la vanille. Les *ruske kape* (« chapeaux russes ») sont des petits gâteaux fourrés de crème pâtissière, nappés de chocolat et roulés dans de la noix de coco râpée. Le sutlijaš est simplement un riz au lait, alors que la *tufahija* est une pomme entière cuite et farcie d'une garniture aux noix, puis décorée de chantilly. On notera également le *halva* (nougat) et les *rahat-lokum*, nom local des loukoums, des friandises d'origine turque, légèrement caoutchouteuses, parfumées à l'eau de rose, au citron, à l'anis et garnies de noix, de fruits secs et ainsi de suite.
Influence turque oblige, le café est LA boisson phare, celle de la vie sociale, dans les *kafane* notamment. Il est consommé de différentes manières. Traditionnellement, c'est le café turc – non filtré avec le marc au fond de la tasse – qui prédomine, notamment dans les foyers, même si dans les villes, les jeunes Bosniens apprécient également macchiatos et autres espressos. Mais on trouvera d'autres boissons chaudes comme le *salep*, confectionné avec de la poudre de racine d'orchidée sauvage, donnant un breuvage laiteux et mousseux. Très populaire, la *boza* – une épaisse boisson à base d'orge fermenté – se boit fraîche, comme l'*ajran*, à base de yaourt, idéal en été.
Les vins sont produits principalement en Herzégovine, dont le climat plus doux, influencé par la proximité avec la Méditerranée, se prête mieux à la viticulture que les vallées encaissées et plus fraîches du nord du pays. On notera les régions de Mostar, Čitluk, Ljubuški, Stolac, Domanovići et Međugorje. Blatina et žilavka sont les deux cépages locaux les plus fameux. Côté bière, citons quelques marques locales, principalement des bières blondes, comme la Preminger, la Nektar, la Tuzlanski pilsner, la Sarajevsko pivo et l'Erster. Sans oublier le Medovina (hydromel).
On trouve aussi des alcools plus corsés comme la *rakija*. C'est l'alcool fort par excellence dans les Balkans. Cette eau-de-vie de fruits est présente un peu partout, à base de raisin, pomme, poire, coing, etc. Tout comme le café, elle est un symbole d'hospitalité. Refuser un verre de *rakija* peut ainsi parfois être un peu vexant pour l'hôte qui vous invite. Mais il convient de rester prudent car il s'agit d'un alcool fort, au moins 40 degrés, voire beaucoup plus pour le fait maison. Les locaux sont habitués à en boire mais pas nécessairement les touristes. Mieux vaut dans ce cas décliner poliment et accepter plutôt un thé ou un café à la place. La *šljivovica* est une eau-de-vie de prunes particulièrement réputée dans la région. On notera aussi le *kruškovac* (liqueur de poire) à 25 degrés et le *pelinkovac* (liqueur aux herbes à base d'absinthe) à 30 degrés.

AGENDA

Très international comme le festival du Film de Sarajevo ou très local comme l'Olympiade des sports anciens de Rastovača, l'agenda bosnien est riche en événements culturels. Certains sont très anciens comme la corrida de Grmeč (1772) et le concours de fauchage d'herbe de Kupres (1687). C'est parfois aussi sportif et très émouvant avec la Marche de la paix organisée en souvenir des victimes du génocide de Srebrenica. La plupart de ces grands et petits rendez-vous se déroulent en été. C'est aussi le cas d'autres événements non cités ici : le BiH Color Festival de Brčko (musiques électroniques, fin juillet), le OK Fest, dans le splendide parc national de Sutjeska (rock, reggae, rap… mi-juillet), l'Été de la Vrbas, à Banja Luka (sports nautiques, de mi-juillet à début août), le Mostar Blues & Rock Festival (fin juillet) ou les festivals de la bière de Sarajevo, de Banja Luka (juin), de Mostar, de Tuzla et de Bihać (août).

CONCOURS DE FAUCHAGE D'HERBE DE KUPRES

Strljanica
KUPRES
Premier week-end de juillet.

Ce concours (Dani Kosidbe na Kupresu) est organisé par l'Association des faucheurs de Kupres, en Tropolje. Aussi appelé Strljanica du nom de la colline où il se déroule, il remonterait à 1687. Ainsi chaque année des dizaines d'hommes de la région s'affrontent, faux à la main et en habits traditionnels, pour savoir quel sera le plus rapide à récolter le foin pour le bétail. Depuis 2020, cette coutume figure sur la liste représentative du patrimoine culturel immatériel de l'Unesco.

CORRIDA DE GRMEČ

Popovića brdo
OŠTRA LUKA
2 août.

Ces combats de taureaux (Grmečka Korida/ Грмечка Корида) sont organisés depuis 1772 dans le massif de Grmeč, près de Sanski Most. Depuis la dernière guerre, ils sont délocalisés dans la nouvelle commune voisine d'Oštra Luka, en République serbe de Bosnie. L'événement attirait 200 000 spectateurs dans les années 1970. Il revient à la mode avec d'autres combats qui se tiennent aussi à présent dans les régions de Sarajevo, de Bijeljina et de Posušje en été. Le terme de « corrida » n'est pas approprié : les taureaux se battent entre eux et sont rarement blessés.

FESTIVAL DE JAZZ DE SARAJEVO

La Benevolencija 2
SARAJEVO
✆ +387 33 550 480
jazzfest.ba
Première semaine de novembre.

Fondé en 1997 et désormais soutenu par la chaîne française Mezzo, ce festival (Jazz Fest Sarajevo) fait partie des grands rendez-vous internationaux du jazz et des musiques improvisées. Toutes les grandes « pointures » actuelles y sont passées, d'Avishai Cohen à Ibrahim Maalouf, de Bugge Wesseltoft à Dhafer Joussef. Sur une semaine, environ 60 artistes donnent 300 concerts, principalement au Théâtre national, ou à côté, au Théâtre de la Jeunesse (Pozorište Mladih).

FESTIVAL DE TANGO DE SARAJEVO

Butmirska cesta 18 - **ILIDŽA**
✆ +387 63 51 84 36
sarajevotangofestival.com
Début février.

Fondé en 2020, cet événement consacré au tango et aux musiques argentines (Sarajevo Tango Festival) se tient sur cinq jours dans les salles de spectacle de grands hôtels de l'agglomération de Sarajevo, et plus spécifiquement, depuis 2022, à l'Hotel Hills d'Ilidža, le faubourg chic la capitale, près de l'aéroport. Au programme : des sessions musicales animées par des DJ remixant des airs de milonga, des cours de tango en anglais et des démonstrations de couples de danseurs professionnels venus d'Argentine et du reste du monde. Inscriptions sur le site Internet.

FESTIVAL DU FILM DE MODE

Zmaja od Bosne 4
SARAJEVO
✆ +387 61 900 284
www.facebook.com/Sarajevofff
Début décembre.

Créé en 2015, le Sarajevo Fashion Film Festival se déroule durant une journée au cinéma Cineplexx. Avec le soutien des Fashion Weeks de Paris, de Londres et de Madrid, il propose une sélection de films publicitaires ou artistiques sur le thème de la mode. Dans un registre radicalement différent, la capitale accueille aussi, presque au même moment, le festival « Peu avant Noël » (Kao Nekad Pred Božić) : des spectacles de chants de Noël et de danses traditionnelles organisés par des associations culturelles catholiques et/ou bosno-croates au centre Skenderija.

FESTIVAL DU FILM DE SARAJEVO

Zelenih beretki 12 - **SARAJEVO**
✆ +387 33 22 15 16
sff.ba
Mi-août.

Créé durant le siège de la ville, en 1995, ce festival (Sarajevo Film Festival) est le plus prestigieux du pays avec une compétition de films internationaux et la venue d'acteurs et cinéastes du monde entier. Pendant sept jours, les projections officielles ont lieu au Cineplexx et dans cinq autres cinémas de l'agglomération. Sarajevo est alors en pleine effervescence avec des animations comme des concerts de rock, une rame de tramway transformée en discothèque roulante et des fêtes partout dans la ville. Quant aux hôtels, ils sont presque tous complets.

FESTIVAL DVA SUPER DANA

Obala Kulina bana 2
SARAJEVO
✆ +387 61 033 700
Mi-avril.

Depuis 2010, le festival des « deux super jours » rassemble des groupes de rock indépendant d'ex-Yougoslavie dans l'ancien cinéma d'art et essais Kriterion, près de la passerelle Festina Lente. Sarajevo s'anime aussi avec le festival du Ramadan (Sarajevo Ramazan Festival) : ateliers et expos d'arts islamiques autour de la mosquée Gazi Hüsrev-bey (peinture, poésie, calligraphie, marqueterie…). Les dates varient en fonction de celles du ramadan : du 22 mars au 20 avril 2023, du 10 mars au 8 avril 2024, du 28 février au 29 mars 2025, du 17 février au 18 mars 2026…

FESTIVAL INTER DANCE

Butmirska cesta 18
ILIDŽA
interdancefest.com
Fin mars-début avril.

Organisé depuis 2010 par la même équipe que le festival de Tango, ce rassemblement de danseurs internationaux (Inter Dance Fest) est le plus important des Balkans. Il se déroule lui aussi à présent à l'Hotel Hills d'Ilidža. Sur quatre jours, le programme comprend des compétitions et démonstrations dans une vingtaine de styles différents : hip-hop, breakdance, danse contemporaine, ballet, zumba, West Coast swing, mambo, salsa, tango, disco, danse du ventre, etc. L'événement attire jusqu'à 4 000 danseurs de tous âges avec des catégories adultes et enfants.

FESTIVAL MESS

Maršala Tita 54/I
SARAJEVO
✆ +387 33 200 392
mess.ba
Début octobre.

Fondé en 1960, le MESS, festival « des petites scènes expérimentales » (Malih i Eksperimentalnih Scena), est le plus important rendez-vous théâtral d'ex-Yougoslavie, où sont notamment passés Peter Brook, Bob Wilson et Olivier Py. Il se déroule sur dix jours au Théâtre national de Sarajevo. Une partie des pièces profitent de sous-titres en anglais. Mi-octobre se tient ensuite le festival de musiques contemporaines Sonemus, au Centre culturel bosnien, avec des orchestres étrangers et des étudiants en musicologie reprenant de grands compositeurs internationaux.

FESTIVAL ZVRK

Kemala Kapetanovića 30
SARAJEVO
zvrkart.com
Fin juin.

Ce festival de danse contemporaine, dont le nom signifie « toupie », a été créé par la chorégraphe franco-bosnienne Jasmina Prolić en 2008. Plutôt pointu, il attire chaque année des artistes et compagnies de toute l'Europe. Certaines parties du programme se doublent de conférences, de concerts ou d'expositions artistiques. Mais la vraie particularité de l'événement est de se dérouler aussi bien dans des salles (le plus souvent au Centre culturel bosnien) que directement dans la rue. Des happenings sont aussi parfois délocalisés à Mostar ou à Banja Luka.

JOURNÉES DU CANTON DE SARAJEVO

Reisa Džemaludina Čauševića 1
SARAJEVO
✆ +387 33 562 000
Du 2 au 9 mai.

Ce festival (Dani Kantona Sarajevo) est organisé dans tout le canton depuis 2007 entre le 2 mai, comme début du siège de Sarajevo en 1992, et le 9 mai, qui marque la fin de la Seconde Guerre mondiale. Des cérémonies commémoratives s'accompagnent de concerts de sevdah, de musique classique ou de rock, d'expos, de danses traditionnelles, de projections de films, de compétitions sportives, etc. En parallèle se tient aussi le festival des Arts de l'enfant (Festival Dječije Umjetnosti).

LES NUITS DE BAŠČARŠIJA

Obala Kulina Bana
SARAJEVO
✆ +387 33 58 67 73
bascarsijskenoci.bkc.ba
Tout le mois de juillet.

Ce festival (Baščaršijske Noći) est le plus important du pays, attirant environ 200 000 personnes à Sarajevo, principalement dans le quartier historique de Baščaršija. Organisé sous sa forme actuelle depuis 1995 par le Centre culturel bosnien, il propose de l'opéra, des concerts rock, de la musique traditionnelle, de la danse contemporaine, des projections de films, des expositions, des visites guidées, etc. Pendant trois semaines en juillet-août a aussi lieu un festival de « street food » depuis 2018 dans les rues piétonnes autour de la place Alija-Izetbegović.

L'HIVER DE SARAJEVO

Maršala Tita 9
SARAJEVO
✆ +387 62 03 15 94
www.facebook.com/sarajevowinter2021
Du 21 décembre au 21 mars.

Ce festival (Sarajevska Zima) s'est tenu pour la première fois en 1984-1985, dans la foulée des JO d'hiver de Sarajevo et s'est poursuivi pendant le siège de la ville, entre 1992 et 1996. La programmation est toujours aussi éclectique avec la promesse d'une animation par jour durant les trois mois d'hiver : concert, lecture, visite guidée, film, conférence, happening, etc. Depuis ses origines, le festival est organisé par l'association sarajévienne Međunarodni Centar za Mir (« Centre international pour la paix ») en collaboration avec les musées de la ville.

MARCHE POUR LA PAIX

Nezuk
SREBRENICA
marsmira.net
Du 8 au 10 juillet.

Chaque année depuis 2005, l'association Marš Mira (« marche pour la paix ») organise une marche de 80 km sur les traces des 14 000 hommes qui, en juillet 1995, tentèrent de fuir Srebrenica pour rejoindre les lignes de l'armée de Bosnie-Herzégovine à Nezuk. Plusieurs milliers de personnes participent à cette marche commémorative dont le tracé part de Nezuk le 8 juillet pour finir le 10 juillet au Mémorial du génocide de Srebrenica, à Potočari, en passant par Snagovo, Liplje, Kamenica, le pont de Glodi, le mont Udric, Cerska et Pobudje.

OLYMPIADE DES SPORTS ANCIENS

Rastovača
POSUŠJE
Lors du week-end de la Saint-Élie, vers le 20 juillet.

Cette fête populaire (Olimpijada Starih Sportova) a été créée en 1995 dans le village de Rastovača, près de Posušje. Durant la journée se déroulent des épreuves de sports anciens : tir à la corde, lancer de pierre, bras de fer, saut en longueur, courses de chevaux et combats de taureaux semblables à la corrida de Grmeč. Enfin, le soir, à partir de 20h, commencent les concerts de *ganga*, des chants polyphoniques typiques des villages catholiques de part et d'autre de la frontière.

© ZURIJETA - SHUTTERSTOCK.COM

Sarajevo en hiver.

DÉCOUVRIR

RÉGION DE SARAJEVO

Située entre la Bosnie centrale, la Bosnie orientale et l'Herzégovine, la région de Sarajevo est la plus riche et la plus peuplée du pays. Été comme hiver, c'est une destination touristique à part entière, où l'on peut séjourner une bonne semaine en variant les activités. La capitale elle-même est riche en monuments, en musées, cafés, restaurants et discothèques, mais aussi en lieux chargés d'histoire (l'attentat de 1914, le siège de 1992-1996…). Depuis le centre historique, on peut partir se promener dans des quartiers aux allures de village, prendre soin de son corps à la station thermale d'Ilidža, sauter dans le téléphérique pour une randonnée au mont Trebević et se rendre en bus ou en taxi dans les stations de ski héritées des JO d'hiver de 1984. Cette région de montage offre en effet un contraste saisissant entre un centre urbain très dynamique et des zones rurales très reculées, comme Lukomir, le village le plus isolé du pays.

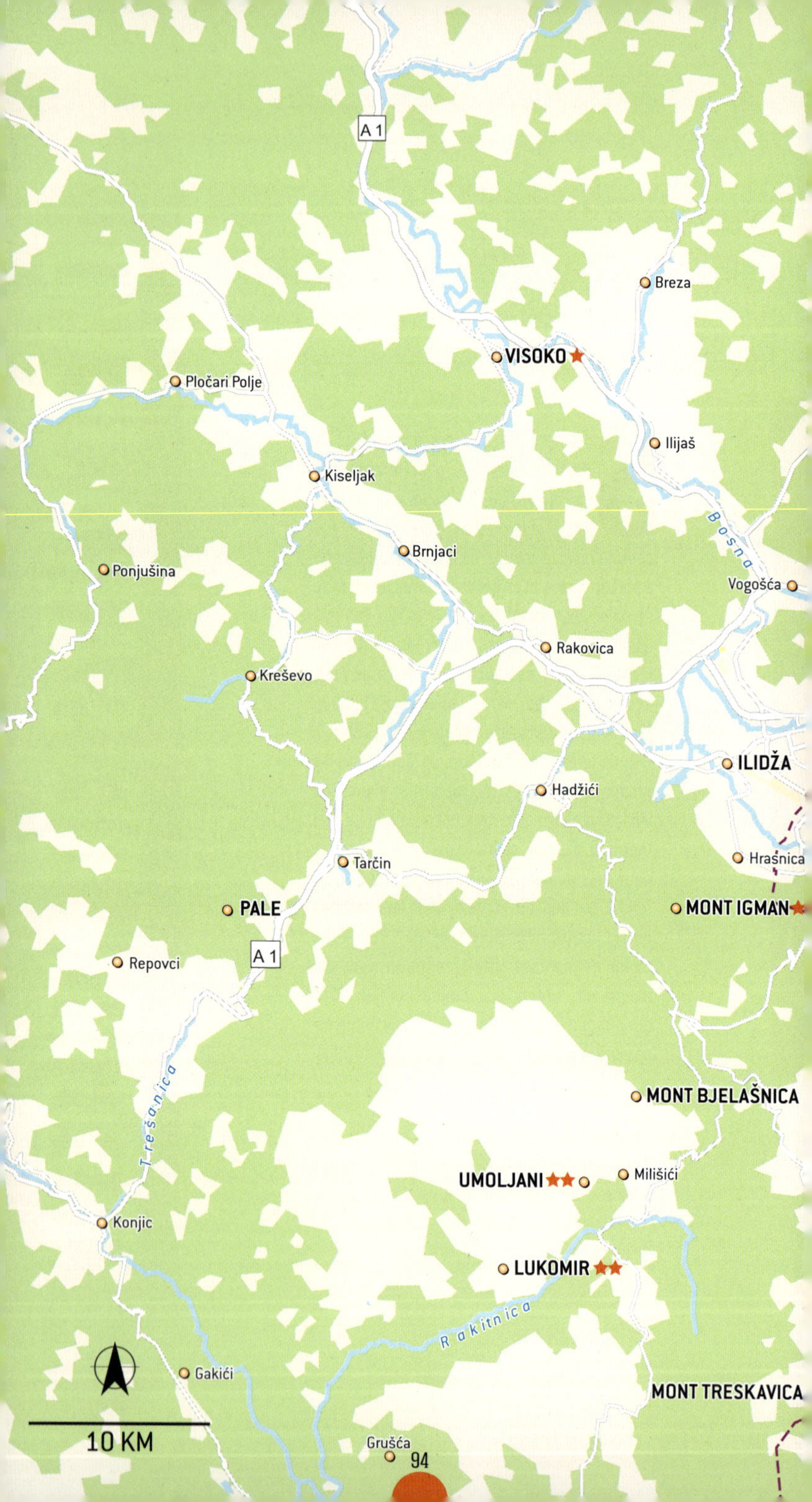
A 1
Breza
VISOKO
Pločari Polje
Ilijaš
Kiseljak
Bosna
Brnjaci
Ponjušina
Vogošća
Rakovica
Kreševo
ILIDŽA
Hadžići
Tarčin
Hrasnica
PALE
MONT IGMAN
A 1
Repovci
Trešanica
MONT BJELAŠNICA
UMOLJANI
Milišići
Konjic
LUKOMIR
Rakitnica
Gakići
MONT TRESKAVICA
10 KM
Grušća

Région de Sarajevo
Kamenica
BIJAMBARE
Malinovac
Kunosići
Becari
Donji Ivančići
Bioštica
Krusevci
ačin Do
Kaljina
MONT OZREN
Šljeme
Sokolac
Nahorevo
Vučja Luka
E 761
ISTOČNO SARAJEVO
Kobilja Glava
Bogovići
SARAJEVO
Bulozi
Careve Vode
Hotočina
ukavica
MONT TREBEVIĆ
PALE
Prača
Saice
Donja Presjenica
MONT JAHORINA
Hamzići
TRNOVO
Modro Polje
Kunduci
Regoje
Bujakovina
Kolun
Ustikolina

PAGES

● ● BANLIEUE OUEST DE SARAJEVO

La banlieue ouest de Sarajevo abrite l'aéroport international. Très disputée durant la guerre 1992-1995, elle est depuis divisée entre les deux principales entités du pays. Au sein de la Fédération de Bosnie-et-Herzégovine se trouve le faubourg chic d'Ilidža, avec ses thermes, sa Grande Allée menant aux sources de la Bosna, des vestiges épars du néolithique et de l'Antiquité ainsi que le « tunnel de l'Espoir » qui permit de ravitailler la capitale durant le siège. De l'autre côté de la ligne inter-entités, en République serbe de Bosnie, Istočno Sarajevo regroupe désormais la plupart des habitants bosno-serbes de l'agglomération. Elle est sans charme, mais possède une importante gare routière.

ILIDŽA

Prisée pour ses eaux sulfureuses et ses sources d'eau (dont celle de la rivière Bosna) depuis l'Antiquité, cette banlieue chic constitue la partie la plus ancienne de l'agglomération de Sarajevo. Nombreux hôtels et agréables sites de promenade.

● ● MONTAGNES AU SUD DE SARAJEVO

Les Sarajéviens sont très attachés aux montagnes qui ceinturent leur ville. Situé à huit minutes en téléphérique du quartier de Bistrik, le mont Trebević offre les plus belles vues sur la capitale. On y trouve aussi le squelette de la piste de bobsleigh des JO de Sarajevo. Un peu plus loin, on pénètre en République serbe de Bosnie pour arriver à Pale. Cette bourgade d'altitude un peu austère fut la capitale de l'entité « serbe » jusqu'en 2009. Peu fréquentée par les touristes, ses environs sont pourtant superbes. Puis, juste au sud de Pale, le mont Jahorina abrite la plus importante et la plus moderne station de ski du pays, où les Sarajéviens viennent dévaler les pistes des championnes olympiques de 1984.

Mont Trebevic.

PAGES

146 **MONT TREBEVIĆ ★★**

Surplombant la vieille ville de Sarajevo à 1 627 m d'altitude, cette montagne est de nouveau accessible par un téléphérique en 8 minutes depuis le quartier de Bistrik. La station d'arrivée offre certaines des plus belles vues sur la capitale.

147 **PALE**

L'ancienne capitale de la République serbe de Bosnie attire peu les touristes. Mais elle abrite dans ses environs la station de ski de Jahorina, la grotte d'Orlovača et les beaux paysages du plateau de Romanija.

149 **MONT JAHORINA ★★**

Été comme hiver, les activités ne manquent pas dans la station de Jahorina, où se déroulèrent en 1984 les épreuves de ski de piste féminin des Jeux olympiques de Sarajevo. C'est le deuxième plus grand domaine skiable d'ex-Yougoslavie.

151

●● MONTAGNES AU SUD-OUEST DE SARAJEVO

Marquées par la dernière guerre, ces montagnes abritent les zones les plus rudes et les villages les plus isolés du pays. Juste au-dessus d'Ilidža, le mont Igman attire depuis 1984 les spécialistes du ski de fond. C'est aussi l'endroit le plus froid des Balkans. Le mont Bjelašnica a quant à lui hérité des JO les pistes les plus techniques, celles des épreuves masculines de descente. Sur son versant sud, les villages d'Umoljani et de Lukomir sont presque impossibles d'accès en hiver, mais ils profitent de vues splendides sur le canyon de la Rakitnica. Enfin, plus à l'est, le mont Treskavica domine toute la région de Sarajevo, à 2 088 m d'altitude, avec la petite ville divisée de Trnovo à ses pieds.

151 **MONT IGMAN ★**

Juste au-dessus de la banlieue chic d'Ilidža, cette petite montagne est l'endroit le plus froid des Balkans. Elle reste marquée par le souvenir des Jeux olympiques de 1984 (deux ministations de ski) et par celui de la dernière guerre.

152 **MONT BJELAŠNICA ★★**

Placé juste au sud du mont Igman, ce massif abrite la station de ski qui compte la piste la plus raide du pays, où se déroulèrent les épreuves masculines de descente, de slalom et de slalom géant des JO de 1984. Magnifiques paysages, notamment au sommet, à la station météorologique.

153 **UMOLJANI ★★**

Situé au sud du mont Bjelašnica, ce hameau de bergers offre de beaux paysages et possède plein de sentiers d'alpage. Dans les environs se trouvent la nécropole médiévale classée de Dolovi et l'impressionnant canyon de la Rakitnica.

154 **LUKOMIR ★★**

Situé sous le mont Bjelašnica et coupé du monde en hiver, le hameau le plus haut et le plus isolé de Bosnie-Herzégovine profite de paysages sublimes, au bord d'une falaise de 800 m de hauteur juste au-dessus du canyon de la Rakitnica.

PAGES

155 **MONT TRESKAVICA**

Le plus haut massif de la région de Sarajevo ne possède pas de station de ski, mais on y découvre de nombreux petits lacs et sources de rivières. Belle randonnée jusqu'au « grand lac » de Treskavica où l'on trouve deux refuges de montagne.

155 **TRNOVO**

Coupé en deux par la ligne inter-entités depuis 1995, le village de Trnovo est un passage obligé vers Turovi et le mont Treskavica. C'est aussi là que passe la route nationale M18 qui relie Sarajevo à la région de Foča, en Bosnie orientale.

156
● ● AU NORD DE SARAJEVO

La partie nord de Sarajevo est dominée par le plateau, les sommets et les collines du mont Ozren. On y accède par le village de Nahorevo où l'on peut faire halte pour manger des grillades et truites d'élevage. Ensuite, une randonnée mène à la plus haute chute d'eau du pays, celle de Skakavac. Un peu plus à l'ouest, aux portes de la Bosnie centrale, la ville de Visoko est réputée pour sa belle colline en forme de pyramide qui donne lieu à l'étrange théorie des « pyramides de Bosnie ». C'est aussi l'un des premiers grands foyers de peuplement en Europe avec deux intéressants musées à visiter. Et, davantage au nord, en direction de Tuzla, l'aire protégée de Bijambare abrite la deuxième plus grande grotte du pays.

156 **NAHOREVO**

Situé tout près du quartier de Koševo, ce village de semi-montagne permet d'accéder au mont Ozren et à la grande chute d'eau de Skakavac. Sur place, on trouve d'agréables restaurants en plein air servant des grillades et des truites.

156 **MONT OZREN** ★

Dominé par le mont Bukovik (1 534 m d'altitude), ce massif domine le nord de la vieille ville de Sarajevo. On y trouve la célèbre chute d'eau de Skakavac et son aire naturelle protégée. Parfait pour une randonnée ou un pique-nique.

157 **VISOKO** ★

Toute proche de Sarajevo, cette ville de Bosnie centrale a donné naissance à la ridicule théorie des « pyramides de Bosnie » qui draine ici des milliers de touristes crédules. Visoko est surtout un riche lieu d'histoire avec deux intéressants petits musées et une belle mosquée moderne à visiter.

158 **BIJAMBARE** ★

Située entre Sarajevo et Kladanj (Bosnie orientale), l'aire protégée de Bijambare abrite la deuxième plus grande grotte du pays après celle de la Vjetrenica (Herzégovine). Sur place aussi : des sentiers de randonnée, une aire de jeux pour enfants, etc.

SARAJEVO

© TUNART - ISTOCKPHOTO.COM

Quel envoûtement ! Sarajevo possède un charme irrésistible qui vous happe comme une cité orientale. Orientale, enfin, presque… Car c'est autre chose qui vous attend ici, un mélange improbable entre Istanbul, Vienne et Chamonix. Nichée entre les montagnes, cette petite dynamique capitale compte moins d'habitants que Bordeaux. Mais c'est la seule ville d'Europe où, après une journée de ski dans les stations voisines, on peut entendre les muezzins de cent mosquées se mettre à entonner l'appel à la prière en même temps. C'est encore plus enivrant à écouter depuis les hauteurs, au coucher du soleil, en sirotant un vin chaud ou une *rakjia* ! Car cette ville musulmane se révèle ouverte et tolérante. Ouverte et tolérante, elle l'a toujours été. Musulmane, elle l'est devenue par la force des choses, en accueillant les réfugiés bosniaques du reste du pays et voyant ses habitants bosno-serbes partir lors de la dernière guerre.

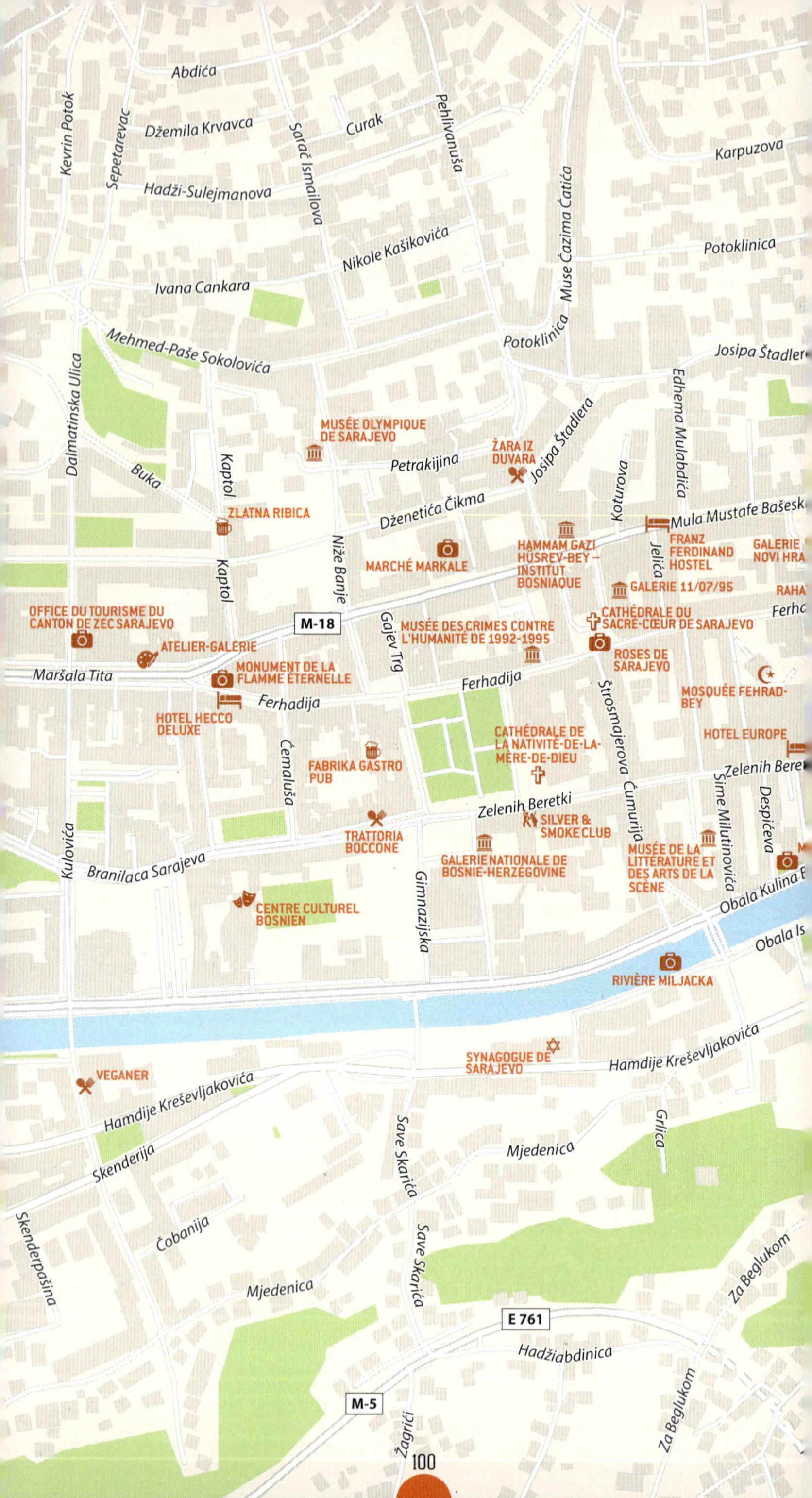

Abdića
Kevrin Potok
Sepetarevac
Džemila Krvavca
Sarač Ismailova
Curak
Pehlivanuša
Karpuzova
Hadži-Sulejmanova
Muse Ćazima Ćatića
Nikole Kašikovića
Potoklinica
Ivana Cankara
Potoklinica
Mehmed-Paše Sokolovića
Josipa Štadlera
Dalmatinska Ulica
Edhema Mulabdića
MUSÉE OLYMPIQUE DE SARAJEVO
ŽARA IZ DUVARA
Josipa Štadlera
Petrakijina
Buka
Kaptol
Koturova
Dženetića Čikma
ZLATNA RIBICA
Mula Mustafe Bašesk
FRANZ FERDINAND HOSTEL
HAMMAM GAZI HUSREV-BEY – INSTITUT BOSNIAQUE
Jelića
GALERIE NOVI HRA
MARCHÉ MARKALE
Kaptol
Niže Banje
GALERIE 11/07/95
RAHA
OFFICE DU TOURISME DU CANTON DE ZEC SARAJEVO
M-18
Gajev Trg
MUSÉE DES CRIMES CONTRE L'HUMANITÉ DE 1992-1995
CATHÉDRALE DU SACRÉ-CŒUR DE SARAJEVO
Ferha
ATELIER-GALERIE
ROSES DE SARAJEVO
MONUMENT DE LA FLAMME ÉTERNELLE
Maršala Tita
Ferhadija
Ferhadija
MOSQUÉE FEHRAD-BEY
HOTEL HECCO DELUXE
Čemaluša
CATHÉDRALE DE LA NATIVITÉ-DE-LA-MÈRE-DE-DIEU
HOTEL EUROPE
Štrosmajerova
FABRIKA GASTRO PUB
Zelenih Bere
Šime Milutinovića
Despićeva
Zelenih Beretki
SILVER & SMOKE CLUB
Čumurija
TRATTORIA BOCCONE
MUSÉE DE LA LITTÉRATURE ET DES ARTS DE LA SCÈNE
GALERIE NATIONALE DE BOSNIE-HERZEGOVINE
Kulovića
Branilaca Sarajeva
Gimnazijska
Obala Kulina B
CENTRE CULTUREL BOSNIEN
Obala Is
RIVIÈRE MILJACKA
SYNAGOGUE DE SARAJEVO
Hamdije Kreševljakovića
VEGANER
Hamdije Kreševljakovića
Grlica
Save Skarića
Skenderija
Mjedenica
Skenderpašina
Čobanija
Save Skarića
Za Beglukom
Mjedenica
E 761
Hadžiabdinica
M-5
Za Beglukom
Žagrići

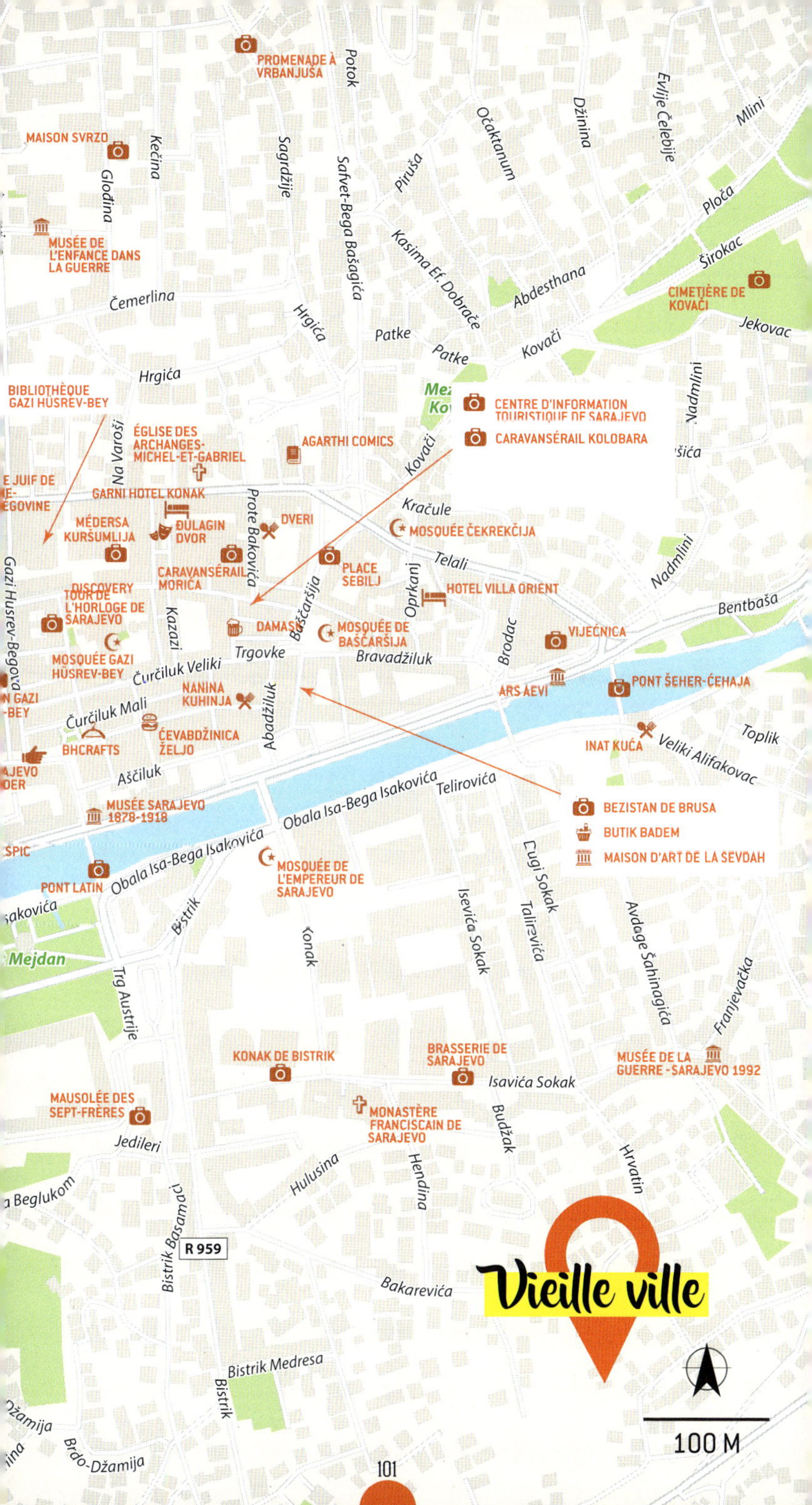

PROMENADE À VRBANJUŠA
MAISON SVRZO
MUSÉE DE L'ENFANCE DANS LA GUERRE
CIMETIÈRE DE KOVAČI
BIBLIOTHÈQUE GAZI HUSREV-BEY
ÉGLISE DES ARCHANGES-MICHEL-ET-GABRIEL
AGARTHI COMICS
CENTRE D'INFORMATION TOURISTIQUE DE SARAJEVO
CARAVANSÉRAIL KOLOBARA
GARNI HOTEL KONAK
MÉDERSA KURŠUMLIJA
ĐULAGIN DVOR
DVERI
MOSQUÉE ČEKREKČIJA
CARAVANSÉRAIL MORIĆA
PLACE SEBILJ
HOTEL VILLA ORIENT
DISCOVERY
TOUR DE L'HORLOGE DE SARAJEVO
DAMASK
MOSQUÉE DE BAŠČARŠIJA
VIJEĆNICA
MOSQUÉE GAZI HUSREV-BEY
NANINA KUHINJA
ARS AEVI
PONT ŠEHER-ĆEHAJA
BHCRAFTS
ĆEVABDŽINICA ŽELJO
INAT KUĆA
MUSÉE SARAJEVO 1878-1918
BEZISTAN DE BRUSA
BUTIK BADEM
MAISON D'ART DE LA SEVDAH
PONT LATIN
MOSQUÉE DE L'EMPEREUR DE SARAJEVO
KONAK DE BISTRIK
BRASSERIE DE SARAJEVO
MUSÉE DE LA GUERRE - SARAJEVO 1992
MAUSOLÉE DES SEPT-FRÈRES
MONASTÈRE FRANCISCAIN DE SARAJEVO
Potok
Kečina
Glođina
Sagrdžije
Safvet-Bega Bašagića
Pirusa
Kasima Ef. Dobrače
Očaktanum
Džinina
Evlije Čelebije
Mlini
Ploča
Širokac
Abdesthana
Čemerlina
Hrgića
Patke
Kovači
Jekovac
Nadmlini
Na Varoši
Prote Bakovića
Kračule
Telali
Bentbaša
Gazi Husrev-Begova
Kazazi
Baščaršija
Oprkanj
Brodac
Trgovke
Bravadžiluk
Čurčiluk Veliki
Čurčiluk Mali
Abadžiluk
Aščiluk
Toplik
Veliki Alifakovac
Telirovića
Obala Isa-Bega Isakovića
Bistrik
Mejdan
Konak
Isevića Sokak
Ćugi Sokak
Talirevića
Avdage Šahinagića
Franjevačka
Trg Austrije
Isavića Sokak
Jedileri
Budžak
Hulusina
Hendina
Hrvatin
Beglukom
Bistrik Basamaci
R 959
Bakarevića
Bistrik Medresa
Džamija
Brdo-Džamija
Vieille ville
100 M

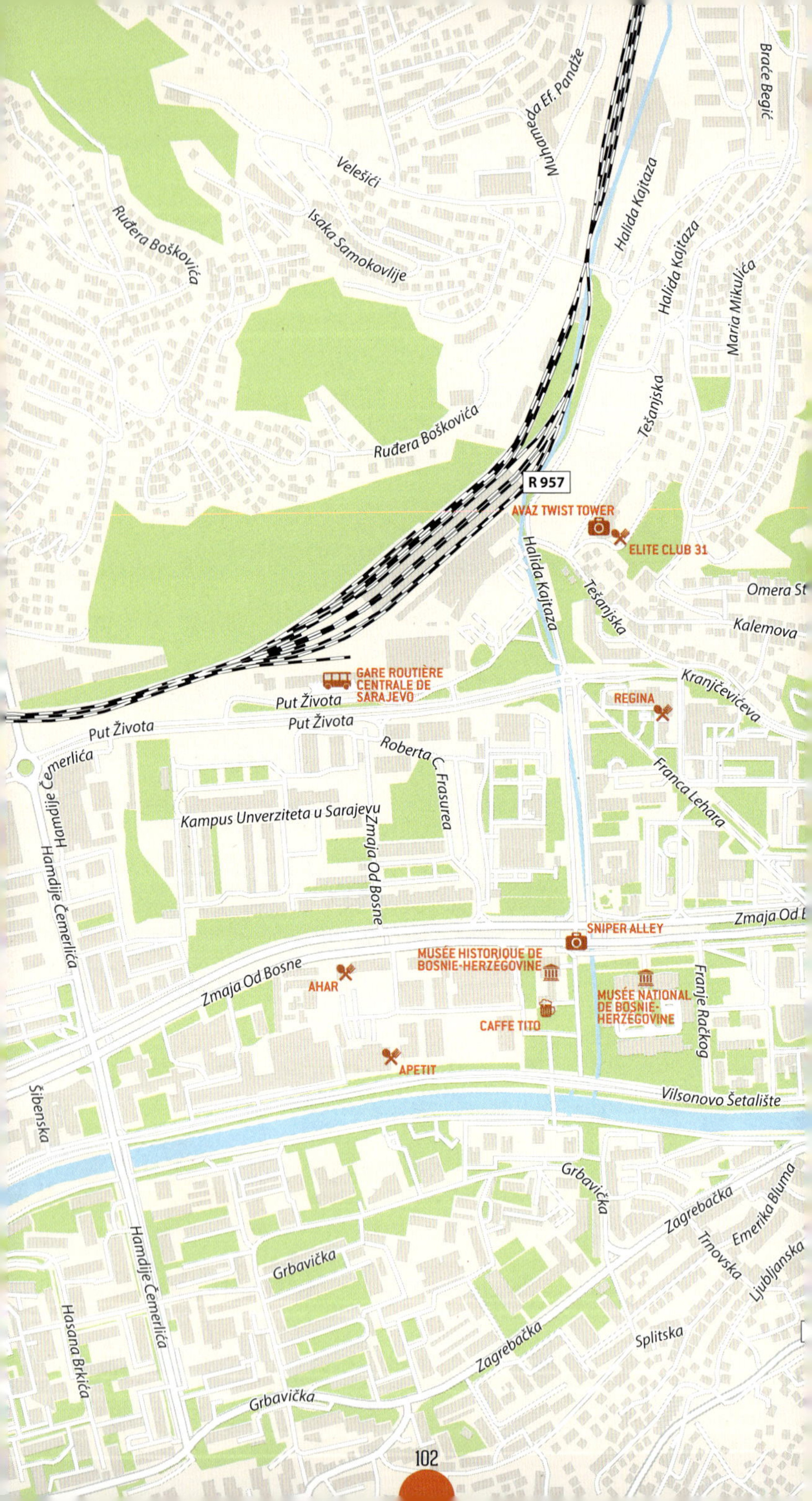

Braće Begić
Muhameda Ef. Pandže
Velešići
Isaka Samokovlije
Ruđera Boškovića
Halida Kajtaza
Halida Kajtaza
Maria Mikulića
Tešanjska
Ruđera Boškovića
R 957
AVAZ TWIST TOWER
ELITE CLUB 31
Halida Kajtaza
Tešanjska
Omera St
Kalemova
GARE ROUTIÈRE CENTRALE DE SARAJEVO
Kranjčevićeva
REGINA
Put Života
Put Života
Put Života
Roberta C. Frasurea
Hamdije Čemerlića
Franca Lehara
Kampus Unverziteta u Sarajevu
Zmaja Od Bosne
Hamdije Čemerlića
Zmaja Od B
SNIPER ALLEY
MUSÉE HISTORIQUE DE BOSNIE-HERZÉGOVINE
Zmaja Od Bosne
AHAR
MUSÉE NATIONAL DE BOSNIE-HERZÉGOVINE
Franje Račkog
CAFFE TITO
APETIT
Vilsonovo Šetalište
Šibenska
Grbavička
Emerika Bluma
Zagrebačka
Trnovska
Ljubljanska
Grbavička
Hamdije Čemerlića
Hasana Brkića
Splitska
Zagrebačka
Grbavička

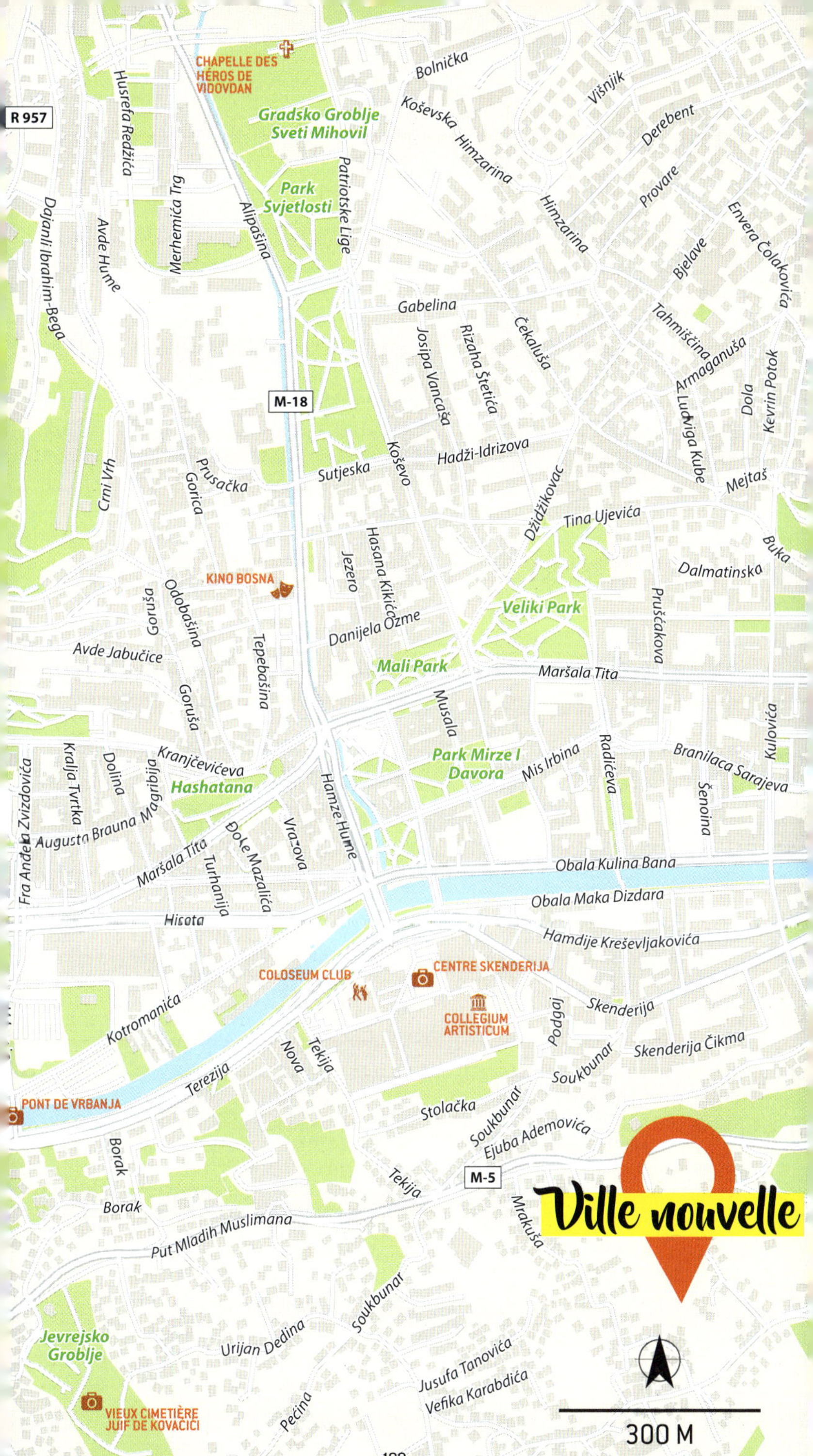

R 957
CHAPELLE DES HÉROS DE VIDOVDAN
Gradsko Groblje Sveti Mihovil
Park Svjetlosti
Husrefa Redžića
Dajanli Ibrahim-Bega
Avde Hume
Merhemića Trg
Alipašina
Patriotske Lige
Bolnička
Koševska
Himzarina
Višnjik
Derebent
Provare
Bjelave
Envera Čolakovića
Tahmiščina
Armaganuša
Ludviga Kube
Dola
Kevrin Potok
Mejtaš
Gabelina
Josipa Vancaša
Rizaha Štetića
Čekaluša
M-18
Hadži-Idrizova
Sutjeska
Koševo
Prusačka
Gorica
Crni Vrh
Džidžikovac
Tina Ujevića
Buka
Dalmatinska
KINO BOSNA
Jezero
Hasana Kikića
Danijela Ozme
Veliki Park
Pruščakova
Goruša
Odobašina
Avde Jabučice
Tepebašina
Mali Park
Maršala Tita
Musala
Kulovića
Kranjčevićeva
Hashatana
Park Mirze I Davora
Mis Irbina
Radićeva
Branilaca Sarajeva
Šenoina
Kralja Tvrtka
Dolina
Magribija
Fra Anđela Zvizdovića
Augusta Brauna
Hamze Hume
Đoke Mazalića
Vrazova
Turhanija
Obala Kulina Bana
Obala Maka Dizdara
Hiseta
Hamdije Kreševljakovića
COLOSEUM CLUB
CENTRE SKENDERIJA
COLLEGIUM ARTISTICUM
Podgaj
Skenderija
Skenderija Čikma
Kotromanića
Nova
Tekija
Soukbunar
Terezija
PONT DE VRBANJA
Stolačka
Ejuba Ademovića
Borak
M-5
Mrakuša
Ville nouvelle
Put Mladih Muslimana
Jevrejsko Groblje
Urijan Dedina
Jusufa Tanovića
Vefika Karabdića
VIEUX CIMETIÈRE JUIF DE KOVAČIĆI
Pećina
300 M

SE REPÉRER SE DÉPLACER

Sarajevo est le principal « hub » des transports en Bosnie-Herzégovine : on y trouve à la fois le plus grand aéroport international, la plus grande gare routière et la plus grande gare ferroviaire du pays. Par ailleurs, à l'ouest de l'agglomération passe l'axe européen E73 entre la Hongrie et la côte adriatique (autoroute A1 à Visoko), tandis que dans la partie ouest, la gare routière d'Istočno Sarajevo dispose de liaisons avec la République serbe de Bosnie. En ville, il vaut mieux laisser son véhicule dans un parking d'hôtel : la circulation est chaotique, les places de stationnement sont rares et la fourrière très active. Mais la plupart des sites de visite sont faciles à découvrir à pied ou en tramway (axe est-ouest entre la vieille ville et la ville nouvelle). Les taxis sont peu chers, et on peut aussi opter pour des trottinettes et des vélos en libre service. Enfin, ne manquez pas d'emprunter le téléphérique jusqu'au mont Trebević.

AÉROPORT DE SARAJEVO

Kurta Schorka 36 ✆ +387 33 289 100
sarajevo-airport.ba

Bagages perdus : 8h-11h, 17h30-20h.
Parking : 3 km/h, 15 km/jour. Transports : voir taxis et bus aéroport-Baščaršija.

Créé en 1969, ce petit aéroport international (Međunarodni Aerodrom Sarajevo) dispose de liaisons directes avec Paris-Beauvais, Bâle-Mulhouse et Bruxelles-Charleroi opérées par Wizz Air. Autres liaisons avec Belgrade, Zagreb, Londres, Rome, Istanbul, la Suède, l'Allemagne et les pays du Golfe (Arabie saoudite, Koweït…). Sur place : Wifi, boutiques hors taxes, cafés, restaurant, point d'information et loueurs de voitures, dont Avis et Europcar. Dans le hall, remarquez la plaque rendant hommage aux huit casques bleus français morts ici durant le siège de 1992-1996.

GARE FERROVIAIRE DE SARAJEVO

Put života 2
✆ +387 33 477 907
zfbh.ba

Trajet Sarajevo-Mostar : durée 2h, tarif 12 km ; Sarajevo-Zenica : durée 1h30/1h45, tarif 8,60 km.

Datant de 1972, cette grande gare ferroviaire (Željeznička Stanica Sarajevo) paraît bien vide. Elle n'est desservie que par deux lignes : l'une vers la Bosnie centrale (Visoko, Kakanj, Zenica) avec 2-4 trains/jour ; l'autre vers l'Herzégovine (Konjic, Jablanica, Mostar, Čapljina) avec 2 trains/jour et de somptueux paysages. Depuis 2022, cette dernière se poursuit en été jusqu'à Ploče, sur la côte croate, du vendredi au dimanche (en théorie, départ de Sarajevo à 7h15, de Ploče à 18h26).

GARE ROUTIÈRE CENTRALE DE SARAJEVO

Put života 8 ✆ +387 33 21 31 00
www.centrotrans.com

Trajet Sarajevo-Mostar : durée 2h30, tarif 25 km ; Sarajevo-Banja Luka : durée 5h, tarif 40 km. Bagage : 1,50 km.

Cette gare routière (Autobuska Stanica Sarajevo) est la mieux desservie du pays. Elle est vétuste mais bien conçue : guichets, consignes, café-restaurant, bureau de change, etc. Nombreux bus pour la Bosnie centrale, environ 8-10/jour pour Mostar, Banja Luka, Tuzla et Jajce, 4 pour Bihać, 3 pour Livno, 1 pour Stolac, Goražde, Višegrad ou Brčko. Autres liaisons : Croatie (Zagreb, Dubrovnik…), Monténégro, Serbie, Slovénie, Autriche et Allemagne. Pour Paris (28h) : changement à Zagreb.

GARE ROUTIÈRE D'ISTOČNO SARAJEVO

Srpskih vladara 2
✆ +387 57 31 73 77

Trajet Istočno Sarajevo-Bijeljina : durée 5h30, tarif 24,50 km ; Istočno Sarajevo-Trebinje : durée 5h, tarif 30 km.

Cette gare routière (Autobuska Stanica Istočno Sarajevo/Аутобуска Станица Источно Сарајево) est située dans la municipalité d'Istočno Sarajevo, en République serbe de Bosnie. Elle dessert surtout les villes de cette entité. Liaisons en bus : 9/jour avec Pale, 7/jour avec Foča, 3/jour avec Trebinje, 2/jour avec Banja Luka, Srebrenica, Višegrad Bijeljina ou Brčko. Liaisons avec la Serbie (notamment 5/jour avec Belgrade) et le Monténégro. Sur place : guichets, cafés-restaurants et WC.

EUROPCAR

Kurta Schorka 36
✆ +387 33 46 07 37
europcar.ba
Tous les jours 7h30-22h (à l'aéroport).
160/700 € la semaine selon le véhicule.

Le loueur français de voitures est présent non seulement à l'aéroport, mais aussi dans six hôtels de Sarajevo (Europe, Bristol…). Il propose en outre un service de livraison/réception de l'auto sans frais dans cinq autres hôtels de la ville, dont l'hôtel Ibis Styles. La gamme de véhicules est large : de la citadine au 4 × 4 en passant par le coupé sport Mercedes. Ailleurs dans le pays, Europcar possède également sept agences à Mostar, à Banja Luka et à Mostar. Possibilité de déposer l'auto dans une agence au choix (environ 100 € supplémentaires).

PARKING SARAJEVO

parking-sarajevo.ba
2 km/h dans la zone du centre-ville, 1 km/h ailleurs dans la ville. Application « Parking Sarajevo » sur Google Play.

Le stationnement sur la voie publique est compliqué, car les places sont rares à Sarajevo. Il faut payer *via* une application sur smartphone et les amendes sont fréquentes (20 km), accompagnées d'une demande d'enlèvement dans les vingt minutes (140 km de frais de fourrière, celle-ci étant située 4, rue Husrefa-Redžića, à l'entrée du tunnel de Koševo, +387 33 66 55 48). Il existe quelques parkings privés comme celui du centre commercial Sarajevo City Center (20 km/jour, 70 km/semaine) situé près du pont de Vrbanja. Mais le mieux est de prendre un hôtel avec parking.

E-BIKE CENTER

Brčanska 17a
✆ +387 33 744 591
ebike.ba
Tous les jours 9h-21h. Location de vélo électrique : 59 km/jour ; trottinette électrique : 39 km/jour.

Ce magasin est spécialisé dans les vélos de ville et trottinettes électriques, à la vente et en location. Les vélos à louer ont des batteries d'une autonomie de 150 km. Sinon, pour pratiquer le VTT (normal) dans les montagnes voisines, plusieurs agences de tourisme comme Green Visions proposent des excursions et des locations. Enfin, pour faire réparer son propre vélo, la boutique-atelier Ciklo Centar dispose de matériel de nombreuses marques (Kolodvorska 12a, 850 m au sud-ouest de la gare routière, tous les jours sauf dimanche 10h-19h, samedi jusqu'à 16h).

QUARTIERS DE SARAJEVO

Vieille ville. Facile à découvrir à pied, elle occupe la partie orientale de la vallée. Sur la rive droite de la Miljacka, Baščaršija (prononcez « bash-charchia ») est le quartier le plus ancien et celui qui concentre les monuments les plus emblématiques. Son nom est formé des mots turcs *baş*, signifiant « principal », et *çarşı* qui désigne une « charchia », un complexe commercial et religieux conçu autour d'une mosquée. C'est de Baščaršija que partent les tramways traversant toute la ville, mais aussi le principal axe piétonnier (rues Sarači et Ferhadija) reliant à l'ouest les quartiers de Ferhadija et de Titova. Au sud de Baščaršija, sur la rive gauche, Bistrik fut le quartier des gouverneurs ottomans avec son *saraï* (palais). On y trouve la mosquée de l'Empereur, le téléphérique reliant le mont Trebević et deux grands bâtiments aux murs rouges, le monastère franciscain et la brasserie de Sarajevo. Toujours sur la rive gauche, Bistrik côtoie les quartiers d'Alifakovac, à l'est, sur une colline, et de Drvenjia, à l'ouest, où se dresse la grande synagogue. Enfin sur les hauteurs autour de Baščaršija, se trouvent les quartiers de Kovači et de Vratnik, à l'est, offrant de belles vues sur la ville, et de Mejtaš, de Vrbanjuša, de Džidžikovac et de Hrastovi, au nord, où l'on trouve le Musée olympique, le musée de l'Enfance dans la guerre, mais aussi de bons restaurants.

Ville nouvelle. Elle s'étend sur 8 km en suivant la Miljacka vers l'ouest, du quartier de Titova jusqu'à la municipalité d'Ilidža où se trouve l'aéroport. On la parcourt en tramway en suivant l'axe principal, surnommé « Sniper Alley » depuis la dernière guerre. Si elle est couverte de vastes ensembles d'habitation, elle abrite néanmoins le plus grand musée du pays : le Musée national de Bosnie-Herzégovine. La ville moderne est constituée d'une multitude de quartiers imbriqués les uns dans les autres. On distingue toutefois Marijin Dvor qui est le centre économique et politique de la ville. Ce quartier situé juste à l'ouest de Titova (vieille ville) concentre musées, parlement, ministères, hôtels et centres commerciaux. Autour de Marjiin Dvor se trouvent les quartiers de Koševo et son complexe olympique (au nord), de Skenderija avec son centre commercial et culturel (sur la rive gauche) et de Pofalići (à l'est) qui abrite la gare routière centrale et la gare ferroviaire, près de l'Avaz Twist Tower.

TAXIS À SARAJEVO

Principales stations dans la vieille ville : au nord de la place Sebilj et au sud du pont Latin.

Prise en charge : 1,50/4 km et 1 km pour chaque bagage. Tarif au kilomètre : 1/2 km (longues distances à négocier).

La ville compte 50 sociétés de taxi et 1 200 véhicules, en général hors d'âge, et les chauffeurs parlent assez mal anglais. Voici quelques compagnies réputées fiables : Sarajevo Taxi : +387 33 660 666 ; Crveni Taxi (« taxis rouges ») : +387 33 760 600 ; Samir i Emir Taxi : +387 33 210 300 ; Holland Taxi : +387 33 43 11 11 ; Kale Taxi (à Istočno Sarajevo) : +387 33 570 900. Pour une course de/vers Baščaršija, comptez 6/8 km avec la gare routière ou ferroviaire, 17/20 km avec l'aéroport ou Istočno Sarajevo, 60 km avec les stations de ski de Bjelašnica ou Jahorina.

BUS AÉROPORT-BAŠČARŠIJA

Kurta Schorka 36

centrotrans.com

Aller simple 5 km, aller-retour 8 km.
Bagage supplémentaire : 5 km.
Durée du trajet : environ 30 minutes.

Cette ligne de bus (Aerodrom-Baščaršija) est opérée par la compagnie privée Centrotrans. Elle relie l'aéroport international de Sarajevo à Baščaršija, le quartier central de la vieille ville. Départs de l'aéroport : tous les jours à 5h30, 6h30, 7h15, 8h45, 11h15, 13h15, 13h50, 15h10, 16h40, 17h30, 20h40 et 22h. Départs de Baščaršija : tous les jours à 5h, 6h, 7h15, 8h45, 10h25, 12h10, 14h10, 14h45, 15h50, 17h20, 18h15 et 21h20. Notez que les horaires sont modifiés en hiver en fonction des arrivées et départs des vols, moins nombreux.

TÉLÉPHÉRIQUE DE SARAJEVO

Hrvatin bb

✆ +387 33 548 704

zicara.ba

Tous les jours 9h-19h. Aller simple 15 km, aller-retour 20 km. Avec un VTT : 4 km en plus par trajet.

Ce téléphérique (Sarajevska Žičara) relie le quartier de Bistrik (583 m d'altitude) au mont Trebević (1 160 m) avec un superbe panorama à l'arrivée. Inauguré en 2018, il remplace l'ancien téléphérique (1959), détruit durant le siège de la ville. Comptant dix places chacune, les trente-trois cabines sont peintes aux couleurs olympiques, sauf une, aux couleurs du drapeau national. La montée s'effectue en huit minutes avec une capacité à 1 200 passagers/heure. Voir aussi « Téléphérique de Sarajevo (station d'arrivée) » dans la partie sur le mont Trebević.

TRAMWAY DE SARAJEVO

Srđana Aleksića 1

✆ +387 33 451 555

gras.ba

Tous les jours 5h10-23h50. Ticket : 1,60 km dans les kiosques, 1,80 km à bord. Trajet Baščaršija-Ilidža : 30/45 minutes.

Ce réseau de tramways (Tramvaji) est pratique pour circuler entre la vieille ville et la ville nouvelle. C'est l'un des plus vieux d'Europe : il fut créé en 1885 avec des véhicules hippomobiles. Géré par la société de transports publics GRAS, il combine des rames tchèques Tatra K2 des années 1970-1980 et des rames modernes. Les six lignes suivent l'axe est-ouest entre Baščaršija et Ilidža (11 km), mais seule la ligne n° 3 effectue la totalité du parcours. La ligne n° 1, elle, relie Baščaršija à la gare ferroviaire (à côté de la gare routière).

TRANSPORTS PUBLICS GRAS

Srđana Aleksića 1

✆ +387 33 451 555

gras.ba

Ticket : 1,60 km dans les kiosques, 1,80 km à bord. Lignes de trolleybus 101 et 107 de Bistrik à Dobrinja (5h45-23h).

Fondée en 1948, la société de transports du canton de Sarajevo (JKP GRAS) opère des bus, minibus, trolleybus et tramways. Ces derniers sont les plus utiles pour traverser l'agglomération sur le grand axe est-ouest. Les vieux trolleybus relient, eux, la place Austrije (Bistrik, vieille ville) aux quartiers de Skenderija, d'Otoka et de Dobrinja, à l'ouest, et de Koševo, au nord. Les bus effectuent surtout des liaisons nord-sud. Les minibus permettent d'atteindre les faubourgs à flanc de montagne. Aucune liaison directe avec Istočno Sarajevo.

VÉLOS NEXTBIKE

Zmaja od Bosne 47

✆ +387 33 28 21 29

nextbike.ba

Location de vélo : 1 km/30 minutes.

L'entreprise allemande de vélos en libre service est présente à Sarajevo depuis 2016. Il faut s'inscrire sur le site Internet avec un numéro de téléphone local et un numéro de carte bancaire, puis gérer les locations *via* une application (App Store, Google Play ou AppGallery). Les vélos sont à retirer dans une dizaine de stations, dont trois dans la vieille ville : Vijećnica, Oslobođenja (devant la cathédrale orthodoxe) et BBI Centar (en face du Grand Parc). Pour les touristes, un code d'accès Nextbike est compris avec la Sarajevo Card.

À VOIR / À FAIRE

La plupart des lieux de visite se concentrent dans la vieille ville, en particulier dans les quartiers de Baščaršija, Ferhadija, de Titova et de Bistrik, marqués par les architectures ottomane et austro-hongroise. On y découvre ainsi les trois sites emblématiques de Sarajevo : la Vijećnica, la place Sebilj et le pont Latin. La ville nouvelle est quant à elle surtout dominée par des constructions de la période de la Yougoslavie socialiste. Mais elle abrite le principal site culturel du pays, le Musée national de Bosnie-Herzégovine, ainsi que l'étonnant vieux cimetière juif de Kovačići, dont les origines remontent au début de la période ottomane. Plusieurs agences proposent des visites guidées de la ville et de ses monuments. Vous pouvez aussi découvrir Sarajevo en courant avec l'agence Go Running Tours (voir « Bouger et buller ») ou à l'occasion d'une visite gastronomique avec le magasin Balkantina (voir « Se faire plaisir »).

CENTRE D'INFORMATION TOURISTIQUE DE SARAJEVO

Sarači 58
✆ +387 33 580 999
sarajevo-tourism.com
Tous les jours 9h-20h, week-end 10h-18h (en théorie).

Cet office de tourisme privé (Turistički Informativni Centar) dépend de l'association des professionnels du tourisme du canton de Sarajevo. Son site Internet est moins intéressant que celui des autorités cantonales, mais il dispose d'un bureau de renseignements en plein centre de la vieille ville ouvert tous les jours (en théorie, car il était souvent fermé en 2022). Sur place, vous trouverez des infos pratiques sur toute la région de Sarajevo, mais aucune visite guidée n'est proposée.

DESTINATION SARAJEVO

Hasana Brkića 45
✆ +387 33 71 90 65
sarajevo.travel
Renseignements sur le site Internet sarajevo.travel.

Cette association touristique dépend de la fondation Sarajevo Navigator créée en 2007 par les hôteliers de la ville. Elle publie des cartes et brochures disponibles gratuitement au centre d'information de Sarajevo et dans la plupart des hôtels. Elle est surtout responsable du très intéressant site internet Sarajevo.travel qui fourmille d'infos (pas toujours tenues à jour, hélas) sur toute la région, des vieux monuments du centre-ville jusqu'aux refuges de montagne des environs, en passant par les restaurants, les hôtels, les musées ou les loueurs de voiture.

OFFICE DU TOURISME DU CANTON DE SARAJEVO

Dalmatinska 2
✆ +387 33 252 000
visitsarajevo.ba
Bureau principal : sur rendez-vous. Bureau de l'aéroport : tous les jours 8h30-17h (en théorie).

Fondé en 2017, cet office de tourisme public (Turistička Zajednica Kantona Sarajevo) propose des renseignements sur son très riche site Internet et à son bureau de l'aéroport, où l'on peut retirer la « Sarajevo Card ». Il publie aussi l'application gratuite pour smartphones « Visit Sarajevo » à télécharger sur App Store ou sur Google Play. Une très bonne source d'information pour les lieux de visite, les hébergements, les restaurants, les événements culturels, etc.

PASS « MUZEJ SARAJEVA »

Josipa Štadlera 32
✆ +387 33 475 740
muzejsarajeva.ba
Billet commun pour les cinq sites de visite : 10 km. Achat dans l'un des cinq sites.

Ce pass touristique individuel permet de visiter les cinq sites du « musée de Sarajevo » : le musée Sarajevo 1878-1918, musée du Caravansérail de Brusa, le Musée juif de Bosnie-Herzégovine, la maison Despić et la maison Svrzo. L'offre couplée donne accès aux cinq sites pour 10 km au lieu de 3/4 km à chaque fois. Fondé en 1949, le musée de Sarajevo dépend de la municipalité. Il comprend aussi un sixième site qui n'est pas compris dans le pass : le musée Alija-Izetbegović consacré au premier président du pays, dans le cimetière de Kovači.

SARAJEVO CARD

Zmaja od Bosne 4
✆ +387 61 360 006
sarajevocard.com
Forfait deux jours : 60 € avec 1 nuit d'hôtel ; trois jours : 110 € avec 2 nuits d'hôtel… Jusqu'à sept jours (1 000 €).

Créé par le canton en 2020, ce pass touristique individuel est avantageux. Il comprend l'hébergement à l'Hotel Holiday, un forfait téléphonique local, l'accès au téléphérique et aux réseaux de tramway, de vélos Nextbike et de trottinettes BeeBee, l'entrée au Musée national et des réductions pour une vingtaine de sites, dont la station de ski de Jahorina. La carte sur sept jours n'est pas intéressante, mais celle sur six jours est la plus rentable : 240 € avec cinq nuits d'hôtel. À commander en ligne et à récupérer à l'aéroport ou à l'hôtel.

SARAJEVO DISCOVERY

Gazi Husrev-begova 46a ✆ +387 33 23 84 23
sarajevodiscovery.com
Tous les jours 10h-17h.
Hors saison : tous les jours sauf dimanche 10h-15h.
Visites de Sarajevo : 32-84 km/personne.

Cette agence de tourisme organise d'intéressantes visites guidées de Sarajevo en anglais : grand tour de la ville avec montée au mont Trebević en téléphérique (durée 4h), visites thématiques sur le siège de 1992-1996 (1h30 ou 4h), l'histoire juive (4h) ou les spécialités culinaires locales (3h). Elle propose aussi une visite gratuite (1h30, pourboires bienvenus) qui commence chaque jour à 16h à l'angle de la façade de la Vijećnica. Également au catalogue : différentes excursions à la journée à travers le pays (Srebrenica, Mostar, rafting sur la Neretva…).

LA BENEVOLENCIJA

Hamdije Kreševljakovića 59
✆ +387 33 229 666
benevolencija.eu.org
Sur rendez-vous.

Fondée en 1892, cette association juive, dont le nom signifie « la bonne volonté » en ladino, joua un rôle crucial durant le siège de 1992-1996 en venant en aide à toutes les communautés. Aujourd'hui, elle mène des actions caritatives, promeut la langue ladino héritée des Juifs d'Espagne, entretient le vieux cimetière de Kovačići, réalise des émissions de radio, gère la galerie Novi Hram, anime les visites de la synagogue, publie la revue trimestrielle *Jevrejski Glas* (« Voix juive ») et dispose d'une collection de livres que l'on peut consulter sur rendez-vous.

SARAJEVO INSIDER ★

Zelenih beretki 30 ✆ +387 61 19 05 91
sarajevoinsider.com
Tous les jours 8h-18h, week-end 9h-15h.
Hors saison : 9h-16h, week-end 9h-14h.
Visites de Sarajevo : 24-120 km/personne.

Cette agence de tourisme propose des visites guidées en anglais (et parfois en français) de Sarajevo : monuments islamiques (durée 2h), histoire juive de la ville (4h), JO de 1984 (5h), siège de 1992-1996 (3h), spécialités culinaires locales (4h), ou encore excursions sur les hauteurs en véhicule tout-terrain (3h) et parcours sur les traces de l'attentat de 1914 (2h). Elle organise aussi chaque jour une visite guidée gratuite (1h30, dons bienvenus) qui commence à 11h30 devant le bureau de l'agence et des excursions à Srebrenica, à Jajce, au bunker de Tito, etc.

RELAX TOURS

Zelenih beretki 22
✆ +387 33 26 33 30
relaxtours.com
Tous les jours sauf dimanche 9h-20h, samedi jusqu'à 17h. Tarifs : se renseigner.

Fondée en 1988, cette agence de tourisme est l'une des plus anciennes du pays. Elle est aujourd'hui surtout orientée vers le public musulman. De nombreux Bosniaques passent par elle pour se rendre en pèlerinage à La Mecque, par exemple. Mais elle propose aussi des excursions à travers la Bosnie-Herzégovine et les Balkans avec une certification halal : hôtels sans alcool, ni jeux, ni boîte de nuit, indication des horaires de prière, etc. L'agence possède un autre bureau près du Grand Parc (Alekse Šantića 5) et le luxueux hôtel Pino Nature, sur le mont Trebević.

HAGADA SARAJEVO

Branilaca Sarajeva 24
✆ +387 62 84 77 17
haggadah.org.ba
Visite guidée du patrimoine juif : 160 km pour 1-4 personnes. Visite guidée de la Haggadah de Sarajevo : 60 km/personne.

Cette association juive propose des visites guidées des principaux monuments de la ville et, en particulier, ceux liés à l'histoire juive de Sarajevo (musée juif de Bosnie-Herzégovine, synagogue de Sarajevo…). Son président, l'universitaire Eli Tauber, anime en personne une visite guidée de la *Haggadah de Sarajevo*, précieux livre sacré du Moyen Âge conservé au Musée national. L'association elle-même est installée dans l'ancienne plus grande synagogue de la ville (*Il Kal Grande*) qui accueille aussi aujourd'hui le Centre culturel bosnien.

ARS AEVI ★★

Obala Kulina Bana
✆ +387 33 52 98 20
arsaevi.org
Tous les jours 10h-17h. Visite comprise dans l'entrée de la Vijećnica : 10 km.

Hébergé au sein de la Vijećnica depuis 2019, ce musée d'art contemporain a été créé en 1992 par des artistes bosniens comme un « acte de résistance » à la guerre. Son nom (« art de l'époque » en latin) est l'anagramme partiel de « Sarajevo ». Grâce à des dons, il possède des œuvres d'artistes majeurs comme Pablo Picasso, Joseph Beuys, Daniel Buren et Anish Kapoor, mais il reste dans l'attente d'un bâtiment conçu par Renzo Piano depuis 2012. Celui-ci doit voir le jour derrière le Musée historique, face à la passerelle Ars Aevi dessinée par l'architecte italien.

BEZISTAN DE BRUSA ★★

Abadžiluk 10 ✆ +387 33 23 95 90
muzejsarajeva.ba
Tous les jours sauf dimanche 10h-16h (18h en été), samedi jusqu'à 13h. 3 km ou pass « Muzej Sarajeva » (10 km).

Ce grand bâtiment couvert de six dômes et cerné d'échoppes (Brusa Bezistan) fut construit en 1551 pour les marchands de Bursa (150 km au sud d'Istanbul) qui venaient revendre ici la soie venue de Chine. Endommagé durant la dernière guerre, il abrite depuis sa restauration, en 2008, une riche petite annexe du musée de Sarajevo consacrée à l'histoire de la ville, de la culture de Butmir (néolithique) à la période austro-hongroise. On y découvre notamment des objets celtes de l'âge du bronze et la première représentation du lys bosniaque comme symbole héraldique.

BIBLIOTHÈQUE GAZI HÜSREV-BEY ★

Gazi Husrev-begova 46
✆ +387 33 26 49 60 – ghb.ba
Lundi-vendredi 8h-16h. Musée : tous les jours sauf dimanche 8h-18h (samedi jusqu'à 16h), 3 km.

Fondée en 1537, cette bibliothèque (Gazi Husrev-Begova Biblioteka) abrite un musée comprenant sept sections sur l'islam en Bosnie-Herzégovine : calligraphie, techniques de mesure du temps, grands théologiens, mosquées et tekkés, pèlerinage de La Mecque, vie quotidienne des musulmans (meubles, tapis de prière, vêtements traditionnels) et inscriptions (monuments, tombes, fontaines…). Après celles d'Istanbul, c'est la bibliothèque islamique la plus riche des Balkans (120 000 ouvrages).

BEZISTAN GAZI HÜSREV-BEY

Gazi Husrev-begova 19
Boutiques : tous les jours 8h-22h.

Ce marché couvert de 109 m de longueur (Gazi Hüsrev-Begov Bezistan) faisait partie du complexe de la mosquée Gazi Hüsrev-Bey. Construit en 1555 par des artisans croates de Raguse (Dubrovnik), il comprend deux allées intérieures (52 échoppes) et des commerces dans la rue Kujundžiluk. Endommagé durant la dernière guerre, il abrite aujourd'hui surtout des boutiques de produits bas de gamme et de contrefaçon. Il s'agissait à l'origine d'un bezistan, bâtiment où étaient entreposées des textiles précieux. Il était utilisé par des commerçants de Raguse et de Venise.

CARAVANSÉRAIL MORIĆA ★

Sarači 77
Accès libre. Café Divan : tous les jours 7h-23h.

Ce caravansérail (Morića Han) est le mieux préservé du pays. Il fut bâti en 1551 pour héberger les caravanes de marchands (à l'étage) et stocker leurs biens (au rez-de-chaussée). Reconstruit après la mise à sac de la ville par Eugène de Savoie, en 1697, il pouvait accueillir 300 voyageurs et 70 chevaux. Rattaché à la fondation de la mosquée Gazi Hüsrev-Bey, il abrite aujourd'hui des associations religieuses (à l'étage), un restaurant, un vendeur de tapis ainsi que l'agréable café Divan (à gauche de l'entrée), qui est considéré comme le plus vieux café de Sarajevo.

1992-1996 : LE SIÈGE DE SARAJEVO

C'est le plus long siège de l'histoire militaire moderne : 1 425 jours. Entamé le 5 avril 1992, il s'est achevé le 29 février 1996. Pendant trois ans, huit mois et huit jours, environ 350 000 Sarajéviens vécurent coupés du monde, subissant des coupures d'eau, de téléphone, d'électricité et de gaz, des tirs de snipers et une moyenne de 329 obus s'abattant sur la ville quotidiennement. Mis en place par l'armée yougoslave, le siège avait pour objectif initial de contraindre la Bosnie-Herzégovine à renoncer à son indépendance, déclarée à Sarajevo le 1er mars 1992. Mais, le 4 mai suivant, la Yougoslavie (alors réduite à ses républiques de Serbie et du Monténégro) fut contrainte de se retirer sous la pression de l'ONU. Ce fut alors l'armée de la nouvelle République serbe de Bosnie qui devint l'assiégeant. Pour expliquer la longueur de ce siège, les militaires ont coutume de dire que « Sarajevo est née pour être assiégée » : presque entièrement entourée de montagnes, elle fut facile à encercler, à contrôler et à bombarder depuis les hauteurs. Alors que les défenseurs, souvent mal équipés et sans entraînement militaire, furent entre 50 000 et 70 000, l'armée serbe de Bosnie dirigée par le général Ratko Mladić ne compta jamais plus de 15 000 hommes autour de la capitale. Mais les soldats bosno-serbes bénéficiaient d'une meilleure formation et d'un équipement supérieur, notamment 300 pièces d'artillerie cédées par l'armée yougoslave.

Acharnement. On estime que chaque bâtiment de Sarajevo a été touché au moins une fois et que 35 000 édifices ont été détruits : des habitations, des infrastructures publiques et des symboles comme les mosquées et la Vijećnica, qui abritait la plus riche bibliothèque du pays. Un tel acharnement s'explique par la vision politique des nationalistes serbes : pour établir une République serbe de Bosnie « ethniquement pure », il fallait détruire Sarajevo, la ville la plus multiculturelle de Yougoslavie. En 1991, celle-ci comptait 550 000 habitants, dont 49 % de musulmans (bosniaques), 30 % de Serbes, 7 % de Croates, 4 % d'Albanais, Slovènes et Macédoniens et 10 % se déclarant de nationalité yougoslave. Malgré le déploiement de soldats de l'ONU à partir du 30 juin 1992, les Sarajéviens durent apprendre à vivre cachés, à éviter les rues visées par les snipers, à se nourrir de rations humanitaires, à se ravitailler en eau dans la Miljacka, à négocier au marché noir et à renoncer aux plaisirs simples d'une grande ville culturelle. La vie reprit toutefois peu à peu ses droits avec des concerts rock dans les caves, des expositions improvisées dans les ruines et même un concours « Miss Sarajevo assiégée », le 29 mai 1993. Assiégeants et assiégés continuèrent aussi à se parler. Car, de part et d'autre de la ligne de front de 60 km, la plupart des soldats se connaissaient, avaient été dans les mêmes écoles, travaillé dans les mêmes entreprises.

Effets médiatiques. Si la majorité des assiégés étaient bosniaques, certains Serbes prirent fait et cause pour Sarajevo, notamment le général Jovan Divjak (1937-2021), l'un des rares officiers à posséder une « culture militaire » parmi les défenseurs. L'autre aspect à prendre en compte est la forte présence de médias internationaux dans la ville durant le siège. Les journalistes servirent ainsi de relais pour faire passer les « messages » des deux camps. Comme ce casque bleu français tué par un sniper en direct à la télévision en train de décharger des palettes à l'aéroport, le but étant pour Ratko Mladić de se plaindre de l'aide trop importante fournie à la ville. Ou ces tirs dirigés par des miliciens bosniaques contre des civils en présence d'une équipe de reporters pour accuser le camp adverse et émouvoir l'opinion publique mondiale. Mais c'est bien un massacre perpétré par l'armée serbe de Bosnie qui provoqua la réaction tant attendue des habitants : le 28 août 1995, 45 Sarajéviens furent tués et 75 autres blessés au marché Markale par cinq projectiles tirés du mont Trebević. Deux jours plus tard, l'Otan déclenchait l'opération « Delibarate Force » avec ses avions et des troupes franco-britanniques au sol détruisant les postes de tir de l'armée bosno-serbe. L'étau se desserra alors peu à peu. Pour autant, malgré la signature des accords de Dayton mettant fin au conflit bosnien, le 14 décembre 1995, les troupes bosno-serbes ne levèrent le siège que deux mois et demi plus tard. Le bilan humain s'élève à 2 241 morts du côté serbe et 6 137 morts pour les défenseurs. Parmi les civils, on compte près de 50 000 blessés et 5 434 morts, dont environ 1 600 enfants.

HAMMAM GAZI HÜSREV-BEY - INSTITUT BOSNIAQUE ★★

Mula Mustafe Baševskije 21
✆ +387 33 279 800
Tous les jours sauf dimanche 9h-16h.
Ancien hammam : gratuit. Collections : 3 km.
Visite guidée : 50 km.

Cet ancien hammam (Gazi Husrev-Begov Hamam) fut construit durant la seconde moitié du XVIe siècle. C'est le plus grand et le mieux conservé des sept établissements de bains publics datant de la période ottomane à Sarajevo. Resté en activité jusqu'en 1916, il servit notamment, durant le siège de 1992-1996, de marché couvert à l'abri des tirs des snipers. Depuis sa rénovation en 1998, il fait partie de l'Institut bosniaque (Bošnjački Institut), institution culturelle la plus visitée de la ville (essentiellement par le public local et la diaspora). Il est situé à gauche dans la cour d'entrée de l'institut. Conçu comme un bain romain, il comprenait des bains chauds, des piscines et des bains secs avec un système complexe de chauffage et de canalisations. Il est surmonté de huit coupoles en plomb : deux grandes au-dessus de la façade, deux moyennes dans la partie centrale et quatre petites au fond. Il s'agit d'un cas assez rare dans le pays de *çift-hamam*, un « hammam double » pouvant accueillir hommes et femmes dans deux parties distinctes (un autre existe à Blagaj). À partir du XIXe siècle, une extension réservée aux non-musulmans fut ajoutée. Elle servait notamment pour les ablutions rituelles des habitants du quartier juif voisin.

Superbe collection ethnographique. Rattaché à la fondation de la mosquée Gazi Hüsrev-Bey au XVIIe siècle, le hammam est aujourd'hui géré conjointement avec l'Institut bosniaque. Ce dernier fut fondé à Zurich en 1988 par Adil Zulfikarpašić (1921-2008), dont le tombeau se trouve dans la cour d'entrée. Ancien partisan, mais opposé à Tito, celui-ci s'exila en Suisse et milita pour une identité « bosniaque » au sein de la Yougoslavie (les autorités socialistes ne reconnaissaient alors qu'une « nationalité musulmane »). Toute sa vie, cet homme d'affaires et philanthrope amassa des objets et livres de la culture bosniaque. Ce sont ces collections qui sont présentées dans le bâtiment moderne adossé, depuis 2001, au hammam Gazi Hüsrev-Bey : pièces de monnaie, timbres, sceaux, manuscrits islamiques... On remarque notamment la collection d'art avec plus de 1 500 œuvres de 200 artistes, parmi lesquelles figure en bonne place *La Danse de la chèvre* (*Kozaračko kolo*) du grand peintre de Tuzla Ismet Mujezinović (1907-1984). La collection ethnologique (XIXe-XXe siècles) est également très riche avec de superbes bijoux, des meubles en bois sculpté ainsi que des *anterija*, tuniques longues de soie ou de velours finement brodées.

MÉDERSA KURŠUMLIJA ★

Saraći 49 ✆ +387 33 23 31 70
vakuf-gazi.ba
Musée : tous les jours 9h-13h et 13h30-19h, (9h-12h et 12h30-17h en octobre-avril), 3 km.
Café sur place.

Cette école coranique (Kuršumlija Médersa) fait partie du complexe de la mosquée Gazi Hüsrev-Bey. Fondée en 1537, c'est la plus vieille médersa active dans le pays. Tandis qu'environ 400 étudiants occupent des bâtiments modernes (au fond, à droite), l'élégante médersa d'origine (au centre) abrite le musée Gazi-Hüsrev Bey consacré au *vakuf* (fondation) qui gère l'ensemble du complexe religieux. À droite de la cour se trouve le vieux tekké halveti. Datant de 1531, cet ancien lieu de culte des derviches soufis sert aujourd'hui de galerie (expositions et événements).

TOUR DE L'HORLOGE DE SARAJEVO

Mudželiti veliki 21
Ne se visite pas. Pekara Imaret (boulangerie) : tous les jours 6h-0h.

© BEPSY - SHUTTERSTOCK.COM

Cette tour de 30 m de hauteur (Sarajevska Sahat-Kula) fut érigée en 1762 pour remplacer la tour de l'horloge du XVIIe siècle détruite lors de la prise de la ville par Eugène de Savoie en 1697. Elle est dotée de quatre quadrants, d'une horloge anglaise à mécanisme lunaire de 1873 qui indique les heures de prière aux musulmans et d'une cloche sonnant la fin du jeûne les soirs du ramadan. Au pied se trouvent l'ancien imaret (soupe populaire) de la mosquée voisine et la boulangerie Imaret.

MOSQUÉE GAZI HÜSREV-BEY ★★

Sarači 8 ✆ +387 33 53 21 44
begovadzamija.ba
Visite : 3 km (horaires : lire ci-après).
Tenue correcte exigée, se déchausser, se couvrir la tête pour les femmes.

Construite en 1530-1531, cette mosquée (Gazi Husrev-Begova Džamija) est le centre de la communauté sunnite de Bosnie-Herzégovine. Des trois grandes mosquées ottomanes du pays, avec celles de Foča et de Banja Luka, c'est la seule à avoir survécu à la destruction complète lors de la dernière guerre. On la doit au second fondateur de Sarajevo, Gazi Hüsrev Bey, gouverneur de Bosnie de 1522 à 1544. Grand chef de guerre, celui-ci fit avancer la frontière de l'Empire ottoman vers le nord et vers l'ouest aux dépens des Habsbourg et des Vénitiens. Ce fut aussi un bâtisseur qui, autour de la mosquée, fit édifier un vaste complexe qui comprenait un imaret (soupe populaire), une médersa, deux caravansérails (Morića Han et Tašli Han), un tekké halveti et un marché couvert. Sous une forme plus ou moins authentique, tous ces édifices existent encore à l'exception du Tašli Han (ruines visibles entre le bezistan et l'hôtel Europe). La conception de la mosquée elle-même fut confiée à Acem Ali, architecte général de l'Empire ottoman qui supervisa notamment la construction du palais Topkapı, à Constantinople. On retrouve ici le « style Acem Ali », à la fois ottoman classique et perse, notamment dans le système multicoupoles, unique en Bosnie. La plus grande coupole atteint 13 m de diamètre et 26 m de hauteur, tandis que le minaret s'élève à 45 m de hauteur.

▶ **Décoration effacée, puis repeinte.** La mosquée a subi d'importants dégâts lors du siège de 1992-1996. Le chantier de rénovation, achevé en 2000, fut financé par la Syrie et l'Arabie saoudite. Il a été très critiqué, puisque les riches décorations intérieures, très colorées et jugées ostentatoires par les mécènes wahhabites, ont été recouvertes de peinture blanche. Peu après 2000, l'espace intérieur a été repeint avec des motifs calligraphiques et géométriques s'inspirant de la décoration originelle du XVIe siècle. La cour fermée (harem) comprend un cimetière *(derrière la mosquée)*, une fontaine d'eau chaude *(à droite de l'entrée rue Sarači)* et une d'eau froide *(au centre de la cour)*, une maison d'intendance pour la tour de l'horloge voisine *(derrière la mosquée)*, les mausolées de Gazi Hüsrev et du général ottoman Murat Bey Tardić *(face à l'entrée rue Čizmedžiluk)* ainsi qu'une école coranique aujourd'hui transformée en maison d'habitation pour le muezzin *(derrière la mosquée)*. L'entrée est libre pour les fidèles. Les visites sont possibles tous les jours, mais il faut respecter des horaires précis : 9h-12h, 14h30-16h et 17h30-19h ; octobre-mars : 9h-11h ; ramadan : 9h-12h et 17h30-19h.

CARAVANSÉRAIL KOLOBARA

Sarači 52
Accès libre. Café-restaurant Kolobara : tous les jours 7h-23h.

Peu de choses subsistent du *Kolobara Han*, le plus ancien caravansérail de Sarajevo. Construit durant la seconde moitié du XVe siècle, ce lieu d'accueil pour les caravanes de marchands fut en grande partie démoli en 1935. Le bâtiment qui le remplace conserve toutefois sa forme originelle avec quatre murs cernant une cour rectangulaire. Cette dernière abrite la terrasse du café-restaurant Kolobara qui profite de l'ombre d'une dizaine de grands arbres : une oasis de verdure et de fraîcheur appréciable en été. Le seul mur d'origine accueille quant à lui des boutiques.

CATHÉDRALE DE LA NATIVITÉ-DE-LA-MÈRE-DE-DIEU ★

Zelenih beretki 1
✆ +387 33 269 261
sabornacrkva-sarajevo.org
Tous les jours 8h-17h. Tenue correcte exigée. Liturgies à 8h et 17h, dimanche à 9h30.

Cette cathédrale orthodoxe serbe (Saborna Crkva Roždestva Presvete Bogorodice/Саборна Црква Рождества Пресвете Богородице) domine la grande place Oslobođenja-Alija-Izetbegović de sa façade aux tons jaune pastel et de son clocher de 34 m de hauteur. Elle est le siège de la métropole (évêché) de Dabro-Bosna qui couvre la région de Sarajevo et la Bosnie centrale. De style baroque, elle fut achevée en 1872 selon les plans d'Andreja Damyanov (1813-1878), un architecte de l'actuelle Macédoine du Nord issu de la minorité mijack, réputée pour ses bâtisseurs, peintres et sculpteurs d'églises. Bien que prise pour cible par la foule au lendemain de l'assassinat de l'archiduc François-Ferdinand (28 juin 1914), elle a échappé aux destructions du XXe siècle. En revanche, le palais du métropolite situé à côté fut dynamité par des nationalistes bosniaques durant le siège de 1992-1996. Principal lieu de culte de la petite communauté bosno-serbe de Sarajevo (environ 35 000 personnes aujourd'hui), la cathédrale est surmontée de cinq dômes néo-byzantins. À l'intérieur, on note l'absence de fresques. Mais le décor est pourtant riche avec une immense iconostase russe en bois doré de 118 m^{2}. Celle-ci fut financée par les Romanov et conçue au monastère côtier de la Trinité-Saint-Serge, près de Saint-Pétersbourg. Les icônes qu'elle porte furent, elles, réalisées en 1869 à la laure de la Trinité-Saint-Serge, célèbre monastère des environs de Moscou où œuvra Andreï Roublev quatre siècles plus tôt.

CATHÉDRALE DU SACRÉ-CŒUR DE SARAJEVO ★★

Trg Fra Grge Martića ✆ +387 33 53 69 17
www.bkbih.ba
Tous les jours 8h-21h. Tenue correcte exigée. Messes à 8h et 18h, dimanche à 8h, 9h, 10h30, 12h (en anglais) et 18h.

Cette cathédrale catholique (Katedrala Srca Isusova) est un des symboles de la ville, où les papes Jean-Paul II et François ont célébré trois fois la messe en 1997, en 2003 et en 2015 en présence, à chaque fois, de Sarajéviens de toutes confessions. Consacrée en 1889 et complètement restaurée en 1997, elle se distingue par sa façade surmontée de deux tours s'élevant à 43,20 m de hauteur. Elle est l'œuvre de Josip Vancaš (1859-1932), à qui l'on doit plus de 70 églises dans le pays. L'architecte croate s'est ici inspiré de la cathédrale Sainte-Bénigne de Dijon pour le bâtiment et de l'église Notre-Dame du Týn, à Prague, pour les tours. L'intérieur, richement décoré, a été conçu par le peintre allemand Alexander M. Seitz (1811-1888) et réalisé par ses disciples. Le projet est né en 1881 de la volonté de Josip Stadler (1843-1918), premier archevêque nommé en Bosnie-Herzégovine depuis l'invasion ottomane au XVe siècle. Celui-ci fit de l'édifice le « cœur » de la renaissance catholique en Bosnie-Herzégovine et choisit d'y être inhumé. La cathédrale est le siège de l'archidiocèse de Vrhbosna qui couvre l'ensemble des catholiques romains du pays (à l'exception de la paroisse de Zavalje, près de Bihać) ainsi que ceux de Macédoine du Nord. Sur le parvis se dresse depuis 2014 une statue de 3 m de hauteur représentant Jean-Paul II. Le pape fut l'un des premiers chefs d'État à reconnaître l'indépendance de la Bosnie-Herzégovine, en 1992, et lança ensuite de nombreux appels à la paix.

© MEHMETO - SHUTTERSTOCK.COM

HISTOIRE DE SARAJEVO

Sarajevo est une ville récente, fondée par les Ottomans au début du XVe siècle. Elle est pourtant située juste à côté de Visoko, première capitale de la Bosnie médiévale et important foyer de peuplement au néolithique. Lorsque les Ottomans pénètrent dans la vallée de la Miljacka, ils trouvent comme résistance une dizaine de soldats à la solde du roi de Hongrie installés dans une forteresse à l'emplacement de l'actuel bastion Blanc. L'événement est si peu marquant que les sources placent cette « conquête » tantôt en 1416, tantôt en 1428. C'est à partir de la prise de Constantinople que le site de Sarajevo acquiert un intérêt stratégique : il se trouve sur la route commerciale reliant la république maritime de Raguse (Dubrovnik) à la nouvelle capitale ottomane. Tout va alors très vite. En 1455, Isa-Beg Ishaković est nommé gouverneur de Bosnie et fait construire ici un *saray* (« palais » en turc) pour administrer sa province. L'endroit est alors désigné sous le nom slave de Saraj Ovasi (« plaines du palais »), qui donnera plus tard « Sarajevo ». En 1457, une bourgade commence à se développer autour de la mosquée de l'Empereur. Attirée par les avantages fiscaux offerts aux musulmans, une partie de la population serbe se convertit à l'islam. La ville voit aussi apparaître une colonie de marchands croates de Raguse. Elle va continuer de grandir avec l'arrivée, à partir de 1541, de Juifs expulsés d'Espagne et du Portugal. Le développement de Sarajevo est stoppé net, en 1697, par le raid dévastateur d'Eugène de Savoie. La ville connaît deux siècles de déclin aggravés par l'affaiblissement de l'Empire ottoman et toute une série d'épisodes meurtriers : épidémie de peste en 1783, grand incendie en 1788 et insurrections à partir des années 1830. Pour tenter de mieux contrôler Sarajevo, les autorités y transfèrent la capitale de la province en 1867. Mais il est déjà trop tard. En 1878, le traité de Berlin confie la tutelle de la Bosnie-Herzégovine à l'Empire austro-hongrois : les Sarajéviens se soulèvent, la révolte est écrasée en une journée, le 19 août 1878. Après cela, le nouveau pouvoir gère la ville avec prudence, en la modernisant mais sans modifier les structures sociales héritées des Ottomans : les propriétaires terriens demeurent surtout des musulmans. Une situation qui va engendrer un profond sentiment d'injustice au sein de la minorité serbe.

CIMETIÈRE DE KOVAČI ★

Širokac

Cimetière : accès libre. Musée Izetbegović : lundi-samedi 10h-15h/18h. Musée des Héros : lundi-vendredi 9h-15h.

Situé à flanc de colline, ce cimetière musulman (Šehidsko Mezarje Kovači) est hérissé de 2 500 stèles blanches. Ce sont les tombes d'une partie des 11 500 civils et défenseurs de Sarajevo tués lors du siège de 1992-1996. Au centre se dresse la coupole abritant la tombe du premier président de la Bosnie-Herzégovine, Alija Izetbegović (1925-2003), gardée par des soldats. Juste au nord, rue Ploča, la porte fortifiée de Širokac accueille le musée Alija-Izetbegović (2 km). À l'est, rue Širokac, se trouve aussi le musée des Héros de la guerre de libération (gratuit).

BRASSERIE DE SARAJEVO

Franjevačka 15

✆ +387 33 49 11 38

sarajevska-pivara.com

Musée : tous les jours sauf lundi 12h-18h, 10 km. Pub : tous les jours sauf dimanche 10h-23h, environ 25 km/personne.

Ce site industriel (Sarajevska Pivara) produit la bière la plus célèbre du pays, la Sarajevsko, ainsi que différentes boissons (bières avec ou sans alcool, jus de fruits, gamme Pepsi, etc.). Aisément repérable avec ses murs rouges et sa haute tour, ce complexe d'architecture baroque et orientale fut fondé à la fin de l'ère ottomane, en 1864. Il n'a depuis jamais cessé de brasser de la bière, y compris durant le siège de 1992-1996. On trouve sur place un musée retraçant l'histoire de l'entreprise et un pub-restaurant correct (cuisine locale et internationale).

KONAK DE BISTRIK

Franjevačka

Ne se visite pas.

Construit en 1869, ce palais baroque (Konak na Bistriku) fut le siège des gouverneurs ottomans puis austro-hongrois. Le 28 juin 1914, à 11h du matin, c'est ici que furent amenés l'archiduc François-Ferdinand agonisant et son épouse Sophie, déjà décédée, juste après l'attentat du pont Latin. Depuis 1918, le konak sert de résidence pour les hôtes de marque : Tito y dormit plusieurs fois et, après les guerres de Yougoslavie, il accueillit la première rencontre officielle entre les dirigeants de la Serbie, de la Croatie et de la Bosnie-Herzégovine, le 15 juillet 2002.

MAUSOLÉE DES SEPT-FRÈRES ★

Jedileri

Accès libre.

Étrange lieu de dévotion et de superstition, ce mausolée musulman (Turbe Sedam Braće) doit son nom aux sept cercueils exposés aux fenêtres, que la légende dit être ceux de sept frères. Il s'agit en fait de sept hommes sans lien de parenté, exécutés et enterrés ici entre 1663 et 1697. S'ils ne sont pas frères, ils partagent le fait d'avoir été accusés à tort et innocentés après leur décapitation. En 1815, les riverains affirment que des lumières apparaissent au-dessus des sept tombes. Topal Osman Pacha, alors gouverneur de Bosnie et futur grand vizir de l'Empire ottoman, vient sur place et constate le même phénomène. Il ordonne aussitôt de construire une mosquée, un tekké et un tombeau où seront désormais exposés les sept cercueils. Deux siècles plus tard, le tekké a disparu, mais la superstition demeure. Selon la croyance populaire, si l'on vient ici avec une question sur son avenir, on obtiendra la réponse. Pour cela, il faut d'abord réciter une prière devant la porte. Puis faire de même devant chacune des sept fenêtres, en touchant celles-ci et en y glissant une pièce de monnaie. Après l'insertion de la même somme dans les sept fenêtres, il faut repartir en prenant un autre chemin que celui par lequel on est arrivé. La réponse à la question viendra des premiers mots que l'on entendra prononcés par les passants.

▸ **Un rituel qui perdure.** Tel étudiant s'interrogeant sur sa réussite à un examen aurait entendu les premiers passants croisés prononcer le chiffre neuf, qui devra être la note de sa copie. Telle jeune femme se demandant qui sera son mari aurait, elle, entendu deux personnes discuter, l'une d'elles disant « Je me suis marié à Mahmutovac ». C'est dans ce même quartier proche de Bistrik qu'elle aurait trouvé et épousé l'élu de son cœur. On n'est pas forcé d'y croire, mais cela peut être l'occasion de se débarrasser de ses derniers marks convertibles avant de reprendre l'avion. Les pièces de monnaie glissées dans les fenêtres ne sont de toute façon pas perdues, puisqu'elles servent ensuite aux bonnes œuvres de la communauté musulmane. De nombreux Sarajéviens de toutes confessions ont toujours l'habitude de venir au moins une fois par an poser leur question ici. Ce rituel illustre l'art du *komšiluk*, le « bon voisinage » entre communautés. Il était jusqu'à la dernière guerre encore plus étonnant : la tradition voulait que l'on effectue un parcours en triangle entre le mausolée musulman, le monastère catholique des franciscains et la vieille église orthodoxe des Archanges pour faire des offrandes dans chaque sanctuaire.

MONASTÈRE FRANCISCAIN DE SARAJEVO

Franjevačka 6
✆ +387 33 23 61 07
svantosarajevo.org
Tous les jours 8h-19h. Entrée libre en dehors des offices. Tenue correcte exigée.

Fondé en 1911, ce monastère catholique (Franjevački Samostan) se distingue par sa grande église rouge dédiée à saint Antoine de Padoue et dont le clocher atteint 43 m de hauteur. De style néo-gothique, elle fut dessinée par l'architecte croate Josip Vancaš, à qui l'on doit aussi la cathédrale du Sacré-Cœur. Traditionnellement, les habitants de toutes confessions venaient faire ici des offrandes. Mais cette coutume tend à se perdre depuis la dernière guerre.

MOSQUÉE DE L'EMPEREUR DE SARAJEVO ★★

Obala Isa Bega Isakovića
✆ +387 60 38 55 268
medzlis-sarajevo.ba
Tous les jours 17h-21h. Tenue correcte exigée, se déchausser, se couvrir la tête pour les femmes.

Cette mosquée ottomane (Careva Džamija) est l'une des plus importantes du pays. Elle fut la première à être fondée en Bosnie-Herzégovine, en 1457. Mais la version actuelle date de 1565. La première fut dédiée au sultan Mehmed le Conquérant (1444-1446) et la seconde, au sultan Soliman le Magnifique (1520-1566). Elle garda toutefois son nom d'origine, la tradition voulant que les sultans ottomans portent le titre d'empereur hérité des Byzantins. Le complexe se présente sous la forme d'une cour fermée créée au XIXe siècle. L'entrée située face à la Miljacka est encadrée par deux ailes aux toits de plomb ajoutées en 1880. On pénètre ensuite dans une cour à colonnades abritant la fontaine des ablutions et donnant sur la mosquée elle-même. Presque carrée (15,63 x 15,66 m), celle-ci est surmontée d'un grand dôme couvert de plomb et flanquée d'un minaret à base sculptée de 47 m de hauteur. Deux salles annexes (1880) sont reliées à la pièce principale, portant la capacité à 500 fidèles. Le complexe du XVIe siècle comprenait notamment une résidence pour les représentants du sultan et un hammam, tous deux aujourd'hui disparus. Quant au pont de l'Empereur (1792), qui relie la mosquée au quartier de Baščaršija, il fut déplacé d'une dizaine de mètres en amont de la Miljacka durant la période austro-hongroise. La mosquée a subi des dégâts importants aux cours des deux dernières guerres, notamment lors du siège de 1992-1996. Elle a fait l'objet d'une restauration complète achevée en 2016.

ÉGLISE DES ARCHANGES-MICHEL-ET-GABRIEL ★★

Mula Mustafe Bašeskije 59
✆ +387 33 57 10 65
Tous les jours 8h-18h (dimanche 16h). 4 km.

Cette église orthodoxe serbe (Crkva Svetih Arhanđela Mihaila i Gavrila/Црква Светих Арханђела Михаила и Гаврила) est le plus ancien bâtiment de la ville. Sans doute fondée au XIVe siècle, elle est mentionnée pour la première fois par une source ottomane en 1539. Connue comme la « vieille église orthodoxe » (Stara Pravoslavna Crkva), elle est désormais peu utilisée par la petite communauté bosno-serbe de la ville et s'apparente davantage à un musée. La visite est agréable. Derrière le mur qui longe la bruyante rue Mula-Mustafe-Bašeskije où passent les tramways, on découvre une cour calme. À droite, une bâtisse abrite une boutique, quelques chaises pour prendre un café et, surtout, une galerie d'icônes, dont les plus précieuses remontent au XIIIe siècle. Le centre de la cour est quant à lui occupé par l'église. Plusieurs fois incendiée et remaniée jusqu'en 1793, elle fut dotée de son clocher après le départ des Ottomans, en 1880. Par les portes latérales surmontées de fresques des archanges Michel et Gabriel, puis quelques marches, on accède à la nef entourée d'arches et d'une galerie. Elle contient des icônes grecques, russes et serbes des XVIe-XVIIIe siècles. Mais la pièce maîtresse est l'iconostase dorée du XVIIIe siècle. Elle sert de support à des icônes du XVIIe siècle exécutées par les prolifiques peintres serbes Zograf Radul et Avesalom Vujičić. À l'étage, la galerie autrefois réservée aux femmes contient notamment un cercueil d'enfant et les reliques d'un saint inconnu.

SARAJEVO

GALERIE 11/07/95 ★

Trg Fra Grge Martića 2
✆ +387 33 95 31 70
galerija110795.ba
Tous les jours 9h-21h. Entrée 12 km, audioguide 3 km, visite guidée en anglais (35 minutes) 4 km.

Cette galerie commémorative municipale (Galerija 11/07/95) est consacrée au massacre de Srebrenica, qui eut lieu à partir du 11 juillet 1995. Créée en 2012 et financée en partie par la Turquie, elle abrite une liste des noms des 8 372 personnes tuées, des portraits de victimes, des témoignages de rescapés sous forme de vidéos (environ 2h de diffusion avec sous-titres en anglais) ainsi que des photos de la ville avant et après le drame. La muséographie sobre incite au recueillement. La galerie accueille aussi des expositions temporaires sur différents conflits.

GALERIE NATIONALE DE BOSNIE-HERZÉGOVINE ★★

Zelenih beretki 8
✆ +387 33 26 65 51 – ugbih.ba
Tous les jours sauf dimanche 10h-20h. 5 km. Possibilité de visite guidée en anglais sur réservation.

Fondée en 1946, cette galerie (Umjetnička Galerija Bosne i Hercegovine) constitue le plus grand musée d'art du pays. Elle est installée depuis 1953 dans l'ancien magasin Simon, bel immeuble d'angle conçu en 1912 par l'architecte de la cathédrale du Sacré-Cœur, Josip Vancaš. Malgré un manque de budget et des vols commis durant la dernière guerre, elle possède environ 6 000 œuvres, principalement des tableaux, des dessins et des photographies des XIXe et XX^e^siècles. Une partie est présentée de manière tournante sur trois niveaux à travers douze salles, le rez-de-chaussée étant réservé aux expositions temporaires d'art contemporain. Parmi les artistes bosniens et yougoslaves, on remarquera l'*Autoportrait* de Kosta Hakman (1899-1961), les sculptures du grand maître croate Antun Augustinčić (1900-1979) et du Bosno-Serbe Sreten Stojanović (1898-1960) ainsi que les tableaux du peintre de Tuzla Ismet Mujezinović (1907-1984). La section internationale comprend une cinquantaine d'œuvres d'artistes français contemporains qui furent offertes à la ville durant le siège, dont un tableau de Balthus (1908-2011) et une gravure de Pierre Alechinsky (né en 1927). La galerie possède également une collection de dessins du peintre suisse Ferdinand Hodler (1853-1918), l'une des grandes figures du symbolisme. Enfin, on trouve ici la plus vaste collection d'icônes orthodoxes du pays : environ quatre-vingts pièces du XVe au XIXe siècle réalisées par des artistes serbes, grecs et russes.

GALERIE NOVI HRAM

Mula Mustafe Bašeskije 38
✆ +387 33 233 280
Tous les jours sauf samedi 14h-19h, dimanche 10h-14h. Entrée libre.

Ce lieu d'exposition (Galerija Novi Hram) est installé dans l'ancienne synagogue séfarade du « nouveau temple » (*Novi Hram* ou *Kal Nuevo* en ladino), un bâtiment sobre et de petite taille construit en 1870. La synagogue fut fermée au culte en 1930 et offerte à la municipalité pour en faire une galerie d'art. Depuis 1997, celle-ci est gérée par l'association La Benevolencija. Des expositions temporaires y sont régulièrement organisées (histoire de la communauté juive de la ville, artistes locaux…). Mais le lieu est parfois aussi privatisé.

MAISON D'ART DE LA SEVDAH

Halači 5
✆ +387 33 23 99 43
art-kuca-sevdaha.business.site
Tous les jours sauf lundi 12h-18h. 3 km. Café : tous les jours 9h-23h.

Ce musée public (Art Kuća Sevdaha) est consacré à la sevdalinka, souvent abrégée en « sevdah », la musique traditionnelle de Bosnie-Herzégovine aux sonorités mélancoliques. On y trouve les portraits de grands chanteurs du XXe siècle (Zaim Imamović, Himzo Polovina…), des affiches de concert, des instruments de musique (accordéon, violon, luth turc…), etc. Créé en 2008 dans l'ancien entrepôt ottoman de Velike Daire (1776), le musée possède aussi un café diffusant de la sevdalinka.

MAISON DESPIĆ

Despićeva 2
✆ +387 33 21 55 31
muzejsarajeva.ba
Tous les jours sauf dimanche 10h-16h (18h en été), samedi jusqu'à 13h. 3 km ou pass « Muzej Sarajeva » (10 km).

Construite à partir du XVIIe siècle, cette maison (Despića Kuća) fait partie du musée de Sarajevo qui occupe cinq sites dans la vieille ville. Elle appartenait à la famille Despić, de riches commerçants bosno-serbes qui en firent don à la municipalité. Restaurée en 2005, on y découvre un riche intérieur de la fin du XIXe siècle reconstitué à partir de meubles et objets ayant appartenu à la famille. La décoration dénote une influence à la fois viennoise et ottomane. Au XIXe siècle, c'est ici que furent jouées, en privé, les premières pièces de théâtre à Sarajevo.

MAISON SVRZO ★

Glodžina 8 ✆ +387 33 53 52 64

muzejsarajeva.ba

Tous les jours sauf dimanche 10h-16h (18h en été), samedi jusqu'à 13h. 3 km ou pass « Muzej Sarajeva » (10 km).

Avec ses boiseries, ses cours pavées, son mobilier précieux et ses mille-et-un recoins, cette maison de la période ottomane (Svrzina Kuća) est l'une des mieux préservées du pays. Datant du début du XVIe siècle, elle fut remaniée après le raid d'Eugène de Savoie en 1697. Elle appartenait à la riche famille bosniaque des Glodo et passa par mariage à celle des Svrzo, en 1848. Restaurée en 2005, elle fait partie du musée de Sarajevo qui occupe cinq sites dans la vieille ville. Remarquez en particulier le *kahveodžak*, pièce dédiée uniquement à la préparation du café.

MOSQUÉE ALI-PACHA DE SARAJEVO ★

Maršala Tita 9

Visite possible en journée. Tenue correcte exigée, se déchausser, se couvrir la tête pour les femmes.

Cette mosquée ottomane (Alipašina Džamija) marque la limite entre la vieille ville et la ville nouvelle, à côté de l'hôtel de ville (au sud) et du palais présidentiel (à l'est). Elle fut érigée en 1560 par Hadim Ali Pacha, beylerbey (grand gouverneur) de Buda, de Timişoara, d'Egypte et de Bosnie. Son architecture correspond au style ottoman classique : dôme monté sur tambour, porche à trois coupoles et minaret élancé. Son grand cimetière abrite quant à lui le türbe de deux serviteurs du sultan Mehmed le Conquérant ainsi que les tombes de Hadim Ali Pacha et de plusieurs personnages locaux. C'est dans ce cadre que se déroula le plus furieux affrontement de la bataille de Sarajevo, le 19 août 1878. Peu avant, le 13 juillet, le traité de Berlin avait confié le sort de la Bosnie-Herzégovine à l'Empire austro-Hongrois. Décision qui fut mal accueillie par une partie des populations locales. Environ 6 000 Sarajéviens, principalement des Bosniaques et des Serbes, se soulevèrent à l'arrivée des 14 000 hommes envoyés par Vienne, rapidement maîtres des hauteurs de la ville. Mais en s'avançant dans les quartiers les plus densément peuplés, ces derniers rencontrèrent une résistance farouche. Il leur fallut pas moins de cinq assauts pour parvenir à s'emparer de la mosquée Ali Pacha, dernière poche de résistance où cinquante défenseurs bosniaques trouvèrent la mort. Finalement, la bataille fit environ 5 000 victimes parmi la population et les soldats. Mais Sarajevo fut prise en une journée.

MONUMENT DE LA FLAMME ÉTERNELLE ★

Ferhadija 2

Accès libre. Nombreux bars, cafés et pubs à proximité.

Ce monument (Vječna Vatra) est dédié aux victimes de la Seconde Guerre mondiale à Sarajevo. Il fut inauguré le 6 avril 1946, pour marquer le premier anniversaire de la libération de la ville, occupée par les forces allemandes et croates entre 1941 et 1945. Derrière la flamme alimentée en gaz, un arc de triomphe baroque disposé sur le pignon d'un immeuble austro-hongrois (le siège de la Commission des valeurs mobilières de la Fédération) abrite une plaque sur laquelle figure une étoile rouge accompagnée du texte suivant : « *Avec le courage et le sang versé des combattants des Brigades bosno-herzégoviennes, croates, monténégrines et serbes de la glorieuse Armée nationale yougoslave, avec les efforts et les sacrifices des patriotes serbes, musulmans et croates de Sarajevo, le 6 avril 1945, Sarajevo, capitale de la République populaire de Bosnie-Herzégovine, a été libérée. Gloire éternelle et gratitude aux héros tombés pour Sarajevo et notre partie, pour le premier anniversaire de sa Libération, Sarajevo reconnaissante.* » De nombreux monuments, plus grandioses, ont été érigés à travers la Yougoslavie socialiste au lendemain de la guerre de Libération nationale (1941-1945). Celui-ci, ironiquement appelé le « brûlage de pneus » (*guma koja gori*), occupe pourtant une place importante dans le cœur des Sarajéviens.

Symbole de résistance. C'est à la fois un point de rendez-vous et un lieu chargé de symboles, puisque la date du 6 avril a marqué l'histoire de Sarajevo : c'est à la fois le premier jour des bombardements de la ville en 1941, le jour de la libération en 1945, mais aussi la date retenue comme le premier jour du siège, en 1992. Selon une légende, colportée par certains guides professionnels, la *Flamme* serait restée allumée durant le siège. En fait, toutes les arrivées de gaz furent coupées par les assiégeants dès avril 1992, et la flamme resta éteinte pendant plusieurs années, y compris après la guerre faute d'un accord entre la compagnie de gaz et la municipalité. Plus anecdotiquement, la *Flamme* a également été éteinte par des fêtards en 2011. Preuve d'un certain détachement vis-à-vis du passé socialiste. La *Flamme éternelle* n'en demeure pas moins le symbole de l'esprit de résistance des habitants. Chaque année, outre un dépôt de gerbe ici, le 6 avril est marqué par des commémorations et une grande fête dans la ville. À proximité, remarquez le panneau électronique où défilent toujours les noms des victimes du siège.

MOSQUÉE ČEKREKČIJA

Kovači 6

Visite possible en journée. Tenue correcte exigée, se déchausser, se couvrir la tête pour les femmes.

Érigée en 1526, cette mosquée ottomane (Čekrekčijina Džamija) est l'une des plus vieilles de Sarajevo. Endommagée au cours des deux dernières guerres et restaurée en 2007, elle est dotée d'un minaret de 32 m de hauteur et d'un dôme peu élevé de 10 m de diamètre. Elle a pour particularité d'avoir des magasins accolés à ses murs extérieurs, sans harem (cour) séparant l'espace sacré de celui dévolu au commerce. Les loyers versés par les commerçants permettaient ainsi de financer son fonctionnement. L'intérieur est orné de motifs géométriques et végétaux.

MOSQUÉE DE BAŠČARŠIJA

Baščaršija

Visite possible en journée. Tenue correcte exigée, se déchausser, se couvrir la tête pour les femmes.

Fondée en 1528, cette mosquée ottomane (Baščaršijska Džamija) donne son nom au quartier de Baščaršija. Elle constituait le centre de la principale charchia (complexe religieux et commercial) de la ville : *baš* vient du turc *baş* qui signifie « tête » et *čaršija* est dérivé du persan *chaharsu* qui désigne un « carrefour ». À l'origine construite en bois, elle fut plusieurs fois détruite. Depuis le XVIIIe siècle, elle se présente sous la forme d'un cube (11,50 x 11,70 m) surmonté d'un dôme et devancé d'un porche à trois coupoles. Le minaret s'élève à 34,70 m de hauteur.

MOSQUÉE FEHRAD-BEY ★

Fehradija

Visite possible en journée. Tenue correcte exigée, se déchausser, se couvrir la tête pour les femmes.

Cette mosquée ottomane (Ferhadija Džamija) offre un cadre reposant avec ses arbres et son vieux cimetière. Construite vers 1561 par le gouverneur Ferhad Bey Vuković (un descendant de la grande noblesse bosnienne), elle donne son nom au quartier de Fehradija et à la principale rue piétonne de Sarajevo. Elle marque aussi la limite entre Baščaršija et Fehradija. Le bâtiment correspond au plan type des mosquées moyennes de l'ère ottomane classique : une salle de prière presque cubique dotée d'un dôme, un porche à trois coupoles et un minaret (ici de 38 m de hauteur).

MUSÉE DE L'ENFANCE DANS LA GUERRE ★

Logavina 32

✆ +387 33 53 55 58

www.djetinjstvouratu.com

Tous les jours 11h-19h. 10 km.

Fondé en 2017, ce musée privé (Muzej Ratnog Djetinjstva) regroupe des objets personnels (jouets, lettres, etc.) associés à des souvenirs d'enfants de la guerre de 1992-1995. Parmi les 3 000 objets de la collection, environ 50 sont exposés de manière sobre et accompagnés de témoignages sous forme de vidéo. Depuis 2022, des objets d'enfants d'Ukraine sont aussi présentés. Le musée est dirigé par Jasminko Halilović, âgé de 4 ans en 1992, et auteur du livre *L'Enfance dans la Guerre* (2013).

MUSÉE DE LA GUERRE - SARAJEVO 1992

Franjevačka 38

warmuseumsarajevo1992.com

Tous les jours 9h-21h30.

Entrée libre (dons bienvenus).

Installé dans un ancien abri souterrain, ce petit musée privé (Ratni Muzej-Sarajevo 1992) retrace la vie dans la capitale durant le siège de 1992-1996. Pas du tout moderne dans sa présentation, il donne toutefois un bon aperçu du quotidien des Sarajéviens durant ces 1 425 jours grâce à un bric-à-brac d'objets et d'armes agrémenté d'ambiances sonores. On y découvre, par exemple, que pour se reconnaître entre eux, les défenseurs de la ville s'appliquaient du maquillage sur le visage.

MUSÉE DES CRIMES CONTRE L'HUMANITÉ DE 1992-1995 ★

Ferhadija 17

✆ +387 62 46 77 64

Tous les jours 9h-21h. 5 km.

Créé en 2016 grâce à un financement de la Turquie, ce musée privé (Muzej Zločina Protiv Čovječnosti i Genocida 1992-1995) s'intéresse surtout au sort subi par les civils bosniaques durant la dernière guerre, en particulier à Srebrenica et Višegrad (Bosnie orientale) ainsi qu'à Prijedor (Krajina bosnienne). La muséographie rigoureuse s'appuie sur des documents (photos, archives, vidéos) utilisés par le Tribunal pénal international pour l'ex-Yougoslavie. Certaines images peuvent choquer.

MUSÉE DE LA LITTÉRATURE ET DES ARTS DE LA SCÈNE ★

Sime Milutinovića Sarajlije 7
✆ +387 33 20 18 61
mkpubih.com
Tous les jours sauf dimanche 10h-17h. 2 km.

Fondé en 1961, ce musée national (Muzej Književnosti i Pozorišne Umjetnosti Bosne i Hercegovine) est abrité dans un très beau bâtiment avec jardin datant du XIXe siècle et offert à la ville par la famille Despić. Depuis 1992, il s'est enrichi de la galerie Mak, une salle dédiée à l'écrivain de Stolac Mehmedalija « Mak » Dizdar (1917-1971) où ont lieu des expositions de peinture et de photographie. Le musée lui-même contient les reconstitutions de bureaux (avec mobilier et livres d'époque) de quatre grands auteurs. Il y a tout d'abord le poète de Croatie Silvije Strahimir Kranjčević (1865-1908). Connu pour son implication sociale et son anticléricalisme, il fut notamment rédacteur en chef de la revue littéraire *Nada* éditée à Sarajevo au début du XXe siècle. L'écrivain et partisan bosniaque Hasan Kikić (1905-1942) fut l'auteur en 1935 du roman *Provincija u Pozadini* (« province reculée ») et le créateur à Zagreb, en 1937, du magazine *Putokaz* consacré à la littérature bosniaque. Le poète et parlementaire bosno-serbe Petar Kočić (1877-1916) fonda, lui, la revue *Otadžbina* militant contre l'Empire austro-hongrois et rédigea une série de nouvelles sur les paysans de la région de Banja Luka. Enfin, l'écrivain et médecin juif séfarade de culture bosniaque Isak Samokovlija (1889-1955) décrivit le quotidien des petites gens de la communauté juive de Goražde. L'un de ses ouvrages a été traduit en français : *D'un printemps à l'autre* (éd. Payot et Rivages, 1999).

MUSÉE OLYMPIQUE DE SARAJEVO ★★

Petrakijina 7
✆ +387 33 52 98 20
gradskimuzeji.ba
Tous les jours sauf lundi 10h-18h. 12 km (5 km pour les Bosniens).

Ce musée municipal (Olimpijski Muzej) fut créé pour conserver l'héritage des Jeux olympiques d'hiver de Sarajevo, dès le lendemain de la cérémonie de clôture du 19 février 1984. Il a depuis connu une histoire mouvementée. Le luxueux palais néoclassique qui l'abrite, la villa Mandić (1903), fut incendié au début du siège de la ville, en 1992, et toute une partie de la collection fut perdue. Rouvert en 2004 au complexe olympique de Kuševo, le musée a finalement retrouvé son adresse d'origine en 2020. L'exposition commence par la devise *Citius Altius Fortius* (« plus vite, plus haut, plus fort ») et un superbe bobsleigh bleu qui dévala la piste du mont Trebević. Sont présentés une torche du relais de la flamme, des tenues des volontaires et d'athlètes et du matériel de montagne local du début du XXe siècle. Le 1er étage regroupe documents et objets : marchandising siglé de la mascotte Vučko, pin's, bâtons, combinaisons offerts par les délégations nationales, etc. On découvre surtout les tableaux originaux commandés aux grands peintres du moment, parmi lesquels *Le Patineur* d'Andy Warhol, *Les Six Têtes des Olympiens* d'Henry Moore et *Le Sauteur* de Michel Folon, petit skieur esquissé s'envolant dans un ciel étoilé. Mais les objets les plus touchants sont cette lettre de remerciement du prédisent du CIO Juan Antonio Smaranch roussie par les flammes et cette médaille d'or olympique à moitié fondue. Toutes deux furent retrouvées dans les décombres du musée après l'incendie de 1992.

MUSÉE JUIF DE BOSNIE-HERZÉGOVINE ★

Velika Avlija ✆ +387 33 53 56 88
muzejsarajeva.ba
Tous les jours sauf samedi 10h-16h, dimanche 10h-13h. 3 km ou pass « Muzej Sarajeva » (10 km).

Ce musée municipal (Muzej Jevreja BiH) est installé dans la vieille synagogue de Sarajevo (Stara Sinagoga). Il retrace l'histoire des Juifs du pays et abrite une riche collection de livres en ladino et en hébreu. Construit en 1581, le bâtiment est d'abord un hospice du quartier séfarade d'El Cortijo et devient une synagogue quinze ans plus tard. Rebâti après les destructions de 1697 et 1942, il est transformé en musée en 1965. Il est parfois utilisé pour certaines fêtes juives.

PASSERELLE FESTINA LENTE ★

Obala Kulina bana
Pont piéton sur la Miljacka. Accès libre. Visite de l'Académie des beaux-arts sur demande.

Cette élégante passerelle (Most Festina Lente), dont le nom latin signifie « hâte-toi lentement », fut érigée en 2012. Elle débouche sur l'imposante Académie des beaux-arts, une ancienne église évangéliste de style néo-byzantin de 1899 transformée en université en 1972. La passerelle fut dessinée par trois étudiants en design de l'Académie. D'une longueur de 28 m, pour 4 à 7 m de largeur, elle est constituée de verre et d'acier. Elle forme une boucle au milieu qui abrite deux bancs et invite à ralentir le pas. La nuit, ses lignes sont soulignées par des LED.

MUSÉE SARAJEVO 1878-1918 ★★

Zelenih Beretki 1 ✆ +387 33 533 288
muzejsarajeva.ba
Tous les jours sauf dimanche 10h-16h (18h en été), samedi jusqu'à 13h.
4 km ou pass « Muzej Sarajeva » (10 km).

Ce musée (Muzej Sarajevo 1878-1918) est la pièce majeure du musée de Sarajevo qui occupe cinq sites dans la vieille ville. Il est consacré à la période austro-hongroise et plus particulièrement à l'assassinat de l'archiduc François-Ferdinand. Constitué d'une seule salle, il se tient à l'emplacement du magasin d'alimentation autrichien Moritz Schiller Delicatessen, devant lequel eut lieu l'attentat du 28 juin 1914. Ouvert en 2014, il remplace le musée Jeune-Bosnie fondé ici en 1949 par les autorités socialistes. Celles-ci souhaitaient mettre en avant certains aspects positifs de l'événement déclencheur de la Première Guerre mondiale, en particulier le caractère multi-communautaire de l'organisation Jeune Bosnie responsable de l'attentat. La présentation est désormais sobre et neutre : huit sections exposent de manière chronologique et thématique des objets illustrant la période austro-hongroise, depuis la mise sous tutelle de la Bosnie-Herzégovine, en 1878, jusqu'à la dislocation de l'Empire, en 1918. L'assassinat de 1914 est illustré par deux plans détaillés montrant les parcours aller et retour du convoi de l'héritier et les positions des révolutionnaires, par des photos de ces derniers, notamment durant leur procès à Sarajevo en octobre 1914, par les vêtements de l'auteur des coups de feu, Gavrilo Princip, le jour de l'attentat, ainsi que par des armes d'époque (les originales sont à Vienne) et deux mannequins en costume représentant François-Ferdinand et Sophie sortant de la Vijećnica, quelques minutes avant de mourir.

PETIT MUSÉE DE LA BOSNIE-HERZÉGOVINE

Dariva
Tous les jours 11h-19h (en théorie).
Tarif variable (environ 2 km).

Ce musée privé fondé en 2017 (Mali Muzej BiH) s'intéresse à l'histoire du pays. Mais il ne présente presque que des reproductions : charte du ban Kulin (premier document rédigé en langue bosnienne en 1189), « homme à la main levée » de la nécropole médiévale de Radimlja (Stolac), ahidnâme de Milodraž (édit de tolérance des Ottomans envers les moines franciscains en 1463), etc. En revanche, un véritable chêne coupé sert à retracer la généalogie de la dynastie des Kotromanić (1250-1395).

PLACE SEBILJ ★★★

Baščaršija
Certains commerces de la place restent ouverts jusqu'à 2h ou 3h du matin.

Cette place (Trg Sebilj) est incontournable. Appelée aussi « place des pigeons » (Trg Golubova) ou rue Baščaršija (son nom officiel), c'est la partie centrale du plus vieux quartier de Sarajevo. Elle est connue pour ses centaines de pigeons et sa fontaine Sebilj, mais aussi pour ses mosquées, ses vendeurs de pâtisseries orientales et de *ćevapčići*, et, bien sûr, pour ses touristes. Elle s'étend sur 100 m de longueur entre la mosquée de Baščaršija, au sud, et la rue Mula-Mustafe-Bašeskije, au nord, où se trouve la ligne d'arrivée et de départ des lignes de tramway n°s 1, 2, 3 et 5. Elle ne fait que quelques mètres de largeur, donnant sur les très animées rues piétonnes Sarači, à l'ouest, et Kazandžiluk, à l'est. Autour de la place, on trouve encore des maisons bosniaques et ottomanes construites en bois et en pierre. L'office du tourisme est situé tout près (58, rue Sarači). Dans les rues adjacentes, des artisans orfèvres et chaudronniers perpétuent d'anciennes traditions... et vendent aussi parfois des objets importés de Chine et de Turquie.

▸ **Fontaine Sebilj.** La fontaine publique qui trône au nord de la place porte un nom qui vient de l'arabe *sebil* qui désigne le « chemin » par lequel arrivait l'eau et, par extension, l'organisme de bienfaisance qui mettait gratuitement à disposition de l'eau pour les habitants. De style ottoman, il s'agit d'une colonne octogonale en pierre disposée sur un promontoire et protégée par une coupole en bois. L'ensemble, en forme de kiosque, a été érigé grâce à une donation du gouverneur de Bosnie Mehmed Pacha Kukavica en 1753. L'eau arrivait d'une source située sur le mont Trebević par l'intermédiaire d'un aqueduc de 6,5 km, aujourd'hui disparu. La source fut ensuite remplacée par le réseau d'eau de la ville. C'est la seule fontaine de ce type subsistant à Sarajevo. En 1660, le chroniqueur et voyageur ottoman Evliya Çelebi décrivait le quartier de Baščaršija avec 300 fontaines. La plupart furent détruites lors des deux grands incendies en 1697 et 1852. L'édifice actuel a été reconstruit (sans doute par l'architecte Josip Vancaš) et installé sur la place lors du réaménagement de la ville par l'architecte tchèque Alexander Wittek en 1891. Endommagée par un éclat d'obus en 1992, la fontaine Sebilj fut en partie rénovée en 1997, puis complètement en 2006. Plusieurs répliques de la fontaine existent à travers le monde, dont une à Belgrade, offerte par la municipalité de Sarajevo en 1989. La légende veut que celui qui boit à l'eau de la fontaine Sebilj sera assuré de revenir à Sarajevo.

PONT LATIN ★★★

Latinska ćuprija

Pont piéton sur la Miljacka, entre les quartiers de Baščaršija (rive droite) et de Bistrik (rive gauche).

Cet ouvrage en pierre du XVIIIe siècle (Latinska Ćuprija) est le plus célèbre parmi les vingt-six ponts et passerelles de la ville : c'est juste en face, à côté de l'actuel musée Sarajevo 1878-1918, que Gavrilo Princip assassina l'archiduc François-Ferdinand le 28 juin 1914. À gauche du pont, sur la rive droite de la Miljacka, un petit mémorial en verre orné d'une colonne double rend hommage à l'héritier du trône de l'Empire austro-hongrois, tandis que des panneaux et une pierre gravée sont placés sur le mur extérieur du musée, à l'emplacement exact de l'attentat déclencheur de la Première Guerre mondiale. Toutes ces installations sont relativement récentes. Car jusqu'en 1992, les autorités yougoslaves (royales, puis socialistes) tenaient l'assassin en héros : pendant soixante ans, le pont fut officiellement baptisé « pont Gavrilo-Princip ». Il n'a repris son nom d'origine que brièvement, durant l'occupation allemande (1941-1945), et plus durablement depuis la déclaration d'indépendance du pays. S'il est qualifié de « latin », c'est qu'il desservait l'ancien quartier de Latinluk (autour de l'actuel musée) où vécut jusqu'au XVIIIe siècle une communauté catholique. Celle-ci suivait le rite « latin » (romain), et non le rite byzantin des orthodoxes, alors majoritaires parmi les chrétiens de la ville.

▶ **Vers le quartier de Bistrik.** Érigé d'abord en bois vers 1541, puis en pierre une vingtaine d'années plus tard, le pont fut entièrement reconstruit en 1798 pour prendre la forme qu'on lui connaît aujourd'hui : un tablier légèrement incliné de 39 m de longueur soutenu par trois piles formant quatre arches inégales en s'adossant aux berges. Les ouvertures des deux piles principales sont là pour alléger la structure et mieux évacuer l'eau en cas de crue. Sur la rive gauche de la Miljacka, le pont Latin mène directement à la place Austrije (quartier de Bistrik), d'où partent les trolleybus vers Skenderija et Dobrinja. En amont se trouve le pont de l'Empereur (Careva Ćuprija) érigé en 1792 en face de la mosquée de l'Empereur. En aval, le pont Ćumurija fut construit en 1886 à l'emplacement d'un ancien ouvrage en bois ottoman. Menant à la mosquée Bakr-Baba (plusieurs fois détruite depuis le XVIe siècle et reconstruite en 2011), celui-ci doit son nom de « pont du charbon » à l'habitude qu'avaient les habitants de venir jeter ici leurs cendres directement dans la rivière. Enfin, entre la place Austrije et la mosquée Bakr-Baba, s'étend le petit parc At Medjan et son nouveau pavillon musical (2004), réplique d'un bâtiment austro-hongrois de 1913.

PONT ŠEHER-ĆEHAJA

Šeher-Ćehajina ćuprija

Pont piéton sur la Miljacka.

Ce pont de 40 m de longueur (Šeher-Ćehajina Ćuprija) relie la Vijećnica (quartier de Baščaršija) au joli restaurant Inat Kuća (Bistrik). Ce fut le premier des treize ponts en pierre construits par les Ottomans à Sarajevo : la plus ancienne source le mentionne en 1585. Plusieurs fois endommagé par des crues (il perdit deux de ses trois piles en 1843), il doit son nom à la déformation du terme turc *şehir kahyası* (« intendant de la ville ») qui désignait le maire de Sarajevo. En amont se trouve un petit barrage et en aval, le « nouveau pont de la Vijećnica » (2003).

SCULPTURE « NERMINE, DOĐI ! » ★★

Maršala Tita

Accès libre. Sur le même trottoir se trouve aussi le « Monument aux enfants assassinés du siège de Sarajevo ».

Cette sculpture, dont le nom signifie « Nerma, viens ! », s'inspire d'une terrifiante scène filmée le 11 juillet 1995, lors du génocide de Srebrenica. Mesurant 2 m de hauteur, la statue de béton, plâtre et silicone a été installée ici en 2015 par l'artiste Mensud Kečo, né à Foča en 1957. Elle représente Ramo Osmanović criant à son fils Nerma de se rendre aux forces bosno-serbes après que celles-ci eurent promis la vie sauve aux Bosniaques. Ramo et Nerma seront exécutés le jour même.

MARCHÉ MARKALE

Mula Mustafe Bašeskije 13

Marché aux fruits et légumes : tous les jours 6h-17h.

Créé en 1895, ce marché municipal couvert (Pijaca Markale) fut la cible des deux attaques les plus meurtrières durant le siège de Sarajevo. L'artillerie de l'armée serbe de Bosnie causa ici la mort de 68 personnes le 5 février 1994, puis de 37 autres personnes, le 28 août 1995. Ce deuxième massacre entraîna l'intervention de l'Otan deux jours plus tard. Dans la partie ouverte du marché, derrière le bâtiment sont visibles un monument en verre portant les noms des 105 victimes et un projectile de mortier toujours fiché dans le sol entre les étals des commerçants.

28 JUIN 1914 : L'ATTENTAT DE SARAJEVO

Le matin du dimanche 28 juin 1914, l'archiduc François-Ferdinand est mortellement blessé par Gavrilo Princip devant le pont Latin de Sarajevo. Cet attentat marque le début des événements qui vont conduire à la Première Guerre mondiale. Âgé de 50 ans, l'héritier de l'Empire austro-hongrois arrive le 25 juin à la station thermale d'Ilidža, à l'ouest de Sarajevo, pour assister à des manœuvres militaires. Avec lui, son épouse Sophie, duchesse de Hohenberg, 46 ans. Leurs trois enfants sont restés à Vienne. Les autorités locales ont choisi de loger le couple loin du centre. La ville est alors traversée de mouvements indépendantistes divers. Les habitants serbes, en particulier, vivent très mal cette visite officielle, qui tombe le jour de leur fête nationale, Vidovdan. Pour autant, ce ne sont pas des nationalistes serbes qui s'apprêtent à tuer l'archiduc. Créé en 1911, le mouvement révolutionnaire Jeune Bosnie (*Mlada Bosna*) est composé en large partie de Serbes, certes, mais il compte aussi dans ses rangs des Croates et des Bosniaques qui, tous, militent pour une fédération socialiste des peuples slaves des Balkans. Jeunes, idéalistes mais inexpérimentés, ses membres ont été manipulés par les services secrets de la Serbie, *via* l'organisation nationaliste de la Main Noire (*Crna Ruka*). C'est elle qui désigne la cible aux membres de Jeune Bosnie. Elle leur fournit le plan d'action, les armes ainsi que des capsules de cyanure en cas de capture. Le 28 juin au matin, on leur assigne des positions le long du parcours que doit emprunter le convoi de six voitures de l'héritier des Habsbourg.

Une grenade qui rebondit. À 10h, l'archiduc quitte la gare de Sarajevo où il vient d'arriver d'Ilidža. Les automobiles empruntent le quai Appel (aujourd'hui quai Obala-Kulina) pour rejoindre la Vijećnica où siège le parlement de la province. Les membres du commando ont pu facilement se fondre dans la foule. À 10h9, avant le pont de Ćumurija, Muhamed Mehmedbašić pointe son pistolet sur la voiture de l'archiduc, mais son arme s'enraye. Personne ne le remarque et il peut s'en aller. À 10h10, Nedeljko Čabrinović jette une grenade sur la même voiture, mais elle rebondit sur la capote repliée, atterrit sous le véhicule suivant et explose devant le pont de Ćumurija en blessant une quinzaine de personnes. Čabrinović avale sa capsule de cyanure et se jette dans la Miljacka. Le cyanure ne lui cause que des vomissements et le niveau de l'eau n'atteint que 13 cm (c'est l'été). Il est récupéré et roué de coups par la foule, avant d'être arrêté. Le convoi continue jusqu'à la Vijećnica. L'archiduc prononce son discours, ovationné par les parlementaires, tandis que les officiels s'interrogent sur les mesures à prendre pour renforcer la sécurité après l'explosion causée par Čabrinović. Mais ils refusent de faire venir les troupes qui ont participé le matin même aux manœuvres : elles ne sont pas dans un état présentable. À 10h45, François-Ferdinand et Sophie embarquent de nouveau dans leur automobile en direction du Musée national.

« Ce n'est rien. » Un nouvel itinéraire est choisi à la hâte et doit repasser par le quai Appel. Mais le chauffeur de la première voiture n'est pas tenu au courant du changement. Arrivé au niveau du pont Latin, il tourne à droite dans la rue Franz-Josef (aujourd'hui Zelenih-Beretki). C'est là que se trouve Gavrilo Princip, qui a changé de position depuis le premier passage du convoi. C'est donc le hasard qui place l'assassin au bon endroit au bon moment. Le destin va lui être encore plus favorable, puisque le gouverneur de la province, Oskar Potiorek, installé dans la voiture de l'archiduc, fait stopper le convoi pour qu'il fasse demi-tour et reprenne le quai Appel. Les véhicules s'arrêtent. Gavrilo Princip s'avance à 1,50 m de la voiture de l'archiduc, sort son Browning M1910 et ouvre le feu. Deux fois. La première balle frappe François-Ferdinand au cou, au niveau de la veine jugulaire. La seconde atteint Sophie au niveau du ventre. François-Ferdinand crie « Sophie, Sophie ! Ne meurs pas ! Vis pour nos enfants ! ». Ce à quoi elle lui répond six ou sept fois « Ce n'est rien », avant que les témoins entendent un râle d'agonie. Gavrilo Princip est aussitôt arrêté. L'auto transportant le couple redémarre et se fraye un chemin vers la résidence du gouverneur au konak de Bistrik. Le bâtiment se trouve à 300 m de là sur l'autre rive de la Miljacka, mais dans l'affolement général, il faut près de 10 minutes au chauffeur pour y parvenir. Dans le konak, un médecin constate le décès de la duchesse. L'archiduc décède dix minutes plus tard.

POSTE CENTRALE DE SARAJEVO

Obala Kulina bana 8
✆ +387 33 25 28 34
posta.ba
Lundi-vendredi 8h-18h30. Accès libre.
Autre bureau de poste, au 50, rue Sarači : tous les jours sauf dimanche 9h-21h.

Ce bâtiment de 1913 (Glavna Pošta) est l'un des plus marquants de la période austro-hongroise à Sarajevo. Conçu par Josip Vancaš, il s'inspire du siège de la Caisse d'épargne postale de Vienne (1912), chef-d'œuvre du style Sécession autrichien. Il se démarque par ses bas-reliefs de fleurs, ses grandes proportions intérieures et son toit de verre qui permet un éclairage naturel du vaste hall principal. Destiné d'abord aux communications militaires, le bâtiment devait être inauguré par l'archiduc François-Ferdinand le 28 juin 1914. Mais c'est de là que partit le télégraphe annonçant la nouvelle de son assassinat au monde entier. En avril 1992, la Poste centrale fut le premier bâtiment public pris pour cible par les troupes bosno-serbes, afin de couper les communications de Sarajevo. L'immeuble fut ensuite ravagé par les flammes. Durant le siège, les ruines servirent de lieu d'exposition pour la toute nouvelle génération d'artistes née de la guerre. Symboles des souffrances endurées, *Les Équilibristes* d'Enes Sivac (né en 1966 à Sarajevo), marquèrent particulièrement les esprits en 1993. Ces sculptures sont de nouveau installées depuis 2019, juste à côté de la Poste centrale, au-dessus de la Miljacka. Quant au bâtiment, il fut entièrement reconstruit selon les plans initiaux entre 1996 et 2001 pour devenir le bureau central de la compagnie postale « bosniaque » du pays, BH Pošta, les deux autres étant la Hrvatska Pošta Mostar (bosno-croate) et la Pošte Srpske (bosno-serbe).

© BALKANSCAT - SHUTTERSTOCK.COM

PROMENADE AU BASTION BLANC ★★

Poddžebhana 15
Accès libre au bastion jaune et au bastion blanc. Comptez 1h à pied. Environ 100 m de dénivelé.

Ce fort de calcaire blanc (Bijela Tabija) s'élève à 667 m d'altitude, en haut du quartier de Vratnik, juste à l'est du cœur de la vielle ville et au-dessus du tunnel vers la Bosnie orientale. Prisé des Sarajéviens au coucher du soleil, l'endroit offre des vues plongeantes sur l'agglomération et la vallée de la Miljacka. L'itinéraire qui y mène permet aussi de découvrir d'autres fortifications des anciens remparts de Vrtanik. La date de construction du bastion Blanc lui-même n'est pas connue, mais on suppose qu'un premier ouvrage fut érigé vers la fin du XIVe siècle, alors que Sarajevo n'existait pas encore. Le fort actuel fut construit puis modifié par les Ottomans entre le milieu du XVIe siècle et le XVIIIe siècle afin de contrôler les passages vers la Bosnie orientale en direction de Višegrad.

Bastion Jaune et mosquée Blanche. La route qui vient de Baščaršija mène d'abord au cimetière de Kovači, puis passe à côté du bastion Jaune (Žuta Tabija), qui offre déjà de très belles vues. C'est depuis ce fort du XVIIIe siècle que, pendant le ramadan, un coup de canon est tiré chaque soir pour indiquer la fin du jeûne. L'endroit attire alors des centaines de personnes qui viennent pique-niquer en famille. Environ 50 m après le bastion Jaune, il faut tourner à droite dans la rue Bijela-Džamija. Celle-ci longe la caserne de Jacje, bâtiment austro-hongrois en ruine depuis la dernière guerre, jusqu'à la mosquée Blanche (Bijela Džamija). Construite en 1536, elle abrite un magnifique *turbë* (tombeau). À l'angle de la mosquée, il faut tourner à gauche dans l'allée Džanin, aux maisons toujours criblées d'impacts de la dernière guerre. Peu après la caserne de pompiers, on arrive à la petite place Mejdan-Vratnik d'allure austère avec son café communautaire et ses petites échoppes. À droite, il faut suivre la rue Carina sur environ 350 m jusqu'à la porte de Višegrad (Višegradska Kapi-kula). Édifiée en 1739, ses imposants murs de pierre voûtés passent au-dessus de la route. Servant à la fois d'ouvrage défensif et de poste de douane, elle constitua pendant longtemps le principal accès à la ville depuis la Bosnie orientale. Détruite en 1992-1995, elle a été restaurée selon les plans initiaux. Pour monter jusqu'au bastion blanc, il ne faut pas passer sous la porte de Višegrad, mais prendre à droite la rue Poddžebhana qui file directement au sommet sur environ 250 m. En montant, on trouvera le très agréable restaurant Bijela Tabija.

SARAJEVO

MUSÉE DES ILLUSIONS D'OPTIQUE DE SARAJEVO

Skenderija 28
✆ +387 33 878 000
moisarajevo.ba
Tous les jours sauf dimanche 11h-19h. 12 km.

Créé en 2020, ce musée privé (Muzej Optičkih Iluzija) n'a rien d'exceptionnel par rapport aux musées du même genre qui ont ouvert ces dernières années à Paris, à Athènes ou à Chicago. On y découvre une centaine de tableaux, photos, jeux de miroirs, hologrammes et pièces truquées. À défaut d'être instructif, c'est divertissant, surtout en famille quand on se retrouve pris en photo les pieds au plafond. La rue parallèle abrite le musée du Seflie, qui présente encore moins d'intérêt.

ROSES DE SARAJEVO

Trg Fra Grge Martića

Ces étranges pétales roses ou rouges (Sarajevske Ruže) sont les traces laissées au sol par les explosions d'obus et de grenade durant le siège de 1992-1996. Dès 1996, certains de ces petits cratères furent remplis de résine rouge pour conserver la mémoire des habitants tués et blessés sur place. Au début des années 2000, on comptait ainsi 300 de ces fleurs ensanglantées à travers la ville. Certaines ont disparu avec le temps ou lors de travaux. Mais d'autres sont encore bien conservées et entretenues, notamment celle située face de la cathédrale du Sacré-Cœur.

SYNAGOGUE DE SARAJEVO ★

Hamdije Kreševljakovića 59
✆ +387 33 229 666 – benevolencija.eu.org
Visites : lundi-vendredi 10h-14h, 2 km (avec visite guidée). Tenue correcte exigée (kippa disponible pour les hommes).

Cette synagogue de style mauresque (Sarajevska Sinagoga) est l'une des plus grandes d'Europe. Elle fut érigée en 1902 pour les besoins de la communauté ashkénaze, alors en forte expansion. Dotée de quatre tours, elle a été conçue par l'architecte Karel Pařík, à qui l'on doit, entre autres, le Musée national et les plans initiaux de la Vijećnica. Du fait du faible nombre de fidèles, les offices sont conduits par un chantre à l'étage, autrefois réservé aux femmes. À l'extérieur, un monument fut installé en 1965 pour marquer les 400 ans de présence juive à Sarajevo.

VIJEĆNICA ★★★

Obala Kulina Bana
✆ +387 33 27 54 23
nub.ba
Tous les jours 10h-17h. 10 km.
Audioguide en anglais : application gratuite « Sarajevo City Hall & Cable Car ».

La « salle du conseil » (*vijećnica*, prononcez « viéchnitsa ») est le bâtiment le plus célèbre de Sarajevo. Dominant la Miljacka de ses 27 m de hauteur, ce bâtiment massif, de style mauresque, de couleur orange et de forme triangulaire est chargé d'histoire. Conçu par l'architecte tchèque Karel Pařík (1857-1942) et repris par son collègue austro-croate Alexander Wittek (1852-1894), il fut construit entre 1891 et 1896 pour servir d'hôtel de ville. Bientôt transformé en tribunal, il abrite à partir de 1910 le parlement de Bosnie-Herzégovine, institution créée suite à l'annexion officielle du pays par l'Autriche-Hongrie, en 1908. C'est à ce titre que l'archiduc François-Ferdinand vient ici le 28 juin 1914. Il y prononce son dernier discours. Quelques instants après la descente des marches immortalisée par les photographes, l'héritier du trône impérial et son épouse meurent assassinés par Gavrilo Princip au niveau du pont Latin. La Vijećnica entre alors dans l'histoire comme le décor des derniers instants de paix d'une Europe qui s'apprête à basculer dans la Première Guerre mondiale. Redevenu hôtel de ville entre-temps, le bâtiment sera l'objectif principal des troupes allemandes lors de la prise de Sarajevo le 16 avril 1941.

Une bibliothèque en flammes. Peu après la libération de la ville, le 4 juin 1945, l'édifice accueille la nouvelle Académie des sciences et des arts de Bosnie-Herzégovine. Mais il acquiert ses lettres de noblesse en 1956 en devenant le siège de la bibliothèque nationale et universitaire. La Vijećnica s'impose alors comme le symbole du rayonnement culturel de Sarajevo à travers la Yougoslavie socialiste. Aussi, dès le début du siège de la ville, le 25 mai 1992, elle est prise pour cible par l'artillerie bosno-serbe qui la crible de vingt-cinq obus incendiaires. Le toit s'effondre dans les flammes emportant avec lui plus d'un million de livres. Les images de la Vijećnica émeuvent de nouveau le monde entier, notamment celle du « violoncelliste de Sarajevo », Vedran Smailović, qui vient ici jouer seul au milieu des gravats le 12 septembre 1992. Après la guerre, un projet international de reconstruction est lancé. Achevé en 2014, il a débouché sur un résultat décevant. Si les artistes et intellectuels voulaient en faire un lieu de mémoire, la Vijećnica est désormais un bâtiment administratif municipal. On peut toutefois y visiter la salle de réception pour les hôtes de marque, un espace d'exposition au sous-sol consacré à l'histoire du bâtiment ainsi qu'une partie de la riche collection du musée Ars Aevi.

AVAZ TWIST TOWER

Tešanjska 24a
✆ +387 33 28 13 50
avaztwisttower.com
Bar, restaurant et plateforme panoramique : tous les jours 8h-23h. Accès en ascenseur : 2 km.

Achevée en 2009, cette tour de verre torsadée est le plus haut édifice du pays. Elle s'élève à 172 m de hauteur (dont une antenne de 30 m) et constitue le siège d'Avaz Media Group, groupe de presse publiant le quotidien *Dnevni Avaz* (« la voix du quotidien »). Ses 38 étages abritent aussi les bureaux de compagnies étrangères comme Gazprom ainsi qu'un restaurant, un bar et une plateforme panoramique (31e, 35e et 36e étages). L'édifice domine le Bosmal City Centar (118 m) construit en 2001 et les tours jumelles « Unis » (97 m), érigées en 1987 et incendiées en 1992.

LES JO DE 1984

Ils furent organisés par la Yougoslavie à Sarajevo et dans les montagnes voisines du 8 au 19 février 1984. Malgré bien des tracas (météo capricieuse, tensions Est-Ouest…), ils sont considérés comme les derniers Jeux « à taille humaine » de l'ère moderne. Pour les Sarajéviens, ils évoquent surtout la période bénie d'avant la guerre. Quatre décennies plus tard, on en trouve toujours la trace, du Musée olympique aux stations de ski, jusqu'à la sympathique mascotte, Vučko, « petit loup » qui s'affiche un peu partout. Dans Sarajevo subsiste le complexe olympique du quartier de Koševo avec le stade où se tinrent les cérémonies ainsi que la patinoire pour le hockey et le patinage. Plus au sud, le centre Skenderija abrita les médias ainsi que certaines épreuves de hockey et de patinage. Juste au-dessus du quartier de Bistrik, les bobsleighs et les luges dévalèrent les pentes du mont Trebević. Quant aux 1 272 athlètes des 49 nations participantes, ils logèrent au « village olympique » qui forme aujourd'hui le quartier de Mojmilo, au sud-est. Les compétitions de ski de piste féminin eurent lieu au mont Jahorina, sur ce qui est devenu le plus grand domaine skiable du pays. Les hommes, eux, descendirent la redoutable piste du mont Bjelašnica, tandis que le mont Igman servit pour le ski de fond, le combiné nordique et le saut. La plupart de ces installations furent endommagées durant le siège de 1992-1996. En témoignent les « squelettes » des tremplins du mont Igman et de la piste de bobsleigh du mont Trebević.

CENTRE SKENDERIJA

Terezija
✆ +387 33 66 53 22
www.skenderija.ba
Centre commercial : tous les jours 8h-18h. Patinoire, arène de basket-ball, casino et parking extérieur (2 km/h).

Construit en 1969, ce complexe de style brutaliste (Centar Skenderija) fut le principal centre commercial, sportif et culturel de la ville. Désormais éclipsé par des *malls* plus modernes, il demeure un important point de repère, face à l'hôtel de ville, à la mosquée Ali-Pacha et au palais présidentiel situés sur l'autre rive. Utilisé pour certaines épreuves des JO d'hiver de 1984 (hockey, patinage), il dispose encore de bonnes installations sportives. Il doit son nom au gouverneur Iskender Paşa, qui fit bâtir ici le premier grand caravansérail de Sarajevo en 1518.

CHAPELLE DES HÉROS DE VIDOVDAN

Bolnička
Accès libre au cimetière. Chapelle ouverte lors de certaines fêtes religieuses. Tenue correcte exigée.

Érigée en 1939, cette chapelle orthodoxe serbe (Kapela Vidovdanskih Heroja/Капела Видовданских Хероја) est l'un des monuments les plus controversés de Sarajevo. Sa crypte abrite les restes des douze membres de l'organisation Jeune Bosnie ayant participé à l'assassinat de l'archiduc François-Ferdinand, le 28 juin 1914, dont ceux de l'auteur des coups de feu, Gavrilo Prinicp, mort en détention en 1918 à l'âge de 23 ans. Vidovdan est la fête nationale serbe qui tombe le 28 juin.

COLLEGIUM ARTISTICUM ★

Terezija bb
✆ + 387 33 20 43 52
web.collegium.ba
Tous les jours sauf dimanche 10h-18h, samedi jusqu'à 14h. Gratuit.

Cette galerie municipale fut fondée en 1975 par des artistes bosniens formés à Paris comme le peintre Ismet Mujezinović. Elle porte le nom d'un bref courant artistique actif à Sarajevo de 1939 à l'invasion de 1941. Autrefois renommée dans toute la Yougoslavie, elle organise toujours le plus prestigieux concours d'art contemporain, d'architecture et de design du pays, dont les prix sont remis le 6 avril. Les salles présentent les travaux des candidats, mais aussi le travail d'autres créateurs bosniens et étrangers. Concerts et événements tout au long de l'année.

COLLINE DE HUM

Put za Hum
Accès libre. Comptez environ 10 km en taxi depuis la vieille ville pour y monter.

Cette colline (Hum Brdo) atteint 816 m d'altitude. Elle est aménagée avec un parc et profite de belles vues sur la ville et les monts Trebević et Jahorina, au sud. Elle est dominée par la tour de Hum, un émetteur de télévision de 78,5 m de hauteur qui est l'un des symboles de Sarajevo. Cette colonne de béton date de 1982 mais demeure endommagée depuis la dernière guerre. Le passage des télévisions locales au numérique l'a rendue presque inutile. Différents projets de réhabilitation, comme la conversion des quatre étages de bureaux en hôtel de luxe, ont échoué.

COMPLEXE OLYMPIQUE DE KOŠEVO

Patriotske lige 35
Accès libre.

Ce complexe sportif (Olimpijski Centar Koševo) fut construit pour les Jeux olympiques d'hiver de Sarajevo de 1984, autour du stade aujourd'hui nommé Asim-Ferhatović-Hase. C'est ici que se déroulèrent les cérémonies d'ouverture et de clôture des Jeux, les compétitions de patinage artistique ainsi qu'une partie des matchs de hockey sur glace. Mais durant le siège de la ville, entre 1992 et 1996, c'est ici que furent déplacés toute une partie des victimes des snipers et de l'artillerie bosno-serbe : les installations frigorifiques de la patinoire servirent de morgue, les bancs en bois furent transformés en cercueils et tous les terrains attenants devinrent une vaste nécropole. La grande halle Zetra abritant une patinoire fut en partie détruite en 1993. Elle est à présent nommée en l'honneur de Juan Antonio Samaranch (1920-2010), président du Comité international olympique qui aida à la reconstruction des installations. Aujourd'hui, le logo des Jeux de 1984 et les anneaux olympiques demeurent visibles à l'entrée du complexe et sur le stade. C'est aussi là que siège l'organisme ZOI 84 chargé des anciennes infrastructures des JO (voir mont Igman). Si plusieurs cimetières cernent le site, le complexe olympique est très fréquenté avec ses terrains de tennis, sa salle d'escalade, ses deux patinoires et son grand stade où se déroulent des matchs de football de l'équipe nationale et du club FK Sarajevo, mais aussi des concerts et de grands événements.

MUSÉE HISTORIQUE DE BOSNIE-HERZÉGOVINE

Zmaja od Bosne 5
✆ +387 33 21 04 16
www.facebook.com/histmuzbih
Tous les jours 9h-19h. 7 km.

Installé dans bâtiment brutaliste austère, ce musée national (Historijski Muzej Bosne i Hercegovine) était à sa création, en 1945, consacré à la Seconde Guerre mondiale. Il a pris son nom actuel en 1993 mais s'intéresse surtout à la guerre de 1992-1995. Faute de budget, des espaces restent vides. Expo sur le quotidien des Sarajéviens durant le siège. À l'extérieur, matériel militaire de 1939-1945, dont l'ossature d'un planeur allemand utilisé pour tenter de capturer Tito en Tropolje.

PARC COMMÉMORATIF DE VRACA

Husinjska 23
Accès libre.

Situé dans une ancienne forteresse austro-hongroise, à la limite entre la ville et la montagne, cet austère espace mémorial de 6 ha (Spuomen-Park Vraca) rend hommage aux 12 000 habitants de Sarajevo morts durant la Seconde Guerre mondiale, dont une partie fut exécutée ici par les occupants allemands et croates ou aux camps d'Auschwitz (Pologne) et de Jasenovac-Donja Gradina (au nord de Banja Luka). Inauguré en 1981, il fut saccagé par les forces bosno-serbes en 1996 et rénové en 2019.

MUSÉE NATIONAL DE BOSNIE-HERZÉGOVINE ★★★

Zmaja od Bosne 3 ✆ +387 33 66 80 27
zemaljskimuzej.ba
Tous les jours sauf lundi 10h-19h, week-end 10h-14h. Entrée : 8 km. Haggadah de Sarajevo : mardi et jeudi 12h-13h, 3 km.

Ce musée (Zemaljski Muzej Bosne i Hercegovine) est le plus grand du pays. S'étendant sur 14 500 m², il abrite la fameuse *Haggadah de Sarajevo*. Imaginé dès 1850 par les Ottomans, il fut finalement créé en 1888, dix ans après la prise de contrôle du pays par l'Empire austro-hongrois. En 1913, le bâtiment fut agrandi et transformé dans le style Renaissance par l'architecte tchèque Karel Pařík (1857-1942), à qui l'on doit notamment la Vijećnica, la synagogue de Sarajevo et l'Académie des beaux-arts. Créé dans le but d'augmenter le niveau d'éducation de la population bosnienne, le musée fut progressivement doté de départements d'histoire naturelle, d'archéologie, d'ethnologie et d'une bibliothèque. Son rôle prépondérant dans la connaissance de la culture du pays fut réaffirmé durant la période socialiste avec le développement de ses collections, l'organisation de colloques et de nombreuses publications. Durant le siège de la ville, son directeur fut tué en évacuant une partie des collections, certaines pièces furent perdues ou endommagées et le bâtiment lui-même fut considérablement endommagé. Mais l'essentiel des collections purent être mises à l'abri. Le musée fut progressivement rouvert après la guerre avec le soutien de nombreuses institutions, comme l'Unesco, le Musée national de Zurich, l'Association des musées suisses, etc. Mais comme les représentants politiques des communautés bosno-croate et bosno-serbes refusent de voter les budgets dédiés à la culture nationale, l'institution souffre de problèmes financiers récurrents. Faute de pouvoir payer son personnel, le musée fut ainsi complètement fermé entre 2012 et 2015. Si la situation semble aujourd'hui s'améliorer, certaines salles demeurent encore fermées ou en attente d'une rénovation.

▸ **Jardins et stećci.** Dans l'espace vert situé devant l'entrée du musée sont exposés dix stećci en accès libre. Ces pierres tombales bosniennes du Moyen Âge proviennent pour certaines des vingt-deux nécropoles du pays classées au patrimoine mondial de l'Unesco depuis 2016. Mais les plus impressionnantes se trouvent dans la cour du musée. Celle-ci est aménagée depuis 1913 en jardin botanique. Le lieu est très agréable avec 1 700 espèces rares, typiques ou endémiques de toutes les régions de Bosnie-Herzégovine, un petit lac, des tortues et 22 stećci. Parmi ces derniers figure le stećak (singulier de « stećci ») le plus ancien des Balkans : celui du comte serbe Grdeša de Trebinje, vainqueur de la bataille de la Tara contre les Byzantins en 1150. Le plus massif et le plus célèbre provient quant à lui de la nécropole de Zgošća, près de Kakanj. Il s'agit d'un coffre à pignons de 14 tonnes richement décoré qui pourrait avoir été sculpté pour servir de sépulture au ban de Bosnie Stjepan II Kotromanić (1322-1353), même si l'on pense que celui-ci fut enterré dans les environs de Visoko. Toujours dans la cour se trouve aussi un cube de pierre moderne inspiré des stećci. Il s'agit du monument rendant hommage au personnel du musée mort pendant la guerre de 1992-1995.

▸ **Section des antiquités.** C'est la première section du pavillon d'archéologie, à l'entrée du musée. Elle regroupe essentiellement des objets gréco-romains du Ier au VIe siècle : stèles et bas-reliefs, chapiteaux et arcades, pièces de monnaie, ou encore mosaïques de riches villas d'Ilidža, de Bileća et de Stolac, notamment celle du Minotaure (IIIe siècle) représenté dans son labyrinthe crétois.

Musée National de Bosnie-Herzégovine.

Tombes médiévales (stećci) dans le jardin botanique.

Remarquez aussi la « main de Sabazios », petite sculpture en bronze du IVe siècle provenant de la région minière de Srebrenica : elle atteste du culte voué en Bosnie orientale à cette divinité du nord-est de la Grèce. Certaines pièces, comme ce très beau rhyton de l'Attique en forme de satyre accroupi (IVe siècle av. J.-C.), ne furent pas découvertes dans le pays, mais offertes au musée par les autorités austro-hongroises à des fins pédagogiques.

Section préhistorique. Située dans l'aile gauche du pavillon d'archéologie, cette section est restée fermée de 1992 à 2020. La galerie est dominée par une pirogue de 12,5 m de longueur suspendue dans l'air. Sculptée dans un tronc de chêne, cette embarcation de l'âge de fer est la plus grande de ce type dans les Balkans. Elle provient de Donja Dolina, le long de la Save, à la frontière nord avec la Croatie. Tout autour, sur deux niveaux, des vitrines présentent une riche collection d'objets du paléolithique aux débuts de l'Antiquité : silex et outils en bois de renne, reconstitutions d'habitations et d'ateliers, casques et armes des tribus illyriennes et pannoniennes, etc. Les pièces majeures sont ici les poteries et figurines de la culture de Butmir (5 100-4 500 avant notre ère). D'abord découvertes dans le quartier de Butmir, à Ilidža, près de l'aéroport, elles proviennent surtout de la région de Visoko. Les poteries sont ornées de motifs proches de ceux de la culture minoenne, tandis que les figurines possèdent des traits nettement plus réalistes que celles issues des autres cultures européennes de la même période.

Section médiévale. Elle se trouve à l'étage, dans l'aile droite du pavillon d'archéologie. À travers trois salles est présentée la vie en Bosnie-Herzégovine du VIe au XVe siècle : bijoux, croix sculptées et objets liturgiques des bogomiles (mouvement « hérétique » chrétien des Balkans), armoiries des bans et rois de Bosnie, pièces de monnaie bosniennes, byzantines et vénitiennes, premiers textes des Xe-XIIe siècles rédigés en bosančica (l'alphabet cyrillique local), épées, armes à feu du XVe siècle, fragments du gisant de la tombe de Stjepan Tomaš (avant-dernier roi de Bosnie, mort en 1461 à Bobovac, deux ans avant l'invasion ottomane)... Avec la nouvelle section préhistorique, c'est la partie du musée qui bénéfice de la présentation la plus soignée avec en particulier de nombreuses explications traduites en anglais.

Haggadah de Sarajevo. Objet le plus précieux du musée, ce manuscrit juif du XIVe siècle provenant d'Espagne est exhibé dans une salle sécurisée et climatisée de la section médiévale financée en 2020 par l'ambassade de France. Hélas, faute de personnel suffisant, celle-ci n'est ouverte que deux heures par semaine (et une heure le premier samedi du mois). On peut toutefois contempler les riches enluminures de ce « récit » (*haggadah* en hébreu) sur un écran présentant toutes les pages scannées à l'entrée. Le livre lui-même est placé sous une épaisse couche de verre au centre de la pièce. Dans les vitrines adjacentes sont exposés d'autres objets de grande valeur, comme les fragments du brocart brodé de fins fils d'argent doré du seigneur Batić Mirković, dont la tombe du XVe siècle a été découverte en 2015 dans la nécropole de Kopošići, près de Visoko.

Pavillon d'ethnologie. Accessible par le jardin botanique (à gauche en sortant du pavillon d'archéologie), c'est la partie la plus vétuste du musée, mais l'étage est plutôt riche avec la reconstitution d'intérieurs de la période ottomane : beaux tapis bosniens, turcs et arabes, meubles marquetés, plafonds en bois finement ouvragés, costumes colorés, bijoux, etc.

Pavillon de sciences naturelles. Situé au fond du jardin botanique (en face du pavillon d'archéologie), cette partie du musée évoque les cabinets de curiosités du XIXe siècle. Bien que rénovée, elle conserve en effet sa présentation joliment désuète héritée de la période austro-hongroise. Une section moderne est toutefois consacrée au monde aquatique. Ici domine l'impressionnant squelette d'un hyperoodon boréal de 9 m de longueur. Cette petite baleine à bec de l'Atlantique Nord fut retrouvée échouée en 1893 sur l'île grecque de Tinos. Pour le reste, la plupart des collections de botanique, de géologie et de zoologie sont regroupées dans deux ravissantes galeries : fossiles, roches, minéraux, grandes séries de papillons, d'insectes et de cornes de cervidés, animaux naturalisés, etc.

Bibliothèque. Le bâtiment situé à droite dans la cour en sortant du pavillon d'archéologie abrite à la fois les services administratifs et la bibliothèque du musée. Cette dernière contient 300 000 livres et publications. Elle est ouverte aux universitaires et aux curieux sur demande préalable (biblioteka@zemaljskimuzej.ba).

PONT DE VRBANJA

Most Suade i Olge

Pont routier accessible aux piétons.

Datant des années 1970, ce pont en béton de 42 m de longueur (Most Vrbanja) est installé dans l'ancien quartier de Vrbanja. Il relie le centre du pouvoir politique national (conseil des ministres, chambre des représentants...), sur la rive droite de la Miljacka, à l'ancien quartier bosno-serbe de Grbavica. Durant la dernière guerre, il fut le théâtre de trois épisodes sanglants. Le 5 avril 1992, c'est ici que furent tuées deux des premières victimes du siège, la Bosniaque Suada Dilberović et la Bosno-Croate Olga Sučić, qui participaient à une manifestation pour la paix. En 1999, l'ouvrage fut rebaptisé « pont de Suada et Olga » (Most Suade i Olge) et porte une plaque en leur souvenir. Le 19 mai 1993, c'est aussi ici que tomba sous les balles des snipers bosno-serbes un couple qui tentait de traverser le pont : la Bosniaque Admira Ismić et le Bosno-Serbe Boško Brkić. Leur mort, filmée par une équipe de télévision, inspira le documentaire et la pièce de théâtre *Roméo et Juliette à Sarajevo*. Enfin, l'armée française livra ici le « combat du pont de Vrbanja » le 27 mai 1995. Après la capture d'un poste des casques bleus par les forces bosno-serbes, le président Jacques Chirac en commanda la reprise, outrepassant le mandat de l'ONU. Une section du 3e régiment d'infanterie de marine commandée par le capitaine François Lecointre (plus tard général et chef d'état-major des armées de 2017 à 2021) lança un assaut sur le pont qui se solda par reprise de la position et par la mort de deux marsouins et de quatre miliciens bosno-serbes.

SNIPER ALLEY

Zmaja od Bosne

L'axe est bien desservi par les tramways.

Sniper Alley (ou Snajperska Aleja) est le surnom donné à la section la plus meurtrière du grand axe est-ouest de Sarajevo durant le siège de 1992-1996. Dépeint par Enki Bilal dans *Le Sommeil du monstre* (1998), le site était redouté des Sarajéviens en raison de la proximité des hautes tours du quartier bosno-serbe de Grbavica (au sud) qui offrait une vue dégagée aux snipers de l'armée serbe de Bosnie. Les Casques bleus français durent mettre au point un système de « navettes » avec leurs blindés peints en blanc avançant au pas pour servir de bouclier aux passants.

VIEUX CIMETIÈRE JUIF DE KOVAČIĆI ★★★

Gabrielle Moreno Locatelli 11

Accès libre.

Utilisé entre 1630 et 1966, ce cimetière juif (Staro Jevrejsko Groblje u Kovačićima) est le plus grand d'Europe après celui de Prague. Il est inscrit depuis 2018 sur la liste indicative du patrimoine mondial de l'Unesco. Son caractère exceptionnel tient à ses 3 850 tombes séfarades aux formes variées qui se rapprochent de trois traditions distinctes : des sépultures traditionnelles espagnoles, des pierres tombales inspirées des stećci bosniens et d'autres des stèles ottomanes. Le site s'étend sur 3 ha à flanc de colline avec de vastes zones mal entretenues et des tombes endommagées par les artilleurs de l'armée serbe de Bosnie postés ici durant le siège de 1992-1996. Il comprend une chapelle construite en 1924, un ossuaire ashkénaze créé à l'occasion de la fermeture d'un autre cimetière en 1962, une gueniza (lieu où sont enterrés les livres endommagés) utilisée à partir de 1916 ainsi que quatre monuments de la Shoah : l'un pour les victimes séfarades, deux pour les victimes ashkénazes et un autre pour les victimes des crimes commis par les oustachis croates.

Hébreu et ladino. Les tombes « à l'espagnole » (dalles horizontales ou en forme de sarcophage) rappellent l'origine des Séfarades de Sarajevo, chassés de la péninsule ibérique en 1492 et installés ici à partir de 1550. Ces pierres sont fréquemment gravées de symboles (arbre abattu, sablier, crâne...). Les tombes « à la bosnienne » reprennent la forme de coffre monolithique de nombreux stećci des nécropoles médiévales du pays. Quant aux tombes « à l'ottomane », plus tardives, elles présentent une partie supérieure parfois arrondie ou striée évoquant le turban qui orne les nişans des cimetières musulmans. Cette variété de sépultures témoigne de la persistance de traditions importées ou, au contraire, d'une assimilation des cultures locales. Par ailleurs, dans les épitaphes, on distingue aussi des inscriptions tantôt en hébreu, tantôt en ladino, la langue séfarade proche de l'espagnol, voir en turc ottoman (caractères arabes) pour un défunt originaire de Constantinople, la capitale ottomane. Mais l'influence de la culture ashkénaze d'Europe centrale se fait sentir : à partir du XIXe siècle, la plupart des épitaphes sont rédigées en hébreu, même si le ladino continue d'être encore parlé. Pour information, depuis 1966, la petite communauté juive de la ville dispose d'un carré au grand cimetière municipal de Bare (rue Jukićeva, 1,5 km au nord-ouest du complexe olympique de Koševo).

SE LOGER

L'offre en matière d'hébergement est large à Sarajevo. Elle est aussi très abondante. Il n'y a donc pas trop de souci à se faire pour trouver où dormir, sauf lors de certains événements, comme le festival du film (mi-août), où il est préférable de réserver bien à l'avance. La plupart des établissements sont désormais aux standards occidentaux (sans surprise, donc), même si l'on trouve encore quelques lieux insolites comme l'Isa Begov Hamam Hotel, où un hammam du XIXe siècle fonctionne toujours. La majorité des hébergements sont aussi halals (sans alcool, donc) afin de satisfaire la forte clientèle des pays du Golfe. Dans cette sélection, nous avons essayé de privilégier les établissements dotés d'un parking et ceux faciles d'accès depuis le centre historique, en tramway ou à pied. Sur les sites de réservation spécialisés, vous trouverez par ailleurs de nombreuses chambres chez l'habitant, Mais là, la qualité est plus variable.

BEBEK GUESTHOUSE €

Kračule 10
✆ +387 61 07 20 62

8 chambres. 45/60 € pour deux sans petit déjeuner. Parking sur réservation (16 km/jour).

Ce petit complexe d'appartements ouvert en 2022 constitue l'une des meilleures offres en termes de rapport qualité/prix dans le centre de la vieille ville. Les chambres sont excellentes : claires, modernes, bien insonorisées, avec Wifi, clim, chauffage, bonnes literie et salle de bains. Si aucun petit déjeuner n'est proposé, chaque chambre dispose d'une bouilloire et du nécessaire pour se faire un thé ou un café. Le personnel est de bon conseil pour les lieux de visite et les restaurants. Animaux de compagnie bienvenue et service de navette pour l'aéroport.

HOSTEL LIKE €

Nevjestina 7 ✆ +387 33 97 75 20
www.facebook.com/hostelike

8 chambres : 29/40 € pour deux. 2 dortoirs de 6 lits : 13/20 € par personne. Petit déjeuner 3 €. Parking de 4 places.

Située sous le bastion Blanc, cette auberge de jeunesse profite de belles vues sur la ville. Mais on la recommande surtout pour son ambiance très détendue, presque en famille. Mahir, le patron, propose quantité de services : taxi, transport jusqu'à Mostar, repas et barbecue à partager entre clients sur la terrasse, location de matériel de ski, bons conseils pour s'amuser en dehors de sentiers battus... Avec lui, presque tout est possible ! Les chambres et dortoirs disposent tous d'une salle de bains privée avec douche, de la TV, du chauffage, du Wifi et d'une vue.

FRANZ FERDINAND HOSTEL €

Jelića 4 ✆ +387 33 23 80 99
franzferdinandhostel.com

5 chambres : 35/50 € pour deux.
7 dortoirs de 4/8 lits : 12/17 € par personne.
Petit déjeuner compris. Pas de parking.

Dormir dans une chambre « François-Ferdinand » ou dans un dortoir nommé en l'honneur de l'assassin de l'archiduc d'Autriche ? Étrange idée… Mais cette auberge de jeunesse installée dans un immeuble austro-hongrois propose de bonnes prestations : mobilier moderne, matelas confortables, wifi, clim, petit déjeuner à préparer soi-même, salles de bains collectives propres et en nombre suffisant. On apprécie les dortoirs bien pensés avec leurs lits presque des alvéoles, qui permettent de s'isoler. Accueil sympa et pro. Notez qu'il faut se déchausser avant d'entrer.

GARNI HOTEL KONAK €€

Mula Mustafe Bašeskije 54
✆ +387 33 47 69 00
konak.ba

7 chambres. 60/90 € pour deux avec petit déjeuner. Parking privé à proximité (20 km/jour).

Super-bien placé dans le centre de la vieille ville, ce charmant petit hôtel familial est d'un très bon rapport qualité/prix. Les chambres, meublées avec goût, possèdent une bonne literie, une salle de bains moderne avec sèche-cheveux, la clim, le chauffage, la télé et le Wifi. Services payants : navette gare ou aéroport, location de voiture, massage, blanchisserie. À savoir toutefois : la rue voisine est bruyante (le tramway y passe), le petit déjeuner est un peu décevant et l'établissement est souvent plein (réserver bien à l'avance en été). Accueil pro.

HOTEL HOLIDAY €€

Zmaja od Bosne 4
✆ +387 33 288 200
hotelholiday.ba
222 chambres. 80/160 € pour deux avec petit déjeuner. Restaurant : environ 30 km/personne. Parking gratuit.

Créé pour les JO d'hiver de 1984, l'ancien hôtel Holiday Inn est installé dans un iconique bâtiment cubique aux couleurs jaune et ocre conçu par l'architecte bosno-slovène Ivan Straus (1928-2018). Principal hébergement des journalistes étrangers durant le siège de 1992-1996, il tomba ensuite en déliquescence. Si l'hôtel ne fait plus partie de la chaîne américaine, depuis sa reprise par un groupe hôtelier local en 2017, ses prestations se sont améliorées : chambres modernes, piscine, restaurant… C'est ici que vous logerez avec la Sarajevo Card.

ISA BEGOV HAMAM HOTEL €€

Bistrik 1
✆ +387 33 57 00 50
isabegovhotel.com
15 chambres. 92/150 € pour deux avec petit déjeuner. Parking privé à proximité (40 km/jour).

Ouvert en 2019, ce petit hôtel est à la fois charmant et atypique. Il est installé dans un hammam austro-hongrois de style mauresque construit en 1890 à l'emplacement du hammam ottoman Isa-Bey Ishaković (XVe siècle). Une partie des bains du XIXe siècle fonctionne toujours (horaires hommes/femmes) avec un espace bien-être et des massages « à la turque ». Belles chambres avec boiseries (lit confortable, salle de bains moderne, Wifi, clim…). Le petit déjeuner, préparé en salle, vaut lui aussi le coup. Personnel pro, navette pour l'aéroport et location de voitures.

HOTEL VILLA ORIENT €€

Oprkanj 8
✆ +387 33 23 27 54
www.facebook.com/hotelvillaorient
10 chambres. 52/65 € pour deux avec petit déjeuner. Petit parking sur réservation (20 km/jour).

Idéalement situé, entre la Vijećnica et la place Sebilj, cet hôtel est installé dans une magnifique villa récente construite à la manière ottomane. Pour la petite histoire, elle se trouve à l'emplacement de l'appartement où Gavrilo Princip passa sa dernière nuit avant d'assassiner l'archiduc en 1914. Les chambres sont lumineuses et confortables (avec Wifi et salle de bains correcte) et l'on peut prendre son petit déjeuner dans la belle cour intérieure. Encore quelques problèmes de plomberie, mais le service s'est vraiment amélioré depuis notre dernier passage.

VILLA UNA €€

Hamida Svrze 10
✆ +387 33 580 290
una.xtadia.com
10 chambres. 40/60 € pour deux avec petit déjeuner. Parking gratuit sur réservation (5 places).

Ouverte en 2012, cette maison d'hôte du joli quartier de Vrbanjuša offre une magnifique vue sur la vieille ville. Construite sur trois niveaux dans le style ottoman, elle abrite des chambres confortables (Wifi, clim, bonne literie, salle de bains), dont quatre disposent d'un balcon. Muniba et Fahrudin Sehić, les propriétaires, ont tenu pendant vingt ans le restaurant Una, à Sarajevo, où ont défilé quantité de célébrités. S'ils sont accueillants, ils parlent mal anglais et sont très stricts avec leurs hôtes : ici, ni cigarette ni alcool ne sont autorisés.

HOTEL VIP €€

Jaroslava Černija 3
✆ +387 33 53 55 33
www.facebook.com/HotelVIPSarajevo
9 chambres. 50/70 € pour deux avec petit déjeuner. Parking public à proximité (40 km/jour).

Ouvert en 2015, ce petit hôtel bien placé tout près de Baščaršija est d'un très bon rapport qualité/prix. On apprécie les chambres bien tenues, plutôt spacieuses et modernes avec leur grande salle de bains, un coin bureau, une bonne literie, la clim, le chauffage, le Wifi et une bouilloire électrique. Le petit déjeuner est honnête mais sans surprise. Personnel sympa et accès possible pour les personnes à mobilité réduite (ascenseur pour les étages). Service de navette payant pour les gares routière et ferroviaire et pour l'aéroport.

HOTEL HECCO DELUXE €€€

Ferhadija 2 ✆ +387 33 55 89 95
www.facebook.com/HotelHeccoDeluxe
15 chambres. 82/150 € pour deux avec petit déjeuner. Restaurant : environ 30 km/personne. Pas de parking.

Impossible à manquer, cet hôtel est installé dans les quatre derniers étages du plus haut immeuble de la vieille ville, une tour de douze étages (62 m de hauteur) datant des années 1970. On apprécie les vues plongeantes, la qualité du service et le restaurant installé au 10e étage. En revanche, la qualité du Wifi est moyenne et l'ascenseur ne mène qu'à la réception, au 9e étage. C'est donc par les escaliers que l'on parvient aux chambres, agréables, modernes, lumineuses et profitant toutes d'une vue grandiose sur Sarajevo. Service de navette pour l'aéroport.

SE RÉGALER

Il faut un peu chercher pour trouver les bons restaurants de Sarajevo. Mais ils existent. Si l'offre peut d'abord paraître décevante (beaucoup d'établissements pour touristes dans le centre, beaucoup de stands de *ćevapi* gras et spongieux partout dans la ville), on déniche de très bonnes adresses. On pourra ainsi manger une authentique cuisine bosnienne dans un improbable club d'échecs ou dans une agréable cour chez Dveri et Avlija, trouver un menu 100 % végan au Bistro Zdravo (ou au fast-food Veganer, sur la rive gauche de la Miljacka, juste en face du Théâtre national), croquer de bonnes pizzas dans une *trattoria* sans chichi et découvrir les vins de l'Herzégovine dans des restaurants plus haut de gamme. Le tout à des tarifs très abordables. On peut en revanche casser sa tirelire au Hedona Wine Club, un lieu insolite qui propose à la fois le menu le plus cher du pays, une vue magnifique et quasiment les seuls vins produits en Bosnie.

4 SOBE GOSPOĐE SAFIJE €€

Čekaluša 61
✆ +387 33 20 27 45
4sgs.net
Tous les jours sauf lundi 12h-23h.
Environ 70 km/personne.

Créé en 2009, ce restaurant est un des meilleurs de la ville. Il doit son nom étrange (« les quatre pièces de m^me Safija ») au fait que la belle maison qu'il abrite fut bâtie en 1910 pour les amours secrètes entre Johan, un officier autrichien, et Safija, la fille d'une riche famille bosniaque. Aujourd'hui, chacune des quatre pièces possède sa propre ambiance : bar à vins, restaurant façon palais autrichien, cocktail bar lounge et jardin fleuri. Au menu, une très bonne cuisine mêlant plats locaux, familiaux et internationaux. Recommandé pour une soirée romantique.

AVLIJA €

Avde Sumbula 2
✆ +387 33 44 44 83
www.avlija.ba
Tous les jours sauf dimanche 8h-23h.
Environ 25 km/personne.

Ce superbe petit restaurant est situé à l'écart du centre-ville et accessible par une rue en pente, mais il vaut le coup pour sa jolie déco, son agréable cour intérieure (*avlija* en bosnien) et sa cuisine plutôt familiale. On y sert de bons plats mijotés, des *klepe* (raviolis locaux), des *uštipci* avec du *kajmak* ou des créations comme les *kolačići u tepsijašu* (boulettes de veau en aumônière à la sauce blanche). L'endroit est minuscule avec seulement cinq véritables tables. La réservation est donc conseillée le soir et le week-end, mais elle est payante (4 km).

ĆEVABDŽINICA ŽELJO €

Kundurdžiluk 19
✆ +387 33 44 70 00
Tous les jours de 8h-22h.
Environ 10 km/personne.

Ce n'est pas notre tasse de thé, mais ce fast-food est connu pour ses *ćevapi* (ou *ćevabčiči*), des petits rouleaux de viande hachée grillée traditionnels des Balkans, réputés les meilleurs de la ville. Ceux-ci sont servis avec du *somun* (pain) et du *kajmak* (entre le beurre et la crème) tout comme le *pljeskavica* (le « hamburger » national) et les *sudukice* (saucisses). Autre adresse dans la même rue pour les livraisons à domicile. À noter que ces deux établissements appartiennent au club de football FK Željezničar Sarajevo, grand rival du FK Sarajevo.

DVERI €

Prote Bakovića 12
✆ +387 33 53 70 20
dveri.co.ba
Tous les jours 9h-23h. Environ 30 km/personne, petit déjeuner environ 10 km (jusqu'à midi). Réservation recommandée.

C'est l'une des adresses préférées des touristes. Profitant de ce succès, Dveri (« les portes ») a fait grimper ses prix, qui restent toutefois raisonnables. Ce que les clients aiment ici, c'est l'impression d'être reçus comme à la maison, dans une mignonne petite cour en plein cœur de Baščaršija. La cuisine est tout à fait honorable avec des petits plats pas chers comme les poivrons au *kajmak*, le *prebranac* (haricots coco en sauce) et les crêpes et omelettes du petit déjeuner. C'est aussi l'un des rares restaurants du quartier à servir à la fois du porc et du vin.

INAT KUĆA €

Veliki Alifakovac 1
✆ +387 33 44 78 67
www.facebook.com/inatkucaspitehouse
Tous les jours sauf lundi 13h-22h
Environ 30 km/personne.

Cette belle « maison de l'obstination » doit son nom à son propriétaire qui parvint à éviter sa destruction et à la faire déplacer, car elle se trouvait à l'origine sur l'autre rive de la Miljacka, où fut édifiée la Vijećnica à partir de 1891. Elle abrite depuis 1997 un restaurant servant des spécialités locales plutôt réussies. Le cadre est ravissant : meubles d'époque, boiseries, vieilles photos, terrasse au bord de la rivière et petites salles réparties sur deux étages. Le service est sympa et la fraîcheur de la Miljacka est particulièrement agréable en été.

KIBE MAHALA €€€

Vrbanjuša 106 ✆ +387 33 44 19 36
kibemahala.ba
Tous les jours sauf dimanche 11h-23h (réservation recommandée). Environ 40 km/personne. Vins : de 40 à 1 200 km.

Un peu loin du centre, mais la vue et l'assiette valent le détour. Au menu : une cuisine traditionnelle exécutée dans les règles de l'art, notamment l'agneau cuit à la broche (*janjetina s ražnja*), les *klepe* (raviolis à la viande servis avec une crème aigre) et la tarte aux pommes (*pita od jabuka*). Décor soigné (salle avec cheminée, grande terrasse ombragée dominant la ville) et service professionnel. Superbe carte des vins des Balkans, de France et d'Italie. L'établissement propose aussi trois grandes chambres haut de gamme (100 €) avec très bon petit déjeuner.

KOD BIBANA €

Hošin Brijeg 95
✆ +387 33 23 20 26
www.facebook.com/kodbibana
Tous les jours 11h-22h. Environ 30 km/personne.

Ce petit restaurant rustique (parfois simplement appelé Biban) est situé dans un grand verger sur les flancs du mont Trebević et domine la vieille ville au bord d'une falaise, offrant de magnifiques vues sur Sarajevo. On y sert des spécialités traditionnelles locales (*uštipci*, veau et mouton cuits sous la cloche, salade šopska, etc.). Mais le service et la qualité des plats ne sont hélas pas toujours à la hauteur. D'autant que les tarifs sont plutôt élevés pour ce type d'établissement populaire. C'est en tout cas parfait pour une pause café.

MALA KUHINJA €

Tina Ujevića 13
✆ +387 61 14 47 41
malakuhinja.ba
Tous les jours sauf dimanche 13h-23h (jeudi et vendredi à partir de 10h). Environ 40 km/personne.

Créée en 2005 et installée ici depuis 2014, cette « petite cuisine » est réputée pour ses plats fusion entre les Balkans, l'Asie et l'Italie. Autres particularités : c'est un peu cher pour Sarajevo et il n'y pas de menu. Les clients sont servis en fonction de leurs envies et de l'inspiration des deux chefs. Le résultat reste plutôt bon et surprenant (sauf les desserts, très décevants) : viandes saisies au gril, légumes passés au wok et parsemés de graines de sésame, parfois du poisson cru. Intéressante petit sélection de vins. Réservation recommandée le soir.

NANINA KUHINJA €

Kundurdžiluk 35
✆ +387 33 53 33 33
naninakuhinja.ba
Tous les jours 9h-23h (ferme plus tôt en hiver). Environ 25 km/personne.

La « cuisine de mamie » est un restaurant touristique mais convenable. On y propose des spécialités bosniaques dans un cadre agréable : salle voûtée adossée au caravansérail de Brusa, grandes tables basses ottomanes en terrasse. Les plats, offrent un bon aperçu de gastronomie locale, où se mêlent influences turques, hongroises et autrichiennes : *klepe* (raviolis), goulash, *ćufta u kajmaku* (boulettes de viande à la crème), oignons, choux et poivrons farcis (*sogan-dolma*, *sarma*, *punjene paprike*), œufs brouillés (čimbur) à la viande ou aux épinards, etc.

ŠAHOVSKI KLUB BOSNA €

Pruščakova 21 ✆ +387 61 20 09 70
sksarajevo.org
Tous les jours 8h-23h. Environ 15 km/personne. Hébergement : 30/55 € pour 2/3 personnes avec petit déjeuner.

Surprenant : le club d'échecs Bosna (Šahovski Klub Bosna) finance ses activités – dont un grand tournoi international annuel en mai – grâce à cet établissement. Les locaux de l'association abritent ainsi un bon restaurant populaire. Dans un cadre rustique mais soigné, au milieu de vieux joueurs d'échecs, on peut ainsi déguster des feuilles de choux farcies (*japrak sarma*), du ragoût de veau (*teleće čorbe*) ou de la soupe au pied de mouton (*paća*). Dans le même immeuble, le club dispose aussi de trois studios avec coin cuisine, salle de bains, Wifi, etc.

TRATTORIA BOCCONE €

Branilaca Sarajeva 51
✆ +387 33 222 403
boccone.ba
Tous les jours 10h-19h. Environ 20 km/personne.

Une des valeurs sûres pour manger italien à Sarajevo. On retrouve ici l'ambiance détendue et les nappes à carreaux rouges et blancs des authentiques *trattorie*. Pizzas cuites au feu de bois légères et croustillantes (avec un peu trop de mozzarella peut-être), pâtes *al dente* comme il faut, salades et plats de légumes croquants, viandes bien tendres. On peut aussi commander du poisson grillé, mais on recommande surtout la soupe au poisson et les calamars. Peu de places assises, service rapide. Une bonne adresse pour manger le midi en visitant la vieille ville.

ŽARA IZ DUVARA €

Petrakijina 1 ✆ +387 62 147 300
www.facebook.com/zara.iz.duvara
Tous les jours sauf dimanche 12h-22h30. Environ 30 km/personne. Paiement en espèces uniquement.

« L'ortie chantante » est un agréable restaurant qui décline l'ortie sous forme de soupe, de beignets, de pesto pour accompagner plats et entrées, mais aussi en dessert dans un cheesecake et un gâteau au chocolat. Rappelons qu'une fois cuite, l'ortie perd son pouvoir urticant. Le reste du menu ne manque toutefois pas de piquant avec ses plats bosniens, grecs ou méditerranéens, à base de viande ou végétariens, voire vegans, parfois sans lactose ou sans gluten. Tout est précisé. Tout le monde appréciera cette cuisine à la fois simple, saine et savoureuse.

APETIT €€

Zmaja od Bosne 13 ✆ +387 61 27 25 37
facebook.com/apetit.gastro.wine.bar
Tous les jours 7h-23h. Environ 40 km/personne (sans le vin). Vins : au verre 6/8 km, bouteille 36/200 km.

Ce restaurant, qui se veut gastronomique, propose une cuisine internationale variée : salades, soupes, pâtes, pizzas, risottos, hamburgers, steak tartare et viandes grillées, plats d'influence asiatique, quelques poissons et solides petits déjeuners. La déco est soignée, le service efficace, mais la qualité des plats est aléatoire (normal, vu la taille du menu). La carte des vins ne contient pas la meilleure sélection des producteurs d'Herzégovine, mais le choix est large avec aussi des bouteilles françaises et italiennes. Petite terrasse dans une ruelle piétonne.

BISTRO ZDRAVO €

Marka Marulića 2
✆ +387 60 34 82 838
bistrozdravo.com
Tous les jours sauf dimanche 10h-18h, samedi jusqu'à 16h. Environ 25 km/personne.

Installé au pied de l'immeuble Unipromet (seize étages), ce restaurant est l'un des rares du pays à proposer un menu entièrement vegan : houmous, hamburger au steak d'avoine, salade de lentilles, patates douces grillées, tartine d'avocat, polenta à la crème de noix de cajou, soupes de légumes, smoothies aux fruits de saison, etc. On y trouve aussi des plats sans gluten ou sans cuisson. Les quantités sont un peu légères, mais les desserts sont délicieux. Déco agréable, coin boutique, bon café et cigarette uniquement sur la petite tressasse.

ELITE CLUB 31 €

Tesanjska 24
✆ +387 33 28 13 50
Tous les jours 8h-23h. Environ 20 km/personne.

Difficile à louper, ce restaurant se situe pratiquement tout en haut de la tour « torsadée » Avaz, le plus haut immeuble des Balkans (plus de détails dans « À voir/À faire »). Dans l'immense salle circulaire, on sert une cuisine bosniaque et italienne plutôt honnête. On ne recommande pas l'endroit pour son ambiance (où sont passés les clients ?), mais, bien sûr, pour la vue. Et pour prendre encore plus de hauteur, il faut aller quatre étages au-dessus au Wine Aperitive Bar 35 Floor, un peu plus fréquenté et où les tarifs ne se sont pas envolés.

HEDONA WINE CLUB €€€

Gorni Kromolj 9
✆ +387 61 13 12 71
hedona.ba
Tous les jours 18h-23h, sur réservation uniquement. Environ 200 km/personne. Dégustation de vin : 90 km/personne.

Niché à 765 m d'altitude, ce petit restaurant (20 places en hiver) profite de vues magnifiques sur Sarajevo. C'est sans doute la meilleure table du pays. La plus chère en tout cas. Le service de huit plats est raffiné : agneau cuit sous vide, bar aux touches japonisantes… Mais le plus étonnant est le vin. Arman, le propriétaire, exploite sur place environ 1,5 ha de vignes et mêle ses chardonnay, pinot noir et riesling à des cépages d'Herzégovine. Pas très orthodoxe, même si cela donne des résultats intéressants, notamment un blanc pétillant plutôt fin et vineux.

REGINA €

Kranjčevićeva 35
✆ +387 33 66 56 24
www.facebook.com/ReginaRestoran
Tous les jours 9h-23h (dimanche à partir de 11h). Environ 25 km/personne.

Le menu de ce restaurant est plutôt improbable. Ici, vous pouvez aussi bien commander des buritos mexicains, des pâtes italiennes, de très bons hamburgers, des ćevapi bosniens, des plateaux de formage et de charcuterie, des plats vegans, de jolies salades, des poissons et fruits de mer de l'Adriatique que des pièces de bœuf parfaitement cuites. Le tout à déguster dans une salle plutôt sympa ou en terrasse avec vue directe sur l'Avaz Twist Tower toute proche. Si les vins sont sans interêt, on sert ici la bière artisanale Gelender brassée dans le quartier voisin.

FAIRE UNE PAUSE

Siroter un café bosnien, boire une bière artisanale locale, déguster des vins de l'Herzégovine, fumer le narguilé, tester toutes sortes de rakijas, commander un cocktail avec ou sans alcool, manger des loukoums, pâtisseries ou gâteaux : voilà le vaste programme qui vous attend pour vraiment découvrir Sarajevo, des ruelles de Baščaršija aux grandes avenues de la ville moderne. Comme la plupart des restaurants font aussi café-bar, vous n'aurez que l'embarras du choix pour faire une pause entre vos visites culturelles et séances de shopping. Restent que les plus agréables endroits pour boire un verre sont sans nul doute Birtija, près de la place Sebilj, et, l'incontournable Zlatna Ribica, à deux pas de la Flamme éternelle. En revanche, il vaut mieux éviter certains pièges à touristes comme le City Pub, facile à identifier avec ses murs extérieurs jaunes dans la très bruyante rue des Bérets-Verts (Zelenih beretki), près du pont Latin.

SARAJEVO

BARHANA

Džulagina Čikma 8

✆ +387 33 44 77 27

barhana.ba

Tous les jours 10h-0h.

Restauration : environ 15 km/personne.

On adore cet endroit. Pour son ambiance chaleureuse le soir, en hiver, au coin du four à pizza, en été pour sa petite terrasse ombragée. Pour sa cuisine aussi, car les pizzas et spécialités locales (choux farcis, poulet en sauce au paprika…) sont bonnes et pas chères. Mais surtout, pour sa liste de 25 *rakija*, le raki local, décliné au miel, à la cerise, à la prune ou aux herbes (appelé dans ce cas *travarica*). Cela a un petit goût d'interdit, Barhana étant un des rares établissements situés dans le périmètre de la mosquée Gazi Hüsrev-Bey à servir de l'alcool.

BIRTIJA

Kovači 5

✆ +387 61 32 54 25

Tous les jours 8h-23h.

Ce joli bar à l'ancienne est une institution discrète située légèrement à l'écart du tumulte de la place Sebilj. On y boit au calme un café, une bière ou une rakija en écoutant du blues ou du jazz. Sur demande, on peut même venir ici avec son sandwich ou sa pizza en journée. Petite terrasse avec trois tables dans la rue pavée et ambiance tamisée le soir. Prix tout doux, large sélection de rakijas et personnel très sympa. Dommage que l'établissement ne propose pas des bières des microbrasseries locales (seulement de la Sarajesko).

CAFFE TITO

Zmaja od Bosne 5

✆ +387 61 20 88 81

Tous les jours 24h/24.

Comptant parmi les très rares lieux de la ville ouverts 24h/24, ce café est dédié au grand dirigeant de la Yougoslavie socialiste. À l'intérieur, un buste de Tito côtoie des affiches et du mobilier d'époque. Sur la terrasse ombragée, tandis que le enfants jouent dans les véhicules militaires du Musée historique voisin, les adultes sirotent des bières et des cafés. La nuit venue, l'endroit s'anime avec des concerts ou des soirées karaoké. Sinon, dans la même veine « yougostalgique », on trouvera aussi le YU Caffe à Ilidža (28, rue Mala-Aleja, tous les jours 8h-0h).

LA CAVA

Kundurdžiluk 1

✆ +387 62 72 60 31

lacavasarajevo.com

Tous les jours 10h-0h, jusqu'à 2h vendredi et samedi. Restauration : environ 20 km/personne.

Bien situé au cœur de la vieille ville, ce bar à vin est agréable avec sa jolie salle, sa petite terrasse dans une rue pavée et son personnel de bon conseil. L'endroit est fréquenté aussi bien par les Sarajéviens que par les touristes, surtout pendant le festival du Film, mi-août. On y trouve une intéressante sélection de vins de l'Herzégovine, dans les très bons rouges et blancs du domaine Vukoje de Trebinje. L'endroit vaut aussi pour ses cocktails. Les tarifs sont un peu plus élevés que dans les autres bars du centre historique, mais la qualité est là.

DAMASK

Trgovke 29
✆ +387 61 33 82 78
damask.ba
Tous les jours 7h-2h. Narguilé 7/12 km.

Parmi tous les établissements à narguilé de la ville, celui-ci est le mieux placé, en plein centre de Baščaršija. Les charbons ardents sont à la bonne température et les serveurs viennent régulièrement s'en occuper s'il le faut, les choix de tabacs aromatisés nombreux avec de bons conseils pour les mélanges et des embouts jetables sont fournis. On apprécie l'ambiance orientale avec les sofas où se prélassent les groupes de garçons et filles. Pour commander, il faut demander un *narguila* (en langue locale) ou un *hookah* (en anglais).

RAHATLOOK

Ferhadija 41
✆ +387 33 92 14 61
rahatlook.com
Tous les jours sauf dimanche 9h-17h.
Café bosnien : 2,30 km.

Ce café-pâtisserie dispose d'une agréable terrasse donnant sur le Musée juif et la galerie Novi Hram. On y sert des cafés et des infusions aux herbes du pays ainsi que de bonnes pâtisseries orientales et occidentales. Pour le prix de deux cafés, on peut apprendre à préparer le café bosnien (*bosanska kafa*). Pour info, le nom de l'établissement vient du mot *rahatluk* qui désigne les loukoums que l'on sert traditionnellement avec le café bosnien. Le mot *rahatluk* est lui-même dérivé du terme turc *rahat hulkum* que l'on peut traduire par « plaisir de la bouche ».

FABRIKA GASTRO PUB

Ferhadija 12
✆ +387 62 044 664
www.facebook.com/gastropubfabrika
Lundi-jeudi 10h-0h, vendredi 10h-1h, samedi 11h-1h, dimanche 12h-0h.
Sandwichs et hamburgers : 6/12 km.

Ce pub au décor propret de brique et bois propose des bières artisanales de Sarajevo (Semizburg, Gelender), de Banja Luka (MCB, Gorstak) ou encore de Grèce. Le tout peut être accompagné de hamburgers (classique, à l'agneau, vegan...), de saucisses ou d'un plateau de fromages. Si on a toujours soif, un peu plus loin vers le Grand Parc, le Gastro Pub Vučko (10, rue Radićeva, à l'angle de la rue Ferhadija) propose un choix encore plus large de bières artisanales, mais celles-ci proviennent essentiellement de Serbie, de Croatie et de Belgique.

VOPI KRAFTDŽINICA

Envera Šehovića 23
✆ +387 61 507 075
www.facebook.com/VopiKraftdzinica
Tous les jours sauf dimanche 16h30-23h.

Ouvert en 2021, ce pub-brasserie très simple est l'antre de Damir Dizdarević. Celui-ci brasse, sert et vend sur place sa propre bière Vopi. Ce nom, c'est le verlan local du terme *pivo*, qui veut dire « bière ». La gamme se décline pour l'heure avec la Mornar, ambrée et légère, la Dipa, une India Pale Ale puissante en arômes et en amertume, et l'Apa, une American Pale Ale plus équilibrée. Damir propose aussi des bières de ses confrères artisans brasseurs de tout le pays. En cas de fringale, on trouve à côté deux boulangeries, un fast-food et un vendeur de bureks.

PALMA

Porodice Ribar 5
✆ +387 33 714 700
palma.ba
Tous les jours 8h-23h, dimanche 10h-18h.
Part de gâteau : 4 km.

Ouvert en 1985, ce salon de thé-pâtisserie est une des adresses favorites des Sarajéviens. Avec sa terrasse donnant sur une fontaine, l'endroit est agréable. Sur place ou à emporter, on y sert des jus de fruits et légumes de toutes sortes, des smoothies, des cafés et chocolats frappés aux fruits ou à l'alcool, des cocktails avec ou sans alcool, des glaces dont certaines en forme de spaghettis ou de champignon, des salades, des assiettes salées pour l'apéro et des gâteaux réputés les meilleurs du pays, dont le Sarajevo au chocolat et le Plama au café irlandais.

ZLATNA RIBICA

Kaptol 5
✆ +387 61 55 87 48
facebook.com/zlatnaribica.goldfish
Tous les jours 14h-1h30.

Le « poisson rouge » est le bar le plus célèbre de la ville, qui figure dans tous les reportages sur Sarajevo. Tout petit et décoré dans un style baroque, c'est un must. Une salle entre rococo et antiquaire, une excellente musique et clientèle variée, plutôt intello. Certains serveurs sont même assortis au décor. Et puis il ne faut pas manquer un petit tour aux toilettes où l'on peut regarder la TV (années 1960, évidemment) tout en se refaisant une beauté avec l'un des multiples cosmétiques à disposition. Baroque, on vous dit.

(SE) FAIRE PLAISIR

Pour un shopping intéressant, on trouve peu d'adresses à Sarajevo. Mais elles sont plutôt de bonne qualité et ont toutes l'avantage d'être situées dans la vieille ville : loukoums de la Butik Badem, produits gourmands et visites gastronomiques à l'épicerie fine Balkantina, vins et bières du pays chez Petrakija Wine & Life, vêtements équitables et modernes au magasin BHcraft, bandes dessinées et jouets en bois bosniens chez Agarthi Comics, livres d'auteurs locaux en anglais à la librairie Buybook, objets artisanaux au bazar de la rue Kazandžiluk. Toujours dans le centre historique, on trouve des produits frais au marché couvert Markale (voir « À voir/à faire »). Enfin, la ville moderne regorge de grands centres commerciaux (avec parkings), notamment le rutilant Sarajevo City Center. Elle abrite aussi l'étonnant et immense marché/braderie de Ciglane où l'on peut trouver de quoi manger et faire les brocantes en même temps.

SARAJEVO CITY CENTER

Vrbanja 1 ✆ +387 62 992 492
scc.ba
Boutiques : tous les jours 10h-22h.
Parking : 2 km/h (1 km/h la nuit).
Hôtel : 150/360 € pour deux avec petit déjeuner.

Le Sarajevo City Center (SCC) est plus grand centre commercial du pays. Il est installé dans un immeuble déstructuré en verre de 78 m de hauteur. Ouvert en 2014, celui-ci abrite 80 magasins (mode, électronique, optique...), un bureau de change, un supermarché, quinze cafés, restaurants et fast-foods, un bowling, un club de billard, une aire de jeux pour enfants (au dix-huitième étage, le plus haut), un parking souterrain sur quatre niveaux, un centre de bien-être (piscine, sauna, massages...) et le Swisshôtel du groupe américain Marriott (218 chambres haut de gamme).

BIONA & BEYOND

Safeta Hadžića 100
✆ +387 33 481 473
biona.ba
Lundi-vendredi 9h-17h (8h-16h en hiver).
Sandwichs et plats à emporter : 4,50/7 km.

Une bonne adresse pour ceux qui suivent des régimes particuliers. Cet atelier-magasin élabore et vend des produits diététiques : biologiques, sans lactose, sans gluten, végétariens, vegans, etc. L'objectif de cette petite entreprise fondée en 2017 est de proposer les produits les plus locaux possible et avec le minimum de déchets. Elle produit elle-même une gamme à base de soja (lait, tofu, burgers végétariens...). En été, sont aussi proposés du himbasha frais (pain érythréen légèrement sucré), des sandwichs, des burritos et des salades à emporter.

BALKANTINA

Pehlivanuša 5
✆ +387 33 558 505
balkantina.ba
Lundi-vendredi 10h-18h.
Séance de dégustation : à partir de 58 km.
Visite guidée gastronomique : à partir de 94 km.

Cette épicerie fine propose une intéressante sélection de produits gourmands, de vins, d'alcools et de bières artisanales de tout le pays. On y trouve des fromages de Livno et de Prijedor, des vins et huiles d'olive d'Herzégovine, de la *bura pečenica* (porc séché) de Ljubuški, des bières des microbrasseries de Sarajevo et de Mostar, des miels de Krajina bosnienne et d'Herzégovine, des condiments, des jus de fruit, des truffes, des infusions, des confitures, de la rakija, etc. Sur réservation : dégustations de vins et visites guidées gastronomiques de Sarajevo.

BUTIK BADEM

Abadžiluk 12
✆ +387 33 53 31 35
gameha.ba
Tous les jours 8h-20h, jusqu'à 23h en été.
Loukoums : environ 14 km/kg.

Fondée en 1957 au cœur de la vielle ville, la « boutique des amandes » est une institution. Cette confiserie propose un vaste choix de loukoums artisanaux : aux pistaches, aux noix, aux amandes, à la noix de coco, à la pomme, ou encore, la spécialité maison, le loukoum aux amandes enrobé de chocolat. Sont aussi vendus du halva, des bonbons, des dragées, du chocolat, des fruits secs, des épices, de l'huile et des infusions. L'enseigne dispose d'autres magasins à Sarajevo (dans la rue Titova et au Sarajevo City Center) ainsi qu'à Banja Luka, à Zenica et à Cazin.

MARCHÉ DE CIGLANE

Pijaca Ciglane

Tous les jours 8h-18h.

Ce grand marché populaire en plein air (Pijaca Ciglane) est installé entre deux cimetières, au pied de l'ensemble Đuro-Đaković, un impressionnant complexe d'immeubles de style brutaliste construit entre 1976 et 1989 qui est desservi par un petit funiculaire. On y trouve des étals de fruits et légumes, des bouchers et poissonniers, des fleuristes, des stands de bureks ou de ćevapi, des magasins de vêtements, mais aussi un marché aux puces animé par quelques antiquaires et par des Sarajéviens venant vendre tout et n'importe quoi (patins à glace, service à café...).

BAZAR DE KAZANDŽILUK

Kazandžiluk

Ateliers et boutiques : en général tous les jours 8h-20h.

Ce bazar est installé dans la jolie rue pavée et piétonne Kazandžiluk (« des dinandiers »), la plus vieille artère de la ville, tracée vers 1528. Il rassemble des artisans dinandiers et des boutiques de souvenirs. Une partie des objets en cuivre, fer-blanc et étain de style oriental vendus ici (plateaux, services à café, etc.) sont produits sur place, mais gare aux arnaques avec des faux provenant de Turquie notamment. Le bazar se poursuit dans les ruelles adjacentes (Male-Daire et Luledžina et Oprkanj) en direction de la Vijećnica.

PETRAKIJA WINE & LIFE

Petrakijina 3

✆ +387 33 86 83 07

www.facebook.com/petrakija

Tous les jours sauf dimanche 10h-20h.
Bouteilles de vins à partir de 10 km.

Un petit caviste bien situé qui permet de découvrir les vins de l'Herzégovine, dont ceux du domaine Matić, de Čapljina, l'un des rares à produire en bio. On trouve aussi ici de la rakija, des bières artisanales, du fromage, du chocolat, des vins croates de Dalmatie et, plus rares, des vins de Bosnie, dont ceux du domaine Povratak, de Žepče (109 km au nord-ouest de Sarajevo). Pour plus de choix en termes de vins, alcools et bières, il faut aller à la boutique Samon, rue Kranjčevićeva, dans la ville nouvelle, en face de la mosquée Ali Pacha (tous les jours 8h-1h).

AGARTHI COMICS

Mula Mustafe Baševskije 63

✆ +387 33 53 44 00 – agarthicomics.ba

Tous les jours sauf dimanche 10h-17h (16h le samedi). BD : à partir de 5 km. Jouets en bois : à partir de 40 km.

L'unique librairie spécialisée BD de Bosnie-Herzégovine est située dans une galerie commerciale un peu délabrée. On peut y découvrir la production locale dans la revue mensuelle *Zbirka* (« collection »), mais aussi des auteurs étrangers traduits en bosno-serbo-croate, dont l'œuvre intégrale du dessinateur français d'origine yougoslave Enki Bilal. Juste à côté se trouve une boutique de jouets en bois réalisés à partir d'essences locales. Les deux magasins appartiennent à l'éditeur Almir Šehalić, figure marquante de la BD bosnienne avec le dessinateur Dragan Rokvić.

BHCRAFTS

Mudželiti veliki

✆ +387 33 23 84 15

bhcrafts.org

Tous les jours 9h-21h, dimanche 10h-16h.
Robe pour femme à partir de 120 km.

De beaux vêtements faits main, en laine, en lin ou en coton, colorés et modernes : voilà qui change des boutiques de textile sans charme pour touristes de Baščaršija. Il s'agit de pièces uniques réalisées par des femmes de zones rurales. Et c'est pour la bonne cause, puisque l'entreprise BHcrafts a été créée en 1995 à Tuzla avec le soutien d'une ONG norvégienne pour assurer du travail aux mères de famille à la fin de la guerre. Grâce à un chouette design et à la vente en ligne, la marque s'est désormais assurée de bons débouchés en Europe.

BUYBOOK

Radićeva 4

✆ +387 33 55 27 45

buybook.ba

Tous les jours sauf dimanche 9h-20h, samedi 10h-18h.

Fondée au sortir de la guerre, cette petite chaîne de librairies (également présente à Mostar) propose de nombreux livres en langue étrangère, notamment des livres d'auteurs bosniens traduits en anglais. Le personnel est sympa et de bon conseil. On peut aussi y trouver des guides et cartes du pays moins chers que dans les boutiques pour touristes, ainsi que quelques romans en français. L'enseigne dispose d'une autre adresse rue Zelenih-beretki qui est davantage spécialisée dans les ouvrages d'art. Les deux établissements disposent chacun d'un agréable café.

BOUGER & BULLER

Sarajevo est une des rares capitales européennes vraiment tournées vers le sport. Depuis qu'elle a accueilli les Jeux olympiques d'hiver en 1984, elle possède de nombreuses infrastructures dédiées aux sports d'hiver : les patinoires de Zetra et de Skenderija tout près de la vieille ville, les pistes de ski de fond du mont Igman, l'impressionnante piste de slalom géant du mont Bjelašnica et la deuxième plus grande station de ski de l'ex-Yougoslavie au mont Jahorina. Sans compter d'innombrables circuits de randonnée dans les collines et montagnes voisines. Bien que leur ville soit aussi l'une des plus polluées d'Europe, les Sarajéviens se passionnent pour le sport. Ils partent en masse dévaler les pistes en hiver ou arpenter les cols en VTT aux beaux jours. Tout au long de l'année, ils suivent avec passion les matchs des équipes locales de football, de basket-ball ou de hockey sur glace ou encore le semi-marathon de Sarajevo en septembre.

FIKRET PENDEK

Kenana Dubravića 17
✆ +387 61 33 88 46
www.splavarenje.ba

Descente de la Drina et/ou de la Tara en radeau de bois : de 85 € la journée à 300 € pour trois jours tout compris.

Expérience unique ! Fikret Pendek organise des descentes de la Tara et de la Drina en radeau de bois de 2 tonnes. Originaire de Foča et basé à Sarajevo, il est président de l'association des Radeliers de la Tara et de la Drina fondée par son père Adem, qui lança le tourisme fluvial dans la région en 1958 et fut tué lors des massacres de 1992. La famille Pendek fut la première à organiser de telles descentes, en 1905, pour le compte d'Autrichiens exploitant les forêts. Les excursions se font sur réservation à partir du Monténégro et jusqu'à Hum, Foča ou Goražde.

GREEN VISIONS

Trg Barcelone 5
✆ +387 61 21 32 78 – greenvisions.ba

Lundi-vendredi 9h-17h. Randonnées dans les montagnes autour de Sarajevo : à partir de 70 km/personne.

Principale agence d'écotourisme de Bosnie-Herzégovine, Green Visions a été fondée en 2000 par le Néerlandais Thierry Joubert, installé dans le pays depuis 1992. Avec son équipe de guides de montagne, celui-ci propose des excursions à pied ou en VTT dans les montagnes de Sarajevo (notamment dans le village isolé de Lukomir) et à travers tout le pays, comme des randonnées dans le parc national de Sutjeska. Les circuits associent sport, nature et rencontres avec les habitants, le tout avec une approche écolo et respectueuse des traditions des communautés.

PISCINE OLYMPIQUE D'OTOKA

Meše Selimovića 83
✆ +387 33 77 38 50 – bazen.ba

Tous les jours 7h-22h30. 7 km pour 3h. Bonnet de bain obligatoire (vendu sur place 10 km). Sauna : 10 km pour 1h.

Ouverte en 2008, cette piscine publique (Olimpijski Bazen Otoka) accueille des cours de natation et des compétitions, mais il est possible d'y nager au calme en journée. Le bassin principal s'étend sur 50 m sur 25 m avec huit couloirs. Il y a également un bassin pour enfants, une salle de fitness, un sauna, un coiffeur et une cafétéria. La piscine fait partie du complexe d'Otoka qui comprend le stade de foot du FK Olimpik, le centre commercial Vistafon et une mosquée à deux minarets.

VIA DINARICA

Vladimira Nazora 2
✆ +387 63 27 29 35 – viadinarica.com

Nombreuses infos sur le site Internet : itinéraires, météo, refuges de montagne, location de VTT, activités sportives…

Depuis 2010, ce réseau de chemins de randonnée traverse les Alpes dinariques de la Slovénie à l'Albanie en passant par la Croatie, la Bosnie-Herzégovine, la Serbie, le Monténégro et la Macédoine du Nord. Rassemblés autour des agences bosniennes Green Visions et Terra Dinarica BH, des professionnels de ces différents pays se chargent de tracer les chemins et d'accueillir les marcheurs. Le site Internet viadinarica.com recense les hébergements et itinéraires possibles et met les randonneurs en relation avec des guides locaux tout au long des 1 300 km du parcours.

Sarajevo a beaucoup perdu de son aura des années 1980, quand elle était la ville la plus festive de Yougoslavie. Mais elle demeure vivante avec de nombreux clubs, discothèques, happenings et salles de concert. Toute la nuit, on danse au rythme du turbo folk (musiques traditionnelles passées à la sauce disco) et sur des sons plus pointus de DJ de Berlin ou de Paris. Certains bars restent, eux aussi, ouverts très tard, comme le Caffe Tito qui fonctionne 24h/24 (voir « Faire une pause »). On peut aussi assister à des ballets ou à des opéras au Théâtre national, écouter de la sevdalinka, du rock ou participer au Jazz Fest Sarajevo (début novembre). La capitale possède aussi le plus grand casino de Bosnie-Herzégovine et l'unique club de strip-tease du pays. Si elle est si bien dotée en cinémas (salles d'art et d'essais et multiplexes), c'est en particulier grâce au festival du Film de Sarajevo, l'événement culturel phare, à la mi-août.

CINEMAS SLOGA CLUB

Mehmeda Spahe 20
✆ +387 61 35 92 55
www.facebook.com/cinemasloga
Jeudi-samedi et lundi 18h-5h.
Entrée 5/10 km selon la programmation.
Possibilité de réserver une table.

Installée dans un ancien cinéma depuis les années 1960, cette salle de concert et discothèque est toujours un des hauts lieux de la vie nocturne sarajévienne. Avec une capacité d'environ 500 personnes sur deux niveaux, elle attire aujourd'hui surtout un public jeune (et très alcoolisé) lors de soirées latino le lundi, étudiantes le jeudi et de concerts plutôt rock le samedi. Sinon, dans le même secteur, à l'angle du Grand Parc, le club bar-restaurant Dorian Gray (Maršala Tita 7) est ouvert du mercredi au samedi de 22h à 6h du matin.

TREZOR

Kranjčevićeva bb
✆ +387 62 64 02 17
www.facebook.com/trezorklub
Vendredi-samedi 23h-6h.
Entrée 10/25 km selon la programmation.

Un peu dure à trouver, cette discothèque est installée depuis 2018 dans un ancien abri antiatomique de la période socialiste. Mais c'est une des plus grosses et meilleures de Sarajevo avec une capacité de 800 personnes et une bonne installation sonore qui reçoit des DJ locaux, mais aussi des Balkans, d'Allemagne ou de France (l'entrée est en général deux fois plus chère quand des grosses pointures étrangères viennent jouer, comme le Parisien François X en 2022). C'est encore assez enfumé, mais le personnel est plus sympa qu'ailleurs.

SILVER & SMOKE CLUB

Zelenih beretki 12
✆ +387 61 48 24 64
Mercredi-samedi 22h-6h.
Entrée 10 km.

Située dans un sous-sol sans charme et exigu, à l'emplacement de l'ancien Club Podroom, fermé en 2015, cette boîte de nuit se veut à la pointe en termes de programmation musicale. Des DJ locaux et étrangers suivent la mode berlinoise en venant ici mixer des sons electro, trance et psy qui font transpirer les danseurs. Avec les jeux de lumière et l'aération qui peine à évacuer la fumée de cigarette, ce nouveau lieu phare de la vie nocturne sarajévienne porte bien son nom. Toutefois, à part les vendredis et samedis soir, il n'y pas foule. Mais on respire mieux.

CENTRE CULTUREL BOSNIEN

Branilaca Sarajeva 24
✆ +387 33 586 777 – bkc.ba
Spectacles : à 19h ou 20h, 5/50 km.
Billetterie : lundi-vendredi 8h-20h.
Galerie : tous les jours sauf dimanche 8h-16h.

Fondé en 1993, ce centre culturel national (Bosanski Kulturni Centar) possède une galerie d'art et une salle de spectacle moderne de 800 places qui accueille de nombreuses manifestations culturelles, aussi bien des spectacles de danses traditionnelles que certains festivals comme celui de jazz, en novembre (voir le programme sur le site Internet). Le bâtiment est celui de l'ancienne Université socialiste des travailleurs, qui conserve une partie des murs de la grande synagogue séfarade (*Il Kal Grande*) érigée en 1930 et détruite durant la Seconde Guerre mondiale.

CINEPLEXX

Zmaja od Bosne 4
✆ +387 33 74 50 55
cineplexx.ba
Séances tous les jours à partir de 11h.
Billets : de 6 km le matin jusqu'à 10 km pour une projection en 3D le week-end.

Ouvert en 2021, ce multiplexe de huit salles propose de nombreux films étrangers en VO. Il fait partie des six cinémas où se déroulent le Festival du film de Sarajevo, mi-août, avec le CineStar (Džemala Bijedića 160, quartier d'Alipašin Most), le Kino Novi Grad (Meše Selimovića 97, quartier d'Otoka), le Kino Igman (à Ilidža) et les cinémas d'art et essai de la vieille ville Free Kino Valter (Dženetića čikma 12, quartier de Ferhadija), où est projetée la sélection du festival toute l'année, et Kino Meeting Point (Hamdije Kreševljakovića 13, quartier de Drvenija).

ĐULAGIN DVOR

Đulagina 10
✆ +387 33 20 43 43
www.facebook.com/djulagindvor
Tous les jours 8h-0h. Restauration : environ 20 km/personne.

Installé dans un élégant immeuble austro-hongrois de 1897, à l'emplacement de l'ancien caravansérail Đulagin, ce restaurant est réputé pour ses concerts de musique traditionnelle bosniaque depuis 1928. Le vendredi et le samedi soir, des groupes viennent jouer et chanter la sevdalinka (ou sevdah), lente, complexe et mélancolique. Hormis pour les soupes, le menu n'a pas grand interêt (ragoûts, burgers, *ćevapi* et salades). Les boissons non plus. Le lieu est bondé et enfumé le week-end (réservation indispensable). Mais l'endroit vaut surtout pour son ambiance.

KINO BOSNA

Alipašina 19
✆ +387 33 66 86 78
kinotekabih.ba
Cinéma : selon la programmation, billets 5 km.
Café-concert : lundi et jeudi 18h-1h.

Ce cinéma est le siège de la Cinémathèque de Bosnie-Herzégovine (Kinoteka Bosne i Hercegovine). Fondée en 1994, cette institution a connu des heures difficiles ces dernières années, notamment un incendie qui a détruit une partie des archives en 2014. Mais elle organise environ cinq projections de films locaux et internationaux chaque mois dans une salle de 150 places. Le lieu est surtout connu pour son bar ouvert deux soirs par semaine avec des concerts le lundi. La jeunesse intellectuelle de la ville s'y presse. C'est peu cher et très enfumé.

MUCHA LUCHA

Patriotske lige 56
✆ +387 61 32 37 83
www.facebook.com/muchalucha.official
Certains samedis ou dimanches en été.
Entrée 10 km. Restaurant Zelena Dolina : tous les jours sauf lundi 9h30-23h.

Depuis 2010, un collectif de DJ, musiciens et graffeurs de Sarajevo organise de manière informelle des fêtes de quartier sur le modèle des *block parties* aux États-Unis. D'inspiration latino, ces happenings appelés « Mucha Lucha » mêlent concerts, expos et barbecue. En général, les fêtes ont lieu entre mai et septembre, en extérieur, au restaurant Zelena Dolina ou à la station de ski de Bjelašnica, parfois dans d'autres lieux et quartiers. Pour connaître le programme, il faut se rendre au restaurant Zelena Dolina ou sur la page Facebook « muchalucha.official ».

THÉÂTRE NATIONAL DE SARAJEVO

Obala Kulina Bana 9 ✆ +387 33 66 59 59
nps.ba
Spectacles : à 19h/20h, 10/30 km.
Billetterie : lundi-vendredi 9h-15h et le jour du spectacle 9h-11h30 et 15h30-19h30.

Cette institution (Narodno Pozorište Sarajevo) est installée dans un bâtiment néoclassique érigé en 1898 selon les plans de Karel Pařík, à qui l'on doit aussi, entre autres, la synagogue de Sarajevo située en face. La salle de 400 places accueille des spectacles de théâtre, de danse, d'opéra et de musique classique (voir le programme sur le site Internet). C'est notamment le siège de l'Orchestre philharmonique de Sarajevo, formation réputée toujours en attente de sa propre salle.

COLOSEUM CLUB

Terezije
✆ +387 33 250 860
coloseum-club.com
Machines à sous : 24h/24. Tables de jeu : 18h-3h.
Restaurant : 10h-2h, environ 20 km/personne.
Concerts : 30/100 km.

Créé en 2002 par le groupe slovène Hit Group, ce casino ouvert 24h/24 est le plus grand du pays. Surtout fréquenté par une clientèle locale et des touristes turcs et arabes, il dispose de 14 tables de jeu (poker, notamment) et d'une quarantaine de machines à sous, mais aussi d'un restaurant, d'un bar et d'une salle de concert où passent des vedettes bosniennes. Pour céder à d'autres vices, Sarajevo possède aussi depuis 2016 l'unique club de strip-tease du pays : le Cristal Club, Soukbunar 4, 400 m au sud-ouest du centre Skenderija (tous les jours 21h-5h).

ISTOČNO SARAJEVO

Istočno Sarajevo/Источно Сарајево (prononcez « istochno sarayévo ») compte environ 60 000 habitants, dont 94 % de Bosno-Serbes. La municipalité appartient à la République serbe de Bosnie et comprend six communes de la partie orientale de l'agglomération de Sarajevo : Istočno Novo Sarajevo, Istočna Ilidža, Pale, Istočni Stari Grad, Sokolac et Trnovo. Le chef-lieu, Istočno Novo Sarajevo/ЛИсточно Ново Сарајево, compte environ 10 000 habitants. Il se trouve près de l'aéroport et 7 km au sud-est du centre de la capitale. Liaisons en bus : ligne 37 avec Ilidža, aucune liaison avec Sarajevo, mais la ligne 31e venant de la Vijećnica dessert le quartier de Dobrinja, à 500 m de la gare routière d'Istočno Sarajevo.

Depuis 1992, Istočno Sarajevo (« Sarajevo-Est ») vit presque coupée du reste de l'agglomération. D'ailleurs, certains chauffeurs de taxi venant de l'aéroport évitent toujours de passer par ici pour rejoindre le centre de la capitale. Car Istočno Sarajevo est un bastion bosno-serbe qui fut arraché à Sarajevo durant le siège de 1992-1996 et servit de position pour bombarder la ville. Istočno Sarajevo fut d'ailleurs appelée Srpsko Sarajevo (« Sarajevo serbe ») jusqu'en 2004. La partie centrale, Istočno Novo Sarajevo, ne présente guère d'intérêt. Elle est surtout constituée d'immeubles des années 1960-1970. On y trouve toutefois la gare routière d'Istočno Sarajevo qui dispose de nombreuses liaisons avec la République serbe de Bosnie et la Serbie (voir « Se repérer/se déplacer » à Sarajevo).

STATUE DE GAVRILO PRINCIP

Zmaj Jovina bb

Accès libre.

Cette statue de l'assassin de François-Ferdinand a été inaugurée le 28 juin 2014 pour Vidovdan, la fête nationale de la Serbie, c'est-à-dire le jour du centenaire de l'attentat de Sarajevo qui causa le déclenchement de la Première Guerre mondiale. Le parc municipal où elle est installée fut aussi à cette occasion rebaptisé en l'honneur de Gavrilo Princip. Le symbole que représente cette statue et le choix de la date de son inauguration ont provoqué de vives critiques.

ILIDŽA

Ilidža/Илиџа (prononcez « ilid-tcha ») compte environ 75 000 habitants, dont 87 % de Bosniaques. La ville fait partie du canton de Sarajevo, au sein de la Fédération de Bosnie-et-Herzégovine. Elle se trouve 10 km au sud-ouest du centre de Sarajevo. Liaisons en tramway : ligne n° 3 avec Baščaršija et ligne n° 6 avec Skenderija.

Coincé entre le mont Igman et l'aéroport, ce faubourg chic de Sarajevo offre un saisissant condensé d'histoire. C'est ici que furent mis au jour les tout premiers vestiges de la culture de Butmir, société néolithique qui a prospéré dans la région entre 5100 et 4500 av. J.-C. Les Romains créèrent un centre thermal et administratif autour de la source de la Bosna.

GRANDE ALLÉE ★

Velika Aleja

Allée piétonne. Trajet en calèche : 16 km (jusqu'à 4 personnes).

© LAKATOS - SHUTTERSTOCK.COM

Cette « grande allée » (Velika Aleja) est la plus majestueuse promenade du pays. Piétonne et bordée d'environ 3 000 platanes et châtaigniers, elle s'étire sur 3,5 km de longueur, reliant la zone thermale d'Ilidža aux sources de la Bosna. Créée par les Austro-Hongrois entre 1888 et 1892, l'allée dessert d'abord quelques élégantes villas et restaurants, puis elle s'enfonce dans une nature plus sauvage sur 2 km. Parfait pour un footing le matin au frais, l'endroit est très fréquenté par les Sarajéviens le week-end à pied, en calèche ou en rosalie (voiture à pédales).

PONT ROMAIN ★

2 km à l'ouest du terminal des tramways par la rue Magistrala (R953), 200 m au sud de la voie rapide M17.

Pont piéton. Accès libre. Emplacements à l'ombre à proximité pour pique-niquer.

Malgré son nom (Rimski Most), ce vieux pont en pierre qui enjambe la Bosna ne fut pas érigé par les Romains mais durant la période ottomane, aux alentours de 1530. Il est toutefois très élégant avec ses sept arches supportant un tablier de 40 m de longueur et 4,5 m de largeur. Fermé à la circulation automobile depuis les années 1950, il doit son nom à un ouvrage nettement plus ancien construit à cet emplacement : certaines pierres de l'ouvrage actuel sont des remplois de l'Antiquité. Plusieurs découvertes datant de la période romaine ont été faites à proximité.

QUARTIER DE BUTMIR

Butmirska cesta

Ce quartier d'Ilidža est un site important de l'agglomération de Sarajevo. C'est ici que se trouvent à la fois l'aéroport international, le quartier général de la Force européenne Althea (Camp Butmir) et l'hippodrome de Sarajevo, tous trois à la limite avec la République serbe de Bosnie. Sous la piste de l'aéroport, on peut visiter le « tunnel de l'Espoir » qui fut creusé lors du siège de Sarajevo. Enfin, Butmir donne son nom à la « culture de Butmir », société humaine qui prospéra dans la région il y a 7 000 ans.

SITE ARCHÉOLOGIQUE D'AQUAE SULPHURAE

Banjska

Accès libre.

Ce site (Arheološko Nalazište Aquae S) abrite les vestiges de la colonie romaine d'Aquae Sulphurae (« eaux sulfureuses ») qui fut fondée au Ier siècle de notre ère et périclita à la fin du IVe siècle. La seule indication du nom de la ville provient d'une inscription en l'honneur de l'empereur Dioclétien (284-305) portant la mention incomplète de « Aquae S ». L'essentiel du site a été fouillé au XIXe siècle, mais il reste peu mis en valeur. Les deux principaux vestiges se trouvent entre l'hôtel Austria & Bosna et la rivière Željeznica. Près de la Željeznica, se trouvent les fondations d'un grand bâtiment thermal rectangulaire de 2 880 m² qui fut utilisé aux IIIe et IVe siècles. Il s'agit d'un ***hospitium*** ou ***hospitalium*** où les invités ou patients pouvaient prendre leurs bains chauds, tièdes et froids, mais aussi discuter et se divertir dans l'atrium central. C'est parmi les nombreuses pièces adjacentes que fut découverte une mosaïque d'Apollon Tadenus, divinité romano-dalmatienne des bains et du tir à l'arc. En face, au sud, sont visibles les fondations d'une villa de forme presque carrée (34 x 37 m) et dotée de bains privés. Elle fut érigée au Ier siècle, mais son atrium fut modifié au IIe ou au IIIe siècle. Dans deux pièces furent là aussi mises au jour des mosaïques. Les mosaïques du site, mais aussi des amphores, des poteries, des bijoux en bronze, des fibules, des lampes à huiles et des pièces de monnaie datant de 42 à 375 sont abritées au Musée national, à Sarajevo.

VRELO BOSNE ★

Velika Aleja

✆ +387 33 62 49 90

zppks.ba

Tous les jours 8h-21h. Entrée payante : 4 km.

Avant de s'étirer sur 271 km vers le nord pour se jeter dans la Save, la rivière qui donne son nom à la Bosnie naît ici, au pied du mont Igman. La « source de la Bosna » (Vrelo Bosne) a été aménagée à partir des années 1890. C'est aujourd'hui un parc de 603 ha classé « monument naturel » très apprécié des Sarajéviens avec d'innombrables petits ponts et espaces verts, des cabanons des années 1920, un terrain de jeux pour enfants et le restaurant traditionnel Labud (« le cygne »). Mais plus on s'enfonce dans ce parc, plus la nature devient sauvage et marécageuse.

OAZA RESORT €

IV viteške brigade 4 ✆ +387 33 63 61 40

hoteliilidza.ba/hoteli/oaza

350 emplacements de camping : 24 € pour deux en camping-car. 60 appartements : 90/100 € pour deux avec petit déjeuner.

Cette « oasis » de 4,4 ha abrite un vaste camping et un complexe hôtelier comprenant des appartements et des villas plutôt haut de gamme. L'ensemble a été rénové et agrandi en 2021. Les prestations sont donc de nouveau convenables, notamment pour la partie camping avec des arbres, des sanitaires, une laverie, une supérette, un terrain de football, une aire de jeux pour enfants, le Wifi gratuit et le traitement des eaux sales. On trouve aussi sur place des terrains de tennis et un restaurant servant une cuisine locale et internationale ainsi que de bonnes pizzas.

TUNNEL DE L'ESPOIR ★

Tuneli 1
✆ +387 33 77 86 72
tunelspasa.ba
Tous les jours 9h-16h30 (15h30 en novembre-mars). 10 km.

De nombreux habitants de Sarajevo doivent la vie à ce « tunnel de l'Espoir » (Tunel Spasa). Creusé dès les premières semaines du siège de 1992-1996, cet étroit boyau fut le seul lien avec le reste du pays pendant plus de trois ans. Il passe sous la piste de l'aéroport, entre les quartiers de Dobrinja (Sarajevo) et de Butmir (Ilidža) sur 800 m de longueur et moins de 1,5 m de hauteur (moins de 1 m du côté de Dobrinja). Le tunnel est aujourd'hui assez mal conservé. Pour des raisons de sécurité, il n'est possible de visiter qu'une petite portion de 20 m de longueur. Mais cela suffit pour se rendre compte des difficiles conditions dans lesquelles il a été construit : à la pelle et à la pioche avec comme seule source de lumière des lampes à huile. Si le pont aérien mis en place par l'ONU a permis d'acheminer une grande partie des vivres et médicaments nécessaires à la population assiégée, le tunnel, lui, a surtout été utilisé pour évacuer des civils et faire entrer des produits de contrebande (cigarettes, alcool, etc.), mais également des armes et munitions, en théorie interdites par les Nations unies. Équipé de rails et de wagonnets à partir de 1994, le tunnel permettra également de faire passer des câbles électrique et téléphonique, ainsi qu'un pipeline pour le carburant. Les entrées étaient situées dans le garage d'un immeuble du côté de Dobrinja et dans la maison de la famille Kolar à Butmir. C'est dans cette dernière, criblée d'impacts de balles, qu'est installé le petit musée retraçant l'histoire du tunnel.

SPA HOTEL TERME €€

Hrasnicka cesta 14
✆ +387 33 772 000
hoteliilidza.ba/spa-hotel-terme
219 chambres. 70-100 € pour deux avec petit déjeuner. Restaurant et parking.

Parmi la myriade d'hôtels d'Ilidža, celui-ci est l'un des meilleurs en termes de rapport qualité/prix : piscine intérieure chauffée, centre thermal, chambres modernes et agréables, navette gratuite pour l'aéroport et nombreux services. On regrette toutefois la froideur de l'architecture moderne de l'édifice, le restaurant un peu fade et les odeurs de soufre qui émanent du centre thermal. Le même groupe hôtelier possède à Ilidža des établissements plus luxueux, notamment les hôtels Hercegovina et Austria & Bosna installés dans d'élégants bâtiments austro-hongrois.

RESTAURAN BRAJLOVIĆ €€

Samira Ćatovića Kobre 6
✆ +387 33 62 62 26
restoranbrajlovic.com
Tous les jours 7h-23h. Environ 35 km/personne.

Situé dans un superbe cadre champêtre, au bord de la Željeznica, ce restaurant ouvert en 1945 est une institution connue de tous les Sarajéviens. L'endroit est surtout réputé pour ses viandes : le fondateur était un boucher d'Ustikolina, près de Foča, et son petit-fils, Sejo Brajlović (qui est francophone) possède toujours une boucherie à l'entrée du restaurant. Si le service est parfois long et approximatif le week-end, les portions demeurent très généreuses, les viandes plutôt bonnes et le lieu agréable. Café en journée et quelques salades pour les végétariens.

TERMALNA RIVIJERA ILIDŽA

Butmirska cesta 18
✆ +387 33 771 000
terme-ilidza.ba
Tous les jours 9h-22h. Entrée 13 km (week-end 16 km), 8/10 km entre 19h30 et 22h. Piscine jusqu'à 2h le samedi (15 km).

Le complexe aquatique des « thermes de la Riviera d'Ilidža » s'inscrit dans la vieille tradition locale des bains romains et turcs. On trouve ici une piscine intérieure et un centre de bien-être équipé d'un sauna, d'un bain bouillonnant, de bains turcs et de salles de massage. Le complexe de 5 600 m² est surtout fréquenté en été, puisqu'il comprend aussi des piscines extérieures avec des toboggans et des bassins pour les enfants, un restaurant sous serre tropicale, un hôtel, des cours d'aquagym et de pilates, du ping-pong, du trampoline, des mini-voitures...

MONT TREBEVIĆ ★★

Le mont Trebević/Требевић (prononcez « trébévitch ») surplombe la vieille ville de Sarajevo au sud-est. Il est partagé entre les municipalités de Sarajevo (Fédération de Bosnie-et-Herzégovine) et d'Istočno Sarajevo (République serbe de Bosnie). Accès depuis le quartier de Bistrik par la route (5 km) ou par le téléphérique de Sarajevo.

« Le Trebevič revient dans la ville ! » C'est par ce slogan qu'en 2018, les autorités de Sarajevo ont salué la réouverture du téléphérique reliant le quartier de Bistrik à cette montagne verdoyante culminant à 1 627 m d'altitude. Car durant la dernière guerre, la plupart des infrastructures du mont Trebević ont été détruites : le téléphérique lui-même, qui datait de 1959, mais aussi certaines des infrastructures des JO d'hiver de 1984, dont subsiste l'impressionnante et longue carcasse de béton de la piste de bobsleigh. D'avril 1992 à février 1996, la montagne fut en effet une intense zone de combat entre les défenseurs et l'armée bosno-serbe qui pilonnait la ville. Les habitants de Sarajevo ont depuis repris possession de « leur » montagne et se pressent désormais le soir ou le week-end pour profiter d'une vue magnifique depuis la station d'arrivée du téléphérique. La plupart des mines antipersonnel ont été retirées et les épaisses forêts de hêtres, sapins et épicéas sont désormais propices à des descentes à pied ou en VTT avec des haltes pique-nique. Plusieurs endroits sont également aménagés avec des chalets de location, de petits hôtels et des restaurants.

ANCIENNE PISTE OLYMPIQUE DE BOBSLEIGH ★

Apelova Cesta

Accès libre. Sentiers de randonnée à proximité avec certaines zones minées qui sont signalées.

Délabrée et couverte de graffitis, cette installation sportive en béton armé (Olimpijska Staza za Bob i Sankanje) est le plus impressionnant vestige des Jeux olympiques d'hiver de février 1984. Si elle fait peine à voir, elle est pourtant devenue un lieu de balade prisé au milieu de la nature. Achevée en septembre 1982 et utilisée une seule fois en compétition internationale, la structure se compose de trois parcours qui partagent un tronçon commun : l'un de 1 300 m de longueur pour le bobsleigh masculin à deux et à quatre, un autre de 1 210 m pour la luge en individuel et un dernier de 993 m pour la luge féminine en individuel et la luge masculine en double. Les épreuves de 1984 furent dominées par l'Allemagne de l'Est, même si c'est la Suisse qui remporta la victoire en bobsleigh à quatre. Durant le siège de Sarajevo, la piste et ses environs furent utilisés par l'armée bosno-serbe pour tirer sur la ville. À part quelques trous percés dans certains virages pour les snipers, la piste fut relativement épargnée. Mais d'irrémédiables dégâts furent causés aux systèmes de réfrigération permettant d'entretenir la couche de glace nécessaires aux luges et bobsleighs. De plus, toutes les installations annexes furent vandalisées et laissées sans entretien. Impossible à remettre en état pour des compétitions, le site connaît pourtant une seconde vie depuis quelques années : le lieu est très apprécié des amateurs de sensations fortes qui dévalent la piste en VTT, en skate ou en roller.

SOMMET DU MONT TREBEVIĆ ★

R446

Accès libre. Route souvent enneigée en hiver.

Atteignant 1 627 m d'altitude, le sommet du mont Trebević (Vrh Trebevića/Врх Требевића) offre des vues splendides sur la région. Situé sur la municipalité d'Istočno Sarajevo, il est desservi par une route sinueuse, mais aussi par un sentier d'environ 6 km de longueur. Plusieurs antennes relais ponctuent le paysage. La plus imposante, une tour de 60 m de hauteur de 1975, se dresse juste en contrebas du sommet, à 1 566 m d'altitude. Durant le siège de 1992-1996, celle-ci fut capturée par les forces bosno-serbes qui privèrent Sarajevo de liaisons téléphoniques.

© PATRIK DIETRICH - SHUTTERSTOCK.COM

RÉGION DE SARAJEVO

TÉLÉPHÉRIQUE DE SARAJEVO (STATION D'ARRIVÉE)

Trebević Vidikovac ✆ +387 33 54 87 04
zicara.ba
Trajet depuis Bistrik : tous les jours 9h-21h, durée 8 minutes. Aller-retour 20 km, aller simple 15 km, VTT 4 km.

La station d'arrivée du téléphérique (Sarajevska Žičara) est située à 1 160 m d'altitude, 600 m à vol d'oiseau au sud du sommet du mont Trebević. Les alentours sont aménagés avec des plateformes panoramiques offrant les plus belles vues sur Sarajevo. Un sentier mène à travers les pins à l'hôtel-restaurant Pino Nature et au départ de l'ancienne piste de bobsleigh. La station d'arrivée est nommée en hommage à Ramo Biber, un garde du téléphérique tué en 1992, aux premiers jours du siège.

PINO NATURE HOTEL €€€

Ravne 1
✆ +387 33 257 800
pino-hotel.com
21 chambres et suites. 120/250 € pour deux avec petit déjeuner. Restaurant : environ 35 km/personne. Parking.

Créé en 2016, cet établissement haut de gamme (et un peu cher) se distingue par son architecture : un élégant chalet en bois aux toitures très pointues. Les chambres au design soigné mêlent quant à elles le bois et le béton brut tout en restant chaleureuses. On apprécie aussi le centre de bien-être avec deux saunas, la piscine intérieure chauffée, le petit déjeuner copieux et le restaurant avec sa belle cheminée. Personnel très pro, location de VTT, activités pour enfants, navette aéroport, accès handicapés, etc. Mais notez qu'aucun alcool n'est servi ici.

ZONE DE LOISIRS DE BRUS-TREBEVIĆ

R446
Accès libre. Restaurants : tous les jours 8h-22h.

Cette zone de loisirs (Centar za Odmor i Rekreaciju Brus-Trebević/Центар за Одмор и Рекреацију Требевић-Брус) est située à 1 250 m d'altitude, près du hameau de Dovlići/Довлићи, dans la municipalité d'Istočno Sarajevo. On y trouve des aires de pique-nique, des jeux pour enfants, un centre de paintball, deux restaurants, des VTT en location et quelques chambres dans des chalets. Environ 5 km de sentiers sont aménagés pour le VTT et un autre sentier relie le sommet du mont Trebević.

PALE

▶ Pale/Пале (prononcez « palé ») compte environ 13 500 habitants, dont 98 % de Bosno-Serbes. La ville fait partie de la municipalité d'Istočno Sarajevo, en République serbe de Bosnie. Elle se trouve 17 km au sud-est de Sarajevo, 18 km au nord de la station de ski de Jahorina et 22 km à l'est du téléphérique du mont Trebević.

▶ Ancienne capitale de la République serbe de Bosnie (1992-2009), cette petite bourgade proprette située à 820 m d'altitude reste à l'écart des circuits touristiques. Fortement touchée par le chômage, la population espère avec impatience la création annoncée d'un téléphérique reliant Pale aux pistes de Jahorina.

ÉGLISE SAINT-JOSEPH DE PALE

Srpskih ratnika
✆ +387 57 22 58 99
Ouverte lors des messes (dimanche matin, grandes fêtes catholiques et Saint-Joseph, le 1er mai). Tenue correcte exigée.

Si Pale possède plusieurs églises orthodoxes serbes, le plus élégant lieu de culte est ici cette église catholique (Crkva Svetog Josipa/Црква Светог Јосифа). Construite en bois dans le style tyrolien, elle reprend toutefois le clocher bulbe des églises serbes locales. Elle fut érigée en 1911 pour l'élite austro-hongroise. Elle devint par la suite la paroisse de la communauté catholique du plateau de Romanija, des bûcherons et bergers aroumains aujourd'hui assimilés aux Bosno-Croates.

GROTTE D'ORLOVAČA ★

Sinjevo bb ✆ +387 65 94 35 80
www.facebook.com/SEDORLOVACA
De mi-avril à mi-octobre : visite tous les jours sauf lundi à 9h, 12h et 15h ; reste de l'année sur réservation. 4 km.

Cette grotte (Pećina Orlovača/Пећина Орловача) est la deuxième plus grande de la région après celle de Bijambare. Découverte en 1975 et classée « monument naturel », elle s'étire sur 2 500 de longueur, dont 400 m sont ouverts aux visites. Elle contient de superbes stalactites, stalagmites, « piliers » et hélictites (concrétions ramifiées, spiralées ou courbées) ainsi que deux espèces de chauves-souris (petit rhinolophe et petit murin). Un musée présente les découvertes faites sur place : hache et fragments de poterie de 2 500 à 3 500 ans, ossements d'ours, etc.

MAISON CEKOVIĆ

Romanijska
✆ +387 57 23 09 19
Musée : tous les jours, en général 12h-18h, gratuit. Bar à vin : tous les jours 8h-22h.

Voici la plus belle maison de Pale. Cette grosse bâtisse de style traditionnel local (Cekovića Kuća/Цековића Кућа) se distingue par son balcon en bois qui court sur toute la façade de 20 m de longueur. Elle fut construite entre 1902 et 1915 pour le compte de Petar Ceković, un commerçant qui fit fortune avec l'Orient. Occupée par la même famille jusqu'en 1984, elle fut cédée à la ville, rénovée et transformée en musée en 2007. On y trouve une galerie d'art, une exposition sur la famille Ceković (costumes, tableaux, mobilier…) ainsi qu'un agréable bar à vin.

SEOSKO DOMAĆINSTVO PAVLOVIĆ €

Sumbulovac
✆ +387 65 39 21 72
2 chambres. Environ 30 € pour deux (50 € pour 4-5 personnes) avec petit déjeuner.

La « maisonnée rurale » de la famille Pavlović est une des rares offres en matière d'écotourisme dans la région de Pale-Jahorina. Les propriétaires préfèrent louer leurs deux chambres ensemble (pour 4-5 personnes), mais il est possible d'y séjourner à deux. L'endroit est charmant et la déco soignée. On est ici en pleine nature, tout près de la grotte d'Orlovača avec plein de possibilités de randonnée sur le plateau de Romanija. Très bon petit déjeuner et cheminée pour les barbecues.

MUSÉE DE LA GUERRE DE DÉFENSE PATRIOTIQUE

Jovana Cvijića
Exposition temporaire près du parc olympique : lundi-vendredi 8h-18h, gratuit.

Ce musée (Muzej Odbrambeno-Otadžbinskog Rata/Музеј Одбрамбено-Отаџбинског Рата) devait ouvrir en 2021, mais il restait encore inachevé fin 2022. Financé par les autorités bosno-serbes, il doit être consacré à la guerre de Bosnie-Herzégovine (1992-1995) vue sous le prisme du nationaliste serbe. En attendant, une petite exposition présente des uniformes, des armes et des plaques d'immatriculation de la République serbe de Bosnie durant le conflit (renseignements à l'office de tourisme).

ASTORIA CAFFE PIZZERIA €

Univerzitetska
✆ +387 57 22 21 02
Tous les jours 7h-23h. Environ 20 km/personne.

Cette pizzeria fait non seulement de bonnes pizzas, mais elle propose aussi un large choix de plats locaux. La terrasse jouxte la petite université de Pale et donne sur la façade du principal lieu de culte orthodoxe serbe de la ville, l'église du Concile-de-l'Archange-Gabriel, érigée en 2008 dans un style néobyzantin hasardeux. Chaudement recommandé par les habitants, ce restaurant ne mérite sans doute pas autant de louanges : un peu trop de sauce, de frites et de la musique forte à notre goût. Mais en se cantonnant aux pizzas, on en oublie presque les décibels.

PARC OLYMPIQUE DE PALE

Olimpijski Park
Accès libre.

La place principale de la ville (Olimpijski Park/Олимпијски Парк) a été aménagée en 2010 sous la forme d'un petit parc public carré. C'est un bon point de repère parmi les rues rectilignes héritées de la période socialiste. Au centre se dresse la sculpture en acier inoxydable du *Flocon de neige olympique* (Olimpijska Pahuljica). Elle porte les noms des athlètes originaires de la région de Pale ayant représenté la Bosnie-Herzégovine ou la Serbie aux JO depuis 1996. La place est bordée par l'hôpital (au nord-est) et par le centre commercial TOM (à l'est).

VIA FERRATA SOKOLOV PUT

Via ferata Sokolov put
Accès libre. Venir avec son propre matériel de sécurité ou avec une agence spécialisée (environ 90 km/personne).

Créée en 2020, la via ferrata du « sentier du faucon » permet de découvrir la région du plateau de Romanija, entre Pale et Sokolac. Accessible aux alpinistes de tous niveaux, cet itinéraire de 350 m de longueur est aménagé avec des éléments métalliques de la marque française Petzl. Il comprend quatre sections verticales et, surtout, deux ponts suspendus uniques dans le pays. Le sentier menant à la via ferrata commence au refuge Crvene Stijene, sous le mont Gradić (1 396 m d'altitude). Des agences comme Adventure BiH (adventurebih.com) proposent l'excursion.

MONT JAHORINA ★★

Le mont Jahorina/Јахорина (prononcez « yarhorina ») se dresse au sud de Pale et jouxte le mont Trebević. Il est situé entre les communes de Pale et de Trnovo, au sein de la municipalité d'Istočno Sarajevo (République serbe de Bosnie), et de l'autre commune de Trnovo qui fait partie du canton de Sarajevo (Fédération de Bosnie-et-Herzégovine). On y trouve quelques villages et, surtout, la station de ski de Jahorina. Celle-ci se trouve 18 km au sud de Pale et 30 km au sud-est de la vieille ville de Sarajevo (*via* Pale). Liaisons en bus : voir description.

Avec ses fortes pentes, ses 3 m d'épaisseur de neige en hiver et son altitude atteignant 1 916 m au mont Ogorjelica, le massif du Jahorina fut choisi pour accueillir le ski alpin féminin aux JO de 1984. Les compétitions furent marquées par un doublé suisse or-argent en descente et par les deuxième et troisième places de la Française Perrine Pelen au slalom et au slalom géant. C'est sur les traces de ces championnes que l'on descend aujourd'hui les pistes du plus grand domaine skiable de Bosnie-Herzégovine (et le deuxième d'ex-Yougoslavie après celui de Kopaonik, en Serbie). Avec une saison qui s'étale sur cent trente jours, la station attire désormais en moyenne 175 000 skieurs chaque année. On peut aussi profiter d'une partie des installations en été pour partir randonner en forêt où domine notamment l'érable des Balkans (*Acer hyrcanum*) jusqu'à 1 700 m d'altitude. Appelé *jarovina* en langues locales, c'est à lui que la montagne doit son nom.

Histoire

Un siècle et demi de ski sur le mont Jahorina. La tradition du ski sur le mont Jahorina remonte à 1878, quand des officiers austro-hongrois font glisser leurs spatules pour la première fois sur les pentes du massif. En 1934, une association sportive de Sarajevo aménage des pistes dans des forêts coupées. Elle construit aussi un chalet d'altitude qui permet aux courageux grimpeurs de se reposer avant de profiter des joies de la glisse. Des hôtels voient le jour après 1945. En 1952, un premier tire-fesses est installé jusqu'au mont Gola Jahorina, à 1 885 m d'altitude. La station s'organise et se dote d'un second tire-fesses en 1965, puis d'un troisième en 1971. En janvier 1975, elle bénéficie d'un coup de la météo : faute de neige, deux compétitions internationales sont annulées à Mariborsko Pohorje, en Slovénie, et sont déplacées dans l'urgence à Jahorina. Le bon déroulement des épreuves jouera un rôle décisif dans l'obtention des JO par Sarajevo en 1984. La station est alors équipée d'une télécabine et de deux télésièges. Mais après l'heure de gloire des épreuves olympiques de ski féminin, Jahorina périclite : si les infrastructures sont épargnées par la guerre, elles souffrent d'une longue période de manque d'entretien. Ce n'est qu'à partir de 2008 que la modernisation commence : chaque saison, Jahorina profite de nouvelles installations (canons à neige, télécabine, éclairage...) et d'ouverture de pistes supplémentaires. Grâce à des mesures sanitaires très laxistes, la station affiche une affluence record depuis la pandémie du coronavirus.

© BOREVINA/SHUTTERSTOCK.COM

Le mont Jahorina possède la plus grande station de ski du pays.

LIAISONS EN BUS POUR JAHORINA

Olimpijska

Novembre-mars.

Tarifs aller-retour : 7 km depuis Ilidža, Sarajevo ou Istočno Sarajevo, 4/6 km depuis Pale.

En hiver, il existe trois services de bus pour Jahorina. Un bus opère samedi et dimanche au départ d'Ilidža et passe dans le centre de Sarajevo (arrêts : Musée national, Skenderija et Vijećnica), puis par Pale (départ 8h30, retour 16h). Il existe aussi une liaison quotidienne au départ de la gare routière d'Istočno Sarajevo avec un arrêt devant le Musée national, à Sarajevo (départ 8h30, retour 16h). Enfin, une navette relie Pale à Jahorina tous les jours (horaires : se renseigner).

PRISONNIERS FRANÇAIS

Le 30 août 1995, l'Otan déclenche l'opération « Deliberate Force » contre l'armée bosno-serbe pour faire cesser le siège de Sarajevo. Un Mirage 2000 K2 de l'escadron de chasse 2/3 Champagne basé à Nancy effectue alors une mission contre le quartier général du sinistre général Mladić, à Pale. En fin d'après-midi, après avoir largué ses trois bombes, l'appareil français est touché par un missile sol-air et s'abat sur le mont Jahorina. Le capitaine Frédéric Chiffot et son navigateur, le lieutenant José Souvignet, parviennent à s'éjecter. Mais tous deux ont une jambe cassée et sont capturés par un fermier du village de Sjetlina/Сјетлина, 27 km au nord-est de la station de ski. Les deux aviateurs vont alors passer 104 jours prisonniers des forces bosno-serbes dans des conditions difficiles. Mais leurs blessures seront bien soignées : car Mladić compte les utiliser comme monnaie d'échange en vue des négociations avec les Occidentaux. Les forces spéciales françaises et américaines effectuent plusieurs raids autour du mont Jahorina pour tenter de les récupérer. En vain. Après des négociations secrètes, les deux officiers français seront finalement libérés le 12 décembre 1995, soit deux jours avant la signature des accords de Dayton mettant fin à la guerre de Bosnie-Herzégovine. Ils ont tous deux pris leur retraite de l'armée de l'air en 2015 avec le grade de colonel. Quant au sergent Aleksandar Studen qui les a abattus ce 30 août 1995, il est toujours considéré comme un héros par la République serbe de Bosnie.

TERMAG HOTEL JAHORINA €€€

Poljice bb
✆ +387 57 27 04 22 – termaghotel.com

93 chambres et suites. 120/700 € pour deux avec petit déjeuner. Restaurant et parking gratuit.

Ce récent hôtel de luxe propose des tarifs relativement raisonnables pour ce qui est des chambres les plus simples. Celles-ci sont agréables avec vue sur la montagne, intérieur boisé, belle salle de bains, coin canapé, bureau, rangements, sèche-cheveux, clim, Wifi et chauffage. Bien sûr, on peut opter pour la suite « présidentielle » (4 chambres, 3 salles de bains, 2 bains bouillonnants, 1 cheminée). Les prestations sont presque parfaites : piscine intérieure chauffée, centre de bien-être, location de matériel de ski et de VTT, navette aéroport, bon restaurant…

JAHORINSKI IZLOG €€€

Miloša Crnjanskog 51
✆ +387 66 04 19 73
jahorinski-izlog.com

14 appartements. 38/125 € pour deux personnes sans petit déjeuner. Café et parking gratuit.

La résidence « Vitrine de Jahorina » possède des appartements bien conçus pour 2-8 personnes avec cuisine, salle à manger, cheminée, chambres confortables, salon et lit convertible, bonne salle de bains, bouilloire, sèche-cheveux, Wifi, ventilateur et chauffage. L'établissement dispose aussi d'un agréable café et d'un loueur (un peu cher) de matériel de ski. Services : randonnées à pied ou en VTT, visites guidées, navette aéroport, etc. Attention, il faut réserver trois nuits au minimum en haute saison hivernale. Les cartes de paiement ne sont pas toujours acceptées.

ACTIVITÉS ESTIVALES À JAHORINA

R446a ✆ +387 57 27 22 00
oc-jahorina.com

Télécabine : 12 km/trajet. Forfait VTT : 45 km/jour. Luge sur rails ou accrobranche : 10 km. Enfants : tarifs réduits.

La station de ski de Jahorina reste très active en été. Des télécabines et télésièges fonctionnent et permettent d'accéder au sommet du massif, le mont Ogorjelica, à 1 916 m. Au programme : randonnée, parcours de VTT, mais aussi descente sur 2,2 km en luge sur rails de jour comme de nuit, parcours d'accrobranche, tyrolienne, baignade, bateau et kayak dans le petit lac de Jahorina (en bas de la station), parc d'activités pour enfants, tours de poney, cours d'équitation, karting, etc.

STATION OLYMPIQUE DE JAHORINA

R446a ✆ +387 57 27 22 00
oc-jahorina.com

De fin novembre à mi-avril selon l'enneigement. Forfait pour six jours : 240 km. Secours en montagne : +387 66 636 636.

La plus grande station de ski du pays (Olimpijski Centar Jahorina/Олимпиц Центар Јахорина) possède 47 km de pistes (dont 10 km pour le ski de fond) entre 1 300 m et 1 916 m d'altitude, ainsi que seize remontées mécaniques, dont deux télécabines et deux télésièges à six places. La piste olympique de descente de 1984 s'étire sur 2 000 m avec 550 m de dénivelé. On trouve ici de nombreux hôtels, une école de ski, des loueurs de matériel, un service de secours, trois restaurants d'altitude…

MONT IGMAN ★

Le mont Igman/Игман (prononcez « igmane ») occupe la partie sud-ouest de l'agglomération de Sarajevo et fait partie de la municipalité d'Ilidža. Les principaux centres d'activité sont les stations de ski de Malo Polje et de Veliko Polje. Cette dernière se trouve 24 km au sud d'Ilidža et 28 km au sud-ouest de la vieille ville de Sarajevo (*via* Krupac/Крупац). Liaison en bus : Veliko Polje est reliée à Sarajevo une fois par jour durant la saison de ski : aller au départ de la Vijećnica à 8h30, retour au départ de la station de Bjelašnica à 16h.

Le petit massif de l'Igman ne culmine qu'à 1 502 m d'altitude au Crni Vrh (« Sommet noir »), mais il forme un écosystème rare : avec les monts voisins Bjelašnica et Treskavica, il possède une biodiversité plus riche que la France métropolitaine. Les chercheurs découvrent ici régulièrement de nouvelles espèces végétales survivantes de l'ère glaciaire. Il faut dire que c'est sur le plateau du mont Igman qu'a été enregistrée, le 24 janvier 1963, la plus basse température des Balkans : - 42,5 °C ! Ce climat a valu aux stations de Malo Polje et de Veliko Polje (« petit » et « grand champ ») d'accueillir les épreuves de ski de fond, de combiné nordique et de saut à ski lors des JO de 1984. Hélas, la montagne reste marquée par les conflits du XXe siècle avec la terrible « marche d'Igman » des partisans fuyant les troupes nazies par - 40 °C en janvier 1942, puis les combats autour de la « piste du mont Igman » en 1992-1993 pour ravitailler Sarajevo assiégée.

Plateau du mont Igman : l'endroit le plus froid des Balkans.

MOSQUÉE DE GUERRE

Le long de la « piste du mont Igman », 4,5 km au nord de Veliko Polje. Sentier bien balisé, environ 1h30 de marche. ✆ +387 33 77 86 72
ratnadzamijaigman.ba
Parfois ouverte en été. Tenue correcte exigée, se déchausser, se couvrir la tête pour les femmes.

Située à 1 353 m d'altitude, cette jolie mosquée en bois (Ratna Džamija) fut construite par des soldats musulmans de l'armée bosnienne pendant la dernière guerre. Isolés sur le mont Igman et sans lieu de culte, ceux-ci érigèrent le bâtiment au milieu des sapins, en plein hiver, entre novembre 1993 et février 1994. De dimensions modestes (10 x 12 m), elle a été restaurée en 2000 et sert de lieu de « pèlerinage », de pique-nique et de réunion pour les anciens combattants et leurs familles. C'est l'une des principales attractions pour les randonneurs du mont Igman.

PISTE DU MONT IGMAN

Accès 500 m au nord de la station de ski de Veliko Polje, par la route R442a.
Environ 10 km de longueur.
À pied ou en 4 × 4, mais la dernière portion vers Hrasnica est asphaltée. Présence de zones minées dans les environs.

Cette piste (Igmanska Cesta) relie la station de ski de Veliko Polje au quartier de Hrasnica (Ilidža) en passant par la « mosquée de guerre », puis près du Crni Vrh, le sommet le mont Igman (1 502 m d'altitude). Elle constituait la seule voie d'approvisionnement terrestre de Sarajevo durant le siège de 1992-1996. Elle fut terriblement meurtrière du fait des snipers bosno-serbes et des accidents de véhicules. De part et d'autre, des monuments rendent hommage aux soldats bosniens, aux casques bleus français et aux diplomates morts en l'empruntant.

TREMPLINS DU MONT IGMAN ★

À la station de ski de Malo Polje.
Accès libre.

Ces deux anciens tremplins de 70 et 90 m de longueur (Skijaške Skakaonice na Igmanu) furent construits en 1980 pour les JO de 1984. Ils furent utilisés pour les compétitions de saut à ski ainsi que pour l'épreuve de saut du combiné nordique. Leur structure en béton a été endommagée durant les rudes combats qui opposèrent ici l'armée bosnienne aux forces bosno-serbes entre 1992 et 1993. En contrebas, le petit podium triangulaire utilisé pour les remises de médailles olympiques est criblé d'impacts de balles : il a servi de lieu d'exécution durant la guerre.

ZOI 84

Bureaux administratifs à Sarajevo, au complexe olympique de Koševo.
✆ +387 33 21 20 35
zoi84.ba
Quelques infos pratiques sur le site Internet.

L'organisme public « Jeux olympiques d'hiver 1984 » (Zimskih Olimpijskih Igara 1984) gère la plupart des infrastructures héritées des JO d'hiver de Sarajevo. À ce titre, il est responsable du domaine skiable Bjelašnica-Igman formé par les stations de Malo Polje, de Veliko Polje et de Bjelašnica. C'est lui qui a en charge la vente des forfaits, les canons à neige, le fonctionnement des remontées mécaniques et l'organisation des secours du domaine. Toutefois, la grande station olympique de Jahorina, en République serbe de Bosnie, échappe à l'autorité de ZOI 84.

STATION DE SKI DE MALO POLJE

R442a
✆ +387 33 21 20 35
zoi84.ba
De mi-décembre à fin mars. Forfait : 25 km/jour. Pistes de VTT en été (location possible sur place).

Cette station (Ski Centar Malo Polje) accueillit les épreuves de saut à ski lors des JO de 1984 (voir « Tremplins du mont Igman ») et fait partie du domaine de Bjelašnica-Igman. Elle comprend 3 km de pistes entre 1 147 et 1 490 m d'altitude avec cinq remontées mécaniques, dont deux télésièges. Plutôt réservée aux débutants, la station possède toutefois une piste rouge de 1 600 m de longueur avec un petit couloir latéral classé noir. Restaurant au bas des pistes avec location de skis.

STATION DE SKI DE VELIKO POLJE

R442a
✆ +387 33 21 20 35
zoi84.ba
De mi-décembre à fin mars. Piste de biathlon : 3 km/jour. Tire-fesses « baby » : 8 km/jour.

Située à 1 150 m d'altitude, cette station (Ski Centar Veliko Polje) fait partie des sites olympiques de Sarajevo rattachés au domaine skiable d'Igman-Bjelašnica. En 1984, elle accueillit les épreuves de ski de fond, de biathlon et de combiné nordique. Quinze des trente-neuf pistes olympiques sont entretenues, soit 30 km de parcours en ski de fond. On y trouve aussi trois petites pistes de ski de piste pour enfants et débutants. Deux hôtels sur place pour les locations de matériel.

MONT BJELAŠNICA ★★

▶ Le mont Bjelašnica/Бјелашница (prononcez « bielachnitsa ») occupe le sud du mont Igman, à cheval entre les cantons de Sarajevo et de l'Herzégovine-Neretva. Il abrite la station olympique de Bjelašnica. Celle-ci se trouve 5 km au sud de la station de Veliko Polje, 25 km au sud d'Ilidža et 28 km au sud-ouest de la vieille ville de Sarajevo (*via* Krupac/Крупац). Liaison en bus : la station de Bjelašnica est reliée à Sarajevo une fois par jour durant la saison de ski : aller au départ de la Vijećnica à 8h30, retour au départ de la station à 16h.

▶ Le massif du Bjelašnica doit son nom de « mont blanc » au glacier qui couvre sa partie nord, face au mont Igman. Marquant la « frontière » entre la Bosnie et l'Herzégovine, il est dominé par quatre sommets : Bjelašnica (2 067 m d'altitude), Krvavac (2 061 m), Mali Vlahinja (2 055 m) et Hranisava (1 964 m). Dans la partie orientale se trouve la station de ski de Babin Do, renommée « station olympique de Bjelašnica » depuis les JO de Sarajevo. Elle possède la piste la plus raide du pays, celle où eurent lieu les épreuves masculines de descente en 1984. Du fait de la présence de sites militaires à proximité, les infrastructures sportives et hôtelières furent endommagées par les forces bosno-serbes durant la dernière guerre. Mais la plupart ont été remises en état et un plan de modernisation est en cours depuis 2012. En été, le massif est propice aux randonnées, notamment pour découvrir le village isolé de Lukomir et le canyon de la Rakitnica.

OBSERVATOIRE MÉTÉOROLOGIQUE DE BJELAŠNICA ★

Opservatorija
fhmzbih.gov.ba
Ne se visite pas. Plateformes panoramiques autour.

Cet observatoire (Meteorološka Opservatorija na Bjelašnici) domine le massif, à 2 067 m d'altitude. Par temps clair, il offre des vues à 360 degrés jusqu'au Monténégro et à l'Adriatique. Érigé en 1894 par les Austro-Hongrois, il fut en partie détruit par l'armée bosno-serbe avec les installations militaires voisines en 1993. Reconstruit en 1999, il est utilisé par l'Institut hydrométéorologique fédéral. À côté, un monument porte les noms de sept alpinistes tués par une tempête, ici, en 1962.

HOTEL HAN €€

Babin do bb
+387 33 58 41 50
hotelhan.ba
17 chambres. 75/120 € pour deux avec petit déjeuner. Restaurant et parking.

Ouvert en 2009, c'est l'établissement le plus proche des pistes et celui qui offre la meilleure qualité de service. Plutôt design, il dispose d'un joli restaurant (cheminée, vue et terrasse), d'une aire de jeux pour enfants, d'une supérette et même d'une mini-mosquée. Douze des chambres ont une vue sur le mont Bjelašnica et toutes possèdent une très bonne literie, une salle de bains moderne avec sèche-cheveux. Wifi et accès handicapés. Services : location de voiture, de skis et de quad et de VTT, cours de ski, excursions avec guide, panier repas, navette aéroport.

APRÈS FUNKY PUB

Babin do
+387 62 399 529
www.facebook.com/apresbjelasnica
Tous les jours 9h-23h en hiver et en été (hors saison : fermé lundi et mardi). Environ 25 km/personne.

Pour les skieurs qui apprécient surtout la pause d'après-ski, ce pub-restaurant propose une cuisine festive et roborative : hamburgers, frites, salades, plateaux de fritures et de grillades, sandwichs et paninis. Pratique : on peut en faire un panier-repas à emporter en haut des pistes. Au pic de la saison, le terme *funky* prend tout son sens avec des DJ venant mixer sur la terrasse au pied des pistes. Côté boissons, on sert ici quelques bières artisanales du pays, dont celles de la Shaman Brewery, la plus petite microbrasserie de Sarajevo.

PLANINARSKO DRUŠTVO BJELAŠNICA

Zelenih Beretki 15
+387 33 53 53 71
Accueil à Sarajevo : tous les jours sauf samedi 12h-16h.

Créé en 1948, le « club de montagne Bjelašnica » est la plus grande association de guides de montagne du pays. Elle gère six refuges pour passer la nuit sur les monts Igman et Bjelašnica, propose des randonnées avec guides et dispose de cartes détaillées des deux massifs. Le « club croate de montagne Bjelašnica 1923 » (www.hpd-bjelasnica1923.ba) possède aussi des guides expérimentés. Ce sont ces deux associations qui tracent et entretiennent les sentiers dans le secteur.

STATION OLYMPIQUE DE BJELAŠNICA

Babin Do +387 63 77 36 66
bjelasnica.ba
De mi-décembre à début avril. Forfait : 35 km/jour, 180 km pour 6 jours. Une piste éclairée le soir. Activités en été.

Aussi appelée Babin Do, cette station de ski (Olimpijski Centar Bjelašnica) a été créée en 1980 pour les épreuves masculines de descente, de slalom et de slalom géant des JO de 1984. Elle compte trois télésièges, six tire-fesses et 14,3 km de pistes (9,4 km de rouges et de noires) entre 1 267 et 2 067 m d'altitude, jusqu'à l'observatoire situé au sommet. Secours, école de ski, location de skis, hôtels et restaurants. En été : escalade, randonnée, parapente, VTT, paintball et tennis.

UMOLJANI ★★

- Umoljani/Умољани (prononcez « umolyani ») compte environ 40 habitants, tous bosniaques. Le hameau appartient à la municipalité de Trnovo, dans le canton de Sarajevo. Il est situé 20 km au sud-ouest de la station de Bjelašnica et 39 km au sud-ouest de l'aéroport de Sarajevo.
- Complètement isolé, ce hameau offre l'un des plus beaux panoramas de la région. Situé à 1 353 m d'altitude, au point de rencontre des monts Bjelašnica (au nord), Visočica (au sud) et Treskavica (à l'est), il est dominé au nord par une épaisse forêt de sapins et surplombe le canyon de la Rakitnica (3 km au sud-ouest). Peuplé de bergers semi-nomades qui partent pendant des mois avec les troupeaux dans les *katun* (pâturages d'été), il a été détruit en 1993 par les forces bosno-serbes. Celles-ci prirent toutefois soin d'épargner la mosquée (XVIIe siècle) : la légende veut que le fils d'un officier serbe fut « miraculeusement » guéri par l'imam d'Umoljani peu avant la dernière guerre. Dans les environs se trouvent de nombreux stećci, ces stèles de pierre médiévales, avec notamment une nécropole classée au patrimoine mondial de l'Unesco. Umoljani est le point de départ de nombreux petits sentiers, en particulier vers la forêt, au nord, mais aussi vers Gradina, le village d'été des bergers, sur un haut plateau où serpente la petite rivière Studeni Potok. Umoljani compte quatre petits restaurants et deux pensions où dormir. L'idéal est de commander à manger avant de partir en balade pour que le repas soit prêt au retour.

CANYON DE LA RAKITNICA ★★

Rakitnica

Journée canyoning avec l'agence Visit Konjic : 60-80 €/personne (voir description à Konjic).

© WESTON/SHUTTERSTOCK.COM

Exploré pour la première fois en 1956, ce canyon (Kanjon Rakitnice) est magnifique mais dangereux d'accès. C'est un des plus profonds et des plus sauvages d'Europe. La rivière Rakitnica prend sa source vers le village de Rakitnica et relie la Neretva à Konjic sur 26 km en passant dans des gorges atteignant 800 m de hauteur par endroits. On peut explorer la partie nord à pied au départ du village de Rakitnica, descendre la partie sud en canyoning avec l'agence Visit Konjic (à Konjic, en Herzégovine) et en admirer les vues depuis les hauteurs, au hameau de Lukomir.

NÉCROPOLE MÉDIÉVALE DE DOLOVI ★

Umoljani

Accès libre.

Ce site (Nekropola Stećaka Dolovi) fait partie des 22 nécropoles médiévales du pays classées au patrimoine mondial de l'Unesco. Placé au-dessus de la route d'Umoljani, il comprend 47 *stećci* de la fin du Moyen Âge et 11 *nişans* du début de la période ottomane. On trouve des décors gravés sur quatorze *stećci*, dont deux scènes de danse, une croix latine, une épée, un bouclier, des grappes de raisins et des zébrures. Le site abrite aussi les traces d'un bâtiment, sans doute une église.

LUKOMIR ★★

Lukomir/Лукомир (prononcez « loukomir ») compte environ 50 habitants, tous bosniaques. Le hameau appartient à la municipalité de Konjic, au sein du canton de l'Herzégovine-Neretva. Il est situé 22 km au sud-ouest d'Umoljani (*via* Kramari), 27 km au sud-ouest de la station de Bjelašnica (*via* Kramari) et 28 km à l'est de Konjic.

Accessible uniquement en 4 × 4 et perché à 1 495 m d'altitude sur le plateau de Podvelezje, Lukomir est la localité la plus haute et la plus isolée du pays. Les paysages sont ici somptueux : placé au pied du mont Lovnica (1 896 m), le hameau surplombe le canyon de la Rakitnica au bord d'une falaise de 800 m de hauteur. Battu par le vent et coupé du monde en hiver, il fut épargné par la dernière guerre, mais ne dispose de l'eau courante et de l'électricité que depuis 2003. Tandis que les hommes veillent sur leurs troupeaux de moutons, les femmes vendent des chaussettes et vêtements traditionnels faits main. Avec son décor de carte postale et ses belles maisons rectangulaires en pierre (parfois surmontées de tôle ondulée…), Lukomir figure au catalogue de presque toutes les agences de tourisme de Sarajevo. Mais cela tourne souvent à la « visite de la réserve d'Indiens », au pas de course et sans tenir compte des traditions d'accueil chères à ces montagnards. Seule exception : l'agence Green Visions (voir « Bouger/buller » à Sarajevo). Elle mène sur place un projet de développement durable depuis vingt-cinq ans et propose un séjour de quatre jours chez l'habitant.

© SIDRAN A/SHUTTERSTOCK.COM

Lukomir, village le plus haut et le plus isolé de Bosnie-Herzégovine.

MONT TRESKAVICA

Le mont Treskavica/Трескавица (prononcez « treskavitsa ») jouxte le mont Bjelašnica au sud-ouest. Il est divisé entre la Fédération en Bosnie-et-Herzégovine (cantons de Sarajevo et de Konjic) et la République serbe de Bosnie (municipalités d'Istočno Sarajevo et de Kalinovik). Le village d'accès le plus pratique est Turovi/Турови (environ 140 habitants, tous bosniaques), en République serbe de Bosnie. Turovi se trouve 3,5 km au sud-ouest de Trnovo et 29 km au sud-est de l'aéroport de Sarajevo. Aucune liaison directe en bus.

Voici la montagne la plus haute de la région de Sarajevo : le massif de Treskavica atteint 2 088 m d'altitude au mont Mala Ćaba (ou Đokin Toranj), c'est-à-dire 300 m de moins seulement que le point culminant du pays, le mont Maglić. On y trouve aussi trois autres hauts sommets : le Pašina Planina (2 070 m d'altitude), le Mali Treskač (1 950 m) et le mont Ilijaš (1 879 m). Riche en eaux, le mont Treskavica abrite des petits lacs et de nombreuses sources, dont celles de la Bistrica (un affluent de la Drina), de la Željeznica (qui rejoint la Bosna) ainsi que celles de la Ljuta et de la Rakitnica (bassin de la Neretva). Peu fréquenté et sans station de ski, le massif est toutefois prisé pour ses sentiers de randonnée, dont les abords ont presque tous été déminés depuis 2010. Au cours de la dernière guerre, il fut le théâtre d'âpres combats, avec la petite ville voisine de Trnovo qui permettait de contrôler l'accès à Goražde (Bosnie orientale).

TRNOVO

Trnovo/Трново (prononcez « turnovo ») est divisé en deux : le bourg principal appartient à la République serbe de Bosnie (municipalité d'Istočno Sarajevo) et compte environ 2 000 habitants, en majorité bosno-serbes ; la partie centrale appartient à la Fédération de Bosnie-et-Herzégovine et compte environ 1 800 habitants, en majorité bosniaques. Le bourg principal se trouve 23 km au sud-est d'Istočno Sarajevo, 28 km au sud-ouest d'Ilidža et 49 km au nord-ouest de Foča. Liaisons en bus : ligne n° 47 depuis Ilidža et bus de/vers Foča.

Situé au pied du mont Treskavica, Trnovo profite de beaux paysages, mais n'est guère une destination touristique. C'est un lieu de passage important par la route M18 reliant Sarajevo au parc national de Sutjeska (région de Foča). C'est aussi par là qu'il faut passer pour rejoindre Turovi avant d'entreprendre l'ascension vers le grand lac de Treskavica. Trnovo possède surtout la particularité d'être traversé par un corridor d'environ 6 km de largeur : depuis 1995, celui-ci relie la ville de Goražde, en Bosnie orientale, au reste de Fédération de Bosnie-et-Herzégovine. Dans le bourg principal, on remarque l'église orthodoxe serbe du Grand-Martyr-Saint-Georges (Crkva Svetog Velikomučenika Georgija) datant de 1886 et une mosquée (Džamija Trnovo) détruite en 1992 et reconstruite en 2004. En remontant la rivière Željeznica vers Turovi, on parvient à la jolie cascade Kazani. En face, une ferme bio propose des produits (œufs, fromages...) ainsi qu'un hébergement.

GRAND LAC DE TRESKAVICA ★

Veliko Jezero

Refuges de montagne sur réservation : Sustavac au +387 65 44 31 24 et EPD Treskavička Jezera au +387 61 71 53 34.

Profitant d'un cadre magnifique, ce lac de montagne (Veliko Jezero/Велико Језеро) est le plus grand du massif de Treskavica : environ 300 m de longueur, 150 m de largeur et 5 m de profondeur. Il est situé à 1 550 m d'altitude, sous le mont Ilijaš (1 879 m). On y accède à pied au départ du village de Turovi (1 020 m d'altitude) par une longue piste de 19 km. À mi-chemin, on peut dormir au refuge de montagne de Sustavac (20 lits, 4 chalets et espace de camping), à 1 142 m d'altitude. Au bord du lac, autre hébergement : le refuge EPD Treskavička Jezera (16 lits).

NAHOREVO

Nahorevo/Нахорево (prononcez « narhorévo ») compte environ 500 habitants (à 97 % bosniaques) et appartient à la municipalité de Sarajevo. Le village est situé 6 km au nord de Koševo (quartier du complexe olympique). Liaisons en bus : ligne n° 69 au départ de Koševo.

À 15 minutes du centre de la capitale, vous voici déjà dans un village de semi-montagne (850 m d'altitude) entouré de collines verdoyantes. Les Sarajéviens viennent « en haut » (*nahorevo*) pour manger des truites élevées dans les sources. C'est surtout une halte sur le chemin menant au mont Ozren et à la chute d'eau de Skakavac.

LOVAČKI DOM KOD MAJMUNA €€

Nahorevska 10

+387 33 67 08 19

Tous les jours 8h-22h. Environ 30 km/personne. Petit parking 40 m avant l'entrée.

Ce restaurant est un havre de fraîcheur et de nature. Les Sarajéviens viennent ici profiter du jardin et de terrasses ombragées ou de l'agréable salle au décor rustique en hiver. On y sert une bonne cuisine : viandes, légumes du jardin, agneau rôti à la broche le week-end et poissons que l'on peut pêcher soi-même dans un petit étang. L'endroit plaira aussi aux enfants : il doit son nom (« pavillon de chasse du singe ») à la présence d'un macaque, véritable mascotte de l'établissement, qui fait partie d'une petite ménagerie que l'on peut visiter (âne, poules…).

MONT OZREN ★

Le mont Ozren/Озрен (prononcez « ozrène ») ou Sarajevski Ozren/Сарајевски Озрен domine Sarajevo au nord-est et fait partie de la municipalité de Sarajevo. Il se trouve environ 6 km au nord-est Nahorevo (la dernière portion est interdite aux voitures). Aucune liaison en bus.

Ce massif abrite la célèbre chute d'eau de Skakavac et constitue un lieu de promenade apprécié des Sarajéviens. Il se compose d'une petite chaîne qui s'étend des collines de Nahorevo jusqu'au mont Bukovik (1 534 m d'altitude) et d'un plateau dominé par le mont Crepoljsko (1 530 m). Couvert de forêts de pins et de forêts mixtes, il est sillonné de nombreux sentiers de randonnée.

CHUTE DE SKAKAVAC ★★

6 km au nord-est Nahorevo (la dernière portion est interdite aux voitures). Bien indiqué. GPS : 43.949175, 18.448944.

+387 33 20 11 12 - zppks.ba

Accès libre. Ni café ni restaurant dans l'aire protégée.

Cette chute d'eau (Vodopad Skakavac) est la plus haute du pays et l'une des plus impressionnantes des Balkans. La petite rivière Skakavac effectue ici un saut de 98 m de hauteur le long d'une falaise de calcaire, marquant la fin abrupte d'un beau plateau dominé par le mont Bukovik (1 534 m d'altitude) où elle prend sa source. Un belvédère (*vidikovac*) au sommet de la falaise (1 090 m d'altitude) offre un très beau panorama. En contrebas, une passerelle en bois s'approche au plus près de la chute d'eau. L'endroit est apprécié des Sarajéviens qui viennent y pique-niquer en été.

Aire protégée. Depuis 2002, la chute d'eau et un périmètre de 1 430 ha sont classés « monument naturel » (Spomenik Prirode Skakavac). Outre le sapin blanc, le hêtre des Balkans et l'épicéa qui dominent, on trouve ici 1 500 espèces végétales, dont 200 sont rares et/ou endémiques des Alpes dinariques. Parmi elles, des fleurs telles la pimpinelle jaune î*Pancicia serbica*), l'euphraise dinarique (*Euphrasia dinarica*), le lys bosniaque (*Lilium bosniacum*) ou l'iris de Bosnie (*Iris bosniaca*). Quelques loups ont été aperçus, mais les renards, sangliers, blaireaux, hérissons et chevreuils sont bien plus nombreux. Dans les airs, vous verrez surtout des passereaux (roitelet huppé, grive draine, mésange huppée, mésange noire). Dans les zones rocheuses, regardez surtout où vous mettez les pieds car les trois espèces de serpents venimeux du pays vivent ici : la vipère d'Orsini, la vipère bosnienne et, la plus dangereuse, la vipère cornue.

NÉCROPOLE DE GRČKO GROBLJE

Močioci

Accès libre, mais site mal indiqué (GPS : 43.925951, 18.440064).

Ce site (Nekropola Grčko Groblje) abrite 76 sépultures des périodes médiévale et ottomane. Il porte le nom de « cimetière grec » car les Bosniens qualifiaient souvent de « grecs » les vestiges anciens. On y trouve 61 stećci, dont huit sont décorés. Sur le plus grand stećak, qui devait appartenir à un noble, apparaissent un bras portant une armure et tendant les doigts, une croix et une épée tenue par une main. La nécropole abrite aussi quinze nişans du début de l'ère ottomane.

VISOKO ★

▸ Visoko/Високо compte environ 11 000 habitants, dont 92 % de Bosniaques. C'est le chef-lieu de la municipalité de Visoko (39 000 habitants), au sein du canton de Zenica-Doboj. La ville se trouve 33 km au nord-ouest de Sarajevo et 41 km au sud-est de Zenica. Fréquentes liaisons en bus et en train avec Sarajevo et Zenica (gares routière et ferroviaire en centre-ville, sur la rive droite de la Bosna).

▸ Visoko occupe une place centrale dans l'histoire du pays. Au néolithique, elle fut l'un des plus importants foyers de peuplement d'Europe. Elle devint par la suite une place forte des Illyriens, puis la première capitale du royaume de Bosnie, où fut couronné Tvrtko Ier en 1377.

COLLINE DE VISOČICA

Brdo Visočica

Accès libre. Visite guidée de la « pyramide du soleil » : 25/70 km (renseignements : piramidasunca.ba).

Du haut de cette colline (Brdo Visočica), 14 000 ans d'histoire vous contemplent. Voici, en résumé, ce qu'affirme Semir Osmanagić. Depuis 2005, cet entrepreneur bosno-américain, né à Zenica en 1960, soutient que cette colline (213 m d'altitude) de forme étrangement pyramidale du côté de sa face nord, aurait été façonnée par une très ancienne civilisation humaine inconnue avec l'aide des extra-terrestres. Cette théorie complètement loufoque de la « pyramide du soleil » (Piramida Sunca) draine depuis des milliers de curieux, complotistes et pseudoscientifiques de tous pays. Avant d'aller perdre votre temps et votre argent ici, allez consulter le site de la chercheuse franco-bosnienne Irna (irna.fr) qui recense depuis 2006 toutes les affabulations d'Osmanagić et de sa petite secte. Le sommet de la colline abrite les ruines de la ville médiévale de Visoki (Stari Grad Visoki) qui fut la capitale de Stefan Tvrtko Ier, roi de Bosnie, de Serbie et de Croatie au XIVe siècle. Les vestiges ont été mis au jour en 2007-2008 par une équipe d'archéologues du Musée national de Sarajevo. Cette découverte est venue contredire Semir Osmanagić qui affirmait jusque-là que tout avait été détruit par les Ottomans et qu'il pouvait donc y mener ses propres « fouilles » en vue de prouver ses théories farfelues. Hélas, une partie des découvertes a été depuis endommagée à l'explosif par des partisans des théories d'Osmanagić. Faute d'argent, le site n'est plus protégé. Mais on peut encore y voir quelques vestiges et profiter d'un magnifique panorama.

MONASTÈRE SAINT-BONAVENTURE

Bosne Srebrene 4

✆ +387 32 46 51 81

fsv.ba

Musée : tous les jours sauf dimanche 9h-19h (en théorie), entrée 2 km.

Fondé au XVe siècle, ce monastère franciscain (Franjevački Samostan Sveti Bonaventure) est installé dans des bâtiments érigés entre 1899 et 1968. Il dispose d'un intéressant musée avec des collections d'art religieux, d'art pictural (XVIIe-XXIe siècles), d'ethnologie et d'histoire avec un important lapidaire (du néolithique au Moyen Âge). On y trouve notamment la stèle funéraire de Baton le Dæsitiate, qui déclencha la grande révolte illyrienne contre les Romains en l'an 6 de notre ère.

MOSQUÉE BLANCHE DE ŠEREFUDIN ★★

Bijela džamija

islamskazajednica.ba

Visite possible hors des heures de prière. Tenue correcte exigée, se déchausser, se couvrir la tête pour les femmes.

Cette mosquée (Šerefudinova Bijela Džamija) est l'une des plus avant-gardistes du XXe siècle en Europe. Elle fut érigée en 1980 à l'emplacement d'une mosquée en bois, en ruine, construite en 1477 par un architecte ottoman nommé Serefudin. Le complexe de murs blancs et de toits en plomb de teinte verte totalise 435 m². Il se compose de la mosquée elle-même (169 m²), pouvant accueillir 300 fidèles, d'une cour avec un chadirvan conique (fontaine à ablutions), d'un petit cimetière ancien et de bâtiments annexes. L'ensemble est dominé par un minaret principal de 26 m de hauteur orné de tiges de métal peintes en vert dont les formes évoquent l'art traditionnel local. Les toitures sont remarquables. Elles possèdent de hautes ouvertures en quart de cercle qui rompent les lignes et permettent de faire pénétrer la lumière naturelle dans les pièces intérieures. Cela profite à la grande salle de prière, située sous le niveau du sol. Celle-ci est magnifique avec ses murs entièrement blancs. Seuls deux éléments sont en bois : un escalier et le mihrab (niche indiquant la direction de La Mecque). Récompensée par le prestigieux prix Aga Khan d'architecture en 1983, la mosquée Blanche de Visoko fut dessinée par Zlatko Ugljen, né à Mostar en 1929. On lui doit, entre autres, l'ancienne villa Gorica de Tito à Bugojno, le monastère franciscain de Tuzla et, à Visoko, le bâtiment de la Poste (le long de la Fojnička, rive gauche) et l'ancien haut Hotel Visoko (le long de la Bosna, rive gauche).

MOSQUÉE TABAČKA

Čaršijska

Visite possible hors des heures de prière.
Tenue correcte exigée, se déchausser, se couvrir la tête pour les femmes.

Construite en 1872, cette élégante petite mosquée (Tabačka Džamija) appartenait à la guilde locale des *tabaci*, les tanneurs et artisans du cuir. Elle remplace une mosquée du début du XVIIe siècle qui fut plusieurs fois détruite par des incendies et des crues de la Fojnička. Le bâtiment actuel (9 x 9 m) se distingue par sa façade, sa toiture et son minaret de 15 m de hauteur qui sont couverts en bois. La façade est par ailleurs ouverte avec une galerie soutenue par quinze piliers. Dans la cour, le cimetière abrite vingt nişans et un chadirvan doté d'une coupole.

MUSÉE DU PATRIMOINE DE VISOKO ★

Alije Izetbegovića 29
+387 32 73 34 50
zavicajnimuzej.com

Tous les jours sauf dimanche 7h30-15h30.
Entrée 2 km.

Créé en 1953, ce musée (Zavičajni Muzej Visoko) est installé dans l'ancienne mairie, un bâtiment jaune néomauresque de 1902 typique du style austro-hongrois local. Il abrite une riche collection archéologique issue des très importants sites du néolithique des environs, hélas presque tous fermés au public. On peut notamment admirer des poteries et des figurines zoomorphes du site d'Okolište (6 km au nord-ouest). Fondé vers 5200 av. J.-C. par les hommes de la culture de Kakanj, puis occupé par ceux de la culture de Butmir, Okolište s'étendait sur 7 ha et compta jusqu'à 3 500 habitants. Ce fut même un temps la localité la plus peuplée d'Europe. Le site fait l'objet de fouilles par une équipe germano-bosnienne depuis 2002. Sont également présentés des lances de fer du tumulus de Vratnica, des bijoux (diadème, fibules) de Gračanica et d'autres objets issus des sites voisins d'Arnautovići, de Zbilje et de Donje Moštre. Le musée comporte sept autres collections. Celle de numismatique compte plus de mille pièces et billets de l'Antiquité à nos jours, notamment des drachmes gréco-illyriennes, et celle du Moyen Âge regroupe en particulier des céramiques émaillées du XIVe siècle de la cité royale de la colline de Visočica. À voir aussi : les collections d'ethnographie, de géologie et de paléontologie, d'armes (notamment celles utilisées lors de la dernière guerre), de littérature orientale (période ottomane) et d'art (avec un tableau du grand peintre de Tuzla Ismet Mujezinović).

BIJAMBARE ★

L'aire protégée de Bijambare/Бијамбаре (prononcez « billanbaré ») est située sur la commune de Krivajevići (30 habitants) qui fait partie de la municipalité d'Ilijaš et du canton de Sarajevo. Bijambare se trouve 33 km au sud-ouest de Kladanj et 43 km au nord de Sarajevo (par la M18 en direction de Tuzla). Aucune liaison en bus, mais sur le trajet Sarajevo-Kladanj-Tuzla, demandez au chauffeur de vous y arrêter.

La grande grotte de Bijambare est l'une des principales attractions des environs de Sarajevo. C'est en fait un espace bien plus étendu qui fait l'objet d'une protection depuis 1965. Car l'aire protégée de Bijambare, c'est à la fois une série de huit grottes (dont la « grotte moyenne » qui est la plus vaste et la seule ouverte aux visites), une forêt, des rivières et des sources situées à 950 m d'altitude sur le plateau de Nišići. Cette zone de près de 5 km² est depuis 2011 appelée « paysage protégé de Bijambare » (Zaštićeni Pejzaž Bijambare). Elle est aménagée avec des sentiers, un café-restaurant et des aires de pique-nique et de jeux pour enfants. On peut aussi y voir la nécropole médiévale de Mramorje, dont les trente-neuf stećci furent déplacés ici lors de la construction de l'autoroute Sarajevo-Tuzla en 2013. L'accès à l'aire protégée est payant (2 km) avec un parking gratuit à l'entrée. La visite de la grotte est également payante (3 km). On s'y rend par des sentiers soit à pied, soit par un petit train touristique (compris avec l'entrée), soit en louant un vélo (3 km).

GRANDE GROTTE DE BIJAMBARE ★★

Bijambare
+387 33 20 11 12
http://zppks.ba/bijambare

Tous les jours en avril-novembre (fermée le reste de l'année). Visite guidée (45 minutes) 3 km.

Cette grotte, dite « moyenne » (Srednja Bijambarska Pećina), est la plus grande de Bijambare et la seule ouverte aux visites. Elle s'étend sur 420 m sous terre avec quatre salles aux impressionnants stalactites et stalagmites. La dernière salle est la plus vaste (60 m de diamètre, de 15 à 30 m de hauteur), surnommée le « music-hall » pour son acoustique. Les départs des visites se font à 11h, 13h et 15h (et 17h en été), le week-end toutes les heures de 11h à 16h (et 17h en été).

HERZÉGOVINE

L'Herzégovine (Hercegovina/Херцеговина) est sans conteste la province la plus touristique du pays. Elle profite d'un climat méditerranéen, de beaux paysages variés et aussi de la proximité de la ville-musée de Dubrovnik sur le littoral croate. Elle-même possède d'ailleurs un petit débouché sur la mer Adriatique avec la station balnéaire de Neum. Si cette dernière ne présente guère d'intérêt (beaucoup de béton et presque aucune plage naturelle), la province a pour elle un riche patrimoine : Mostar et l'arche de son célèbre Vieux-Pont, les splendides villages de Blagaj et de Počitelj, la belle ville de Trebinje, l'intrigante nécropole de Stolac, l'immense bunker de Konjic, une vieille tradition viticole et une riche réserve ornithologique près de Čapljina. Malheureusement très divisée depuis la dernière guerre, l'Herzégovine présente pourtant une apparence nettement plus riante que bien des régions du pays.

PROZOR-RAMA ★
Tomislavgrad
Buško jezero
Village touristique Risovac
JABLANICA ★★
Posušje
Imotski
HUMILIŠANI
ŠIROKI BRIJEG ★
Grude
MOSTAR ★★★★
PODVELEŽ ★
Makarska
Jasenica
BLAGAJ ★
BUNA
CROATIE
Vrgorac
MEĐUGORJE
LJUBUŠKI ★★
POČITELJ ★★★
ČAPLJINA ★
Gradac
Ploče
Metković
Neretva Channel
Opuzen
HUTOVO
Korčula
Potomje
NEUM
Žuljana
Mer Adriatique
Ston
Slano
Goveđari
Babino Polje
Koločep Channel
Saplunara
20 KM

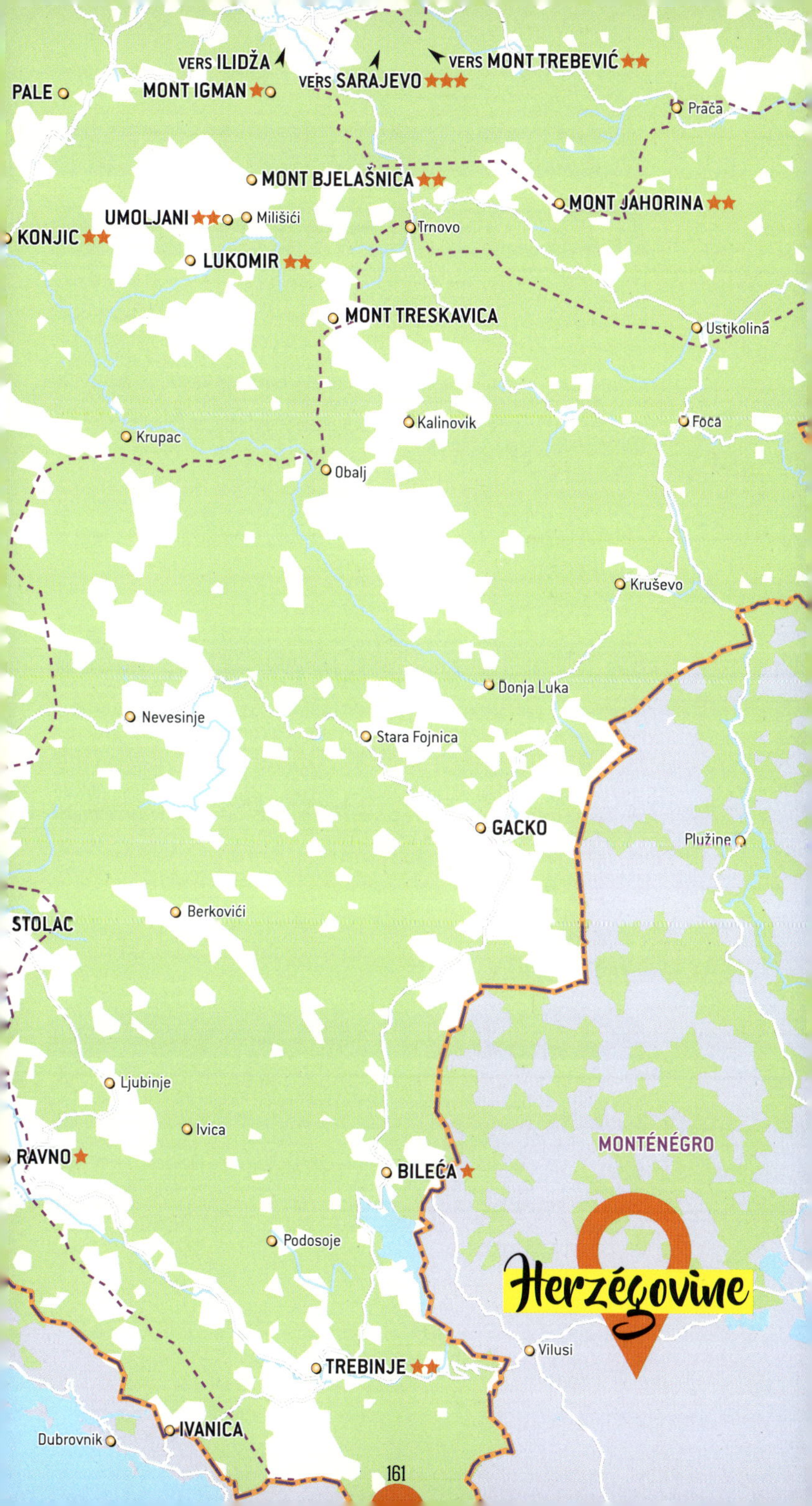

VERS ILIDŽA
VERS SARAJEVO ★★★
VERS MONT TREBEVIĆ ★★
PALE
MONT IGMAN ★
Prača
MONT BJELAŠNICA ★★
MONT JAHORINA ★★
UMOLJANI ★★
Milišići
KONJIC ★★
Trnovo
LUKOMIR ★★
MONT TRESKAVICA
Ustikolina
Kalinovik
Foca
Krupac
Obalj
Kruševo
Donja Luka
Nevesinje
Stara Fojnica
GACKO
Plužine
Berkovići
STOLAC
Ljubinje
Ivica
MONTÉNÉGRO
RAVNO ★
BILEĆA ★
Podosoje
Herzégovine
Vilusi
TREBINJE ★★
IVANICA
Dubrovnik

Les environs de Mostar réservent de belles surprises : on peut faire de la tyrolienne au-dessus de la ville, de la randonnée ou du ski sur le mont Velež, découvrir les chevaux sauvages du plateau de Bile ou un petit tableau d'Eugène Delacroix à Široki Brijeg, suivre l'étonnant parcours de la Neretva aux canaux de Buna et profiter du cadre magnifique des sources de cette même Buna au pied des falaises de Blagaj. Accessibles en dix à trente minutes en voiture du centre de Mostar, les localités de cette région sont aussi très bien reliées en bus ou en bus urbains au centre de Mostar. Pour cela, les campings des villages de Buna et de Blagaj sont devenus une halte très appréciée des camping-caristes.

Réputée pour ses lacs et ses rivières, en particulier pour ses deux canyons de la Neretva, cette petite région marque l'entrée dans l'Herzégovine, à environ 1h au sud de Sarajevo en voiture. Elle possède aussi un important patrimoine militaire avec l'immense complexe antiatomique souterrain ARK D-0, surnommé « bunker de Tito », près de Konjic, et le site de la bataille de la Neretva, à Jablanica, plus grand affrontement entre les partisans et les forces de l'Axe, en mars 1943. Mais le plus étonnant est sans doute le lac artificiel de Rama, près de Prozor-Rama : avec ses presqu'îles et ses îlots sauvages, c'est le plus beau du pays… sauf en été, lorsqu'il est à moitié asséché.

Dernière ville de l'Herzégovine traversée par la Neretva, Čapljina n'a guère de charme. Mais elle permet de rayonner dans une région d'une étonnante diversité. Aujourd'hui peuplée en majeure partie de Bosno-Croates, cette zone frontalière et viticole possède le plus élégant village de Bosnie-Herzégovine : Počitelj (incontournable !). Il y a aussi, près de Ljubuški, les plus belles chutes d'eau des Balkans. Les environs de Čapljina abritent quant à eux la plus grande réserve ornithologique et le plus vaste site romain du pays. Enfin, ce n'est pas forcément pour tout le monde, mais Međugorje est pour sa part le troisième lieu de pèlerinage le plus fréquenté d'Europe, après Fatima et Lourdes.

PAGES

214 ● ● RÉGION DE STOLAC (ET LE LITTORAL)

Le littoral bosnien est une parenthèse… pas vraiment enchantée. Unique accès à la mer du pays (21,2 km de côtes), Neum est un accident de l'histoire, devenu une station balnéaire sans charme et presque sans plage. L'arrière-pays, en revanche, réserve de belles surprises avec ses paysages méditerranéens et ses sites classés par l'Unesco. La verdoyante Stolac concentre des monuments d'une richesse incroyable, du paléolithique à la période moderne, en passant par l'incontournable nécropole médiévale de Radimlja. Quant au village de Ravno, il abrite dans ses environs l'une des plus somptueuses grottes des Balkans. La région peut aussi se découvrir en VTT, en suivant l'ancienne voie ferrée du Ćiro *via* Hutovo et Ravno.

228 ● ● RÉGION DE TREBINJE

Cette région forme la pointe sud-est de la Bosnie-Herzégovine, aux confins de la Croatie et du Monténégro. Trebinje est elle-même très agréable. Très tournée vers le tourisme, elle constitue une bonne base de départ pour explorer les deux grands sites voisins inscrits au Patrimoine mondial de l'Unesco : les bouches de Kotor, sur le rivage monténégrin, et la ville de Dubrovnik, sur la côte dalmate. Dans la région, Bileća et Gacko méritent une halte sur la route vers Foča et la Bosnie orientale. Quant au village frontalier d'Ivanica, c'est devenu un haut lieu de villégiature avec ses villas en location avec piscine qui bénéficient de vues magnifiques sur la côte dalmate toute proche.

TREBINJE ★★

228 C'est la ville la plus agréable de la République serbe de Bosnie : place des Platanes et vieille ville ottomane, magnifique pont enjambant la Trebišnica, vins du monastère de Tvrdoš et tout plein de forts et forteresses qui gardaient les frontières avec le Monténégro et la Croatie.

IVANICA

233 Ce village offre un beau panorama sur la côte dalmate. Comme c'est la localité bosnienne la plus proche de Dubrovnik, on y trouve des dizaines de villas avec piscine en location. Elles sont bien moins chères que celles de la côte… et ont une plus jolie vue.

BILEĆA ★

234 Placée juste à côté du Monténégro, Bileća mérite bien une halte en remontant vers la Bosnie orientale ou une excursion à la journée depuis Trebinje. Dans les environs se trouvent le grand lac de Bileća, la nécropole de Grebnice-Bunčići classée à l'Unesco et le monastère de Dobrićevo.

GACKO

235 Cette petite ville minière ne vaut en général guère plus qu'une halte sur la route entre Trebinje et Foča. Mais elle profite de beaux paysages avec de hauts sommets côté monténégrin. Dans ses environs se trouve aussi la plus grande nécropole de stećci des Balkans.

© DIHOR / ADOBE STOCK

MOSTAR

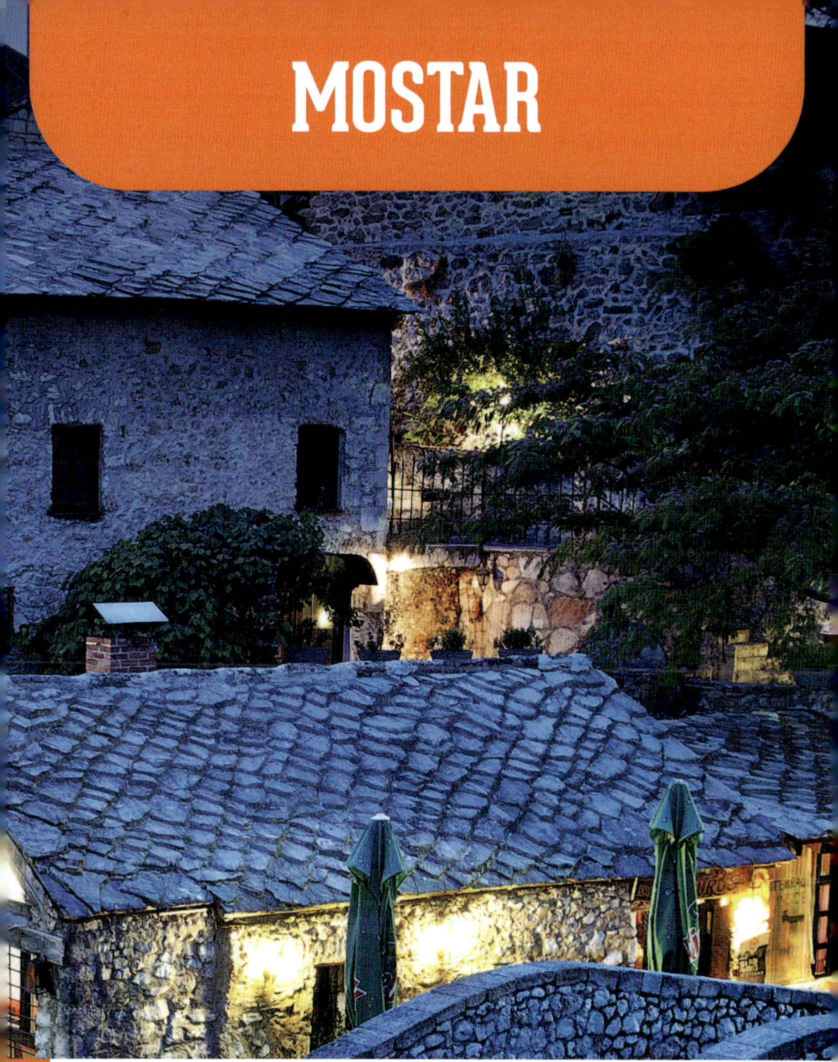

Capitale historique de l'Herzégovine et capitale touristique de la Bosnie-Herzégovine, Mostar/Мостар est une ville splendide. Autour de son iconique Vieux-Pont, dont l'arche haute et majestueuse enjambe la Neretva, les quartiers ottomans sont parsemés de mosquées, de ruelles pavées et d'élégantes maisons. Elle profite d'un cadre grandiose, nichée entre le mont Velež (1 969 m d'altitude) et la colline de Hum (392 m). C'est aussi une ville compliquée : depuis la dernière guerre, elle est complètement divisée entre catholiques et musulmans. Mostar compte environ 65 000 habitants, dont 47 % de Bosno-Croates, 44 % de Bosniaques et 7 % de Bosno-Serbes. C'est le chef-lieu de la municipalité de Mostar (105 000 habitants) et du canton d'Herzégovine-Neretva (215 000 habitants). La ville se trouve 120 km au sud-est de Livno (*via* Tomislavgrad), 129 km au sud-ouest de Sarajevo (*via* Jablanica) et 139 km au nord-ouest de Dubrovnik (Croatie).

Bulevar Narodne Revolucije
Tutina
Solakovića
Braće Fejića
Adema Buća
Čemalova
Rudinčeva
Bišćevića
Hadžiomerovića
BULEVAR
Stupčeva
Hrvatskih Branitelja
Čeberova
VILLA FORTUNA
Rade Bitange
HOTEL ALMIRA
Husnije Repca
Gospin Park
MOSTAR MARRIOTT HOTEL
M-6
Rade Bitange
VILLA MARSH
MONASTÈRE FRANCISCAIN – CAMPANILE DE LA PAIX
SHEVA WALKING TOURS
MOSQUÉE HADŽI
CAFÉ MARSHALL
Oneščukova
IHOUSE TRAVEL
LJETNA BAŠTA OSCAR
K. A. De Rivere
PONT RECOU
PANSION
Muje Bajevića
CRAFT BEER GARDEN IMA I MOŽE
Fra Ambre Miletića
Kapetanovića
Gojka
Bulevar
Braće E
100 M

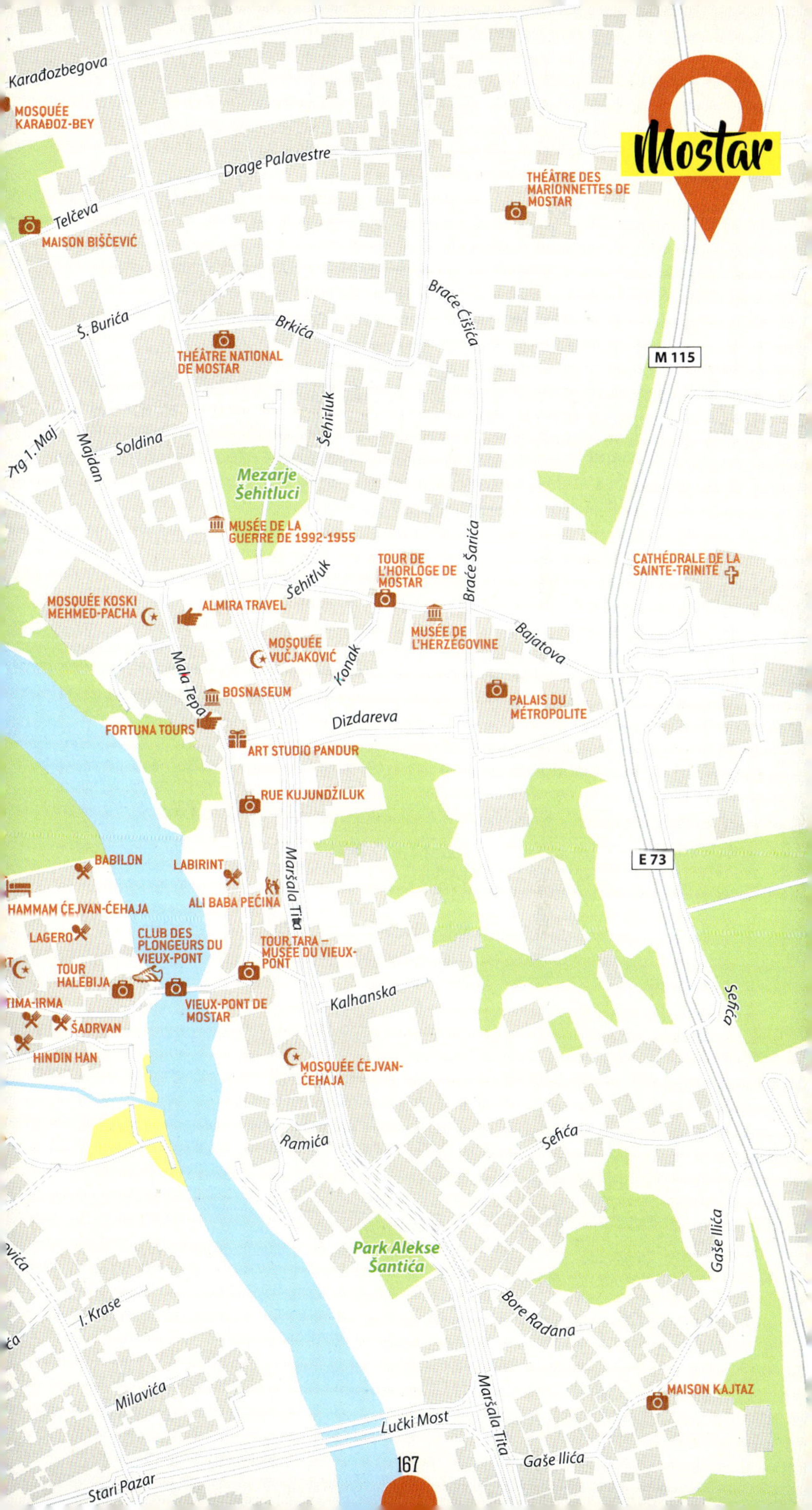

Mostar
Karađozbegova
MOSQUÉE KARAĐOZ-BEY
Drage Palavestre
THÉÂTRE DES MARIONNETTES DE MOSTAR
Telčeva
MAISON BIŠČEVIĆ
Braće Čišića
Brkića
Š. Burića
THÉÂTRE NATIONAL DE MOSTAR
M 115
Šehitluk
Trg 1. Maj
Majdan
Soldina
Mezarje Šehitluci
MUSÉE DE LA GUERRE DE 1992-1955
Braće Šarića
TOUR DE L'HORLOGE DE MOSTAR
CATHÉDRALE DE LA SAINTE-TRINITÉ
Šehitluk
MOSQUÉE KOSKI MEHMED-PACHA
ALMIRA TRAVEL
MUSÉE DE L'HERZÉGOVINE
Bajatova
MOSQUÉE VUČJAKOVIĆ
Konak
Mala Tepa
BOSNASEUM
PALAIS DU MÉTROPOLITE
Dizdareva
FORTUNA TOURS
ART STUDIO PANDUR
RUE KUJUNDŽILUK
E 73
BABILON
LABIRINT
Maršala Tita
ALI BABA PEĆINA
HAMMAM ĆEJVAN-ĆEHAJA
LAGERO
CLUB DES PLONGEURS DU VIEUX-PONT
TOUR TARA – MUSÉE DU VIEUX-PONT
TOUR HALEBIJA
Kalhanska
Šefića
TIMA-IRMA
VIEUX-PONT DE MOSTAR
ŠADRVAN
HINDIN HAN
MOSQUÉE ĆEJVAN-ĆEHAJA
Ramića
Šefića
Park Alekse Šantića
Gaše Ilića
I. Krase
Bore Radana
MAISON KAJTAZ
Milavića
Maršala Tita
Lučki Most
Gaše Ilića
Stari Pazar

SE REPÉRER SE DÉPLACER

Quel que soit votre périple en Bosnie-Herzégovine, tous les chemins vous mèneront à Mostar, la ville la plus touristique du pays. L'idéal est d'arriver en train en partant de Sarajevo : c'est une des plus belles lignes de chemin de fer d'Europe. Plus vraisemblablement, c'est en avion que vous atterrirez ici. La ville dispose d'un aéroport international, mais c'est davantage par celui de Dubrovnik, en Croatie, que transitent la plupart des touristes. Du fait de sa division politique, la ville possède aussi deux gares routières. Celle de Mostar-Est est la plus importante, offrant le plus grand nombre de liaisons (avec Dubrovmik notamment). Quant à la voiture, il vaut mieux l'oublier. Elle ne se prête pas du tout à la découverte de la ville avec ses rues en sens unique compliquées et ses ruelles historiques piétonnes. Il vaut mieux marcher, flâner, prendre les bus urbains ou grimper dans un taxi pas cher.

AÉROPORT DE MOSTAR

Ortiješ bb
✆ +387 36 35 27 70
mostar-airport.ba
Taxi pour le centre-ville : environ 30 km.

Cet aéroport dit « international » (Međunarodni Aerodrom Mostar) ne possède en fait aucune liaison aérienne régulière. Il est principalement desservi par des compagnies charter transportant des groupes de pèlerins catholiques se rendant à Međugorje. Si vous arrivez à Mostar par ici, vous trouverez sur place des taxis et une agence de location de voitures (ainsi qu'un vieux Soko 522 de l'armée de l'air yougoslave). Détruit pendant la dernière guerre, l'aéroport fut remis en état par des soldats français en 1995 et rouvert aux vols civils en 1998.

AÉROPORT INTERNATIONAL DUBROVNIK

(Zračna luka Dubrovnik) - **DUBROVNIK**
✆ +385 20 773 100
www.airport-dubrovnik.hr

C'est par cet aéroport international (Zračna Luka Dubrovnik) que transitent la plupart des touristes en visite à Mostar. Il dispose de bien plus de liaisons que ceux de Sarajevo, de Tuzla, de Banja Luka et de Mostar. En saison, il est relié à Paris, Bruxelles, Genève, Bâle-Mulhouse, Marseille, Bordeaux, Nantes, Toulouse, Nice, Strasbourg… Les agences de tourisme et certains hôtels de Mostar proposent le transfert directement depuis l'aéroport (environ 3h de trajet). Sinon, toujours en Croatie, les aéroports de Split et de Zadar sont aussi une bonne option.

Transfert pour Mostar : 90-160 € pour 2/3 personnes. Gare routière de Dubrovnik : 4 liaisons/jour avec Mostar.

GARE FERROVIAIRE DE MOSTAR

Trg Ivana Krndelja 1
✆ +387 36 55 19 58
www.zfbh.ba
Trajet Mostar-Sarajevo : durée 2h, tarif 12 km ; Mostar-Ploče : durée 1h30, tarif 10,40 km.

Aujourd'hui presque vide, cette grande gare (Željeznička Stanica Mostar) est desservie deux fois par jour par la ligne Sarajevo-Čapljina (*via* Konjic et Jablanica) avec des paysages magnifiques sur la portion Konjic-Mostar, dans les gorges de la Neretva. Depuis 2022, il existe aussi une liaison par jour avec Ploče, sur la côte croate (*via* Čapljina), de début juillet à mi-septembre, le vendredi, le samedi et le dimanche (horaires théoriques : départ de Mostar à 9h12, de Ploče à 18h26).

GARE ROUTIÈRE DE MOSTAR-EST

Trg Ivana Krndelja 8
✆ +387 36 55 20 25
autoprevoz-bus.ba
Trajet Mostar-Sarajevo : durée 2h30, tarif 25 km ; Mostar-Trebinje durée 3h20, tarif 28 km.

La gare routière principale de Mostar (Autobuska Stanica Mostar Istok) est bien équipée : billetterie, consignes, café, restaurant, loueur de voitures, etc. Liaisons : environ 10/jour avec Sarajevo, Jablanica, Konjic, Čapljina et Počitelj, 4/jour avec Ljubuški, 2-10/jour avec Stolac, 2/jour avec Banja Luka, Jajce, Zenica, Bugojno, Donji Vakuf, Trebinje, Gacko et Bileća, 1/jour avec Neum, Posušje, Tomislavgrad et Livno. Liaisons avec Dubrovnik et la Croatie, le Monténégro, la Serbie…

GARE ROUTIÈRE DE MOSTAR-OUEST

Vukovarska
✆ +387 36 34 86 80
Trajet Mostar-Dubrovnik : durée 3h50, tarif 32 km ; Mostar-Livno : durée 2h40, tarif 8 km.

Installée entre deux barres d'immeubles pour étudiants, cette gare routière (Autobusni Kolodvor Mostar Zapad) dispose de moins de liaisons que celle de Mostar-Est. Mais elle bien organisée avec un bureau pour les billets et des cafés et commerces devant les quais. Nombreuses liaisons locales (Široki Brijeg, Međugorje, Ljubuški, Čapljina, Neum…), deux liaisons/jour avec la Tropolje (Posušje, Tomislavgrad et Livno) et 3-5 liaisons/jour avec la Croatie (Split, Dubrovnik, Zagreb, Ploče…).

MOJ TAXI

Trg Musala
✆ +387 36 46 61 73
gradskitaxi.net
24h/24. Tarif minimal 3 km. Heure d'attente 18 km.

La compagnie « Mon taxi » est la plus importante de Mostar avec environ 60 véhicules blancs siglés « 1503 », le numéro de téléphone rapide local pour les joindre. Elle pratique un tarif de 1 mark convertible (KM) par kilomètre parcouru, mais avec un minimum de 3 km pour 2 km. Ses taxis effectuent aussi bien des trajets en ville que sur longue distance (mais pas hors des frontières). D'ailleurs, au-delà de 100 km, le retour n'est pas facturé. Autres compagnies : Taxi Adis (+387 61 65 21 49), Taxi Edo (+387 62 27 08 22) et Taxi Služba (+387 36 31 88 76).

ARTIC RENT A CAR

Mostarskog bataljona bb
✆ +387 61 839 140
artic.ba
Tous les jours 8h-17h. Tarifs : 35-60 €/jour pour une citadine, 80-110 €/jour pour une grosse berline ou un SUV.

Ce loueur de voitures propose une flotte de modèles du groupe Volkswagen, essentiellement des Škoda (Fabia, Octavia, Karoq…). L'avantage, c'est qu'il dispose d'un réseau d'agences à Mostar, à Sarajevo et à Međugorje, aux aéroports de Mostar, de Sarajevo, de Tuzla et de Banja Luka mais aussi à Dubrovnik (8, rue Iva-Vojnovića, près de la plage de Bellevue). Moyennant un supplément, il est possible de récupérer son véhicule à une agence pour le déposer à une autre : cela revient à 150 € en plus dans le cas où vous déposez l'auto à Dubrovnik en venant de Mostar.

MOSTAR BUS

Bulevar 11
✆ +387 36 58 02 10
mostarbus.ba
Ticket de 1,50 à 2,90 km selon la distance.

C'est la compagnie de transports publics de la municipalité de Mostar. Ses bus jaunes assurent les liaisons entre Mostar-Est et Mostar-Ouest, mais aussi avec les communes voisines, en particulier avec Blagaj (lignes n°s 10, 11 et 12), Buna (n° 28) et Podvelež (n° 16). Les principaux arrêts sont la gare routière de Mostar-Est (avec la gare ferroviaire), le pont de Musala, la place d'Espagne et le pont de Luka (au sud de la vieille ville). La compagnie propose même deux liaisons par jour avec Međugorje au départ de la gare routière de Mostar-Ouest (ligne n° 48).

GUMA X

Bišće polje b.b ✆ +387 36 33 72 75
gumax.ba
Lundi-vendredi 8h-17h, samedi 8h-13h. À partir de 30 km/jour pour une citadine, de 90 km/jour pour un SUV.

Ce loueur de voitures est réputé pour son sérieux. Il propose surtout des véhicules Renault (Mégane, Kadjar…) et Dacia (Sandero, Duster…) et, dans le contrat, est intégrée l'assistance Renault. Il est possible de récupérer l'auto en centre-ville. Aussi présent à Sarajevo, Tuzla, Banja Luka et Međugorje, le réseau Guma X appartient au groupe Guma M. Basé à Mostar, celui-ci est revendeur agréé Renault, Dacia et Nissan en Bosnie-Herzégovine et deuxième importateur de véhicules du pays. Sur place se trouve aussi l'étonnant musée-atelier Renault (voir description).

TAXI PAJO

Maršala Tita 159 ✆ +387 61 24 62 57
taxipajo.com
Sur rendez-vous. Transfert pour l'aéroport de Sarajevo : 200 km ; pour l'aéroport de Dubrovnik : 280 km.

Cette compagnie propose un service de voiture avec chauffeur pour des trajets de 3h au minimum. Elle effectue des transferts entre Mostar et les aéroports de Bosnie-Herzégovine, de la côte dalmate (Dubrovnik, Split et Zadar), voire du Monténégro et de Serbie. Mili, le patron, et ses chauffeurs sont prudents, patients, parlent anglais et connaissent bien la région et l'ex-Yougoslavie. Ils peuvent ainsi vous conduire pendant plusieurs jours (ou semaines) à travers un ou plusieurs pays avec des véhicules modernes, confortables et bien équipés (Wifi à bord, par exemple).

LES QUARTIERS DE MOSTAR

Depuis le siège de 1993-1994, Mostar est coupée en deux par une frontière invisible. D'un côté, les vieux quartiers de Mostar-Est (Mostar Istočni) s'étendent le long de la Neretva et de la rue Maršala-Tita. Situés autour du Vieux-Pont et sous le mont Velež, ils sont principalement peuplés de Bosniaques (musulmans). De l'autre côté, Mostar-Ouest (Mostar Zapad) est plus vaste, plus moderne et essentiellement peuplée de Bosno-Croates (catholiques). La séparation est surtout matérialisée par le « Bulevar », grand axe nord-sud situé environ 200 m à l'ouest de la Neretva, qui fut la principale ligne de front en 1993-1994. Passer d'un côté à l'autre est facile, même s'il est tentant de rester dans la partie orientale qui concentre monuments, musées, restaurants, hôtels et agences de tourisme. Mostar-Ouest n'est toutefois pas dénuée d'intérêt avec notamment les meilleurs restaurants de la ville.

Mostar-Est

Quartier de Stari Grad. *De part et d'autre du Vieux-Pont.* Ce quartier de 4,6 ha est entièrement piéton et classé à l'Unesco. Il s'étend sur les deux rives de la Neretva, reliées entre elles par le Vieux-Pont. Immédiatement à l'est de celui-ci, la tour Tara abrite le musée du Vieux-Pont. Ensuite, on peut soit rejoindre la rue Maršala-Tita à droite, soit suivre les touristiques rues Kujundžiluk et Mala-Tepa menant à la superbe mosquée Koski Mehmed-Pacha, au musée-boutique Bosnaseum et à la maison Biščević. Toujours en partant du Vieux-Pont, cette fois vers l'ouest, on longe la tour Halebija, quartier général des plongeurs de Mostar, avant de s'engouffrer dans l'étroite rue Onešćukova.

Quartier de Carina. *Au nord du Vieux-Pont, entre la Neretva et la rue Maršala-Tita.* Au nord se trouvent la gare ferroviaire et la gare routière de Mostar-Est. La passerelle de Bunur et les ponts de Musala et de Carina relient Šemovac, Cernica et Šantićeva. Au sud, la rue Braće-Fejića est plutôt animée. Au centre, près du pont de Musala, se trouvent l'hôtel Neretva, les bains municipaux et l'ancien grand magasin Razvitak.

Quartier de Brankovac. *Au nord-est du Vieux-Pont.* Coincé sous les contreforts du mont Velež, ce quartier s'étire le long de la rue Maršala-Tita.

Quartiers de Luka et de Šarić. *Au sud du Vieux-Pont.* Luka abrite l'auberge de jeunesse Nina Mostar et la vieille maison Kajtaz. Le pont de Luka (Lučki Most) permet quant à lui de relier Donja Mahala, petit quartier de la rive droite qui fait partie de Mostar-Est. Au sud de Luka, c'est dans le quartier de Šarić que s'étend le plus grand cimetière musulman de Mostar.

Quartiers de Šemovac et de Cernica. *Sur la rive droite de la Neretva.* Ces deux quartiers longent le « Bulevar » juste en face de Mostar-Ouest. Šemovac est traversé par la rue Onešćukova. Au nord de cette rue, Cernica a des allures de village. C'est pourtant le centre géographique de Mostar avec la place d'Espagne juste à côté. Enfin, au nord de Cernica se trouve Šantićeva, l'unique quartier coupé en deux par la « frontière ». C'est ici qu'eurent lieu les plus intenses combats en 1993-1994.

Quartiers de Konak et de Bjelušine. *À l'est du Vieux-Pont, sur les hauteurs.* Ces deux quartiers sont depuis six siècles principalement habités par des Bosno-Serbes. Juste derrière le Vieux-Pont, à mi-pente, le petit quartier verdoyant de Konak abrite le beau palais du métropolite. Plus haut, de l'autre côté de la route nationale M17, le quartier plus aride de Bjelušine regroupe la nouvelle cathédrale de la Sainte-Trinité, la jolie petite église de la Nativité-de-la-Mère-de-Dieu et un vaste cimetière orthodoxes serbe.

Mostar-Ouest

Quartiers de Centar et de Strelčevina. Sans surprise, le quartier de Centar constitue le centre de Mostar-Ouest. Il est cerné par le « Bulevar » à l'est, la rue Kardinala-Stepinca au nord et la rue Kralja-Tomislava à l'ouest, ces trois axes suivant le tracé quasi rectangulaire de la route nationale M6.1 rejoignant Široki Brijeg. Ce « rectangle » est fermé au sud par la rivière Radobolja et les quartiers de Podhum et de Vatikan. Au nord-est, le long du « Bulevar », la place d'Espagne est dominée par le lycée de Mostar.

Quartiers de Podhum, de Vatikan et de Balinovac. *Au sud de Centar.* Ces quartiers se succèdent sous la colline de Hum (au sud), en suivant la petite rivière Radobolja qui va finir sa course dans la Neretva près du pont « recourbé » de Stari Grad. Le quartier de Podhum (« sous Hum ») est situé le long du « Bulevar », en face de Šemovac. En suivant la rue « des Franciscains » (Franjevačka), on passe par la petite mosquée Hadži Ali-bey Lafa, avant d'arriver au quartier de Vatikan.

À VOIR / À FAIRE

L'essentiel des lieux de visite se concentre à Mostar-Est, de part et d'autre de la Neretva, dans le petit quartier de Stari Grad inscrit au patrimoine mondial de l'Unesco : le magnifique pont lui-même, reconstruit en 2004 avec ses deux tours, dont l'une abrite le musée du Vieux-Pont, mais aussi des mosquées, des ruelles et des maisons de la période ottomane. Toujours à Mostar-Est, la grande rue du Maréchal-Tito (Maršala Tita) est bordée de musées et de bâtiments austro-hongrois et yougoslaves qui portent encore les balafres de la guerre, tandis que plus haut se cachent le quartier orthodoxe et sa cathédrale récemment reconstruite. De facture plus moderne, Mostar-Ouest n'a quant à elle pas grand-chose à offrir, si ce n'est un beau cimetière des partisans, le parc municipal et son étonnante statue de Bruce Lee, l'emblématique lycée coloré et un immense campanile catholique dénué de charme.

ALMIRA TRAVEL

Mala Tepa 9
✆ +387 36 55 18 73
almira-travel.ba

Tous les jours 9h-22h (17h hors saison). Visite de Mostar 40 km/personne, route des vins 80 km, rafting 110 km, etc.

Bien placée dans la vielle ville, cette agence de tourisme appartient à une guide francophone expérimentée, Almira Grčić, qui a appris notre langue avec les soldats français de l'ONU qui stationnèrent à l'aéroport de Mostar de 1995 à 2000. Services proposés : visites guidées de la ville et des environs (Blagaj, Podvelež, Jablanica...), de Dubrovnik et de Sarajevo, descente en rafting de la Neretva, location de voiture, organisation de voyages dans les Balkans (Croatie, Monténégro, Macédoine du Nord, Albanie), etc. Autre bureau à la villa Almira.

ERO TRAVEL

Tout au nord de Mostar-Ouest, près de la Neretva, à côté du magasin de vélos Bile Magazin.
✆ +387 63 766 160 - ero-travel.com

Tous les jours 8h-20h, dimanche 8h-14h (hors saison lundi-vendredi 8h-16h). Activités à la journée 15/60 €/personne.

Cette agence de tourisme propose d'intéressantes activités en VTT dans la région de Mostar. Tout en pédalant, on peut découvrir les chevaux sauvages du plateau de Bile (près de Široki Brijeg), la vallée de la Neretva, les vignobles, les fortifications austro-hongroises... L'agence propose aussi une descente de la Neretva en rafting depuis Konjic, du canyoning aux chutes de Kravica (entre Ljubuški et Čapljina), une randonnée dans le parc naturel de Blidinje (dans la région de Livno, en Tropolje), ou encore, une excursion de cinq jours en VTT jusqu'à Trebinje.

SHEVA WALKING TOURS

Rade Bitange ✆ +387 63 86 64 98
mostarfreewalkingtours.com

Tous les jours 9h30-16h/18h de juin à novembre, hors saison à 11h. Visites payantes : 40 km/personne.

Cette agence organise des visites guidées gratuites à pied de Mostar en anglais tous les jours (durée 1h) : un tour classique (Vieux-Pont, rue Kujundžiluk, mosquée Koski Mehmed-Pacha, lycée de Mostar...) et un tour plus décalé (graffitis, statue de Bruce Lee...). C'est un avant-goût, car des visites payantes et plus personnalisées sont aussi proposées (durée 1h30/2h) : sur les traces de la guerre, les grands monuments de la ville, la brasserie artisanale ImaiMože, etc. Réservation indispensable pour les visites payantes, recommandée pour les visites gratuites.

BAINS MUNICIPAUX

Trg Musala

Ne se visite pas.

Placés au bord de la Neretva, ces bains publics construits en 1914 (Gradska Banja/Gradsko Kupatilo) possèdent une étrange façade. De style Art nouveau, celle-ci intègre des éléments arabisants, des colonnes à chapiteaux « corinthiens » et deux lions paisibles, eux aussi, inspirés de l'Antiquité grecque. Situé sur la ligne de front en 1993-1994, le bâtiment a été restauré en 2008-2010. Un temps rouvert, il a de nouveau fermé faute de budget. Un peu plus à l'est se trouvent la mosquée Roznamedži (1620), puis l'ancien grand magasin Razvitak.

CATHÉDRALE DE LA SAINTE-TRINITÉ

29. Hercegovačke Udarne Divizije 29

✆ +387 36 55 41 21

eparhija-zahumskohercegovacka.com

Cathédrale et église : visite possible en journée (horaires : se renseigner). Tenue correcte exigée.

Cette cathédrale orthodoxe serbe (Saborna Crkva Svete Trojice/Саборна Црква Свете Тројице) se dresse sur les hauteurs de Mostar-Est, offrant une belle vue sur toute la ville. Elle est le siège de l'éparchie (diocèse) de Zahumlje-et-Herzégovine, qui couvre l'Herzégovine, le littoral sud de la Croatie et une petite partie du Monténégro. Le bâtiment originel de 1873 a été dynamité par les forces croates en juin 1992, après le départ de la population bosno-serbe de Mostar (14 000 personnes en 1991, environ 4 500 aujourd'hui). Érigé avec l'aide de la Russie et des Ottomans, ce fut la plus grande cathédrale des Balkans à la fin du XIXe siècle. Entre 2010 et 2021, celle-ci a été reconstruite dans le même style néobyzantin et aux mêmes dimensions : 45 m de longueur, 26 m de largeur, dôme monté sur tambour de 30 m de hauteur et clocher à bulbe de 45 m de hauteur. Si des cérémonies s'y tiennent depuis 2018, l'intérieur était toujours en travaux en 2022. À 100 m de la cathédrale se trouve une autre église orthodoxe serbe, celle de la Nativité-de-la-Mère-de-Dieu (Crkva Rođenja Presvete Bogorodice/Црква Рођења Пресвете Богородице). Datant de la fin du XVIIe siècle, elle a été incendiée en 1992 mais conserve ses murs en pierre et une partie de ses vieilles icônes qui avaient été déplacées. De taille plus modeste (13,2 m de longueur, 9,2 m de largeur), elle est en partie enfouie dans le sol : les autorités ottomanes ne souhaitaient alors pas qu'un tel édifice chrétien soit trop visible.

MAISON BIŠČEVIĆ ★

Biščevića bb

✆ +387 36 55 06 77

Tous les jours 9h-16h (horaires variables hors saison). Entrée 4 km, café bosniaque 2 km.

Cette magnifique maison ottomane du XVIIe siècle (Biščevića Kuća) domine la Neretva avec une véranda en encorbellement soutenue par deux piliers de 12 m de hauteur. Coiffée d'un superbe toit de lauzes, elle abrite un petit musée à l'étage. Dans ce dernier est reconstitué un intérieur bosniaque du XIXe siècle avec la plus belle des trois pièces s'ouvrant sur la fameuse véranda. L'ensemble est rapide à visiter, car plusieurs parties endommagées en 1992-1994 sont toujours fermées. Mais on apprécie une pause café dans la cour en compagnie de la tortue de la maison.

MAISON KAJTAZ ★

Gaše Ilića 21

✆ +387 61 33 98 97

www.facebook.com/KajtazsHouse

Tous les jours 10h-16h (novembre-mars sur rendez-vous). Visite 4 km, café bosniaque 2 km.

Cette maison bosniaque (Kajtazova Kuća) est l'une des plus anciennes du pays. Datant du XVIe siècle, elle n'a pas été endommagée par les guerres et fut habitée par la famille Kajtaz jusqu'en 2006. C'est d'ailleurs le propriétaire actuel, Anes Kajtaz, né ici même, qui fait visiter les lieux (ou sa voisine Indira quand il n'est pas là) : un ensemble de petites pièces, une belle cour abritée par de haut murs protégeant du soleil, des pièces de charpente en cèdre du Liban, une collection de livres rares en arabe, un mobilier d'époque et de beaux tapis anciens.

MAUSOLÉE DE ŠEJH JUJO

Maršala Tita 250

Accès libre.

Ce grand türbe à six colonnes érigé en 1831 (Šejh-Jujino Turbe) abrite la dépouille du premier véritable intellectuel bosniaque de la période ottomane, Mustafa Ejubović (1651-1707). Surnommé « Jujo le Sage » (Šejh Jujo), celui-ci favorisa le développement de l'enseignement en Bosnie-Herzégovine. La visite, chaudement recommandée par certains habitants de Mostar, présente peu d'intérêt. Mais elle permet de découvrir la mosquée Šarić (1624) et le plus grand cimetière musulman de la ville (Šarića Harem), où reposent de nombreuses victimes de la dernière guerre.

MOSQUÉE ĆEJVAN-ĆEHAJA

Ramića

Visite parfois possible. Tenue correcte exigée, se déchausser, se couvrir la tête pour les femmes.

Cette mosquée (Ćejvan-Ćehajina Džamija) est aujourd'hui la plus ancienne de Mostar. Elle fut édifiée en 1552-1553 grâce à une donation de Ćejvan-ćehaja (v. 1500-1570), un noble bosniaque qui finança plusieurs bâtiments de la ville, dont le hammam Ćejvan-Ćehajin. Celui-ci portait le titre honorifique de *ćehaja* (du turc *kâhya*, « serviteur ») donné à l'origine à l'adjoint d'un personnage important. Remaniée dans le style néo mauresque en 1895, endommagée en 1993 et restaurée en 1997, c'est la seule mosquée de Mostar dont le minaret est situé à gauche du bâtiment.

MOSQUÉE HADŽI KURT

Rade Bitanje

Tous les jours 10h-16h en été. Visite 4 km. Tenue correcte exigée, se déchausser, se couvrir la tête pour les femmes.

Flanquée d'un minaret de 26,5 m de hauteur, cette petite mosquée (Hadži-Kurtova Džamija) fut bâtie au début du XVIIe siècle grâce à une donation d'Alija Kurt, membre d'une influente famille turque de Mostar. Aussi appelée mosquée Tabačica (« des tanneurs »), elle était en effet utilisée uniquement par les tanneurs de Mostar, dont l'odeur importunait les autres musulmans de la ville. Les tanneurs avaient ainsi ici leur quartier (Tabhana), leur mosquée et leur cours d'eau pour travailler les peaux, un bras de la Radobolja, qui alimentait en amont le hammam voisin.

MOSQUÉE VUČJAKOVIĆ

Maršala Tita

Rarement ouverte aux visites. Tenue correcte exigée, se déchausser, se couvrir la tête pour les femmes.

Cette mosquée à dôme (Vučjakovića Džamija), aussi appelée « mosquée sous le tilleul » (Džamija Pod Lipom), a été érigée vers 1558-1564 dans un style très influencé par l'architecture de Dubrovnik. Elle fut endommagée en 1993 et son minaret de 25 m de hauteur a été reconstruit six ans plus tard. Elle conserve aussi un cimetière improvisé durant le siège de la ville. Aujourd'hui, elle ne sert que pour la grande prière du vendredi et pour la fête de l'Aïd. Un peu plus haut dans la rue Bajatova se trouvent le musée de l'Herzégovine et la tour de l'horloge.

MOSQUÉE KARAĐOZ-BEY ★

Braće Fejića

Horaires : lire ci-après. Visite 6 km. Tenue correcte exigée, se déchausser, se couvrir la tête pour les femmes.

Cette mosquée (Karađoz-Begova Džamija) est la plus imposante d'Herzégovine. Elle fut construite en 1557-1558 grâce à une donation de Mehmed-Bey Karađoz (v. 1500-1564), un noble bosniaque de Mostar qui supervisa le début du chantier du Vieux-Pont et finança de nombreux édifices dans la province. Son concepteur pourrait quant à lui être Mimar Sinan (v. 1488-1589), le plus grand architecte ottoman. Endommagée durant la Seconde Guerre mondiale et, surtout, en 1993-1994, elle fut reconstruite en 2004. Flanqué d'un minaret de 35,50 m de hauteur, le bâtiment se présente sous la forme d'un cube de 13 m de côté, surmonté d'une coupole sur tambour de 16,49 m de hauteur et 10,72 m de diamètre. L'entrée est protégée par l'imposante toiture d'un porche à trois petits dômes. Toutes les toitures sont couvertes de plomb. La salle de prière est ouverte aux visiteurs en journée sauf durant la principale prière (vers 12h30-13h30 en été, vers 11h30-12h30 en hiver). Elle conserve certains éléments de décor des XVIIe, XVIIIe et XIXe siècles (calligraphies, gravures, peintures). Dans la cour, la médersa (école coranique), fut elle aussi financée par Mehmed-Bey Karađoz. À noter, juste en face de la mosquée, le türbe (mausolée) en brique rouge du poète et écrivain de Mostar Osman Đikić (1978-1912). Son nom est inscrit en cyrillique, car bien que bosniaque, il fut un militant nationaliste serbe, soutenant l'idée d'une fédération regroupant orthodoxes et musulmans. Le türbe fut dynamité par des Bosno-Croates en 1993, et reconstruit après la guerre.

© MATYAS REHAK - SHUTTERSTOCK.COM

MOSTAR

MUSÉE DE L'HERZÉGOVINE

Bajatova 4 ✆ +387 36 55 16 02
muzejhercegovine.com
Tous les jours sauf lundi 8h-16h (en théorie). Tarif 5 km. Tour de l'horloge 10 m plus haut dans la même rue.

Ce musée public (Muzej Hercegovine) créé en 1950 est installé depuis 1981 dans une belle maison bosniaque de la fin du XIXe siècle ayant appartenu à Džemal Bijedić (1917-1977), Premier ministre de la Yougoslavie de 1971 jusqu'à sa mort dans un accident d'avion en 1977. Mais hormis pour de précieux meubles de la période ottomane et quelques vestiges archéologiques dans la cour, la visite est rapide et décevante. L'institution gère aussi le musée de l'Herzégovine de Mostar (MUM) situé derrière le Vieux-Pont, mais celui-ci est « temporairement » fermé depuis 2020.

RUE KUJUNDŽILUK ★★

Kujundžiluk
Rue piétonne. Boutiques et artisans : tous les jours à partir de 8h. Terrasse du restaurant Labirint en contrebas.

Voici la rue la plus jolie, la plus célèbre et la plus… énervante de Mostar. Énervante parce qu'il y a toujours des touristes qui s'y bousculent, s'y prennent en photo et s'attroupent devant des boutiques de souvenirs sans intérêt. Célèbre, parce qu'on profite ici d'une vue admirable sur le Vieux-Pont. Jolie enfin car elle n'a pas trop changé depuis le XVIe siècle avec ses pavés luisants et ses façades colorées. Rue traditionnelle des ferblantiers et chaudronniers, elle était à l'origine celle des « orfèvres » (*kuyumcular* en turc, *kujundžije* en langues locales).

HAMMAM ĆEJVAN-ĆEHAJA

Rade Bitange
Expositions : se renseigner.

Ce bâtiment d'un seul niveau et sans fenêtre (Ćejvan-Ćehajin Hamam) est le hammam ottoman le mieux préservé du pays. Il a été construit à partir de 1558 grâce à une donation de Ćejvan-Ćehaja, à qui l'on doit aussi la mosquée du même nom, sur la rive gauche. Les bains étaient alors alimentés par un bras souterrain de la rivière Radobolja, un affluent de la Neretva. Endommagé durant la dernière guerre, le hammam a été restauré grâce à l'aide de la France en 2004. Utilisé pour des événements et expositions temporaires, il a aussi accueilli un musée de 2015 à 2021.

MOSQUÉE KOSKI MEHMED-PACHA ★★

Mala Tepa 16
Tous les jours 8h30-21h. Visite 4 km. Tenue correcte exigée, se déchausser, se couvrir la tête pour les femmes.

Avec son architecture harmonieuse et son emplacement, le long de la Neretva, cette mosquée (Koski Mehmed-Pašina Džamija) est la plus élégante parmi les quinze que compte la ville. Elle fait partie d'un complexe qui fut commandité en 1616 par Mehmed Pacha Koski, noble bosniaque de Mostar qui occupait la prestigieuse fonction de *defterdar*, c'est-à-dire grand maître des finances de l'armée ottomane. Mais celui-ci mourut en 1618, deux ans avant la fin du chantier. Le complexe fut dévasté durant la dernière guerre et reconstruit en 1999-2001. La mosquée est désormais fermée au culte, mais ouverte aux visites. C'est d'ailleurs l'un des monuments les plus visités de la ville. On y accède par un passage voûté avec un arc en plein cintre. On entre alors dans une cour où, au centre, se dresse la fontaine pour les ablutions rituelle des fidèles. Derrière celle-ci se trouvent les pierres tombales des imams qui se sont succédé ici. En face de la mosquée se dresse l'ancienne médersa (école coranique), qui fut transformée en tekké (lieu de culte soufi) jusqu'en 1924, et abrite aujourd'hui un magasin de tapis et de souvenirs.

▶ **Café et minaret avec vue.** En dessous du petit cimetière, l'espace café dispose d'une agréable terrasse surplombant la Neretva avec une magnifique vue sur le Vieux-Pont. Le reste de la cour est occupé par un centre culturel turc. La mosquée elle-même se présente sous la forme d'un cube de 12,60 m de côtés surmonté d'une coupole de 10 m de diamètre et 15,25 m de hauteur. L'entrée est protégée par un porche à trois coupoles. Les murs, percés de vingt-cinq fenêtres, sont constitués de blocs carrés de 1,10 m de côtés de même type que ceux utilisés pour le Vieux-Pont, une roche calcaire appelée *tenelija*. Le minaret s'élève à 28 m de hauteur, surmonté d'un alem (symbole du croissant et de l'étoile) de 1,90 m. Moyennant 4 km supplémentaires, on peut monter les 89 marches pour accéder en haut du minaret (large de 1,30 m de diamètre à l'intérieur) et bénéficier ainsi d'une vue d'ensemble sur la ville avec le Vieux-Pont au premier plan. Dans la salle de prière, les murs sont décorés de la même manière que ceux de la mosquée Karađoz-Bey, avec des motifs végétaux, divers ornements sur le minbar (chaire réservée aux sermons), le mirhab (« sanctuaire » indiquant la direction de La Mecque) et le mahfil (galerie réservée aux femmes), de magnifiques panneaux calligraphiques en arabe reprenant certains versets du Coran et une rosace centrale sur le dôme.

PONT RECOURBÉ ★

Jusovina

Pont piéton.

Cet élégant petit pont (Kriva Ćuprija) est encore plus vieux que le Vieux-Pont. Situé tout près du plus célèbre monument de la ville, le pont dit « recourbé » (aussi appelé en français « pont courbé » ou « en dos d'âne ») enjambe la petite rivière Radobolja, un affluent de la Neretva qui prend sa source 5 km à l'ouest. Ni son commanditaire ni sa date de construction ne sont connus, mais l'ouvrage est mentionné pour la première fois en 1558. Il doit son nom actuel à sa forme d'arche en demi-cercle parfait de 8,56 m de largeur et de 4,15 m de hauteur. Construit lui aussi en pierre, il évoque très fortement la forme du Vieux-Pont. Comme lui, il a dû être reconstruit. Déjà endommagé par un bombardement durant le siège de 1993-1994, le pont courbé fut finalement emporté par une forte crue de la Radobolja le 31 décembre 1999. Il fut reconstruit en 2001-2002 avec le soutien de l'Unesco et grâce à l'aide financière du Grand-Duché du Luxembourg. Pour l'anecdote, on remarquera que cette intervention luxembourgeoise a permis l'installation ici du seul panneau explicatif en français dans tout Mostar. Le pont bénéficie surtout d'un cadre agréable, dominé sur la rive droite de la Radobolja par la très belle mosquée Nezir-Aga (Neziragina Džamija). Datant de 1550, celle-ci fut détruite non pas pendant la dernière guerre, mais durant la période de la Yougoslavie socialiste, en 1950, alors qu'elle était déjà désertée par les fidèles depuis vingt ans. Reconstruite en 1998-1999, elle n'est pour l'heure pas ouverte aux visites.

TOUR TARA - MUSÉE DU VIEUX-PONT ★★

Kujundžiluk

✆ +387 36 55 16 02

www.muzejhercegovine.com

Tous les jours sauf lundi 10h-18h (jusqu'à 16h hors saison). Fermé décembre-janvier. 6 km.

Cette tour (Kula Tara) garde l'entrée orientale du Vieux-Pont et abrite le musée qui lui est consacré (Muzej Stari Most). Si elle présente un aspect rectangulaire vue depuis le pont, elle est en fait de forme semi-circulaire, avec une surface arrondie à l'arrière. Comprenant cinq niveaux, elle s'élève à environ 20 m de hauteur au niveau de la toiture avec des murs de 3,5 m d'épaisseur à la base. Elle fut érigée en 1676 à l'emplacement d'une tour en bois dont la présence remonte au XIe siècle. Jusqu'à la fin de la période ottomane, en 1878, elle servit d'entrepôt de poudre et de munitions. Endommagée lors de la dernière guerre (murs fissurés, planchers détruits...), elle a été restaurée dans le cadre du projet de reconstruction du Vieux-Pont. Depuis 2006, elle abrite le musée consacré au monument le plus célèbre du pays. La première partie retrace l'histoire du pont et regroupe certaines trouvailles archéologiques faites lors du chantier. La seconde partie permet de découvrir les fondations de la tour et des vestiges des deux précédents ponts en bois du Moyen Âge. Enfin, au quatrième étage, la troisième partie revient en photos sur la destruction de l'ouvrage en 1993 et sur le chantier colossal qui a suivi jusqu'en 2004. On peut admirer le résultat depuis les ouvertures des murs donnant sur la Neretva, le Vieux-Pont et la tour Halebija. Au pied de la tour Tara, la librairie du Centre culturel islamique propose un beau nombre de livres consacrés à la dernière guerre et à Mostar.

THÉÂTRE DES MARIONNETTES DE MOSTAR

Braće Čišića 15 ✆ + 387 36 55 26 25

plm.ba

Tous les jours sauf samedi 8h-14h, dimanche 10h-12h30. Spectacle 5 km. Programmation : se renseigner.

Ce théâtre (Pozorište Lutaka Mostar) propose des spectacles pour tous publics adaptés du folklore serbe, croate et bosniaque. Régulièrement récompensée dans les festivals d'ex-Yougoslavie, cette institution publique créée en 1952 est installée dans une ancienne synagogue, elle-même fondée en 1904 dans une grange. Le bâtiment fut cédé à la municipalité en 1950 par la vingtaine d'habitants juifs de Mostar rescapés de la Shoah. La communauté juive compte environ 50 personnes aujourd'hui.

THÉÂTRE NATIONAL DE MOSTAR

Brkića 2

✆ +387 36 55 51 41

npm.ba

Spectacles tous les soirs sauf dimanche à 20h. Tarif 10 km. Billetterie 9h-14h, 18h-20h.

Ce gros bâtiment vétuste aux murs jaunes délavés et marqués par la guerre (Narodno Pozorište Mostar) fut pourtant, à sa création en 1951, le théâtre le plus moderne de Bosnie-Herzégovine. Durant le siège de la ville (1993-1994), sa « grande salle » de 300 places accueillit des familles de réfugiés. Depuis 2004, elle sert de cadre au festival international Mostarska Liska (« renard de Mostar ») auquel participent des troupes venues d'ex-Yougoslavie pendant un mois, en octobre.

VIEUX-PONT DE MOSTAR ★★★★

Stari Most

Pont piéton. Accès libre.

Enjambant la Neretva depuis 1566, le Vieux-Pont de Mostar (Stari Most) est une des plus belles réalisations de l'Empire ottoman dans les Balkans : une grande arche de couleur claire, aux lignes pures et en dos-d'âne de 27 m de portée, de 4 m de largeur et de 29 m de longueur. Situé au cœur de la vieille ville et gardé par deux puissantes tours défensives à chaque extrémité, l'ouvrage est superbe. Il impressionne aussi par sa hauteur : de 21 à 29 m au-dessus de l'eau selon le niveau de la Neretva. Inscrit au patrimoine mondial de l'Unesco depuis 2005, ce vénérable pont piéton est le monument le plus célèbre de Bosnie-Herzégovine et d'ex-Yougoslavie, visité par des centaines de milliers de touristes durant la saison estivale. Malgré l'affluence, on ne se lasse pas de l'emprunter pour passer d'une rive à l'autre de la vieille ville, de l'admirer à n'importe quelle heure du jour ou de la nuit depuis les terrasses des restaurants massés autour et d'assister au spectacle toujours fascinant (terrifiant aussi) des jeunes hommes de Mostar qui, été comme hiver, s'élancent majestueusement depuis son parapet pour plonger dans les eaux vives, froides et peu profondes de la Neretva. Le Vieux-Pont doit aussi sa renommée à sa... destruction. Le 9 novembre 1993, il s'effondra sous les coups de l'artillerie du HVO (Comité de défense croate) qui assiégeait alors la vieille ville bosniaque. Les images de cette destruction firent le tour du monde. L'émotion fut telle que la reconstruction à l'identique de l'ouvrage devint une priorité, avant même la fin de la guerre de Bosnie-Herzégovine. Il fallut pas moins de dix ans d'études et de travaux menés sous l'égide de l'Unesco pour que le Vieux-Pont renaisse en 2004.

Origines. Les fouilles réalisées à l'occasion du chantier de reconstruction ont prouvé qu'il a existé ici deux versions d'un pont en bois à partir du XIe siècle. Passage stratégique, le site permettait aux marchands de Raguse (Dubrovnik) de remonter avec leurs caravanes jusqu'au cœur de la Bosnie. À chaque traversée, les commerçants devaient s'acquitter d'une taxe auprès des *mostari*. Ce sont ces « gardiens du pont » qui ont donné leur nom à la ville, faisant de Mostar la seconde cité la plus riche de la région derrière Dubrovnik. Après la conquête ottomane, en 1470, la ville continue de se développer et il apparaît bientôt nécessaire de transformer le « vieux pont » en bois en une structure plus solide en pierre. On fait pour cela appel à Mimar Hajrudin (v. 1490-1570), élève du plus grand architecte ottoman Mimar Sinan et concepteur notamment de la mosquée Bayezid II d'Istanbul. Celui-ci arrive sur place vers 1557 et imagine une arche d'allure légère, mais d'une grande solidité. Cela grâce à une technique révolutionnaire : les 456 blocs de pierre calcaire qui composent le pont sont maintenus entre eux par la force de la poussée, mais surtout par des broches de fer scellées au plomb. La légende prétend que Hajrudin s'enfuit avant que l'on retirât les échafaudages, de peur que le pont s'écroule. En fait, la robustesse de l'édifice était telle que le Vieux-Pont a résisté pendant plus de quatre siècles aux tremblements de terre et à tous les conflits, sauf le dernier.

Destruction. Elle intervient alors que Mostar est assiégée par le HVO et l'armée de la Croatie depuis le 9 mai 1993. En septembre, l'ARBiH (armée de Bosnie-Herzégovine) lance une contre-offensive victorieuse. Mais celle-ci est stoppée net par le gouvernement bosnien, moralement déstabilisé par l'assassinat de soixante soldats bosno-croates par ses propres

© TOURISM ASSOCIATION OF BOSNIA AND HERZEGOVINA

Stari Most.

troupes. Le HVO soumet alors les quartiers bosniaques de la vieille ville à un déluge de feu durant l'automne 1993 : par vengeance, mais aussi parce qu'il n'a pas les moyens de vaincre l'ARBiH, solidement retranchée de part et d'autre de la Neretva. Tour à tour, tous les ponts s'effondrent sous les coups de l'artillerie du HVO. Le Vieux-Pont, qui avait tenu pendant quatre cent vingt-sept années, est le dernier à s'effondrer, le 9 novembre, touché par environs 60 obus. Par la suite, le HVO admettra l'avoir visé délibérément certes, mais pour des raisons stratégiques. En fait, avant ce coup de grâce, le Vieux-Pont endommagé ne permettait plus de ravitailler les troupes de l'ARBiH postées sur la ligne de front de la rive droite. La destruction avait avant tout un objectif politique et symbolique : faire disparaître un monument associé à la culture islamique et bosniaque. En 2013, les principaux officiers croates et bosno-croates qui dirigèrent le HVO dans le secteur ont été condamnés à de lourdes peines d'emprisonnement par le Tribunal pénal international pour l'ex-Yougoslavie, notamment pour la destruction du Vieux-Pont, considérée comme une violation des lois ou coutumes de la guerre.

Reconstruction. La vision du Vieux-Pont détruit a été un choc pour les habitants de Mostar, qui n'imaginaient alors pas que celui-ci puisse être rebâti. Pourtant, quatre mois après le pilonnage du monument, alors que la Bosnie-Herzégovine est encore en guerre, l'Unesco lance un appel pour la reconstruction le 10 mars 1994. De grandes institutions financières internationales, quelques mécènes et des pays comme la France et la Turquie répondent favorablement, plus tard rejoints par la Croatie. Une passerelle temporaire est installée à la place du pont par des soldats du génie espagnol. Tandis que des plongeurs de l'armée hongroise récupèrent certains blocs pesant jusqu'à huit tonnes dans la Neretva, on va chercher des pierres calcaires de même qualité (de type *tenelija*) dans les carrières de la région déjà utilisées au XVIe siècle. Mais un scandale éclate. Le projet initial prévoyait de former des tailleurs de pierre locaux, recrutés parmi toutes les composantes de la population, cela dans le but de rapprocher les communautés et de faire du pont un symbole de réconciliation. Mais c'est finalement une entreprise turque spécialisée dans la restauration de bâtiments ottomans qui sera mandatée en 2001. Maîtrisant mal les techniques très particulières mises au point par Mimar Hajrudin, celle-ci n'est pas parvenue à reproduire la forme parfaite de l'arche initiale. Après deux ans et demi d'un laborieux chantier, le « nouveau Vieux-Pont » est inauguré en grande pompe le 23 juillet 2004.

Quartier. Le 15 juillet 2005, moins d'un an après la réouverture du pont, celui-ci est inscrit

Le plongeoir installé pour la compétition du dernier week-end de juillet.

sur la prestigieuse liste du patrimoine mondial de l'Unesco. Ce n'est pas seulement l'ouvrage, mais l'ensemble du « quartier du Vieux-Pont de la vieille ville de Mostar » qui a été classé par l'organisme culturel des Nations unies. « Le quartier du Vieux-Pont, avec ses caractéristiques architecturales (pré-ottomanes, ottomanes de l'Est, méditerranéennes et d'Europe occidentale) est un exemple remarquable d'occupation urbaine multiculturelle, explique l'Unesco. Le pont reconstruit et la vieille ville de Mostar sont un symbole de la coopération internationale et de la coexistence de diverses communautés culturelles, ethniques et religieuses. » La zone inscrite au patrimoine mondial s'étend sur un espace de 7,6 ha entièrement piéton dans le quartier historique de Stari Grad (« vieille ville »), de part et d'autre du Vieux-Pont sur les deux rives de la Neretva. Sur la rive droite, à l'ouest, la zone protégée comprend : la tour Halebija qui garde l'entrée ouest du Vieux-Pont, une portion des rues Onešćukova (anciens ateliers transformés en boutiques) et Rade-Bitanje (ancien quartier des tanneurs de Tabhana avec la mosquée Hadži Kurt et le hammam Ćejvan-Ćehaja) ainsi que les environs du petit pont dit « recourbé ». À l'est, la zone classée est plus étroite. Elle longe la rive gauche de la Neretva entre la tour Tara (qui abrite le musée du Vieux-Pont) et la belle mosquée Koski Mehmed-Pacha, reliées entre elles par la splendide petite rue Kujundžiluk (ateliers d'artisans et boutiques de souvenirs) et la rue Mala-Tepa (« petite colline »). L'ensemble de ce quartier historique est entouré par une zone tampon de 48 ha où toute construction est – en théorie – strictement réglementée. C'est dans ce périmètre restreint que se concentrent la plupart des hôtels, des restaurants, des bars, des agences de voyages et des lieux de visite de Mostar.

LES PLONGEURS DU VIEUX-PONT

Depuis plus de quatre siècles, c'est une tradition : les jeunes hommes de Mostar plongent du Vieux-Pont de Mostar. Le célèbre voyageur ottoman Evliya Çelebi l'écrivait dans ses chroniques en 1664 : « Les courageux enfants de cette ville sautent dans l'eau froide de la Neretva. » Depuis la reconstruction du pont en 2004, le club Mostari s'est monté, proposant aux touristes les plus téméraires de tenter à leur tour l'expérience du štrap : le coup de « sangle » lorsqu'on pénètre dans cette eau dont la température oscille entre 10 et 15 °C en été.

Expérience. Si vous êtes décidé à plonger dans la Neretva de 21 m de hauteur (jusqu'à 29 m selon le niveau de la rivière), voici le programme : petite préparation physique (aucun certificat médical n'est demandé), prêt du maillot de bain, explication technique des gestes à suivre pour prendre son envol, pivoter et bien pénétrer dans l'eau et arrosage à l'eau froide pour se préparer au choc thermique. Ensuite, c'est parti pour le grand plongeon ? Non, pas forcément tout de suite. On doit d'abord s'entraîner d'un plongeoir de 10 m de hauteur en contrebas. Une fois ou deux, et dès qu'on est prêt, rendez-vous en haut du pont. Là, c'est parti pour 4 secondes de chute libre pour arriver à 80 km/h dans une eau ni très profonde ni très chaude en été, voire glacée en hiver. Il vaut mieux donc suivre les consignes, même si un ou deux *mostari* (le nom donné aux anciens gardiens du pont) attendent en bas à la réception en cas de souci. Parmi les 500 000 visiteurs qui traversent le pont chaque année, les candidats ne se bousculent pas : quatre en moyenne par semaine, jusqu'à dix par semaine en été. Mais à l'arrivée, en plus d'une grosse baffe bien trempée, on reçoit un certificat qui autorise à revenir plonger ici gratuitement une fois par an. On peut aussi éventuellement faire immortaliser le saut en vidéo. Et les accidents ? Cela arrive. Il y a eu un mort en 2010 et un autre en 2012. À chaque fois des touristes ayant voulu sauter seuls sans l'aide des *mostari*. D'ailleurs, pour des questions de sécurité mais aussi de business, les *mostari* ne supportent vraiment pas que l'on entreprenne de plonger du pont sans faire appel à leurs services.

Spectacle. L'essentiel de l'activité des *mostari* est de récolter de l'argent auprès des curieux pour effectuer eux-mêmes le plongeon avec maestria. Pour cela, ils font un peu de mise en scène : pendant que l'un franchit le parapet en faisant mine de se concentrer, ses camarades passent soutirer quelques euros, kunas et marks convertibles aux touristes qui guettent le saut smartphone ou appareil photo à la main. Dès qu'ils ont empoché l'équivalent de 20 ou 30 €, le plongeur s'élance. C'est de bonne guerre. Cette organisation et la création du club Mostari a surtout permis de mettre fin à la guéguerre que se livraient autrefois les plongeurs entre eux. Comme certains gagnaient plus que d'autres, cela faisait des jaloux. Désormais, les *mostari* se relaient chaque jour à tour de rôle selon un planning très strict. Ce qui permet à chacun de gagner un petit peu durant les mois creux, et beaucoup en été, lorsque la quête auprès des passants est telle que l'on compte plus de 50 sauts dans la même journée.

Compétition. Chaque dernier week-end de juillet est organisé le « Plongeon du Vieux-Pont » (Skokovi sa Starog Mosta, Stari Most Diving). Ce concours attire 10 000 spectateurs massés sur les berges dont les accès sont payants et contrôlés. Il est réservé aux plongeurs de Mostar et à des grandes pointures internationales, réunissant une centaine de participants sur trois jours. Le premier saut inaugural a lieu le vendredi soir à la nuit tombée, et les sessions de qualifications de 2h s'enchaînent le samedi et le dimanche dans deux catégories : en pénétrant dans l'eau soit avec la tête soit avec les pieds. Les finales se déroulent le dimanche avant une cérémonie de clôture le soir, les plongeurs éclairant la nuit avec des feux de détresse tout en plongeant dans la Neretva. En 2014, c'est un des membres du club Mostari, Lorens Listo, qui a remporté la compétition pour la huitième fois consécutive. Dans cette compétition désormais trustée par les plongeurs internationaux du Red Bull Cliff Diving Tour, le record reste à battre. Il a été établi par Emir Balić, un autre habitant de la ville, qui a remporté le concours treize fois en ayant sauté du pont pour la première fois à 16 ans, en 1935. Le « Plongeon du Vieux-Pont » est organisé depuis 1968 de manière formelle. Mais la légende locale veut que le concours soit organisé depuis la construction du pont en 1566.

BULEVAR

Bulevar

Axe routier, trottoirs de part et d'autre.

Grand axe nord-sud de Mostar, ce « boulevard » de 3 km de longueur suit le tracé de la route nationale M6.1. Parallèle à la Neretva, il va de la place d'Espagne, au nord, au quartier périphérique de Kolonija, au sud. Marquant aujourd'hui la « frontière » entre l'est et l'ouest de la ville, il constitua la ligne de front principale lors du siège de 1993-1994. Tous les édifices situés de part et d'autre furent endommagés. Malgré les efforts de reconstruction, plusieurs bâtiments en ruine ou marqués par des impacts de projectiles subsistent autour du boulevard.

CATHÉDRALE MARIE-MÈRE-DE-L'ÉGLISE

Nadbiskupa Čule

✆ +387 36 33 13 53

katedrala-mostar.info

Tous les jours 8h-12h, 15h-17h.

Tenue correcte exigée.

Consacrée en 1980, cette cathédrale de style postmoderne est le siège du diocèse catholique de Mostar-Duvno qui couvre l'Herzégovine et la Tropolje. Devancé par un campanile de 30 m de hauteur, ce long bâtiment en béton est couvert d'un vaste toit de 22 m de hauteur à quatre pans en structure métallique. L'intérieur est plutôt chaleureux et lumineux : bois, vitraux contemporains. Le siège du diocèse se trouvait auparavant à Tomislavgrad, ville de Tropolje historiquement appelée Duvno.

CROIX DU MILLÉNAIRE ★

Križ na Humu

Accès libre. Prévoyez de l'eau si vous montez à pied. Pèlerinage catholique le vendredi saint (date variable).

Cette croix catholique en béton armé (Milenijski Križ) se dresse au sommet de la colline de Hum (392 m d'altitude) qui surplombe Mostar-Ouest, au sud. Haute de 33 m (en référence à l'âge christique) et ornée des armoiries de la Croatie, elle a été installée en 2000 à l'occasion des deux millénaires de la naissance du Christ. Comme le campanile de la Paix, elle est perçue comme une provocation par les habitants non catholiques de Mostar. Le site offre en tout cas une vue magnifique sur la ville et la région avec le mont Velež, à l'est, et le mont Prenj, au nord-est.

CIMETIÈRE DES PARTISANS ★★

Kralja Petra Krešimira IV

Accès libre. Petit parking gratuit à l'entrée.

Créé en 1965, ce cimetière commémoratif (Partizansko Spomen Groblje) est, par son architecture, l'un des plus importants d'ex-Yougoslavie. Manquant aujourd'hui d'entretien, il est installé sur une colline, dans le parc forestier de Trimuša, tout à l'ouest de la ville. Le site abrite 810 tombes de partisans de la région de Mostar morts durant la Seconde Guerre mondiale. L'ensemble a été conçu par Bogdan Bogdanović (1922-2010) à qui l'on doit en particulier la *Fleur de pierre*, dans l'ancien camp de concentration croate de Jasenovac-Donja Gradina (voir région de Banja Luka). L'architecte serbe a ici mêlé deux grands mouvements artistiques : le land art, en utilisant le relief et des matériaux naturels, et le brutalisme, avec de nombreux éléments en béton brut. Le cimetière a ainsi été pensé comme un grand jardin traversé par un chemin de 250 m de longueur. Bogdanović a pris la Neretva comme source d'inspiration : le parcours est conçu comme une rivière qui serpente sur un sol pavé de galets provenant de la Neretva et qui débouche sur une immense « cascade » de blocs de pierre et de béton noyés dans la verdure. Là, reposent les corps de 560 partisans (toutes les dépouilles n'ont pu être retrouvées), dont huit, considérés comme « héros nationaux », sont enterrés dans un mausolée circulaire en haut de la « cascade ». Bogdanović a choisi de ne faire figurer *« aucun symbole de l'iconographie de la mort ou du réalisme socialiste »*, c'est-à-dire ni croix, ni faucille et marteau, cela pour éviter toute *« glorification de la mort »*.

ÉGLISE DE LA RÉSURRECTION-DU-CHRIST

À l'angle de la rue Stepinca, 500 m au nord de la place d'Espagne, presque en face du Mepas Mall.

Accès interdit (en théorie).

Cette grande église catholique inachevée (Crkva Kristova Uskrsnuća) est prévue pour seconder l'actuelle cathédrale Marie-Mère-de-l'Eglise comme siège du diocèse. Mais le projet, lancé en 1994, n'a abouti qu'à la construction de la base du bâtiment. Depuis 2008, le chantier est à l'arrêt, notamment parce que le terrain appartient à une famille juive spoliée durant la Seconde Guerre mondiale. Juste en face, au nord, le projet d'une grande mosquée est lui aussi au point mort depuis 2011.

MONASTÈRE FRANCISCAIN - CAMPANILE DE LA PAIX ★

Franjevačka 1 ✆ +387 36 31 96 88
franjevci.info
Campanile : tous les jours 9h-19h (17h hors saison), 6 km. Église : lire ci-après. Restaurant, boutique, parking.

Ce monastère catholique (Franjevački Samostan) est facilement repérable grâce à son campanile (Zvonik Mira), le plus haut édifice de la ville : 107,20 m au niveau de la croix posée au sommet. Fondé en 1866, le complexe est le siège du puissant ordre des franciscains en Bosnie-Herzégovine. Fortement endommagé lors du siège la ville par l'armée yougoslave en avril-juin 1992, il se compose aujourd'hui de bâtiments de différentes périodes. Le campanile est le plus impressionnant. Construit en 2000, c'est le deuxième édifice religieux le plus haut des Balkans, juste après la cathédrale de Zagreb, en Croatie (108,40 m). Bien qu'il soit dédié à la « paix », c'est un symbole de division, dominant tous les minarets de Mostar. Ce clocher carré (7,8 m de côtés) en béton est doté d'un belvédère situé à 75 m de hauteur avec quatre fenêtres offrant une vue imprenable sur Mostar et ses environs. Un ascenseur monte jusqu'à environ 50 m, permettant de s'économiser 222 des 370 marches. On passe ensuite par une exposition sur l'histoire de la ville et à côté de cinq énormes cloches. Attention, celles-ci sonnent toutes les quinze minutes et le son est puissant. Le monastère abrite aussi la vaste église Saints-Pierre-et-Paul (tous les jours 8h30-12h, 15h30-17h30, dimanche 12h30-17h30, messes à 7h et 18h, dimanche à 7h, 8h, 9h30, 11h et 18h, tenue correcte exigée). Achevée en 2020, elle est sans charme. Mais à l'intérieur, son bel aménagement contemporain mérite un coup d'œil.

MOSQUÉE BABA BEŠIR

Stara Ilićka bb
Parfois ouverte en journée. Tenue correcte exigée, se déchausser, se couvrir la tête pour les femmes.

Située à l'entrée de Balinovac, quartier le plus à l'ouest de la ville, cette mosquée (Baba Beširova Džamija) est l'une des plus anciennes de Mostar. Cernée de murs, elle fut fondée vers 1570 par Beşir Ağa, un officier de l'armée ottomane qui reçut le titre honorifique de *baba* (« père » en turc). Dynamitée en mai 1993, en même temps que la mosquée Hadži Ali-bey Lafa, elle fut reconstruite en 2000. Centre d'une petite communauté de Bosniaques revenus s'installer à Balinovac après la guerre, sa cour abrite un émouvant cimetière aux vieux nişans.

MOSQUÉE HADŽI ALI-BEY LAFA

Franjevačka
Parfois ouverte en journée. Tenue correcte exigée, se déchausser, se couvrir la tête pour les femmes.

Cette petite mosquée (Džamija Hadži Ali Bega Lafe) date du début du XVIIe siècle. Dynamitée par les forces bosno-croates en mai 1993, en même temps que les maisons de Bosniaques du quartier, elle fut reconstruite en 2009 avec une partie des matériaux d'origine. Elle accueille de rares Bosniaques revenus vivre à Mostar-Ouest. Mais les relations de voisinage sont tendues avec la présence en face d'un bar de supporters du HŠK Zrinjski Mostar, le club de football « croate » de la ville.

MUSÉE-ATELIER RENAULT

Bišće polje b.b
✆ +387 36 35 29 12
Lundi-vendredi 8h-16h30, samedi 8h-13h. Gratuit.

Ouvert en 2020, ce petit musée (Muzej Atelijer Renault) est installé chez un concessionnaire automobile. Il comprend six anciens modèles Renault produits en France et en Yougoslavie : une CV4 rouge de 1954, une Caravelle rouge de 1966, une 4L vert kaki de 1983, une R8 noire de 1967, une R12 bleu clair des années 1970 et une R5 beige des années 1980. On est ici au siège de Guma M, revendeur agréé de véhicules Renault, Dacia et Nissan. Autres activités sur place : atelier automobile, vente de pneus et location de voitures, *via* la filiale Guma X.

PARC ZRINJEVAC ★

Nikole Šubića Zrinskog
Accès libre. Café Coco Loco et immeuble en ruine de la « banque de verre » au nord-est du parc.

Unique espace vert du centre-ville, ce parc de 3 ha (Zrinjevac Park) est agréable avec ses pelouses et ses quelque 300 arbres. Il abrite deux étonnants objets : un œuf de Pâques de 2 m de hauteur et une statue de Bruce Lee. Ancien « parc de la Ville » (Gradski Park) créé en 1953, il a été renommé en 2007 en l'honneur du vice-roi de Croatie Nikola Šubić Zrinski. Celui-ci mourut en héros face aux Ottomans, à Szigetvár, à la frontière hongroise, le 7 septembre 1566, lors de la « bataille qui a sauvé la civilisation », dira plus tard Richelieu.

PLACE D'ESPAGNE

Španjolski trg

Place en partie piétonne.

Esthétiquement, cette place d'Espagne-là (Španski Trg/Španjolski Trg) ne peut rivaliser avec son homonyme de Rome. Mais elle constitue l'entrée dans Mostar-Ouest et fut au cœur des combats en 1993-1994. On y trouve le lycée de Mostar, l'immeuble en ruine de la « banque de verre », le Théâtre national croate et c'est de là que partent le Bulevar et le Korzo. À l'origine, la place ne portait pas de nom, constituant juste une intersection. Elle fut nommée en 1995 en l'honneur des casques bleus espagnols qui furent déployés ici à partir de 1993.

BANQUE DE VERRE

Kneza Domagoja 12

Ne se visite pas (officiellement).

Ce squelette de béton anguleux de dix étages doit son surnom (Staklena Banka) à ses parois de verre qui furent détruites durant la dernière guerre. Ce qui était alors le plus haut édifice de la ville abritait des snipers bosno-croates qui furent pris pour cible par les défenseurs de Mostar-Est. Achevé en 1991, le bâtiment devait accueillir le siège de la Banque du commerce de Mostar, mais ses 8 829 m² de bureaux ne furent jamais utilisés. Racheté par l'État fédéral en 2017, il demeure vide et ses accès sont (presque) tous condamnés, car considéré comme mal famé.

STATUE DE BRUCE LEE ★

Nikole Šubića Zrinskog

Accès libre.

On peut en rire, mais cette statue (Spomenik Bruce Leeju) est un rare signe de rapprochement entre les communautés de Mostar. Le projet est né en 2004. L'association locale Urban Movement lance l'idée d'une statue qui puisse plaire à l'ensemble de la jeunesse de la ville. Un vote est organisé auprès de jeunes bosno-serbes, bosno-croates et bosniaques. On leur soumet plusieurs noms : Tito, le pape, Gandhi… Ce sera finalement le roi du kung-fu sino-américain. En 2005, le sculpteur croate Ivan Fijolić (né en 1975) dévoile la statue dans le parc Zrinjevac, en plein Mostar-Ouest : un Bruce Lee étincelant de bronze, presque grandeur nature. Paré au combat, il tient son nunchaku sous le bras droit, la main gauche déployée. Avec comme seule inscription adressée à la jeunesse « Bruce Lee, votre Mostar ». Mais les nationalistes craignent que ce héros étranger mi-comédien mi-philosophe détourne la jeune génération des valeurs pour lesquelles ils ont combattu. Et la question se pose, très sérieusement : vers quel quartier le petit dragon oriente-t-il la frappe de sa paume : vers les mosquées ou du côté de la cathédrale catholique ? De part et d'autre, on se sent offensé. La sculpture est vandalisée. Retirée pour réparation, elle revient. Puis repart. On la croit kidnappée. L'histoire passionne. L'écrivain français Camille de Toledo en fait même un roman (*Oublier, trahir, puis disparaître*, éd. Seuil, 2013). En fait, le sculpteur l'avait juste empruntée le temps d'une expo à Zagreb. Bruce Lee est depuis revenu dans le parc Zrinjevac.

LYCÉE DE MOSTAR

Španjolski trg

gimnazijamostar.ba

Ne se visite pas.

Dominant la place d'Espagne, ce lycée (Gimnazija Mostar) évoque par sa forme en triangle, sa couleur orange et son style néo-mauresque la Vijećnica, l'ancien hôtel de ville de Sarajevo. Il fut achevé en 1902 selon les plans de l'architecte tchèque František Blažek (1863-1944). Endommagé durant la dernière guerre, il abrite depuis 2009 trois établissements scolaires distincts : l'un bosno-croate, un autre bosniaque et un lycée privé accueillant des élèves de toutes origines. Ce dernier fait figure de modèle en matière de rapprochement entre les communautés.

THÉÂTRE NATIONAL CROATE DE MOSTAR

Kneza Domagoja bb

✆ +387 36 44 60 24

hnkmostar.ba

Lundi-vendredi 9h-17h. Spectacles : se renseigner.

Ce petit et austère bâtiment (Hrvatsko Narodno Kazalište u Mostaru) abrite la principale institution culturelle bosno-croate de Bosnie-Herzégovine. Il fut édifié entre 1996 et 2011 à l'emplacement du grand magasin Hit (1973) détruit au cours de la dernière guerre. Devant le théâtre se trouve un monument inauguré par le roi Juan Carlos en 2012 qui porte les noms des 22 soldats et d'un interprète bosnien du continent espagnol des casques bleus morts dans le pays entre 1992 et 1998.

SE LOGER

Mostar possède un vaste éventail de types d'hébergements, de l'hôtel de luxe à l'auberge de jeunesse en passant par des hôtels classiques, des chambres chez l'habitant, des appartements et des pensions de famille. Si vous pensez venir ici en été, il faut réserver bien à l'avance pour pouvoir choisir l'établissement qui vous convient le mieux. Mais si vous arrivez ici sans point de chute et au cœur de la saison estivale, il restera forcément peu de chambres disponibles. Toutefois, des agences de tourisme privées comme Fortuna Tours ou Almira Travel, pourront vous aider, moyennent une commission. L'office de tourisme (organisme du tourisme de l'Herzégovine-Nerteva) n'est quant à lui pas d'un grand secours en général. Autre option : se rabattre sur des hébergements dans les villages voisins comme Blagaj, Buna et Podvelež qui disposent de liaisons en bus de ville avec Mostar.

HOSTEL NINA MOSTAR €

Čelebića 18
✆ +387 36 55 08 20
hostelnina.ba

4 chambres : 20 € pour deux avec petit déjeuner. Dortoirs : 9 €/personne avec petit déjeuner. Parking sur réservation.

Super-bien placée et pas chère, cette auberge de jeunesse ouverte en 2005 dispose du Wifi et d'un agréable jardin où l'on peut faire des barbecues et cueillir des grenades à l'automne. Les chambres privées (2/4 personnes), les dortoirs (8 lits chacun), les salles de bains collectives (serviettes fournies) et la cuisine commune sont propres, fonctionnels et bien tenus. La petite équipe qui gère le lieu propose notamment des excursions à Blagaj, à Počitelj et aux chutes de Kravica. Lave-linge/sèche-linge et service de navette pour les gares routières et ferroviaires.

HOTEL NERETVA €

Mostarskog bataljona

83 chambres prévues. En travaux.

Toujours en travaux lors de la rédaction de ce guide, cet établissement merveilleusement placé au-dessus de la Nerteva fut le plus prestigieux hôtel de Mostar. Construit dans le style néomauresque en 1892, il a accueilli les plus hauts dignitaires du pays, à commencer par Tito. Laissé à l'état de ruine après la dernière guerre, l'hôtel fait l'objet d'un projet de reconstruction depuis 2005. Mais ce n'est qu'en 2018 que les travaux ont commencé. En 2022, les murs et le toit étaient achevés, mais le chantier semblait devoir encore prendre un ou deux ans.

PANSION NUR €

Jusovina 8
✆ +387 36 58 02 96
pansion-nur.com

4 chambres. 35/80 € pour deux. Petit déjeuner 4 €/personne. Parking sur réservation.

Ouverte en 2011, cette belle pension construite dans le style ottoman est l'un des rares hébergements de Mostar à posséder une vraie vue sur le Vieux-Pont. Et encore, seules deux chambres (les plus chères) offrent cette possibilité. Toutes sont bien aménagées avec déco moderne, salle de bains, clim, wifi et TV. Le petit déjeuner est à prendre dans le resto d'à côté. Navette gratuite pour la gare ou l'aéroport (à demander lors de la réservation), blanchisserie, location de voiture. Accueil sympa, mais pensez à réserver bien à l'avance pour une chambre avec vue.

HOTEL ALMIRA €€

Rade Bitange
✆ +387 36 55 43 10
almira-hotel.ba

16 chambres. 46/80 € pour deux avec petit déjeuner. Restaurant : environ 20 km/personne. Parking souterrain.

Construit en 2014, cet hôtel de style ottoman appartient à l'agence Almira et profite d'une déco soignée (boiseries, tapis de Počitelj…). Chambres un peu étroites mais impeccables (bonne salle de bains, Wifi…). Dans les étages, deux terrasses permettent de profiter d'un copieux petit déjeuner (miel, confitures artisanales…) avec une belle vue. Au restaurant, plats cuits au feu de bois ou dans des pots en terre cuite. Accessibilité pour les personnes à mobilité réduite. Services de l'agence Almira : transferts, location de voiture, etc.

HOTEL MOSTAR €€

Kneza Domagoja
✆ +387 36 44 65 00
hotelmostar.ba
102 chambres. 82/110 € pour deux avec petit déjeuner. Parking gratuit.

Rénové en 2014, ce grand hôtel du centre-ville propose de bonnes prestations avec un restaurant, un café et une terrasse, un centre de bien-être (sauna, salle de sport, bain bouillonnant) et des salles de conférences. Toutes les chambres disposent d'une salle de bains avec sèche-cheveux, d'un grand lit avec matelas confortable, un bureau, un coffre-fort, un minibar et la clim. Wifi seulement dans les parties communes. L'établissement propose de nombreux services, notamment une laverie et le transfert pour les aéroports. Convient aux personnes à mobilité réduite.

VILLA FORTUNA €€

Rade Bitange 34
✆ +387 36 58 06 25
villafortuna.ba
8 chambres. 47/60 € pour deux avec petit déjeuner. Appartement : 100 €/4 personnes. Parking sur réservation.

Cette pension est gérée par l'agence Fortuna Tours. Si la façade (jaune pastel) est moderne, l'arrière du bâtiment abrite une superbe cour pavée avec une maisonnette en pierre et une terrasse où est servi un très bon petit déjeuner à base de produits artisanaux avec thé et infusions en vrac (rarissime !). Les chambres avec meubles en bois disposent d'une salle de bains, de la clim, du chauffage, d'un réfrigérateur et du Wifi. Services en plus : transferts aéroports, location de voiture et toutes les excursions du catalogue Fortuna Tours.

VILLA MARSHALL €€

Rade Bitange 8
✆ +387 61 52 94 33
www.facebook.com/CaffeMarshallTito
5 chambres. 50/70 € pour deux avec petit déjeuner. Parking gratuit devant (dans la cour privée pour les motos).

C'est l'hôtel le plus proche du Vieux-Pont. Alissa, la patronne, vous ouvre littéralement les portes de la vieille ville : grâce à elle, on peut venir se garer ici en voiture dans la zone piétonne et classée Unesco en la prévenant par téléphone. Sa jolie maison de famille abrite des chambres confortables pouvant accueillir jusqu'à cinq personnes (salle de bains, matelas correct, TV, clim, chauffage et Wifi). Possibilité de se baigner dans une piscine à côté, petit déjeuner dans le jardin. Services : location de voiture, transfert aéroports, blanchisserie…

HOTEL MEPAS €€€

Kardinala Stepinca
✆ +387 36 382 000
mepas-hotel.ba
87 chambres. 113/218 € pour deux avec petit déjeuner. Bars et restaurants dans le centre commercial. Parking gratuit.

Installé dans le Mepas Mall, cet établissement haut de gamme donne accès, sans frais, à la piscine intérieure chauffée du centre commercial. Les chambres sont modernes et claires avec literie et salle de bains parfaites, rangements, accessibilité pour les personnes à mobilité réduite, etc. Le petit déjeuner est copieux et le personnel très pro. Nombreux services proposés : transfert aéroport, location de voiture, visites guidées et activités sportives. Sur place aussi : salles de réunion, cinéma, bowling, billard, salon de massage, etc.

MOSTAR MARRIOTT HOTEL €€€

Husnije Repca
✆ +387 36 551 999
www.marriott.com
182 chambres. À partir de 120 € pour deux avec petit déjeuner. Restaurant : environ 30 km/personne. Parking gratuit.

Ouvert fin 2022, cet hôtel de la prestigieuse chaîne américaine Marriott est l'établissement le plus haut de gamme de la ville avec le Mepas. Installé à l'emplacement de l'hôtel Ruža endommagé durant la dernière guerre, il possède de belles parties communes, une piscine extérieure, un centre de fitness et de bien-être, cinq salles de restaurant et huit salles de réunion. Sans surprise, les chambres sont élégantes et confortables avec Wifi, super-salle de bains, literie parfaite, rangements, bouilloire… Services : transferts aéroports, location de voiture, etc.

MUSLIBEGOVIĆ KUĆA €€€

Osmana Džikića 41
✆ +387 36 55 13 79
muslibegovichouse.com
9 chambres. 75/90 € pour deux avec petit déjeuner. Parking gratuit.

La maison Muslibegović (XIXe siècle) est classée monument national. Si elle a perdu son authenticité (elle fut détruite durant la dernière guerre), elle conserve tout son charme et dispose d'un joli jardin où prendre son petit déjeuner. Les chambres sont agréables avec leurs murs en pierre apparente, leurs tapis, leur parquet et meubles traditionnels en bois. Elles sont équipées d'une salle de bains moderne, de la clim et du chauffage, mais sans Wifi (seulement dans les parties communes). Le personnel est sympa et très pro. Parfait pour un séjour romantique.

SE RÉGALER

D'une manière générale, les restaurants sont sans intérêt dans la zone touristique de Stari Grad, la « vielle ville », autour du Vieux-Pont, à Mostar-Est. C'est aussi toujours à peu près la même chose : des *ćevapi*, des grillades, des pizzas, de la truite d'élevage, des frites et des salades. Cela dit, pour déjeuner en plein été, quand il fait 40 °C à l'ombre, une salade fera très bien l'affaire. L'idéal est de repérer les restaurants les mieux placés pour profiter de la vue sur le Vieux-Pont, comme Labirint, Babilon et Lagero. Mais pour trouver une bonne table, découvrir la vraie cuisine locale et la variété des vins d'Herzégovine, il faut passer dans Mostar-Ouest. Là, on conseille en particulier Pablo's et Schumann, qui sont de loin nos deux adresses préférées. Toujours à Mostar-Ouest, le caviste Vinoteka (voir « Se faire plaisir ») propose aussi une bonne cuisine à l'heure du déjeuner.

Rues animées de Mostar.

BABILON €€

Tabhana bb

✆ +387 61 16 49 12

Tous les jours 9h-23h. Environ 20 km/personne.

Parfaitement situé pour déjeuner avec la vue directe sur le Vieux-Pont, c'est le seul des cinq restaurants panoramiques situés de ce côté-ci de la rive droite à être ouvert toute l'année. Le cadre est enchanteur : le nom de l'établissement vient de ses terrasses en escaliers qui descendent dans la Neretva, évoquant les jardins suspendus de Babylone. Les plats traditionnels sont bons et le service efficace. On a particulièrement apprécié les légumes farcis au riz (*mostarski mješanac*) et la truite grillée (*pastrmka na žaru*). Très sympa surtout pour prendre un café.

LAGERO €

Oneščukova

✆ +387 61 80 86 98

Tous les jours 9h-0h. Environ 20 km/personne. Fermé janvier-février.

Ce restaurant possède une grande terrasse et un petit balcon qui sont les plus poches du Vieux-Pont. Cela en fait l'un des plus fréquentés de la ville. Pour autant, la vue est plus belle, en face, depuis le restaurant Labirint. Mais ici, on embrasse du regard non seulement le pont, mais aussi la jolie rue Kujundžiluk et la mosquée Koski Mehmed-Pacha, superbement éclairée le soir. Sinon, au menu, c'est vraiment sans surprise : *ćevapi*, grillades, salades, truite d'élevage. Quand il y a moins de monde, c'est pas mal pour une pause café-photo.

HINDIN HAN €

Jusovina 10

✆ +387 36 58 10 54

Tous les jours 9h-23h. Environ 20 km/personne.

Située en face du pont « recourbé », cette belle maison traditionnelle abrite un autre restaurant touristique. Les entrées sont plutôt interessantes avec du jambon cru (*pršut*) du Monténégro, du fromage (*sir*) d'Herzégovine, de Bosnie centrale et de Tropolje, des soupes et des salades. Ensuite, c'est plus conséquent avec des *ćevapi*, du veau en sauce, des grillades, des poissons d'élevage, des fruits de mer de Dalmatie ou surgelés, etc. Terrasse ombragée et personnel sympa. Bonne sélection de vins de l'Herzégovine et copieux petit déjeuner le matin.

ŠADRVAN €

Jusovina 11

✆ +387 36 57 80 95

www.facebook.com/SadrvanMostar

Tous les jours 10h-23h. Environ 25 km/personne. Fermé en janvier.

Certes, on a envie de fuir en voyant les pauvres jeunes filles en habits « traditionnels » faire la retape de ce restaurant dans la rue Oneščukova. Mais, on peut se laisser tenter par cet établissement touristique qui propose une cuisine locale honnête dans un beau cadre, avec sa terrasse agrémentée d'une jolie fontaine (le *šadrvan* est la fontaine de la mosquée pour les ablutions avant la prière). Plus bas dans la rue Jusovina, sur la berge de la Neretva, reposent de gros blocs de pierre du Vieux-Pont tombés dans la rivière lors de sa destruction en 1993.

LABIRINT €

Kujundžiluk

✆ +387 36 55 01 29

bristol.ba/labirint

Tous les jours 8h-23h. Environ 20 km/personne, pizza 14 km.

Ce restaurant dispose de la plus belle vue sur le Vieux-Pont, avec une grande terrasse le long de la Neretva, accessible par des escaliers depuis la célèbre petite rue piétonne Kujundžiluk. Le service est rapide et efficace. Le menu est varié mais sans surprise (*ćevapi*, grillades, salades, poissons, pizzas, pâtes et quelques plats en sauce). C'est aussi une des rares adresses ouvertes tard le soir hors saison. En été, l'endroit est souvent pris d'assaut par des groupes de touristes. On est alors relégué à l'intérieur, dans une belle salle voûtée, mais sans la vue.

TIMA-IRMA €

Oneščukova 7

✆ +387 62 95 85 39

www.cevabdzinica-tima.com

Tous les jours 9h-23h. Ćevapi 7 km les dix, 4 km les cinq.

Malgré tout notre amour pour ce pays, on ne raffole pas de son plat national, les *ćevapi*. On trouve en général ces petits rouleaux de viande grillée trop gras. Irma-Tima fait partie des rares exceptions où l'on prend plaisir à en manger. Irma prépare elle-même son four traditionnel chaque matin et grille avec justesse ses viandes au feu de bois. Ses *ćevapi* et ses grillades généreuses sont servis avec du pain maison. Du coup, malgré la foule qui passe à côté de la terrasse, c'est devenu notre adresse préférée à Mostar. Vivent les *ćevapi* de Madame Irma !

MEGI €

Kralja Tomislava 29
✆ +387 36 32 19 11
megi.ba
Tous les jours 8h-23h. Environ 20 km/personne.

Cette pizzeria se veut la meilleure de la ville… et du pays. N'exagérons rien. Mais c'est une adresse plutôt convenable. On y trouve en effet de bonnes pizzas ainsi que d'autres plats italiens : jambon cru et *antipasti*, pâtes, lasagnes, cannellonis, carpaccio, veau à la crème, salades, etc. Les portions sont généreuses et les serveurs, efficaces. Mais les desserts sont sans grand interêt. En face du restaurant, de l'autre côté de la rue du Roi-Tomislav (*Kralja Tomislava*), se trouve un petit parc avec un train miniature pour enfants, le Vlakić Ćiro.

SCHUMANN €

Fra Didaka Buntića 117
✆ +387 36 325 326
Tous les jours sauf le dimanche 8h-23h. Menu 25 km, environ 30 km/personne à la carte.

Notre coup de cœur à Mostar. Ouvert en 2016 par le très bon cuisinier Miroslav Šuman (qui a germanisé son nom pour la blague), ce restaurant est installé dans une maison jaune à véranda bordée par deux terrasses arborées. On y sert des poissons frais et des langoustes de la mer Adriatique, parfois de l'anguille et des grenouilles du coin, quelques plats de viande, beaucoup de légumes et de très bonnes pâtes à l'italienne. Le tout s'accompagne d'une belle carte des vins de l'Herzégovine, comme ce délicat blatina fruité du vignoble Nuić de Crnopod, près de Ljubuški.

PABLO'S €

Kneza Branimira 11
✆ +387 63 764 764
www.facebook.com/pablosrestaurant.mo
Tous les jours 8h-23h. Environ 30 km/personne.

En général peu fréquenté par les touristes, ce restaurant est l'un des meilleurs de la ville. Déco soignée, service pro et sympa, cuisine dalmate, croate et italienne, bonnes pièces de viande (porc, bœuf maturé) et intéressante carte des vins, parmi lesquels un puissant rouge du domaine Carska Vina de Međugorje. Il y a encore un peu trop de frites à notre goût dans les accompagnements, mais heureusement plein de légumes, de pâtes *al dente* et un très honnête risotto. À noter que le sous-sol se transforme parfois le week-end en salle de concert jusqu'à 3h du matin.

RADOBOLJA €

Kraljice Katarine 11a
✆ +387 36 83 17 41
Tous les jours 8h-0h. Environ 20 km/personne.

Placé au bord de la Radobolja, petit affluent de la Neretva qui termine sa course au pont « recourbé » de la vieille ville, ce restaurant est une institution peu fréquentée par les touristes. Les habitants y viennent en famille pour manger de la truite ou daurade d'élevage, des *ćevapi* et des salades, mais surtout pour profiter des lieux : grandes pelouses et longues tablées disposées sous les arbres avec en fond sonore l'agréable bruit des cascades de la rivière. À éviter le week-end : c'est souvent plein, les serveurs sont débordés et les plats arrivent froids.

TECÓ €

Stjepana Radića 39
✆ +387 36 32 01 23
www.facebook.com/caffeteco
Tous les jours 7h-0h. Environ 20 km/personne. Paiement en liquide uniquement.

Ce restaurant-salon de thé est un des rares endroits de Mostar où l'on peut manger vegan et végétarien. Pas seulement, mais le choix est plutôt intéressant avec des plats qui changent tous les jours. Ce petit établissement à la déco moderne vaut aussi le détour pour ses sandwichs frais et variés, ses gâteaux et biscuits (option sans sucre ou sans gluten pour certains), ses jus de fruits, ses smoothies, son café, son thé au gingembre et ses bières artisanales. En été, agréable terrasse face à l'entrée du stade du HŠK Zrinjski, l'équipe de football de Mostar-Ouest.

FAIRE UNE PAUSE

Pas de souci pour s'arrêter boire un verre et se reposer dans la zone touristique en plein été : il y a des cafés et bars partout dans les ruelles de Stari Grad, la vieille ville. En dehors des heures de repas, les restaurateurs profitant d'une vue sur le Vieux-Pont vous accueilleront aussi volontiers pour une boisson gazeuse, une glace ou un café. Côté bières, la plus répandue est ici la Mostarsko Pivo (« bière de Mostar ») provenant de la grande brasserie industrielle Mostarska. Mais il y a aussi beaucoup mieux. Depuis les années 2010, plusieurs microbrasseries artisanales ont vu le jour dans la ville et dans ses environs. On peut découvrir cette production locale, confidentielle et de qualité dans certains pubs et bars, en particulier chez Ima I Može, à Mostar-Est, et chez Beer ti&ja, à Mostar-Ouest, ainsi qu'au salon de thé-restaurant Tecó (voir « Se régaler »), toujours à Mostar-Ouest.

BEER TI&JA

Kneza Višeslava
✆ +387 63 00 94 95
www.facebook.com/pub.beertija
Tous les jours 8h-0h. Plusieurs bars dans le même secteur (même horaires).

Avec le très agréable Craft Beer Garden Ima I Može de la vielle ville, ce pub est l'autre bonne adresse pour découvrir les bières artisanales locales. À commencer par celles élaborées directement sur place sous la marque Cooltura Pivovara : une APA douce et ambrée à base malt, une IPA plus forte à base de houblon, etc. On retrouve aussi la gamme plus réputée de l'autre microbrasserie de Mostar, OldbridZ, ainsi que les bières Lovac de Široki Brijeg et Kamen de Posušje. De petits plats très simples sont également proposés (saucisse-frites, salades…).

CAFÉ MARSHALL

Onešćukova bb
✆ +387 61 52 94 33
Tous les jours 8h-23h (parfois fermé en plein hiver).

Le nom du lieu est autant une référence au maréchal Tito (Maršal Tito) qu'à la marque d'amplis américaine Marshall. D'ailleurs l'ambiance est ici très rock'n'roll avec un gros juke-box et des instruments de musique accrochés aux murs. C'est un des bars les plus vivants de la vieille ville, tenu par la propriétaire de la Villa Marshall, située à quelques mètres en face sur la place de la mosquée Hadži Kurt. En été, des concerts sont organisés ici presque tous les soirs et, lors des rencontres internationales de football, les matchs sont retransmis sur écran géant.

CAFÉ DE ALMA

Rade Bitange bb
✆ +387 63 31 55 72
www.facebook.com/cafedealma
Tous les jours sauf lundi 10h-18h. Fermé janvier-mars.

De cette jolie petite maison ancienne, un peu à l'écart de l'agitation touristique de la vieille ville, se dégagent d'agréables arômes de grains de café fraîchement rôtis. La spécialité est ici le café bosniaque, savamment torréfié sur place, préparé façon Mostar, puis servi comme il se doit avec un loukoum. Le résultat est subtil et très équilibré. Tout vous sera expliqué et vous pourrez même rapporter de beaux paquets de cette mouture artisanale pour tenter de reproduire l'expérience. L'endroit propose aussi des jus de fruits et des visites guidées de la ville.

CRAFT BEER GARDEN IMA I MOŽE

Gojka Vukovića 4
✆ +387 61 80 22 05
www.facebook.com/imaimoze
Tous les jours 11h-23h. Dimanche, brunch bio et végétarien jusqu'à 14h30.

Ce sympathique bar à bières avec jardin est installé au frais, le long de la Radobolja. On y déguste des stouts, lagers et autres IPA provenant de petits producteurs locaux, notamment celles de la brasserie artisanale OldbridZ de Mostar, fondée en 2012 (2 km au sud du Vieux-Pont par la rue Maršala-Tita, tous les jours sauf dimanche 7h30-16h). À goûter aussi la production des microbrasseries Trojansko de Čapljina et Lovac de Široki Brijeg ou les bières 84 Olympics et Pi de Sarajevo.

(SE) FAIRE PLAISIR

La vielle ville regorge de boutiques de souvenirs vendant plein de choses ni très belles, ni très utiles, ni très locales. Certaines ne s'en cachent pas vraiment. D'autres se font passer pour des ateliers de petits artisans, voire pour des « musées » comme le Bosnaseum placé devant la mosquée Koski Mehmed-Pacha (voir « À voir/à faire »). Rien de tout cela ne relève réellement de l'arnaque, mais autant le savoir en passant dans les jolies ruelles pavées de Kujundžiluk, de Mala-Tepa et d'Onešćukova, souvent présentées comme un « bazar ottoman ». C'est toutefois rue Kujundžiluk que l'on trouve l'authentique atelier Pandur qui réalise sur place de beaux objets en cuivre, une vielle tradition locale. L'autre spécialité de Mostar, c'est le vin de l'Herzégovine. On peut le découvrir lors d'une visite des vignobles proposée par les agences de tourisme et/ou chez le caviste Vinoteka, à Mostar-Ouest.

MARCHÉ MUNICIPAL

Splitska 60

Tous les jours 6h30-14h.

Le marché principal (Pijaca Mostar) est installé entre de vieux immeubles d'habitation, sous la halle d'un supermarché Konzum. Il regroupe surtout des producteurs et vendeurs de fruits et légumes de la région, mais on y trouve aussi de la viande et du poisson frais. Dans la vieille ville, le petit marché couvert de Tepa (300 m au nord du Vieux-Pont) vend surtout des babioles et contrefaçons pour touristes. Plus intéressant est le village de Vrapčići (6 km au nord-est de la gare ferroviaire) qui accueille chaque dimanche un grand marché aux puces (*buvlja pijaca*).

ART STUDIO PANDUR

Kujundžiluk 4

✆ +387 36 55 00 22

Tous les jours 9h-19h en saison.
Service à café : 50/100 km ; plateau à mosaïque colorée : à partir de 1 500 km.

Établi dans la jolie petite rue Kujundžiluk, cet atelier réalise de beaux objets traditionnels et contemporains en cuivre depuis trois générations. Fondée par Ramiz Pindur en 1965, et aujourd'hui tenue par son fils Edin, l'entreprise a été choisie pour représenter l'artisanat de Mostar dans le cadre de l'inscription du quartier Vieux-Pont au patrimoine mondial de l'Unesco en 2005. Sur place, on peut voir le travail du martelage et parcourir la boutique qui vend aussi bien des bracelets que de précieux plateaux incrustés de mosaïques colorées, la spécialité maison.

VINOTEKA

Vokića i Lorkovića 91 ✆ +387 63 28 27 98

facebook.com/leroy.bar.and.wine.shop

Lundi-vendredi 9h-17h. Bouteilles de vin local à partir de 10 km. Restaurant : environ 25 km/personne (sans le vin).

L'unique véritable caviste du centre de Mostar dispose d'un catalogue d'environ 400 références, dont beaucoup de vins étrangers et de whiskys. Parmi les vignerons de l'Herzégovine se distinguent notamment les bouteilles des caves Andrija (à Paoča, 22 km au sud-ouest), Ostojić (à Čitluk, 28 km au sud-ouest) et Vilinka (à Sretnice, 17 km au sud-ouest). On regrette juste que les tarifs ne soient pas affichés sur les étagères. L'établissement abrite par ailleurs un bon restaurant-bar à vin et propose des séances de dégustation et des cours d'œnologie en anglais.

LIBRAIRIE IVO-ANDRIĆ

Biskupa Čule bb

✆ +387 36 83 36 73

Tous les jours sauf dimanche 9h-20h, samedi jusqu'à 14h.

Ouverte en 2021, cette libraire (Knjižara Ivo Andrić) propose quelques ouvrages en anglais (best-sellers et livres sur la Bosnie-Herzégovine et les Balkans) ainsi qu'une intéressante sélection de vins de l'Herzégovine et de Dalmatie. Elle a été fondée par Pero Buntić, ancien éditeur devenu vigneron à Vrgorac, en Croatie (18 km au sud-ouest de Ljubuški). Chose rare à Mostar, on y trouve surtout des ouvrages en langues locales d'écrivains de culture bosniaque, serbe et croate, et, bien sûr, les livres du plus grand auteur d'ex-Yougoslavie, Ivo Andrić (1892-1975).

Les activités, ce n'est pas ce qui manque à Mostar. Des visites guidées des monuments de la ville et des environs sont proposées dans de nombreuses agences de tourisme, parfois gratuitement comme avec Sheva Walking Tours, même si c'est assez succinct. Certaines agences ont aussi à leur catalogue un vaste choix d'activités sportives : tyrolienne, parapente, VTT, randonnée, équitation, quad, escalade, rafting, etc. Mais la chose la plus typique que vous puissiez faire ici est de vous jeter du Vieux-Pont en compagnie des *mostari*, les intrépides plongeurs de Mostar. Le plus sage est sans doute de les regarder : moyennant un pourboire, ils sont à l'œuvre tous les jours sur le monument le plus célèbre du pays.

CLUB DES PLONGEURS DU VIEUX-PONT

Kula Halebija

Tous les jours du lever au coucher du soleil. Formation et saut : 50 km (30 km hors saison). Compétition fin juillet.

Créé en 2004, ce club (Klub Skakača u Vodu Mostari) regroupe les jeunes hommes de la ville qui assurent l'animation en sautant dans la Neretva depuis le Vieux-Pont, moyennent un pourboire des passants. Appelés les *mostari* (« gardiens du pont »), ils proposent aussi à tout un chacun d'effectuer comme eux ce grand saut (de 21 à 29 m de hauteur selon le niveau de la rivière), après une petite formation sur un plongeoir situé en amont. Voir aussi « Les plongeurs du Vieux-Pont ».

MOSTAR X

Rive droite, le long du « Bulevar », 400 m à l'ouest du Vieux-Pont, 150 m à l'est du monastère franciscain.

✆ +387 62 24 04 56 - mostarxadventures.com

Tous les jours 8h-18h en saison. Parapente 130 km, canyoning 90 km, séjour familial 920 km/personne.

Créée en 2017, cette agence de tourisme est spécialisée dans les sports plus ou moins « extrêmes » : parapente et tyrolienne du site de Fortica (à Podveležž), plongée dans un lac, rafting et canyoning en eaux vives près de Konjic, plongeon du Vieux-Pont, etc. Les activités peuvent être aussi plus paisibles avec un tranquille petit tour en rafting dans Mostar ou un séjour familial (cinq nuits d'hôtel, des visites guidées et une sortie rafting). Propose aussi le transfert de/vers les aéroports (Sarajevo, Dubrovnik…) et la location de voitures.

IHOUSE TRAVEL

Onescukova 25 ✆ +387 36 58 00 48

ihouse-mostar.com

Tous les jours 10h30-21h30 (en été). Location de VTT : 40 km/jour. Visites et activités : de 30 à 100 km/personne.

Cette agence de tourisme privée se fait un peu passer pour un office de tourisme avec son logo au « i » évoquant celui d'un bureau d'information. Mais elle est sérieuse et propose de bonnes prestations : visite guidée gratuite de la ville (tous les jours, départ à 18h, réservation en ligne), visites guidées payantes (héritage ottoman, bunker de Tito à Konjic…) et activités sportives (parapente, VTT, rafting sur la Neretva…). Elle se distingue surtout par ses VTT en location qui peuvent être livrés (avec un supplément) à Čapljina, Ravno, Trebinje et Dubrovnik.

PISCINE MUNICIPALE

Dr. Mile Budaka bb

✆ +387 63 17 88 88

De fin juin à début octobre, tous les jours 9h-20h. Entrée 5 km.

Ce bassin à ciel ouvert (Gradski Bazen) est de taille olympique : 50 x 25 m. Comme les étés sont ici très chauds, on refuse souvent du monde à l'entrée : pas plus de 300 personnes à fois. Du coup, une partie de la jeunesse va se rafraîchir dans la Neretva. Juste en contrebas de la piscine se trouve en effet l'îlot sableux de Plaža Pijesak (« plage de sable »), un coin de paradis en plein centre-ville, parfois dangereux à cause des courants. Quant à la piscine, elle se transforme le soir en boîte de nuit (tous les jours 22h-4h en été, jeudi-samedi hors saison).

SORTIR

La ville est très animée en été avec ses milliers de touristes et la jeunesse locale venant le week-end de toute la grande région de Mostar. Les lieux à la mode changent constamment. Mais les quatre adresses que nous vous proposons ici sont des valeurs sûres pour boire un verre, danser ou écouter de la musique parfois très tard dans la soirée. Plusieurs autres établissements organisent aussi des concerts ou des soirées DJ : le Café Marshall, à Mostar-Est, le salon de thé-restaurant Tecó et très bon restaurant Pablo's, à Mostar-Ouest. Enfin, il existe environ six boîtes de nuit jouant de la dance ou du turbo-folk. Dans le quartier universitaire de Mostar-Est, au nord-ouest des gares, se trouve le Night Club Art. À Mostar-Ouest, il y a le GoldenCube (juste à l'ouest du parc Zrinjevac) et le Daleka Obala. Côté culture, il existe un théâtre « national » et un cinéma multiplex dans chaque partie de la ville ainsi qu'un très réputé théâtre des marionnettes à Mostar-Est.

ALI BABA PEĆINA

Kujundžiluk
✆ +387 66 00 55 44
alibaba-mostar.com
Tous les jours 8h-4h (octobre et mai jusqu'à 19h). Fermé novembre-avril.

Bienvenue dans la « grotte d'Ali Baba » ! Les quarante voleurs restent – le plus souvent – à l'entrée de cette cavité de 10 m de hauteur creusée dans la roche au XVe siècle. En été, c'est un lounge bar/boîte de nuit très apprécié pour sa fraîcheur, quand le thermomètre monte dehors à plus de 40 °C. L'endroit fait partie du complexe « Ali Baba Group » qui surplombe la célèbre et jolie petite rue pavée Kujundžiluk. Il y a une boutique de souvenirs, mais surtout un bar, un restaurant avec terrasse et des appartements qui profitent d'une vue plongeante sur la Neretva.

CAFÉ COCO LOCO

Kralja Zvonimira 11
✆ +387 63 31 39 73
Tous les jours 8h-3h (jusqu'à minuit hors saison).

Ce café-bar-salle de concert est l'un des rares lieux ouverts tard le soir en été à Mostar-Ouest. C'est aussi un des rares lieux à attirer la jeunesse des deux côtés de la ville. La déco et l'éclairage (ainsi que la propreté des toilettes) ne sont pas les points forts de l'établissement. On apprécie davantage la sélection musicale assez recherchée et la terrasse ombragée. Si c'est très calme en journée, cela devient nettement plus festif le soir, surtout en fin de semaine avec toutes sortes d'animations : sets de DJ, concerts de rock, poésie, etc.

CALAMUS CLUB

Dr Ante Starčevića
✆ +387 36 39 77 70
Tous les jours 7h-1h (jusqu'à 2h ou 3h du matin le week-end).

Placé en haut d'un immeuble de cinq étages, ce café-club offre de belles vues inattendues sur la ville, avec, au premier plan, les tristes ruines de l'ancienne ligne de front du « Bulevar ». L'endroit est agréable pour un café en journée. La nuit tombée, ça reste calme avec une playlist plutôt douce et des concerts piano-voix, jazz ou rock acoustique. Pour plus de sueur, direction la piscine municipale qui devient le soir le club Daleka Obala (« rivage lointain »), une boîte de nuit bien bruyante avec jusqu'à 2 000 personnes en été.

LJETNA BAŠTA OSCAR

Oneščukova 33
✆ +387 61 82 36 49
Tous les jours 8h-1h30 (parfois jusqu'à 3h du matin). Fermé octobre-avril. Pansion Oscar : à partir de 25 € pour deux.

Le « Jardin d'été Oscar » est, comme son nom l'indique, fermé hors saison et profite d'une dense végétation. Dans une vaste cour pouvant accueillir jusqu'à 500 personnes, de grandes banquettes colorées invitent à se prélasser en buvant des cocktails et en fumant le narguilé. Au fur et à mesure de la journée, la musique devient de plus en plus forte, passant du rock au jazz, de l'électronique à la house et du r'n'b à la dance. On peut aussi manger (pizzas, salades) et dormir (Pansion Oscar) sur place. Mais ce ne sont pas les points forts de l'établissement.

BLAGAJ ★★

▶ Blagaj/Благај (prononcez « blagaille ») compte environ 2 500 habitants, dont 98 % de Bosniaques, et appartient à la municipalité de Mostar. Le village se trouve 18 km au sud-est de Mostar (*via* Buna). Liaisons en bus urbains depuis la gare routière de Mostar-Est (lignes nos 10, 11 et 12, un bus/heure en semaine, 7/jour le week-end).

▶ Blagaj est un enchantement, aussi bien pour son cadre naturel que pour son patrimoine. Ce village est depuis la période ottomane l'un des principaux centres du soufisme, la branche mystique de l'islam, en Bosnie-Herzégovine. Les derviches avaient bien choisi leur emplacement, puisque le tekké de Blagaj (lieu de culte soufi le plus célèbre des Balkans) est installé juste à côté de la magnifique source (exsurgence) de la Buna. Ces deux monuments, l'un naturel, l'autre « spirituel » forment un ensemble unique. Cela vaut à Blagaj de figurer depuis 2017 sur la liste indicative de l'Unesco, en vue d'un éventuel classement au patrimoine mondial. Pour compléter cette carte postale, la source de la Buna est dominée par une haute falaise hérissée de fortifications médiévales : un site habité dès le néolithique qui abrita un temps la capitale d'Herzégovine. Malgré les bombardements par l'armée yougoslave en 1992, puis par le Comité de défense croate en 1993, le village a été bien conservé (ou reconstruit), notamment ces anciennes résidences ottomanes qui longent la Buna. L'une d'elles abrite aujourd'hui un sympathique gîte tenu par un propriétaire complètement francophone. Mais l'on trouve surtout ici des campings.

ÉGLISE DE LA SAINTE-TRINITÉ DE BLAGAJ ✞

Crkva Presvetog Trojstva u Blagaju na Buni
✆ +387 36 48 06 00
Rarement ouverte. Fête de la Sainte-Trinité : le 12 juin.

Cette église catholique (Crkva Presvetog Trojstva) a été fondée en 1908 et achevée en 1933. Ancien centre de la paroisse de Blagaj (une quinzaine de communes au sud de Mostar), elle a été endommagée par les bombardements de 1992, puis restaurée en 2014. Avec moins de dix habitants catholiques aujourd'hui à Blagaj, elle s'anime surtout pour la fête de la Sainte-Trinité. Depuis 2009, le centre de la paroisse a été transféré à la grande église moderne de Buna, près de la bifurcation.

ÉGLISE SAINT-BASILE-D'OSTROG DE BLAGAJ ✞

Blagaj bb
✆ +387 66 51 09 38
Rarement ouverte.

Cette petite église orthodoxe serbe (Crkva Svetog Vasilija Ostroškog/Црква Светог Василија Острошког) a été fondée en 1892 et achevée en 1934. Restée pendant plus de vingt ans à l'état de ruine, suite aux bombardements de 1993, elle a finalement été rénovée en 2016. Car si Blagaj compte moins de cinq habitants orthodoxes serbes (une trentaine avant la dernière guerre), ce monument fait partie, comme l'ensemble du cœur du village, de la zone classée par l'Unesco depuis 2017.

HERZÉGOVINE

© IMRE CIKAJLO - ISTOCKPHOTO

Tekké et source de la Buna, à Blagaj.

FORTERESSE DE BLAGAJ ★★

Stjepan grad

Accès libre. Prévoir 30 minutes de marche et de l'eau en cas de forte chaleur.

Partiellement restaurée, cette forteresse médiévale aux remparts crénelés (Stari Grad Blagaj) offre une belle vue sur Blagaj, les méandres de la Buna et la vallée de la Neretva. Elle se situe sur la colline de Hum à 310 m d'altitude et 260 m au-dessus de la source de la Buna. La colline a été habitée au néolithique et fut fortifiée au Ve siècle par les Byzantins. Renforcée à partir du Xe siècle par les princes serbes de la province de Hum (ou Zachlumie), qui contrôlaient le sud de l'Herzégovine, elle fut ensuite occupée et agrandie par les souverains de Bosnie, notamment par le grand duc Stefan Vukčić (1404-1466). Ce noble serbe régna sur un large territoire indépendant de 1435 à 1448 et prit le titre d'Herceg, ce qui donnera le nom de l'actuelle Herzégovine. Occupée par les Ottomans à partir de 1465, la forteresse abrita une garnison jusqu'en 1835. Le site s'étend aujourd'hui sur 2 ha. Les fortifications épousent le relief sans forme géométrique régulière. À l'est, l'entrée principale est défendue par un premier bastion qui domine le chemin d'accès, puis par un second bastion et par une porte fortifiée. Le mur principal de la partie orientale fut endommagé par l'explosion d'un stock de poudre vers la fin du XVIIIe siècle et ne fut que partiellement réparé. À l'intérieur de l'enceinte, les fouilles menées à partir de 1965 ont permis de découvrir les traces d'un ancien palais ducal du XVe siècle, des traces de constructions byzantines, des tuiles romaines et des poteries attribuées aux Illyriens.

MOSQUÉE DE L'EMPEREUR DE BLAGAJ

Careva džamija

Accès possible en journée. Tenue correcte exigée, se déchausser, se couvrir la tête pour les femmes.

Dotée d'un minaret de 20 m de hauteur, cette mosquée (Careva Džamija) est dédiée au sultan Soliman le Magnifique. Lors de sa construction en 1519-1520, elle fut couverte d'une grande coupole qui lui valut d'être considérée comme la plus belle mosquée d'Herzégovine. Mais la coupole s'effondra et fut remplacée en 1891 par l'actuel petit dôme octogonal. L'édifice fut en revanche peu touché par les bombardements de 1992-1993 et conserve une partie de son décor originel à l'intérieur.

PONT KARAĐOZ-BEY

Karađoz-begov most

Pont routier (peu de passages).
Berges aménagées pour la promenade.

Ce pont en pierre (Karađoz-Begov Most) fut construit au milieu du XVIe siècle pour relier Mostar à la ville de Stolac (30 km au sud de Blagaj). Il présente deux particularités. Son tablier de 33,40 m de longueur est légèrement incliné. Il est aussi très bas, avec ses cinq arches dépassant à peine de l'eau lorsque la Buna coule à plein débit. Il fut financé par Mehmed-Bey Karađoz, noble bosniaque à qui l'on doit notamment la plus grande mosquée de Mostar et aussi d'avoir supervisé le début des travaux du Vieux-Pont, toujours à Mostar.

SOURCE DE LA BUNA ★★

Vrelo Bune

Visite de la grotte Verte en canot pneumatique : environ 4 km/personne.

Le site de la source de la Buna (Vrelo Bune) est magnifique : des cascades, une passerelle, d'anciens moulins, le tekké de Blagaj et la grotte Verte d'où sort une eau pure, froide et tumultueuse, au pied de l'abrupte falaise de la colline d'Orlovača, d'une hauteur de 200 m. Quand le courant n'est pas trop fort, il est possible de pénétrer en canot pneumatique dans la première partie de la grotte Verte (Zelena Pećina), profonde de 10 m. Celle-ci servit d'abri aux hommes du néolithique. Elle doit son nom à la végétation aquatique qui se reflète sur les parois. La seconde partie de la grotte est quant à elle sombre et dangereuse : la source jaillit avec force des profondeurs de la terre. En réalité, il ne s'agit pas d'une « source », mais d'une exsurgence. Les eaux de la Buna proviennent d'un réseau souterrain du massif karstique du mont Velež. C'est d'ailleurs l'une des plus fortes exsurgences karstiques d'Europe avec un débit estimé à 43 000 litres par seconde. Ce réseau a été exploré à partir de 1996 par des plongeurs français. Au cours de différentes campagnes, ceux-ci ont remonté sur 400 m de longueur à des profondeurs oscillant entre 65 et 90 m, avec de forts courants et un manque de visibilité. C'est dans ces conditions qu'un plongeur français a trouvé la mort ici en 2008. Nettement moins terrifiante à la surface, la Buna dessine ensuite toute une série de jolis méandres sur 9 km à travers Blagaj et jusqu'au village de Buna où elle rejoint la Neretva de manière très étonnante aux « canaux de Buna ».

TEKKÉ DE BLAGAJ ★★★

Vrelo Bune

✆ +387 61 37 10 05

tekijablagaj.ba

Tous les jours 8h30-20h30. 5 km. Espace de prière, boutique, café et restaurant.

Ce tekké du XVIIe siècle (Tekija Blagaj) est l'un des plus célèbres monuments du pays avec le Vieux-Pont de Mostar. La visite est rapide, mais le site est magnifique : nichés au pied de la falaise de la colline d'Orlovača (411 m d'altitude), de superbes bâtiments aux murs blancs et aux toits de lauzes se reflètent dans les eaux de la Buna, juste à côté de la source de celle-ci. Il s'agit d'un lieu de culte soufi. Le soufisme est la branche mystique et ésotérique de l'islam. Réputées pour la poésie, l'érudition et l'esprit de tolérance de leurs derviches, les tariqas (confréries soufies) furent un rouage essentiel de l'Empire ottoman. Fondé par un derviche de Mostar vers 1650, sans doute à l'emplacement d'un lieu de culte chrétien, le tekké de Blagaj appartenait à la puissante tariqa des halvetis. Mais ce fut une autre grande confrérie, plus rigoriste, celle des nakshibandis, qui prit possession des lieux au cours du XIXe siècle. Malgré deux destructions causées par des chutes de rochers de la falaise, vers 1820 et en 1851, le tekké demeura actif jusqu'en 1925. Il tomba ensuite dans l'oubli, avant que la communauté musulmane de Yougoslavie soit autorisée à y organiser des cérémonies à partir 1974. Restauré en 2011, il accueille de nouveau une communauté de derviches nakshibandis turcs et bosniaques.

▶ **Visite.** Le complexe se compose de plusieurs bâtiments de style ottoman classique (logements, ancien hammam, salle de prière, etc.), dont une partie a été transformée pour les visiteurs (restaurant, boutique, café) avec la *musafirhana* (« maison des voyageurs ») servant de musée. En partie incrustée dans la falaise, elle a été érigée au XVIIe siècle, puis reconstruite en 1851. Fut alors ajouté une véranda au premier étage qui surplombe la rivière et sert aujourd'hui encore pour la prière et les chants religieux. C'est dans cette petite pièce appelée la *semahana* que l'on peut assister au *zikr* (cérémonie rituelle) : des chants rythmiques et répétitifs parfois accompagnés de tambours. Ils doivent conduire les participants à un état extatique. Le complexe abrite également un tombeau de 6 m de hauteur. Celui-ci contient les sarcophages de Sari Saltik et de son disciple Achik Basha. Sari Saltik fut un missionnaire turkmène de la confrérie des bektashis au XIIIe siècle. La légende dit qu'il avait exigé que ses restes mortuaires soient placés dans huit cercueils et envoyés dans huit pays différents aux fins d'islamiser les populations. Dans les Balkans, on trouve deux autres tombeaux de Sari Saltik, à Kruja (Albanie) et à Kaliakra (Bulgarie).

OFFICE DU TOURISME DE BLAGAJ

Blagaj bb

Tous les jours 10h-20h (horaires variables hors saison). Association Novi Val : office@novival.info, +387 61 52 90 05.

Cet office de tourisme (Turist Info Centar) pourra peut-être vous conseiller pour trouver un hébergement. Mais il n'est en général pas d'une grande aide. Vous trouverez davantage d'infos pour les visites et les randonnées à Blagaj et dans les environs auprès de l'association Novi Val (« nouvelle vague »). En été, celle-ci tient le – très rudimentaire – camping Eco Center, 350 m au sud de la source de la Buna, le long d'une falaise avec voie d'escalade.

AUTOCAMP BLAGAJ €

Kosor

✆ +387 61 53 37 71

autocamp-blagaj.com

30 emplacements pour camping-cars : 15-25 €/nuit pour deux. Tente : 10-15 €/nuit pour deux. Fermé novembre-mars.

C'est le camping le plus « difficile » à trouver de Blagaj, mais c'est sans doute le plus agréable, situé dans la verdure, les pieds dans l'eau entre deux méandres de la Buna. L'établissement possède des douches et des toilettes propres ainsi que deux machine à laver. S'étendant sur 2 500 m², il est bien tenu et possède l'accès wifi, un café et une fosse pour la vidange des eaux sales des camping-cars. Les propriétaires sont sympas et proposent des balades en bateau (gratuit), la location de vélos, de la pêche, etc. Animaux autorisés.

KUĆA VELAGIĆA € ★

Velagićevina

✆ +387 61 27 34 59

4 chambres. 50 € pour deux avec petit déjeuner. Visites guidées : tous les jours 10h-18h, 4 km. Parking.

Cette résidence ottomane gardée par de hauts murs et aux multiples dépendances est notre coup de cœur à Blagaj. Très bien placée, tout près de la source et le long de la Buna, elle dispose de chambres simples et confortables avec Wifi et bon petit déjeuner. L'endroit est magnifique et son propriétaire, adorable. Semir Milavić a passé dix ans en France et retape depuis 2006 ce domaine familial du XVIIIe siècle classé monument historique. Excursions à pied ou à cheval, visites de la résidence, vente de produits bio et plein de bons conseils pour découvrir la région.

RIVER CAMP AGANOVAC €

Blagaj bb
+387 61 16 94 95
camping-blagaj.com
20 emplacements pour camping-cars : 18 €/nuit pour deux. Tente : 10 €/nuit pour deux. Fermé novembre-mars.

Avec 700 m² de surface, c'est sans doute l'un des plus petits campings au monde. Mais l'endroit est bien ombragé au bord de la rivière Buna. On y trouve tout le nécessaire : deux douches à énergie solaire, deux WC, une machine à laver, un coin cuisine, un barbecue, le wifi. Les responsables, Esad et Nedžad, qui parlent bien anglais, sont aux petits soins pour les visiteurs. Ils partagent leurs bons plans sur les visites et activités dans le coin. Bémols : un peu bruyant le soir (restaurants à proximité) et accès étroit pour les camping-cars. Animaux tolérés.

RIVER CAMP BARA €

Bara Čaršija
+387 61 62 78 03
camp-bara.com
60 emplacements pour camping-cars : 15-20 €/nuit pour deux. Tente : 8-10 €/nuit pour deux. Fermé novembre-mars.

C'est le camping de Blagaj le mieux placé : le long de la Buna, dans le centre du village et près de tous les monuments. Sur 1 500 m², il offre des emplacements bien ombragés, des équipements rudimentaires (quatre douches, deux WC et deux machines à laver), mais possède un coin cuisine. Nombreuses activités gratuites et payantes proposées. Accueil sympa et pro, bien tenu, Wifi, commerces à proximité. Pour le trouver le camping en venant de Mostar, prenez la ruelle à droite avant la mosquée de l'Empereur. Accès étroit pour les camping-cars.

RESTORAN VRELO €€

Vrelo Bune
+387 36 57 25 56
www.restoran-vrelo.com
Tous les jours 9h-22h. Environ 25 km/personne. Réservation recommandée en été. Parking.

De la terrasse de ce restaurant, on a une vue imprenable sur la source de la Buna, le tekké, les anciens moulins et la falaise qui domine l'ensemble. La spécialité, ici, c'est le poisson. Car la truite d'élevage est une tradition ancienne à Blagaj. On retrouve donc celle-ci sous forme de carpaccio, de salade, de soupe, de friture ou simplement grillée et accompagnée de légumes. Autres poissons et fruits de mer : l'anguille, mais aussi le calmar et le calamar de l'Adriatique. Le service est sympa et pro. Le manager, Adi, parle français. Bon rapport qualité/prix.

BUNA

Buna/Буна (prononcez « bouna ») compte environ 1 200 habitants, dont 86 % de Bosno-Croates et 11 % de Bosniaques. Le village fait partie de la municipalité de Mostar. Il se trouve 5 km au sud-ouest de Blagaj, 12 km au sud de Mostar, 22 km au nord-est de Čapljina et 26 km au nord-ouest de Stolac. Bus urbains depuis la gare routière de Mostar-Est : ligne n° 28 (7 bus/jour en semaine).

Important nœud routier au croisement des grands axes du sud de l'Herzégovine, Buna est une halte prisée des camping-caristes avec son camping situé près de l'étonnant confluent de la Buna et de la Neretva. C'est une bonne base de départ pour explorer les régions de Mostar, de Čapljina et de Stolac.

CANAUX DE BUNA ★

Bunski kanal most
Accès libre. Belle vue depuis le petit pont routier en béton qui enjambe les canaux.

Ce site naturel (Bunski Kanali) est très étonnant. Au confluent de la Neretva et de la Buna, les deux rivières se longent sur une centaine de mètres. Elles restent séparées par une paroi très résistante de tuf calcaire (travertin). Tandis que la puissante Neretva se retrouve coincée dans un étroit canal rectiligne, les eaux de la Buna débordent de leur propre canal parallèle pour se déverser progressivement dans la Neretva en une splendide série de cascades dont l'intensité et l'emplacement varient en fonction des saisons et des précipitations.

MONASTÈRE DE ŽITOMISLIĆ

M17
+387 36 65 43 10
Tous les jours 10h-18h. Tenue correcte exigée. Boutique : tous les jours 9h-20h, dimanche 10h-18h.

Situé tout près de la Neretva, ce monastère orthodoxe serbe (Manastir Žitomislić/Манастир Житомислић) fut fondé en 1566. Il compta parmi les trois plus importants centres religieux serbes d'Herzégovine avec ceux de Tvrdoš (Trebinje) et de Zavala (Ravno). Il a été pillé maintes fois et complètement détruit à deux reprises par les nationalistes croates en 1941 et en 1992. Mais il a de nouveau été reconstruit « à l'ancienne » en 2002-2005. Les quatre moines qui occupent aujourd'hui les lieux proposent des icônes, du vin, de la rakija et du miel dans leur boutique.

RIVER CAMP HALF ISLAND €

bb BA ✆ +387 62 61 25 32

camping-buna.com

40 emplacements pour camping-cars : 15 €/nuit pour deux. Tente : 10 €/nuit pour deux. Fermé novembre-mars.

Ce camping est situé dans un étroit méandre de la Buna, juste avant que celle-ci se jette dans la Neretva. Il n'est pas très arboré, mais pour se rafraîchir en été, il suffit de se baigner dans la rivière. Les sanitaires sont bien entretenus et le site est équipé du Wifi, de machines à laver, d'une cuisine, d'un coin barbecue et d'une aire de jeux. Les propriétaires sont très accueillants et proposent aussi un service de navette (Mostar, Blagaj…) et la location d'appartements. Magasins, boulangerie, café et élégante petite mosquée du XIXe siècle à proximité.

PODVELEŽ ★

Podvelež/Подвележ (prononcez « podvelech ») compte environ 150 habitants, tous bosniaques, et fait partie de la municipalité de Mostar. Le village se trouve 24 km au sud-est de Mostar (*via* Blagaj). Bus urbains depuis la gare routière de Mostar-Est : ligne n° 16 (3-6 bus/jour sauf le dimanche).

Surplombant Mostar et Blagaj à 764 m d'altitude, ce village profite de magnifiques paysages. Il est installé sur le plateau karstique de Podvelež, qui fait partie du massif du mont Velež. Son nom signifie d'ailleurs « près du Velež ». Il est constitué de plusieurs hameaux, dont le plus important est celui de Smajkići, desservi par les bus urbains de Mostar. On y trouve l'agréable hôtel Montanaro ainsi qu'une petite mosquée de facture récente. De nombreux bâtiments furent détruits au cours de la dernière guerre. Le plateau de Podvelež fut en effet occupé par l'armée bosno-serbe qui chassa les habitants bosniaques et profita du site pour bombarder Mostar. Seulement un quart de la population est revenue depuis et des mines antipersonnel subsistent dans certaines zones du plateau. En voiture, Podvelež est accessible depuis Blagaj, mais aussi par l'impressionnante route en lacets qui part derrière la gare routière principale de Mostar (17 km). Celle-ci permet de faire une halte à la plateforme panoramique de Fortica où se trouvent la grande inscription « BIH VOLIMO TE » visible depuis Mostar et le départ d'une impressionnante tyrolienne. La route se poursuit en passant par un champ d'éoliennes et à côté des ruines du fort de Merdžan Glava.

FORT DE MERDŽAN GLAVA

Merdžan Glava

Accès libre.

Ce petit fort austro-hongrois en ruine (Tvrđava Merdžan Glava) offre de splendides vues sur Mostar et le massif du Velež. Il est placé à 802 m d'altitude face à un champ d'éoliennes, à l'entrée du plateau de Podvelež. Érigé dans les années 1880, l'édifice faisait partie d'un réseau de trente-quatre points fortifiés qui ceinturaient Mostar pour défendre la frontière sud de l'Empire. Construit en pierre de taille et doté d'un bunker en béton par les Italiens en 1941, le fort servit de poste d'observation et d'artillerie aux Bosno-Serbes durant la dernière guerre.

INSCRIPTION « BIH VOLIMO TE »

Fortica

À côté : plateforme panoramique et départ de la tyrolienne de Fortica.

Cette inscription géante qui signifie « Bosnie-Herzégovine nous t'aimons » domine Mostar, à l'est. Constituée de lettres de 10 m de hauteur en pierres blanches, elle est installée au site panoramique de Fortica (460 m d'altitude), sur les contreforts du mont Velež. L'origine d'une inscription à cet endroit remonte à la fin du XIXe siècle, lorsque l'administration austro-hongroise fit dessiner ici une couronne et les caractères F, J et I en l'honneur de l'empereur François-Joseph Ier. Laissé ensuite à l'abandon, le lieu accueillit une nouvelle inscription dans les années 1970 à l'initiative de la Ligue de la jeunesse : le nom Tito accompagné du symbole du Relais de la jeunesse, un bâton utilisé chaque année pour une grande course de relais à travers la Yougoslavie. En 1980, à la mort du leader yougoslave, seul le nom de Tito fut conservé et assorti du slogan Volimo te (« nous t'aimons »). Enfin, après la guerre de Bosnie-Herzégovine, les autorités bosniennes firent remplacer le mot Tito par les initiales de la Bosnie-Herzégovine (BiH) et le dessin du Vieux-Pont fut ajouté. Ce dernier a aujourd'hui disparu, mais le reste de l'inscription est toujours bien entretenu. Pour répondre à ce slogan jugé « pro-bosniaque », un groupe de Bosno-Croates a peint en 2016 le symbole de la Croatie, sur l'autre rive de la Neretva, au nord-ouest de Mostar : un grand blason à damier rouge et blanc (environ 30 x 20 m), près de l'antenne du sommet de la colline de Planinica (868 m d'altitude).

MONT VELEŽ

Accès à pied (7 km) au point culminant, le mont Botin, par le village de Kružanj, 7 km au sud-est de Podvelež.

Randonnées : mieux vaut passer par une agence de tourisme (présence de mines antipersonnel), environ 100 km/personne.

Ce beau massif domine Mostar à l'est. Il doit son nom à Vélès, dieu de la Guerre et des Récoltes dans la mythologie slave. Constitué de vingt et un sommets, il culmine au mont Botin, à 1 969 m d'altitude. Il comprend aussi un plateau karstique et aride abritant des villages inhabités ou peu peuplés comme Banjdol et Kružanj. Depuis 1995, le massif sert de « frontière » avec la municipalité d'Istočni Mostar, en République serbe de Bosnie. Des agences de Mostar proposent ici des randonnées, l'occasion de découvrir l'ancienne base militaire souterraine du mont Botin.

TYROLIENNE DE FORTICA ★★

Fortica

✆ +387 61 17 57 62

zipline.ba

Tous les jours 16h-20h, week-end à partir de 10h (seulement le week-end hors saison). 50 km/personne.

Créée en 2018, cette tyrolienne (Zip Line Fortica) permet de longer la vieille ville de Mostar sur 1 000 m dans le vide, simplement retenu à un filin. Le point de départ se trouve à 500 m d'altitude, juste au-dessus du site panoramique de Fortica, signalé par un grand drapeau de la Bosnie-Herzégovine et l'inscription « BIH VOLIMO TE » qui surplombe la partie est de la ville. Deux parcours sont possibles. L'un vers le sud de 530 m de longueur, l'autre vers le nord de 470 m de longueur avec une vitesse maximale de 90 km/h. Les deux points d'arrivée sont installés sur d'anciennes fortifications italiennes qui datent de la Seconde Guerre mondiale. Chaque départ est précédé d'un petit entraînement, d'instructions en anglais et d'un essai sur une tyrolienne de 20 m de longueur. Le matériel de sécurité (casque, baudrier) est fourni et des parcours en tandem avec un instructeur sont possibles. Le retour en véhicule au point de départ est inclus dans le tarif. L'activité est encadrée par MBTA Mostar, une association de VTT. Celle-ci dispose aussi d'une via ferrata avec un pont de singe de 70 m de longueur appelé Đavolje Stepenice (« escaliers du diable ») et installé au-dessus des falaises de Blagaj. L'association propose également la location de VTT et de vélos électriques, l'encadrement de séances d'escalade et de rappel. Ailleurs dans le pays, il existe une autre tyrolienne, plus petite, sur le mont Trebević, près de Sarajevo, et un projet de grande tyrolienne « urbaine » est annoncé, toujours à Sarajevo.

HOTEL MONTANARO €

Podvelež bb ✆ +387 36 56 00 82

hotel-montanaro.com

7 chambres. 38 € pour deux. Petit déjeuner 5 €/personne. Restaurant : tous les jours 7h-23h, environ 25 km/personne.

Unique hôtel-restaurant du plateau de Podvelež, cet établissement dispose de chambres modernes et confortables : bonnes literie et salle de bains, rangements, insonorisation, sèche-cheveux, Wifi et clim. On profite ici du calme des grands espaces, d'un superbe panorama, mais aussi d'une cuisine familiale autrement plus authentique qu'à Mostar : tourtes et viandes cuites sous la cloche (*ispod sača*), plateau d'*uštipci* avec viande séchée et formage, soupes, ragoûts, etc. Grand jardin, aire de jeux pour enfants, location de VTT et possibilité de randonnée à cheval.

HUMILIŠANI

▸ Humilišani/Хумилишани (prononcez « chumilishani ») compte environ 1 100 habitants, dont 89 % de Bosniaques et 9 % de Bosno-Serbes. Le village fait partie de la municipalité de Mostar. Il se trouve 15 km au nord-est de Mostar. Liaisons en bus urbains depuis la gare routière de Mostar-Est : lignes n°s 20, 21 et 22 (4-12 bus/jour).

▸ Situé dans une plaine de la vallée de la Neretva, ce village agricole composé des hameaux de Humi et de Lišani ne présente guère d'intérêt. Mais il abrite sur son territoire l'unique station de ski de la région de Mostar. Après celle-ci, la jolie petite route R435 se poursuit vers le nord jusqu'à Konjic à travers le massif du Prenj.

STATION DE SKI DE RUJIŠTE

R435a

Forfait de ski : 15 km/jour.
Hôtel Snježna Kuća : 12 chambres, 60/72 € pour deux avec petit déjeuner.

Coincée entre les massifs du Prenj et du Velež, cette station de ski (Ski Centar Rujište) ne compte qu'un tire-fesse et une seule piste (de 1 052 m à 1 175 m d'altitude), mais elle profite de beaux paysages. Elle est installée au pied du mont Rujište (1 703 m), dans la partie nord du massif du Velež, près de la République serbe de Bosnie. Sur place, on trouve l'agréable hôtel-restaurant Snježna Kuća (snjeznakuca.info). Nombreux itinéraires de randonnée dans le massif du Prenj en été.

ŠIROKI BRIJEG ★

▶ Široki Brijeg/Широки Бријег (prononcez « chiroki brillé ») compte environ 6 500 habitants, dont 99 % de Bosno-Croates. C'est le chef-lieu de la municipalité de Široki Brijeg (28 000 habitants) et du canton de l'Herzégovine de l'Ouest (92 000 habitants). La ville se trouve 21 km au nord-ouest de Mostar, 43 km au sud du parc naturel de Blidinje et 64 km au sud-est de Tomislavgrad. Liaisons en bus avec Mostar (6-11/jour), Čapljina, Međugorje, Neum, Tomislavgrad, Livno, Travnik, etc.

▶ Cette petite capitale cantonale est située dans la vallée de la Lištica porte le nom de « grosse colline » (Široki Brijeg). Passage privilégié entre l'Herzégovine et la Tropojle, le site fut habité par les Illyriens et fortifié au Moyen Âge, mais il demeura très rural et sa population catholique, presque coupée du monde jusqu'au début du XXe siècle. La ville resta aussi à l'écart du boom économique de la Yougoslavie socialiste. Elle fut en effet « punie » par Tito et rebaptisée Lištica jusqu'en 1996. Car Široki Brijeg fut un fief oustachi : entre 1941 et 1945, nombre d'habitants et de moines de la ville participèrent à des massacres à travers le pays. Toujours victime d'une mauvaise réputation, Široki Brijeg mérite toutefois une halte pour son musée franciscain et sa source de la Borak, aménagée avec un parc, un restaurant, d'anciens moulins et un sentier menant aux vestiges de la forteresse de Borak. Pour plus d'aventure dans les environs, il est possible d'aller découvrir des hardes de chevaux sauvages.

CHEVAUX SAUVAGES DU PLATEAU DE BILE ★★

Jastrebinka

Excursion de 3h avec l'agence Ero Travel de Mostar : 74 km/personne. Inscriptions sur ero-travel.com.

Moins nombreux et moins connus que ceux de Livno, les chevaux sauvages du plateau de Bile (Divlji Konji na Bilima) constituent une nouvelle attraction dans la région. Ils sont environ 150 répartis en quatre hardes à vivre dans une zone karstique et semi-désertique, à 700-900 m d'altitude, autour du mont Jastrebinka (1 133 m), à une demi-heure en voiture de Mostar ou de Široki Brijeg. Comme ceux de Livno, ils sont issus de chevaux abandonnés par les agriculteurs depuis les années 1970. Mais les animaux sont ici soumis à des conditions plus rudes aussi bien à cause de sources d'eau et de nourriture rares, de conditions climatiques difficiles que des prédateurs, avec la présence sur le plateau d'environ 25 loups chassant les poulains. Ces dernières années, les choses se sont un peu améliorées grâce à une association qui a installé des abreuvoirs et des mangeoires. Si bien que certaines agences de tourisme proposent depuis peu des visites guidées pour aller à la rencontre de ces chevaux désormais davantage habitués à la présence de l'homme. C'est le cas de l'agence Ero Travel qui organise tous les jours de mai à octobre une excursion de 3h au départ de Mostar. Au programme : transfert depuis votre hôtel (ou un autre lieu déterminé) à partir de 9h, petite séance d'équitation au « centre équestre de Mostar », à Coranci (Konjički Klub Mostar, www.facebook.com/KKMostar), avec des chevaux apprivoisés, puis départ vers le plateau de Bile en voiture à la rencontre des chevaux sauvages.

MUSÉE FRANCISCAIN DE ŠIROKI BRIJEG ★

Kardinala Alojzija Stepinca 14

✆ +387 39 70 29 22 - fmg-sb.com

Lundi-vendredi 8h-16h. 4 km.

Monastère : tous les jours 8h30-11h30, 15h30-17h30, fermé l'après-midi le week-end.

Créé en 1979, ce musée-galerie (Franjevački Muzej i Galerija) est installé dans le grand monastère catholique de la ville fondé en 1846. Il se compose de deux salles, dont l'une est consacrée aux peintres et sculpteurs du pays. La seconde regroupe des objets liturgiques, des livres et manuscrits rares ainsi que des tableaux, parmi lesquels figurent quelques toiles de peintres baroques italiens (XVIIe-XVIIIe siècles) et une œuvre d'Eugène Delacroix, *Le Génie et la Raison* (vers 1850).

RESTORAN VRELO BORAK €

Borak ✆ +387 39 70 57 01

borak.ba

Tous les jours 8h-0h. Environ 30 km/personne. Hotel Park (www.hotelpark.ba) : 74 € pour deux avec petit déjeuner.

Ce restaurant très couru profite d'un cadre idyllique, dans la verdure, au bord de la Lištica et à côté de la source de la Borak. Malgré l'affluence, la cuisine est plutôt soignée avec des plats traditionnels comme les *uštipci* d'Herzégovine (beignets allongés servis avec jambon et fromage), la *pura* (purée de maïs), du veau fondant, des soupes, des mezzés, quelques belles pièces de bœuf ainsi que des poissons et fruits de mer. Le même propriétaire dispose à Široki Brijeg de l'Hotel Park, le meilleur hébergement de la ville, confortable mais parfois bruyant le soir.

KONJIC ★★

Konjic/Коњиц (prononcez « keunyist ») compte environ 10 000 habitants, dont 89 % de Bosniaques et 6 % de Bosno-Croates. C'est le chef-lieu de la municipalité de Konjic (24 000 habitants), au sein du canton d'Herzégovine-Neretva. La ville se trouve 57 km au sud de Sarajevo et 69 km au nord-est de Mostar (*via* Jablanica).

Établie entre deux vallées, au confluent de la Neretva et de la Trešanica, et dominée par les monts Prenj (2 102 m), Bjelašnica (2 067 m) et Bitovnja (1 744 m), Konjic marque la rupture entre la Bosnie et l'Herzégovine avec des paysages et un climat déjà sous influence méditerranéenne. Ville étape entre Sarajevo et Mostar, elle possède l'un des sites les plus visités du pays : le « bunker de Tito », énorme abri antiatomique de la période socialiste. Si la ville a été bombardée par l'armée bosno-serbe au cours de la dernière guerre, son Vieux-Pont et son petit centre ottoman ont été rénovés, avec désormais deux musées et plein de cafés. Réputée pour sa riche tradition d'ébénisterie inscrite au patrimoine immatériel de l'Unesco, Konjic est aussi le point de départ pour des descentes en rafting sur la Neretva et d'un parcours en train parmi les plus beaux d'Europe. Ses environs sont verdoyants et abritent pas moins de vingt-trois nécropoles médiévales de stećci, dont l'une figure au patrimoine mondial de l'Unesco. Pourtant, Konjic peine à s'imposer comme un lieu de séjour : comme elle est trop proche de Mostar et de Sarajevo, la majorité des visiteurs ne font ici que passer pour quelques heures.

LAC BORAČKO

R436

Accès libre. Parking payant en été : 10 km.

Alimenté par les eaux du glacier du mont Bjelašnica (au nord-est), ce petit lac naturel de 26 ha (Boračko Jezero) est gelé en surface une partie de l'hiver. Mais c'est un endroit de baignade très fréquenté en été, avec des eaux atteignant les 25 °C au mois d'août. De forme ovale, il s'étend sur environ 790 m de longueur et 400 m de largeur avec une profondeur maximale de 17 m. Situé à une altitude de 397 m dans un magnifique cirque, il est dominé par deux sommets boisés : la Crna Gora (« montagne noire », 1 343 m), à l'ouest, et la Tranjina (1 055 m), à l'est.

BUNKER DE TITO ★★

Gornje polje ✆ +387 61 47 45 07

titosbunker.com

Visite guidée (1h30) sur réservation tous les jours à 10h, 12h et 14h (se présenter 20 minutes avant). 20 km.

Ouvert au public depuis 2011, cet abri antiatomique (Titov Bunker) fut la deuxième infrastructure la plus chère de la Yougoslavie socialiste, après la base aérienne de Željava, près de Bihać. Officiellement appelé « commandement de guerre atomique D-0 » (Atomska Ratna Komanda D-0, ARK D-0), il a coûté l'équivalent de 20 milliards d'euros actuels, mobilisant 30 000 ouvriers durant vingt-six ans de travaux. Complètement préservé et désormais propriété de l'armée bosnienne, l'installation accueille des visites guidées et une exposition d'art contemporain évolutive repartie à travers l'immense complexe de 6 500 m² qui s'enfonce à près de 300 m sous terre. S'il est surnommé « bunker de Tito », c'est parce que le président yougoslave en ordonna la construction en 1953, par peur de représailles après la rupture avec l'URSS en 1948. L'attaque n'est jamais venue. Tito non plus. Achevée en 1979, un an avant la mort du maréchal, la base fut conçue pour résister à une attaque nucléaire de 20 mégatonnes et pour abriter 350 soldats et apparatchiks en complète autonomie pendant six mois. Au début de la guerre de Bosnie-Herzégovine, le bunker faillit être détruit en 1992, mais fut sauvé *in extremis*. Il ne joua aucun rôle durant le conflit et fut préservé avec tout son matériel et ses installations. Aujourd'hui encore, le site est bien conservé malgré quelques infiltrations d'eau.

Hôpital, piscine et chambre de Tito. L'accès est dissimulé par la porte de garage d'une grande maison blanche isolée. Il faut ensuite passer trois portes blindées de 1 m d'épaisseur pour pénétrer dans un couloir de 220 m de longueur descendant à 280 m sous terre. On débouche alors sur l'immense abri antiatomique lui-même. En forme de « U », il abrite douze « blocs », chacun ayant une fonction : conférences (nos 4 et 5), communications (n° 6), traitement de l'air (n° 9), carburant (n° 10), eau (n° 11), etc. Le bloc n° 8 abrite quant à lui les appartements de Tito. Il se compose de quatre pièces : la chambre du maréchal et de son épouse, sans fioriture, avec lit king-size et salle de bains attenante assez sommaire, son bureau avec meubles en Formica et grande photo de lui-même en guise de décoration, puis la chambre et le bureau réservés à son secrétariat. Éclairé de 6 000 néons, le complexe comprend en outre 100 chambres et dortoirs, deux cuisines principales, cinq salles de bains collectives, cinq centres de commandement équipés de téléphones rouges en bakélite, un centre pour les messages codés (téléscripteurs Siemens), un hôpital et une piscine de 170 m³ d'eau.

MUSÉE RÉGIONAL DE KONJIC

Stara Čaršija
✆ +387 36 72 70 80
Lundi-vendredi 10h-14h. Tarif 2 km.

Fondé en 2011, ce musée (Zavičajni Muzej Konjic) est installé dans une maison rénovée de style ottoman. Il abrite de beaux bas-reliefs d'un temple romain du IIe siècle de notre ère dédié au dieu indo-iranien Mithra qui fut découvert en 1897 près de Konjic. On y trouve également une collection d'ethnologie, des œuvres d'artistes locaux et un espace consacré à Zulfikar Zuko Džumhur (1920-1989), caricaturiste, peintre et écrivain natif de Konjic qui fut très populaire en Yougoslavie. Vous trouverez aussi des infos pour visiter la région et ses nécropoles de stećci.

MUSÉE ZANAT DE LA SCULPTURE SUR BOIS ★

Varda 2 ✆ +387 36 72 72 99
zanat.org
Musée : tous les jours sauf dimanche 8h30-17h, gratuit. Boutique : meubles de 150 à plus de 3 000 €/pièce.

Ce petit musée privé (Muzej Drvorezbarstva Zanat) a été créé en 2019, suite à l'inscription de la « tradition de la sculpture sur bois de Konjic » au patrimoine culturel immatériel de l'Unesco en 2017. Un classement qui doit beaucoup à l'ébénisterie Zanat (Rukotvorine Zanat), dont c'est aussi ici le siège et l'atelier principal depuis 1935. Le musée présente de magnifiques meubles bosniens, aux fines sculptures et marqueteries, réalisés à la fin du XIXe siècle par le fondateur de l'entreprise, Gano Nikšić, qui eut l'honneur des expositions internationales de Bruxelles (1897), de Vienne (1898) et de Paris (1900). On y découvre aussi des réalisations très contemporaines d'Adem Nikšić, qui représente la quatrième génération d'ébénistes de la famille : lignes épurées et bois clairs (chêne, noyer, frêne, érable) qui ne sont pas sans évoquer des meubles scandinaves, mais avec, çà et là, quelques touches typiques de Konjic, comme la marqueterie et les motifs floraux. Depuis les années 2010, des designers étrangers collaborent avec Zanat. Ainsi, d'élégantes chaises de salon de marque accueillent les visiteurs au Musée nordique de Stockholm depuis 2016. On retrouve aussi les tables, chaises, armoires, lampes et autres canapés Zanat dans de belles boutiques un peu partout à travers le monde et en vente sur Internet. Bref, les affaires marchent bien pour la famille Nikšić, et le musée ne pousse pas du tout à l'achat. Mais si l'envie vous prend, l'atelier-boutique se trouve juste à côté.

SARAJEVO-PLOČE

Cette ligne de chemin de fer (Željeznička Pruga Sarajevo-Ploče) est l'une des plus belles d'Europe. Ouverte sous l'Empire austro-hongrois, en 1891, elle relie la capitale bosnienne à la station balnéaire de Ploče (6 000 habitants), en Croatie. Traversant de magnifiques paysages en Herzégovine, en particulier dans la vallée de la Neretva, elle dessert Konjic, Jablanica, Mostar et Čapljina. Du fait du relief escarpé, le parcours de 194 km de longueur est ponctué par 102 tunnels. La portion la plus impressionnante est celle entre Konjic et Mostar (38 km) : le train longe et enjambe les gorges de la Neretva entre les monts Prenj et Čvrsnica, avec un superbe passage au niveau de la confluence de la Diva Grabovica et de la Neretva. La ligne fut au départ créée avec une voie étroite de 760 mm d'écartement entre les rails avant de passer en « voie normale » (1 435 mm d'écartement) en 1966, puis d'être électrisée en 1969. Avec la ligne Zagreb-Sarajevo, elle permettait d'acheminer passagers et marchandises du nord au sud de la Croatie à travers la Bosnie-Herzégovine. Après la dernière guerre, toutes les liaisons internationales ont peu à peu été suspendues. Mais depuis 2022, la portion entre Čapljina et Ploče est rouverte aux passagers avec un train par jour vendredi, samedi et dimanche de début juillet à mi-septembre. Les liaisons sont assurées par des trains modernes de fabrication espagnole de type Talgo. Le trajet prend 50 minutes entre Konjic et Mostar, 3h30 au total entre Sarajevo et Ploče.

VIEUX-PONT DE KONJIC ★

Stara Ćuprija Konjic
Pont piéton. Accès libre.
Sur la rive gauche, rue Stara-Čaršija, cafés et accueil pour le « bunker de Tito ».

Ce beau pont ottoman (Stara Ćuprija ou Stari Most) enjambe la Neretva avec un tablier de 102 m de longueur soutenu par cinq piles et six arches. Il fut construit en 1683 grâce à une donation d'Ali-Ağa Hasečić, un notable bosniaque de Constantinople. Mais l'ouvrage fut dynamité par les Allemands lors de leur retraite en 1945. Les piles préservées furent aménagées avec plusieurs structures « temporaires », avant une restauration complète en 2003-2009. À cette occasion, les berges et l'ancienne charchia ont été réaménagées, donnant un certain cachet au quartier.

NÉCROPOLE DE GRČKA GLAVICA ★

R436

Accès libre. Restaurants et maison d'hôte (villa-neretva.com) à proximité.

Ce site du hameau de Biskup (Nekropola Stećaka Grčka Glavica ou Nekropola Biskup) fait partie des vingt-deux nécropoles médiévales du pays classées au patrimoine mondial de l'Unesco en 2016. On trouve ici 172 stećci répartis sur 1 400 m² à côté d'une chapelle en ruine des XIIe-XIIIe siècles qui appartenait aux Sanković, une grande famille noble locale membre de l'Église de Bosnie. Seuls deux stećci sont décorés de motifs sculptés rudimentaires (arcade, frises et lignes diagonales). Un autre porte une inscription rédigée en alphabet bosančica (cyrillique) indiquant le nom de Goisava. Il s'agit de Goisava Balšić, seconde épouse du duc Radič Sanković. Celui-ci participa à la victoire de Bileća contre les Ottomans (1388) et mourut en captivité en 1404 après avoir tenté de s'emparer de Raguse (Dubrovnik). La nécropole se trouve sur une petite colline rocheuse portant le nom de « tête grecque » (Grčka Glavica). Aucune statue antique n'a été trouvée ici. Il s'agit d'une évocation du prestige de la Grèce classique qui se retrouve dans différents noms de nécropoles médiévales de Bosnie. Avec d'autres toponymes comme Divsko groblje (« cimetière des géants ») ou Mašete (« grandes pierres »), cela dénote l'admiration des Bosniens pour les stećci hérités de leurs ancêtres. La nécropole fut d'ailleurs ici utilisée plus tard comme cimetière par une famille catholique de Biskup. Ce hameau – dont le nom signifie « évêque » – abrite par ailleurs onze autres stećci sur le site de Gračani.

HOTEL OAZA €€

Maršala Tita 69

✆ +387 36 72 67 72

hoteloazakonjic.com

12 chambres. 51/58 € pour deux. Petit déjeuner 8 €/personne.

Construit en 2011, cet hôtel est plus réputé et le mieux placé dans le centre de Konjic. Les chambres sont sobres mais soignées avec salle de bains spacieuse et moderne, bonne literie, TV, clim, chauffage et wifi. Au rez-de-chaussée, l'établissement dispose d'une boulangerie-pâtisserie, d'un café-restaurant et d'un jardin. Il propose des services de location de voiture, location de matériel de ski, organisation d'activités sportives et de randonnées, panier repas pour la journée et transfert pour l'aéroport de Sarajevo. Dommage que le petit déjeuner soit si cher.

RESTAURAN ORAHOVICA €

M17

✆ +387 36 72 15 80

Tous les jours 9h-23h. Environ 15 km/personne.

Installé dans une grande maison moderne, ce restaurant est très prisé des habitants de la région, mais aussi par les automobilistes faisant halte entre Sarajevo et Mostar. Idéalement placé le long de la Neretva, qui s'élargit ici pour commencer à former le lac de Jablanica, il dispose de belles salles, de terrasses, d'un jardin, d'une plage privée ainsi que de cinq chambres d'hôte. La cuisine est pas mal du tout : de classiques ***uštipci*** servi avec du kajmak, de la truite grillée, des brochettes de veau et un très bon agneau fondant (*jagnjetinja*). Service efficace.

RAFT KOR

Šehidska 4

✆ +387 61 47 45 07

neretvarafting.com

Tous les jours 8h-20h en avril-octobre. Journée rafting sur la Neratva : 35 km/personne. Possibilité d'hébergement.

Cette agence de tourisme est spécialisée dans les descentes en rafting de la Neretva. C'est la plus réputée de la ville pour son sens de l'organisation et son sérieux en termes de sécurité. La journée type commence au bureau de l'agence, à Konjic, à 8h45. Ensuite, trajet en minibus jusqu'à Glavatičevo (environ 30 km en amont), descente pendant 6h de la rivière sur 25 km avec quelques beaux rapides (de moyennement difficiles à très difficiles), puis arrivée à Polje Bijela et transfert à Konjic vers 17h30. Matériel (casque, combinaison, etc.) et repas inclus.

VISIT KONJIC

Mladeškovići br. 4

✆ +387 62 922 992

visitkonjic.com

Tous les jours 8h-20h en avril-octobre. Journée canyoning dans la rivière Rakitnica : 60-80 €/personne.

Voici la seule agence de tourisme qui proposait en 2022 une visite du très sauvage canyon de la Rakitnica (voir à Umoljani, dans les environs de Sarajevo). La descente se fait à pied avec un équipement de canyoning (gilet de sauvetage, casque, combinaison...) pour emprunter les rapides dans certains passages. Autres services proposés : rafting sur la Neretva, visites guidées du « bunker de Tito » et du centre-ville de Konjic, hébergement en camping, excursions à la journée dans les environs (VTT, 4 × 4, kayak...) et séjours sportifs d'une semaine à travers le pays.

HERZÉGOVINE

JABLANICA ★

Jablanica/Јабланица (prononcez « yablanista ») compte environ 4 000 habitants, dont 89 % de Bosniaques et 7 % de Bosno-Croates. C'est le chef-lieu de la municipalité de Jablanica (10 000 habitants), au sein du canton d'Herzégovine-Neretva. La ville se trouve 22 km à l'ouest de Konjic, 25 km à l'est du parc naturel de Blidinje (voir région de Livno, en Tropolje), 31 km au sud-est de Prozor-Rama et 48 km au nord de Mostar. Fréquentes liaisons en bus avec Mostar, Konjic et Sarajevo, quelques trains avec Ploče (Croatie, en été), Mostar, Konjic et Sarajevo.

Jablanica profite d'un cadre enchanteur. Elle est située entre les monts Čvrsnica (à l'ouest) et Prenj (à l'est), au-dessus de beaux méandres de la Neretva, au confluent de la Doljanka et de la Dobrinja. La petite ville est réputée pour son grand lac artificiel et la qualité de son marbre, qui fut utilisé pour la construction du siège des Nations unies, à New York. Elle est surtout connue pour avoir été le théâtre de la bataille de la Neretva en 1943 et le site du tournage du film le plus cher de l'histoire du cinéma yougoslave, *La Bataille de la Neretva*, en 1968, avec Yul Brynner et Orson Welles dans les rôles principaux. Ce qui est moins connu en revanche, c'est qu'en 1993, les troupes de l'armée bosnienne effectuèrent ici un vaste « nettoyage ethnique » : les habitants bosno-croates furent chassés, emprisonnés et pour certains torturés et exécutés. Cela gâche carrément la visite, notamment au grand musée de la Bataille de la Neretva, où eurent lieu la plupart des exactions.

Locomotive austro-hongroise, en face de la reconstitution du pont détruit de Jablanica.

LA BATAILLE DE LA NERETVA

En décembre 1942, Hitler donne l'ordre d'écraser la rébellion communiste yougoslave. En janvier 1943, 90 000 hommes appartenant à dix divisions allemandes, italiennes et croates convergent vers la Bosnie-Herzégovine, appuyées par douze escadrilles aériennes et environ 15 000 tchetniks serbes. Tito a concentré ses troupes autour de Jablanica. Là, 20 000 partisans infligent défaite sur défaite aux Italiens, coupant la route entre Sarajevo et Mostar. À partir du 20 février, les forces de l'Axe encerclent peu à peu Jablanica. Contre toute attente, Tito fait détruire les ponts de la Neretva et lance des attaques vers le nord, laissant penser qu'il songe s'échapper par la vallée de Vrbas. C'est donc là que les Allemands massent leurs troupes début mars. Dans la nuit du 6 mars, un commando de partisans passe le fleuve et s'empare du bunker des tchetniks. La bataille de la Neretva vient de commencer. Le 8 mars, trois bataillons s'engouffrent sur l'autre rive. Les tchetniks, mal encadrés, s'enfuient. Le 17 mars, les derniers partisans passent la rivière et font sauter le pont de fortune. Malgré la neige et les attaques aériennes, les survivants parviennent à traverser le mont Prenj et à s'enfuir au-delà du lac Boračko. Le 21 mars, la bataille s'achève avec au moins 10 000 morts dans chaque camp. Tito a perdu la moitié de ses effectifs, mais il a sauvé les unités les plus vitales, comme l'état-major et l'hôpital, qui lui permettront de continuer le combat.

Le mythe. « Nous ne devons pas abandonner les blessés » (« Ranjenike ne smijemo ostaviti ») : c'est par ces mots que Tito est entré dans la légende. Dans les mois qui suivent la bataille, la propagande communiste relaye ce message, faisant apparaître le futur maréchal comme un homme bon doublé d'un fin stratège. Pourtant, personne ne sait si Tito a vraiment prononcé cette phrase. Ni même s'il a été si clairvoyant dans la conduite des opérations.

Le film. Après-guerre, le mythe ne cesse de s'amplifier, atteignant son paroxysme avec la sortie, en 1969, de *La Bataille de la Neretva*, film le plus cher de l'histoire du cinéma yougoslave. Réalisé par le Croate Veljko Bulajić et supervisé par Tito, c'est une grosse coproduction internationale avec, entre autres, Yul Brynner en courageux partisan et Orson Welles en méchant tchetnik.

LAC DE JABLANICA ★

Jablaničko Jezero

Accès libre. Plage publique à Lisičići, sur la rive nord.

Ce lac artificiel d'environ 24 km² (Jablaničko Jezero) est situé entre Jablanica et Konjic. Il a été créé en 1953-1954 avec la construction de quatre centrales hydroélectriques sur la Neretva et trois autres sur les rivières Trebišnjica et Rama venant du nord. Il s'étend sur 22 km de longueur d'est en ouest (30 km quand il est plein) avec une profondeur moyenne de 70 m. Sa partie sud est la plus développée : c'est là que passe la route nationale M17 entre Sarajevo et Mostar. C'est notamment le cas du village d'Ostrožac (environ 700 habitants, 7 km au nord-est de Jablanica) qui compte plusieurs points de baignade, un loueur de bateaux, des restaurants, des hôtels, un camping et un élégant pont suspendu de 200 m de longueur qui débouche sur le hameau de Głodnica, localité la plus touristique de la rive nord du lac avec des pensions, un camping et un loueur de bateaux. Plus à l'est, en direction de Konjic, le village de Čelebići (environ 1 000 habitants) est aussi relié à la rive nord par un pont qui permet d'accéder aux hameaux de Zavratnice (à droite du pont) et de Lisičići (un peu plus loin, à gauche du pont). Le lac compte aussi plusieurs pêcheries et fermes piscicoles. On y pêche et élève des carpes et trois espèces endémiques de truites de la Neretva : la truite à lèvres molles de la Neretva (*Salmo obtusirostris oxyrhynchus*), la truite dentée (*Salmo dentex*) et la truite marbrée (*Salmo marmoratus*). Celles-ci sont menacées par l'introduction d'espèces endogènes, notamment des sandres.

PONT EFFONDRÉ DE LA NERETVA ★

Luška

Accès libre. Prévoir de bonnes chaussures pour descendre à la passerelle.

Cet étonnant vestige de pont en fer (Sruseni Most na Neretvi) est accroché à la rive gauche de la Neretva depuis 1968. Il s'agit de la reconstitution d'un ancien pont ferroviaire réalisée pour les besoins du film *La Bataille de Neretva* de Veljko Bulajić, sorti en salles en 1969. Complètement effondré dans le fleuve, il est entretenu comme un monument historique. D'une longueur de 78 m, le pont original fut construit en Angleterre et installé ici en 1888, durant la période austro-hongroise. Il fut dynamité pendant la bataille de la Neretva, fin février 1943. Un nouveau pont fut bâti sur ordre des Allemands dès août 1943. Ce dernier fut détruit en 1968 pour les besoins du tournage. Mais comme la prise ne fut pas satisfaisante, un autre pont fut édifié, toujours sur le même modèle. C'est ce troisième pont que l'on peut voir aujourd'hui. Toutefois, ce n'est pas celui qu'on aperçoit dans le film, puisque c'est finalement une reconstitution en miniature de l'explosion qui fut retenue. Au-dessus du pont se trouve le bunker occupé par les tchetniks serbes pour défendre le passage contre les partisans. Sur la rive droite, près du musée, s'étend le parc-mémorial des partisans avec la pierre portant l'inscription de la célèbre phrase attribuée à Tito « Ranjenike ne smijemo ostaviti » (« Nous ne devons pas abandonner les blessés ») ainsi qu'une locomotive austro-hongroise et un wagon utilisés par les partisans. Depuis 2022, une passerelle permet de passer d'une rive à l'autre.

MUSÉE DE LA BATAILLE DE LA NERETVA

Bitka za ranjenike

✆ +387 36 75 27 05 – muzej-jablanica.com

Tous les jours 10h-16h (jusqu'à 18h lundi et mardi) ; novembre-mars : tous les jours 8h-16h. 4 km.

Créé en 1978, il porte le nom officiel de « musée de la Bataille pour les blessés de la Neretva » (Muzej Bitka za Ranjenike na Neretvi). Il revient sur la bataille de 1943 et abrite aussi la bibliothèque municipale, une exposition sur le folklore bosniaque local et une autre exposition sur la guerre de 1992-1995. Hélas, rien n'est dit sur le fait que le musée fut un lieu de détention en 1993, où des habitants bosno-croates furent torturés, violés et tués par des soldats bosniaques.

ZDRAVA VODA €

Zdrava Voda

✆ +387 36 75 31 51

zdravavoda.co.ba

Tous les jours 8h-0h. Environ 15 km/personne.

Ce restaurant, dont le nom signifie « eau saine », offre une vue sur un magnifique méandre de la Neretva. Dans un décor traditionnel en bois, une dizaine de broches tournent en permanence pour faire cuire le traditionnel agneau *jagnjetinja*, spécialité de la région de Konjic et de l'Herzégovine. Elles tournent grâce à un ingénieux système de moulin à eau (un peu aidées par un moteur électrique). On y sert aussi des truites, des *ćevapi*, des *uštipci* (beignets), des soupes (parfois un peu tièdes) et des brochettes d'agneau (*janjeće pečenje*).

PROZOR-RAMA ★

Prozor-Rama/Прозор-Рама est le chef-lieu de la municipalité de Prozor-Rama (14 000 habitants), au sein du canton d'Herzégovine-Neretva. Liaisons en bus : 2/jour avec Livno et Tomislavgrad, 1/jour avec Bugojno, Jablanica, Konjic, Sarajevo et Zagreb (Croatie). Placée à 764 m d'altitude, aux confins de l'Herzégovine, de la Tropolje et de la Bosnie centrale, cette petite ville porte le joli nom de « fenêtre de Rama ». Dominé au sud par le massif escarpé de la Čvrsnica, le bourg lui-même est sans charme particulier, mais plutôt actif avec de nombreux commerces et une grosse église catholique bâtie en 1908, tandis que sur les hauteurs se dresse l'élégante mosquée Nuhefendić qui date du début du XVIIe siècle.

LAC DE RAMA ★★

Ramsko jezero

Accès libre. Activités et hébergements : se renseigner auprès de l'office de tourisme de Prozor-Rama.

Situé à 600 m d'altitude, ce lac artificiel de 15 km² est, au printemps, l'un des plus beaux endroits du pays. Il offre alors des paysages féeriques : des îlots verdoyants, des rivages morcelés, deux presqu'îles, dont celle de Šćit sur laquelle se dresse le monastère franciscain de Rama-Šćit, et de hautes montagnes en arrière-plan, en particulier le mont Čvrsnica (2 228 m d'altitude) au sud, le mont Raduša (1 664 m) au nord, le mont Ljubuša (1 797 m) à l'ouest et le mont Vran (2 074 m) au sud-est. Long de 7,5 km et large de 4,6 km, le lac fut créé en 1968-1969 avec la mise en œuvre du barrage hydroélectrique de Rama, à l'est, près du hameau de Mluša. Il capte les eaux de la rivière Rama, qui prend désormais sa source sous le lac. Il abrite les vestiges de villages qui furent ensevelis et dont les 3 000 habitants durent être déplacés en 1968 : Kopčići, Luka, Bruša et Škarina. Ces trois derniers donnent aujourd'hui leurs noms aux îlots à l'ouest de la presqu'île de Maťkovići, tandis qu'à l'est de la presqu'île de Šćit se dresse l'îlot solitaire de Humac.

À moitié vide en été. Magnifique au printemps, le lac l'est en revanche nettement moins en été : il est alors à moitié vide. Il n'est plus alimenté par l'eau provenant de la fonte des neiges des montagnes voisines et les réserves sont pompées en permanence pour faire fonctionner l'usine hydroélectrique installée sous le barrage. Mais c'est la période durant laquelle on peut apercevoir le minaret de l'ancienne mosquée du village de Kopčići, enseveli le reste de l'année.

MONASTÈRE FRANCISCAIN DE RAMA-ŠĆIT ★★

Šćit

✆ +387 36 78 06 78

rama.co.ba

Tous les jours 10h-18h. Tenue correcte exigée. Musée : 3 km. Jardin des sculptures : accès libre.

Ce monastère catholique (Franjevački Samostan Rama-Šćit) bénéficie d'un cadre étonnant : il a été fondé par les franciscains au XVe siècle sur une colline qui est devenue une presqu'île lors de la mise en eau du lac artificiel de Rama en 1968. Plusieurs fois incendié et détruit, il est en grande partie reconstruit en 1857. Durant la Seconde Guerre mondiale, la position pronazie du clergé catholique croate lui vaut d'être saccagé et utilisé comme refuge par les partisans de Tito. Il est ensuite transformé en caserne, puis rendu aux moines en 1956. D'importants travaux de rénovation sont entrepris à partir des années 1960 et une nouvelle aile aménagée en 1986. En 1991, à l'occasion des sept cents ans de présence des franciscains dans le pays, des artistes font don d'une centaine d'œuvres au monastère : peintures, vitraux, mosaïques et sculptures. Une partie des sculptures est exposée à l'extérieur dans le « jardin des sculptures ». C'est là que se trouve la *Croix de Rama*, un bronze de 4 m de hauteur. Réalisée en 1992 par le sculpteur croate Mile Blažević (né en 1950), cette œuvre est devenue le symbole du monastère et figure sur les timbres de la Hrvatska Pošta Mostar (la poste croate de Mostar, l'un des trois services postaux publics du pays). Depuis 2001, le monastère abrite la « maison de la paix », une structure religieuse destinée à venir en aide aux victimes de la guerre de 1992-1995. En 2007, le complexe s'est également doté d'un musée ethnographique.

APARTMANI FRANJUŠIĆ ŠĆIT €

Šćit 24

✆ +387 63 36 17 34

4 chambres. 20/23 € pour deux. Petit déjeuner 3 €/personne. Camping : environ 10 € pour deux.

Cette maison d'hôte est facile à repérer avec ses murs couleur orange. Elle profite d'un cadre agréable, sur l'isthme menant au monastère franciscain de Rama-Šćit et à côté d'une petite plage. Les chambres sont simples mais bien tenues avec salle de bains moderne, Wifi et belle vue sur la lac. Le propriétaire Ivan Franjušić et sa famille proposent un copieux et très bon petit déjeuner, mais aussi des excursions à pied dans les environs, de pêcher ou de faire du bateau sur le lac. Quelques emplacements de camping sont disposés sur la pelouse autour de la maison.

ČAPLJINA ★

Čapljina/Чапљина (prononcez « chaplina ») compte environ 6 100 habitants, dont 82 % de Bosno-Croates et 12 % de Bosniaques. C'est le chef-lieu de la municipalité de Čapljina (27 000 habitants), dans le canton de l'Herzégovine-Neretva. La ville se trouve 9 km au nord-est du poste-frontière de Gabela Polje (Croatie), 25 km au sud-ouest de Stolac et 34 km au sud-ouest de Mostar (*via* Buna et Počitelj).

Petite cité ensoleillée, mais vraiment pas folichonne, Čapljina est la dernière ville bosnienne traversée par la Neretva, à moins de 30 km de l'Adriatique à vol d'oiseau. Des oiseaux, justement, il en est beaucoup question à Čapljina. Ce nom signifie « héron ». Lors de sa fondation au Ve siècle, les Romains la nommèrent Ardea (« héron » en latin) parce que ce nom évoquait celui de la tribu illyrienne des Ardiéens qui peuplait la région. Les Slaves se contentèrent ensuite de traduire le terme pour obtenir Čapljina. Mais les hérons, on en trouve aussi, juste à côté de la ville, à Hutovo Blato, la plus grande réserve ornithologique du pays. Marquant le passage vers la Dalmatie, Čapljina a hérité de l'histoire, outre son nom, deux anciens postes-frontières fortifiés, dont le remarquable site de Mogorjelo. Au cours du XXe siècle, cette proximité avec la Croatie s'est traduite par des vagues de violences contre les habitants bosno-serbes (environ 4 000 morts en 1941), puis contre les Bosniaques, qui furent internés en masse dans des camps de concentration en 1992.

LES VINS DE L'HERZÉGOVINE

Depuis 2010, la « route des vins de l'Herzégovine » a vu le jour. Elle regroupe une cinquantaine de producteurs, dont les exploitations sont souvent de taille modeste (de 2 à 5 ha). Ceux-ci proposent des dégustations permanentes et le système est désormais bien rodé avec des panneaux couleur marron indiquant les domaines. L'Herzégovine produit des vins depuis au moins 2 200 ans. Les Illyriens puis les Thraces développèrent cette culture. Grâce à un climat méditerranéen et à un sol karstique, la région est réputée depuis longtemps pour ses vins blancs, en particulier pour son cépage autochtone, le žilavka. Parmi les rouges, trouve ici le vranac, grand cépage des Balkans, le merlot et le chardonnay, bien adaptés au climat local, et le blatina, un autre cépage purement local qui donne un vin charnu et parfumé. L'essentiel de la production se concentre dans les environs de Međugorje et de Trebinje, mais on trouve aussi des vignerons à Ljubuški, à Čapljina et à Široki Brijeg. Međugorje regroupe des producteurs, dont Carska Vina (+387 36 6517 92), un domaine tenu par la même famille depuis trois générations. Les vins (žilavka et blatina) vieillissent en barrique, mais les visites sont bien organisées. Sur le plateau de Međugorje, le village de Citluk compte le plus grand nombre de producteurs. Parmi eux, les plus connus sont Andrija (+387 36 64 31 02) et Marjanović (+387 63 17 71 98). On a toutefois une préférence pour Brkić (+387 63 32 02 05), seul domaine du pays à produire réellement des vins bio (et bons).

PONT DE KLEPCI

Mustaj-begov most

Pont piéton. Accès libre (attention, le pont n'a pas de parapet).

Cet élégant pont en pierre (Most u Klepcima) enjambe la rivière Bregava qui vient de Stolac et se jette dans la Neretva environ 600 m plus loin. Il a été érigé en 1517 sur ordre du gouverneur ottoman Mustafa-bey. Aussi connu sous le nom de « pont Mustabey » (Mustaj-Begov Most), l'ouvrage se compose d'un tablier de 78 m de longueur soutenu par une arche unique en dos d'âne d'une portée de 17,52 m pour une hauteur de 6,30 m au-dessus de l'eau. Sa forme n'est pas sans évoquer celle du Vieux-Pont de Mostar, construit près de cinquante ans plus tard.

MOTEL PARK €€

Karaotok bb

✆ +387 36 81 49 90

16 chambres. 32/53 € pour deux avec petit déjeuner. Restaurant : environ 20 km/personne.

Cet hôtel-restaurant profite d'un cadre agréable, au calme, dans une clairière, à l'entrée de la réserve naturelle de Hutovo Blato. Les chambres mériteraient un coup de neuf (moquette et déco des années 1980), mais elles sont propres et relativement bien équipées (Wifi, clim). Le restaurant vaut quant à lui une halte (bons plats bosniens, belle terrasse). Location de vélos, aire de jeux pour enfants et nombreuses possibilité d'activités dans la réserve naturelle. Le propriétaire possède aussi l'hôtel Mogorjelo, immeuble orange dans le centre de Čapljina.

SITE ARCHÉOLOGIQUE DE GABELA

6,4 km au sud de Čapljina par la R425a qui longe le site de Mogorjelo. GPS : 43.061200, 17.694135.

Accès libre. Poste-frontière de Gabela Polje : 24h/24.

Ce site (Arheološko Nalazište Gabela) est placé entre un méandre de la Neretva et l'actuel village frontalier de Gabela (environ 2 300 habitants, dont 96 % de Bosno-Croates). Il conserve les vestiges d'un fort vénitien qui servait de « poste de douane » (*gabella* en italien). Celui-ci fut érigé en 1415, puis renforcé par les Ottomans au XVIIe siècle. On peut encore y voir la statue d'un lion de Saint-Marc, symbole de Venise, une enceinte avec un mur bien préservé s'élevant à 7 m de hauteur et les bases d'une mosquée. Avant l'implantation des Vénitiens, le site, connu sous le nom de Drijeva, fut longtemps disputé entre les princes serbes et la République de Raguse (Dubrovnik). Il occupe en effet un passage stratégique, sur la rive droite de la Neretva, qui est ici navigable. Le fleuve permettait de faire transiter par bateaux les marchandises entre l'Adriatique et l'Herzégovine. Gabela occupe toujours une place importante dans les échanges avec la Croatie, puisqu'on y trouve le grand poste-frontière de Gabela Polje, le long de la ville croate de Metković (environ 13 000 habitants). Le site archéologique a quant à lui connu une étrange publicité depuis la publication d'un ouvrage en 1985. Dans *Homer's Blind Audience* (« le public aveugle d'Homer »), l'écrivain mexicain Roberto Salinas Price (1938-2012) affirme en effet que Gabela est le site de la ville antique de Troie. Cette théorie farfelue trouve toujours un certain écho auprès d'une partie de la population locale.

STORIA SVADBENA DVORANA €€

Tasovčići bb ✆ +387 36 80 74 26

restoran-storia.com

6 chambres. 46/67 € pour deux avec petit déjeuner. Restaurant : environ 20 km/personne.

Cet établissement ouvert en 2017 est un peu atypique : c'est avant tout une salle de réception pour mariages (*svadbena dvorana*). C'est aussi un vaste restaurant et un petit hôtel avec piscine extérieure. Celle-ci n'est ouverte que pendant certaines heures de la journée, mais vu les tarifs, on ne va pas trop se plaindre. Si les chambres ne sont pas très grandes, elles sont vraiment nickel (salle de bains et literie impeccables, Wifi, clim...). On apprécie aussi le petit déjeuner copieux, le restaurant super-agréable et le personnel pro et sympa.

CENTRE ÉQUESTRE VRANAC

R425a

✆ +387 63 35 36 21

Tous les jours 9h-20h (en saison). Petit tour en poney 6 km, randonnée (1h) 25 km. Restaurant : environ 20 km/personne.

Ce centre équestre (Konjički Klub Vranac) se trouve en lisière du site archéologique de Mogorjelo. Ouvert en 2003, il compte compte douze chevaux, dont sept chevaux bosniens des montagnes (sous-espèce locale), et quelques poneys pour les enfants. Le centre propose des balades guidées pour cavaliers de tous niveaux, en général d'une heure, le long de la Neretva, mais aussi à la journée (durée 6h) sur réservation. De l'autre côté du site archéologique, le restaurant Villa Rustica sert une cuisine locale honnête mais sans surprise (grillades, salades...).

© MARISHA_SL - SHUTTERSTOCK.COM

Réserve Naturelle de Hutovo Blato.

RÉSERVE NATURELLE DE HUTOVO BLATO ★★

Karaotok bb ✆ +387 36 81 47 16
hutovo-blato.ba
Billetterie : tous les jours 7h-15h.
Tarif : 2 km avec navette entre le parking et le centre d'accueil des visiteurs.

Créée en 1995, cette aire protégée (Park Prirode Hutovo Blato) s'étend sur 74 km². Située sur le principal axe de passage des oiseaux migrateurs entre l'Asie, l'Afrique et l'Europe occidentale, cette zone humide est la plus grande réserve ornithologique du pays. Depuis 2001, elle est inscrite sur la liste de la convention de Ramsar sur les zones humides d'importance internationale.

Hydrographie. Zone marécageuse, le « marais d'Hutovo » est alimenté par le réseau souterrain de la rivière Krupa. Cet écosystème complexe comprend aussi les lacs Svitavsko (10 km²), au sud, et Deransko (3,7 km²), au centre. C'est ce dernier qui donne naissance à la Krupa. Ce petit affluent de la Neretva (9 km de longueur) a la particularité de couler dans les deux sens : lorsque les eaux de la Neretva sont trop fortes, en hiver, elles repoussent la Krupa vers le lac. Cet étrange phénomène est toutefois perturbé par la centrale hydroélectrique de Čapljina créée en 1979 sur la Neretva et par des barrages récemment installés en amont.

Oiseaux. Hutovo Blato concentre jusqu'à 10 000 oiseaux en même temps à certaines périodes. Outre les espèces sédentaires, on recense plus de 240 espèces de migrateurs qui viennent ici pour faire halte, hiverner ou nidifier. Le cormoran pygmée (*Microcarbo pygmaeus*) domine, accompagné de canards, hérons, aigrettes et grèbes. Remarquez notamment l'ibis falcinelle (*Plegadis falcinellus*), qui nidifie en hauteur près de l'eau, la nette rousse (*Netta rufina*), un canard peu répandu en Europe, ou encore le combattant varié (*Philomachus pugnax*), qui envahit parfois le ciel en grandes flopées. Le grèbe huppé (*Podiceps cristatus*) est quant à lui réputé pour sa parade nuptiale très élaborée. Parmi les rapaces, il faut noter le busard des roseaux (*Circus aeruginosus*) et le circaète Jean-le-Blanc (*Circaetus gallicus*).

Activités. L'accès à la réserve ferme à 15h, mais on peut rester aussi longtemps qu'on le souhaite. L'endroit est sommairement organisé mais équipé de panneaux pédagogiques et de postes d'observation (location de jumelles à l'accueil). Il est aussi possible d'y pêcher (10 km/jour), de s'y balader à vélo (15 km/3h) ou en kayak (10 km/3h), mais aussi d'y dormir : soit dans des cabanes sans eau ni électricité (10 km/personne), soit au Motel Park. Pour observer les oiseaux, plusieurs options sont possibles à pied ou en bateau (60/200 km). Il vaut mieux réserver pour pouvoir profiter d'un accompagnateur anglophone.

SITE ARCHÉOLOGIQUE DE MOGORJELO ★

R425a
Tous les jours 9h-20h. Gratuit. Parking et restaurant à côté. Centre équestre Vranac : voir description.

Cet espace de 7,6 h (Arheološko Nalazište Mogorjelo) est le plus important site archéologique du pays. Il abrite les vestiges du *castrum* (camp militaire) romain de Bigeste-Turres, un important relais sur la voie qui reliait Salona (Split, en Croatie) à Scodra (Shkodra, en Albanie). Il a été mis au jour en 1898 par l'archéologue autrichien Carl Patsch (1865-1945). Le site est bien aménagé avec des arbres procurant de l'ombre et, juste à côté, un restaurant, un domaine viticole et le centre équestre Vranac. Le *castrum* est fondé par un colon italien au milieu du Ier siècle de notre ère sur le modèle de la *villa rustica* (« villa romaine ») : une résidence doublée d'une exploitation agricole. Celle-ci approvisionne alors Narona (Vid, en Croatie). Au IIIe siècle, un incendie détruit une partie des bâtiments. Le complexe devient la propriété de l'Empire et s'agrandit pour former un *latifundium* (grande ferme). Vers 401, celui-ci passe aux mains d'un chef de clan visigoth. Environ cinquante ans plus tard, alors que la région est désormais sous contrôle byzantin, Mogorjelo se transforme en village : deux basiliques sont construites et les anciens bâtiments agricoles transformés en habitations. Le site continue d'être occupé pendant une longue période et sert de cimetière jusqu'au XIXe siècle.

Visite. La fonction agricole initiale du site se lit encore très bien dans le paysage avec l'ancien domaine bordant la Neretva et, au centre, la *villa rustica* elle-même. Orientée vers le sud-est, elle composée de quatre ailes formant un rectangle de 50 x 40 m aujourd'hui délimité par des rangées d'arbres. À l'origine, la cour était vide et desservait une série d'ateliers et entrepôts répartis dans les ailes fortifiées. L'*habitatoria* (quartiers résidentiels) était située dans l'aile sud, mais elle a disparu lors de l'incendie du IIIe siècle. La cour fut utilisée au Ve siècle pour la construction de maisons villageoises desservies par une rue centrale suivant l'axe vers le sud-est. Les deux basiliques furent quant à elles érigées entre le Ve et VIIe siècle au nord-est du complexe (à gauche après l'entrée). Leur tracé est clairement visible. Elles sont toutes deux à nef unique et construites en parallèle. La plus vaste mesure 21,40 x 14,05 m et celle plus au sud, 21,40 x 10,40 m. Ces « églises doubles » de la période paléochrétienne sont typiques de la côte dalmate (Split, Zadar, etc.) avec quelques exemples plus rares jusqu'au cœur de la Bosnie, comme à Zenica.

POČITELJ ★★★

Počitelj/Почитељ (prononcez « pot-chiteille ») compte environ 750 habitants, dont 58 % de Bosniaques et 40 % de Bosno-Croates. Le village fait partie de la municipalité de Čapljina. Il se trouve 4 km au nord-est de Čapljina, 23 km à l'ouest de Stolac et 30 km au sud de Mostar. Liaisons en bus : environ 10/jour avec Čapljina et Mostar, 2/jour avec et Stolac.

Voici tout simplement le plus beau village de Bosnie-Herzégovine. Élégamment posé à flanc de colline le long d'un large méandre de la Neretva, Počitelj est constitué comme un tableau : de vieilles maisons ottomanes en pierre noyées dans la verdure, les ruines de remparts et de bastions, un labyrinthe de ruelles pavées et escarpées, des toits en lauze, une magnifique mosquée avec dôme et une puissante forteresse posée au sommet. Cet ensemble a été inscrit en 2007 sur la liste indicative de l'Unesco en vue d'un classement éventuel au patrimoine mondial. Mais Počitelj revient de loin : alors que les habitants bosniaques (73 % de la population en 1991) étaient déportés, presque tout fut détruit ou saccagé par les forces du Conseil de défense croate (HVO) au cours de l'été 1993. Vide et en ruine pendant dix ans, le village a commencé à renaître en 2003 grâce à l'aide internationale. Toutefois, la restauration un peu trop léchée lui a fait perdre de sa patine et de son authenticité. La plupart des habitants résident désormais dans la partie récente du village, 200 m au nord, contre une vingtaine seulement dans la partie historique.

HISTOIRE DE POČITELJ

Fortifié par les rois de Bosnie à la fin du XIVe siècle, Počitelj est occupé par les Hongrois en 1468 et conquis par les Ottomans trois ans plus tard. Grand centre administratif et commercial sur la route de Raguse (Dubrovnik), le village prend son apparence actuelle à partir du XVIe siècle avec d'importantes fortifications conçues pour contrer les Vénitiens. Počitelj perd de son importance au XIXe siècle. Mais la création d'un centre artistique international en 1961 attire des talents comme le peintre italien Vittorio Miele (1926-1999). Depuis la destruction de juillet-août 1993, le village revit grâce aux touristes faisant halte entre Dubrovnik et Mostar.

HAMMAM ŠIŠMAN IBRAHIM-PACHA

Počitelj bb

Ne se visite pas.

Surmonté de cinq coupoles et d'un dôme couverts de plomb, ce hammam en forme de L (Šišman Ibrahin-Pašina Hamam) n'est plus utilisé depuis la fin du XIXe siècle. Il a été érigé au XVIIe siècle par des artisans de Constantinople. Malgré des dimensions modestes (23 x 8 m), il comprend un *sadirvan* (vestiaire et fontaine), un *kapaluk* (salle tiède), un *halvat* (salle chaude), un *sogukluk* (salle froide) et le *hazna* (chaufferie) et un *halvat* (sorte de sauna privatif), ajouté au XVIIIe siècle.

FORTERESSE DE POČITELJ ★

Počitelj bb

Accès libre, mais attention aux chutes de pierres. Chemin d'accès bien indiqué.

Située sur un éperon rocheux, à 100 m d'altitude, cette forteresse en ruine (Počiteljska Utvrda) domine l'ensemble du village historique avec sa puissante tour octogonale de 20 m de hauteur. Cette dernière fut érigée sous le règne des rois de Bosnie, à la fin du XIVe siècle, puis rebâtie après la prise de Počitelj par les Ottomans en 1471. Le reste des fortifications et les autres tours furent ajoutées et remaniées jusqu'au XVIIIe siècle. Abandonné au siècle suivant, c'est l'un des rares monuments à avoir été épargnés par le Comité de défense croate en 1993.

TOUR DE L'HORLOGE DE POČITELJ

Počitelj bb

Ne se visite pas.

Mesurant 16 m de hauteur, cette tour presque carrée (Sahat Kula) date du XVIIe siècle. Elle servit pour indiquer les heures de prière aux habitants musulmans, mais aussi de tour de guet. Comme celles de Mostar et de Stolac, elle est de style dalmate avec son sommet en prisme évoquant le campanile des églises catholiques de la région. Sa cloche fut fondue par les Austro-Hongrois lors de la Première Guerre mondiale. En contrebas se trouve le parking principal du village historique.

MAISON GAVRAN-KAPETANOVIĆ ★★

Počitelj bb
✆ +387 33 66 80 09
pocitelj.ulubih.ba
Tous les jours 9h-18h. Visite 5 km. Résidence d'artiste 50 km/jour (en juin, sur réservation).

Cette maison (Kuća Gavrankapetanovića) est la plus grande et la plus belle de Počitelj. Elle se noie dans la masse avec un mur en pierre, un étage en torchis argileux blanchi à la chaux et un toit en lauze calcaire. Mais on l'identifie par sa rangée de neuf grandes fenêtres en façade : deux séries de trois fenêtres en plein cintre sur les côtés et trois autres rectangulaires dans la partie centrale en encorbellement. Elle fut érigée entre le XVIe et le XVIIe siècle pour la famille la plus puissante de la région, les Gavran-Kapetanović, dont le nom est composé à partir des mots *gavran* (corbeau) et *kapetan* (capitaine). Abandonnée à partir du XXe siècle, la maison fut restaurée par l'État yougoslave afin d'y créer la colonie artistique internationale de Počitelj, active de 1961 à 1975. Depuis peu, l'endroit sert de nouveau de résidence d'artistes chaque année, en juin. Il s'agit d'un complexe résidentiel composé d'un bâtiment principal et de deux autres petites maisons. Mêlant les architectures méditerranéennes et ottomanes, on y retrouve des éléments communs aux deux cultures (cheminées rondes, toits de lauzes). Mais les murs montés en pierre et les fenêtres largement séparées évoquent les maisons de Dalmatie. La toiture à quatre pans en croupe et les fenêtres en encorbellement sont, elles, typiquement ottomanes. Les pièces et les cours intérieures sont marquées par une division à l'orientale entre les espaces réservés aux hommes *(selamluk)* et ceux pour les femmes *(haremluk)*.

MOSQUÉE HADŽI ALIJA ★★

Počitelj bb
Visite 3 km (gratuit hors saison). Tenue correcte exigée, se déchausser, se couvrir la tête pour les femmes.

Cette mosquée (Hadži-Alijina Džamija) est aussi appelée mosquée Šišman Ibrahim-Pacha. Construite en 1562/1563, c'est l'un des plus beaux exemples d'architecture ottomane classique du pays. Lors du saccage de Počitelj par le Comité de défense croate en 1993, elle a perdu son dôme et son minaret de 32 m de hauteur. L'ensemble a été restauré entre 2000 et 2004. Le bâtiment forme un carré de 12 m de côté avec des murs en pierre de taille de 1,10 m d'épaisseur. Il est surmonté d'un dôme couvert de plomb de 15 m de hauteur et précédé d'un porche à trois coupoles. Dans la cour sont conservés certains éléments d'origine, dont la base à douze facettes du minaret. L'entrée est ornée de très belles portes au-dessus desquelles se trouve un portail finement sculpté. Le décor intérieur du XVIIIe siècle a été en grande partie préservé : riches ornementations, niches sculptées et ouvertures en verre coloré. Le grand minbar et le mihrab ont toutefois dû être refaits. La mosquée porte le nom de celui qui en finança la construction : Ali Mujezinović, un « hadj » ayant fait le pèlerinage de La Mecque. Mais on ne sait rien d'autre de lui. L'autre nom donné est celui de Šišman Ibrahim Pacha : un chef janissaire mort en Égypte en 1677. Surnommé localement « le Héros » (Celo), la légende veut que celui-ci soit né pauvre à Počitelj et qu'il ait gravi tous les échelons de l'Empire ottoman jusqu'à devenir vizir. Même si certains historiens doutent de cette version, plusieurs bâtiments du village sont baptisés en son honneur.

RIVERSIDE GUESTHOUSE €

Počitelj Polje
✆ +387 63 49 22 60
2 chambres.
25/35 € pour deux sans petit déjeuner.

Située à 5 minutes à pied du village historique, cette maison d'hôte moderne sur deux niveaux est d'un confort assez simple. Par exemple, il n'y a qu'une seule salle de bains commune pour les deux chambres. Celles-ci sont d'ailleurs plutôt petites (16 m^{2}), bien tenues, avec la clim, le Wifi et un grand balcon donnant sur la Neretva, mais sans rangements ni bureau. Reste que l'endroit est charmant, avec un grand jardin, un agréable patio et une terrasse au bord du fleuve. La propriétaire parle anglais et se révèle de bon conseil pour visiter la région.

BISTRO STARI GRAD €

Počitelj bb
✆ +387 63 43 72 68
Tous les jours 7h-23h. Environ 15 km/personne.

Les restaurants de Počitelj ne nous ont vraiment pas laissé un souvenir impérissable. Celui-ci a le mérite d'être bien placé, d'avoir un personnel efficace et sympa et d'offrir une belle vue sur la forteresse. Au menu : *ćevapi*, grillades, salades et quelques plats mijotés. Agréable pour un café en terrasse. Un peu plus loin, le restaurant Staklo sert des plats encore moins mémorables, mais notez qu'il est situé juste derrière le caravansérail du XVIIe siècle, qui lui-même fut aménagé dans les années 1960 pour accueillir un bon restaurant, hélas désormais fermé.

LJUBUŠKI ★★

Ljubuški/Љубушки (prononcez « lioubouchki ») compte environ 4 000 habitants, dont 83 % de Bosno-Croates et 14 % de Bosniaques. C'est le chef-lieu de la municipalité de Ljubuški (28 000 habitants), au sein du canton de l'Herzégovine de l'Ouest. La ville se trouve 8 km au nord-est du poste-frontière de Crveni Grm, 12 km au sud-ouest de Međugorje, 18 km au nord-ouest de Čapljina et 28 km au nord-est de Ploče (Croatie). Liaisons en bus : 6/jour avec Čapljina, 4/jour avec Mostar, 3/jour avec Međugorje, 2/jour avec Ploče, 1/jour avec Livno.

Cette petite ville frontalière sans charme cache bien son jeu : c'est ici que se trouvent les plus belles chutes d'eau des Balkans et le plus riche musée de l'Herzégovine. Les collines environnantes abritent une grosse forteresse et des vignes donnant des vins fruités à découvrir dans de bons restaurants ou chez les vignerons. Autrefois peuplée par la tribu illyrienne des Dalmates, Ljubuški resta longtemps une base-arrière de pirates de l'Adriatique, christianisée seulement au XIe siècle. Elle s'est depuis rattrapée en devenant un fief des rois catholiques de Hongrie, un bastion rebelle aux Ottomans et le siège d'un puissant monastère franciscain. Au XXe siècle, le nationalisme croate s'est bien implanté. Mais si Ljubuški fut le quartier général du Comité de défense croate (HVO) au cours de la dernière guerre, les expulsions de Bosniaques furent ici moins violentes que dans bien des villes d'Herzégovine et la plupart d'entre eux ont d'ailleurs pu revenir.

NÉCROPOLE MÉDIÉVALE DE BIJAČA ★

R423

Accès libre.

Ce site (Nekropola sa Stećcima na Bijači) fait partie des vingt-deux nécropoles médiévales du pays classées au Patrimoine mondial de l'Unesco en 2016. Celle-ci n'abrite que 33 stećci, mais dix-sept d'entre eux sont décorés. Le plus grand stećak, en forme de « coffre », est orné sur un côté d'une scène de chasse avec un cavalier muni d'une lance traquant un cerf à l'aide d'un chien. Sur l'autre côté est représenté une *kolo* (danse en cercle) exécutée par quatre personnages féminins.

CHUTES DE KRAVICA ★

Studenci b.b.

✆ +387 39 84 44 13

kravica.ba

Tous les jours 7h-22h (jusqu'à 17h/20h hors saison). Tarif : 20 km (7-18 ans 5 km).

Ces chutes d'eau (Vodopad Kravica) sont parmi les plus belles d'Europe. Hélas, le site est copieusement gâché par des aménagements touristiques affreux : sentiers en béton, passerelles en plastique sur l'eau, cafés-restaurants d'un goût douteux et zone de baignade délimitée par des bouées disgracieuses. Cet ensemble vendu sous le nom anglais d'Oasis in Stone est aussi le plus cher lieu de visite du pays. La petite rivière Trebižat effectue ici un saut de 26 à 28 m de hauteur sur un vaste arc-de-cercle de 120 m de largeur. Cet affluent de la Neretva dépose ici depuis des millénaires des petites particules de tuf, qui avec le temps ont formé de somptueuses chutes d'eau cernées d'une nature luxuriante. Il est vrai que les chutes de Kravica ne sont pas sans évoquer, en version miniature, celles d'Iguazú, situées à la frontière entre l'Argentine et le Brésil. Deux anciens moulins à eau en pierre de la période ottomane ont été conservés sur les hauteurs, le long du sentier descendant de l'immense parking. Mais du fait de l'affluence, ce dernier est payant en été. Encore un élément négatif à prendre en compte avant d'envisager une visite ici. Alternative gratuite : les chutes de Koćuša (Koćuša Vodopad), près de Veljaci, 10 km au nord-ouest de Ljubuški. La rivière Mlade chute ici de 5 m de hauteur sur environ 30 m de largeur, peu avant d'aller rejoindre la Trebižat. L'endroit est là aussi propice à la baignade, bien aménagé (bancs, restaurant et parking) et possède encore un moulin en activité.

HERZÉGOVINE

FORTERESSE DE LJUBUŠKI ★

Kula hercega Stjepana Vukčića Kosače

Accès libre. Prévoir de bonnes chaussures et de l'eau.

Cette forteresse (Stari Grad Ljubuški) est située au sommet de la colline rocheuse de Buturovica, à 350 m d'altitude. Partiellement rénovée en 2019-2022 grâce au financement de l'UE, elle est aussi connue appelée « forteresse de l'herzeg Stefan » (Tvrđava Hercega Stjepana). Elle fut en effet d'abord érigée pour le compte du grand-duc Stefan Vukčić Kosača (v. 1404-1466), alors en guerre contre ses fils alliés à la cité de Raguse (Dubrovnik). C'est ce noble bosnien qui prit le titre d'*herzeg* (dérivé de l'allemand *Herzog*, « duc »), terme qui donnera plus tard le nom de l'Herzégovine. Sous son règne, la forteresse fut au départ uniquement composée d'une grange fortifiée et d'une tour massive. Cette tour, dite Herceguša, est à présent rénovée. Rectangulaire (9,7 × 5 m), elle domine l'ensemble de la colline avec des murs s'élevant à 12 m de hauteur et d'une épaisseur de 4,5 m côté nord. Après la conquête ottomane, le reste de la forteresse fut bâti avec de longs murs défensifs, des tours de guet, des bastions, des portes, des greniers à blé, une boulangerie, une cour intérieure, des logements, des poudrières et quatre citernes d'eau, dont trois sont encore visibles. L'ensemble suit la forme d'un polygone irrégulier d'environ 93 m sur l'axe nord-sud et de 50 m d'est en ouest. Des remparts, on profite de belles vues vers le sud sur Ljubuški et, en Croatie, sur le mont Rilić (1 160 m) et la péninsule de Pelješac ; vers le nord, sur la vallée de la Neretva et ses vignobles, Mostar et les monts Velež, Prenj et Čvrsnica.

© BOB GRIM - SHUTTERSTOCK.COM

Forteresse de Ljubuški.

MUSÉE DE HUMAC ★★

Trg Svetog Ante 1 ✆ +387 39 83 09 70

muzejhumac.com

Tous les jours 10h-19h (jusqu'à 17h hors saison). Tarif 4 km (2 km hors saison). Galerie : mêmes horaires, gratuit.

Ce musée archéologique (Muzej Humac) appartient au monastère franciscain de Ljubuški-Humac fondé en 1869 et dédié à saint Antoine de Padoue. Créé en 1884, c'est le plus ancien musée de Bosnie-Herzégovine, ouvert quatre ans avant le Musée national, à Sarajevo. Il abrite une intéressante petite collection d'objets découverts dans l'ouest de l'Herzégovine couvrant seize millénaires, du paléolithique supérieur au Moyen Âge tardif. À travers trois salles souterraines, on découvre des bijoux et armes mises au jour dans des sépultures illyriennes, ou encore des stèles, pièces de monnaie et statuettes romaines provenant du site voisin de Gračine. La salle consacrée au Moyen Âge abrite quant à elle des armes et inscriptions de la forteresse de Ljubuški, mais surtout la « plaque de Humac » *(lire ci-après)*. L'ensemble est bien présenté, même si l'on regrette l'absence de textes en anglais. Par ailleurs, le monastère possède une galerie d'art sur le thème de la « mère ». Celle-ci regroupe 250 œuvres de valeurs inégales. Mais il faut noter la présence de réalisations des trois plus grands sculpteurs croates du XXe siècle, celles d'Ivan Meštrović (1883-1962), de Frano Kršinić (1897-1982) et une émouvante mère coiffant sa fille par Antun Augustinčić (1900-1979).

▸ **Plaque de Humac** (Humačka Ploča). C'est la pièce maîtresse du musée. Datée du Xe, XIe ou XIIe siècle, cette tablette de pierre gravée de 68 cm de longueur, 60 cm de largeur, 15 cm d'épaisseur et 124 kg est l'une des plus anciennes traces écrites des langues slaves de Yougoslavie. Elle porte une inscription rédigée en alphabet bosančica, une version locale de l'alphabet glagolitique mis au point par les évangélisateurs des Slaves Cyrille et Méthode à la fin du IXe siècle. Composé de quatre-vingts lettres et de vingt-cinq mots, le texte est tracé « en spirale » afin d'être lu en marchant autour. Il s'agit de la dédicace faite par un certain Krsmir et sa femme Pavica pour une église de l'Archange-Michel. La « plaque » fut identifiée en 1876 dans l'enceinte même du monastère par le diplomate et épigraphe français Jean-Baptiste Évariste Charles Pricot de Sainte-Marie (1843-1899), alors vice-consul à Raguse (Dubrovnik). Elle demeure aujourd'hui encore une énigme : ni le dénommé Krsmir, ni son épouse, ni l'église en question n'ont été identifiés. Elle est également au centre de débats entre linguistes des Balkans pour savoir de quelle langue actuelle le texte est le plus proche. Sans surprise, celui-ci est ici présenté par les franciscains comme une forme de croate.

APARTMANI KRAVICA €

Studenci 38
✆ +387 63 83 31 30
www.facebook.com/ApartmaniKravica
7 appartements. 40/55 € pour deux personnes sans petit déjeuner.

Ces appartements sont installés dans une jolie villa récente de style bosno-ottoman, à 400 m de l'entrée du site des chutes de Kravica. Ils sont modernes et clairs avec des rangements, une salle de bains parfaite, de grands lits, le Wifi, la clim, etc. Ils disposent d'un vrai petit coin cuisine avec plaques de cuisson, ustensiles, réfrigérateur, bouilloire, table et chaises. Accueil très sympa et jardin aménagé avec des tables abritées et un coin barbecue. Notez que vous pouvez vous rendre aux chutes de Kravica plusieurs fois dans la journée avec le même billet.

MOTEL MOST €

Teskera 1
✆ +387 39 83 82 88
motel-most.com
9 chambres. 61/67 € pour deux avec petit déjeuner. Restaurant : environ 20 km/personne.

Situé le long de la Trebižat, ce motel est réputé pour son restaurant. Sur la terrasse au bord de l'eau ou dans les salles au décor rustique, on sert ici une cuisine plutôt croate, simple mais savoureuse : pâtes vertes aux crevettes (*zeleni rezanci sa škampima*), jambon cru de l'Herzégovine, veau cuit en cocotte sous la cloche (*tepsija ispod sača*) et agneau à la broche (janje sa ražnja). Les chambres sont très bien, au calme avec vue sur la rivière, une bonne salle de bains, le Wifi, etc. Prêt de vélos, navette pour les aéroports, personnel pro, bon petit déjeuner…

SITE ARCHÉOLOGIQUE DE GRAČINE

Cara Tiberija
Accès libre.

Localement connu sous le nom de « camp romain de Humac » (Rimski Vojni Logor u Humcu), ce site archéologique de 1,5 ha abrite les vestiges d'un camp occupé entre le Ier et le IIIe siècle par des troupes auxiliaires romaines originaires de Grande-Bretagne. Identifié au XIXe siècle et fouillé entre en 1977 et 1980, il abrite la base de quatre grands bâtiments cernés d'un rempart rectangulaire (140 x 110 m). Une partie des objets découverts ici est exposée au musée de Humac.

MUSEUM & RESTAURANT TABAK €

Fra Nikole Ivankovića 18
✆ +387 39 83 23 17
tabak-restaurant.com
Tous les jours 7h-23h. Environ 25 km/personne.

Installé dans une ancienne usine à tabac, ce musée-restaurant ouvert en 2022 vaut surtout pour sa cuisine avec des spécialités d'Herzégovine et de Dalmatie. On y sert un très bon steak de veau à la cuisson parfaite et des encornets grillés à la plancha accompagnés de vins de la région. La salle, moderne et agréable, abrite des vitrines consacrées à l'histoire de la production de tabac à Ljubuški : pipes et étuis à cigarettes, briquets (dont l'un ayant appartenu à un officier SS), etc.

SMOKVA WINE CLUB ★

Vitinska 8
✆ +387 63 451 999
www.facebook.com/smokvawineclub
Tous les jours 12h-23h.
Environ 15 km/personne (sans le vin).

Ouvert en 2021, ce bar à vins dispose d'une intéressante sélection de bonnes bouteilles de l'Herzégovine (ainsi que des vins et spiritueux étrangers) à déguster avec un plateau de fromages et/ou de charcuterie dans une élégante petite salle ou en terrasse. Le personnel est accueillant et de bon conseil. Sachez que vous pourrez découvrir davantage de vins locaux chez Vinogradi Nuić et chez huit autres vignerons des environs de Ljubuški qui organisent des visites-dégustations sur rendez-vous (liste et contacts sur le site vinoljubuski.com).

VINOGRADI NUIĆ ★

Crnopod 51
✆ +387 39 84 95 15
vinogradinuic.com
Dégustation : lundi-vendredi 8h-16h30 sur réservation. Tarifs : 10-40 km/personne. Bouteilles : 10-60 km/75 cl.

Créés en 2004, les « vignobles de Nuić » sont le troisième plus gros producteur de vin du pays. Si leurs bouteilles de blatina (rouge) et de žilavka (blanc) se retrouvent dans la plupart des restaurants de l'Herzégovine, celles-ci ne nous ont pas laissé un souvenir impérissable. Mais on trouve ici d'intéressantes formules dégustation. L'occasion de découvrir des vins plus confidentiels provenant des 7 ha du domaine et raisins achetés ailleurs, notamment ceux issus de cépages locaux comme le bena, la krkošija (blancs), le plavac mali et le trnjak (rouges).

HERZÉGOVINE

MEĐUGORJE

Međugorje/Међугорје (prononcez « médjougorié ») compte environ 2 500 habitants, dont 99 % de Bosno-Croates. Le village appartient à la municipalité de Čitluk (19 000 habitants), au sein du canton de l'Herzégovine-Neretva. Il se trouve 12 km au nord-est de Ljubuški, 15 km au nord-ouest de Čapljina et 26 km au sud-ouest de Mostar. Liaisons en bus avec Mostar, Ljubuški, Čapljina et la Croatie.

Depuis 1981, ce village catholique ne vit que pour la Vierge et ses apparitions à répétition. Ici, l'argent des pèlerins du monde entier coule à flots. Tout est organisé pour eux : grandes messes en plein air, petit Golgotha à gravir sous le cagnard, hôtels aux standards internationaux, boutiques de souvenirs et parkings pour autobus. La plupart des 2,2 millions de pèlerins passant à Međugorje chaque année viennent en groupe. Un peu déboussolés, ils arrivent par l'aéroport de Mostar (lui aussi ne fonctionne que pour eux) ou par le port de Dubrovnik, après une nuit en ferry italien. Nombreux sont ceux qui s'imaginent en Croatie. C'est vrai qu'ici, on peut payer en kuna et que les habitants ne font rien pour dissiper les doutes. Car depuis les premières « apparitions » en 1981, Međugorje est devenue une petite Mecque au marketing bien rodé, mais aussi un symbole pour ceux réclamant un rattachement à la Croatie. Bref, si vous rêvez de sentir le cœur de Marie battre en même temps que le vôtre, il existe sur la Terre quantité d'endroits où l'on a l'esprit moins mercantile et moins nationaliste qu'ici.

HERZÉGOVINE

MAGNIFICAT CENTER €

Kraljice Mira 106
+387 36 65 03 59
magnificat.center
54 chambres, à partir de 100 € pour deux avec petit déjeuner.
Restaurant : environ 20 km/personne.

Ouvert en 2012, c'est l'un des hôtels les plus prisés de Međugorje. Conçu pour les retraites religieuses, il possède sa propre chapelle et une grande salle de conférence. Les chambres sont sans télévision pour aider à la méditation, mais avec clim, Wifi et belle salle de bains. Ce qui attire les pèlerins, c'est que l'établissement appartient à Marija Pavlović, l'une des six « témoins » des apparitions de Međugorje depuis 1981. Peu de chance toutefois de la croiser ici : elle est plus souvent en conférence à l'étranger ou dans sa villa de l'île de Hvar, en Croatie.

COLLINE DES APPARITIONS

Brdo Ukazanja
Accès libre. Prévoir de l'eau, de quoi se protéger du soleil et de bonnes chaussures.

Autrefois appelée « colline du Sol noir » (Brdo Crnica), cette butte de 370 m d'altitude est désormais connue comme la « colline des Apparitions » (Brdo Ukazanja). C'est ici, à mi-pente, que le 24 juin 1981, quatre des six enfants « témoins » de Međugorje disent avoir eu ensemble leur première apparition miraculeuse de la Vierge. Le lieu est devenu un important site de pèlerinage catholique (non reconnu par le Vatican). Si l'on est en bonne condition physique et avec les chaussures adéquates, les 150 m de dénivelé sont vite avalés, en moins de vingt minutes. Mais pour d'autres, c'est un véritable calvaire. Plus on grimpe, plus le chemin se hérisse de grosses pierres rougeâtres tantôt glissantes, tantôt pointues. En plein été, avec la foule, la fatigue et le soleil qui cogne, cela peut prendre une heure ou plus.

Statue, offrandes et souvenirs. Certains pèlerins poussent la difficulté jusqu'à effectuer l'ascension pieds nus ou sur les genoux, voire en rampant. C'est très impressionnant. Plus en tout cas que le spectacle à l'arrivée. La vue n'est pas grandiose. La statue de la Vierge qui marque l'endroit du « miracle » est une réplique de celle du parvis de l'église Saint-Jacques de Međugorje. Elle fut installée ici en 2001 à l'occasion des vingt ans de la première des innombrables apparitions supposées de Međugorje. Depuis, la petite statue, dite « Reine de la Paix », reçoit chaque jour ou presque son lot d'offrandes : rosaires, foulards ou graffitis gravés dans les rochers. Après une prière et/ou une pause selfie, on repart en sens inverse. On a cette fois le temps de découvrir les œuvres en bronze de l'artiste italien Carmelo Puzzolo (né en 1934) qui ponctuent les bords du chemin. Les pèlerins marquent surtout l'arrêt devant une croix en bois qui signale l'emplacement où, toujours en 1981, la Vierge a adressé pour la première fois un message de paix pour la Yougoslavie, le monde et Međugorje à l'un des six enfants. On revient ensuite au petit carrefour du hameau de Podbrdo (« sous la colline ») où ont élu domicile un couvent, des cafés-restaurants et des boutiques de souvenirs chrétiens. Si on n'a pas de voiture, il faut prendre un taxi pour le centre de Međugorje. Mais si on est motorisé, on peut partir pour une autre ascension prisée de certains pèlerins – mais sans rapport avec les fameuses apparitions : la colline de Križevac, située 3,4 km au sud-ouest. Au sommet de celle-ci, à 350 m d'altitude, les franciscains firent dresser une grande croix dans les années 1930. De là, la vue est plus belle.

ÉGLISE SAINT-JACQUES DE MEĐUGORJE

Gospin trg 1 ✆ +387 36 653 300
medjugorje.hr

Plusieurs messes par jour en été, à 11h et 18h hors saison (10h, 13h et 18h le dimanche). Accès libre au « sanctuaire ».

Cette église catholique à double clocher (Crkva Svetog Jakova) appartient à l'ordre des Franciscains. Dénuée de charme, elle constitue le centre du « sanctuaire » de la Reine de la Paix (non reconnu par le Vatican) où se regroupent chaque jour des visiteurs venus du monde entier participant au pèlerinage de Medugorje. Elle fut érigée à partir de 1934 et achevée dans les années 1980, à l'emplacement d'une précédente église (1897) qui souffrait de problèmes de conception. Comme cette église paroissiale est trop petite pour pouvoir abriter tous les pèlerins en été, un autel extérieur couvert a été aménagé au niveau du chevet, en 1989, avec un parc et des rangées de bancs en arc de cercle pouvant accueillir environ 5 000 personnes en même temps. Tout autour se trouvent des chapelles, des zones arborées et parfois des tentes où les pèlerins se regroupent par langues et/ou nationalités sous la conduite de moines, de moniales et de prêtres. Entre juillet et août, plusieurs messes y sont célébrées chaque jour, mais c'est l'office du soir qui attire le plus de monde.

Statues, radio et télévision. Le « sanctuaire » est ponctué de différentes statues. La plus célèbre est celle de la Vierge, dite « Reine de la Paix », installée sur le parvis de l'église en 1987. Il s'agit d'une sculpture en pierre blanche sans intérêt artistique, mais dont il existe plusieurs répliques à travers le monde, à commencer par celle située sur la « colline des Apparitions ». Vers l'autel, près du centre d'information « Mir » (« paix »), on peut voir la statue pas très réussie de Leopold Mandić (1866-1942), moine croate canonisé en 1982. Au sud-ouest du « sanctuaire », entre les arbres et au bout d'un chemin de croix se dresse un impressionnant *Christ ressuscité*, un grand bronze réalisé en 1998 par le sculpteur slovène Andrej Ajdič (né en 1937). Près de cette statue, un vaste bâtiment abrite les studios de Radio Mir, qui retransmet les informations religieuses de Međugorje, en particulier les nouvelles « apparitions » de la Vierge. Plus au nord, près de l'entrée de l'église, les studios de MaryTV font de même sous forme de vidéos postées sur Internet. Enfin, au-delà du parvis de l'église et la statue de la « Reine de la Paix » s'ouvre la rue « du pape-Jean-Paul-II » (Pape Ivana Pavla II) autour de laquelle se concentrent des dizaines d'hôtels, restaurants et magasins de souvenirs, dont quelques-uns appartiennent aux six « témoins » de Međugorje.

MEĐUGORJE HOTEL & SPA €

Fra Slavka Barbarića 29
✆ +387 36 640 450
medjugorjehotelspa.com

99 chambres. 64/106 € pour deux avec petit déjeuner. Parking souterrain gratuit.

Cet hôtel haut de gamme est d'un très bon rapport qualité/prix avec des chambre spacieuses, modernes et lumineuses (super-salle de bains, Wifi, clim, etc.). Son centre de bien-être dispose d'un bain bouillonnant, d'une salle de sport, d'un sauna et d'un salon de massage, de coiffure et de soins corporels. L'établissement possède aussi des salles de réunion, un bar et une supérette (restaurant fermé lors de notre visite). Possibilité d'excursion en vélo et de transfert vers les aéroports de Dubrovnik, Split ou Sarajevo. Convient aux personnes à mobilité réduite.

OBITELJSKI PODRUM BRKIĆ

Kralja Tvrtka I. 13
✆ +387 63 32 02 05
brkic.ba

Sur rendez-vous tous les jours sauf dimanche 9h-18h. Dégustation : 30/40 km. Bouteilles de vin : 30/40 km les 75 cl.

Notre coup de cœur parmi les vignerons d'Herzégovine. Depuis 2008, celui-ci est le seul à produire exclusivement en bio. Certes, les tarifs sont élevés et aucune certification n'existe pour les produits bio du pays. Mais une dégustation suffit pour apprécier la qualité du travail de la famille Brkić, qui exporte d'ailleurs 75 % de ses bouteilles. Si le blatina (rouge) et le rosé sont d'un intérêt moyen, les žilavkas (blancs) sont absolument remarquables : grande finesse, arômes complexes et longueur en bouche sans égale comparée au reste de la production locale.

PODRUMI OSTOJIĆ

Potpolje bb
✆ +387 63 89 32 98
podrumostojic.ba

Dégustation sur rendez-vous. Bouteilles de vin : 6-30 km/75 cl. Hébergement : 72/80 € pour deux avec petit déjeuner.

Actif depuis 2002, ce producteur de vin est installé dans une villa moderne au milieu des bois. Ses 3,5 ha de vignes donnent des rouges vifs et fruités : des monocépages blatina, vranac et merlot ainsi que des assemblages de merlot, blatina et cabernet sauvignon. On peut aussi découvrir le vin blanc star de la région, le žilavka, un très bon rosé et des rakijas maison (loza, travarica, zlatna dunja...). Dégustations accompagnées de formage de Livno et de jambon cru. Sur place aussi : 12 agréables chambres et un hôtel avec piscine de 46 chambres juste à côté.

STOLAC ★★★

▶ Stolac/Столац [prononcez « stolats »] compte environ 3 900 habitants, dont 69 % de Bosniaques et 23 % de Bosno-Croates. C'est le chef-lieu de la municipalité de Stolac [14 000 habitants], au sein du canton de l'Herzégovine-Neretva. La ville se trouve 26 km à l'est de Čapljina, 37 km au sud-est de Mostar, 38 km au nord-est de Neum, 59 km au nord-ouest de Bileća et 80 km au nord-ouest de Trebinje [*via* Ravno]. Liaisons en bus : voir gare routière.

▶ Nichée dans la verdoyante vallée de la Bregava, Stolac est une petite ville encore marquée par la dernière guerre et toujours divisée entre Bosniaques et Bosno-Croates. Mais elle possède un patrimoine d'une richesse incroyable, à commencer par la nécropole médiévale de Radimlja : c'est le plus prestigieux site parmi les vingt-huit nécropoles des Balkans inscrits au patrimoine de l'Unesco en 2016. La ville et ses environs sont eux-mêmes classés sur la liste indicative de l'Unesco depuis 2007. Bien placée entre Mostar et Trebinje, Stolac mérite au moins deux jours de visite. On peut y découvrir, entre autres, la plus ancienne gravure rupestre de l'est de l'Adriatique, d'impressionnantes fortifications illyriennes, une immense forteresse au centre de la ville, un bel ensemble de moulins, chutes d'eau et villas ottomanes le long de la Bregava, etc. Les structures d'accueil sont encore en développement. Mais il existe désormais deux « offices de tourisme » et un premier hôtel ouvert en 2021 ainsi que de nombreuses possibilités d'hébergement chez l'habitant.

CENTRE DIOCÉSAIN DE STOLAC ✞

Banovinska 1

✆ +387 63 31 26 39

Au rez-de-chaussée, bureau de l'office de tourisme : tous les jours 9h-16h [en été].

Identifiable grâce à son campanile de 33 m de hauteur qui domine tous les minarets, ce « centre spirituel et culturel du diocèse de Trebinje-Mrkanj » [Duhovno-Kulturni Centar Trebinjsko-Mrkanske Biskupije] a été inauguré en 2013. Ce bâtiment moderne abrite le siège administratif du diocèse catholique de la pointe sud du pays et une salle de prière. C'est un bon point de repère dans le centre de Stolac. On y trouve aussi un bureau de l'office de tourisme municipal et une galerie d'art.

ÉGLISE DE L'ASCENSION-DU-CHRIST ✞

Sur la rive gauche, au nord-est au-dessus du centre-ville. Accès depuis le pont Inat par une petite route [800 m]. GPS : 43.087540, 17.962737.

Tous les jours 9h-17h [en théorie]. Tenue correcte exigée.

Cette église orthodoxe serbe [Crkva Svetog Vaznesenja Hristovog/Црква Светог Вазнесења Христовог] est située à 150 m d'altitude, au flanc de la colline de Komanje [410 m] qui domine le centre-ville au nord. Elle a été érigée en 1870 et contient des icônes du XVIIIe siècle. Endommagée en 1992, c'est l'une des rares églises orthodoxes de la région à avoir été restaurées depuis. Elle se trouve dans l'ancien quartier bosno-serbe de Stolac, qui a perdu la plupart de ses habitants en 1942.

ÉGLISE SAINT-ÉLIE ✞

Trg Svetog Ilije

✆ +387 36 85 30 05

zupa-stolac.ba

Messes tous les jours à 7h [18h30 en mai, 18h en octobre] sauf dimanche à 8h, 9h30 et 11h. Tenue correcte exigée.

Flanquée d'un clocher à toit rouge, cette église catholique [Crkva Svetog Ilije Proroka] date de 1902. C'est le principal lieu de culte de la communauté bosno-croate de Stolac. Sur le parvis, un grand piédestal accueille depuis 2012 une statue de 3,5 m de hauteur, un bronze très contemporain du prophète Élie réalisé par le sculpteur croate Kuzma Kovačić [né en 1952]. Le site est le centre des trois jours de célébrations pour la fête catholique de la Saint-Élie, le 20 juillet, avec des messes, un cortège jusqu'au centre diocésain, des chants, des danses, etc.

ÉGLISE SAINTS-PIERRE-ET-PAUL ✞ ★

Ošanići

Rarement ouverte. Ancien cimetière : accès libre.

Cette petite église orthodoxe serbe [Crkva Svetih Petra i Pavla/Црква Светог Петра и Павла] fut construite en 1505 à la mort du seigneur aroumain Radoslav Hrabren-Miloradović. Derrière se trouve l'ancien cimetière où se dressent les « chaises des juges » [Sudačke Stolice], deux sièges taillés dans la roche, dont l'un de 2,5 m de hauteur. C'est là que la justice était rendue par les Hrabren-Miloradović. Le nom de la ville pourrait venir de cette haute « chaise » [*stolac* en croate].

FORTERESSE DE VIDOŠKI ★

Vidoški Grad

Accès libre. Quelques panneaux indicatifs et explicatifs. Prévoir de bonnes chaussures [et de l'eau en été].

Cette forteresse en ruine [Vidoški Grad] est l'une des plus vastes d'Herzégovine [20 ha]. Elle est située sur une colline de 120 m d'altitude qui abrita la ville romaine de Dilentum. Place de forte de l'herzeg Stefan Vukčić au XVe siècle, elle est remaniée par les Ottomans au XVIIe siècle avec treize tours carrées. Les remparts sont rénovés par les Austro-Hongrois en 1883 et un nouveau fort est construit dans la partie haute en 1888. Beaux passages voûtés, large panorama sur la région et accès par un sentier aménagé depuis 2003 avec un chemin de croix catholique.

GROTTE DE BADANJ ★

Borojevići

Accès libre. Environ 20 minutes d'ascension à pied. Prévoir de l'eau et de bonnes chaussures.

Cet abri sous-roche [Pećina Badanj] est orné de la plus ancienne trace d'art en Bosnie-Herzégovine : une gravure rupestre réalisée vers 12 000 avant notre ère. Il est situé à mi-pente de la colline de Badanj [115 m d'altitude], environ 50 m au-dessus du lit de la Bregava. Fouillé à partir de 1976, le site servit de refuge à des chasseurs-cueilleurs de manière épisodique entre 18 000 et 12 000 av. J.-C. Ceux-ci ont laissé ici environ mille objets [silex, ornements…], conservés au Musée national, à Sarajevo, ainsi que des traces de peintures rupestres. Sur place, seule reste visible un muret créé par les archéologues et la grosse pierre détachée de la paroi sur laquelle apparaît la gravure [environ 60 × 35 cm]. Celle-ci représente l'avant-train d'un cheval ou d'un cervidé frappé de plusieurs flèches. Cette figure commune à l'art paléolithique méditerranéen est la plus ancienne gravure rupestre des Balkans. L'endroit est relativement bien aménagé avec des rambardes le long du sentier d'accès. Pour vous y rendre, suivez d'abord la route nationale M6/M17.3 en direction de la nécropole médiévale de Radimlja, puis après 2,3 km, au hameau de Borojevići, tournez à gauche et poursuivez tout droit vers le sud sur 500 m et, au virage [à droite] continuez sur 600 m vers l'ouest jusqu'à une carrière de sable. La route s'achève ici. Contournez la carrière par un chemin carrossable et un pont qui enjambe la Bregava. Ensuite, suivez le chemin carrossable sur 3,2 km jusqu'à des escaliers installés au début du sentier de la grotte.

MAISON MAK-DIZDAR ★

Ruđera Boškovića

✆ +387 62 42 36 94

makdizdar.ba

Pas d'horaires fixes : se renseigner ou réserver à l'avance pour la visite. 5 km.

Créée en 1997, cette jolie maison-musée [Makova Hiža] permet de poursuivre la visite de Stolac sur le thème des stećci après les nécropoles médiévales de Radimlja, de Boljuni et de Potkuk. Elle est consacrée au poète et écrivain bosniaque Mak Dizdar [1917-1971], natif de Stolac, qui fit des pierres tombales médiévales bosniennes un élément central de son œuvre. Figurant parmi les plus grands auteurs bosniens du XXe siècle [son portrait apparaît sur les billets de 10 marks convertibles], il est peu connu à l'étranger. Mak Dizdar a toutefois été traduit en français de manière confidentielle, notamment son recueil de poèmes *Le Dormeur de pierre [Kameni Spavač]*, publié par la maison d'édition Le Pont, à Zagreb, en 1970. Dans cet ouvrage, l'auteur s'inspire des stećci, de leurs figures énigmatiques et de leurs messages en alphabet bosančica pour plonger dans les racines de l'histoire bosnienne et délivrer un message de paix et de tolérance. C'est cet esprit qui anime l'agréable maison de style ottoman qui lui est consacrée ici. À l'extérieur, le jardin et la cour sont décorés de répliques de stećci, d'inscriptions en bosančica, d'une grande frise de *kolo* [danse où les participants se tiennent pas la main] et d'une scène de chasse au cerf. À l'intérieur, on trouve une reproduction du bureau du poète à Sarajevo, une partie de sa bibliothèque ainsi qu'une série de photos, dont de nombreux stećci. La maison est gérée par la Fondation Mak-Dizdar qui organise le festival Slovo Gorčina, à Stolac, fin juillet-début août.

MAISON ŠARIĆ

Kneza Domagoja

✆ +387 63 31 65 39

Expositions temporaires : se renseigner auprès de l'office de tourisme ou du centre d'interprétation du patrimoine.

Cette belle bâtisse à encorbellement [Šarića Kuća] fut érigée en 1734/1735 pour le compte de la famille Šarić qui contrôlait la capitainerie ottomane de Stolac. Elle fut restaurée en 2012, après avoir été endommagée et pilée en 1993. La maison abritait une galerie d'art du Musée national où furent exposés les estampes de Branko Šotra [1906-1960], artiste natif de Stolac. La plupart des œuvres ont disparu, mais certaines sont de nouveau présentées à la Galerie nationale, à Sarajevo. La maison Šarić accueille quant à elle parfois des expositions temporaires.

HERZÉGOVINE

MOSQUÉE DE LA ČARŠIJA ☪ ★

Ruđera Boškovića
✆ +387 36 85 45 80
miz-stolac.ba

Accès libre en journée. Tenue correcte exigée, se déchausser, se couvrir la tête pour les femmes.

Achevée en 2015, cette mosquée est la fidèle réplique de la mosquée de la Čaršija (Čaršijska Džamija) détruite en 1993. Construite en 1519, cette dernière était l'une des plus anciennes du pays. C'est autour d'elle que s'est constituée Stolac au XVIe siècle. Elle était en effet entourée d'une charchia (*čaršija*), un ensemble à la fois commercial et religieux typique des villes ottomanes et perses qui est souvent qualifié de « quartier du bazar ». Comme le modèle d'origine, la mosquée est en fait dédiée au sultan ottoman Selim 1er (règne 1512-1520). À ce titre, elle est aussi appelée « mosquée du sultan Selim » (Sultan Selimova Džamija) ou « mosquée de l'Empereur » (Careva Džamija). Elle est couverte d'un toit de lauzes. Son minaret s'élève à 25,8 m de hauteur. Le porche est peint de motifs végétaux typiques de l'art islamique du XVIe siècle. Il est soutenu par dix colonnes, dont le chiffre symbolise les doigts de Dieu. La salle de prière (16,4 x 9,2 m et 4,4 m de hauteur) abrite deux mahvils (estrades du muezzin ou de l'imam pendant la prière) soutenus par onze colonnes en bois. Le nombre de colonnes évoque les onze imams successeurs spirituels et politiques de Mahomet, le douzième imam vivant toujours, en « occultation », caché dans un monde invisible. On retrouve cela dans les plus anciennes mosquées du pays, comme à Prusac (Bosnie centrale). Ce symbole révèle l'influence de l'islam gnostique des confréries soufies qui vénèrent les Douze Imams, à l'inverse des sunnites, majoritaires parmi les musulmans du pays.

MOSQUÉE ŠARIĆ ☪

Kneza Domagoja

Accès parfois possible en journée.
Tenue correcte exigée, se déchausser, se couvrir la tête pour les femmes.

Cette élégante petite mosquée (Džamija Ismail Kapetana Šarića) se distingue par son jardin ombragé et son large toit en lauze couvrant le porche. Il s'agit de la réplique de 2004 de la mosquée détruite en 1993. Presque carrée (10,2 x 10,3 m) et dotée d'un minaret de 15 m de hauteur en *tenelija* (la même pierre que celle du Vieux-Pont de Mostar), celle-ci fut construite en 1740 grâce à un don de l'influente famille Šarić, dont on retrouve la maison près de la mosquée de la Čaršija. Elle constituait le centre d'un complexe religieux et commercial désormais disparu.

NÉCROPOLE MÉDIÉVALE DE BOLJUNI 📷 ★★

13 km au sud-ouest de Stolac.
GPS : 43.021837, 17.883357.
✆ +387 63 44 02 83

Accès libre. Visite guidée sur demande à la nécropole de Radimlja ou avec Dario et Marinko Šutalo (contacts ci-avant).

Ce site (Nekropola Stećaka Boljuni) figure parmi les vingt-deux nécropoles médiévales du pays classées au patrimoine mondial de l'Unesco en 2016. Pour vous y rendre, suivez la route M17.3 en direction de Neum sur 9 km, puis tournez à droite en direction de Bjelojevići. Le site se trouve sur la gauche. Il abrite 274 stećci, dont 90 sont décorés avec une large variété de motifs : scènes de chasse, épées, fleurs de lys et roses, spirales et rosettes, symboles héraldiques (croissant et points), *kolo* (danse en cercle), etc. Certains sont très rares : femme tenant un enfant dans ses bras, lion, animaux mythologiques (dragon…), chef de clan chevauchant un cerf. Boljuni fut le principal centre de production artistique de stećci entre le milieu du XIVe et le début du XVIe siècle. Une vingtaine de stećci sont signés de maîtres sculpteurs, notamment Grubač, actif dans les années 1440-1460, et considéré comme le meilleur artiste dans ce domaine. Figure aussi le nom de son disciple, Semorad.

▸ **Nécropole de l'élite.** Le site se distingue par sa forte concentration de sépultures appartenant à une élite locale composée de nobles bosniens et de riches bergers et marchands aroumains (peuple latin des Balkans) commerçant avec Raguse (Dubrovnik). Le coût de la réalisation des bas-reliefs venait s'ajouter à celui de la taille de la pierre, et seules les familles les plus aisées pouvaient se permettre une telle dépense. Sur les tombes les mieux décorées figurent le nom des défunts inscrit en alphabet bosančica. Il y a par exemple Bogavac Tarah Boljunović, un berger, mort avant 1477, Radić Vladisalić, un membre de la cour du roi de Bosnie ou, encore, les seigneurs Herak et Radoslav Heraković, ancêtres des Petrović-Njegoš, la famille royale du Monténégro. Le personnage le plus célèbre enterré ici est Vlatko Vuković (mort en 1392), duc d'Herzégovine et grand-duc de Bosnie. C'est lui qui mena le détachement bosnien lors la grande bataille de Kosovo Polje (près de Pristina, au Kosovo) qui vit la victoire des Ottomans, le 15 juin 1389. À une vingtaine de mètres de la nécropole, se trouve un *neveš*, un puits rond et évasé en pierre sèche typique de la région de Stolac. Utilisé jusque dans les années 1960, il évoque les lavognes des plateaux du Larzac. Deux anciennes carrières de calcaire se trouvent aussi à proximité, l'une 200 m à l'est, l'autre 200 m à l'ouest. C'est probablement de là que proviennent les pierres utilisées pour réaliser les stećci.

NÉCROPOLE MÉDIÉVALE DE POTKUK ★

Ljuti Do

Accès libre.

Ce site [Nekropola sa Stećcima Potkuk/ Некропола са Стећцима Поткук] figure parmi les vingt-deux nécropoles médiévales du pays classées au patrimoine mondial de l'Unesco en 2016. Il se trouve en République serbe de Bosnie, sur la commune de Berkovići [environ 2 000 habitants, dont 92 % de Bosno-Serbes] qui faisait partie de la municipalité de Stolac avant la dernière guerre. La nécropole comprend elle-même quatre différents cimetières abritant 243 stećci. Deux cents d'entre eux se trouvent immédiatement au bord de la route, près d'une chapelle orthodoxe récente. Parmi ceux-ci, on trouve 45 pierres tombales ornées de bas-reliefs ou de gravures représentant des cerfs et des scènes de chasse. L'une d'elles est particulièrement soignée avec sept oiseaux inscrits dans des médaillons, une femme tenant quatre personnages en laisse, un grand homme portant l'épée, une multitude de petits personnages féminins, une scène de chasse au chevreuil ou, encore, une frise faite de losanges. Notez que c'est des montagnes environnantes que provient la pierre calcaire blanche qui fut utilisée par les maîtres sculpteurs pour la plupart des stećci de la région. Pour accéder à la nécropole, suivez la R427 en direction de Berkovići et de Bileća. À l'entrée du village de Berkovići, tournez à gauche juste avant la station-service pour prendre la petite route allant vers le nord-ouest en direction du hameau de Ljuti Do/Љути До. La nécropole se trouve sur bord de la route, à droite.

SITE ARCHÉOLOGIQUE DE DAORSON ★

Daorson

Accès libre.

Ce site [Daorson Arheološko Nalazište] abrite peu de choses hormis les imposants murs cyclopéens de l'antique cité de Daorson. Il s'agit des plus importants vestiges illyriens du pays. Placé à 260 m d'altitude au-dessus de la vallée encaissée de la Radimlja, le site offre de belles vues et permet de découvrir au passage l'église Saints-Pierre-et-Paul. Entre 300 et 50 av. J.-C., Daorson fut la capitale de la tribu illyrienne hellénisée des Daorses, dont le territoire s'étendait de Neum aux environs de Mostar. Dotée d'une puissante flotte et alliée aux Romains, la ville fut ravagée par les Dalmates. Les Daorses trouvèrent alors refuge sur l'île de Vis, sur la côte croate. Le site fut ensuite abandonné et maintes fois pillé. Les archéologues y ont toutefois découvert des amphores, quelques sculptures, des pièces de monnaie et un précieux casque en bronze portant les symboles de divinités grecques. Sur place, trois pans de murs sont bien préservés. Ils sont constitués d'énormes blocs de pierre, larges de 4,5 m et hauts de plus de 7 m. Comparables à ceux de Mycènes, en Grèce, ils constituaient l'enceinte fortifiée de l'acropole qui était entourée de quartiers commerçants et résidentiels. Pour vous y rendre au départ du centre diocésain, prenez la route M6 en direction de la nécropole de Radimlja et, 250 m plus loin, tournez à droite pour suivre la route étroite qui grimpe vivement. Après 2,5 km, à Ošanići, la route se transforme en piste rocailleuse.

CHUTES D'EAU DE PROVALIJE ★

Banovinka

Accès libre.

La chute d'eau dite du « précipice » [Vodopad Provalije] est la plus impressionnante de la Bregava. La rivière effectue ici un saut d'environ 7 m de hauteur sur 50 m de largeur dans un joli fracas. L'endroit est magnifique et l'on peut profiter de la vue depuis la terrasse de l'agréable pizzeria Nota. Tout au nord du village, au-dessus des villas Begovina et à côté du moulin Poplašić, la Bregava effectue une autre belle chute, celle de Pjene [« les mousses »].

ÎLE DE STOLAC ★

Bregava

Accès libre des deux rives de la Bregava par deux ponts et deux passerelles.

Cette île [Ada] est formée par les deux bras de la Bregava. Elle s'étend de la piscine en plein air Kupaje [au nord-est] à la mosquée Podgradska [au sud-ouest] sur environ 400 m de longueur et 70 m en moyenne de largeur. Ce fut le lieu de résidence de l'élite musulmane de la ville durant la période ottomane. Hélas, la plupart des belles maisons qui s'y trouvaient furent détruites par les forces bosno-croates en 1993. Noyée dans la verdure, l'île est n'en demeure pas moins très agréable. C'est un des endroits de promenade préférés des habitants en été.

NÉCROPOLE MÉDIÉVALE DE RADIMLJA ★★★

M6 ✆ +387 36 81 90 43 - radimlja.ba

Mars-novembre : 7h-19h, week-end 9h-18h. Reste de l'année : lundi-vendredi 7h-15h. 4 km. Parking, boutique.

Ce site (Nekropola Stećaka Radimlja) abrite 133 stećci des XIVe et XVe siècles, des pierres tombales typiques du Moyen Âge tardif de Bosnie-Herzégovine. C'est le plus prestigieux site classé parmi les vingt-huit nécropoles médiévales des Balkans (dont 22 en Bosnie-Herzégovine) inscrites au Patrimoine mondial de l'Unesco en 2016. Ce qui rend l'endroit exceptionnel, c'est sa richesse en termes de décorations. Un motif en particulier attire l'attention : « l'homme à la main levée ». C'est l'une des grandes icônes du tourisme bosnien avec le Vieux-Pont de Mostar, déclinée sous forme de multiples souvenirs. Facile d'accès, Radimlja est aussi la seule nécropole médiévale des Balkans placée sous surveillance et dont la visite est payante. À l'entrée du site se trouve le bureau principal de l'office de tourisme de Stolac. Celui-ci propose des visites guidées de la nécropole de Radimlja, mais aussi de celle de Boljuni, également inscrite au patrimoine mondial de l'Unesco.

Histoire

La nécropole se trouve le long de la rivière Radimlja, un affluent de la Bregava. Le site s'inscrit dans un espace marqué par la présence de plusieurs lieux de sépulture de différentes périodes : une nécropole illyrienne sous les murs de l'antique cité de Daorson, un cimetière de la période ottomane à côté de l'église Saints-Pierre-et-Paul et l'ancien lieu de pèlerinage juif (XIXe-XXe siècles) de la tombe de Moshe Danon. Elle est aussi placée non loin de la grotte de Badanj qui abrite les plus anciennes traces d'art du pays.

▸ **Une illustre famille.** La majorité des stećci de la nécropole Radimlja date des années 1380-1500, ainsi que le prouve une épitaphe mentionnant Radoje Hrabren-Miloradović. Les hommes de cette famille étaient des voïvodes, des chefs militaires en charge du territoire compris entre Stolac et Mostar. Leurs descendants se retrouveront aussi bien à Raguse (Dubrovnik), à la cour des sultans que dans les palais impériaux de Vienne et de Saint-Pétersbourg. À l'origine, les Hrabren-Miloradović étaient orthodoxes et appartenaient à la communauté aroumaine, vieux peuple balkanique de langue latine vivant du commerce et de la transhumance d'immenses troupeaux caprins jusqu'en Grèce.

▸ **Un cimetière multiconfessionnel.** Au vu des sources, Radimlja est considéré comme le cimetière familial des Hrabren-Miloradović. Cela nous renseigne sur la culture des stećci, souvent qualifiés, à tort, de « pierres tombales bogomiles ». L'usage des stećci était en fait répandu dans différentes composantes de la société bosnienne du Moyen Âge tardif, aussi bien chez les bogomiles (mouvement chrétien comparable à celui des cathares en France), chez les membres de l'Église de Bosnie (une Église chrétienne schismatique influencée par les bogomiles), chez les catholiques que chez les orthodoxes slaves ou aroumains. La datation du site correspond aussi à l'apogée des Aroumains en Bosnie. Un texte indique que Radosav Hrabren, le dernier voïvode de Stolac, est enterré ici en 1381. Puis, entre 1386 et 1456, la région passe sous contrôle ottoman. La plupart des Aroumains d'Herzégovine se convertissent rapidement à l'Islam et la nécropole de Radimlja est abandonnée.

▸ **Une route destructrice.** Délaissées à partir du début du XVIe siècle, les stećci seront respectés par les générations suivantes, tout du moins conservées intactes. Mais, en 1882, les autorités austro-hongroises entreprennent de créer une nouvelle route reliant Stolac à Čapljina. Or, celle-ci passe en plein dans la nécropole. Une vingtaine de stećci servent de matériau de construction,

Stećci de la nécropole médiévale de Radimlja, à Stolac.

tandis qu'onze autres se retrouvent isolés au nord de la chaussée. C'est à partir des années 1950 que le site fera l'objet de premières recherches et mesures conservatoires, avant d'être placé sous la protection de l'Unesco en 2007 et, finalement, classé au patrimoine mondial en 2016.

Visite

Les pierres calcaires utilisées ici proviennent d'une carrière située 800 m au nord-ouest, sous le site archéologique de Daorson, près de l'ancienne résidence des Hrabren-Miloradović. Nettoyées et restaurées depuis les années 2000, elles sont nettement plus claires que les stećci des autres nécropoles de la région.

Orientation. Coupé en deux par la route M6, le site se distingue par différentes caractéristiques. Tout d'abord, les stećci sont orientés vers le sud-est, alors qu'ils sont d'habitude tournés vers l'ouest dans les autres nécropoles des environs. En outre, ils ne sont pas alignés comme c'est généralement le cas, mais constituent de petites lignes disjointes ou des concentrations diverses.

Formes. On constate ici une très large palette de formes qui offrent un résumé de quatre siècles d'évolution des stećci à travers les Balkans. On trouve aussi bien des « dalles », forme la plus répandue à partir du XIIe siècle, des « coffres », apparus au milieu du XIVe siècle, des « toitures à pignon », utilisés à partir du début du XVe siècle, de rares « croix anthropomorphes », modèle adopté au milieu du XVe siècle, ainsi que des « piliers », dernière évolution du genre à la fin du XVe siècle. Cette grande variété est encore accentuée par des dimensions très variables et aussi par le recours à un piédestal pour 61 stećci ou encore par un style très soigné pour vingt d'entre eux.

Ornementation. Près de la moitié des stećci (63) sont ornés de bas-reliefs et/ou de gravures. Ce qui fait de Radimlja l'une des nécropoles médiévales à stećci les plus « décorées » des Balkans. Comme à Boljuni, cela témoigne du rang occupé par les défunts dans la société locale. Les pierres les plus finement sculptées sont les « coffres » et, surtout les « toitures à pignon ». Ces dernières, aussi appelées « maisons éternelles » sont au nombre de neuf, dont cinq posées sur un piédestal. Elles sont ornées de frises végétales ou de rubans torsadés, ainsi que de motifs symboliques très divers : soleils, étoiles, croissants de lune et croix stylisées, boucliers, épées, arcs et flèches. À travers la nécropole, les représentations figuratives sont également très nombreuses : des hommes et des femmes dans des scènes de jeux ou de danses (*kolo*), des chevaliers combattant ou chassant, des chevaux et des animaux sauvages, sans oublier d'énigmatiques hommes à la main droite levée.

Homme à la main levée. C'est le motif le plus célèbre de Radimlja : un personnage masculin

Nécropole bogomile de Radimlj à Stolac.

tend sa main droite ouverte et surdimensionnée comme s'il nous saluait de l'au-delà, tandis qu'un arc et sa flèche sont représentés du côté gauche. Cette figure presque cartoonesque se trouve uniquement ici et seulement sur six stećci anonymes : un grand stećak de type « coffre », un autre en forme de croix et quatre stećci « à pignons ». En tout, le même personnage apparaît sept fois dans la nécropole, dont deux fois sur le même stećak. Le geste de la main droite étant généralement interprété comme un signe d'allégeance d'un seigneur envers son suzerain, le motif est surnommé le « voïvode » (*vojvodu*). Pourtant, certains historiens évoquent une autre hypothèse : il pourrait s'agir d'une représentation de saint Guy (*Sveti Vid*), la figure tutélaire des orthodoxes de la région. Assez logique quand on sait que l'élite aroumaine locale était orthodoxe. D'autres théories plus ésotériques sont aussi avancées, mais faute de sources fiables, le mystère de « l'homme à la main levée » demeure entier.

Inscriptions. La nécropole est assez pauvre dans ce domaine, surtout comparée au site voisin de Boljuni. Seuls cinq stećci possèdent des épitaphes. Elles sont très courtes et rédigées en alphabet bosančica (dérivé du cyrillique). Au moins quatre se rapportent à des seigneurs locaux. Outre celle de Radoje Hrabren-Miloradović, on trouve les patronymes des familles Vuković (gouverneurs bosniens de Croatie au XIVe siècle), Vlahović (noblesse aroumaine), Napetović (noblesse serbe) ainsi qu'un nom seul, Stipan, sans doute celui d'un membre d'une riche famille croate. Ces mêmes cinq pierres tombales portent aussi les signatures de trois artistes sculpteurs : Bolašin Bogačič, Miogost et Ratko Brativonič (ou Brativojevič). Ceux-ci possèdent un style commun qui sera perpétué par leurs disciples dans d'autres nécropoles de la région jusqu'au milieu du XVIe siècle.

TOMBE DE MOSHE DANON ★

M6

Accès libre.

Cette tombe (Grob Moše Danona) est celle du grand rabbin séfarade de Sarajevo Moshe Danon, mort à Stolac le 11 juin 1830 à l'âge d'environ 70 ans. Lieu marquant l'histoire commune des Juifs et des Bosniaques de Bosnie-Herzégovine, ce fut le plus important sanctuaire juif d'Europe. Le rabbin est placé dans un sarcophage en pierre évoquant un stećak médiéval de type « coffre » et entouré d'un pavement en pierre en forme de menorah (chandelier rituel à sept branches). Personnage très respecté, Moshe Danon fut injustement emprisonné en 1829 dans le cadre de l'affaire du meurtre d'un juif converti à l'islam remontant à 1820. Le rabbin fut libéré par une foule de musulmans de Sarajevo en colère contre le très impopulaire gouverneur Ruždi Pacha qui avait pris cette décision. Conformément à un engagement pris durant sa captivité, Moshe Danon entreprit alors de se rendre en pèlerinage à Jérusalem, mais il mourut en chemin alors qu'il se trouvait à Stolac. Conformément à ses volontés, il fut enterré sur place, dans une propriété gardée par la même famille bosniaque depuis deux siècles. Le site – qui abrite aussi deux tombes de soldats austro-hongrois – devint un sanctuaire. Celui-ci était notamment visité chaque année au début du mois de juillet lors d'un pèlerinage organisé par la communauté séfarade de Sarajevo. Cette tradition prit fin durant la Seconde Guerre mondiale avec la Shoah. Mais la tombe continue d'être honorée par des Juifs bosniens et étrangers ainsi que par des Bosniaques (principalement des soufis).

MOSQUÉE HADŽI ALIJA HADŽISALIHOVIĆ

Banovinska

✆ +387 36 29 50 01

Accès parfois possible en journée. Tenue correcte exigée, se déchausser, se couvrir la tête pour les femmes.

Coiffée d'un beau toit en tavaillons, cette mosquée (Džamija Hadži Alije Hadžisalihovića) est la réplique de 2010 d'un édifice détruit en 1993. Aussi appelée « mosquée du pont » (Ćuprijska Džamija), elle est située à côté du pont Inat. La mosquée originelle (fin du XVIe siècle) fut rénovée au XVIIIe siècle grâce à un don de Hadži Alija Hadžisalihović, un officier de Stolac mort en Égypte en 1734. Rectangulaire (10,34 x 12,37 m), le bâtiment est doté d'un minaret de 18 m de hauteur.

MOSQUÉE PODGRADSKA ★

Hrvatskih Branitelja

Accès parfois possible en journée. Tenue correcte exigée, se déchausser, se couvrir la tête pour les femmes.

La « mosquée sous la ville » (Podgradska Džamija) doit son nom à son emplacement, sous l'ancienne ville haute de la forteresse. Il s'agit de la réplique de 2010 de l'ancienne mosquée détruite en 1993. Celle-ci datait de 1812/1813 et avait pour particularité d'avoir été conçue pour abriter des boutiques sous ses arcades du rez-de-chaussée. Du coup, l'édifice, de base presque carrée (9,4 x 9,7 m), est plutôt haut (environ 8,5 m) et son minaret semble petit (12 m de hauteur). Un peu plus loin, le pont Podgradska (26,50 m de longueur) date sans doute du XVIIIe siècle.

MOULINS DE LA BREGAVA ★

Banovinska

Ne se visitent pas, sauf le complexe Buzaljko qui abrite le restaurant Ljetna Bašta Old Mill.

En remontant la rivière Bregava à partir du pont Inat, on découvre une dizaine d'anciens moulins de la période ottomane qui furent actifs jusqu'au XXe siècle. Tous furent détruits ou endommagés en 1993 et reconstruits en 2010-2014 grâce à l'aide de l'UE. Ces bâtiments en pierre couverts de lauzes, font de 5 à 22 m de longueur. Chaque arche correspond en général à l'emplacement d'une roue à eau et d'un système de brocard ou de foulage. Juste après le pont Inat, le moulin Mehmedbašić (Mehmedbašića Mlinica) est doté de dix arches sur lesquelles reposaient neuf roues à eau et la chambre du meunier. Environ 70 m au nord-est, à côté du tekké Nakšibendi, le moulin Elezović (Elezovića Mlinica) est installé sur un bras de la Bregava et compte huit arches. Une cinquantaine de mètres en amont, sur le même bras, le complexe Turković-Leto (Kompleks Mlinica Turković i Leto) se compose de deux moulins de cinq arches qui étaient exploités par deux familles. En face, sur la rive gauche, on peut se baigner sur la « plage de Kreševac », sous une petite chute d'eau. Plus haut, sous les belles chutes de Provalije, le complexe Buzaljko (Kompleks Mlinica Buzaljko) se compose de quatre moulins, dont le plus grand possède sept arches et accueille le restaurant Ljetna Bašta Old Mill. Il faut ensuite remonter la rivière sur 500 m pour découvrir les quatre arches du moulin Rizvanbegović (Mlinica Rizvanbegovića) qui faisait partie du complexe des villas Begovina. Enfin, tout en haut, le moulin Poplašić (Mlinica Poplašića) compte, lui, trois arches.

PONT INAT ★

Banovinska

Accès en voiture (une à la fois) ou à pied.

© TARIK JESENKOVIC - SHUTTERSTOCK.COM

Construit entre le XVe et le XVIIe siècle, ce « pont de l'obstination » (Inat Ćuprija) doit son nom à la légende selon laquelle le commanditaire et l'artisan chargé de la construction se seraient fâchés en cours de chantier. Vexé par le client qui ne trouvait pas l'ouvrage assez symétrique, l'artisan se serait obstiné, par bravade, à rendre celui-ci le plus asymétrique possible. Si bien que l'on se retrouve aujourd'hui avec un pont de 26,80 m de longueur soutenu par cinq arches presque toutes de largeur différente : 2,95 m, 3,10 m, 3,75 m, 2,90 m et 2,90 m.

TEKKÉ NAKŠIBENDI ✝

Banovinska

✆ +387 62 77 28 85

Ne se visite pas, sauf lors des grandes fêtes soufies.

Ce lieu de culte soufi (Nakšibendijska Tekija) est l'un des plus beaux bâtiments de Stolac. Malgré son style ottoman classique, il date seulement de 2013. Il a été fondé par le cheikh Halil Hulusi Nakšibendi el Bosnevi, né à Stolac en 1959. Assez rigoriste, c'est une grande figure du soufisme dans le pays, membre la tariqa des nakshibandis, l'une des quatre principales confréries soufies au monde. Le tekké assure la formation d'une dizaine de derviches chaque année. La ville comptait plusieurs tekkés anciens, mais ceux-ci ont tous disparu au cours du XXe siècle.

VILLAS BEGOVINA

Banovinka

www.facebook.com/begovina

Visite : se renseigner auprès du Centre d'interprétation du patrimoine de Stolac.

Cet imposant complexe résidentiel aux toits de lauzes s'étend de part et d'autre de la Bregava avec un pont à cinq arches reliant quatre villas. Il fut construit entre 1835 et 1857 pour les quatre frères Rizvanbegović, dont Ali-Pacha Rizvanbegović (1783-1851), administrateur de Stolac, puis vizir de l'État semi-indépendant de l'Herzégovine (1833-1851). Endommagé en 1993, le complexe fait l'objet d'une lente restauration. Il est parfois ouvert aux visites lorsque le propriétaire est là, un descendant du vizir, Fahrudin Rizvanbegović, ancien ministre bosnien.

TOUR DE L'HORLOGE DE STOLAC

Ruđera Boškovića

Ne se visite pas.

Cette tour de 16 m de hauteur (Sahat-Kula) indique l'heure, mais surtout l'heure de chacune des cinq prières quotidiennes des musulmans. Construite après 1664, sa cloche fut fondue en 1915 pour les besoins de l'armée austro-hongroise. La tour fut alors abandonnée et s'effondra dans les années 1930. Elle a été reconstruite en 2013 (sans cloche). C'est désormais le carillon – extrêmement bruyant – du campanile du centre diocésain situé en face qui rythme chaque heure le centre-ville.

CENTRE D'INTERPRÉTATION DU PATRIMOINE DE STOLAC ★★

Hrvatskih Branitelja ✆ +387 62 71 39 43

stolacx.ba

Tous les jours 9h-19h (en théorie). Visites guidées et excursions à partir de 15 km/personne.

Cet organisme (Centar za Interpretaciju Kulturne Baštine u Stocu) a été créé en 2020 par la la Fondation Mak-Dizdar avec le soutien de l'UE. Il propose des visites guidées des principaux monuments de la municipalité et des hébergements chez l'habitant, organise des expositions temporaires et des concerts, notamment dans le cadre du festival Slovo Gorčina (fin juillet-début août). C'est aussi à lui que l'on doit la signalétique (panneaux informatifs jaunes) à travers la vieille ville.

HERZÉGOVINE

OFFICE DU TOURISME DE STOLAC

À l'accueil de la nécropole médiévale de Radimlja, 3,3 km à l'ouest du centre-ville.
✆ +387 36 81 90 43 - radimlja.ba
Tous les jours 7h-19h, week-end 9h-18h (hors saison : 7h-15h, fermé le week-end). Boutique et parking.

Cet office de tourisme municipal (JU Radimlja Stolac) est installé à la nécropole de Radimlja, le site le plus visité de Stolac. Il dispose d'un autre bureau au centre diocésain. Dans l'un et l'autre, vous trouverez des infos sur les hébergements et le patrimoine local ainsi qu'une boutique vendant des produits inspirés des stećci de Radimlja. Mais pour des visites guidées, il vaut mieux se rendre au Centre d'interprétation du patrimoine de Stolac.

GARE ROUTIÈRE DE STOLAC

Stjepana Radića ✆ +387 36 85 46 94
Trajet Stolac-Mostar : durée 1h15, tarif 8 km ; Stolac-Sarajevo : durée 4h, tarif 32 km.

Cette gare routière (Autobusni Kolodvor/Autobuska Stanica Stolac) tombe en déshérence. Elle n'abrite qu'un guichet et des WC. Quant au nombre de dessertes, il a fortement diminué ces dernières années (finies, les liaisons avec la Croatie, le Monténégro et la Serbie). En revanche, la gare est bien située près du centre-vile, à côté de l'hôtel Stolac et elle dispose d'une station de taxi. Liaisons en bus : de 4-10/jour avec Mostar, 3/jour avec Čapljina (*via* Hutovo), 2/jour avec Neum, 1/jour avec Sarajevo (*via* Mostar, Jablanica et Konjic) et 1/jour avec Trebinje.

HOTEL STOLAC €

Autobuska stanica
✆ +387 36 50 65 67
6 chambres. 50/66 € pour deux avec petit déjeuner. Parking.

Ouvert en 2021, ce joli petit hôtel est installé dans l'ancien siège local du parti socialiste de Yougoslavie, facile d'accès du centre-ville en longeant les agréables berges de la Bregava. Chambres calmes, modernes et spacieuses avec très bonnes literie et salle de bains, Wifi, sèche-cheveux, clim… Notez la petite touche locale de la déco incluant des reproductions des personnages des stećci de Radimlja. Bon petit déjeuner et personnel pro. Services payants proposés : kayak sur la Bregava, location de voiture, transferts aéroports (Dubrovnik, Sarajevo…).

MEHMEDBAŠIĆA KUĆA €

Kraljice Katarine 22
✆ +387 62 57 54 55
www.facebook.com/mehmedbasica.kuca
2 appartements. 26 € pour deux personnes. Petit déjeuner : 5 €/personne (sur réservation).

Classée monument historique, cette grande bâtisse traditionnelle bosniaque du XIXe siècle aux murs blancs appartenait aux mêmes propriétaires que le moulin Mehmedbašić situé en contrebas, sur la Bregava. C'est aujourd'hui une maison d'hôte avec deux appartements bien aménagés : cuisine équipée, salon-salle à manger, chambres pour 4/5 personnes chacun, salle de bains et literie très simples, rangements dans de belles armoires en bois ouvragées, tapis, cheminée. Jardin, balcons et petite terrasse. Possibilité de transfert pour les aéroports (Dubrovnik, Sarajevo).

LJETNA BAŠTA OLD MILL €

Silvija Strahimira Kranjcevica bb
✆ +387 63 35 72 30
Tous les jours 7h30-23h (parfois fermé hors saison). Environ 20 km/personne.

Le restaurant du « jardin d'été du vieux moulin » est installé dans le complexe des moulins Buzaljko, posé sur un îlot de la Bregava. L'endroit est magnifique avec de verdure, une belle salle intérieure à la déco rustique et une grande terrasse offrant une vue imprenable sur les chutes de Provalije. On y sert une cuisine bosnienne plutôt honnête (agneau, grillades, frites, salades, soupes…) avec, comme spécialité, la truite d'élevage grillée provenant de Stolac. On regrette simplement l'humeur changeante des propriétaires, tantôt adorables, tantôt exécrables.

NOTA €

Banovinka
✆ +387 63 15 95 14
Tous les jours 8h-0h (toute l'année), restaurant après 18h. Pizzas : petite à partir de 4 km, grande à partir de 6 km.

Café en journée et pizzeria le soir, cet établissement dispose d'une terrasse surplombant la chute d'eau de Provalije avec une superbe vue sur le complexe des moulins Buzaljko (restaurant Ljetna Bašta Old Mill) et la verdoyante vallée de la Bregava jusqu'à la vieille ville et les remparts de la forteresse de Vidoški. Les pizzas sont bonnes, mais on y trouve aussi quelques plats (grillades et viande panée). Fréquenté aussi bien par les locaux que par les touristes, ce lieu est notre adresse préférée à Stolac, pour la vue et pour le sens de l'accueil.

RESTORAN HAN €

Hrvatskih Branitelja
✆ +387 66 70 30 42
Tous les jours 7h-23h. Environ 15 km/personne.

Ce restaurant halal (sans alcool, donc) est installé dans la réplique de la *musafirhana*, la « maison des invités » de la mosquée de la Čaršija, construite en 2015 sur le modèle de celle du XVIe siècle. On y sert une cuisine bosnienne sans surprise mais plutôt honnête (*ćevapi*, grillades, goulasch, salades…). Mais c'est surtout le cadre qui vaut le coup, avec les murs en pierre apparente, les six grandes arches du rez-de-chaussée et l'agréable terrasse donnant sur la mosquée et la tour de l'horloge. Parfait pour une halte dans le centre de Stolac.

SAM PJERO €€

Banovinska
✆ +387 36 85 34 95
Tous les jours 8h-22h. Grenouilles 15 km, poissons de 30 à 70 km le kg. Petit parking.

Situé dans un bâtiment moderne sans charme et défraîchi, mais très bien placé sur une petite île entre deux bras de la Bregava, ce restaurant de poissons est très agréable en été avec sa terrasse ombragée au ras des flots. Il dispose de ses propres bassins d'élevage pour les anguilles, les grenouilles et les poissons d'eau douce (des truites et des carpes) et propose aussi des poissons et fruits de mer importés de la mer Adriatique (rouget, sèche, etc.) ainsi que des viandes, notamment des saucisses maison. Menu traduit en français, service en anglais.

PISCINE EN PLEIN AIR KUPAJE

Kupaje
Accès libre.

La piscine « Natation » (Javno Ljetno Kupalište Kupaje) est un lieu de baignade prisé en été avec son bassin de 45 m sur 18 m. Créée vers 1908, elle est située sur la Bregava, au pied de la « grande chute d'eau » (Vodopad Veliki). Juste à côté, sur la rive droite, se dressent les ruines de l'hôtel Bregava, détruit en 1993. Cet établissement fut ouvert en 1979 pour accueillir les curistes venant à l'hôpital voisin spécialisé dans les maladies osseuses.

NEUM

Neum/Неум (prononcez « néoum ») compte environ 3 500 habitants, dont 98 % de Bosno-Croates. C'est le chef-lieu de la municipalité de Neum (4 800 habitants), au sein du canton d'Herzégovine-Neretva. La ville se trouve 38 km au sud-ouest de Stolac (*via* Hutovo), 48 km au sud-ouest de Čapljina (*via* Hutovo), 65 km au nord-ouest de Dubrovnik (Croatie). Liaisons en bus : 3/jour avec Stolac, 2/jour avec Mostar (*via* Stolac), 2/jour avec Čapljina, 1/jour avec Sarajevo (*via* Stolac et Mostar), 2/jour avec Dubrovnik et Split.

Neum est la seule station balnéaire de Bosnie-Herzégovine. Et pour cause : c'est le seul accès à la mer du pays. Une situation étrange qui remonte à 1699 (lire « Une enclave maritime en Croatie » ci-après). Du coup, les promoteurs immobiliers se sont fait plaisir, puisqu'on trouve ici la plus forte concentration d'hôtels de toute la Bosnie-Herzégovine. Cela représente plus de 20 000 lits dans des immeubles sans charme, les uns sur les autres, coincés entre des collines abruptes et cinq petites plages faites de galets, de rochers, de remblais et de pontons en béton. Inutile de dire que, l'été, c'est noir de monde. Ce que l'on vient chercher ici, c'est du balnéaire pas cher : les prix sont environ 20 % plus bas que dans les villes voisines de Dalmatie. Pour respirer un peu, on peut s'aventurer dans la péninsule de Klek, encore préservée, ou dans l'arrière-pays, où l'on trouve une ministation de ski (à Babin Do, 7 km au nord-est) et la super-ferme-auberge Agroturizam Matuško.

ÉGLISE NOTRE-DAME-DE-LA-SANTÉ

Gospe od Zdravlja
✆ +387 36 88 00 48
zupa-gospeodzdravlja.com
Parfois ouverte en journée. Messe tous les jours à 18h (19h en été) et à 8h et 10h le dimanche. Tenue correcte exigée.

Cette église catholique (Crkva Gospe od Zdravlja) se remarque assez peu. Et pour cause : le permis de construire attribué par les autorités socialistes en 1983 spécifiait que le bâtiment ne devait être visible ni de la route nationale ni de la mer. Construite entre 1990 et 1994, elle reprend les lignes d'une conque à corne de l'Adriatique. Elle était à l'origine de style brutaliste, en béton brut. Mais depuis une rénovation en 2019, elle est recouverte d'un treillis gris et blanc.

ÉGLISE SAINT-JEAN DE NEUM

Ruđera Boškovića 23
✆ +387 63 35 01 88
Accès libre en journée. Tenue correcte exigée. Messes le dimanche à 7h et 19h (hors saison).

Cette grande église catholique (Crkva Svetog Ivana) domine la ville avec son clocher de 44 m de hauteur. Construite entre 2006 et 2014, elle doit remplacer l'église Notre-Dame-de-la-Santé comme siège de la paroisse. Elle peut accueillir 500 fidèles avec, en été, jusqu'à cinq messes le dimanche et des offices dans différentes langues : polonais, italien, français… La nouvelle église doit aussi devenir le centre de la ville avec le transfert prévu à proximité de la mairie et du musée.

MUSÉE-GALERIE DE NEUM ★

Gospe od Zdravlja 1
✆ +387 36 88 00 48
zupa-gospeodzdravlja.com
Lundi-vendredi 8h-16h (jusqu'à 13h hors saison). Gratuit.

Fondé en 2007, ce musée paroissial (Muzej i Galerija Neum) abrite une petite, mais intéressante collection archéologique. On remarque surtout deux casques, des lances et des bijoux grecs ou macédoniens des Ve-IVe siècles av. J.-C. Ceux-ci furent découverts en 2006, dans la nécropole de Vranjevo Selo (2,3 km au nord-est, en direction de Hutovo). Ce site a aussi livré une pièce en or byzantine bien préservée, frappée sous le règne de Romain III Argyre (1028-1034), ou encore une petite croix en pierre avec un piédestal conique, typique de la Dalmatie du IXe siècle.

AGROTURIZAM MATUŠKO €

Moševići
✆ +387 63 68 37 18
agrotour-matusko.com
3 chambres. 40/80 € pour deux.
Petit déjeuner 6 €/personne.
Restaurant : environ 20 km/personne.

Installée dans le hameau de Moševići (70 habitants, tous bosno-croates), cette ferme-auberge avec piscine offre une belle vue sur la baie de Neum-Klek et les montagnes voisines. On profite ici de trois choses : de l'accueil en français du propriétaire, Davor, de sa très bonne cuisine (des grillades, des plats cuits sous la cloche… ainsi que des vins et produits bio provenant du domaine) et de son agréable gîte. Chambres sans chichi mais avec wifi, clim et salle de bains correcte. Vélos gratuits, plein de bons conseils, visite de la ferme et super petit déjeuner.

PÉNINSULE DE KLEK ★

Klek

Cette péninsule (Poluostrvo Klek) s'avance dans la mer Adriatique sur 6,5 km de longueur entre le hameau de Jazina (au sud-est) et le cap de Rep Kleka (au nord-ouest). Elle englobe la plus grande partie des 21,2 km de littoral de la Bosnie-Herzégovine, puisque Neum ne possède elle-même qu'environ 3 km de côtes. Étroite (600 m de largeur moyenne), presque inhabitée et couverte de pins, cette péninsule forme, au nord, la baie bosnienne de Neum-Klek, où s'est développée une importante activité de culture de moules que l'on retrouve au menu de nombreux restaurants de Neum. Au sud, la péninsule borde la baie de Mali Ston et les îlots bosniens de Veliki Školj (7 624 m^2) et de Mali Školj (800 m^2). Le premier est une propriété privée inhabitée, le second est en partie recouvert par la mer. À une distance d'environ 1 200 m de la côte se trouve la grande péninsule croate de Pelješac qui s'étend sur 65 km de longueur. Celle-ci ferme totalement l'accès à la haute mer pour les marins de Bosnie-Herzégovine.

Deux plages et un hameau de pêcheurs. La péninsule de Klek est facilement accessible en voiture depuis le hameau de Jazina ou celui de Kamenica par une route bordant le rivage nord. On y trouve tout d'abord la plage de galets de Jazina qui s'étend sur environ 150 m de longueur avec un café et un loueur de chaises-longues en été. Étroite et pas très belle, celle-ci est bordée par une route, mais elle est plus tranquille que les plages de Neum. La route principale traverse ensuite la quasi-totalité de la péninsule sur sa longueur. À mi-chemin, sur la gauche, un chemin carrossable permet d'accéder à la côte sud et à la petite plage de Tanko Sedlo. Rocheuse et dominée par un restaurant, celle-ci est la moins fréquentée des plages du littoral bosnien. En reprenant la route, on parvient à la petite baie de Lopata qui abrite le hameau de pêcheurs d'Opuće, des parcs à moule et une ferme aquacole. La péninsule s'achève environ 400 m au nord-ouest, au cap Rep Kleka. Comme la végétation est trop dense et le relief escarpé, celui-ci est inaccessible par voie terrestre. Il fait face à la côte croate, distante d'environ 700 m. D'Opuće, on aperçoit, d'est en ouest, le poste-frontière de Klek, le village croate de Klek et le cap de Komarna d'où s'élance le pont à haubans de Pelješac (2 374 m de longueur). Achevé en 2022, après quinze ans de travaux compliqués et de scandales divers, celui-ci permet aux Croates et aux ressortissants de l'Union européenne de rejoindre Dubrovnik et la partie sud de la Croatie sans devoir passer par la Bosnie-Herzégovine.

PLAGES DE NEUM

Doktora Franje Tuđmana

Location de chaise-longue avec parasol : 6-8 km/personne.

Neum compte cinq petites plages de galets, toutes avec loueurs de chaises-longues et toutes archi-bondées en été. Pour plus de sérénité, on trouve deux autres plages sur la péninsule de Klek.

- **Plage Zenit** – *Rue Doktora-Franje-Tuđmana, au nord, entre l'ancien port et le grand complexe hôtelier Zenit.* Aussi appelée « petite plage » (Mala Plaža), elle s'étire sur environ 50 m de longueur. Restaurant Zenit juste derrière, sous les arbres.
- **Plage Tuđman** – *Rue Doktora-Franje-Tuđmana, 500 m au sud de la plage Zenit, entre les hôtels Vapore et Sunce.* C'est la plus fréquentée. Elle s'étend sur environ 60 m de longueur. Cernée par des résidences et des hôtels, elle compte un loueur de bateaux à pédales et un café-snack.
- **Plage Kralj-Tomislav** – *Rue Kralja-Tomislava, 150 m au sud-ouest de la plage Tuđman, sous le parking du front de mer.* Cette « plage » est en fait une étroite bande de rochers d'environ 50 m de longueur. Loueur de paddles sur place, restaurants et poste de police à proximité.
- **Plage Neum Grand Hotel** – *Rue Mimoza, 900 au sud de la Plage Tuđman.* Étroite mais longue d'environ 200 m, elle est presque entièrement privée, occupée par les transats du Grand Hotel. Douches, vestiaires et animations pour les enfants.
- **Plage Tiha Luka** – *Rue Mimoza, 500 m à l'est de la plage Neum Grand Hotel.* Placée au fond de la petite baie de Tiha Luka, cette mini-plage de 30 m de longueur est bordée sur la gauche par une plage artificielle étroite d'environ 100 m de longueur. Cafés, restaurant et appartements en location à proximité.

APARTMANI SECRET GARDEN €€

Jazine 66 ✆ +387 63 06 36 23

9 appartements. 65/85€ pour deux sans petit déjeuner (deux nuits au minimum).
Fermé hors saison.

C'est dans hameau de pêcheurs d'Opuće, dans la petite baie de Lopata, que cette maison moderne vous accueille, près de la pointe nord-ouest de la péninsule de Klek. Les appartements sont bien équipés avec une vraie cuisine (four, réfrigérateur, plaques de cuisson…), une bonne salle de bains, le Wifi, la clim et des rangements. Ils peuvent chacun accueillir jusqu'à cinq personnes (sans supplément) grâce à un canapé convertible et à un lit d'appoint individuel. On profite ici d'un endroit au calme, de la vue sur la mer et d'un petit accès privé à la mer.

HUTOVO

Hutovo/Хутово (prononcez « routovo ») compte environ 200 habitants, tous bosno-croates. Ancien grand carrefour routier du sud de l'Herzégovine, Hutovo est depuis 2022 contourné par la nouvelle voie rapide entre Stolac et Neum (38 km), avec notamment un tunnel de 1 km creusé sous une colline à l'ouest du village. Perché à 310 m d'altitude et entouré de paysages arides de pierre grise et de garrigue, Hutovo reste toutefois un lieu de passage prisé par les cyclotouristes empruntant la piste du Ćiro. Celle-ci suit le tracé de l'ancienne voie de chemin de fer qui, de 1901 à 1970, relia Čapljina à Dubrovnik (200 km, dont 120 km en Herzégovine) *via* Hutovo, Ravno et Trebinje.

FORTERESSE HADŽI-BEY

Hadžibegov Grad

Accès libre.

Cette forteresse en ruine (Hadžibegov Grad) est située au pied de la colline de Žaba (716 m d'altitude). D'origine médiévale, elle fut renforcée par les Ottomans au XVIIe siècle pour contrer les incursions des Vénitiens. En forme de pentagone (environ 70 × 50 m), elle était dotée de neuf tours, dont l'une, circulaire, se dresse toujours à 12 m de hauteur. La forteresse doit son nom au dernier officier qui en eut la charge, Hadži Mehmed Bey Rizvanbegović (1768-1832), capitaine de la garnison de Stolac qui s'allia aux Français établis à Dubrovnik entre 1806 et 1808.

NÉCROPOLE MÉDIÉVALE DE MEĐUGORJE ★

Glumina

Accès libre.

Ce site (Nekropola Stećaka Međugorje) fait partie des vingt-deux nécropoles médiévales du pays classées au patrimoine mondial de l'Unesco en 2016. Il abrite soixante-deux stećci, dont quatorze en forme de « coffre » sont richement décorés : scènes de chasse à cheval au cerf et au sanglier, dragons entrelacés, scène de danse, cavalier en compagnie d'un personnage auréolé, motifs végétaux… Le nom de Međugorje signifie « entre deux collines », comme le village de la région de Čapljina.

HERZÉGOVINE

SANCTUAIRE DE LA REINE-DE-LA-PAIX DE HRASNO

Cerovica ✆ +387 36 88 30 04
hrasno.info
Accès libre. Musée et église : quand le prêtre est présent [tenue correcte exigée]. Pèlerinage le 24 janvier.

Fondé en 1975, ce sanctuaire catholique [Svetište Kraljice Mira] se trouve dans le hameau de Cerovica [80 habitants, tous bosno-croates]. Il comprend une grotte dédiée à Notre-Dame de Lourdes, l'église de l'Immaculée-Conception [1854], un monument aux morts bosno-croates de la Seconde Guerre mondiale et une colline au sommet de laquelle une étrange statue de la Vierge coiffée d'une couronne semble esquisser une danse orientale. On y trouve aussi un petit musée d'art et d'ethnographie.

RAVNO ★

▶ Ravno/Равно compte environ 600 habitants, dont 82 % de Bosno-Croates et 17 % de Bosno-Serbes. C'est le chef-lieu de la municipalité de Ravno [3 300 habitants], au sein du canton de l'Herzégovine-Neretva. Le village se trouve 20 km au sud-est de Hutovo, 22 km au nord-est de Slano [Croatie], 40 km au sud de Stolac [*via* Ljubinje] et 47 km au nord-ouest de Trebinje. Deux bus/jour avec Stolac.

▶ Cerné de jolis paysages vallonnés méditerranéens, Ravno est aujourd'hui un village paisible qui profite de la présence dans ses environs de deux importants sites de visite : la grotte de Vjetrenica et le monastère de Zavala. C'est aussi une étape incontournable pour les cyclistes suivant la piste du Ćiro entre Čapljina et Dubrovnik avec, ici, un bon hôtel et quelques maisons d'hôte. C'est aussi un village enclavé, difficile d'accès sans voiture ou hors voyage organisé. Car il est situé tout près de la frontière croate et, surtout, 1 km à l'ouest de la délimitation avec la République serbe de Bosnie, qui constitua la ligne de front durant la dernière guerre. Ravno fut complètement ravagé dès octobre 1991 par les forces yougoslaves [sous contrôle serbe] qui assiégeaient Dubrovnik. De nombreuses maisons en ruine subsistent toujours. Mais le village a retrouvé l'essentiel de sa population catholique et orthodoxe d'avant-guerre. Le territoire de la municipalité s'est même accru avec une longue bande suivant la frontière croate sur 50 km vers le sud-est jusqu'à l'arrière-pays de Dubrovnik, au sud de Trebinje.

HERZÉGOVINE

ÉGLISE SAINT-MITRA ✝

Crkva svetog Mitra
Rarement ouverte, sauf pour certaines fêtes catholiques, comme la Saint-Démétrios, le 9 avril et le 28 octobre.

Cette église catholique [Crkva Svetog Mitra] se tient sur la colline d'Oblat [353 m d'altitude], surplombant Ravno [à l'est] et la rivière Trebišnjica [au sud]. Datant du XIVe ou XVe siècle, elle est dédiée à « saint Mitra », diminutif du saint dalmate Démétrios de Sirmium, dont le culte se confond avec celui de saint Démétrios de Thessalonique. De petit taille [7,47 x 4,57 m], elle est très élégante avec son clocher-façade et son toit de lauze. Autour d'elle se dressent plusieurs éléments, dont une croix métallique moderne et deux stećci de la fin du Moyen Âge.

VALLÉE DE POPOVO POLJE

Popovo polje

Cette vallée, dont le nom signifie « plaine du prêtre » [Popovo Polje], est un poljé, c'est-à-dire une zone de dépression karstique. Cernée de collines, elle s'étend sur 6 km² en suivant la Trebišnjica depuis le village de Zavala [où se trouve la grotte de Vjetrenica]. La rivière s'enfonce ensuite en grande partie sous le sol. C'est la deuxième fois qu'elle disparaît ainsi depuis sa source près de Bileća [région de Trebinje]. Totalisant 89 km sous terre pour un cours total de 187 km, c'est la plus importante « perte » [rivière partiellement souterraine] au monde.

HOTEL STANICA RAVNO €

R428
✆ +387 63 15 68 73
stanica-ravno.com
7 chambres. 55/82 € pour deux avec petit déjeuner. Restaurant : environ 20 km/environ.

Ce petit hôtel de charme est installé dans l'ancienne gare de la ligne ferroviaire qui reliait Čapljina à Dubrovnik [1901-1970]. Il dispose de belles chambres modernes et confortables [bonnes literie et salle de bains, sèche-cheveux, Wifi, clim…], certaines avec balcon, d'autres sous les toits, mais aussi d'une salle de restaurant, d'une agréable terrasse avec tonnelle et, en sous-sol, d'un bar à vins [vins d'Herzégovine et de Dalmatie]. Bon petit déjeuner, personnel sympa, vélos à disposition, possibilité de transfert pour les aéroports [Sarajevo, Dubrovnik…].

GROTTE DE VJETRENICA ★★

R426

✆ +387 36 89 10 34

www.vjetrenica.ba

Visite guidée [35 minutes] toutes les heures à partir de 9h [10h hors saison]. Tarif : 15 km.

Cette grotte [Špilja Vjetrenica] est la plus vaste de Bosnie-Herzégovine : elle s'étire sur 7 014 m de longueur, avec une portion de 600 m aménagée pour les visites guidées. Elle doit son nom de « moulin à vent » [*vjetrenica*] aux courants d'air froids qui soufflent à l'entrée durant les périodes chaudes de l'année. Un phénomène naturel qui a pour effet de réguler la température intérieure, qui reste ainsi en moyenne à 11,6 °C. En été, on recommande d'ailleurs de prendre de quoi bien se couvrir à l'intérieur, car le choc thermique peut être violent. Depuis 2004, la Vjetrenica figure sur la liste indicative de l'Unesco pour ses richesses karstiques et spéléologiques. C'est en effet la deuxième grotte la plus riche au monde en termes de biodiversité souterraine avec environ 200 espèces répertoriées, la moitié ne vivant qu'en milieu troglodyte, et trente-sept ayant été observées pour la première fois ici. Décrite au Ier siècle de notre ère par Pline l'Ancien dans son *Naturalis Historia*, la Vjetrenica a servi d'abri pour les animaux et les hommes depuis des temps très anciens. On y a ainsi découvert huit squelettes d'animaux fossilisés, dont ceux d'un ours et d'un léopard, tandis que l'entrée est ornée de gravures du Moyen Âge tardif.

Homme-poisson. Explorée pour la première fois entre 1912 et 1914 par le préhistorien et spéléologue tchèque Karel Absolon [1877-1960], la grotte continue d'accueillir des missions scientifiques. On estime qu'elle courait autrefois jusqu'à la mer Adriatique et qu'elle fut bouchée par un éboulement. Ouverte aux touristes à partir de 1964, la Vjetrenica était alors accessible sur 1 700 m de longueur. Mais les installations et les stalactites ont été détruites par les forces bosno-serbes lors de la dernière guerre. Après des travaux de déminage et de déblaiement, la grotte a été rouverte aux visites en 2010. Elle est actuellement aménagée sur 600 m de longueur avec des protections, des escaliers et de l'éclairage. On peut ainsi découvrir l'impressionnante salle de la « chambre dorée » [Zlatna Dvorana], ou encore, les stalagmites de Tursko Groblje [« cimetière turc »] qui évoquent des nişans [tombes ottomanes]. Le parcours se termine dans la salle Hajdučki Stol [« table des brigands »] où formations calcaires ont pris la forme de table et de chaises. Dans l'eau, il faut guetter la présence du *Proteus anguinus*, une salamandre surnommée « l'homme-poisson » en raison de sa peau dépigmentée. Si la visite est un peu décevante à l'aller, au retour, les volumes et les formes se montrent nettement plus impressionnants.

MONASTÈRE DE ZAVALA ✝ ★

R426

Visite possible en journée [pas d'horaires fixes]. Tenue correcte exigée [moines très stricts avec les non-orthodoxes].

Fondé en 1271, ce monastère orthodoxe serbe [Manastir Zavala/Манастир Завала] est situé à l'entrée nord du village de Zavala qui comte environ 180 habitants [77 % de Bosno-Croates et 23 % de Bosno-Serbes]. Il abrite de précieuses fresques réalisées en 1619 par le grand peintre et moine serbe Georgije Mitrofanović [v. 1550-1630] formé au mont Athos, en Grèce. Adossé aux flancs du mont Ostrog [710 m d'altitude], le complexe est bâti en terrasse, offrant de belles vues sur la vallée de Popovo Polje. Il est constitué de bâtiments récents : il a été ravagé par les oustachis en 1942 et seule la vieille église dédiée à la Présentation de la Très Sainte Mère de Dieu [où se trouvent les fresques] a été épargnée. Avec les monastères de Žitomislić [à Buna, près de Mostar] et de Tvrdoš [à Trebinje], c'est l'un des trois hauts lieux de l'orthodoxie serbe en Herzégovine. C'est notamment ici que le saint serbe Basile d'Ostrog, natif des environs, entama sa vie monacale à l'âge de 7 ans, en 1617. La tradition locale veut aussi que le complexe ait été fondé au IVe siècle par Constantin, premier empereur romain réputé chrétien et à l'origine de l'Empire byzantin. Depuis 2004, le monastère et la grotte voisine de Vjetrenica sont inscrits ensemble sur la liste indicative de l'Unesco, en vue d'un classement au patrimoine mondial.

Église et fresques. Construite en pierre de taille et couverte de lauzes, cette modeste église à nef unique du XIIIe siècle évoque une chapelle d'ascète. Cette impression est renforcée par les murs nord et ouest qui prennent appui sur les rochers du mont Ostrog. On pénètre dans le narthex, au sud, séparé du naos par un mur à trois baies. Une iconostase en pierre assez récente délimite, elle, l'autel réservé au clergé communiant. Côté ouest, la voûte est plus basse : elle soutient la pièce secrète où était gardé le trésor du monastère. Fidèles au style archaïque du XIVe siècle [l'âge d'or de l'Église serbe], les fresques conservent dans l'ensemble les couleurs vives qu'affectionnait Mitrofanović. On remarque surtout les quatre portraits du Christ au sommet de la voûte. Le peintre les a placés dans des cercles inscrits dans des carrés pour créer l'illusion de quatre dômes sur pendentifs. Jésus apparaît sous les traits d'un enfant [Christ Emmanuel], avec des ailes [Ange du Grand conseil], en homme d'âge mûr et en vieillard [Ancien des Jours, une tradition byzantine]. Il faut aussi noter la belle composition de la Présentation de Marie au Temple [la dédicace de l'église] et la scène de la Flagellation parmi le cycle de la Passion.

TREBINJE ★★

▸ Trebinje/Требиње (prononcez « trébi-negnié ») compte environ 25 000 habitants, dont 93 % de Bosno-Serbes et 3 % de Bosniaques. C'est le chef-lieu de la municipalité de Trebinje (31 000 habitants), au sein de la République serbe de Bosnie. La ville se trouve 33 km au nord-est de Durbovnik (Croatie, *via* Ivanica), 39 km au nord-est des bouches de Kotor (Monténégro), 116 km au sud-est de Mostar (*via* Stolac et Ravno) et 133 km au sud de Foča (*via* Gacko et Bileća).

▸ Trebinje est la ville la plus agréable et la plus touristique de la République serbe de Bosnie. C'est aussi la plus méridionale de tout le pays. Placée aux confins de la Croatie et du Monténégro, dans la vallée de la Trebišnica et au pied de montagnes karstiques dominées par le mont Leotar (1 228 m d'altitude), elle profite d'un climat méditerranéen, de 260 jours de soleil par an et d'une belle arrière-saison. Avec ses nombreux hôtels, sa belle place des Platanes bordée de terrasses de cafés et son très actif office de tourisme, Trebinje constitue une bonne base de départ pour partir explorer deux grands sites voisins inscrits au patrimoine mondial de l'Unesco : la ville de Dubrovnik, sur la côte dalmate, et les bouches de Kotor, sur le rivage monténégrin. Sa situation géographique lui vaut aussi de posséder de nombreuses forteresses héritées des différents occupants, à commencer par celle de la vieille ville ottomane, en grande partie désertée par ses habitants bosniaques depuis la dernière guerre.

CATHÉDRALE DE LA NATIVITÉ-DE-LA-VIERGE-MARIE ✝

Njegoševa 2
✆ +387 59 270 560
Messes dimanche à 10h ou 11h, mercredi à 19h. Tenue correcte exigée.

Cette cathédrale catholique aux murs jaune pastel (Katedrala Rođenja Blažene Djevice Marije/Катедрала Рођења Блажене Дјевице Марије) est le principal bâtiment religieux du centre de Trebinje avec les mosquées de la vielle ville ottomane. Consacrée en 1884, elle est le siège du diocèse de Trebinje et Mrkanj qui occupe la pointe sud-est de l'Herzégovine, mais l'évêque réside à Stolac depuis la dernière guerre. Le petit campanile fut ajouté en 1928. L'intérieur est sans grand intérêt.

CATHÉDRALE DE LA TRANSFIGURATION-DU-SEIGNEUR ✝

Svetosavska 2
✆ +387 59 22 62 69
eparhija-zahumskohercegovacka.com
Tous les jours 7h-20h. Tenue correcte exigée.

Consacrée en 1908, cette cathédrale orthodoxe serbe (Saborni Hram Svetog Preobraženja Gospodnjeg/Саборни Храм Светог Преображења Господњег) partage avec celle de la Sainte-Trinité de Mostar le siège de l'éparchie de Hum-Herzégovine (l'Herzégovine, la région de Dubrovnik et le nord du Monténégro). L'architecture mêle les styles roman, gothique et byzantin. L'intérieur abrite des fresques de 2009, dont un portrait de l'ingénieur américain d'origine serbe Nikola Tesla (1856-1943).

Pont Arslanagić, à Trebinje.

HERZÉGOVINE

COLLINE DE CRKVINA ★

Crkvina bb
✆ +387 59 26 13 62
crkvina.info
Église : tous les jours 8h-20h, tenue correcte exigée. Restaurant Dučićev Pogled : voir description.

Cette colline (Crkvina/Црквина) domine Trebinje à 405 m d'altitude. Le sommet offre de belles vues sur le mont Leotar, au nord, et le Monténégro, à l'est. Depuis 2000, il abrite le complexe touristico-religieux Hercegovačka Gračanica avec la réplique partielle (et sans âme) d'un chef-d'œuvre de l'art serbo-byzantin : l'église de la Mère de Dieu (1322) du monastère de Gračanica, au Kosovo. Financé par un homme d'affaires américain né à Trebinje, le complexe se veut un hommage au poète et diplomate Jovan Dučić. On y trouve le restaurant panoramique Dučićev Pogled.

ÉGLISE DES SAINTS-ARCHANGES DE TREBINJE ✝

1,2 km (à pied) au nord-ouest de la place des Platanes.
En général ouverte en journée.
Tenue correcte exigée.

Cette étrange église orthodoxe serbe (Crkva Svetih Arhanđela/Црква Светих Арханђела) a été érigée en 2008 sur une colline à l'emplacement d'une ancienne tour défensive austro-hongroise du quartier historique bosniaque de Hrupjela. S'élevant à 21 m de hauteur et cernée de deux clochers reposant sur de frêles colonnes, elle a été conçue par l'architecte serbe Predrag Ristić (1931-2019) à qui l'on doit aussi la peu réussie église de la colline de Crkvina. Aucune fresque à l'intérieur.

HISTOIRE DE TREBINJE

La ville doit son nom à l'ancienne région romaine de Travonie. Après les invasions slaves du VIe siècle, Trebinje devient un fief serbe. Les Ottomans conquièrent la cité en 1467, mais ceux-ci ont du mal à la contrôler du fait des pressions vénitiennes et monténégrines. C'est ainsi qu'à la fin du XVIIe siècle, la forteresse de la vieille ville est créée et peuplée par des colons bosniaques. La région est secouée par de fréquentes révoltes serbes, y compris sous la domination des Austro-Hongrois (1878-1918). Ces derniers modernisent la ville et construisent de nouvelles forteresses pour défendre la frontière sud de leur empire. Après la création du royaume de Yougoslavie, en 1918, les habitants orthodoxes, majoritaires, continuent de revendiquer leur identité serbe, à l'image du poète et diplomate Jovan Dučić (1874-1943), figure de la ville. Les minorités sont alors l'objet de violences. Durant la Seconde Guerre mondiale, la ville est un bastion des tchetniks serbes qui luttent aussi bien contre les oustachis croates, les nazis que les partisans. Avec la Yougoslavie socialiste, la région profite du développement de l'industrie hydroélectrique, notamment à Bileća, où est créé le plus grand lac artificiel du pays. Mais lors de l'éclatement de la Yougoslavie, les minorités sont expulsées et Trebinje devient le quartier général de l'armée yougoslave (sous contrôle serbe) qui assiège Dubrovnik d'octobre 1991 à mai 1992. Aujourd'hui, les relations avec la ville voisine restent tendues.

FORTERESSE DE KLOBUK

Aranđelovo
Accès libre. Itinéraire à pied : se renseigner auprès de l'office de tourisme. Prévoir de l'eau et de bonnes chaussures.

Cette ancienne ville fortifiée byzantine (Stari Grad Klobuk/Стари Град Клобук) garde la frontière monténégrine à 856 m d'altitude. En 1807, des troupes ottomanes y furent assiégées par un contingent russo-monténégrin. L'encerclement fut brisé par les troupes françaises du général Jean Aulay de Launay venues de Dubrovnik. La forteresse fut finalement détruite par les Austro-Hongrois en 1878, alors qu'elle était occupée par des rebelles serbes. C'est dans ces ruines qu'Emir Kusturica tourna une grande partie de son film *On the Milky Road* (2017) avec Monica Belluci.

FORTERESSE DE STRAČ ★

Gornje Čičevo
Accès libre. Trajet en 4x4 ou à pied. Prévoir de l'eau, de bonnes chaussures et une lampe de poche.

Situé à 750 m d'altitude, cet ouvrage aujourd'hui en ruine (Tvrđava Strač/Тврђава Страч) fut la deuxième plus puissante forteresse de tout l'Empire austro-hongrois. Construite en béton armé entre 1910 et 1916, elle devait servir à défendre la frontière avec le royaume du Monténégro – qui capitula en janvier 1916. En partie souterraine, elle conserve quatre dômes métalliques sur sa partie supérieure qui abritaient deux postes d'observation et deux postes d'artillerie braqués en direction de la baie de Kotor. Elle pouvait accueillir 175 soldats et quatre officiers.

MONASTÈRE DE TVRDOŠ ★★

M6 ✆ +387 59 24 68 10
tvrdos.com

Tous les jours 8h-20h, tenue correcte exigée. Cave : dégustation tous les jours 10h-18h, à partir de 10 km/personne.

Fondé au XIIIe siècle, ce monastère orthodoxe serbe (Manstir Tvrdoš/Манастир Тврдош) est le plus important de Bosnie-Herzégovine. Installé en terrasse au bord de la Trebišnjica, il doit son nom à sa réputation de « place dure » (*tvrdoš*) et imprenable. Regroupant une quinzaine de moines, il est célèbre pour ses reliques et ses vins. Dédié à la Dormition de la Mère de Dieu, le complexe fut fondé sous le règne du roi serbe Stefan Milutin (1282-1321) et fut détruit en 1664 par les Vénitiens afin d'affaiblir le clergé orthodoxe, qui était alors un soutien des Ottomans. Reconstruit en 1928 et rénové en 1999, il présente aujourd'hui une architecture d'allure pseudomédiévale. La route qui débouche sur le complexe longe quelques rangs de vigne. La présence de ceux-ci est symbolique : l'essentiel des 150 ha de vignes du monastère est réparti dans trois grandes zones autour de Trebinje. L'entrée est gardée par une tour défensive d'environ 23 m de hauteur et par un bâtiment fortifié au toit de lauzes. On parvient ensuite au catholicon (église principale) en forme de croix latine et surmonté d'un dôme oval monté sur tambour d'environ 20 m de hauteur. Les bâtiments annexes (logements des moines, trésor du monastère, salle de réception, ateliers…) sont élégamment disposés en arc de cercle sur le côté nord de l'église.

Vestiges byzantins et dégustation de vins. Lors de la rénovation du catholicon, en 1999, les vestiges d'une église byzantine du IVe siècle furent découverts au niveau des fondations. Le sol est ainsi aménagé avec des plaques de verre qui permettent d'observer ces ruines paléochrétiennes. Les fresques, achevées en 2000, s'inspirent du style serbe du XIVe siècle (l'âge d'or de l'Église serbe). Sur les hauteurs, on remarque le portrait de la « néo-martyre » Milica Rakić, une enfant de 3 ans tuée en 1999, à Belgrade, lors des bombardements de l'Otan dans le cadre de la guerre du Kosovo (repérez le terme « NATO »). L'église abrite aussi les ossements de moines de Tvrdoš morts au camp de concentration de Jasenovac-Donja Gradina lors de la Seconde Guerre mondiale (voir région de Banja Luka). Mais la relique la plus réputée est la main momifiée de la sainte serbe Hélène d'Anjou (1237-1314), catholique française convertie à l'orthodoxie et mère du roi Stefan Milutin. La visite se poursuit dans les chais du monastère (à droite du catholicon). On y déguste des vins plutôt costauds issus des cépages žilavka ou iliorila (blancs), mais surtout des rouges obtenus à partir du vranac (60 % de la production) et du cabernet sauvignon.

MONUMENT DES DÉFENSEURS DE TREBINJE

Desanke Maksimović

Accès libre.

Érigé en 2011, ce monument (Spomenik Braniocima Trebinja/Споменик Браниоцима Требиња) honore la mémoire des 258 soldats et miliciens bosno-serbes de la ville morts entre 1991 et 1996. Organisé autour d'une haute épée stylisée, il porte très mal son nom : la ville ne fut jamais attaquée durant cette période et ce furent au contraire les soldats et miliciens bosno-serbes de Trebinje qui semèrent la mort et la destruction de Dubrovnik, en octobre 1991, jusqu'à Sarajevo, en janvier 1996.

MOSQUÉE SULTAN AHMED

Dans la vieille ville, près de la Trebišnjica, 100 m à l'est de la mosquée Osman-Pacha, 100 m au sud-est du musée. ✆ +387 61 14 32 26 - medzlis-trebinje.ba

Rarement ouverte. Se renseigner en face, au siège de la communauté musulmane (lundi-vendredi 8h-13h).

Cette élégante petite mosquée en pierres apparentes (Sultan Ahmedova Džamija/Султан Ахмедова Џамија) est aussi appelée « mosquée de l'Empereur » (Careva Džamija). Elle est dédiée au sultan ottoman Ahmed III (1703-1730). Le bâtiment originel fut érigé en 1719 par Osman Pacha Resulbegović lors de la création de la vieille ville. Il fut détruit par les nationalistes bosno-serbes en 1992. La réplique actuelle date de 2014. En face se trouve l'ancienne médersa, aujourd'hui siège de la communauté musulmane, où l'on peut se renseigner pour les visites des mosquées.

PARC D'ATTRACTIONS GRAD SUNCA

Draženska Gora bb
✆ +387 59 491 200
gradsuncatrebinje.com

Tous les jours 9h-21h. Tarif 25 km/personne en été. Parking : 5 km/journée.

Cette « cité du soleil » (Grad Sunca/Град Сунца) s'étend sur 7,9 ha. Créée en 2017 par le groupe agroalimentaire serbe Swisslion, elle comprend un parc aquatique (six piscines, des toboggans…), le Dino Park avec quatorze répliques de dinosaures, quatre hôtels, un camping, des appartements à louer, des restaurants, une aire de jeux pour enfants, une piscine couverte (bassin de 25 m), des terrains de sport, un centre de remise en forme et une salle de congrès.

PARC JOVAN-DUČIĆ ★

Gradski park

Accès libre. Café avec terrasse « Klub 089 » au centre culturel municipal, au sud du parc (tous les jours 7h-23h).

Ce parc de 2,8 ha fut créé par les autorités austro-hongroises en 1890. Depuis la fin de la dernière guerre, il est dédié au poète et diplomate serbe Jovan Dučić (1871-1943) natif de Trebinje. Celui-ci mourut en exil aux États-Unis, mais légua ses biens à sa ville natale. Une statue en bronze à son effigie orne depuis 1997 l'entrée du parc, au sud de la place des Platanes. On trouve un peu plus loin celle de Petar II Petrović-Njegoš (1813-1851), poète et philosophe monténégrin qui fut prince-évêque du Monténégro. Cette statue fut financée par Jovan Dučić.

PLACE DES PLATANES ★

Au centre de la ville, juste à l'est de la vielle ville ottomane, sur la rive droite de la Trebišnica.

Deux places piétonnes avec plusieurs grandes terrasses de cafés et restaurants (environ 500 places assises).

Ce nom informel (Trg Platana/Трг Платана) est donné à l'agréable double esplanade du centre-ville créée par les Austro-Hongrois au début du XXe siècle. Bordé de terrasses de cafés et de seize platanes plantés en 1901, cet espace est formé par deux places. Dans l'axe est-ouest, la place de la Liberté (Trg Slobode/Трг Слободе) abrite le bel hôtel Platani. La place Florale (Cvjetni Trg/Цвјетни Трг) occupe quant à elle l'axe nord-sud, entre la vielle ville ottomane (à l'est) et la cathédrale catholique (au sud-ouest). C'est là que se trouve l'office de tourisme.

PONT ARSLANAGIĆ ★★

Obala Mića Ljubibratića

Pont piéton. La promenade le long des berges de la Trebišnica entre le centre-ville et le pont est très agréable.

D'une longueur de 80 m, ce pont ottoman (Arslanagića Most/Арсланагића Мост) date de 1574. C'est le plus ancien des trois ouvrages de Trebinje qui enjambent la Trebišnjica. Sa présence ici ne remonte pourtant qu'à 1972, lorsqu'il a été déplacé du village d'Arslanagić (5 km en amont, en partie enseveli) lors de la construction d'un barrage hydroélectrique. Il a conservé son architecture originale reconnaissable à ses quatre arches semi-circulaires (deux grandes au centre et deux plus petites adossées aux rives). L'ouvrage fut construit sur ordre de Mehmed Pacha Sokolović, grand vizir ottoman d'origine bosnienne, à qui l'on doit notamment le pont de Višegrad inscrit au Patrimoine mondial de l'Unesco. Servant à relier le port monténégrin d'Herceg Novi (40 km au sud-est), le pont fut placé sous la protection de la puissante famille bosniaque des Arslanagić qui lui donna son nom ainsi qu'au village le traversant. À la fin de la Seconde Guerre mondiale, les tchetniks serbes firent sauter la partie centrale pour échapper à l'avancée des partisans de Tito. Reconstruit, il fut encore endommagé en 1965 lorsque l'État yougoslave le transforma en pont routier. Il fut ensuite déplacé ici pierre par pierre entre 1966 et 1972. Durant la guerre de 1992-1995, en pleine frénésie nationaliste, la municipalité rebaptisa l'édifice Perović, du nom du village voisin. Aussi appelé « pont de Mehmed Pacha » (Mehmed-Paša Most), il est aujourd'hui plus souvent désigné par son nom historique (Arslanagić Most) par la majorité des habitants.

MOSQUÉE OSMAN-PACHA

Stari Grad 69

✆ +387 61 14 32 26

medzlis-trebinje.ba

Parfois ouverte en journée. Tenue correcte exigée, se déchausser, se couvrir la tête pour les femmes.

Datant de 2005, cette mosquée aux murs jaunes (Osman-Pašina Džamija/Џамија Осман-Паше) est la réplique de la mosquée du même nom dynamitée par les nationalistes bosno-serbes en 1992. Celle-ci fut érigée en 1726 grâce à un don d'Osman Pacha Resulbegović, le fondateur de la vielle ville de Trebinje. La forme générale du bâtiment originel est bien restituée : porche à trois arches, salle de prière couverte d'un toit en lauze et minaret de 16 m de hauteur. Mais la destruction a entraîné la perte d'un précieux plafond en bois orné de motifs de style baroque ottoman.

MUSÉE DE L'HERZÉGOVINE

Stari Grad 59

✆ +387 59 27 10 60

muzejhercegovine.org

Tous les jours 8h-20h, samedi 10h-20h, dimanche 14h-18h. Tarif : 5 km pour les visiteurs étrangers.

Fondé en 1952, ce musée (Muzej Hercegovine/Музеј Херцеговине) est poussiéreux et occulte certains aspects de l'histoire locale (les Ottomans, les Bosniaques…). Abrité dans une ancienne caserne austro-hongroise de quatre étages, on y trouve cependant quelques pièces intéressantes, notamment des casques illyriens (rez-de-chaussée) et une expo sur les révoltes serbes du début du XXe siècle (sous les combles). L'essentiel des objets exposés sont des copies, mais certains panneaux en anglais sont riches en infos, en particulier sur la préhistoire et l'Antiquité.

VIEILLE VILLE DE TREBINJE ★★

La « vieille ville » forme un triangle sur la rive droite de la Trebišnjica entre le « pont de pierre » (kameni most) et le pont Ivo Andrić.

Quartier en partie piéton.

Ce quartier fortifié de 2,5 ha (Stari Grad/Стари Град) constitue le centre historique de Trebinje. Aussi appelé le *Kastel*, il est très agréable avec ses maisons en pierre, sa tour de l'horloge, ses deux mosquées et ses ruelles pavées qui débouchent sur la rivière Trebišnjica. Si l'on y trouve des cafés, quelques restaurants et le musée de l'Herzégovine, le quartier est peu vivant. Les habitants bosniaques qui étaient ici autrefois majoritaires en furent violemment chassés par les forces bosno-serbes entre 1991 et 1993. Les mosquées furent rasées et les habitations, pillées ou incendiées. Malgré une coûteuse reconstruction achevée en 2019, la plupart des familles musulmanes ne sont pas revenues. Le quartier fut créé par les Ottomans au début du XVIIIe siècle, après la reprise de Trebinje, brièvement occupée par les Vénitiens de 1694 à 1699. C'est l'officier bosniaque Osman Pacha Resulbegović qui finança les travaux et dessina les plans. La vieille ville forme un triangle irrégulier avec une pointe « aplatie », à l'ouest, le long de la place des Platanes. Côté oriental, la Trebišnjica constitue la base de ce triangle, entre le « pont de pierre » (Kameni Most), au nord, et le pont Ivo-Andrić, au sud. Cet ensemble était fermé au nord-est par un canal qui fut comblé par crainte du paludisme en 1928, tandis que les remparts, achevés en 1728, enserrent le reste du quartier.

▸ **Statuette d'Hélène d'Anjou et porte d'Angélique.** Face à la place des Platanes, la porte Ouest constitue le passage le plus fréquenté avec une galerie qui traverse les remparts et où quelques étals de souvenirs guettent le chaland. À l'extérieur, le long de la rue Dositejeva, le rempart Sud est orné d'une statuette de la sainte orthodoxe serbe d'origine française Hélène d'Anjou (1237-1314), offerte à la ville dans les années 1930 par le poète et diplomate Jovan Dučić. Elle s'accompagne de l'inscription suivante : « En l'honneur de sainte Hélène d'Anjou, reine de Serbie, femme de Stefan Uroš et mère des rois Dragutin et Milutin. En souvenir de ses fréquents séjours à Trebinje. » À l'intérieur des remparts, près de la porte Sud, les touristes serbes et bosno-serbes se pressent surtout devant la « porte d'Angélique », un passage fermé entre deux ruelles où fut tourné un épisode de *Ranjeni Orao* (« aigle blessé »), série à succès diffusée entre 2008 et 2009 par la télévision nationale serbe. Peu d'entre eux s'intéressent en revanche aux deux mosquées reconstruites.

GRAD SUNCA RESORT €

Draženska Gora bb ✆ +387 59 491 200

gradsuncatrebinje.com

121 chambres dans 4 hôtels. 24/87 € pour deux selon la saison et l'établissement. Petit déjeuner 3,60 €/personne.

Ce complexe hôtelier fait partie du parc d'attractions Grad Sunca. Il comprend quatre hôtels : SL Panorama (le plus haut de gamme, 27 chambres), SL Industry (49 chambres), SL Olimp (11 chambres) et SL Hostel (34 chambres). Le niveau de confort et de service varie d'un établissement à l'autre, mais les chambres sont dans l'ensemble modernes, claires et bien pensées (Wifi, clim...). Elles donnent accès au centre de soins et à la piscine couverte du parc. Sur place également : des parkings, des restaurants, des appartements à louer et un camping.

KONOBA & SPA HOTEL STUDENAC €

Melentija Perovića ✆ +387 59 281 581

spahotelstudenac.com

10 chambres et appartements.
50/70 € pour deux avec petit déjeuner.
Restaurant : environ 20 km/personne. Parking.

Installée dans un ancien moulin, cette taverne fondée en 1928 est devenue un agréable petit complexe avec hôtel, piscine couverte et centre de bien-être (sauna, bain bouillonnant...). Le restaurant est toujours aussi bien : dans la salle rustique ou en terrasse au bord de la Trebišnjica, on sert des truites élevées sur place ainsi que de bons plats traditionnels. Les chambres et appartements sont parfaits (clim, Wifi...). Copieux petit déjeuner et service pro. Transfert avec les aéroports.

HOTEL PLATANI €€

Cvjetni Trg 1 ✆ +387 59 27 40 50

hotel-platani-trebinje.com

35 chambres. 70/100 € pour deux avec petit déjeuner. Restaurants : entre 15 et 30 km/personne environ. Parking.

Charmant et super bien placé, dans deux bâtiments en pierre du début du XXe siècle sur la belle place des Platanes, l'hôtel Platani (Хотел Платани) est fier d'avoir accueilli Monica Belluci et Emir Kusturica pour le tournage de *On the Milky Road* en 2016. La qualité de l'accueil est variable. Il en va de même pour les chambres, mais celles-ci sont en général spacieuses et modernes (clim, Wifi...). Café et deux restaurants (brasserie et « gastro ») avec terrasses sous les platanes. Petit déjeuner moyen. Possibilité de panier repas et de transfert pour les aéroports.

RESTORAN DUČIĆEV POGLED €

Crkvina bb ✆ +387 65 28 64 45
crkvina.info
Tous les jours 8h-23h (parfois fermé hors saison). Environ 20 km/personne.

Le café-restaurant « la vue de Dučić » (Дучићев Поглед) profite d'un panorama grandiose sur la région. Installé sur la colline de Crkvina, il fait partie du complexe touristico-religieux Hercegovačka Gračanica. La cuisine proposée n'a rien d'exceptionnel et évoque surtout un fast-food un peu prétentieux (sandwichs façon pita, viande panée, salades, frites, desserts pas maison...). Mais on peut profiter de la superbe terrasse juste pour prendre un verre. À proximité : animaux en captivité, aire de jeux pour enfants et boutique de souvenirs.

STARA HERCEGOVINA €

R429 ✆ +387 65 669 707
restoranstarahercegovina.com
Tous les jours 8h-23h. Environ 25 km/personne. Hébergement : 45/50 € pour deux avec petit déjeuner.

Situé près du hameau de Tuli/Тули (20 habitants), le restaurant de la « vieille Herzégovine » est récent, mais sa salle avec pierres et poutres apparentes est charmante. Ici ou en terrasse, on déguste de bonnes spécialités locales, serbes et croates : poisson et poulpe de l'Adriatique, agneau ou veau cuit sous la cloche (*ispod sača*), *kaštradina* (spécialité de Dalmatie : agneau castré séché et cuit en ragoût), rouleaux de côtelettes de porc panées (*Karađorđeva šnicla*), etc. L'établissement dispose aussi de quatre appartements tout confort (copieux petit déjeuner).

VINSKA GALERIJA VUKOJE €€

Mirna 28 ✆ +387 59 27 03 74
podrumivukoje1982.com
Tous les jours 12h-0h. Environ 40 km/personne (sans le vin). Vente de vin, séances de dégustation sur réservation.

Installé dans une petite tour moderne du quartier de Hrupjela/Хрупјела, en face d'une ancienne caserne fortifiée de la gendarmerie austro-hongroise, ce restaurant gastronomique fait partie du domaine viticole Vukoje (Podrumi Vukoje 1982) qui exploite 30 ha de vignes. Dans une agréable salle panoramique ou sur les deux toits-terrasses sont servis des plats méditerranéens et des vins maison, dont d'excellents rouges obtenus à partir de cépages vranac, cabernet sauvignon et merlot. Cuisine raffinée, bons desserts et service pro. Visite de la cave sur demande.

IVANICA

Ivanica/Иваница (prononcez « ivanitsa ») compte environ 150 habitants, dont 60 % de Bosno-Serbes et 30 % de Bosno-Croates. Le village fait partie de la municipalité de Ravno, au sein du canton d'Herzégovine-Neretva. Il se trouve 9 km au nord-est de Dubrovnik, 21 km au sud-ouest de Trebinje et 58 km au sud-ouest de Ravno. Aucune liaison en bus.

Situé sur un col, à 410 m d'altitude, ce village frontalier est en plein développement avec la construction de dizaines de villas de luxe donnant sur la mer Adriatique, à moins de 3 km à vol d'oiseau. C'est la plus proche localité bosnienne de Dubrovnik. Vues magnifiques et poste-frontière très fréquenté.

BOZHOLIDAYS €€€

Ivanica
✆ +44 77 47 01 26 54
bozholidays.com
Villa avec piscine à partir de 220 €/jour en été (4 nuits au minimum).

Cette agence de location immobilière appartient à une famille bosno-croate de Ravno basée en Angleterre. Elle propose des villas avec piscine pour 2 à 14 personnes à Ivanica. Toutes sont modernes et super-bien équipées avec vue sur la mer Adriatique, bonne salle de bains, grandes chambres, cuisine équipée (four, réfrigérateur, congélateur...), salon, terrasse, coin barbecue, Wifi, clim, etc. Possibilité de location de voiture et de babysitting. Les tarifs peuvent paraître élevés, mais c'est bien moins cher que pour une villa à Dubrovnik et la vue est ici plus belle.

RESTORAN IZVOR €

Ivanica
✆ +387 65 31 21 03
Tous les jours sauf dimanche 7h-23h. Environ 25 km/personne.

Situé au bas du quartier des villas de luxe, le restaurant « la source » domine le littoral et l'îlot de Lokrum. La famille qui tient l'établissement s'approvisionne tous les jours en poissons frais et calamars auprès des pêcheurs dalmates pour préparer une cuisine simple et savoureuse. On y mange aussi du porcelet à la broche et du veau cuit sous la cloche. Un établissement surtout fréquenté par des clients venus de Dubrovnik qui apprécient ici autant l'avantageux rapport qualité/prix que la vue. Autre bonne adresse : chez Drijen, le long de la route de Trebinje.

BILEĆA ★

▶ Bileća/Билећа (prononcez « bilecha ») compte environ 8 000 habitants, dont 98 % de Bosno-Serbes. C'est le chef-lieu de la municipalité de Bileća (10 000 habitants), au sein de la République serbe de Bosnie. La ville se trouve 8 km à l'ouest du poste-frontière de Vraćenovići avec le Monténégro (temps d'attente souvent long), 31 km au nord de Trebinje et 44 km au sud de Gacko. Liaisons en bus : 10/jour avec Trebinje et Gacko, 8/jour avec Nikšić (Monténégro) et 7/jour avec Foča.

▶ Constituée de zones pavillonnaires et d'églises modernes regroupées autour de la route entre Trebinje et Gacko, Bileća mérite une halte pour ses environs. Cernée de collines, par le grand lac artificiel de Bileća, au sud, et par le mont Velika Kita (1 240 m d'altitude), au Monténégro, à l'est, la région possède quelques hébergements (dont l'hôtel Dijamant, dans la zone industrielle, à l'est), des sentiers de randonnée et quelques sites de visite intéressants. Car malgré son aspect récent, Bileća est une ville chargée d'histoire. La région fut un carrefour commercial dès la période illyrienne et, plus tard, un bastion serbe que les Ottomans ne parvinrent jamais à vraiment contrôler. Ces derniers essuyèrent ici deux défaites cuisantes en 1286 et en 1876. Durant la dernière guerre, les violences faites aux Bosniaques furent autrement moins nombreuses que dans la plupart des villes de la République serbe de Bosnie. Et pour cause, les Bosno-Serbes étaient déjà largement majoritaires (80 % de la population en 1991).

Monastère de Dobrićevo et lac de Bileća.

FORTERESSE DE DRAKULJICA

1 km au sud-est de Bileća,
sur la presqu'île au nord du lac de Bileća,
puis chemin carrossable sur 1 km.
Accès libre. Prévoyez de l'eau et de bonnes chaussures si vous montez à pied.

Cette forteresse à moitié en ruine (Tvrđava Drakuljica/Тврђава Дракуљица) offre un beau panorama sur le lac de Bileća. Elle fut érigée au début de la période austro-hongroise, vers 1880, avec sept autres fortins et postes d'observation autour de Bileća pour garder la frontière avec le royaume du Monténégro. Utilisée comme camp de travail pour prisonniers par le régime socialiste yougoslave, elle devait être transformée en hôtel de luxe en 2015. Le projet a échoué et une usine de colle et d'adhésifs du groupe allemand Henkel s'est depuis implantée en contrebas.

LAC DE BILEĆA

Bilećko Jezero
Accès libre, sauf sur la moitié sud de la côte orientale, située au Monténégro.

Ce lac artificiel de 33 km² (Bilećko Jezero/Билећко Језеро) est le deuxième plus grand lac de Bosnie-Herzégovine après celui de Buško, près de Livno, en Tropolje. Il a été créé entre 1964 et 1968 sur la rivière Trebišnjica avec la construction du barrage de Grančarevo, le plus haut du pays (124 m de hauteur), qui alimente la centrale hydroélectrique de Trebinje-1 (180 MW). Longeant la frontière avec le Monténégro, à l'est, le lac s'étend sur 18 km de longueur avec une largeur maximale de 4 km et une profondeur atteignant 104 m. Lors de la mise en eau du lac, plusieurs villages ont été ensevelis. Deux monastères orthodoxes serbes du Moyen Âge ornés de fresques ont quant à eux été déplacés lors d'une très coûteuse opération menée en 1965 : le monastère de Dobrićevo (XIIIᵉ siècle) a été réinstallé sur la rive occidentale du lac ; le monastère de Kosijerevo (XIVᵉ siècle) est pour sa part dorénavant situé sur la rive orientale, au Monténégro, près du village de Petrovići. À proximité de Petrovići se trouve également le site archéologique de Crvena Stijena (« roche rouge ») où des traces d'une présence humaine remontant à 180 000 ans ont été mises au jour (voir guide *Petit Futé Monténégro*). Une plage est aménagée avec un bar dans la partie nord, près de la forteresse de Drakuljica. Enfin, dans la partie centrale se trouve l'îlot de Bobotova Glavica, ancienne colline fortifiée au XIVᵉ siècle, émergeant à peine lorsque le niveau du lac est au plus haut. Depuis 1998, l'îlot abrite une chapelle orthodoxe serbe.

MONASTÈRE DE DOBRIĆEVO ✝ ★

M20

Accès possible en journée.
Tenue correcte exigée (les moines sont très stricts : pas de vêtements courts).

Fondé au bord de la Trebišnjica en 1232, ce monastère orthodoxe serbe (Manastir Dobrićevo/Манастир Добрићево) a été déplacé lors de la mise en eau du lac de Bileća en 1965. Dédié à la Présentation de Marie au Temple, son catholicon (église principale) mêle les styles byzantin, serbe et gothique de Dubrovnik. Malgré plusieurs pillages et incendies, il conserve des fresques réalisées à la fin du XVIe siècle par le peintre et moine serbe Georgije Mitrofanović (v. 1550-1630), des fragments de fresques du XVe siècle et des icônes du XVIIIe siècle. Agréable jardin.

NÉCROPOLE MÉDIÉVALE DE BILEĆA

M20

Accès libre. Restaurant Jezero à côté.

Profitant d'une belle vue sur le lac de Bileća, ce site (Nekropola Stećaka Bileća/Некропола Стећака Билећа) regroupe 86 stećci provenant de villages et hameaux ensevelis en 1965. Datant des XIIIe-XVe siècles, ils sont de formes variées (coffres, coffres à pignons, dalles, croix) et pour certains décorés (motifs géométriques, épée, scène de danse...). Mais les plus précieux stećci du lac sont conservés au Musée national, à Sarajevo, ou aux États-Unis. Soixante autres ont été ensevelis.

NÉCROPOLE MÉDIÉVALE DE GREBNICE-BUNČIĆI ★

Baljci

Accès libre. Panneau explicatif en anglais sur place.

Ce site (Nekropola Grebnice-Bunčići / Некропола Гребнице-Бунцићи) fait partie des vingt-deux nécropoles médiévales du pays inscrites au patrimoine mondial de l'Unesco en 2016. Il comprend 291 stećci, dont 32 sont décorés (motifs géométriques, oiseaux, scène de chasse, main). Il est surtout réputé pour ses sept stećci du XVe siècle portant des inscriptions en bosančica (l'un est conservé au Musée national, à Sarajevo). Le site abrite aussi un tumulus illyrien et un nişan ottoman.

RESTORAN JEZERO €

Bilecki Put bb
✆ +387 59 37 08 18

Tous les jours 6h-0h. Environ 20 km/personne. Parking.

C'est le restaurant le plus fréquenté de la ville. Il dispose d'une belle vue sur le lac de Bileća, d'une petite ferme (biches, ânes...), d'une aire de jeux pour enfants, d'une grande fontaine et d'un jardin où sont repartis une multitude de pavillons pour manger au grand air. Les plats sont copieux : brochettes, fritures, poissons, salades... On recommande surtout les viandes *ispod sača*, c'est-à-dire cuites « sous la cloche » (le veau, notamment). Sinon, dès le matin, on peut commander un solide « petit » déjeuner (œufs au plat, saucisse et/ou jambon cru, salade).

GACKO

▸ Gacko/Гацко (prononcez « gatsko ») compte environ 5 700 habitants, dont 95 % de Bosno-Serbes. C'est le chef-lieu de la municipalité de Gacko (9 700 habitants), au sein de la République serbe de Bosnie. La ville se trouve 19 km au nord-ouest du poste-frontière de Krstac avec le Monténégro, 44 km au nord de Bileća, 60 km au sud-ouest de Foča (*via* le parc national de Sutjeska) et 88 km au sud-est de Mostar. Liaisons en bus : 10/jour avec Bileća et Trebinje, 8/jour avec Foča, 3/jour avec Mostar, autres liaisons avec Banja Luka, Istočno Sarajevo, la Serbie et le Monténégro.

▸ Dominée par la tour de refroidissement de sa centrale électrique, Gacko n'incite pas vraiment à s'arrêter sur la route qui longe le Monténégro entre Trebinje et Foča. Mais c'est une bourgade plutôt riche. Située dans une plaine karstique, à 940 m d'altitude, elle possède l'une des plus importantes réserves de lignite d'Europe (370 millions de tonnes). Un or noir qui assure quasiment le plein-emploi de la région. Toutefois, si les environs sont plutôt jolis avec le mont Lebršnik (1 985 m d'altitude), au nord-est, la ville elle-même est sans charme. Comme souvent en République serbe de Bosnie, elle est hantée par des fantômes : ceux des habitants bosniaques (46 % de la population en 1991) massacrés ou déportés lors de la dernière guerre. Aujourd'hui, Gacko se remémore avec fierté ses seigneurs serbes du XIVe siècle et la première révolte contre les nazis, le 6 juin 1941, lancée par ici par le clergé serbe un mois avant celle de Tito.

ÉGLISE SAINT-NICOLAS DE SRĐEVIĆI ✝ ★

À Srđevići/Срђевићи, 11 km à l'ouest de Gacko en contournant les mines de lignite.
GPS : 43.166179, 18.481912.
Visite : se renseigner auprès de l'office de tourisme de Gacko.

Cette petite église orthodoxe serbe couverte de lauzes (Crkva svetog Nikole u Srđevićima/ Црква Светог Николе у Срђевићима) fut érigée au XVIe siècle pour les familles nobles Srđevići et Trkovići : les Srđevići ont donné leur nom au hameau (40 habitants, tous bosno-serbes) et trois Trkovići sont inhumés sur place. À moitié enfouie dans le sol et de faibles dimensions (10,2 x 6,5 m), elle fait partie des rares églises du pays à conserver des fresques peintes avant l'invasion ottomane.

MUSÉE FOLKLORIQUE DE DANIĆI 🏛

13 km au sud de Gacko. Suivez la route M20 en direction de Bileća. Après 8 km, tournez à gauche.
GPS : 43.077720, 18.571926. ✆ +387 59 472 600
Pas d'horaires fixes (souvent ouvert en journée en été). Se renseigner auprès de l'office de tourisme de Gacko.

Créé en 2010, ce petit musée (Etno Muzej u Danićima/Етно Музеј у Данићима) est géré par l'office de tourisme de Gacko. Dans un bâtiment moderne construit à côté d'une récente chapelle dédiée à saint Pierre, sont regroupés des objets des XVIIIe-XXe siècles des paysans bosno-serbes de la région : chaudron pour préparer la rakija, hutte en paille, outils agricoles, etc. La commune de Danići/ Данићи compte environ 40 habitants bosno-serbes éparpillés à travers le poljé de Gacko.

LAC KLINJE 📷

M20
Baignade possible quand le lac conserve assez d'eau en été.

Situé à 1 030 m d'altitude, ce lac artificiel (Jezero Klinje/Језеро Клиње) s'étend sur 26 ha. Alimenté par les rivières Vrba, Dramešinka et Žanjevica, il a été créé en 1896 pour alimenter en eau la ville de Gacko et le poljé de Gacko. Le lac est donc en partie vidé en été. Les eaux sont retenues par un barrage qui fut conçu par un ingénieur français au service de l'Empire austro-hongrois. Mesurant 104 m de longueur pour 26 m de hauteur, il est construit en blocs de pierre liés entre eux par un mortier composé de cendres volcaniques provenant du Vésuve, en Italie.

NÉCROPOLE MÉDIÉVALE DE KALUFI 📷 ★

Krekovi
Accès libre, au bout d'un chemin carrossable très correct.

Ce site de 1,8 ha (Nekropola Kalufi/Некропола Калуфи) fait partie des vingt-deux nécropoles médiévales du pays classées au patrimoine mondial de l'Unesco en 2016. Il abrite le nombre record de 462 stećci (XIVe-XVIe siècles), mais seuls 42 sont décorés. Les motifs sont classiques (rosettes, croix, croissants de lune, frises végétales, etc.) et rarement figuratifs : une scène de chasse, une joute, un cheval, une *kolo* (danse en cercle), un homme seul et un autre avec une lance.

MOSQUÉE DE PRIDVORICA ☪

Pridvorica
✆ +387 59 46 52 49
Rarement ouverte. Plusieurs villages et hameaux abandonnés aux alentours.

Isolée à 900 m d'altitude, dans la vallée de la haute Neretva et sous le mont Javorje (1 778 m), cette mosquée (Džamija Pridvorica/ Придворица Џамија) forme un bel ensemble avec son petit minaret, son toit de lauzes, son enceinte murée et une nécropole de stećci. Érigée en 2018, il s'agit de la réplique de celle du XIXe siècle qui fut détruite par les forces bosno-serbes en 1993. Le village de Pridvorica est quant à lui abandonné : la population bosno-serbe fut massacrée par des Bosniaques en 1942. Non loin, un monastère orthodoxe serbe est en construction.

POLJÉ DE GACKO 📷

Au sud-est de Gacko en suivant la suivant la R432 en direction du poste-frontière de Krstac/ Крстац avec le Monténégro.
Quelques villages et hameaux. Jolie église orthodoxe serbe de la Trinité à Dobrelji/Добрељи, 11 km au sud-est de Gacko.

Cette plaine karstique (Gatačko Polje/Гатачко поље) s'étend sur 24 km de longueur depuis le Monténégro, au sud-est, jusqu'aux mines de lignite de Gacko, au nord-ouest. Large de 3,6 km en moyenne et constellée de dolines (cavités circulaires), elle est traversée par deux rivières en partie souterraines, la Gračanica et la Mušnica, qui alimentent la Trebišnjica qui coule à Trebinje. On peut parcourir le poljé vers le sud-est en suivant la R432 à travers Avtovac. Le poljé fut le théâtre d'une bataille entre le roi serbe Uroš et son fils Dragutin en 1276.

TROPOLJE

Encore peu touristique, la province historique des « trois poljés » (Tropolje/Тропоље) correspond peu ou prou aux limites administratives du canton 10 (4 935 km²). Ce dernier, officieusement appelé « Herzeg-Bosna », longe la Croatie et possède la plus faible densité de population de Bosnie-Herzégovine. Peu marqué par la dernière guerre, il se caractérise par une domination culturelle bosno-croate, par une géologie complexe faite de grandes plaines karstiques (poljés) et de hauts massifs, et par une nature sauvage, en particulier avec le parc naturel de Blidinje et les hardes de chevaux vivant en liberté au-dessus de Livno, la petite capitale de la province. Celle-ci possède l'un des meilleurs musées du pays ainsi qu'un bel ensemble de mosquées à dôme. Bref, la Tropolje mérite amplement une halte de deux ou trois jours sur la route entre Mostar et le parc national de l'Una, en Krajina bosnienne.

Srb
Kupirovo
DRVAR
Potoci
Busije
Gornji Vrbljani
Prekaja
Poljice
Jasenovi Potoci
Resanovci
Balaći
Stekerovci
Drenovac Osredački
Bosansko Grahovo
Strmica
Luka
Plavno
Ivići
Šumnjaci
Gornje Peulje
Golubić
Grkovci
Knin
Uništa
GLAMOČ
Gornji Kazanci
CROATIE
Gubin
Sutina
Lištani
Odžak
Drniš
Otišić
Gradac
Donji Bitelić
Prolog
Potravlje
Crivac
Tropolje
Hrvace
Sinj
Donji Muć
Otok
Neorić
Primorski Dolac
Kraj
Prugovo
Trilj
Ugljane
Cetina
Kaštela
Cista Veli
Žrnovnica
Split
10 KM

Jezero
Jajce
Gerzovo
Babanovac
Šipovo
Vinac
Kokići
Dragnić Podovi
Gradina
Ljuša
Novi Travnik
Brdo
Pribelja
Donji Vakuf
Rostovo
Šemenovci
Bugojno
Vesela
Zlosela
KUPRES
Humac Gornji
Vidimlje
Gornji Vakuf-Uskoplje
Donji Malovan
Begovača
Šuica
Livno
Rumboci
Prozor
Zvirnjača
Zagoričani
Prozor-Rama
Rama
Srđevići
Stipanići
Miši
TOMISLAVGRAD
Doljanka
Prisoje
LAC DE BUŠKO
Mandino Selo
Voštane
PARC NATUREL DE BLIDINJE
Mrkodol
PARC NATUREL DE BLIDINJE
Aržano
Roško Polje
Rakitno
Drežanka
Vir
Ričina
Lovreć
Katuni
POSUŠJE
Imotski

PAGES

●● RÉGION DE LIVNO

241

Les beaux paysages des environs de Livno sont marqués par les poljés de Livno, de Duvno (près de Tomislavgrad) et de Kupres, mais aussi par le lac de Buško, par le plateau de Grabovica, et par différents massifs, dont les plus hauts dépassent les 2 000 m dans le parc naturel de Blidinje. La région est historiquement liée à la Croatie avec une population majoritairement bosno-croate et catholique. Seule Kupres, située aux confins de la Krajina bosnienne et de la Bosnie centrale a subi d'importantes destructions lors de la dernière guerre. Ailleurs, les modes de vie n'ont pas été trop changés, avec notamment le village de Rastovača, près de Posušje, qui conserve de fortes traditions comme les chants polyphoniques.

LIVNO ★★★

241 Encore peu développée touristiquement, Livno est une des villes préférées en Bosnie-Herzégovine : des chevaux sauvages à découvrir sur le désertique et beau plateau de Krug, un fantastique musée franciscain, de belles chutes d'eau, un fromage réputé et un ensemble de mosquées à dôme unique dans le pays.

247 TOMISLAVGRAD ★

LAC DE BUŠKO ★

249 Le plus grand lac du pays est très fréquenté en été par les habitants de Livno, de Tomislavgrad et de la Croatie toute proche. Sur ses rives se trouvent un monastère, une base de loisirs, une plage et plusieurs hôtels, villas et restaurants.

250 KUPRES

PARC NATUREL DE BLIDINJE ★★★

251 Si cette aire protégée n'a pas de statut de « parc national », elle n'en est pas moins superbe avec ses hauts sommets, ses vastes forêts et son lac semi-artificiel. Sur place, on peut faire de la randonnée à pied ou à cheval, mais aussi skier en hiver ou s'envoler en montgolfière en été. Ne manquez pas non plus l'hôtel-restaurant de l'étonnante petite république haïdouk de Mijat Tomić.

255 POSUŠJE

●● RÉGION DE GLAMOČ

256

Située le long de la Dalmatie (Croatie), entre Livno (au sud-est) et le parc national de l'Una (au nord-ouest), cette grande région est presque vide. Alors que le reste du canton 10 est surtout peuplé de Bosno-Croates, les Bosno-Serbes constituent ici le premier groupe. La région fut d'ailleurs apparemment disputée lors de la dernière guerre et les petites villes de Glamoč et de Drvar en portent encore les séquelles. Mais c'est surtout le souvenir d'un autre conflit qui rend cette partie du pays intéressante. Durant la Seconde Guerre mondiale, les partisans de Tito établirent dans la région leur quartier général et leurs terrains d'aviation pour lutter contre les Allemands qui occupaient la Yougoslavie.

256 GLAMOČ

257 DRVAR ★

LIVNO ★★★

Livno/Ливно compte environ 8 000 habitants, dont 62 % de Bosno-Croates et 33 % de Bosniaques. C'est le chef-lieu de la municipalité de Livno (32 000 habitants) et du « canton 10 » (80 000 habitants), en Fédération de Bosnie-et-Herzégovine. La ville se trouve 96 km au nord-est de Split (Croatie), 120 km au nord-ouest de Mostar, 176 km au sud-est de Bihać, 189 km à l'ouest de Sarajevo. Liaisons en bus : voir gare routière.

Intimement liée à la Croatie, la capitale de la province de Tropolje est encore assez peu développée touristiquement. Elle possède pourtant de sacrés atouts, à commencer par son bel environnement : le poljé de Livno. Plus vaste plaine karstique au monde, celui-ci est encadré par les massifs de Kamešnica (1 852 m d'altitude), au sud, le long de la frontière croate, et de Cincar (2 006 m), au nord. Ce dernier s'achève brutalement avec les falaises de Bašajkovac directement au-dessus du vieux quartier ottoman de Livno qui conserve le plus vaste ensemble de mosquées ottomanes à dôme complètement préservé du pays. Un paradoxe pour cette ville qui est un puissant bastion catholique et bosno-croate. Les moines franciscains jouissent ici d'une large aura et possèdent ce qui est pour nous le plus beau musée de Bosnie-Herzégovine, avec des collections variées et bien mises en valeur. Livno est également réputée pour son fromage et, depuis quelques années, pour ses chevaux sauvages que l'on peut facilement approcher sous le mont Cincar.

ÉGLISE DE LA DORMITION-DE-LA-MÈRE-DE-DIEU DE LIVNO ✝

Entre l'ancienne charchia et le centre-ville.
✆ +387 66 46 76 09
Rarement ouverte. Tenue correcte exigée.

Cette église orthodoxe serbe (Црква Успења Пресвете Богородице/Crkva Uspenija Presvete Bogorodice) a été bâtie en 1859 et restaurée en 2000. Il s'agit d'une basilique à nef unique dotée d'un clocher néogothique. Endommagée deux fois par les nationalistes croates, en 1941 et en 1992, elle abrite une précieuse collection de 51 icônes du XVIe au XIXe siècle provenant de Russie, de Grèce et de Jérusalem qui a été sauvée par les moines franciscains de Livno lors de la dernière guerre.

LES « TROIS POLJÉS »

La Tropolje doit son nom à ses « trois poljés », les trois grandes vallées karstiques de Livno, Duvno et Kupres. Celles-ci ont façonné l'activité humaine avec des terres riches, des inondations, des rivières souterraines et des dolines d'effondrement. C'est en étudiant la région que les géologues ont inventé les termes « karst » et « poljé » dérivés de mots slaves locaux. « Karst » est un mot allemand emprunté au bosno-serbo-croate *kras* (ou *krš*), qui provient sans doute des Illyriens *via* le terme latin *carsus*, qui a lui-même donné « causse » en français. On parle de « processus karstique » pour désigner des sols calcaires qui ont subi une forte érosion avec la création de grottes, gouffres, rivières souterraines et dépressions. Le terme « poljé » est, lui, un calque du mot slave *polje* (« plaine »). En géologie, un poljé, c'est une dépression karstique à fond plat cernée de versants rocheux où les eaux disparaissent souvent dans un « puits » scientifiquement appelé un « ponor » (« abîme » dans les langues slaves du Sud). Si les vallées karstiques sont fréquentes dans les Alpes dinariques, on atteint ici des niveaux records. Le poljé de Livno est le plus grand au monde. Il s'étend sur 458 km² entre Livno et les marais de Buško (30 km au nord-ouest), sur une bande de 6 km de largeur située à 720 m d'altitude entre des massifs de 1 500 à 2 000 m. Constamment inondé, il fut drainé par les Ottomans pour donner naissance au lac de Buško. Ce dernier attire aussi les bassins situés à l'est, notamment ceux du poljé de Duvno (121 km²), près de Tomislavgrad, et du poljé de Kupres (93 km²). La plus grande rivière est ici la Šuica (ou Šujica). S'étirant sur moins de 50 km, elle prend sa source au nord de Kupres. Plutôt que de poursuivre vers le sud où le relief semble s'apaiser, elle oblique vers l'ouest où se dresse le plateau de Grabovica qui culmine à 1 058 m d'altitude et s'entend sur 125 km². La Šuica passe sous le plateau pour rejoindre le lac de Buško avec d'autres cours d'eau. Au passage, toutes ces « pertes » engendrent une importante érosion. Le plateau est ainsi constellé de dolines, des « trous » causés par l'effondrement de la roche. Certaines sont de simples petites cuvettes de 10 à 20 m de diamètre. Mais d'autres sont d'énormes dolines d'effondrement : des gouffres aux falaises de 40 à 70 m de profondeur. La plus spectaculaire est celle de Veliki Samograd, près de Tomislavgrad.

FROMAGE DE LIVNO

Puissant, fin et légèrement piquant, le fromage de Livno (*Livanjski sir*) est réputé le meilleur du pays. Surnommée « gruyère de Bosnie », cette pâte dure à trous s'apparente à l'emmental suisse. Mais son inventeur vient de Lozère. Tout commence en 1886. L'Autriche-Hongrie entend développer l'agriculture autour de Livno. L'idée est de trouver un débouché au lait des pramenkas, des brebis à tête noire et aux taches grises sur l'arrière-train. Plusieurs maîtres fromagers suisses et autrichiens mettent au point des fromages. Mais aucun n'est satisfaisant. En 1900, un jeune agronome français est recruté : Cyprien Jaillet, né en 1874 à Saint-Laurent-de-Muret, village du plateau du Gévaudan, en Lozère. Il entame des essais avec un fromage persillé affiné dans la grotte de Duman. Mais ce « roquefort » ainsi que les « camemberts » et « fetas » de ses prédécesseurs sont abandonnés. En 1905, Cyprien met au point le « fromage de Livno », le plus adapté aux conditions locales. Et ça marche. Ce « gruyère » fait fureur à la cour de Vienne, permettant à Livno d'exporter ses petites meules de 2 à 3 kg dans tout l'empire. Entre-temps, Cyprien s'est marié à une jeune femme croate, Aleksandra, avec qui il a deux enfants. Quand l'Empire austro-hongrois s'effondre, en 1918, les Jaillet restent. Cyprien accompagne pendant vingt-six ans l'essor des fromageries du plateau de Krug, où vivent aujourd'hui les chevaux sauvages. En 1925, sa fille Hélène, âgée de 22 ans, décède d'une maladie. L'année suivante, son épouse meurt à son tour. Cyprien décide de repartir en France avec son fils. On perd alors la trace de l'agronome. De cette saga franco-bosnienne subsiste un fromage, mais aussi quelques vestiges. Récemment, sur le plateau de Krug, l'ancien laboratoire de Cyprien a été restauré. Dans le cimetière, à côté du monastère de Gorica, se dresse toujours la tombe d'Hélène. Dans les environs, de Glamoč à Kupres, deux usines et une cinquantaine de familles produisent aujourd'hui le fromage mis au point par Cyprien. Les techniques de fabrication ont peu changé : entre six et huit mois d'affinage, avec un lait provenant des pramenkas. Le lait de vache peut aussi être utilisé, mais à hauteur de 30 % au maximum. Le fromage de Livno traverse toutefois une phase délicate avec les règles douanières de l'UE qui empêchent les exportations. Mais on peut le trouver dans presque tous les supermarchés de Bosnie-Herzégovine.

TROPOLJE

CHEVAUX SAUVAGES DE LIVNO ★★★

Sur le plateau de Krug, 11 km au nord de Livno (GPS : 43.866448, 17.012862), et jusqu'à la route M16 au niveau de Šuica.

Accès possible à pied, en 4 x 4 ou en véhicule « solide » (environ 22 km aller-retour par des pistes caillouteuses).

L'Amérique a ses mustangs. Livno a ses chevaux sauvages (Livanjski Divlji Konji). Ceux-ci sont devenus ici l'attraction n° 1. Formant quatre hardes, ils sont de 600 à 800 à vivre sur le plateau de Krug, à 1 000 m d'altitude, sous le mont Cincar (2 006 m), et jusqu'au col de Borova Glava, entre Livno et Kupres : une zone karstique de 150 km² inhospitalière et inhabitée. Il s'agit de chevaux domestiqués qui ont été abandonnés depuis les années 1960 à cause de la mécanisation de l'agriculture et de la pauvreté. La dernière guerre a aussi joué un rôle, puisque certains chevaux se sont retrouvés livrés à eux-mêmes avec le départ soudain des habitants. Les équidés de Livno ont pour particularité d'être proches du cheval d'avant sa domestication. Pour la plupart, ils sont issus du « cheval de montagne bosnien » aussi appelé « poney bosnien », même s'il atteint de 1,30 à 1,45 m au garrot. La race fut créée par les Austro-Hongrois dans les années 1890 en croisant le tarpan, ancêtre du cheval moderne disparu en 1897, et des chevaux asiatiques de la cavalerie ottomane. Robustes, ces animaux ont été pensés pour le relief accidenté du pays. C'est ce qui leur a permis de survivre.

À découvrir seul ou accompagné. Les anciennes bêtes de somme ou de trait ont appris à se nourrir, à trouver de l'eau et à se méfier des prédateurs : les loups, mais surtout les hommes, des chasseurs qui les abattaient pour leur viande. Jusqu'à ce que l'association locale Borova Glava intervienne. Grâce à une pétition signée par 7 500 habitants en 2013, la municipalité de Livno a interdit de chasser les chevaux. Pour cause de bisbilles politiques, l'arrêt a été suspendu en 2017. Mais il est désormais mal vu de tuer les chevaux. Le nombre d'animaux serait ainsi passé de 286 en 2013 à 418 en 2019. Dès 2013, une agence a été créée en Croatie pour faire venir les visiteurs de Split et de Dubrovnik. C'est maintenant l'agence locale Livno Wild Horses Adventure Tours qui assure des visites guidées. En hiver, les chevaux ne peuvent compter que sur eux-mêmes. Le manque d'eau les conduit à s'aventurer de plus en plus loin. Quand le gel arrive, ils affluent sur la route Livno-Kupres pour lécher le sel déposé sur l'asphalte, ce qui a déjà occasionné des accidents. Si bien que l'association Borova Glava a dû récemment créer trois points d'eau pour éviter aux hardes de se déplacer. Cela veut aussi dire qu'il est désormais plus facile de savoir où trouver les chevaux.

FORTERESSE DE BISTRICA ★

Stari grad Livno

Accès libre, à pied par un sentier de 300 m de longueur qui part à l'est de la vieille charchia, sous la Grande Tour.

Installée sur les falaises Crvenica, cette ancienne ville fortifiée (Bistrički Grad) offre un beau panorama sur la charchia et le poljé de Livno. Elle a été fondée au IXe siècle en suivant le terrain accidenté sur 37,5 m de longueur et 30 m de largeur. Renforcée par les Ottomans, elle devint le siège de la capitainerie de Livno, avec un entrepôt, quatre bastions, cinq tours et une garnison qui compta jusqu'à 600 soldats et 15 canons pointés vers le poljé. Abandonnée après 1878, elle conserve deux tours appelées Grande Tour (Velika Kula) et Petite Tour (Mala Kula).

GROTTE DE DUMAN ★

Kraljice Katarine

Accès libre aux berges autour de la grotte.

Située dans les falaises abruptes de Crvenica, au pied de la colline karstique de Bašajkovac et en haut de la vieille ville, cette cavité (Pećina Duman) abrite la résurgence de la rivière Bistrica. En été, on peut se baigner ou plonger à proximité dans un bassin aux eaux translucides. Mais en hiver, la Bistrica jaillit des falaises avec une importante chute d'eau créant un épais nuage de gouttelettes qui a valu au site le nom turc de *duman*, c'est-à-dire « fumée » en français. C'est autour de cette résurgence que s'est concentré l'habitat humain depuis 5 000 ans, en particulier durant la période ottomane, l'eau étant l'élément central dans la culture islamique. Placée directement sous la forteresse de Bistrica, cette zone est aménagée avec un moulin, d'anciennes installations de tanneurs et un pont ottoman. Ce dernier est appelé pont de Duman (Most na Dumanu) ou pont Firduzova (Ćuprija Firduzova). Il aurait été construit par les tanneurs du quartier à la fin du XVIIe siècle ou au début du XVIIIe siècle. Doté d'une seule arche de 4,4 m de hauteur, il s'étend sur 27,60 m de longueur pour 3 m de largeur. Prenant sa source quelques kilomètres en amont avant de disparaître dans la roche karstique, la Bistrica ressort ici pour traverser Livno avant de prendre le nom de Prokop (« canal »). Son lit a en effet été dévié durant la période socialiste, obligeant la rivière à aller terminer sa course 14 km au sud-ouest, à Lipa, au lac artificiel de Lipsko qui sert de bassin de rétention au lac de Buško.

MONASTÈRE DE GORICA

Gorička

✆ +387 34 20 13 90

novicijat-bosnesrebrene.com

Église : tous les jours 8h-15h.

Tenue correcte exigée. Messes tous les jours à 7h (8h30 le dimanche), 11h40 et 17h45.

Ce monastère catholique dédié aux apôtres Pierre et Paul (Franjevački Samostan Svetog Petra i Pavla) appartient à l'ordre des Franciscains et a été érigé à partir de 1854. Sa grande église, consacrée en 1891, a été modifiée par le grand architecte sarajévien d'origine austro-hongroise Josip Vancaš (1859-1932) avec l'ajout de voûtes en béton armé dans la nef et d'un second clocher en 1906. Le complexe fut par la suite constamment agrandi jusqu'en 1985. Il abrite un noviciat (pour la formation des prêtres) ainsi que le Musée franciscain et la galerie Gorica.

MOSQUÉE BALAGUŠA

Stara Čaršija

Ouverte le mois de ramadan ou sur rendez-vous auprès de la communauté islamique (voir mosquée Ćurčinica).

Cette mosquée (Balaguša Džamija) a été fondée entre 1515 et 1550 par un donateur appelé Balagija, originaire de Ljubunčić (17 km au nord-ouest), ce qui en ferait la plus ancienne mosquée à dôme du pays. Dominée par un joli petit minaret de 20,60 m de hauteur, elle est aussi appelée mosquée de la Charchia (Čaršijska Džamija), puisqu'elle constituait le centre la ville ottomane. Précédée d'un porche à trois couples, la salle de prière forme presque un carré (8,47 x 8,53 m) et conserve des fresques originales ainsi qu'un minbar et un mihrab magnifiquement sculptés.

MOSQUÉE ĆURČINICA

Marka Marulića ✆ +387 34 20 07 18

medzlis-livno.com

Tous les jours sauf dimanche 8h30-15h.

Tenue correcte exigée, se déchausser, se couvrir la tête pour les femmes.

Cette mosquée (Ćurčinica Džamija) date de 2014. Elle a été bâtie à l'emplacement de la seule mosquée de Livno détruite par les forces croates en 1994. Le bâtiment original fut édifié vers 1870 par la fondation islamique (vakuf) de la famille Ćurčić qui gère toujours cette mosquée et quatre autres à Sarajevo et à Travnik. Hormis ses nişans du XIXe siècle, la mosquée présente peu d'intérêt. Mais c'est ici que se trouve le siège de la communauté islamique de Livno. La seule autre mosquée de la ville ouverte au culte tous les jours est la mosquée Hadži-Ahmet-Dukatar.

MOSQUÉE HADŽI-AHMET-DUKATAR ET TOUR DE L'HORLOGE ★

Stara Čaršija
medzlis-livno.com
Accès possible en journée. Tenue correcte exigée, se déchausser, se couvrir la tête pour les femmes.

Cette mosquée à dôme du XVIe siècle (Džamija Hadži Ahmeta Dukatara) et sa tour du XVIIe siècle (Livanjska Sahat-Kula) sont les symboles les plus célèbres de Livno. Offrant une belle vue sur la cité, ils forment le principal complexe islamique de Livno avec un troisième bâtiment ajouté en 2000 à côté de la tour, un *ghusl al-mayyit* (*gasulhana*), lieu où est pratiqué la toilette rituelle des défunts. La mosquée fut érigée entre 1574 et 1587 grâce à un don de Hadži Ahmet Dukatar, un bienfaiteur de Sarajevo mal connu. Celui-ci portait les titres de *hadjj* et de *dukatar*, indiquant qu'il avait fait le pèlerinage à La Mecque et qu'il était chargé de faire frapper la monnaie d'or ottomane sur le modèle du ducat vénitien. De par son emplacement au-dessus de la ville, la mosquée est aussi connue sous le nom de Glavica (« tête »). Son architecture correspond au style des mosquées de Livno : grand dôme, proche surmonté de trois coupoles et solide petit minaret de 20 m de hauteur conçu pour résister au vent. Formant un carré de 9,54 m de côté, la salle de prière a perdu l'essentiel de son décor lors d'un bombardement austro-hongrois pendant la révolte bosniaque de 1878. La mosquée resta sans dôme et à l'abandon jusqu'à sa restauration en 1938. Elle conserve toutefois son mihrab d'origine ainsi que des inscriptions gravées au-dessus des fenêtres. Destinée à donner les heures des cinq prières quotidiennes, la tour de l'horloge de 19 m de hauteur date quant à elle de 1659.

© AHMET27/SHUTTERSTOCK.COM

MOSQUÉE LALA-PACHA ☪

Kraljice Katarine
Rarement ouverte, éventuellement sur rendez-vous auprès de la communauté islamique (voir mosquée Čurčinica).

Cette mosquée à dôme (Lala Pašina Džamija) a été fondée en 1576 par Lala Mustafa Pacha (1500-1580), général ottoman conquérant de Chypre et membre de l'illustre famille bosnienne des Sokolović. Elle est aussi appelée mosquée Beglučka, puisque située à côté d'un ancien mekteb (école coranique) fondé par la famille Beglek et aujourd'hui disparu. Endommagée durant la dernière guerre et rénovée en 1998, elle possède un minaret de 23,80 m de hauteur, un porche moderne, un petit cimetière et une salle de prière presque carrée (8,60 x 8,65 m) avec un beau mihrab sculpté.

VIEUX PONT DE GALEČIĆ 📷 ★

21 km à l'est de Livno en direction de Kupres.
GPS : 43.822836, 17.182661.
Accès libre à pied ou en VTT, 600 m à l'écart de la route principale.

Situé entre les villages de Šuica et Galečić, cet élégant pont en pierre à cinq arches (Galečka Cuprija) enjambe la principale rivière de la région, la Šuica (ou Šujica), dans le petit poljé du même nom. Datant de la période ottomane, l'ouvrage, aujourd'hui abandonné, est surtout connu localement comme le « pont romain de Šuica ». La coutume désigne en effet le village de Šuica comme l'ancienne Stridon, ville de naissance du saint romain Jérôme de Stridon, traducteur de la Bible en latin au Ve siècle (et plus vraisemblablement né en Slovénie).

LIVNO WILD HORSES ADVENTURE TOURS

Gabrijela Jurkića bb ✆ +387 63 25 55 82
livnowildhorses.com
Tous les jours sauf dimanche 8h-16h (en théorie). Excursion à la rencontre des chevaux sauvages : 90-200 km/personne.

Créée en 2017 par Silvija Klišanin et Jakov Maganić, cette agence de tourisme est spécialisée dans les excursions en 4 × 4 à la rencontre des chevaux sauvages de Livno, sur le plateau de Krug. Les sorties durent de 3 à 5h (dont 2h de trajet aller-retour) et peuvent comprendre un pique-nique. On est assuré presque à 100 % de tomber sur une harde et, parfois, de caresser certains chevaux. Ce qui n'est pas toujours évident quand on tente l'excursion seul et sans véhicule tout-terrain.

TROPOLJE

MUSÉE FRANCISCAIN ET GALERIE GORICA ★★★

Gorička cesta ✆ +387 34 20 09 23
fmgg-livno.com
Tous les jours sauf dimanche 9h-15h (parfois fermé hors saison). 5 km.

Situé dans le monastère catholique de Gorica, ce musée (Franjevački Muzej i Galerija Gorica) est le plus beau du pays. Certes, il ne peut rivaliser avec le fonds du Musée national, à Sarajevo. Mais il dispose d'une présentation nettement plus moderne. Ses collections sont variées et parfois très pointues, notamment celles d'archéologie, d'ethnographie et d'armes anciennes. L'institution a été créée en 1995 en regroupant les fonds du monastère et de l'ancien musée régional qui portait le nom de Hasan Brkić (1913-1965), natif de Livno et qui fut un important partisan et dirigeant de la Bosnie-Herzégovine durant la période socialiste.

▶ **Archéologie.** La pièce maîtresse du musée est exposée dans un espace à part. Il s'agit du plus ancien et du plus grand textile en laine conservé en Europe : un « manteau » de 3 m de longueur et de 1,7 m de largeur découvert dans un tumulus du polje de Krupes en 1984. Il date du XIVe siècle av. J.-C. Les 596 fragments qui le composent ont été reconstitués en 2013 dans le cadre d'un projet européen dans un laboratoire à Zagreb. L'analyse a permis de déterminer que les fibres proviennent de poils de moutons sauvages ou de mouflons des Balkans domestiqués. L'exposition se poursuit dans une salle de 350 m^{2} où est tout d'abord présenté le « cercueil » en bois dans lequel fut mis au jour un défunt revêtu du fameux « manteau ». S'ensuit une belle présentation à la fois chronologique et thématique : poteries du néolithique, objets funéraires de la culture dalmate, stèles, armes et fragments d'églises paléochrétiennes de la période romaine, pointe de flèche des Avars, arrivés des steppes d'Asie au VIe siècle. Tout est exposé avec soin et clarté. On tique toutefois quant à un raccourci peu scientifique concernant l'arrivée des « Croates » dans la région au VIIe siècle : la différenciation entre les peuples slaves du Sud (Croates, Serbes, Bosniens…) ne commence en fait que deux siècles plus tard. Les objets médiévaux n'en demeurent pas moins magnifiques : bas-reliefs d'églises, bijoux, armes, mais aussi de nouveaux fragments de vêtements. Ces derniers ne datent « que » du XIVe siècle de notre ère. Ils n'en sont pas moins rares. Ils proviennent de l'ancien monastère franciscain Saint-Jean de Livno disparu pendant l'ère ottomane.

▶ **Ethnographie.** Cette collection est l'une des plus riches des Balkans avec environ 5 000 objets du XVIe au XXe siècle provenant de l'ancien musée Hasan-Brkić ou collectés depuis des décennies par les moines franciscains dans les environs. Elle présente aussi bien de riches costumes et bijoux que des objets du quotidien de familles de toutes confessions. Les broderies des vêtements sont superbes. Il est tout à l'honneur de ce musée « catholique » et « croate » de pointer les similarités entre communautés. Par exemple, à l'exception de quelques croix pendentives, les bijoux étaient semblables pour les femmes musulmanes, catholiques et orthodoxes de Livno.

▶ **Numismatique.** La plus ancienne pièce de monnaie est ici un didrachme d'argent émis au IVe ou au IIIe siècle avant notre ère par les Ausones, peuple italique de la cité de Calès, aujourd'hui Calvi, en Italie du Sud. On retrouve aussi un tétradrachme celtique, mais surtout des drachmes d'Apollonie d'Illyrie, grande cité grecque de l'actuelle Albanie, qui entretenait des liens étroits avec les Dalmates. Le reste de la collection voit se succéder des monnaies romaines et byzantines, puis celles des souverains bosniens, croates et hongrois qui ont régné sur la région. Surprise : aucun akçe, piastre ou sultani ottoman n'est exposé, alors que c'est le cas pour des ducats vénitiens et des grossos ragusains.

▶ **Art militaire.** Livno fut une importante place militaire ottomane, avec jusqu'à 2 000 hommes en armes répartis entre la forteresse et la ville elle-même. Ce qui explique la présence d'un vaste éventail de yatagans. Cette lame ottomane recourbée était utilisée aussi bien comme sabre que comme baïonnette une fois fixée au canon d'un fusil. Certains sont superbement ouvragés. Toujours parmi les armes de la période ottomane, le musée conserve des kilijs, des pistolets albanais, un fusil dalmate, une épée polonaise à tête de loup, une masse, un marteau de guerre, ou encore un cimeterre, sabre courbe d'origine persane, portant ici une inscription en arabe en or indiquant qu'elle devait appartenir à un officier. S'ensuit une collection d'armes à feu utilisées par les belligérants durant les deux conflits mondiaux, provenant d'Italie, d'Allemagne, de Slovaquie, du Royaume-Uni, des États-Unis et d'URSS.

▶ **Galerie d'art.** Très pauvre en œuvres anciennes – quelques tableaux religieux pseudo-baroques du XIXe siècle –, cette galerie fourmille en revanche de créations modernes, pour certaines très intéressantes. Une grande partie de la collection est composée de travaux réalisés par le peintre Gabrijel Jurkić (1886-1974), natif de Livno et qui passa les dix-huit dernières années de sa vie ici, au monastère, avec son épouse. Ses sobres paysages d'hiver de la région sont assez touchants. Pour le reste, c'est plus discutable. Collectionneurs d'art depuis les années 1950, les moines de Livno ont aussi acquis des œuvres très contemporaines comme une représentation de la Cène de l'artiste bosno-croate Vlatko Blažanović (né en 1953) ou cette *Bête* du sculpteur bosno-slovène Jakov Brdar (né en 1949).

GARE ROUTIÈRE DE LIVNO

Au sud du centre-ville,
juste au sud du parc de la ville.
✆ +387 34 20 37 30
cicko-tg.com
Trajet Livno-Mostar : durée 2h/3h, tarif 14 km ; Livno-Sarajevo : durée 4h, tarif 21 km.

Cette gare routière (Autobusni Kolodvor Ćićko Livno) est bien organisée avec une salle d'attente, des commerces, une pizzeria et un café. Deux liaisons par jour avec Mostar (départs vers 5h et 17h) desservant au passage Tomislavgrad et Posušje. Une liaison par jour avec Sarajevo (départ vers 6h) desservant au passage Tomislavgrad, Prozor Rama et Konjic. Il existe aussi des liaisons quotidiennes avec Kupres, Bugojno, Međugorje, Donji Vakuf et Travnik ainsi que des liaisons régulières avec la Croatie (Zagreb, Split, Dubrovnik...) et l'Allemagne.

HOTEL NOVITAS LIVNO €€

Gospodarska zona Jug bb
✆ +387 34 20 54 10 – hotelbm-livno.com
65 chambres. 60 € pour deux avec petit déjeuner. Restaurant : tous les jours 7h-23h, environ 15 km/personne.

C'est assez courant dans le pays : les bons hôtels récents sont souvent situés dans les zones commerciales à l'entrée des villes. On trouve ici des chambres confortables et bien décorées avec bonne literie, salle de bains parfaite, rangements, Wifi et clim. Restaurant sur place, copieux petit déjeuner et personnel sympa. Un peu plus proches du centre-ville, les hôtels Park (+387 34 20 21 49) et Dinara (+387 34 20 10 54) sont vraiment de moins bonne qualité. On trouve aussi quelques chambres d'hôte dans la vielle charchia, comme l'Apartaman AS (+387 61 78 53 21).

HOSTEL BOJE €

Splitska
✆ +387 63 63 31 23
www.facebook.com/hostelboje
1 chambre : 35 € pour deux. 5 dortoirs de 3/6 lits : 15 €/personne. Petit déjeuner 2,50 €/personne.

Ouverte en 2019, cette auberge de jeunesse améliorée est dénuée de charme, sans clim, à l'écart du centre et installée dans un bâtiment préfabriqué de la période socialiste. Une fois que l'on sait tout cela, pas de déception. Accueil sympa, bonne literie, Wifi, salles de bains communes propres, casiers pour effets personnels, accès pour les personnes à mobilité réduite, restaurant sur place, jolie vue sur la Bistrica toute proche, parking, petite aire de jeux pour enfants et possibilité d'activités (offre en cours d'élaboration, se renseigner).

PIVNICA €

Kneza Mutimira 14
✆ +387 34 20 50 71
www.facebook.com/pivnica.livno
Tous les jours 7h-0h. Environ 20 km/personne.

Ce bar-restaurant brasse sa propre bière, la Livanjsko Pivo (« bière de Livno »), une blonde plutôt agréable. C'est un des endroits les plus fréquentés de la ville avec des soirées concerts presque chaque week-end. On y sert des burgers aux pains colorés (dont l'un, vert, pour les végétariens), des *ćevapi*, des grillades, des pâtes, des pizzas et toutes sortes de *zalogaji* (« snacks »). Pour moins de gras, préférez une truite ou des calamars grillés. Pas très loin, dans même rue, la pizzeria Kaktus prépare quant à elle de bonnes pizzas au feu de bois.

HOTEL BACCHUS €

Drinova Međa bb
✆ +387 34 20 47 26
ptcforum.ba/hotel
15 chambres. 32/51 € pour deux, petit déjeuner 3 €/personne.

Posé en face d'une forêt domaniale, entre la route nationale et une carrière, cet hôtel manque de charme mais pas de confort. Le personnel est pro et le rapport qualité/prix intéressant. Les chambres sont modernes avec Wifi, bonnes literie et salle de bains, mais toutes ne disposent pas de la clim ni d'une insonorisation efficace. Quant au petit déjeuner, ce n'est absolument pas pratique, il faut parcourir 3 km pour le prendre : au centre commercial PTC Forum qui appartient au même propriétaire et qui se trouve à l'entrée sud-est de Livno, le long de la Bistrica.

RESTORAN BACCHUS €

Splitska bb
✆ +387 34 20 40 88
ptcforum.ba/restoran
Tous les jours 7h-23h. Environ 25 km/personne.

Appartenant au même groupe que l'hôtel Bacchus, mais situé au sein du centre commercial PTC Forum (au toit bleu), ce restaurant un peu vieillot est ce qui se fait de plus raffiné à Livno : service efficace, nappes, bonne carte des vins d'Herzégovine et de Croatie. Au menu : viandes, poissons et quelques légumes bio. On recommande surtout les fruits de mer. Car on est ici tout près de la mer Adriatique, à moins de 70 km. On peut aussi s'en sortir pour moins cher avec les plats du jour ou les classiques, comme un filet de rascasse (*škarpina*).

TOMISLAVGRAD ★

Tomislavgrad/Томиславград compte environ 5 500 habitants (82 % de Bosno-Croates, 17 % de Bosniaques). Aussi connue sous le nom de Duvno/Дувно, la ville est le chef-lieu de la municipalité de Tomislavgrad (31 000 habitants) qui fait partie du canton 10. Elle se trouve 32 km au sud de Kupres, 40 km au sud-est de Livno, 65 km à l'ouest de Jablanica et 99 km au nord-est de Split (Croatie). Liaisons en bus : voir gare routière.

Située dans le poljé de Duvno (121 km²), Tomislavgrad est, historiquement, l'une des cités les plus riches du pays. Hélas, cela ne se reflète guère dans son architecture. Le seul monument ancien est la mosquée Džudža-Džafer, érigée en 1615, et dont le cimetière abrite une trentaine de nişans du XIXe siècle. Le reste de la ville a été reconstruit après les bombardements alliés en 1944. Tomislavgrad est située 9 km au sud-est de Delminium, qui fut la capitale des Dalmates. Prenant son emplacement actuel à l'époque romaine, la ville fut alors nommée Duvno. En 679, l'assemblée de Duvno marque la première grande division entre Rome et Constantinople qui se répartissent les évêchés. La ville est ensuite appelée Županjac, terme qui désigne le fief d'un *župan* (vassal) des ducs de Croatie. C'est ici qu'est couronné le premier roi des Croates, Tomislav, en 925. Mille ans plus tard, en 1925, la ville est rebaptisée Tomislavgrad (« ville de Tomislav »), avant que les autorités socialistes imposent l'ancien nom de Duvno jusqu'en 1991.

MUSÉE FRANCISCAIN JOZO-KRIŽIĆ ★

Trg Fra Mije Čuića 2
✆ +387 34 35 68 00
samostan-tomislavgrad.info
Lundi-vendredi 8h-16h. Gratuit. Monastère : tous les jours 8h-12h, 15h-18h, tenue correcte exigée.

Créé en 2013, ce musée (Franjevački Muzej Fra Jozo Križić) est installé dans le complexe du monastère franciscain de Tomislavgrad, fondé au XVIIIe siècle, près de l'église catholique Saint-Nicolas-Tavelić, édifiée dans les années 1930 et dédiée au premier saint croate (XIVe siècle). Le musée porte, lui, le nom du moine franciscain Jozo Križić (1951-1993) qui rassembla 3 000 objets aujourd'hui présentés ici, dans une ancienne catéchèse construite en 1988. Il se compose de cinq parties. La collection liturgique comprend notamment de riches chasubles et un calice de 1720. La collection ethnographique se compose de vêtements traditionnels, de meubles, d'outils agricoles, d'une chambre reconstituée et d'objets d'orfèvrerie, dont de beaux bijoux en filigrane (boucles d'oreilles, pendentifs, etc.). On découvre aussi une collection africaine, unique dans le pays. Elle fut constituée à partir de 1971 avec l'établissement d'une mission catholique de moines de Tropolje et d'Herzégovine au Congo : masques, statues fétiches, instruments de musique, objets précieux en ivoire et malachite, armes, outils... La collection archéologique regroupe des objets datant du néolithique au XIXe siècle : bijoux, outils, armes, fragments de mosaïques, pièces de monnaie, etc. Enfin, la galerie Nevjestić abrite des lithographies du peintre, graphiste et poète français Virgilije Nevjestić (1935-2009), originaire de Tomislavgrad, qui vécu pendant près de quarante ans dans le quartier de Montparnasse, à Paris.

GROTTE-CATHÉDRALE DE BUKOVICA ✞

16 km au sud-est de Tomislavgrad, en direction de Posušje. GPS : 43.611770, 17.262383.
Accès libre.

Située sous les éoliennes du plateau de Grabovica, l'entrée de cette grotte (Pećina-Katedrala u Bukovici) a été transformée en église catholique dédiée à saint Ignace au XVIIe siècle. Durant la quatrième guerre austro-turque (1663-1664), les Ottomans interdirent les rassemblements catholiques dans la région, obligeant les fidèles à se réunir dans des lieux de culte improvisés. Depuis 1997, une messe y est organisée chaque année le dimanche précédent l'Assomption, vers le 10 août.

GARE ROUTIÈRE DE TOMISLAVGRAD

Kralja Zvonimira ✆ +387 34 35 38 98
cicko-tg.com
Trajet Tomislavgrad-Mostar : durée 2h, tarif 12 km ; Tomislavgrad-Sarajevo : durée 3h20, tarif 19 km.

Cette gare routière (Autobusni Kolodvor Tomislavgrad) est bien aménagée avec une salle d'attente, des cafés-restaurants, à côté d'un petit parc public orné d'une statue du président croate Franjo Tuđman (1922-1999). Trois liaisons/jour avec Livno, Posušje et Mostar. Une liaison/jour avec Sarajevo *via* Konjic, une liaison/jour avec Kupres, Bugojno, Prozor-Rama et Međugorje, une liaison/jour avec Zagreb (Croatie-Nord) et un autre avec Split (Croatie-Sud). Liaisons avec l'Allemagne.

DOLINE DE VELIKI SAMOGRAD ★★

Put za vjetropark Mesihovina
Association Naša Baština : www.nasabastina.com. Club Mijatovi Dvori : miro.sumanovic@tel.net.ba, + 387 63 33 19 72.

Cette doline d'effondrement est la plus spectaculaire du pays. Les dolines, ce sont les « trous » typiques des régions karstiques que l'on retrouve dans tout le sud du pays. Mais on est ici dans un endroit particulier : le plateau de Grabovica. D'une superficie de 125 km², il s'élève à 1 058 m d'altitude entre les poljés de Duvno (au nord-est) et de Livno (à l'ouest). Le plateau « aspire » une partie des cours d'eau du poljé de Duvno pour les faire ressortir à l'ouest dans le lac de Buško. L'érosion a provoqué des effondrements si importants que les dolines sont ici nommées *samogradi* (« créées elles-mêmes »). Pour découvrir la « grande samograd » (Veliki Samograd), il n'existe qu'une piste tracée lors de l'installation d'un parc d'éoliennes. Celle-ci n'est pas adaptée aux voitures classiques. C'est donc à pied, en VTT ou en 4 × 4 qu'il faut parcourir les derniers kilomètres jusqu'au plus beau gouffre de Bosnie-Herzégovine.

Randonnée. Arrivez en voiture par la route M6.1 qui relie Livno à Tomislavgrad *via* le lac de Buško. De Livno, 7 km après le pont, vous parvenez à un point d'observation qui offre un superbe panorama sur le lac. Poursuivez 150 m jusqu'au croisement (GPS : 43.701264, 17.125797). Prenez à droite la piste qui traverse le plateau de Grabovica et mène au parc éolien de Mesihovina. Sauf si vous avez un véhicule robuste, il faut alors laisser votre auto et poursuivre sur 6,7 km pour parvenir à Veliki Samograd. Sur votre gauche se dressent les monts Mali Gradac (1 045 m d'altitude), puis Veliki Gradac (1 058 m). Au bout de 6 km, sur votre droite, un sentier mène à la doline d'Arnautovac (GPS : 43.665143, 17.178111) : un trou rempli de végétation de 250 m de longueur pour 135 m de largeur avec des falaises de 90 m de hauteur et même un puits qui descend à 135 m de profondeur. Il faut faire attention à ne pas trop s'approcher des bords, car il n'existe aucune protection. Repartez en sens inverse pour retrouver la piste et poursuivez encore 600 m pour trouver, sur votre droite la doline de Veliki Samograd (GPS : 43.662838, 17.185630). Malgré son nom, elle reste en fait moins grande que la précédente : 180 m de longueur pour 100 m de largeur. Mais ici, l'effondrement est soudain, avec des murs abrupts s'enfonçant d'un seul coup de 40 à 70 m de profondeur. Même avec la distance de sécurité nécessaire, on embrasse du regard l'ensemble du gouffre. Le contraste entre la nudité des falaises et la végétation qui tapisse le fond est saisissant.

Plus loin sur le plateau. La piste continue vers le sud en direction du parc d'éoliennes. Environ 700 m après Veliki Samograd, sur la droite se trouve la grotte Dahna (GPS : 43.660342, 17.194774). Réservée aux spéléologues, elle s'étend sur 720 m de profondeur. Puis, 4 km vers le sud, vous parvenez à une route goudronnée avec un croisement. Si vous allez à gauche, vers Donji Brišnik, vous quittez le plateau et retrouvez la route M6.1 reliant Tomislavgrad à Posušje. À droite, vous pouvez poursuivre 1,5 km vers l'ouest à travers les éoliennes pour arriver à Gornji Brišnik. Ici vous attend la statue du hors-la-loi le plus célèbre de la région. C'est en effet le village natal du haïdouk Mijat Tomić (v. 1610-1656). D'autres grottes et dolines sont à découvrir dans les environs. Pour les explorer contactez l'association environnementale Naša Baština ou le club de spéléologie Mijatovi Dvori, tous les deux basés à Tomislavgrad.

Doline de Veliki Samograd.

LAC DE BUŠKO ★

Ce lac est appelé Buško Jezero/Бушко Језеро (prononcez « bouchko yezero ») ou Buško Blato/Бушко Блато. Il s'étend sur 57 km² entre les municipalités de Tomislavgrad et de Livno. Il se trouve 6 km au nord des postes-frontières de Kamensko et d'Aržano, 17 km au sud de Livno et 18 km à l'est de Tomislavgrad.

C'est le plus grand lac du pays. Aménagé pendant l'ère ottomane, ce lac artificiel est situé tout près de la Croatie, à 700 m d'altitude. Ses rives abritent le village de Prisoje (1 200 habitants), au nord-est, le monastère Saint-Élie, à l'est, tandis qu'au sud, se trouvent la plage de Marinovac et la base nautique de Galin Lakat où l'on peut louer des embarcations. Le lac, qui atteint 17 m de profondeur, est alimenté par des rivières souterraines et constitue un déversoir pour les bassins des poljés de Livno, de Duvno et de Kupres, accumulant jusqu'à 800 millions de mètres cubes d'eau qui sont évacués en Croatie. En effet, depuis 1973, le lac a connu une transformation radicale avec, sur sa rive ouest, la création du barrage de Podgradina. Celui-ci sert à produire de l'électricité mais, surtout, à réguler le niveau des eaux. Selon la saison, il laisse s'écouler l'eau venant du poljé de Livno ou, au contraire, prélève l'eau du lac pour l'envoyer par un canal vers le petit lac de rétention de Lipa, au sud de Livno. De là, les eaux passent dans des galeries creusées sous le massif frontalier de Kamešnica (1 855 m d'altitude) pour rejoindre la centrale hydroélectrique croate d'Orlovac, puis le fleuve Cetina.

MONASTÈRE SAINT-ÉLIE ✝

Karmel Svetog Ilije ✆ +387 34 20 58 78
karmelsvetogilije.net
Tous les jours 8h-21h. Tenue correcte exigée. Hébergement : 36 chambres, 16 €/personne, demi-pension 21 €.

Posé au bord du lac de Buško, ce grand monastère catholique (Karmel Svetog Ilije) a été fondé en 2008 par l'ordre des Carmélites qui a pour père spirituel le prophète Élie. On y trouve un musée ethnographique qui possède la collection la plus complète de costumes traditionnels bosno-croates de toutes les régions du pays. Y sont également exposés des bijoux, des dentelles et des costumes bosno-serbes et bosniaques. Par ailleurs, le monastère possède des logements avec salle de bains et Wifi conçus pour les retraites spirituelles, mais en théorie ouverts à tous.

ECO SELO GRABOVICA 🛏 €

Grabovica
✆ +387 34 36 68 51
ecoselograbovica.com
4 chambres. 50/72 € pour deux avec petit déjeuner. Restaurant : tous les jours 8h-22h, environ 40 km/personne.

Ce complexe profite d'une vue magnifique sur le lac de Buško et le massif de Kamešnica. On y trouve un petit hôtel, un restaurant, un minizoo et un centre d'équitation. Las, il est victime de son succès : la qualité a baissé en même temps que les prix augmentaient. C'est surtout le cas pour le restaurant, où les spécialités locales et les frites surgelées sont deux fois plus chères qu'ailleurs. Le confort des chambres reste quant à lui appréciable. Le site dispose aussi d'une boutique et d'une aire pour camping-cars (gratuit, à condition de manger au restaurant).

PENSION BOŠNJAK 🛏 €

Brljevci bb
✆ +387 34 36 65 28
www.bosnjak.biz
6 chambres. 16 € pour deux avec petit déjeuner. Déjeuner ou dîner sur réservation : 10 km/personne.

Cette pension familiale est tenue par Ivica Luka, une dame d'un certain âge qui vit seule et qui ne parle pas anglais. La contacter par e-mail (qui lui sera traduit, ivica.bosnjaktg@gmail.com) ou par téléphone avec ses enfants installés en Allemagne : Filip (+49 157 72 05 24 68) et Karla (+49 176 31 12 37 22). Cela dit, Ivica est habituée à recevoir des randonneurs étrangers et sait communiquer avec eux. Les chambres de sa maison sont nickel et sa cuisine, savoureuse : rôti d'agneau, veau, burek aux herbes, *uštipci*, fromage de Livno, jambon cru, etc.

BLUE LAKE LUXURY ACCOMMODATIONS 🛏 €€

Grabovica
✆ +385 98 39 65 04
4 appartements. 59/79 € pour deux, petit déjeuner 7 €/personne.

Le lac de Buško n'est pas bleu et ces appartements ne sont pas luxueux. Mais tout de même, voici une bonne adresse avec des appartements équipés comme une vraie maison : cuisine, salon, chambres propres et calmes, Wifi, jardin, etc. Ceux avec vue sur le lac sont plus chers, mais cela reste correct niveau tarifs, d'autant que les gérants sont aux petits soins. Pour du vrai luxe, une agence croate propose quelques maisons avec piscine autour du lac (delminiumturistika.wordpress.com).

KUPRES

Kupres/Купрес (prononcez « koupress ») compte environ 2 800 habitants, dont 90 % de Bosno-Croates. C'est le chef-lieu de la municipalité de Kupres (5 000 habitants) qui appartient au canton 10. Le bourg se trouve 23 km au sud-ouest de Bugojno, 37 km au nord de Tomislavgrad, 44 km au nord-est de Livno et 45 km au sud-est de Šipovo. Liaisons en bus avec Livno, Tomislavgrad, Mostar et Sarajevo.

Situé à 1 120 m d'altitude et cerné de montagnes, ce bourg agricole n'a *a priori* guère de charme. Il fut détruit trois fois au cours du XXe siècle, en 1942, en 1992 et en 1994. Ayant perdu presque tous ses habitants bosno-serbes (50 % de la population en 1991), il s'est reconstruit en misant sur les loisirs : le parapente, l'équitation, les sports mécaniques et, surtout, le ski avec trois stations à proximité. La plus importante, Adria Ski (10 km au sud-ouest), culmine à 1 550 m d'altitude sur le mont Čajuša et compte 13 km de pistes. Pour toutes ces activités, on trouvera des infos à la Maison croate (Hrvatski Dom, lundi-vendredi 8h-15h, www.kupres-smjestaj.com). Kupres est aussi réputé pour ses traditions, comme celle de la Strljanica, qui remonterait à 1687 : chaque premier dimanche de juillet est organisé un concours de fauchage d'herbe. Faux à la main, des dizaines d'hommes en habits traditionnels se défient pour savoir quel sera le plus rapide à récolter le foin pour le bétail. Depuis 2020, cette coutume figure sur la liste représentative du patrimoine culturel immatériel de l'Unesco.

NÉCROPOLE MÉDIÉVALE DE RAVANJSKA VRATA ★

Nekropola Stećaka Ravanjska vrata

Accès libre.

Placé dans un passage entre deux collines et deux poljés, ce site archéologique (Nekropola Ravanjska Vrata) abrite 68 stećci, tombes des XIIe-XVe siècles liées au mouvement chrétien bogomile et/ou à l'Église bosnienne. Il fait partie des vingt-deux nécropoles médiévales du pays classées au patrimoine mondial de l'Unesco en 2016. On distingue deux zones. Près de la route, la nécropole inférieure compte quarante-trois stećci, dont vingt dalles, vingt en forme de coffre et trois autres dits « à toit à pignon ». Dix-huit sont décorés : motifs géométriques et végétaux, scènes de chasse et de kolo (danse en groupe circulaire), une main avec une épée, un bouclier avec une épée, deux femmes et un homme avec un cheval. La nécropole supérieure compte quant à elle vingt-cinq stećci, dont dix dalles, huit coffres et sept « toits à pignon ». Quinze sont décorés avec notamment des scènes finement exécutées de tournois à cheval sous des arcades. On trouve aussi des croissants de lune, des croix, une main, un bouclier avec une épée, un bâton et un cerf. L'ensemble du site est facile d'accès et se trouve près des hameaux de Mušić (1 km au sud-ouest) et de Gornje Ravno (600 m au sud-est) qui comptent chacun une vingtaine d'habitants. Dans les environs, on recense d'autres nécropoles du même genre, mais les collines ont été minées lors de la dernière guerre et toutes ne sont pas 100 % sécurisées. En revanche, on peut emprunter sans souci les pistes aménagées pour le VTT.

HOTEL KNEZ €

Kupreške bojne bb

✆ +387 34 27 60 70

www.hotel-knez.com

18 chambres : 59 € pour deux avec petit déjeuner. Dortoirs : 18 €/personne. Restaurant : environ 15 km/personne.

Un hôtel simple et classique bien tenu avec un personnel sympathique et professionnel. Les chambres sont davantage fonctionnelles qu'élégantes, mais propres et insonorisées, avec literie et salle de bains satisfaisantes, Wifi et chauffage. L'établissement dispose en outre de quatre dortoirs de 4 à 8 lits. Le restaurant est plutôt pas mal avec feu de cheminée dans la salle principale et plats traditionnels. Large possibilité d'activités (randonnées équestres au Horse Ranch Blidinje, location de ski ou de VTT, etc.). Bon petit déjeuner et parking privé gratuit.

KUPREŠKA KUĆA €

Begovo Selo bb

✆ +387 34 27 50 06

www.facebook.com/KupreskaKuca

Tous les jours 9h-23h. Environ 35 km/personne. Fermé avril-mai et octobre-novembre.

Située au pied du mont Stožer (1 761 m d'altitude) et de l'une des trois petites stations de ski de Kupres, ce restaurant est très chaleureux avec son intérieur tout en bois. On y sert de bons plats traditionnels : *uštipci* assortis de *kajmak* ou/et de jambon cru, purée de polenta (*kacamak*) à la crème et au fromage de Livno, chou farci (*jabrak*), etc. Pour les viandes et les très bons bureks *ispod sača* (« cuits sous la cloche »), il faut réserver la veille. Le week-end, quand il y a des soirées musicales, l'endroit peut devenir très bruyant et très enfumé.

PARC NATUREL DE BLIDINJE ★★★

Ce parc naturel est appelé Park Prirode Blidinje/Парк Природе Блидиње (prononcez « park prirode blidineyé »). Il s'étend sur 364 km^2 entre les municipalités de Posušje, Tomislavgrad, Mostar et Jablanica. Le siège se trouve à Masna Luka (1 habitant, aucune liaison en bus), 33 km au sud-est de Tomislavgrad, 36 km à l'ouest de Jablanica, 41 km au nord-ouest de Posušje, 72 km au sud-est de Livno et 83 km au nord-ouest de Mostar.

Superbe, très montagneux et presque inhabité, le parc naturel de Blidinje est inscrit depuis 2015 sur la liste indicative de l'Unesco en vue d'un classement au patrimoine mondial. Créé en 1995 à l'initiative des Franciscains, c'est un site important pour les Bosno-Croates : il accueillit leurs immenses troupeaux et servit de refuge à leur héros, le haïdouk (brigand) Mijat Tomić au XVIIe siècle. Il ne fut pas toujours vide. En témoignent les vestiges médiévaux du poljé de Dugo : stećci, bâtisses en pierre et murs qui délimitaient les propriétés. Situé à 1 200 m d'altitude, ce plateau karstique compte aujourd'hui une station de ski et une étonnante minirépublique factice. Il est cerné par les massifs Vran à l'ouest (2 074 m) et Čvrsnica à l'est, qui culmine au mont Pločno (2 228 m). Au centre, le lac de Blidinje est dominé au sud-ouest par le massif Čabulja (1 786 m). Recouvert à 40 % de forêts, le parc abrite la plus grande réserve au monde de pins blancs de Bosnie, d'autres espèces endémiques végétales ainsi que de nombreux papillons, des ours, des renards et des sangliers.

HAMEAU DE MASNA LUKA ★

Masna Luka bb

Noyé dans une forêt de pins au pied du mont Pločno (2 228 m d'altitude), Masna Luka (prononcez « masna louka ») ne compte officiellement qu'un seul habitant permanent. C'est pourtant la « capitale » du parc naturel de Blidinje. On y trouve le centre d'information du parc, les montgolfières Dream Team Balloon, deux centres équestres, mais aussi le chalet du club de montagne Pločno et la plus grande église catholique du secteur, un édifice moderne et plutôt élégant dédié à saint Élie. Situé dans une zone marécageuse et boisée à 1 204 m d'altitude, Masna Luka n'a jamais été réellement habité. Mais pendant au moins cinq siècles, ce fut la principale étape d'alpage des bergers catholiques d'Herzégovine et de Tropolje en été. Les moines franciscains accompagnaient les transhumances. Ils construisirent en pleine forêt une église en bois en 1735 qui fut détruite par les tchetniks en 1942. À son emplacement, l'église actuelle fut édifiée à partir de 1981 sous l'impulsion du moine Petar Krasić, créateur du parc naturel. Achevée trente ans plus tard, elle est dotée d'un clocher de 23 m de hauteur et de beaux vitraux contemporains. Accompagnée d'une vaste aumônerie qui accueille des retraites spirituelles, le complexe est souvent qualifié de « monastère » alors qu'aucun moine n'y réside. Mais le site est splendide avec, non loin, la source de la Jasla et, tout autour, une réserve forestière classée depuis 1966 qui abrite la plus forte concentration au monde de l'endémique pin blanc de Bosnie (*Pinus heldreichii Christ*).

Lac de Blidinje.

LAC DE BLIDINJE

Blidinje jezero

Hébergement au chalet Orlova Stina : orlovastina1999@gmail.com, +387 63 33 00 97.

Ce lac (Blidinje Jezero) donne son nom au parc naturel de Blidinje, dont il occupe la partie centrale, à 1 185 m d'altitude. Il offre de beaux paysages, puisqu'il est dominé par le mont Bernard au nord (1 313 m d'altitude) et par le mont Jelinjak au sud (1 790 m), tandis qu'au nord-ouest s'achève le poljé de Dugo. Avec une longueur maximale de 2,5 km et une largeur atteignant 2,1 km, il affiche une surface théorique de 5,3 km² pour une profondeur moyenne de 1,9 m. Ce qui est rarement le cas : son étendue varie, et il est parfois presque asséché. C'est le résultat des variables climatiques, mais aussi de l'action de l'homme. Souvent présenté comme le plus grand lac glaciaire du pays, le lac de Blidinje a en fait été créé par les bergers dans les années 1880 afin de disposer de réserves d'eau pour leurs troupeaux (jusqu'à 100 000 moutons). Pour cela, les abords furent déboisés et les arbres utilisés pour retenir l'eau provenant des massifs de Čvrsnica et de Vran situés de part et d'autre du poljé de Dugo. Sur la rive nord, le long de la R419, le chalet Orlova Stina de l'association d'alpinisme de Tomislavgrad est ouvert sur réservation uniquement. Plus loin, dans le poljé se trouve un ancien aérodrome. Au sud du lac, le hameau de Barzonja abrite une nécropole médiévale de soixante-quatre stećci et l'église catholique moderne Notre-Dame-des-Neiges (1995). Puis, 2 km plus au sud, la R419 décrit un grand lacet où l'on profite d'un magnifique panorama sur le lac, avant de poursuivre au sud vers Posušje et la Croatie.

NÉCROPOLE MÉDIÉVALE DE DUGO POLJE ★★

Nekropola stećaka Dugo Polje

Accès libre.

Placé à la jonction des poljés de Dugo et de Rudo, ce site archéologique (Nekropola Stećaka Dugo Polje) abrite pas moins de 150 stećci, tombes des XIIe-XVe siècles liées au mouvement chrétien bogomile et/ou à l'Église bosnienne. Il fait partie des vingt-deux nécropoles médiévales du pays classées au patrimoine mondial de l'Unesco en 2016 avec six autres en Serbie, en Croatie et au Monténégro. Il est facile à visiter, puisque situé directement au bord de la route qui vient de l'hôtel-restaurant Hajdučke Vrleti, juste après l'embranchement de la R419 qui mène à la station de ski de Risovac et à Jablanica. L'endroit vaut également un détour pour le grand nombre de stećci qu'il abrite. Sur les 150 tombes, la plupart datent de la seconde moitié du XIVe siècle. Elles sont 34 à être décorées, principalement de rosettes, croix et croissants de lune. Certains stećci sont ornés d'épées et boucliers portant des signes héraldiques. On note aussi des motifs inhabituels : une croix dont les bras se terminent en forme d'ancre de marine et une autre croix surmontée d'un cercle. Parmi les représentations humaines se trouvent cinq scènes de chasse, deux tournois, deux danses en cercle (*kolo*), une main isolée et une composition avec trois visages sortant de l'eau. Les plus surprenants, et dont le sens échappe aux chercheurs, sont un animal fantastique (mélange de cheval ailé et de serpent), un groupe de trois personnages les mains sur le torse et un autre groupe de cinq hommes levant les bras.

VILLAGE DE RISOVAC

R419

Station de ski : www.blidinje.biz.

Situé au pied du mont Čvrsnica, ce village (prononcez « rizovats ») est peuplé de 70 habitants bosno-croates et abrite une station de ski. Celle-ci compte 4 km de pistes (de 1 290 à 1 551 m d'altitude), trois remontées mécaniques, le restaurant Staza et des hébergements, dont les appartements Bosco (apartmani.risovac@gmail.com). C'est aussi le point de départ de plusieurs sentiers de randonnée parmi lesquels celui menant à la Porte du Haïdouk. 3 km au nord de la station se trouve la nécropole médiévale de Risovac avec 41 stećci (GPS : 43.670556, 17.577778).

CENTRE D'INFORMATION DU PARC NATUREL DE BLIDINJE

Masna Luka ✆ +387 63 49 31 11

visit-blidinje.com

Tous les jours sauf dimanche 9h-17h.

Randonnée à pied avec guide de montagne : 200 km (8 personnes au maximum).

Incontournable, le centre d'information Visit Blidinje dispose d'une petite équipe professionnelle et anglophone. On trouve ici de bons conseils pour les randonnées et des informations sur les différentes possibilités d'hébergement chez l'habitant à travers le parc. Sur réservation, le centre peut organiser des excursions avec guide à pied, à VTT, en quad ou à cheval, des visites guidées des monuments ou de fermes du parc ainsi que des stages de tir à l'arc.

PORTE DU HAÏDOUK ★★★

Hajdučka vrata

Randonnée de 3h30. 200 km/groupe avec un guide du parc, à partir de 84 km/personne avec l'agence Ero Travel de Mostar.

C'est la plus étonnante formation rocheuse du pays. La Porte du Haïdouk (Hajdučka Vrata) est un anneau de pierre d'environ 5 m de diamètre situé à 2 000 m d'altitude dans le massif de Čvrsnica et qui surplombe le canyon de la Diva Grabovica. Le site est absolument superbe, propice à de belles photos et seulement accessible à pied. Aussi appelée Passage de Mijat (Mijatov Prolaz), cette formation naturelle est nommée en l'honneur du haïdouk (hors-la-loi) Mijat Tomić qui défia les Ottomans au XVIIe siècle. La croyance populaire veut que quiconque passe à travers la Porte du Haïdouk est ensuite protégé contre les balles des fusils. Mais ces dernières années, les autorités du parc naturel ont lancé une campagne pour décourager les visiteurs de grimper sur l'anneau afin de le préserver. Pour se rendre sur place, un sentier balisé commence près du mont Vitlenica, à 1 470 m d'altitude, et la randonnée prend 6h avec un dénivelé d'environ 650 m. Le centre d'information du parc naturel de Blidinje peut fournir le détail de l'itinéraire et propose aussi l'excursion parmi ces tours habituels avec guide. Certaines agences de tourisme de Mostar, Konjic et Jablanica ont aussi la Porte du Haïdouk à leur programme. Enfin, notez que si cette formation rocheuse est rare, elle n'est pas la seule dans les Balkans. En Bulgarie, le parc naturel de Sinité Kamani (« Rochers bleus ») abrite une roche percée similaire appelée Halkata (« anneau »), qui est aussi associée, selon la tradition locale, au mouvement des haïdouks du XIXe siècle.

© NEDIM DZAKA/SHUTTERSTOCK.COM

RÉPUBLIQUE HAÏDOUK DE MIJAT TOMIĆ

Autour de l'hôtel-restaurant Hajdučke Vrleti, 4 km au nord-ouest de Masna Luka.

vrleti.com

Accès libre.

L'hôtel-restaurant Hajdučke Vrleti abrite le siège de la république haïdouk de Mijat Tomić (Hajdučka Republika Mijata Tomića). Cette micronation factice a été fondée en 2002 comme un pied de nez à l'administration, un outil de promotion et un hommage au plus célèbre hors-la-loi de la région. Chanté par les poètes croates et serbes, Mijat Tomić était le chef de haïdouks (brigands) qui sévirent dans la région au XVIIe siècle. Né vers 1610 dans une famille catholique du plateau de Grabovica, près de Tomislavgrad, il perdit jeune ses parents et se brouilla avec les autorités ottomanes. Réputé pour sa force physique, il prit la tête d'une bande dans l'actuel parc naturel de Blidinje. Détroussant les collecteurs d'impôts et les voyageurs, il fut traqué des années et tué en 1656, à Doljani (18 km au nord-est) où demeure sa tombe supposée, une grosse pierre taillée en forme de stećak. Figure du folklore croate et bosnien, Mijat Tomić doit sa renommée au prêtre catholique Filip Grabovac (1697-1749) qui narra son épopée dans un livre publié en 1747.

Une république façon Groland. Le culte voué à Mijat Tomić connaît une nouvelle ferveur grâce à l'entrepreneur local Vinko Vukoja (1952-2009). Ce Bosno-Croate, fervent admirateur du haïdouk, se retrouve pris dans une impasse administrative à l'ouverture de son restaurant Hajdučke Vrleti en 1999. Celui-ci est situé à la limite des municipalités de Tomislavgrad, Posušje et Jablanica qui se rejettent la responsabilité pour le raccordement au réseau électrique. Lassé, Vinko Vukoja paye de sa poche le raccordement et décide de tirer profit de la situation. Comme aucune municipalité ne revendique ce territoire, il se déclare président-souverain de 3 km^2, entre son restaurant et le mont Vran. La république haïdouk de Mijat Tomić naît le 5 juin 2002. Vinko Vukoja promulgue une Constitution, nomme 78 ministres, dessine un drapeau… et voit débarquer les soldats de la Force de stabilisation, inquiets d'un tel projet séparatiste. Les militaires de l'Otan repartent rassurés. « Les citoyens peuvent faire tout ce qu'ils veulent et le meilleur endroit pour dépenser leur argent est le restaurant Hajdučke Vrleti », stipule l'article 9 de sa Constitution. Ce ton potache amuse les médias, faisant du restaurant l'un des plus fréquentés du pays. Vinko Vukoja meurt sur la route en 2009. C'est sa fille Marija qui lui succède au poste de président-souverain, continuant de faire fructifier l'affaire familiale.

HAJDUČKE VRLETI €€

R419
✆ +387 63 30 46 03
vrleti.com

25 chambres. 65/81 € pour deux avec petit déjeuner. Restaurant : tous les jours 8h-23h, environ 30 km/personne.

Situé au pied du mont Vran, ce gros chalet en pierre est le seul vrai hôtel du parc et le siège de l'étonnante république haïdouk de Mijat Tomić. Les chambres sont confortables avec bonnes literie et salle de bains, vue sur la montagne, Wifi, clim, etc. Le restaurant est aussi très bien. Parmi les spécialités, on recommande la purée de polenta à la crème aigre et à l'ail (*pura s lučinicom*) et, à commander 3h à l'avance, la tourte fromage-pommes de terre (*pita izljevača*) et le veau ou l'agneau cuit sous la cloche (*janjetina/teletina ispod peke*).

STAZA €

Risovac bb
✆ +387 39 71 85 15

Tous les jours 8h-23h. Environ 30 km/personne. Ouvert toute l'année.

Pour un restaurant de station de ski, celui-ci est vraiment pas mal avec une bonne cuisine traditionnelle, quelques plats internationaux comme des pizzas, des serveurs sympa, une terrasse au pied des pistes et beaucoup de monde le week-end. Comme à l'hôtel-restaurant Hajdučke Vrleti, on sert ici les deux boissons locales : la Borovaca, une liqueur à base de Borotviti (« miel d'aiguilles de pins »), et la « bière de Blidinje » (Blidinjsko Pivo), produite dans une microbrasserie de Mostar. Le restaurant dispose aussi d'une miniannexe en altitude, le Bar 1551.

CHALET DU CLUB D'ALPINISME PLOČNO

Masna Luka
✆ +387 63 45 21 17
hpd-plocno.com

Excursion en montagne avec guide : à partir de 200 km. Hébergement : se renseigner.

Ce chalet (Planinarski Dom) était en cours d'achèvement lors de la rédaction de ce guide et devait ouvrir pour la prochaine saison. On devrait y trouver des hébergements en dortoirs ainsi que des guides expérimentés. Il est géré par l'Association croate d'alpinisme Pločno (Hrvatsko Planinarsko Društvo Pločno) basée à Posušje, près de la frontière avec la Croatie. Celle-ci organise des excursions à travers le parc, notamment vers le point culminant, le mont Pločno, à 2 228 m d'altitude.

DREAM TEAM BALLOON

Masna Luka bb
✆ +387 63 83 03 99
dreamteamballoon.com

Sur rendez-vous entre mai/juin et octobre. Entre 120 €/personne pour 30 minutes et 750 €/4 personnes pour 1h.

Faire de la montgolfière en Bosnie-Herzégovine est une activité rare et exigeante : les vols ont lieu très tôt le matin, avec rendez-vous entre 5h30 et 7h, afin d'éviter les courants d'air chauds émanant du sol. Si les tarifs peuvent paraître élevés, la balade dans les airs revient ici environ 20 % moins cher qu'en France. La compagnie qui opère ces ballons est très pro (assurance, accueil sympa...) et les vues offertes sont tout simplement magnifiques, en particulier dans le parc naturel de Blidinje. Autres vols possibles dans toute la partie sud du pays.

HORSE RANCH BLIDINJE

Gornji Badnji ✆ +387 63 71 11 10
www.facebook.com/jahanjenablidinju

Excursions à cheval : 200 km/personne la journée, 480 km le week-end. Hébergement : chalet à 770 €/semaine.

Situé dans un cadre magnifique, ce centre d'équitation créé en 2016 propose des excursions à cheval en pleine nature pour 3-5 personnes autour de Masna Luka avec déjeuner au restaurant Hajdučke Vrleti. Le forfait week-end est intéressant, puisqu'il inclut deux nuits en pension complète dans un chalet très confortable. Il est possible de louer ce dernier pour 8-11 personnes (4 nuits au minimum). Par ailleurs, hors saison, l'activité est déplacée au centre équestre Stina (Konjički Klub Stina), 25 km au sud de Posušje, le long de la frontière avec la Croatie.

KONJIČKI KLUB BLIDINJE

Gornji Badnji
✆ +387 63 35 31 27
campblidinje.com

Excursions à cheval : 60 km/personne la demi-journée, 150 km la journée. Boroviti : 10 km le pot de 375 g.

Ce petit centre équestre est tenu par la famille Mandić, célèbre dans la région pour avoir mis au point dans les années 1970 la recette du Boroviti. On peut se procurer ici ce « miel d'aiguilles de pins » à base de pollens et de graines issus des pins du parc qui a des effets apaisants contre les problèmes respiratoires (asthme, bronchites...). Sinon, bien sûr, il y a les balades à cheval, dont celle à la journée qui comprend le déjeuner ou le dîner, mais aussi des poneys pour les enfants, du quad, du tir à l'arc et même un petit coin camping où poser sa tente.

POSUŠJE

Posušje/Посушје (prononcez « possu-chié ») compte environ 6 000 habitants, dont 99 % de Bosno-Croates. C'est le chef-lieu de la municipalité de Posušje (20 000 habitants) qui fait partie du canton de l'Herzégovine de l'Ouest. La ville se trouve 12 km au nord-est d'Imotski (Croatie), 34 km au sud-ouest du parc national de Blidinje, 36 km au sud-est de Tomislavgrad et 49 km au nord-ouest de Mostar (*via* Široki Brijeg). Liaisons en bus avec Mostar, Tomislavgrad, Međugorje et plusieurs villes de Croatie, dont Imotski.

Cette ville frontalière, dont le nom signifie « sécheresse », est un carrefour important entre Mostar, Tomislavgrad et la Dalmatie. Objet de luttes incessantes entre Vénitiens et Ottomans, elle a été maintes fois reconstruite, mais elle profite de beaux paysages de montagne. Dans la partie nord se côtoient deux églises catholiques dédiées la bienheureuse Vierge Marie (Blažene Djevice Marije), l'une construite en pierre au XXe siècle, l'autre plus vaste et en béton, achevée en 2022. Au nord-ouest de l'église moderne se trouve un intéressant groupe de sept stećci en forme de coffre richement décorés (croix, cavaliers munis de lances chassant des animaux, personnages avec des flèches…). Les environs de Posušje abritent ainsi de nombreuses pierres tombales médiévales, comme près du vieux pont qui enjambe la rivière Ričina à la sortie orientale de la ville, vers Tomislavgrad, avec sept stećci sur la rive droite et trente et un autres sur la rive gauche, dans le cimetière.

VILLAGE DE RASTOVAČA ★★

1,5 km à l'est de Posušje.

Le village de Rastovača (prononcez « rastovacha ») compte environ 2 000 habitants, à 99,8 % bosno-croates. Il est célèbre pour son chant traditionnel : la ganga, une des polyphonies les plus puissantes au monde, à l'origine pratiquée par les bergers. Classée au patrimoine immatériel de l'Unesco depuis 2010, la ganga est chantée aussi bien par les hommes que par les femmes dans quelques localités, de part et d'autre de la frontière, en Dalmatie, en Tropolje et en Herzégovine. Le chant, de forme courte, pas toujours mélodique et d'un très fort niveau sonore, est obtenu par la superposition des voix d'un soliste et d'un chœur de deux ou trois personnes. Le résultat est très impressionnant. On peut l'entendre parfois dans les bars, lors de fêtes de village ou de célébrations catholiques comme l'Assomption (15 août) et, surtout, lors du week-end de la Saint-Élie, vers le 20 juillet. Depuis 1995, l'association Ilijno brdo (« Colline d'Élie ») organise alors à Rastovača l'Olympiade des sports anciens (Olimpijada Starih Športova). À la sortie de la messe, à 11h, environ un millier de personnes prennent part à des épreuves de tir à la corde, de lancer de pierre, de bras de fer, de saut en longueur et de courses de chevaux. La fête est aussi l'occasion de combats de taureaux semblables à la célèbre corrida de Grmeč (région de Sanski Most). Enfin, le soir, à partir de 20h, commencent les concerts de ganga avec les chanteurs, uniquement des hommes, attablés autour de plats de viande et de verres de vin.

BASILIQUE DE GRADAC

Bazilika Posuški Gradac

Accès libre.

Ce site (Bazilika Posuški Gradac) abrite les vestiges d'une basilique paléochrétienne du Ve siècle. Typique des premières églises de Dalmatie, mais unique par sa forme en Bosnie-Herzégovine, le bâtiment (17,40 x 15,70 m) se compose d'une église principale avec abside et narthex et d'une chapelle avec abside ajoutée au nord au début du VIe siècle. La basilique fut détruite lors des invasions vers le VIIe siècle, mais elle conserve une crypte (fermée aux visites) dans laquelle une sépulture abritait une fibule (fermoir) en argent finement décorée d'origine lombarde.

ST. PATRICK PUB

Matije Korvina

✆ +387 63 100 275

Tous les jours 7h-23h. Restaurant Atik : tous les jours 9h-0h, environ 20 km/personne.

Installé au pied d'un petit immeuble sans charme, ce pub abrite la microbrasserie artisanale Kamen Pivovara. On peut goûter les bières classiques de la gamme (pale ale, porter…) et parfois des choses plus expérimentales comme une bière verte brassée pour la Saint-Patrick, le 17 mars. Sinon, on trouve plusieurs restaurants en continuant vers le nord-ouest de la ville, notamment Lovački Dvor (dans la même rue, à 250 m) et Atik (rue Domovinskog Rata, 350 m après le rond-point). Ce dernier propose un vaste choix de plats : grillades, soupes, pâtes, poissons, etc.

GLAMOČ

Glamoč/Гламоч (prononcez « glamoch ») compte environ 2 000 habitants, dont 44 % de Bosno-Serbes, 32 % de Bosno-Croates et 23 % de Bosniaques. La ville appartient au canton 10 et se trouve 33 km au nord-ouest de Livno, 63 km au sud-est de Drvar et 63 km au sud-ouest de Šipovo. Liaisons en bus avec Livno, Banja Luka et Split (Croatie).

Cernée par dix sommets à plus de 1 500 m d'altitude, dont le mont Cincar (2 006 m), cette bourgade donne son nom au poljé de Glamoč, une plaine karstique de 56 km de longueur, fertile mais vide. Si Glamoč constitue la sixième plus vaste municipalité de Bosnie-Herzégovine (1 033 km^2), elle est aussi la moins densément peuplée avec 4 habitants au kilomètre carré. La dernière guerre y est pour beaucoup : la ville fut capturée par les Bosno-Serbes en 1992, puis reprise par les Bosno-Croates en 1995, entraînant le départ de la moitié des habitants et d'importantes destructions. Aux maisons toujours en ruine répondent les vestiges de périodes plus fastes comme ceux d'une forteresse ottomane ou d'une base aérienne. Ancienne ville dalmate appelée Salvium à l'époque romaine, Glamoč conserve aussi les vestiges de la plus grande basilique paléochrétienne du pays (28,50 × 19,10 m). Datant des Ve-VIe siècles, celle-ci est perdue dans un champ, à Vrba (5 km au sud-est), en face du récent monastère orthodoxe serbe de Veselinje (1985). Envahi par la végétation, le site n'est pas mis en valeur. Glamoč ne compte qu'un restaurant et un hôtel qui fait boîte de nuit, l'Hotel Split (+387 34 27 24 44).

BASE MILITAIRE DE GLAMOČ

M15

Accès interdit. Association Ivo Lola Nije Sam : www.facebook.com/ivololanijesam.

À la sortie nord de Glamoč, la route nationale longe des installations militaires (Vojarna Glamoč), bien entendu strictement interdites d'accès, mais qui sont un site important de la Seconde Guerre mondiale. Cette ancienne base de l'armée de l'air yougoslave est utilisée depuis 1995 pour la destruction des mines, munitions et armes de la dernière guerre que l'on continue d'exhumer partout dans le pays. Fortement pollué, le site est l'objet de critiques de la part des riverains, de groupes environnementaux, mais aussi de l'association Ivo Lola Nije Sam (« Ivo Lola n'est pas seul »). Cette dernière milite pour la réhabilitation d'un monument à l'abandon situé dans la base. Il s'agit du mémorial érigé en 1978 en l'honneur d'Ivo Lola Ribar (1916-1943), un pilote croate de Zagreb mort ici aux commandes d'un avion volé aux Allemands. Car à partir d'octobre 1943, les poljés de Glamoč et de Livno devinrent le centre névralgique de l'armée de l'air de Tito. Les partisans yougoslaves furent en effet le seul mouvement de résistance européen doté d'une force aérienne durant la Seconde Guerre mondiale. D'abord constituée d'avions volés aux armées de l'Axe, elle fut progressivement dotée d'appareils britanniques, américains et soviétiques pilotés aussi bien par des équipages yougoslaves, grecs que sud-africains. Le monument d'Ivo Lola Ribar de Glamoč est l'un des rares témoignages de cette épopée. On peut l'apercevoir dans la zone boisée au croisement de la M15 et de la R415b, tout au sud de la base militaire actuelle.

FORTERESSE DE GLAMOČ

Stari Grad

Accès libre.

Installée sur une colline qui domine Glamoč à plus de 1 000 m d'altitude, cette forteresse (Glamočka Tvrđava) date du XIVe siècle. Profondément remaniée par les Ottomans, elle fut partiellement démolie en 1882. Elle conserve une tour de 15 m de hauteur et les vestiges de plusieurs bâtiments, dont une mosquée à l'intérieur de laquelle est toujours visible le mihrab sculpté dans la pierre. Le site offre une belle vue sur la région avec, juste en contrebas, l'église catholique moderne Saint-Élie de Glamoč (2014) érigée à côté des ruines de celle détruite en 1992.

NIŞAN D'OMER-AGA BAŠIĆ ★

M15

Accès libre.

Situé dans un cimetière musulman, ce nişan (Omer-Aga Bašić Nišan) est le plus grand des Balkans. Taillée dans un seul bloc de pierre, cette stèle typique de la culture ottomane s'élève à 4,12 m de hauteur avec un turban de 2 m de diamètre. L'inscription indique qu'il s'agit de la sépulture d'Omer-Aga Bašić, mort en 1798. Sans doute un personnage important, mais on n'en sait pas davantage. Le fait que ce nişan ait été épargné par les guerres donne lieu à toutes sortes de légendes, tout comme l'énigmatique stećak fendu, posé au bord de la route 2,2 km plus au sud.

DRVAR ★

▶ Drvar/Дрвар (prononcez « drévar ») compte environ 3 900 habitants, dont 85 % de Bosno-Serbes et 14 % de Bosno-Croates. La ville appartient au canton 10 et se trouve 28 km au sud de Bosanski Petrovac, 42 km au sud-est de Kulen Vakuf, 63 km au nord-est de Knin (Croatie) et 63 km au nord-ouest de Glamoč. Liaisons en bus avec Bosanski Petrovac, Glamoč, Banja Luka et Knin.

▶ Placée juste au sud du parc national de l'Una, cette petite ville toujours marquée par la dernière guerre vaut surtout pour sa « grotte de Tito ». Les paysages des alentours sont magnifiques avec les immenses forêts des monts Lunjevača (1 707 m d'altitude) et Klekovača (1 967 m).

MAISON NATALE DE GAVRILO PRINCIP

32 km au sud de Drvar par la M14.2, dans le hameau d'Oblaj/Обљај, 1 km à l'est de Bosansko Grahovo/Босанско Грахово.

Tous les jours 8h-18h.

Tarif variable (environ 4 km).

Cette bâtisse de pierre et de bois (Rodna Kuća Gavrila Principa/Родна Кућа Гаврила Принципа) est la réplique de la maison natale de Gavrilo Princip (1894-1918) qui assassina l'archiduc François-Ferdinand, le 28 juin 1914, à Sarajevo. Elle a été érigée en 2014 à l'emplacement de la maison originelle, démolie deux fois au XXe siècle. Elle se trouve dans la municipalité de Bosansko Grahovo (2 400 habitants, 92 % de Bosno-Serbes), un lieu de « pèlerinage » pour les nationalistes serbes.

RESTORAN ETNO SELO DODIG €

Podovi ✆ +387 60 32 42 677

facebook.com/restoran.etno.selo.dodig

Tous les jours 9h-21h. Environ 20 km/personne.

Hébergement : 36/48 € pour deux avec petit déjeuner.

Installé dans un petit complexe de maisons à l'ancienne, ce restaurant propose une très bonne cuisine à la fois traditionnelle et familiale. Légumes farcis et grillades fondantes se dégustent sous les arbres ou dans une salle aux pierres apparentes. Il est possible d'y dormir, mais le confort des maisonnettes est rudimentaire (toilettes dans le jardin, par exemple). Aire de jeux pour enfants, location de VTT, etc. Sinon, en ville, l'hôtel Drvar offre des prestations très correctes à des prix raisonnables, même s'il est un peu bruyant le week-end (discothèque).

ÉGLISE SAINT-SAVA DE DRVAR

Titova

Visite possible en journée.

Tenue correcte exigée.

Cette église orthodoxe serbe (Crkva Svetog Save/Црква Светог Саве) ne présente pas d'intérêt architectural. En revanche, d'ici, on entrevoit l'histoire mouvementée de la ville. De style néobyzantin, le bâtiment a été érigé en 1939 et incendié à deux reprises : par les oustachis en 1941, puis par l'armée bosno-croate en 1995. Restauré en 2006, il constitue le principal lieu de culte de la communauté bosno-serbe de Drvar, mais il n'abrite aucune fresque. Juste à côté, un gros édifice orange, un ancien centre social des années 1930, fait office d'église catholique provisoire depuis 2003. La dernière véritable église catholique a été rasée lors de l'insurrection serbe de 1941 contre les oustachis. Depuis, les autorités locales (socialistes hier, bosno-serbes aujourd'hui) refusent d'accorder un permis de construire pour un nouveau lieu de culte à la communauté bosno-croate. Enfin, de l'autre côté de la route, un escalier gravit la petite colline du parc de la ville. Un monument avait été érigé au sommet en 1967 en mémoire des partisans morts en mai 1944, lorsque les Allemands tentèrent de capturer Tito. Mais il a lui aussi été détruit par l'armée bosno-croate en 1995. Subsistent des gravats portant des inscriptions en l'honneur des partisans et, un peu plus loin, un mur mémorial couvert de graffitis. Des ruines, il y en a aussi à travers toute la commune. Il s'agit le plus souvent d'anciennes maisons d'habitants bosno-croates qui ont fuit la ville après des émeutes en 1998.

© SGRUBOR/SHUTTERSTOCK.COM

TROPOLJE

GROTTE DE TITO ★★

Titova 1
✆ +387 63 13 30 86
Tous les jours sauf lundi 10h-16h.
5 km (tarif pour les étrangers).

Cette grotte (Titova Pećina) est la plus célèbres des cachettes utilisées par Josip Broz Tito (1892-1980) durant la Seconde Guerre mondiale. C'est ici, dans une faille de la colline de Gradina (700 m d'altitude), que le leader yougoslave échappa de peu à la mort en mai 1944.

Histoire. Établi d'abord à Bihać (1942), puis à Jajce (1943), le commandement de la résistance yougoslave fut installé dans cette grotte à partir du 6 janvier 1944, avec une cabane en bois à l'entrée et une source d'eau à 53 m de profondeur. En avril 1944, les partisans eurent vent d'un projet allemand pour reprendre la région et capturer leur chef. D'importants effectifs furent déplacés afin d'assurer la défense de Dvrar. Quant à Tito, il passa dès lors ses nuits à l'abri dans une autre grotte, à Bastasi, 7 km au nord-ouest. Mais il continua de venir travailler dans la grotte de Drvar et le soir du 24 mai 1944, décida d'y dormir. Or, c'est cette nuit-là que fut déclenchée l'opération Rösselsprung (« Saut du cavalier ») par les forces allemandes. Ordonnée par Hitler, cette septième offensive contre les partisans avait pour objectif de capturer ou de tuer Tito. Environ 700 parachutistes de la SS furent largués de nuit. Bientôt rejoints par 11 000 autres soldats allemands, tchetniks et oustachis arrivés par la route, ils livrèrent une véritable bataille contre environ 15 000 partisans jusqu'au 26 mai. La cabane à l'entrée de la grotte fut détruite, et près de 6 000 partisans et habitants de la région furent tués. Mais Tito lui-même parvint à s'échapper à Ataševac (17 km au nord-est), puis au poljé de Kupres, où un avion soviétique le récupéra pour l'évacuer en Italie le 4 juin. Les nazis ne parvinrent à faire qu'un prisonnier important : Randolph Churchill, le fils du Premier ministre britannique, alors officier de liaison auprès de Tito. Mais lui aussi réussit à s'échapper rapidement. Dès 1945 fut créé le musée mémorial du 25 mai 1944 (Memorijalni kompleks 25. Maj 1944). La cabane en bois qui abritait le QG fut reconstituée, tandis qu'un espace d'exposition fut ouvert le long de l'Unac. Très célèbre, le site attira jusqu'à 200 000 visiteurs par an. Il fut en partie détruit lors de la prise de la ville par l'armée de la Krajina serbe en 1992. Il a rouvert au public en 2006.

Visite. Prévoyez une heure. Car, outre la visite du petit musée, il faut monter par un sentier aménagé jusqu'à la grotte. La plupart des 7 000 objets originaux du musée ont été volés en 1992-1995. Seules la carcasse d'un char allemand (à l'extérieur) et une montre originale du maréchal Tito sont conservées ici. Pour tout le reste, il s'agit de reconstitutions : tenues de soldats oustachis et allemands, uniforme de Tito… Néanmoins, l'expo est intéressante avec photos, cartes et documents. Le musée abrite aussi une collection ethnographique et archéologique. Ensuite, il faut gravir la colline. Le sentier est à l'ombre et suit le lit du ruisseau (sans nom) qui provient des entrailles de la grotte. C'est verdoyant et encore plus ravissant au début du printemps quand la fonte des neiges transforme ce petit affluent de l'Unac en un puissant torrent avec une jolie cascade juste sous la cabane. Celle-ci est placée à l'entrée de la grotte de 6 m de largeur et 7 m de hauteur, la seule partie ouverte aux visites. Dans la cabane est reconstitué le QG des partisans. En bas, près du musée, la boutique vend la très réputée rakija de Drvar ainsi que des souvenirs à l'effigie de Tito.

Grotte de Tito.

KRAJINA BOSNIENNE

La Krajina bosnienne (Bosanska Krajina/Босанска Крајина) occupe le quart ouest du pays. Les limites avec la Croatie sont ici bien délimitées avec la Save, au nord, et l'Una, au sud et au nord-ouest. Le terme krajina (prononcez « kraïna ») signifie d'ailleurs « frontière ». Mais, sur le plan intérieur, les contours sont plus flous : la province intègre parfois des parties de la Bosnie orientale, de la Bosnie centrale et de la Tropolje. Depuis 1995, elle est divisée entre la République serbe de Bosnie et la Fédération de Bosnie-et-Herzégovine. Les villes de Banja Luka, Prijedor et Šipovo sont désormais principalement peuplées de Bosno-Serbes, tandis que Bihać, Jajce ou Sanski Most comptent surtout des habitants bosniaques et bosno-croates. Moins montagneuse que le reste du pays, la Krajina bosnienne offre néanmoins de superbes paysages : parc national de l'Una, vallée de la Vrbas, lacs et chutes de la Pliva, forêt primaire de Janj…

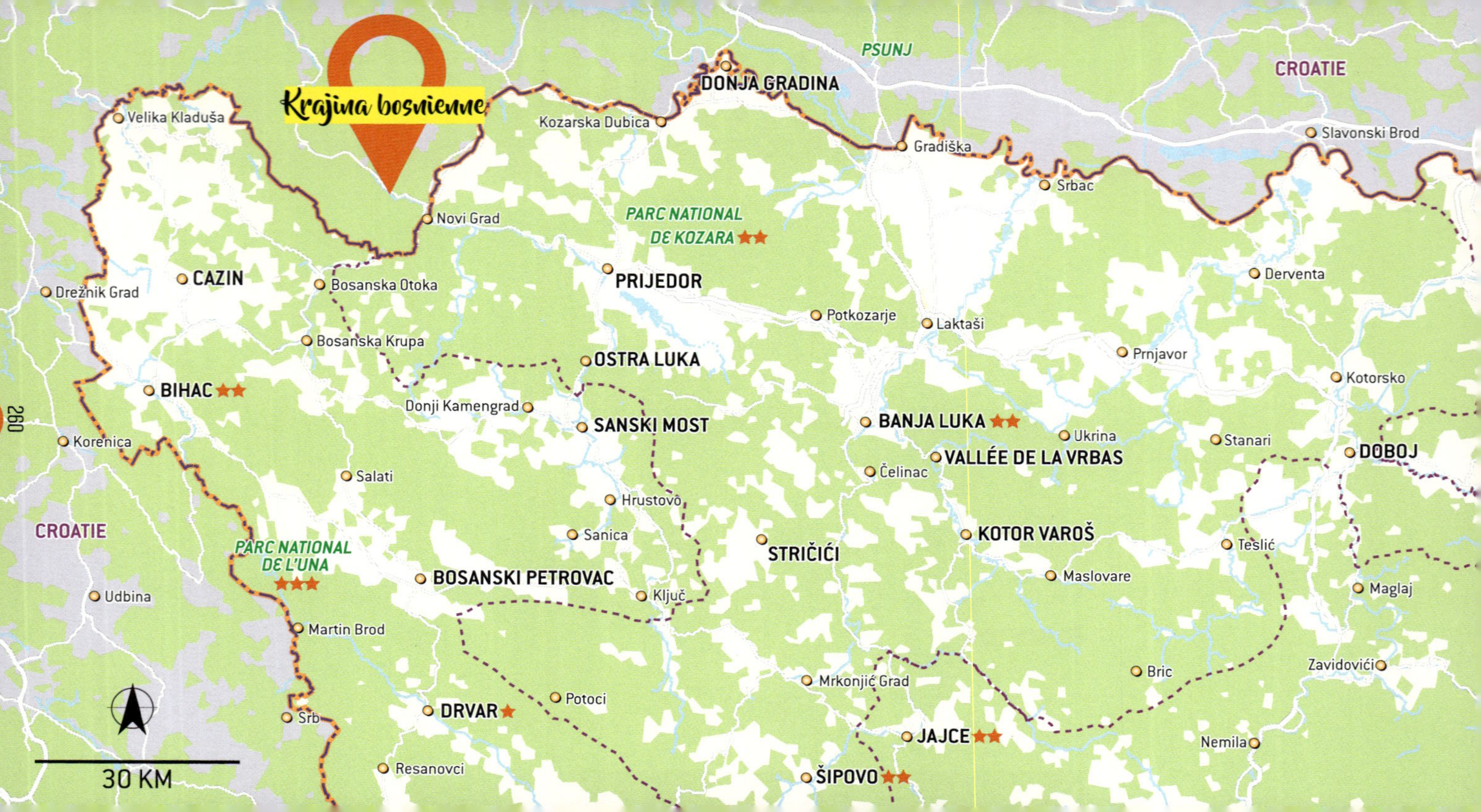

Krajina bosnienne
CROATIE
PSUNJ
DONJA GRADINA
Velika Kladuša
Kozarska Dubica
Gradiška
Slavonski Brod
Srbac
Novi Grad
PARC NATIONAL DE KOZARA
CAZIN
Bosanska Otoka
PRIJEDOR
Derventa
Drežnik Grad
Potkozarje
Laktaši
Bosanska Krupa
Prnjavor
OSTRA LUKA
Kotorsko
BIHAC
Donji Kamengrad
SANSKI MOST
BANJA LUKA
Ukrina
Stanari
DOBOJ
Korenica
VALLÉE DE LA VRBAS
Čelinac
Salati
Hrustovo
CROATIE
Sanica
KOTOR VAROŠ
STRIČIĆI
Teslić
PARC NATIONAL DE L'UNA
BOSANSKI PETROVAC
Maslovare
Ključ
Maglaj
Udbina
Martin Brod
Mrkonjić Grad
Bric
Zavidovići
Potoci
DRVAR
Srb
JAJCE
Nemila
Resanovci
ŠIPOVO
30 KM

PAGES

263 ## ●● RÉGION DE BANJA LUKA

Capitale de l'entité de la République serbe de Bosnie, Banja Luka n'est a priori pas une destination touristique de premier plan. Elle n'est pas très belle. Et la région qui l'entoure, au nord de la Krajina bosnienne, est marquée par les paysages maussades de la grande plaine de Pannonie et, surtout, par le souvenir des atrocités de la Seconde Guerre mondiale et de la guerre de Bosnie-Herzégovine, notamment à Donja Gradina et à Prijedor. Pour autant, Banja Luka est elle-même plutôt agréable avec de bons restaurants, plein de festivals en été, quelques monuments intéressants et, dans les environs, deux beaux sites naturels : la vallée de la Vbras et le petit parc national de Kozara.

BANJA LUKA ★★

263 Deuxième ville la plus peuplée du pays et capitale de la République serbe de Bosnie, Banja Luka ne possède guère de charme, mais elle est plutôt animée avec de nombreux festivals en été, des bars, des restaurants, etc.

280 ## ●● RÉGION DE JAJCE

Cette petite région est coupée en deux depuis 1995. D'un côté Jajce, l'ancienne capitale des rois de Bosnie, est majoritairement peuplée de Bosniaques et de Bosno-Croates et appartient à la Fédération de Bosnie-et-Herzégovine. De l'autre, la petite ville forestière de Šipovo compte une forte proportion de Bosno-Serbes et fait partie de la République serbe de Bosnie. Mais toutes deux ont en commun la belle rivière Pliva qui prend sa source près de Šipovo et effectue une spectaculaire chute à Jajce. Si cette dernière constitue une halte indispensable (vestiges antiques et médiévaux, musées, hôtels...) sur la route entre l'Herzégovine et Banja Luka, Šipovo offre un cadre idyllique aux amateurs de vacances nature.

JAJCE ★★

280 Une des plus belles villes du pays avec une magnifique chute d'eau, une cité fortifiée, des vestiges de toutes les périodes, un riche musée franciscain et d'étonnants lieux de visite dans les environs, dont un immense sanctuaire catholique de style contemporain.

ŠIPOVO ★★

287 Cerné de montagnes, de puissantes rivières et de belles forêts, ce gros bourg est une destination prisée par les pêcheurs, les randonneurs et les amateurs d'escalade. Dans les environs se trouvent les sources de la Pliva, les magnifiques îlots du Janj et une rare forêt primaire.

●● RÉGION DE SANSKI MOST

Cette région est marquée par des paysages kartisques et de moyenne montagne ainsi que par de grands massifs forestiers. Tandis que la cité principale, Sanski Most, est majoritairement peuplée de Bosniaques, Bosanski Petrovac apparaît comme l'une des rares villes mixtes du pays. Peu développée touristiquement, avec une offre hôtelière réduite, la région possède toutefois de beaux sites naturels propices aux randonnées (forêt primaire de Lom, plateau de Hrustovo), des lieux de visite intéressants (monument de Korčanica, train de Tito, forteresse de Ključ), et de fortes traditions typiquement bosniennes avec, en été, d'impressionnants combats de taureaux, notamment dans le village d'Oštra Luka.

●● RÉGION DE BIHAĆ

La région de Bihać longe la Croatie avec, au sud-est, le très beau parc national de l'Una et, au nord-ouest, la ville de Cazin qui domine la pointe occidentale du pays. Beaucoup plus proche de Zagreb (155 km) que de Sarajevo (308 km), la ville de Bihać est pourtant un puissant bastion bosniaque. Plutôt jolie, malgré d'importantes destructions causées par les guerres du XXe siècle, elle est surtout très agréable avec les îlots de la rivière Una en plein centre-ville. Les environs sont parsemés de forteresses qui rappellent que la région garda pendant trois siècles la frontière occidentale de l'Empire ottoman. Mais la principale attraction demeure ici le parc national de l'Una avec ses méandres boisés et ses chutes d'eau à découvrir en rafting.

BIHAĆ ★★

Très agréable avec ses îlots verdoyants, la ville la plus à l'ouest du pays est une bonne base de départ pour explorer le parc national de l'Una, tout proche. Tandis que le petit centre historique abrite une étonnante mosquée de style gothique, on trouve dans les environs une forêt primaire, ou encore, les vestiges d'une immense base souterraine de l'armée de l'air yougoslave.

Rafting à Štrbački Buk.

BANJA LUKA ★★

▶ Banja Luka/Бања Лука ou Banjaluka/Бањалука (prononcez « bania louka ») compte environ 151 000 habitants, dont 89 % de Bosno-Serbes. C'est le chef-lieu de la municipalité de Banja Luka (190 000 habitants) et la capitale de l'entité de la République serbe de Bosnie. La ville se trouve 71 km au nord de Jajce (*via* la vallée de la Vrbas), 159 km à l'est de Bihać (*via* Bosanski Petrovac), 165 km au nord-ouest de Tuzla (*via* Doboj), 188 km au sud-est de Zagreb (Croatie) et 190 km au nord-ouest de Sarajevo (*via* Travnik). Liaisons : voir gare routière, gare ferroviaire et aéroport.

▶ Sans grand charme (elle a été détruite par un séisme en 1969) et soumise à des hivers froids, Banja Luka a pourtant des atouts à faire valoir. En premier lieu, ses restaurants, nombreux et dont certains sont parmi les meilleurs du pays. Cela en fait donc une intéressante base de départ pour explorer les environs (la ville de Jajce, la vallée de la Vrbas, le parc national de Kozara...). Autre bon point, c'est une « grande ville » : avec près de 200 000 habitants, c'est la troisième agglomération du pays derrière Sarajevo et Tuzla, et son centre assez ramassé en fait la deuxième cité bosnienne. Bastion nationaliste serbe, elle a des allures de petite capitale proprette avec ses ministères, ses grands buildings et son mini-aéroport international relié à Bruxelles et à Bâle-Mulhouse toute l'année. Mais ses nombreux festivals, sa jeunesse étudiante remuante et sa riche vie nocturne font d'elle une ville nettement plus dynamique que bien des destinations touristiques du reste du pays.

Histoire

Au IIIe siècle av. J.-C., le site de l'actuel Kastel est habité par la tribu illyrienne des Mazéens. Cinq siècles plus tard, les Romains fondent là un petit comptoir fortifié appelé Castra. Après l'arrivée des Slaves (VIe-VIIe siècles), la ville échappe peu à peu à l'Empire romain d'Orient et passe sous le contrôle des royaumes de Hongrie, de Serbie, puis de Bosnie sous le nom de Donji Kraji (« cité royale basse »). La petite cité est conquise tardivement par les Ottomans, en 1521. C'est en 1579 que débute son véritable essor : le bey Ferhat Pacha Sokolović fait ériger une charchia (complexe commercial et islamique) et incite des colons serbes à venir s'installer. Capitale du pachalik de Bosnie jusqu'en 1639, Banja Luka est un pôle commercial, politique et religieux puissamment défendu face à l'empire d'Autriche, qui connaît ici une cuisante défaite en 1738. Ravagée par la peste et des séismes au début du XIXe siècle, la ville renaît sous l'impulsion de moines cisterciens et de Juifs séfarades. À partir de 1878, les nouvelles autorités austro-hongroises favorisent l'implantation de colons venus de tout l'Empire (Ukrainiens, Italiens...), mais surtout de Serbes, faisant de Banja Luka un foyer du nationalisme serbe. Intégrée au royaume de Yougoslavie en 1918, elle devient la capitale de la Banovine du Vrbas (1929-1941), province qui couvre environ la moitié du pays actuel. À partir de 1941, elle subit les foudres du régime croate allié aux nazis : déportation et assassinat d'habitants serbes, roms et juifs, destruction des synagogues et des églises orthodoxes. La résistance s'organise : les partisans tiennent le massif de Kozara et les alliés bombardent la ville. Libérée le 22 avril 1945, Banja Luka apparaît comme une cité de second plan au sein de la Yougoslavie socialiste, mais elle bénéficie d'un vaste plan de reconstruction après le tremblement de terre de 1969 (20 morts, 80 % des bâtiments détruits). Au cours de la guerre de Bosnie-Herzégovine, la ville est presque épargnée par les massacres commis par les Serbes et Bosno-Serbes dans la région. Mais 60 000 Bosniaques et Bosno-Croates sont chassés et les mosquées rasées en 1993. Depuis 1995, la ville connaît une nouvelle embellie, grâce au secteur énergétique et à son rôle de capitale de la République serbe de Bosnie. Si ce statut n'est reconnu qu'en 2009, Banja Luka a ainsi vu éclore quantité d'institutions politiques et culturelles.

ABBAYE SAINTE-MARIE-DE-L'ÉTOILE ✝

Slatinska 1 ✆ +387 51 31 95 51
www.trapisti-banjaluka.org
Messe dimanche à 10h, lundi-samedi à 7h. Fromage vendu dans les supermarchés Mercator et Konzum de Banja Luka.

Ce monastère catholique (Opatija Marija Zvijezda/Самостан Марија Звијезда) fut en 1910 le plus grand centre cistercien au monde avec 219 moines. Il n'en compte plus que deux, qui fabriquent du fromage. Fondé en 1869 par l'Autrichien Franz Pfanner, le complexe fut doté de son abbatiale en 1928. Longue de 57 m, l'église abrite des œuvres variées, dont un portrait de Tito de 1944. Ce qui n'empêcha pas la Yougoslavie socialiste de confisquer les terres et la célèbre brasserie de l'abbaye.

FONDATEUR

Ferhat Pacha Sokolović lança en 1579 la construction de l'immense charchia de la mosquée Ferhadija, un complexe urbain comprenant à la fois des commerces, des bains et des institutions islamiques. C'est ainsi que naquit la Banja Luka moderne. S'il fut le premier Bosnien à recevoir le titre de *beylerbey* (« grand gouverneur ») de la Bosnie ottomane, en 1580, ses jeunes années sont mal connues : il est né quelque part en Bosnie vers 1530-1540. Mais Ferhat Pacha fait partie de la plus illustre famille du pays, les Sokolović. Parmi ceux-ci, on trouve le patriarche orthodoxe serbe Makarije Sokolović et le grand vizir Mehmed Pacha Sokolović, à qui l'on doit, entre autres, le pont de Višegrad. Comme ce dernier – son cousin, semble-t-il –, Ferhat Pacha fut « enlevé » enfant à ses parents orthodoxes pour servir à la cour du sultan. En fait, il est probable que tous deux aient été confiés aux Ottomans dans l'espoir d'un meilleur avenir. Ce qui fut le cas. Gravissant les échelons du corps des janissaires, Ferhat devint un puissant général. Nommé gouverneur de Klis (Croatie) en 1566, il participa à la conquête de Chypre (1570-1571), connut la défaite à Lépante (1571) et s'empara de la Dalmatie qu'il revendit aux Vénitiens en 1587. Il mourut à Buda (Hongrie) en 1590 et fut enterré, selon ses volontés, à Banja Luka. Son héritage va ici au-delà des réalisations architecturales. Car c'est à lui que l'on doit l'implantation de Serbes dans la région et le transfert de la capitale provinciale de Travnik à Banja Luka en 1583.

BRASSERIE DE BANJA LUKA

5 km au nord-est du centre-ville, sur la rive droite de la Vrbas, près de l'abbaye Sainte-Marie-de-l'Étoile.
✆ +387 51 33 41 00 - banjaluckapivara.com
Musée : visite guidée le vendredi à 14h sur inscription. Restaurant : tous les jours 7h-0h, environ 20 km/personne.

Fondée en 1873 par l'abbaye voisine, nationalisée en 1946 et aujourd'hui propriété d'un fonds de pension américain, cette brasserie (Banjalučka Pivara/Бањалучка Пивара) est le deuxième producteur de bière du pays après la Brasserie de Sarajevo. On y trouve un musée (inscription sur le site Internet dans « Istorijska izložba ») et le restaurant Zlatna Krigla avec terrasse sur la Vrbas. On y sert les bières maison Nektar, Kastel et Crni Đorđe ainsi que la Kaltenberg de Bavière, produite sous licence. Non loin existe aussi depuis 2016 la microbrasserie Gorštak.

CATHÉDRALE DU CHRIST-SAUVEUR

Trg Srpskih vladara 3
✆ +387 51 23 33 70
hhsbl.org
Tous les jours en dehors des liturgies 8h30-17h (18h en été). Tenue correcte exigée.

Nouveau symbole de la ville, cette église orthodoxe serbe (Saborni Hram Hrista Spasitelja/Саборни Храм Христа Спаситеља) a été érigée entre 1993 et 2004, puis consacrée en tant que cathédrale en 2009. De style néobyzantin, elle est conçue pour impressionner, mais sans grande subtilité. Elle se distingue par son dôme d'acier recouvert d'or qui s'élève à 22,5 m de hauteur et par son beffroi de 47 m qui dépasse de quelques mètres le sommet du minaret de la mosquée Ferhadija. L'intérieur est richement décoré : sols en marbre, iconostase en bois gravé, fresques colorées, etc. À l'extérieur, une chapelle dédiée à la Mère de Dieu accueille, en sous-sol, le lieu où les fidèles allument les cierges. Siège de l'éparchie (diocèse) de Banja Luka, l'édifice a été bâti à l'emplacement de la cathédrale de la Sainte-Trinité, érigée en 1929 et détruite par les Oustachis en 1941. Cette dernière a été reconstruite en 1969 à côté de la cathédrale catholique. Présentant presque la même architecture, elle a été rétrogradée au rang d'église. L'actuelle cathédrale constitue le centre de la place des Dirigeants-Serbes (Trg Srpskih Vladara) nommée en l'honneur des gouverneurs (bans) serbes de la Banovine du Vrbas (1929-1941) créée pendant la période du royaume de Yougoslavie. On y trouve le palais de la République ainsi que deux bâtiments datant de 1932 : l'ancien palais des bans, qui abrite le centre culturel municipal depuis 2008, et l'hôtel de ville, de style pseudomédiéval.

ÉGLISE DU CHRIST-EMPEREUR

Srpska 26
✆ +387 65 58 85 63
ais-ba.org
Liturgie le dimanche à 10h. Tenue correcte exigée.

Étonnante avec ses murs bleus, ses coupoles à bulbe et son absence de décor intérieur, cette petite église (Crkva Hrista Carja/Црква Христа Царја) appartient à la communauté gréco-catholique ukrainienne (environ 4 000 fidèles dans le pays, la plupart des Ruthènes). Celle-ci est rattachée à Rome mais suit les rites orthodoxes (mariage des prêtres…) et a le vieux-slave comme langue liturgique. L'édifice a été bâti en 2010 à l'emplacement d'une église de 1932 qui fut détruite en 1944.

CATHÉDRALE SAINT-BONAVENTURE ✝ ★★

Kralja Petra I Karađorđevića 80
✆ +387 51 30 59 84
www.biskupija-banjaluka.org
Accès à la cour : tous les jours 9h-19h.
Messe : tous les jours à 18h, dimanche à 9h.
Tenue correcte exigée.

D'une modernité étonnante, cette cathédrale catholique (Katedrala Svetog Bonaventure/Катедрала Светог Бонавентуре) est l'un des meilleurs exemples d'architecture religieuse hérités de la période socialiste en Bosnie-Herzégovine avec la mosquée Blanche de Visoko. Siège du diocèse catholique de Banja Luka, elle est dédiée au saint italien Bonaventure de Bagnoregio, ministre général des franciscains, mort à Lyon en 1274. Elle a été érigée à l'emplacement de l'ancienne cathédrale du même nom (1887), détruite lors du tremblement de terre de 1969. Achevée en 1973, il s'agit de l'œuvre majeure de l'architecte zagrébois Ljubo Matasović (1928-1997). Endommagée durant la dernière guerre, elle a été restaurée en 2001. L'immense toit de l'église fait penser à celui d'une pagode. En fait, celui-ci a été conçu comme une toile de tente. La référence est double. C'est d'abord l'évocation des souffrances endurées par la population de Banja Luka, qui, pendant des mois après le séisme de 1969, fut contrainte de vivre sous des tentes. C'est aussi une allusion au tabernacle qui abritait l'Arche d'alliance. Très lumineux, l'intérieur a été peint par le grand artiste de Dubrovnik Ivo Dulčić (1916-1975), peu avant son décès. Ajouté en 1991, le beffroi est la partie la plus surprenante. Cette tour de béton brut s'élève à 42 m de hauteur et abrite 5 cloches dont l'une pèse plus d'une tonne. Souvent comparée à une « tour de télévision », elle possède un remarquable escalier en spirale qui parfait son aspect futuriste. Le sommet porte toujours les traces des dégâts causés par l'armée bosno-serbe en 1992.

À proximité. Dans la cour de la cathédrale, une série d'édifices de styles divers abritent les locaux du diocèse catholique de Banja Luka. C'est ici que fut reçu le pape Jean-Paul II en 2003. En face, dans l'ancienne Maison de l'armée yougoslave (1953), siège l'assemblée nationale de la République serbe de Bosnie. Derrière le mur nord de la cathédrale se trouvent les ateliers vides de la Fabrika Duvana (« fabrique de tabac »), fondée en 1888 et fermée en 2018. Côté est, le complexe catholique jouxte l'éparchie orthodoxe serbe de Banja Luka avec l'église de la Sainte-Trinité (1969) qui servit de modèle à l'actuelle cathédrale du Christ-Sauveur. En revenant vers le centre-ville, on passe devant les archives de la République serbe de Bosnie, hébergées depuis 1992 dans un bâtiment jaune pastel austro-hongrois de 1883 surnommé la « maison impériale ».

FORTERESSE KASTEL ★

Tržnička
Accès libre. Petit parking gratuit à l'intérieur.

Installée sur au bord de la Vrbas, cette forteresse (Tvrđava Kastel/Тврђава Кастел) n'est vraiment pas la plus impressionnante du pays. Ses remparts bien préservés abritent aujourd'hui un parc pour enfants, une salle d'exposition, le restaurant Kazamat et servent de cadre à plusieurs festivals (rock, théâtre, etc.). Ils forment un trapèze allongé : environ 40 m du nord au sud, et plus de 100 m de longueur sur la partie située sur la rive de la Vrbas. L'emplacement de la forteresse constitue le cœur historique de la ville, noyau à partir duquel s'est développé l'occupation humaine dès le néolithique. Établi en tant que *castrum* (camp militaire) durant la période romaine (IIe siècle), le Kastel s'est progressivement renforcé au Moyen Âge et durant la période ottomane. Il a pris sa forme actuelle en 1714 sous l'impulsion du gouverneur albanais de Bosnie Köprülü Numan Pacha (brièvement grand vizir de l'Empire ottoman en 1710). Doté de tours médiévales et de six petits bastions « à la Vauban », il fut ainsi en mesure de résister, en 1737, au siège de l'armée austro-hongroise du prince Joseph-Frédéric de Saxe-Hildburghausen. C'est le seul grand fait d'armes associé à l'édifice. À proximité se trouvent la mosquée Ferhadija (à l'ouest), le marché municipal couvert (au nord) et le musée de la République serbe (derrière le marché). Enfin, au sud-ouest, au-delà du petit affluent de Vrbas, la Crkevena, se dresse le minaret en bois de la mosquée Dolačka. Érigée en 1688, celle-ci a été détruite en septembre 1993 et reconstruite en 2007.

KRAJINA BOSNIENNE

FESTIVALS EN ÉTÉ

Festival de théâtre Petar-Kočić (Teatarfest Petar Kočić). Début juin, au théâtre national de la République serbe de Bosnie, depuis 1998. *Renseignements : www.np.rs.ba*

Nektar Puls Fest. Fin juin, festival rock et motos dans le parc national de Kozara, depuis 2016. *Renseignements :* www.facebook.com/nektarpulsfest

Festival folklorique de Kozara (Kozara Etno Festival). Début juillet, dans le parc national de Kozara ou dans les villages des environs, depuis 2005. *Renseignements :* www.facebook.com/kozaraethno

Demofest. Fin juillet, festival de rock, dans la forteresse Kastel, depuis 2008. *Renseignements :* www.facebook.com/Demofest

L'été sur la Vrbas (Leto na Vrbasu). De fin juillet à début août, compétitions de rafting, de kayak, de sauts, mais aussi concerts et animations, près de la forteresse Kastel, depuis 1953. *Renseignements :* www.banjaluka.rs.ba

Fresh Wave Festival. Début août, festival de musiques électroniques, dans la forteresse Kastel, depuis 2013. *Renseignements :* freshwavefestival.com

Kastel Rock Fest. Mi-août, festival rock, dans la forteresse Kastel, depuis 2005. *Renseignements : www.facebook.com/kastelrockfestbl*

Motofest. Fin août, festival rock et motos, dans la forteresse Kastel, depuis 2016. *Renseignements : www.motofestbl.com*

Festival international du film d'animation (Međunarodni Festival Animiranog Filma). Fin octobre, dans les cinémas de la ville, depuis 2005. *Renseignements :* www.banjalukanima.org

MUSÉE D'ART CONTEMPORAIN DE LA RÉPUBLIQUE SERBE

Trg srpskih junaka 2
✆ +387 51 21 53 64
www.msurs.net
Tous les jours 10h-22h. Gratuit.

Installé dans l'ancienne gare ferroviaire (1891), ce musée (Muzej Savremene Umjetnosti Republike Srpske/Музеј Савремене Умјетности Републике Српске) a été créé en 1994 pour remplacer le Musée municipal ouvert en 1971. Il possède un fonds constitué surtout d'œuvres d'artistes bosno-serbes, mais il organise uniquement des expositions temporaires. Il dispose aussi d'une galerie au 10, rue Srpska, près de l'église du Christ-Empereur (tous les jours sauf dimanche 9h-20h, 16h le samedi).

MONUMENT AUX MORTS DE LA KRAJINA ★★

Banj brdo
Accès libre. Bar-restaurant à proximité.

Inauguré en 1961, ce monument blanc et massif (Spomenik Palim Krajišnicima/Споменик Палим Крајишницима) rend hommage aux 64 000 partisans yougoslaves de la Krajina bosnienne (partie occidentale de la Bosnie-Herzégovine) tombés au cours de la Seconde Guerre mondiale. Réalisé par le grand sculpteur Antun Augustinčić (1900-1979), il est placé sur la colline de Banj (ou Šehitluci), à 431 m d'altitude, qui offre un panorama splendide sur la vallée de la Vrbas, Banja Luka et la région. Cette sculpture monumentale de 13 m de hauteur et 24 m de longueur est située à l'emplacement d'un chalet où les représentants communistes des différentes nationalités de Bosnie-Herzégovine prirent la décision de passer à la lutte armée contre les forces de l'Axe le 8 juin 1941, environ un mois après l'invasion allemande des Balkans. Évoquant, de loin, une balle tirée d'un fusil, le monument représente un homme nu brandissant un drapeau, tandis que, sur les côtés, sont figurés les combats et la reconstruction du pays après la guerre.

Une œuvre pionnière. L'œuvre a été conçue par l'un des plus grands artistes de la Yougoslavie socialiste, le Croate Antun Augustinčić, à qui l'on doit des statues équestres en Serbie, en Croatie, en Pologne, mais aussi le *Monument de la paix* installé devant le siège des Nations unies, à New York, depuis 1954. Le sculpteur a commencé à travailler sur le monument des partisans de la Krajina à partir de 1948 et s'est alors fortement inspiré du courant réaliste socialiste russe. Mais du fait de la rupture entre Tito et Staline cette même année, Augustinčić a été conduit à se démarquer des artistes d'URSS, influençant par sa démarche une nouvelle école yougoslave. Pour réaliser le monument, c'est la prestigieuse pierre blanche de l'île dalmate de Brač, en Croatie, qui a été choisie. Celle-ci a été utilisée pour la construction de monuments aussi célèbres que le palais de Dioclétien, à Split, que la Maison-Blanche, à Washington. Mais elle s'est très mal adaptée au climat hivernal de Banja Luka, à la fois froid et humide. Dès le milieu des années 1960, le monument s'est fissuré, menaçant de s'écrouler. Depuis, plusieurs phases de restauration et de stabilisation de la pierre ont été menées, dont la dernière en 2008. L'effritement semble à présent enrayé. En revanche, l'humidité s'est propagée à l'intérieur, où les fresques réalisées par le grand peintre de Tuzla Ismet Mujezinović (1907-1984) ont été définitivement perdues.

MOSQUÉE FERHADIJA ★

Kralja Petra I Karađorđevića
✆ +387 51 21 18 40 – www.medzlis-bl.ba
Tous les jours 8h-11h. Tenue correcte exigée, se déchausser, se couvrir la tête pour les femmes.

Ce bâtiment est la réplique de la mosquée Ferhadija (Džamija Ferhadija/Џамија Ферхадија), bel exemple de l'art islamique du XVIe siècle rasé durant la dernière guerre. L'édifice original fut fondé en 1579 par Ferhat Pacha Sokolović, créateur de la Banja Luka moderne, et construit en moins d'un an sous la direction d'un élève de Mimar Sinan, le plus grand architecte de l'Empire ottoman. La mosquée constituait le centre d'une charchia, un complexe qui comprenait 200 magasins, des bains, un caravansérail, un bezistan, un moulin, etc. Cet ensemble a plus ou moins disparu, détruit ou noyé dans la ville au cours des siècles. La mosquée elle-même fut dynamitée dans la nuit du 6 au 7 mai 1993 par des miliciens bosno-serbes. Entamés en 2001, les travaux de reconstruction ont été menés sous l'égide de l'Unesco. Mais ils furent interrompus par des manifestations et des recours en justice pendant quinze ans. La mosquée a été inaugurée le 7 mai 2016, une date désormais célébrée dans le pays comme le « jour des mosquées ».

Visite. De dimensions modestes, à l'exception de son minaret de 41,65 m de hauteur, la mosquée était un des plus beaux exemples de l'art ottoman classique en Bosnie-Herzégovine. Grâce à une abondante documentation et à des recherches minutieuses, la réplique actuelle en est une fidèle copie. Elle se présente sous la forme d'un rectangle de 14,47 m sur 18,33 m. Ses murs de 1,20 m d'épaisseur soutiennent un dôme monté sur tambour de 18 m de hauteur. La façade est constituée d'un porche de 4,50 m de profondeur soutenu par quatre colonnes et surmonté de trois dômes. La décoration intérieure est riche : dôme et murs peints de motifs végétaux, calligraphies élaborées, mahfil aux cinq colonnes de marbre, mihrab et minbar finement sculptés, vitraux colorés. Dans la cour ont été reconstitués trois türbes. De forme octogonale et surmonté d'un dôme, le plus imposant de ces mausolées est celui érigé en 1590 pour accueillir la dépouille de Ferhat Pacha Sokolović. Construit peu après, le türbe du *bajraktar* (porte-étendard) de Ferhad Pacha s'en inspire. Le troisième (fin XVIIe siècle) est celui qui était prévu pour Safikaduna, petite-fille de Ferhat Pacha (voir tombe de Safikaduna). Également de forme octogonale, son toit à la structure pyramidale en bois est recouvert de tuiles. À l'entrée se trouve le sadirvan. Destiné aux ablutions rituelles, ce pavillon orné de motifs végétaux est constitué d'un bassin en pierre et de douze fontaines. La reconstruction de la tour de l'horloge (1587) reste quant à elle bloquée par la municipalité.

MUSÉE DE LA RÉPUBLIQUE SERBE ★

Đure Daničića 1
✆ +387 51 21 59 73
Tous les jours 8h-20h. 2 km.

Ce musée (Muzej Republike Srpske/Музеј Републике Српске) est surtout consacré à l'histoire des Serbes de Bosnie-Herzégovine. Installé depuis 1982 dans le bâtiment massif de l'ancienne Maison des travailleurs, il a été fondé en 1930 par le roi Alexandre Ier de Yougoslavie et a plusieurs fois changé de nom jusqu'à prendre sa forme actuelle en 1992. Aujourd'hui peu à peu restauré, il abrite des collections d'archéologie, d'histoire, d'ethnologie, d'histoire de l'art et d'histoire naturelle. La partie histoire est instructive et pas trop partisane (la dernière guerre n'est pas traitée). À remarquer notamment, de beaux bijoux de l'époque romaine, de magnifiques armes ottomanes et des instruments de musique du XIXe siècle. À l'extérieur sont exposés une locomotive austro-hongroise, un char et des pièces d'artillerie de l'armée du royaume de Yougoslavie (années 1930) ainsi que l'ossature d'un planeur allemand de la Seconde Guerre mondiale. Dans le même bâtiment, se trouvent l'antenne locale de l'Institut français de Bosnie-Herzégovine (Francuski Institut) et le Théâtre pour enfants (Dječije Pozorište). Créé en 1955, ce dernier est spécialisé dans les spectacles de marionnettes et organise, depuis 2002, le Festival international des théâtres pour enfants, fin mai (renseignements : www.djecijepozoristers.rs.ba). Enfin, sur la petite place voisine se dresse depuis 2014 une statue très médiocre du roi Stefan Nemanja, fondateur de la prestigieuse dynastie serbe des Nemanjić (1166-1371).

PALAIS DE LA RÉPUBLIQUE

Bana Milosavljevića 4
predsjednikrs.net
Ne se visite pas.

Massif et semi-circulaire, ce bâtiment (Palata Republike/Палата Републике) est la résidence officielle du président de la République serbe de Bosnie depuis 2008. Mêlant les styles Bauhaus et néoclassique, il fut construit en 1936 pour accueillir une agence de la banque serbe Hipotekarna. L'entrée est gardée – outre par des policiers – par deux puissantes statues de paysans de la Krajina bosnienne du sculpteur ukrainien Zagorodnjuk Pavlovich (1889-1976). Formé à Paris, on lui doit des œuvres à Belgrade, à Sarajevo et à Sydney, sa ville d'adoption à partir de 1949.

PLACE DE LA KRAJINA

Trg Krajine

Grand magasin Boska : tous les jours 9h-21h (dimanche jusqu'à 16h).

Baptisée du nom de la région historique de la Krajina bosnienne, cette place (Trg Krajine/Трг Крајине) constitue le centre de la ville. Elle fut aussi l'épicentre du tremblement de terre qui détruisit à 80 % Banja Luka en 1969. Si bien que tous les alentours de la place sont de facture récente, à l'image du grand magasin Boska (Robna Kuća Boska). Ouvert en 1978, cet édifice moderniste fut un des plus grands centres commerciaux de Yougoslavie (11 500 m²). On y trouve 48 boutiques ainsi qu'un bowling, et une partie souterraine abrite un cinéma. Plus loin, sur le même trottoir, se dresse depuis 2009 *L'Horloge tordue* (*Krivi Sat*), petite œuvre d'art qui ne donne pas l'heure, mais indique l'instant du drame : les aiguilles de ses trois cadrans sont bloqués à 9h11, quand eut lieu la principale secousse, le 27 juillet 1969. Juste à côté, à l'angle de la « rue juive » (Jevrejska), un bas-relief de 1999 représente six bâtiments de la période ottomane anéantis lors du séisme. En face, en traversant la rue Pierre-Ier-de-Serbie (Kralja Petra I Karađorđevića), le petit parc porte le nom de Petar Kočić (1877-1916), écrivain nationaliste serbe natif de Stričići, dont l'œuvre n'a pas été traduite en français. Il abrite une statue de l'écrivain datant de 1932. C'est un travail de jeunesse du grand sculpteur croate Antun Augustinčić (1900-1979), à qui l'on doit dans les environs le *Monument aux morts de la Krajina*. Enfin, en direction de la mosquée Ferhadija, l'hôtel Zepter Palas (1933) est l'un des rares immeubles un peu anciens du centre.

RUE GOSPODSKA ★

Veselina Masleše

Boutiques : tous les jours sauf dimanche 9h-20h/21h. Banques : tous les jours sauf dimanche 8h-19h, samedi 8h-12h.

Longue de 250 m, cette rue commerçante (Gospodska Ulica/Господска Улица) est l'une des fiertés de Banja Luka. Plutôt élégante avec ses façades néo-Renaissance de la fin du XIXe siècle, c'est l'une des rares parties du centre-ville à avoir échappé aux destructions causées par le tremblement de terre de 1969. Lieu de promenade des habitants, on y trouve essentiellement des agences bancaires et des boutiques de prêt-à-porter. Autrefois appelée rue Pivnica (« brasserie »), elle est officiellement nommée *Ulica Veselina Masleše* depuis 1945, en hommage à l'écrivain et partisan bosno-serbe Veselin Masleša (1906-1943), natif de Banja Luka et mort lors de la grande bataille de Sutjeska, en Bosnie orientale. Mais elle reste connue comme la rue Gospodska (« seigneur » ou « gentilhomme »), surnom donné en 1878 par un commerçant originaire de Croatie à l'arrivée des Austro-Hongrois. La nouvelle administration officialisa cette simple blague en renommant l'artère *Herren Gasse* (« rue des messieurs » en allemand). Au milieu de la rue, remarquez l'étrange toiture en forme de casque à pointe qui signale l'ancien hôtel Balkan (aujourd'hui restaurant Citadela) qui fut le lieu de rendez-vous des intellectuels bosno-serbes comme Petar Kočić. L'immeuble se situe à l'angle de la rue Kralja-Alfonsa-XIII, elle-même nommée en l'honneur du roi d'Espagne Alphonse XIII. Le souverain intervint en 1917 pour faire gracier 16 habitants bosno-serbes de Banja Luka qui avaient été condamnés à mort pour trahison par la justice impériale austro-hongroise.

TOMBE DE SAFIKADUNA

Patrijarha Makarija Sokolovića

Accès libre.

Ce lieu de dévotion (Safikadin Grob/Сафикадин Гроб) a été épargné lors des destructions de 1993. Selon la tradition, c'est ici que repose la petite-fille de Ferhat Pacha Sokolović. La « tombe », sorte de jardinière en moellons peints en blanc, est signalée par des plaques de marbre noir narrant l'histoire : Safikaduna aurait été victime d'un amour impossible avec un soldat de la forteresse Kastel et se serait suicidée à cet endroit. Depuis le XVIIIe siècle, les habitants de toutes confessions viennent y déposer un cierge en espérant que l'amour se manifeste.

EXCURSION EN DAJAK ★

Save Kovačevića 38

✆ +387 65 51 72 61

www.dajak.org

Mai-octobre, tous les jours 8h-20h.

Excursions de 30 minutes à 1h : 30/52 km pour deux. Location : 60 km/journée.

Laissez les gondoles à Venise, prenez le *dajak* à Banja Luka ! Ce bateau effilé à fond plat de 7 m de longueur est typique de la Vrbas. Fabriqué en chêne et actionné par un *dajakaši* (barreur), il peut, grâce à sa forme, remonter les petits rapides, à condition de n'embarquer que trois adultes au maximum. Le club de *dajak* de Banja Luka propose des excursions en ville, en aval et en amont de la forteresse Kastel. Il est aussi possible de louer un *dajak*, après avoir été testé. Les meilleurs *dajakaši* s'affrontent début août, lors du festival « L'été sur la Vrbas ».

AÉROPORT DE BANJA LUKA

Mahovljani bb
✆ +387 51 53 52 10 – bnx.aero
Navettes en fonction des vols, départ derrière le musée d'Art contemporain : 10 km. Taxi : environ 40 km.

Ce mini-aéroport international (Međunarodni Aerodrom Banja Luka/Међународни Аеродром Бања Лука) a été créé en 1976. Ouvert au trafic international depuis 1997, il accueille environ 140 000 passagers par an dans des conditions très spartiates (un café, trois loueurs de voitures, une station de taxi, pas de clim ni de boutique hors taxes). Liaisons régulières avec l'aéroport franco-suisse de Bâle-Mulhouse (Wizz Air) et celui de Charleroi Bruxelles, en Belgique (Ryanair). Autres liaisons avec la Suède, l'Allemagne, l'Italie, la Turquie, l'Autriche et la Serbie.

GARE FERROVIAIRE DE BANJA LUKA

Prote Nikole Kostića ✆ +387 51 30 12 29
www.zrs-rs.com
Trajet Banja Luka-Novi Grad : durée 1h50, tarif 9,80 km ; Banja Luka-Doboj : durée 2h, tarif 10,10 km.

Cette triste gare (Železnička Stanica Banja Luka/Железничка Станица Бања Лука) appartient au petit réseau des Chemins de fer de la République serbe de Bosnie (ŽRS/ЖРС). Les dessertes sont peu intéressantes : seulement 4 liaisons/jour sur la ligne qui relie Novi Grad (à l'ouest) à Doboj (à l'est) en passant par Prijedor et Banja Luka. Depuis 2019, la gare ne dispose plus de liaison avec Sarajevo et Bihać. Il n'existe plus non plus de liaison pour Belgrade (Serbie) et Zagreb (Croatie).

GARE ROUTIÈRE DE BANJA LUKA

Braće Podgornika ✆ +387 51 92 20 00
www.as-banjaluka.com
Trajet Banja Luka-Sarajevo : durée 5h, tarif 40 km ; Banja Luka-Paris (1 fois/semaine) : durée environ 24h, tarif 100 €.

La gare routière (Autobuska Stanica/Аутобуска Станица) est bien équipée avec guichets, salle d'attente, station de taxi, consignes, bureau de change et DAB, cafétéria et loueur de voitures. Elle dispose de liaisons avec presque toutes les villes du pays : Sarajevo (4/jour), Istočno Sarajevo (2/jour), Bihać, Bijeljina, Drvar, Jajce, Jablanica, Livno, Mostar, Pale, Prijedor, Šipovo, Srebrenica, Trebinje, Tuzla, Višegrad… Liaisons pour la Serbie, la Croatie, le Monténégro, la France, etc.

APARTMANI FERHADIJA €

Kralja Petra I Karađorđevića 46
✆ +387 62 91 71 89
www.facebook.com/apartmaniferhadija
10 appartements. 30/35 € pour deux sans petit déjeuner. Paiement en liquide. Parking gratuit.

Installés dans le bâtiment de la communauté islamique de Banja Luka, ces appartements sont modernes, lumineux et spacieux. Cuisine équipée, bonne salle de bains, rangements, bonne literie, coin salle à manger, bon wifi, clim, TV, sèche-cheveux : tout y est. À part certains détails mal conçus (table de nuit éloignée du lit, par exemple), c'est le meilleur rapport qualité/prix de la ville. Et, avec le marché couvert juste en face, c'est l'endroit parfait pour un petit séjour à Banja Luka. Il faut juste prévenir de l'heure de son arrivée pour recevoir les clés.

HOTEL IDEJA €€

Meše Selimovića 6
✆ +387 51 21 74 44
www.hotelideja.net
12 chambres. 71/93 € pour deux avec petit déjeuner. Parking privé gratuit. Navette pour l'aéroport.

Derrière une façade maussade, se cache le prototype du petit hôtel sympa, charmant et confortable. Belles chambres modernes avec bonne literie, Wifi, clim, bonne literie, bonne salle de bains. Le petit déjeuner est, lui aussi, pas mal du tout. On regrette juste que les tarifs aient un peu augmenté depuis une rénovation en 2018. L'établissement est parfois un peu dur à trouver : lorsque vous êtes au niveau de la mosquée, tournez le dos au centre-ville, faites 30 m dans la rue Kralja-Petra-I-Karađorđevića et prenez la deuxième rue à droite.

HOTEL JELENA €€

Jovana Dučića 25
✆ +387 51 32 92 00 – hotel-jelenabl.com
54 chambres. 63/80 € pour deux avec petit déjeuner. Restaurants : 10-30 km/personne. Parking privé gratuit.

Installé dans un centre commercial à 20 minutes à pied du centre-ville, cet hôtel est pourtant un très bon choix avec un intéressant rapport qualité/prix. Chambres modernes et confortables (Wifi, clim), salle de bains avec peignoirs et sèche-cheveux, deux restaurants (l'un un peu chic, l'autre un bar-pizzeria), espace bien-être (sauna, bain bouillonnant et massages) et une chambre aménagée pour les personnes à mobilité réduite. Comme l'établissement est surtout conçu pour le business (deux salles de conférence), le personnel est très pro. Il est aussi très sympa.

HOTEL ZEPTER PALAS €€

Kralja Petra I Karađorđevića 60
+387 51 22 30 40
zepterhotelpalace.com
69 chambres. 72/80 € pour deux avec petit déjeuner. Parking gratuit, salon de thé et restaurant.

Bâtiment emblématique de la ville, il conserve sur sa toiture la partie haute du minaret de la mosquée Šehova (1580) à l'emplacement de laquelle il fut érigé en 1933. Avec son design et ses meubles vintage, l'hôtel possède un charme indéniable. Mais si certaines chambres sont au goût du jour, d'autres sont vraiment vétustes et trop petites. Les prestations sont plutôt de qualité avec un personnel professionnel, un bon wifi, un espace bien-être et un parking gratuit en plein centre. Pensez à bien demander une chambre éloignée du club Cristal situé au sous-sol.

VILA VRBAS €€

Brace Potkonjaka 1
+387 51 43 38 40
hotelvilavrbas.com
12 chambres. 59/64 € pour deux avec petit déjeuner. Restaurant : tous les jours 8h-0h, environ 20 km/personne.

Idéalement placé au bord de la Vrbas, à l'ombre de platanes gigantesques, cet hôtel est le plus agréable de la ville pour sa vue sur la rivière et la forteresse. Chambres pour certaines très grandes et d'autres un peu étroites, mais confortables avec bonne salle de bains, climatisation et Wifi. Personnel sympa. Un peu bruyant le soir, le restaurant vaut quant à lui davantage pour sa terrasse que sa cuisine traditionnelle. Pas de parking, mais des places de stationnement public à proximité, certaines gratuites, d'autres payantes (1 km/heure).

COURTYARD BY MARRIOTT BANJA LUKA €€€

Prvog Krajiškog Korpusa 33
+387 51 33 77 00 – www.marriott.com
116 chambres. 109/170 € pour deux avec petit déjeuner. Restaurant : 7h-23h, environ 30 km/personne. Parking payant.

Ouvert en 2019, cet hôtel fait partie du réseau « milieu de gamme » du groupe américain Marriott. Comme plus d'un millier d'autres à travers le monde, ce Courtyard (« la cour ») est conçu pour une clientèle d'affaires : grandes chambres tout confort, espace de réunion, salle de sport, restaurant, bar panoramique (onzième étage) et room-service. Allergies, intolérances et handicap sont pris en compte. C'est pas donné, notamment le parking (20 km/jour), mais c'est efficace et sans surprise.

AJ ZDRAVO €€

Vidovdanska 6
+387 51 21 15 44
www.facebook.com/ajzdravorestoran
Tous les jours sauf dimanche 7h-23h. Environ 20 km/personne.

On mange bien à Banja Luka. Mais toute cette avalanche de ***banjalučki ćevapi*** et de grillades donne envie de verdure. Voici l'adresse pour faire une pause végétarienne, végan et/ou sans gluten. Chez « Et bonjour », la cuisine est saine : falafels, tempura de carottes, salade au tofu, boulgour aux épinards... Que les carnivores se rassurent, il y a aussi du poulet. Les produits bio restent quant à eux assez rares, mais ça, c'est dans tout le pays. Autre cantine dans le même genre : Zeleno Naruči (tous les jours jusqu'à 22h), rue Patre, derrière la mosquée Ferhadija.

KAZAMAT €€

Teodora Kolokotronisa
+387 51 22 44 60
restorankazamat.net
Tous les jours 8h30-23h. Environ 25 km/personne.

Si vous ne devez dîner qu'un soir à Banja Luka, voici l'adresse. Sous les voûtes de la forteresse Kastel ou en terrasse, en bord de Vrbas, cette « casemate » propose une très bonne cuisine traditionnelle locale, en particulier les viandes *jela ispod sača* (« cuites sous la cloche »). Ouvert en 1987 et désormais géré par le même propriétaire que le très réputé Mala Stanica, ce restaurant affiche des prix plus abordables, mais il est inaccessible le week-end en été sans réservation. On recommande aussi l'endroit le matin, pour son copieux petit déjeuner « paysan ».

MALA STANICA €€

Kralja Petra I Karađorđevića
+387 51 32 67 30
malastanica.com
Tous les jours 7h-0h. Environ 45 km/personne.

Cette ancienne « petite gare » du XIXe siècle abrite le restaurant le plus chic et cher de Banja Luka, juste à côté de l'immeuble de verre du gouvernement de la République serbe de Bosnie. On y croise le gratin local, et même Emir Kusturica y a ses habitudes. Dans une salle chaleureuse au décor bistro, sont servis des plats créatifs, des classiques balkaniques, de très bonnes pièces de bœuf et un fondant au chocolat parfait. Onéreuse sélection de vins croates, bosniens, italiens ou argentins. En été, pensez à réserver pour bénéficier d'une table en terrasse.

MONOGRAM €€

Svetozara Markovića 5J
✆ +387 66 66 16 61
Tous les jours sauf dimanche 8h-22h (jusqu'à 1h lundi, jeudi et vendredi). Environ 35 km/personne.

Ouvert en 2014, ce restaurant appartient à la réputée distillerie Monogram située près de Gradačac (voir « région de Tuzla »). Le menu est international avec plein de plats italiens conçus par un chef présenté comme « étoilé Michelin » (il ne l'est pas, mais c'est bon quand même), des poissons frais venus de l'Adriatique, du bœuf maturé et des desserts à la française. Pour une touche plus locale, il faudra attendre le digestif avec les rakijas et liqueurs de la gamme Monogram surnommés les « cognacs de Bosnie ». Décor un peu froid mais service efficace.

KADAR

Vojvode Radomira Putnika 9
✆ +387 66 20 03 33
www.facebook.com/urbankadarkultura
Tous les jours 7h-0h.

Situé à deux pas du centre-ville, ce café-bar peut passer inaperçu en journée avec sa petite terrasse aux chaises en plastique posées face au consulat de Serbie. Mais c'est un repère d'amateurs de musique électro, si bien que le lieu se transforme fréquemment en club le soir. En cas de petite faim, on peut grignoter sur place (saucisses, burgers...). On conseille toutefois de se rendre au légendaire gril Kod Muje (tous les jours 8h-22h), situé dans la prochaine rue à droite : c'est là que furent inventées, dit-on, les fameuses *banjalučki ćevapi*.

ROŠTILJICA OBELIX €€

V Kozarske Brigade 19
✆ +387 51 31 51 00
www.restoranintegra.com
Tous les jours 8h-23h. Environ 15 km/personne.

Pas sûr que les héritiers d'Uderzo et Goscinny connaissent l'existence de cette « rôtisserie » (*roštiljica*) populaire dédiée depuis 2001 au héros un peu enrobé. Cela dit, mis à part un décor mural avec scène finale de ripaille et des noms de plats comme *galska plata* (« assiette gauloise »), rien n'évoque ici la cuisine celte d'Armorique. Ce sont les kebabs locaux qui sont à l'honneur : les *banjalučki ćevapi*, de forme carrée et réputés les meilleurs des Balkans. Mais sans vouloir semer la zizanie, les Sarajéviens disent la même chose de leurs *sarajevski ćevapi*.

THERMES DE SLATINA

Banja Slatina ✆ +387 51 34 84 44
zotovicbl.com
Ouvert aux visiteurs extérieurs en mai-octobre. Piscine d'agrément : 5 km. Soins et massages : se renseigner.

Ces thermes (Banja Slatina/Бања Слатина) abritent une source d'eau chaude à 42 °C utilisée depuis l'Antiquité ainsi qu'une élégante structure austro-hongroise à trois dômes. Complètement restaurés en 2018, ils comptent parmi les plus modernes des Balkans. Le complexe de 7 ha est conçu comme un centre à la fois de santé et de bien-être ouvert au public. Il appartient à l'Institut Dr-Miroslav-Zotović de Belgrade, nommé en l'honneur de Miroslav Zotović (1900-1969), médecin militaire serbe qui fut un pionnier des thérapies de réadaptation en Yougoslavie.

STARA ADA €€

Veljka Mlađenovića bb
✆ +387 51 45 64 44
www.staraada.ba
Tous les jours 8h-0h. Environ 25 km/personne. Hébergement : 5 chambres, 60/80 € pour 2 avec petit déjeuner. Parking.

L'endroit vaut d'abord le coup pour son restaurant, une institution depuis 1956, avec une grande salle de 400 places prévue pour les mariages et, surtout, une agréable terrasse bien aménagée sur l'îlot Ada, sur la Vrbas. On y sert essentiellement de la viande, de belles pièces de bœuf comme les célèbres *ćevapi* de Banja Luka. Le tout agrémenté d'une intéressante sélection de vins. La partie hébergement est aussi très bien avec de grandes chambres modernes et confortables avec vue sur le jardin ou la rivière, un sauna et un bon petit déjeuner.

BOOM BOOM ROOM

Veselina Masleše 15-17
✆ +387 66 61 00 00
Mercredi-jeudi 22h-3h, vendredi-samedi 22h-4h.

Boîte de nuit la plus courue de la ville depuis 2004. Le son est très fort, mais on y joue peu de turbo-folk. Pas toujours facile d'y entrer : c'est souvent bondé et le service de sécurité est pointilleux. Autres options pour danser : la Fabrique (derrière le Zepter Palas, vendredi-samedi jusqu'à 6h, plutôt électro), le Club Cristal (dans le sous-sol du Zepter Palas, tous les soirs jusqu'à 4h), le Club Opium (dans le sous-sol de l'hôtel Bosna, mercredi-samedi jusqu'à 4h) et Rudi (50 m au nord de l'hôtel Bosna, tous les soirs 19h-2h, jusqu'à 3h samedi-dimanche).

VALLÉE DE LA VRBAS

- La vallée de la rivière Vrbas/Врбас (prononcez « veurbas ») s'étend sur 70 km du nord au sud entre Banja Luka et Jajce. Elle est longée sur toute sa longueur par la route M16. Liaisons en bus depuis Banja Luka avec la compagnie Bočac-Tours (départs à la station principale des bus de ville, à côté de la gare ferroviaire et 200 m à l'est de la gare routière).
- La Vrbas (« pâturage » en slave) offre ici, sur un peu plus d'un tiers de sa longueur totale (192 km), de magnifiques paysages. Enserrée entre les massifs de la Čemernica (1 339 m d'altitude), à l'est, et de la Manjača (1 239 m), à l'ouest, la vallée devient de plus en plus impressionnante au fur et à mesure que l'on se rapproche de Banja Luka. La rivière a en effet creusé dans la roche calcaire deux gorges profondes : tout d'abord le canyon Podmilačje (8 km de longueur), puis le canyon de Tijesno (5 km) avec des falaises s'élevant à 600 m au-dessus de l'eau. Axe stratégique défendu par trois forteresses médiévales, la vallée fut capturée par l'armée yougoslave (sous contrôle serbe) en 1992, devenant le théâtre de terribles exactions, notamment au camp de concentration de Manjača. C'est aujourd'hui un espace protégé, peu habité et, sur 21 km de longueur, un site réputé pour les descentes en rafting. Près de Banja Luka, le parcours bénéficie d'une portion de 5 km très technique et éclairée la nuit, qui lui vaut d'accueillir régulièrement des compétitions internationales, notamment deux fois les championnats du monde de rafting, en 2009 et 2021.

ÉGLISE SAINT-NICOLAS DE KRUPA NA VRBASU ★

Tovilovići

Le plus souvent fermée. Se renseigner auprès de l'office de tourisme de Banja Luka.

Érigée en bois en 1735, cette petite église orthodoxe serbe (Crkva Sveti Nikole u Krupi na Vrbasu/Црква Светог Николе у Крупи на Врбасу) est située près de la source de la Krupa qui va se jeter plus bas dans la Vrbas. Mesurant 8 m de longueur et 6 m de largeur, elle a été modifiée ultérieurement avec l'ajout d'une abside au XIXe siècle et d'un très récent petit clocher, en bois lui aussi. Elle abrite une iconostase en bois, des icônes du XIXe siècle et des gravures grecques imprimées à Venise au XVIIIe siècle. En 1911, on recensait quatre-vingts églises en bois dans la région de Banja Luka, la plupart datant du XVIIIe siècle. Appelées « églises en rondins » (*crkve brvnare*), elles ont pour la plupart disparu faute d'entretien. Complètement construites en bois, y compris la toiture en tavaillons, elles sont de forme très simple (sans abside) et s'apparentent aux maisons des paysans de l'époque. Outre celle de Krupa na Vrbasu, il en subsiste deux autres dans la région : l'église de l'Ascension-du-Christ de Kolima (près de Stričići) et l'église Saint-Nicolas de Romanovci (Црква Брвнара у Романовцима/Crkva Brvnara u Romanovcima – près de l'aéroport de Banja Luka. GPS : 44.961518, 17.261795). Cette dernière fut érigée au milieu du XVIIIe siècle et mesure 7,40 m sur 4,10 m. Comme de nombreuses églises en bois des Balkans, la légende veut que les Ottomans aient donné leur accord pour la construction, à condition que le chantier soit achevé en une journée.

FORTERESSE DE BOČAC ★

M16

Accès libre mais chemin difficile.

Posée sur une colline à 320 m d'altitude, c'est la mieux préservée des trois forteresses de la vallée. Appelée Tvrđava Bočac/Тврђава Бочац ou Stari Grad Bočac, elle date du XVe siècle. Prise par les Ottomans en 1527, elle fut renforcée jusqu'au début du XVIIe siècle et abandonnée en 1833. À ses pieds, un barrage de 66 m de hauteur créé en 1981 forme le petit lac artificiel de Bočac (Jezero Bočac), 1,5 km en aval. Avec ses beaux paysages (îlots verdoyante, bancs de sable…) et un restaurant panoramique, cette retenue d'eau marque le début des canyons de la Vrbas.

FORTERESSE DE GREBEN

M16

Accès libre mais difficile.

Cette forteresse (Tvrđava Greben/Тврђава Гребен) est installée sur un impressionnant éperon rocheux surplombant la Vrbas. Il s'agit d'un ancien village fortifié créé au XIIe siècle. Passé sous le contrôle des bans de Croatie au XIVe siècle, puis des Ottomans en 1527, il fut transformé pour servir à la fois de fort et de prison. Assez difficile d'accès, ses ruines sont toutefois bien mises en valeur avec des panneaux explicatifs installés le long d'un sentier aménagé. Le site conserve une tour ronde et un pan de ses remparts descendant vers la Vrbas.

FORTERESSE DE ZVEČAJ

M16

Accès libre, mais long chemin à pied pour y parvenir.

Placée au-dessus d'un beau méandre de la Vrbas, cette forteresse du XIVe siècle (Tvrđava Zvečaj/Звечај) ne conserve qu'une tour atteignant encore de 10 m de hauteur. Capturée par les Ottomans au printemps 1463, elle est reprise quelques mois plus tard par Matthias Ier de Hongrie. Elle permit de défendre le sud du royaume de Hongrie jusqu'en 1527, date à laquelle elle fut remise aux Ottomans. En 1737, elle fut l'un des principaux points de résistance lors de l'incursion austro-hongroise sur Banja Luka menée par le prince Joseph-Frédéric de Saxe-Hildburghausen.

VILLAGE DE KRUPA NA VRBASU ★

26 km au sud de Banja Luka. GPS : 44.617370, 17.144440.

Ce village de 1 200 habitants constitue la principale halte dans la vallée de la Vrbas. Situé à côté de la forteresse de Greben, c'est aussi une base de départ pour le rafting : les équipages s'élancent ici pour 3h de descente jusqu'à Karanovac, 15 km en aval. Au-dessus du village, 12 km à l'est, une caserne de l'armée bosnienne occupe l'emplacement d'un des pires lieux de détention de la dernière guerre. Il s'agit du camp de concentration bosno-serbe de Manjača.

VILLAGE DE LJUBAČEVO ★

20 km au sud de Banja Luka, sur la rive droite de la Vrbas. GPS : 44.664769, 17.191805.

« Vallée de l'amour » : tous les jours 9h-21h en avril-novembre, mercredi-dimanche 10h-18h le reste de l'année.

Situé à 508 m d'altitude, ce village de 500 habitants offre une des plus belles vues sur le canyon de la Vrbas. Depuis 2015, Ljubačevo/Љубачево abrite aussi le complexe touristique dit de la « Vallée de l'amour » (Ljubačke Doline). Celui-ci est composé de maisons de la région du XIXe siècle et déplacées ici pour accueillir des artisans, un restaurant et un petit hôtel de trois chambres *(renseignements : etno-muzej.com)*. Ljubačevo est aussi réputé pour sa grotte (Pećina Ljubačevo) où l'on trouve des hélictites, des concrétions aux formes chaotiques très rares.

APARTMANI MAJSTOROVIĆ €

Sime i Ilije Partala bb ✆ +387 65 62 94 44

apartmanimajstorovic.com

4 chambres. 28 € pour deux.

Petit déjeuner 5 €/personne.

Pas forcément faciles à trouver (aucune enseigne ni panneau), mais ces chambres chez l'habitant valent le coup. Très simples, certes, mais au calme et avec balcon et vue sur la Vrbas. Salle de bains et literie correctes, bon Wifi et clim. Miroslav, le propriétaire, ne parle pas anglais, mais il met aussi à disposition un jardin, un barbecue, un coin pour aller se tremper dans la rivière (très calme ici), un garage fermé pour les motards et toute sa générosité. Petit déjeuner copieux et possibilité de commander de bons plats maison pas chers.

KRUPSKI SLAPOVI €

Krupa na Vrbasu

✆ +387 65 74 37 70

Tous les jours 8h-22h. Environ 15 km/personne. Fermé en janvier mars.

Le restaurant des « chutes de la Krupa » est situé tout près des… chutes de la Krupa, petite rivière rugissante qui rejoint la Vrbas un peu plus bas. Sur l'agréable terrasse de cette belle bâtisse rouge, ambiance champêtre. On sert la bière locale, la Nectar, brassée à Banja Luka, mais surtout, des truites toute fraîches provenant de l'élevage voisin, cuites en friture mais pas trop grasses, ou encore des assiettes d'*uštipci* (beignets salés) servis avec du *kajmak* à tartiner et au, choix du fromage ou du jambon sec. Petit bémol : la vue panoramique sur le parking.

RAFTING KLUB KANJON

Rafting centar Kanjon

✆ +387 66 71 41 69

raftingklubkanjon.com

Mai-octobre : tous les jours 8h-23h.

Descente en rafting à partir de 35 km/personne.

Réservation conseillée.

De toutes les agences de rafting de la Vrbas, celle-ci est de très loin la plus sérieuse niveau sécurité. C'est même la meilleure de Bosnie-Herzégovine. C'est elle qui organise toutes les épreuves internationales de rafting dans le pays, comme les championnats du monde (2021) et européens (2019), qui ont eu lieu sur la Vrbas. Outre le rafting, le club propose du canyoning, de l'escalade, etc. Même si les sports extrêmes ne sont pas votre truc, faites une halte ici, car l'agence dispose sur place d'un très bon restaurant avec terrasse au bord de l'eau.

STRIČIĆI

Stričići/Стричићи (prononcez « stritchichi ») compte environ 200 habitants, tous bosno-serbes, et fait partie de la municipalité de Banja Luka. Le village se trouve 36 km au sud-ouest de Banja Luka (2 bus/jour).

Village natal du grand poète de Banja Luka, Petar Kočić (1877-1916), Stričići se présente sous la forme de plusieurs hameaux éparpillés à 700 m d'altitude avec une jolie petite église moderne sur une colline, un restaurant au bord de la route R411 et l'école Petar-Kočić. Le village conserve aussi la maison natale en bois du poète, signalée par le panneau Кочићево огњиште (« foyer de Kočić ») et ornée d'une statue.

ETNO SELO KUMOVI KONACI €€

R411

✆ +387 66 85 25 14

www.facebook.com/kumovikonaci

4 maisons. 120 € pour deux sans petit déjeuner.

Ouvert en 2019, ce gîte est un des rares établissements de la région doté d'une piscine (extérieure). Avec pierre et poutres apparentes, chaque maison de ce « village folklorique » (*etno selo*) dispose d'une cuisine, d'un salon, d'un lave-linge, du Wifi, d'une bonne salle de bains, d'une terrasse et peut accueillir jusqu'à 8 personnes (juste le double niveau tarif). Pensez à faire vos courses avant de venir, car il n'y a qu'une minisupérette à 800 m. En revanche, la jolie petite église en bois de l'Ascension-du-Christ de Kolima se trouve presque à côté.

ÉGLISE DE L'ASCENSION-DU-CHRIST DE KOLIMA

À Kola/Кола, 16 km au nord-est de Stričići, 17 km au sud-ouest de Banja Luka.
GPS : 44.69624, 17.08332.

Le plus souvent fermée. Se renseigner auprès de l'office de tourisme de Banja Luka.

Construite en bois vers 1870, cette église orthodoxe serbe (Crkva Vaznesenju Hristovom u Kolima/Храм Вазнесењу Христовом у Колима) profite d'un joli panorama, au sommet d'une colline surplombant le village de Kola (1 300 habitants, tous bosno-serbes). De petites dimensions (7 × 4 m), elle est typique des « églises en rondins » (*crkve brvnare*) de la région de Banja Luka avec son imposant toit en tavaillons. L'intérieur abrite une iconostase en bois et des icônes des XVIIIe-XIXe siècles.

KOTOR VAROŠ

Kotor Varoš/Котор Варош (prononcez « kotor varoch ») compte environ 7 000 habitants, dont 82 % de Bosno-Serbes. C'est le chef-lieu de la municipalité de Kotor Varoš (17 000 habitants), en République serbe de Bosnie. La ville se trouve 33 km au sud-est de Banja Luka. De 3 à 5 liaisons en bus/jour depuis Banja Luka.

Cette petite ville de la vallée de la Vrbanja vit de l'agriculture et de l'exploitation du bois. Capturée par l'armée bosno-serbe en 1992, elle servit alors de lieu de détention et ses habitants bosniaques et bosno-croates (57 % de la population en 1991) furent chassés. La ville n'est pas très accueillante, mais les environs sont agréables.

MONASTÈRE DE GOMIONICA ★

Kmećani

✆ +387 51 27 11 01

Tous les jours 9h-17h30 (16h30 en octobre-mars). Tenue correcte exigée.

Fondé vers le XVe siècle, ce monastère orthodoxe serbe (Manastir Gomionica/Манастир Гомионица) est l'un des plus réputés de la Krajina bosnienne. Son église érigée vers 1580 est dédiée à la Présentation de Marie au Temple. Elle abrite de magnifiques fresques bien préservées et des icônes des XVIIe et XVIIIe siècles. Installé dans un paysage vallonné, le complexe présente un bel ensemble de bâtiments avec notamment un ancien konak (auberge). C'est dans ce monastère, aujourd'hui occupé par douze moniales, que fut scolarisé le poète Petar Kočić dans les années 1880.

FORÊT DE ŽUTA BUKVA

9 km à l'ouest de Kotor Varoš. GPS : 44.608643, 17.296283.

Accès libre. Restaurant Žuta Bukva parfois fermé hors saison (✆ +387 65 57 78 26), environ 25 km/personne.

Cette petite forêt de 0,5 ha est classée « monument naturel » (Spomenik Prirode Žuta Bukva/Жута буква) depuis 2012. Située à 595 m d'altitude, entre les villages de Zaselje/Засеље et de Hadrovci/Хадровци, elle abrite une sous-espèce du hêtre des Balkans : le hêtre jaune (*Fagus moesiaca aurea serbica*) ou *žuta bukva* en bosno-serbo-croate. Identifié en 2006 et introuvable ailleurs, celui-ci se distingue par ses feuilles dorées qui, en été, apportent une touche singulière à la vallée de la Riejka. Juste à côté, le restaurant Žuta Bukva propose un bon agneau au four.

MONASTÈRE DE LIPLJE ✞

Manastir Liplje

✆ +387 53 44 21 11

Tous les jours 7h-18h. Tenue correcte exigée.

Cet élégant monastère orthodoxe serbe (Manastir Liplje/Манастир Липље) aurait été fondé par le roi serbe Stefan Dragutin au XIVe siècle à l'emplacement d'un monastère du XIe siècle. Maintes fois détruit, il fut abandonné pendant deux siècles à partir de 1696. Dédié depuis le XIXe siècle à l'Annonciation de la Mère de Dieu et rénové en 1984, il accueille aujourd'hui une communauté de quatre moines copistes et une religieuse. Le catholicon n'abrite pas de fresques anciennes, mais son clocher de 20 m de hauteur en fait une des plus hautes églises serbes médiévales.

PRIJEDOR

▶ Prijedor/Приједор (prononcez « prié-dor ») compte environ 29 000 habitants, dont 63 % de Bosno-Serbes. C'est le chef-lieu de la municipalité de Prijedor (89 000 habitants), en République serbe de Bosnie. La ville se trouve 24 km au sud-ouest du parc national de Kozara, 30 km au nord de Sanski Most et 56 km au nord-ouest de Banja Luka. Liaisons en bus avec Banja Luka, Sanski Most et Bihać, en train avec Banja Luka.

▶ Prijedor n'a pas grand-chose à offrir aux visiteurs : quelques maisons colorées de la période austro-hongroise, une grande roue posée au bord de la Sana, un petit musée régional (lundi-vendredi 8h-15h, 18h-20h, samedi 9h-13h en théorie) et des immeubles aux murs peints par des artistes. Autrefois mixte, Prijedor a subi de plein fouet le « nettoyage ethnique » serbe en 1992-1995. Dans le village de Tomašica (17 km au sud-est) a été découvert en 2013 la plus importante fosse commune du pays : plus de mille cadavres. C'est ici que les forces bosno-serbes ont enfoui une partie de leurs victimes bosniaques et bosno-croates : des habitants de Prijedor et des détenus exécutés aux camps de concentration d'Omarska (21 km au sud-est), de Keraterm (2 km au sud-ouest) et de Trnopolje (10 km au sud-est). Il faut saluer l'initiative de l'agence de tourisme Highlander Adventures (highlander.ba), basée à Sarajevo, qui propose une visite mémorielle en compagnie d'un rescapé de Trnopolje. Ce n'est pas donné (150 €/personne), mais c'est le seul moyen pour l'heure de connaître cette partie de l'histoire de Prijedor.

PARC NATIONAL DE KOZARA ★★

▶ Le parc national de Kozara (Nacionalni Park Kozara/Национални Парк Козара) est situé sur la commune de Dera/Дера (700 habitants, en majorité bosniaques) qui fait partie de la municipalité de Prijedor. Le centre d'accueil du parc se trouve 24 km au nord-est de Prijedor et 56 km au nord-est de Banja Luka. Aucune liaison en bus.

▶ Site d'une importante bataille à l'été 1942, ce parc national de 35 ha a été créé en 1967 en tant que parc mémorial avec imposant monument érigé en 1972, qui fut l'un des plus fréquentés de la Yougoslavie socialiste. Plus petit des quatre parcs nationaux de Bosnie-Herzégovine, il occupe une partie du massif de Kozara qui culmine à 978 m d'altitude. C'est aujourd'hui surtout une zone de loisirs avec, entre autres, des sentiers de randonnée et de VTT, des hôtels, une ministation de ski et une petite zone de chasse. Mais le parc est plutôt bien préservé. Constitué de plateaux et de collines, il est recouvert de forêts : hêtres et sapins au nord, chênes rouvres, épicéas, pins blancs et noirs au sud, mais aussi charmes, chênes pubescents, ormes et frênes noirs. Plusieurs rivières y prennent leur source, comme la Mlječanica, la Moštanica et la Crna Rijeka qui, à certains endroits, forment des cascades. On y trouve l'écureuil, le renard, le chat sauvage, la marte et le furet, parfois le loup et l'ours, mais aussi l'aigle, plusieurs types de chouettes, la perdrix, le pigeon, la tourterelle, le pic-vert et le rossignol philomèle. L'accès au parc est payant : 2 km/personne.

MONASTÈRE DE MOŠTANICA ✞

R477a

✆ +387 52 43 45 00

Tous les jours 9h-18h. Tenue correcte exigée.

Situé dans la vallée de la Moštanica, un affluent de la Save, ce monastère orthodoxe serbe (Manastir Moštanica/Манастир Моштаница) aurait été fondé en 1113. Dédié à l'archange Michel, il a été détruit huit fois. Sa monumentale église de style roman a été bâtie au XVIe siècle sur le modèle du monastère de Dečani (Kosovo), mais elle a perdu ses fresques originelles. Occupé par des moniales, le complexe abrite une relique du tombeau du Christ et la tombe du haïdouk (brigand) Petar Popović Pecija (1826-1875), qui mena deux révoltes contre les Ottomans dans la région.

MONUMENT DE LA RÉVOLUTION DE KOZARA ★★

Au centre du parc national. Accès par des escaliers (environ 100 marches) ou par un détour de 1,5 km en voiture.

Tour et mur : accès libre (l'intérieur de la tour est inaccessible). Musée : tous les jours 10h-14h, 18h-20h, 1 km.

Ce mémorial de la période socialiste (Spomenik Revoluciji/Споменик Револуцији) est dominé par une impressionnante tour en béton brut de style moderniste. Il est installé dans un superbe site naturel du parc national de Kozara, sur la colline de Mrakovica, à 806 m d'altitude. Érigé à partir de 1969 et inauguré par Tito le 10 septembre 1972, le monument rend hommage aux partisans et civils morts durant la Seconde Guerre mondiale au cours de l'offensive de Kozara de l'été 1942. Il s'agit de l'œuvre du sculpteur serbo-croate de Macédoine Dušan Džamonja (1928-2009) à qui l'on doit aussi l'étonnant *Monument à la Révolution*, à Berek, en Croatie. Le monument de Kozara fut un des plus fréquentés de Yougoslavie, avec plus de 3 millions de visiteurs par an. Il est composé de trois éléments principaux et accueille toujours des cérémonies officielles le 1er mai, le 9 mai et le 4 juillet.

▶ **Tour, mur et musée.** L'élément principal est la tour. S'élevant à 33 m de hauteur et d'un diamètre de 8 m, cette structure cylindrique est constituée de 20 ailettes verticales alternant des parties saillantes et renflées. Selon son créateur, les ailettes forment un jeu d'ombre et de lumière. Elles symbolisent à la fois la victoire et la vie (parties saillantes exposées à la lumière) et la mort (parties renflées, à l'ombre) des partisans et de la population. Les ailettes se poursuivent au sol avec 20 barres de béton rayonnant autour de la tour. Celles-ci sont une allégorie de la pression exercée par les forces de l'Axe à Kozara en 1942. Derrière la tour, dans la partie boisée, un mur forme une enceinte de 24 m de longueur sur 6 m de largeur. Il porte une centaine de plaques de bronze sur lesquelles sont inscrits les noms de 9 921 partisans et civils yougoslaves morts durant la bataille de Kozara. Enfin, un musée est abrité dans une structure en béton brut, à mi-pente, 40 m au sud de la tour. Il était à l'origine uniquement consacré à la Seconde Guerre mondiale dans la région. Y sont exposés des armes, des casques et des documents sur les massacres perpétrés par les oustachis et les nazis en 1942. Le lieu est aussi devenu un musée nationaliste serbe : une exposition avec du matériel et des panneaux évoquent la guerre de 1992-1995 en passant sous silence les atrocités commises par les Bosno-Serbes. L'entrée est gardée par un véhicule blindé de fabrication américaine M8 Greyhound et par une pièce d'artillerie qui furent utilisés par les partisans en 1944-1945.

MOTEL BIJELE VODE €

R477

✆ +387 52 48 28 00

www.bijelevode.com

11 chambres. 45/65 € pour deux avec petit déjeuner. Restaurant : tous les jours 8h-23h, environ 20 km/personne.

Installé dans un chalet sous les arbres, le motel de « l'eau blanche » dispose de belles chambres mansardées bien équipées (chauffage, wifi, bonne literie, etc.), d'une aire de jeux pour enfants, de VTT gratuits pour les clients et de matériel de ski à louer. Très bon petit déjeuner. Si vous ne dormez pas sur place, profitez au moins du restaurant. Il sert des spécialités locales copieuses et bien présentées. Les *sarma* sont une réussite, tout comme les *paprika* et le *gulaš*. Sur place, on trouve aussi l'hôtel Monument, mais celui-ci tombe en déliquescence.

PARCOURS D'AVENTURE EN FORÊT DE KOZARA

Avantura park Kozara

✆ +387 65 22 55 45

Avril-octobre : tous les jours 10h-14h, jusqu'à 17h le week-end. Fermé en cas d'intempérie. 5 km (- 18 ans 3 km).

Créé en 2018, ce parcours (Avantura Park) a depuis permis de tripler le nombre de visiteurs du parc national. Du coup, certains week-ends, il faut patienter avant de grimper sur les pins aménagés avec 18 obstacles : tyroliennes, ponts suspendus, échelles et câbles. Les dix premiers peuvent être franchis à partir de 10 ans, les huit suivants sont réservés aux adultes et aux adolescents à partir de 14 ans. Le parcours se fait avec casque et baudrier sous la surveillance d'un guide.

STATION DE SKI DE KOZARA

Ski-centar Kozara

✆ +387 52 21 11 69

kozaraski.com

En hiver, tous les jours 10h-16h et nocturne 18h-21h. Forfaits : 15 km/jour, 13 km en nocturne.

Cette mini-station de ski (Skijalište Kozara/Скијалиште Козара) s'étale entre 680 et 795 m d'altitude avec deux pistes (850 et 650 m de longueur) et un tire-fesses. Pas de quoi rivaliser avec la station de Jahorina. Mais c'est surtout l'occasion de venir profiter des superbes paysages du parc national de Kozara en hiver, quand tout est couvert de neige. Le matériel se loue directement au départ du remonte-pente (15 km/jour). Bien adaptée aux débutants, la station dispose aussi d'une école de ski, d'une piste de 200 m de longueur et d'un tire-fesses pour enfants.

DOBOJ

▸ Doboj/Добој (prononcez « doboï ») compte environ 26 000 habitants, dont 73 % de Bosno-Serbes. C'est le chef-lieu de la municipalité de Doboj (70 000 habitants), en République serbe de Bosnie. La ville se trouve 72 km au nord-ouest de Tuzla (*via* Srebrenik et Gračanica), 91 km au nord de Zenica, 94 km à l'ouest de Banja Luka et 127 km à l'est de Bijeljina (*via* Brčko). Nombreuses liaisons en bus avec Banja Luka, Bijeljina, Tuzla, Zenica et Sarajevo, 4 liaisons en train/jour avec Banja Luka et Prijedor.

▸ Cette ville industrielle fut fortement touchée par les deux dernières guerres (1941-1945 et 1992-1995). Elle a perdu l'essentiel de ses habitants bosniaques et bosno-croates (51 % de la population en 1991) mais aussi, plus récemment, ses liaisons ferroviaires avec Sarajevo, la Serbie et la Croatie. Elle n'est toutefois pas sans charme. Traversée par la rivière Bosna et ses affluents, la Spreča et l'Usora, Doboj est dominée par une impressionnante forteresse médiévale et dispose d'un intéressant musée régional. Fondée par les Romains sous le nom de Canabea après la révolte de la tribu illyrienne des Dæsitiates au début du Ier siècle de notre ère, la ville possède aussi une grande piscine découverte (tous les jours 8h-20h en été), de nombreuses églises, plusieurs mosquées reconstruites, une des rares synagogues actives du pays et un petit office de tourisme (1, rue Cara-Dušana, 900 m au sud de la forteresse, lundi-vendredi 7h-15h). Mais ce dernier n'est pas encore très efficace, il faut bien le dire.

LA BATAILLE DE KOZARA

Au printemps 1942, les partisans communistes yougoslaves étaient parvenus à libérer Prijedor et d'autres villes de l'ouest de la Bosnie. Afin de les empêcher de s'emparer de Banja Luka, l'état-major allemand organisa la vaste opération « West-Bosnien » (« Bosnie-Ouest »), aussi connue comme l'offensive de Kozara, à partir du 10 juin 1942. Quelque 3 000 partisans se retrouvèrent bientôt encerclés dans le massif de Koraza par 36 000 soldats allemands et croates soutenus par 2 000 Chetniks (nationalistes serbes). Malgré de lourdes pertes, les troupes de Tito purent recruter massivement au sein de la population des environs. Causant la mort de 7 000 soldats des forces de l'Axe, les partisans furent toutefois progressivement acculés sur le plateau de Mrakovica, à l'emplacement de l'actuel *Monument de la Révolution*. Seuls 900 d'entre eux parvinrent à s'extraire de la nasse. La bataille prit fin le 17 juillet 1942. Tous les partisans blessés ou faits prisonniers furent exécutés. Dans les jours qui suivirent, environ 25 000 civils de la région, principalement des Bosno-Serbes, furent tués sur place ou au camp de concentration de Jasenovac, à la frontière entre la Croatie et la Bosnie-Herzégovine (voir Donja Gradina). Cette sévère défaite des partisans ne permit pour autant pas aux forces de l'Axe de contrôler complètement l'ouest de la Bosnie. Dès septembre 1942, le massif de Kozara fut repris par les partisans et demeura un important foyer de résistance jusqu'à la libération du pays en 1945.

CHÂTEAU DE TEŠANJ ★

Tešanj

Avril-octobre : tous les jours 8h-20h, 3 km ; reste de l'année : accès libre. Café à l'intérieur du château.

Le plus grand château de Bosnie-Herzégovine (Dvorac Tešanj) domine la jolie petite ville de Tešanj qui compte environ 5 000 habitants, dont 97 % de Bosniaques. Il est installé sur une colline rocheuse et escarpée qui fut d'abord fortifiée par les Illyriens. Il a pris sa forme actuelle sous les Ottomans, entre la fin du XVIIe siècle et le début du XVIIIe siècle, avec des murs de 2,40 m d'épaisseur montant jusqu'à 10 m de hauteur et une puissante tour construite sur la base d'un donjon des rois de Bosnie. Cette dernière abrite aujourd'hui un petit musée d'histoire.

FORTERESSE DE DOBOJ

Dans le centre-ville,
sur la rive gauche de la Bosna.

Tous les jours 9h-13h et 16h-22h. Gratuit.

Installée sur une colline à 177 m d'altitude, cette belle forteresse médiévale (Dobojska Tvrđava/Добојска Тврђава) domine la ville et la Bosna situées 40 m en contrebas. Érigée à partir du XIIIe siècle, elle fut assiégée dix-huit fois au cours de son histoire, en particulier en 1415 (la date figure au-dessus de la porte d'entrée), lorsque le grand duc de Bosnie Hrvoje Vukčić Hrvatinić parvint ici à repousser les Hongrois avec l'aide des Ottomans. On peut arpenter la cour, les puissants remparts et la tour du Capitaine aménagés avec des panneaux explicatifs.

MUSÉE RÉGIONAL DE DOBOJ

Vidovdanska 4
✆ +387 53 23 12 20
muzejdoboj.com
Lundi-vendredi 7h-16h. 2 km.

Créé en 1956, ce musée (Regionalni Muzej Doboj/Регионални музеј Добој) abrite des collections bien présentées avec des panneaux en anglais sur l'archéologie, l'histoire, l'ethnologie et les sciences naturelles dans la région. On y découvre des objets en bronze du néolithique, des armes et effets personnels de soldats romains, des stećci et bijoux du Moyen Âge, une riche collection ottomane, des outils et costumes de la vie quotidienne du XVIIe au XXe siècle, des armes de la Seconde Guerre mondiale, mais aussi des œuvres du céramiste Drago Handanović (né en 1939).

SYNAGOGUE DE DOBOJ

350 m au sud-ouest de la forteresse.
✆ +387 53 24 12 35
sinagogadoboj.org
Ouverte parfois en journée ou sur rendez-vous. Tenue correcte exigée.

Ce beau bâtiment aux murs ocre et au pignon chantourné (Sinagoga u Doboju/Синагога у Добоју) a été érigé à l'emplacement de l'ancienne synagogue (1874) détruite en 1942. Il abrite une salle de prière, le centre culturel juif Bejt Šalom, une école de musique ainsi qu'une boutique de souvenirs. Comptant parmi les six dernières communautés juives de Bosnie-Herzégovine, celle de Doboj compte environ 50 personnes. Dans la cour se trouvent les vestiges de l'ancienne synagogue ainsi qu'une plaque portant les noms des 89 Juifs de Doboj assassinés en 1941-1942.

VILLAGE « ROYAL » DE KOTROMANIĆEVO

M17.2 ✆ +387 53 28 28 35
www.kotromanicevo.com
Tous les jours 7h-23h. Hébergement : 45/81 € pour deux avec petit déjeuner. Restaurant : environ 25 km/personne.

Créé en 2012, ce complexe touristique (Kraljevsko Selo Kotromanićevo/Краљевско Село Котроманићево) est nommé en l'honneur de la dynastie des Kotromanić qui régna sur la Bosnie de 1377 à 1468. Installé sur les rives de la Veličanka, il comprend douze maisons en bois de style médiéval abritant un petit hôtel avec sauna, un restaurant et des boutiques de souvenirs. Activités : animations médiévales, location de VTT, pêche, ou encore, parapente sur le mont Ozren (46 km au sud-est).

TOČAK €

Krnjinske srpske brigade 145
✆ +387 53 23 60 77
www.facebook.com/RestoranTocak
Tous les jours 7h-22h. Environ 25 km/personne. Hébergement : 4 chambres, 24 € pour deux, petit déjeuner 3 €/personne.

Dans une maison en bois installée face à la Bosna, le restaurant « la roue » vaut le détour pour ses spécialités d'agneau et de cochon cuits entiers à la broche. Pour être certain d'en avoir une part et de connaître l'heure de cuisson, il faut réserver directement auprès du chef (+387 65 67 80 69). L'établissement dispose de chambres rudimentaires mais propres avec Wifi, salle de bains correcte et bon petit déjeuner. Sinon, toujours à Doboj, le grand et moderne Hotel Park (www.hotelparkdoboj.com) propose davantage de confort mais pour trois fois plus cher.

DONJA GRADINA

Donja Gradina/Доња Градина (prononcez « donïa gradina ») compte environ 150 habitants, presque tous bosno-serbes. Le village appartient à la municipalité de Kozarska Dubica (21 000 habitants), en République serbe de Bosnie. Il se trouve le long de la frontière avec la Croatie, en face de Jasenovac (Croatie), 15 km au nord-est de Kozarska Dubica et 79 km au nord-ouest de Banja Luka (*via* Vrbaška). Trois/cinq liaisons en bus par jour entre Banja Luka et Kozarska Dubica.

Donja Gradina est la localité la plus au nord de la Bosnie-Herzégovine. Le village est placé dans un méandre de la Save et au confluent de l'Una, les deux rivières qui délimitent la frontière nord du pays avec la Croatie. Hélas, ce n'est pas pour sa situation géographique particulière que Donja Gradina est devenu célèbre. Durant la Seconde Guerre mondiale, le site abrita une partie des installations du funeste complexe de Jasenovac, l'un des plus grands camps de concentration de la Seconde Guerre mondiale. C'est principalement dans la partie bosnienne du complexe que les oustachis croates exécutèrent environ 100 000 personnes, en particulier des Serbes, des Juifs et des Roms. Aujourd'hui, deux espaces mémoriaux coexistent de part et d'autre de la Save : celui de Jasenovac, en Croatie, qui présente les faits de manière sérieuse en s'appuyant sur des recherches scientifiques internationales, et celui de Donja Gradina, en Bosnie-Herzégovine, qui est désormais sous l'emprise d'une version nationaliste serbe de l'histoire.

PARC COMMÉMORATIF DE DONJA GRADINA ★

Spomen područje Donja Gradina
✆ +387 52 44 60 31 - jusp-donjagradina.org
Accès libre. Accueil : lundi-vendredi 7h-15h. Mémorial de Jasenovac : tous les jours 9h-17h, week-end 10h-16h.

Ce parc commémoratif de la Seconde Guerre mondiale (Spomen-Područje Donja Gradina/ Спомен-Подручје Доња Градина) est situé dans un méandre de la Save, au point le plus au nord de la Bosnie-Herzégovine. Malgré un bel environnement, la visite peut se révéler difficile tant les détails macabres abondent sur ce qui s'est passé ici entre 1941 et 1945. Par ailleurs, il est à regretter que le site fasse l'objet d'une récupération politique depuis les années 1990.

Histoire. Le parc commémoratif de Donja Gradina fait partie d'un ensemble mémorial transfrontalier créé dans les années 1960 à l'emplacement du troisième plus grand complexe concentrationnaire européen de la Seconde Guerre mondiale : le camp d'extermination de Jasenovac, dont l'essentiel des installations étaient situées du côté croate de la Save. De 1941 à 1945, plus d'un million de personnes furent déportées dans cette zone marécageuse par le régime nationaliste croate allié des nazis. Le nombre de morts est estimé à 100 000 par la plupart des historiens spécialistes des camps : de 45 000 à 52 000 Serbes, de 15 000 à 20 000 Roms, de 12 000 à 20 000 Juifs et de 5 000 à 12 000 Croates et Bosniaques. C'est ici, à Donja Gradina, qu'eurent lieu les plus grands massacres de détenus de Jasenovac. Hélas, depuis les années 1990, les autorités de Belgrade et de Banja Luka exagèrent ces chiffres, en multipliant par dix le nombre de morts serbes et en niant les victimes croates. Il s'agit de propagande pour minimiser et justifier les agissements des forces serbes au cours des guerres de Yougoslavie (1991-2001).

Visite. Le parc de 177 ha est aménagé avec un parcours détaillant les crimes commis en ces lieux. Au centre se trouvent l'accueil et une salle d'exposition. La visite commence au nord-ouest, près du pont. Au-dessus des symboles des communautés serbe, juive et rom, des panneaux affichent le nombre de personnes tuées dans l'ensemble du complexe de Jasenovac : c'est la partie la plus contestée, puisque est ici indiqué le chiffre de 700 000 morts, dont 500 000 Serbes. Il s'agit de la version donnée par les autorités serbes actuelles. Encore une fois, les études sérieuses s'accordent sur un nombre de 70 000 à 100 000 morts au total (360 000 au maximum, mais cela est sujet à caution). Juste à côté, au confluent de l'Una et de la Save est conservé le tronc du « peuplier de l'horreur » (*topola užasa*) sur lequel étaient suppliciés des détenus. S'ensuivent des plaques marquant les emplacements de neuf groupes de fosses communes, de l'entrée du camp (*prihvatni logor*), du lieu de torture de la « maison de Vukić » (*kuća Vukića*) et de l'ossuaire (*kosturnica*). Le parcours s'achève dans une clairière avec la « savonnerie » (*tvornica sapuna*) où sont exposés trois chaudrons et un réservoir qui furent utilisés, dit-on, pour fabriquer du savon à partir des corps des victimes.

À proximité. Outre le parc de Donja Gradina, douze autres sites de mémoire du même complexe concentrationnaire sont répartis en Croatie, et gérés par un organisme différent qui présente les faits de manière plus scientifique (jusp-jasenovac.hr). Ainsi, juste en face, à Jasenovac, se trouvent un musée, un centre de recherche et le célèbre monument de la *Fleur de pierre* (*Kameni Cvijet*). Cette œuvre en béton a été réalisée en 1966 par le sculpteur serbe Bogdan Bogdanović (1922-2010), à qui l'on doit les parcs commémoratifs des partisans de Bihać et de Mostar.

KRAJINA BOSNIENNE

La « Fleur de pierre » de Jasenovac (Croatie), en face du parc commémoratif de Donja Gradina.

JAJCE ★★

Jajce/Јајце (prononcez « yaïtsé ») compte environ 7 000 habitants, dont 45 % de Bosno-Croates et 45 % de Bosniaques. C'est le chef-lieu de la municipalité de Jajce (27 000 habitants), dans le canton de Bosnie centrale (Fédération de Bosnie-et-Herzégovine).

Jajce est située à 375 m d'altitude, au confluent de deux rivières impétueuses avec la Pliva qui se jette de toutes ses forces dans la Vrbas. Celle qui fut la dernière ville capturée par les Ottomans, en 1527, possède aussi des raretés comme une église de style gothique, une des deux mosquées du pays portant le nom d'une femme, un temple romain dédié à un dieu indo-iranien, ou encore un tombeau royal orné des symboles bogomiles. Cet ensemble architectural et naturel est inscrit depuis 2006 sur la liste indicative de l'Unesco en vue d'un classement au patrimoine mondial.

Histoire

Jusqu'au XIVe siècle, l'histoire de Jajce est mal connue, puisque son patrimoine antique n'a fait l'objet d'aucune recherche sérieuse. La ville fortifiée se développe à partir de 1391 sous l'impulsion des bans de Croatie, puis elle devient la capitale du royaume de Bosnie. Sa brève capture par les Ottomans en 1463 marque la fin de l'indépendance du pays. Pourtant, dès l'année suivante, Jajce est reprise par le roi Matthias Ier de Hongrie. Contrôlant la vallée de la Vrbas qui débouche sur la plaine de Pannonie, elle sera la dernière cité bosnienne conquise par les Ottomans en 1527. Si elle s'islamise, elle demeure fortement orthodoxe jusqu'au XXe siècle. Une partie des habitants bosno-serbes est massacrée par les oustachis croates en 1941. Brièvement libérée par les partisans en 1943, la ville accueille un grand congrès qui donne naissance à la Yougoslavie fédérale et socialiste. En 1992, l'armée bosno-serbe soumet Jajce à un intense bombardement. La ville tombe le 29 octobre, provoquant l'exode de 40 000 personnes. Les mosquées et églises catholiques sont détruites. La ville est reprise en 1995 par les armées bosnienne et bosno-croate. Alors que les habitants bosno-serbes fuient, les nationalistes bosno-croates bloquent le retour des réfugiés bosniaques. Jusqu'en 2006, Jajce restera marquée par les destructions et les rivalités entre communautés. Grâce à la reconstruction des principaux monuments, les habitants misent désormais sur la culture et le tourisme.

CATACOMBES DE JAJCE ★

Svetog Luke

Tous les jours 8h-20h (jusqu'à 16h en octobre-avril). 4 km (2 km hors saison).

Creusées dans la roche au début du XVe siècle, ces catacombes (Katakombe) abritent une chapelle sans doute catholique, tout au moins chrétienne, qui devait servir de sépulture aux membres de la famille du fondateur de Jajce et du ban de Croatie Hrvoje Vukčić Hrvatinić (1350-1416). Mais lui et les siens furent finalement inhumés ailleurs, au Monténégro et en Dalmatie. D'abord sculptée dans le style roman, puis achevée avec des voûtes gothiques, la chapelle se compose d'un narthex étroit (2,18 x 5,50 m) orné des bas-reliefs inachevés de deux blasons, puis d'une nef (7,50 m x 9,50 m) accueillant des niches funéraires appelées *loculi*. Au fond de la nef, derrière l'autel, le mur est percé de trois symboles : une croix patriarcale (proche de la croix de Lorraine), un soleil et un croissant de lune. Les deux barres transversales de la croix représentent la mort et la Résurrection du Christ, tandis que le soleil et la lune révèlent une influence du dualisme du mouvement chrétien des bogomiles, puisqu'il s'agit des évocations de la mort et du sommeil éternel selon le culte chrétien pratiqué par l'Église de Bosnie au Moyen Âge. Les mêmes symboles sont reproduits dans un *loculi*, à gauche. Enfin, une cavité dans le sol de la nef permettait d'accéder à une petite crypte située en dessous. Si le lieu n'a semble-t-il jamais servi de sépulture, il a été utilisé plus tard comme léproserie par les moines franciscains de Jajce. On dit même que Tito y aurait trouvé refuge durant un bombardement allemand en 1943.

PORTE DE BANJA LUKA

Hrvoja Vukčića Hrvatinića

Accès libre. Galerie d'art de la maison Krslak : lundi-vendredi 8h-16h (8h-12h en septembre-mai), 2 km.

Cette porte ottomane (Banjalučka Kapija) garde l'entrée orientale de la ville fortifiée. C'est par là que l'on accède au monastère Saint-Luc et au Musée franciscain en passant dans l'ancien quartier des forgerons, le long de la mosquée Hadadan, fondée en 1630 mais dont le bâtiment actuel date de 1936. À proximité de la porte, dans la cité fortifiée, se trouvent la mosquée Hadži-Muharem située à côté de la Vrbas et, plus haut en direction de la forteresse, la maison Krslak (Kršlakova Kuća), belle bâtisse de style ottoman qui abrite la galerie d'art municipale.

CHUTES DE LA PLIVA ★★

Drugog zasjedanja AVNOJ-a

Tous les jours 8h-20h. 8 km avec le temple de Mithra et le Musée régional en mai-septembre, 4 km hors saison.

Ces chutes d'eau (Plivski Vodopad) sont magnifiques et ce sont les seules au monde situées au centre d'une ville. La rivière Pliva, qui prend sa source 27 km en amont, à Šipovo, se jette ici dans la Vbras : elle effectue un magistral saut de 21 m de hauteur formant deux murs d'eau d'environ 15 m de largeur chacun. On peut profiter du spectacle selon différents angles. Pour des sensations fortes et des éclaboussures assurées, une plateforme a été aménagée en contrebas *(accès payant)*. Sur les côtés, le point de vue demeure impressionnant avec le haut des rives en accès libre. Mais pour une bonne photo, il faut prendre davantage de hauteur, comme par exemple au bord de la route M16 longeant la Vrbas en direction de Banja Luka. Formé par un affaissement du sol et l'accumulation de dépôts dépôts calcaires il y a 50 000 ans, le site reste fragile du fait l'action de l'homme. Avant la dernière guerre, les chutes d'eau atteignaient 30 m de hauteur. Mais une soudaine inondation a causé l'effondrement de la partie haute en calcaire. Selon les versions, l'inondation a été provoquée par un tremblement de terre ou par la destruction d'un barrage en amont sur la Pliva au cours du conflit. L'aménagement de récents barrages à Šipovo fait craindre de nouveaux changements. Par ailleurs, depuis le creusement du lit de la Vrbas, sous les chutes d'eau, en 2011, un concours de saut est organisé chaque année le premier week-end d'août : environ trente plongeurs venant d'ex-Yougoslavie s'élancent depuis le centre des chutes d'eau à 17 m de hauteur.

© DENIS KABANOV - ISTOCKPHOTO.COM

CITÉ FORTIFIÉE DE JAJCE ★★

whc.unesco.org/en/tentativelists/2098/

Accès libre y compris en voiture, mais rues étroites et nombre de places de parking limité.

Cernée de 1 300 m de remparts, la vieille cité (Stari Grad) s'étale sur une colline qui monte des chutes d'eau de la Pliva à la forteresse des rois de Bosnie, située 150 m plus haut. Dans cet espace de 11 ha se concentrent des mosquées récemment reconstruites, une grande église abandonnée, des catacombes, de belles maisons ottomanes, comme celle du dizdar (Dizdareva Kuća), le commandant de la place forte, et celle de la famille Krslak (Kršlakova Kuća), qui abrite une galerie d'art. Il y a aussi le petit Musée régional, des bâtiments austro-hongrois aux façades colorées, des cafés, des restaurants, des banques et des hôtels. La cité fortifiée est de plus en plus touristique. Mais elle reste un lieu de vie pour plus d'un millier d'habitants. C'est ce qui en fait tout le charme. Rien n'est vraiment parfait. Les voitures circulent et ça bouchonne, mais pour monter les courses aux grands-parents, c'est quand même bien pratique. Il y a aussi ces maisons en ruine, pilonnées par l'artillerie bosno-serbe en 1992 ou abandonnées depuis la fin de la guerre. Tout cela fait partie désormais de l'histoire de Jajce. On retient que la ville fut fondée par le ban de Croatie Hrvoje Vukčić Hrvatinić en 1391. Mais ce site fut occupé bien avant, sans doute dès le néolithique. Pour découvrir ce passé, il faut sortir des remparts avec à l'est, la belle collection d'archéologie du Musée franciscain et, à l'ouest, le temple de Mithra datant de la période romaine. Bref, une journée ne sera pas de trop pour arpenter la ville.

PORTE DE TRAVNIK

Hrvoja Vukčića Hrvatinića

Ne se visite pas. Mais restaurant Kod Asima dans l'ancien poste de garde de la porte.

Puissante mais élégante, cette porte (Travnička Kapija) garde l'entrée sud de la ville fortifiée. Créée en même temps que les remparts à la fin du XIVe siècle, elle servait à l'origine à protéger le principal pont de la ville enjambant la Pliva et aujourd'hui disparu. Elle a été remaniée par les Ottomans du XVIIe au XIXe siècle avec des murs de 1,20 à 3,30 m d'épaisseur, un passage voûté, une tour, un petit bastion, une fontaine (Hafizadića Česma) et l'habitation des gardiens, dite maison Omer-bey (Omerbegova Kuća). Cette dernière abrite le restaurant Kod Asima.

KRAJINA BOSNIENNE

FORTERESSE DE JAJCE ★★

Jajačka tvrđava

Tous les jours 9h-20h (jusqu'à 16h en octobre-avril). 5 km (2,50 km hors saison).

Installée au sommet de la colline de Jajce, à 470 m d'altitude, cette forteresse (Tvrđava Jajce) constitue l'élément clé et la partie la plus impressionnante des fortifications de la vieille ville. Bien préservée, elle fut créée en 1391 par Hrvoje Vukčić Hrvatinić, puis renforcée par les Hongrois, les Ottomans et les Austro-Hongrois jusqu'au XIXe siècle. En 1421, elle devint le siège des rois de Bosnie, comme en atteste le blason qui orne l'entrée au sud-ouest. Si l'intérieur est désormais presque complètement vide, le chemin de ronde est en partie accessible et offre des vues remarquables sur la ville et toute la vallée de Jajce. Formant un rectangle irrégulier d'environ 80 × 60 m, la forteresse a souffert de quelques tirs durant la dernière guerre. Elle est défendue par deux gros bastions aux angles nord et sud. Dans la cour, plusieurs bâtiments se sont succédé, notamment une mosquée. Il ne subsiste aujourd'hui qu'un magasin à munitions ottoman du XVIIIe siècle et un réservoir d'eau de la période austro-hongroise. En contrebas, dans la vieille ville, se dressent les minarets des mosquées Dizdareva (au sud-ouest) et Sinan-bey (à l'est) ainsi que la tour de l'horloge (au sud). Cette dernière est un élément architectural typique des villes balkaniques, généralement ottoman. Mais celle-ci date du Moyen Âge, de la fin du règne de Hrvoje Vukčić Hrvatinić. Plusieurs fois remaniée, elle a perdu son horloge et sa cloche, emportées par les Austro-Hongrois à leur départ de Bosnie-Herzégovine en 1918.

MUSÉE FRANCISCAIN DE JAJCE ★★

Fra Antuna Kneževića 6

✆ +387 30 65 85 74

Tous les jours sauf dimanche 10h-18h. 5 km.

Ce musée (Franjevački Muzej Jajce) est installé dans le monastère catholique Saint-Luc (Samostan Svetog Luke) fondé par l'ordre des franciscains en 1877. Créé en 1905, il est réputé pour sa pièce maîtresse : le squelette présenté comme celui du dernier roi de Bosnie, Stefan Tomašević, exécuté à Jajce en 1463. Exposés à l'écart, dans un sarcophage en verre, ces ossements ont été découverts près de la ville en 1888. Rien n'est précisé, mais il n'est pas certain qu'il s'agisse du corps du roi. L'âge du défunt (entre 20 et 30 ans) et le fait que la tête ait été retrouvée à l'écart valent ici pour preuves, puisque Stefan Tomašević fut décapité par les Ottomans dans sa vingt-cinquième année. Le reste du musée bénéficie d'une présentation plus pointue et plus moderne avec trois belles salles rénovées en 2018. On y trouve des collections d'art sacré, d'ethnologie et d'archéologie. Cette dernière abrite une des trois épées de type Mošunj du pays : forgée il y a environ 3 500 ans, elle correspond à celle mise au jour à Veliki Mošunj, près de Vitez, et conservée au Musée national, à Sarajevo. Il faut aussi remarquer les bas-reliefs de temples romains dédiés à Jupiter et à Silvanus, ainsi que les pièces provenant de l'église Sainte-Marie, dont une inscription ottomane qui date de la période à partir de laquelle l'édifice fut transformé en mosquée. Quant au monastère lui-même, il présente peu d'intérêt. Dynamité par l'armée bosno-serbe en 1992, il a été reconstruit à partir de 1999.

TOUR DE L'OURS

Svetog Luke

Accès libre.

Gardant l'entrée ouest de la ville fortifiée, cette tour cylindrique (Medvjed Kula) a été construite juste avant la chute du royaume de Bosnie, entre 1448 et 1463, et conçue pour résister aux premiers canons. L'épaisseur de ses murs varie de 4,70 à 6 m pour un diamètre de 5,70 à 8,14 m et une hauteur d'environ 15 m aujourd'hui. C'est la puissance qui en émane qui vaut à l'édifice son nom. Mais une autre version proposée aux visiteurs veut que des ours condamnés y étaient enfermés. C'est peu probable, même si les procès d'animaux avaient parfois lieu au Moyen Âge.

HOTEL STARI GRAD €€

Svetog Luke 3

✆ +387 30 65 40 08

jajcetours.com

12 chambres. 48/68 € pour deux avec petit déjeuner. Restaurant : environ 15 km/personne. Sauna et hammam : 20 km.

Bien placé, cet hôtel familial propose des chambres confortables : bonnes literie et salle de bains, chauffage, clim, Wifi. Bâti sur les anciens bains ottomans, détruits au XVIIIe siècle, il dispose d'un petit espace bien être avec mini-hammam, salon de massage et sauna. Bémols : le bruit dans certaines chambres et le parking gratuit mais étroit. Pensez à réserver à l'avance en été. Sinon, juste à l'extérieur de la vieille vile, près du temple de Mithra, l'hôtel Turist 98 possède 50 chambres et affiche des tarifs similaires (www.hotel-turist98.com).

ÉGLISE SAINTE-MARIE ✝ ★

Svetog Luke
Accès libre.
En partie détruite par un incendie en 1832, cette ancienne église catholique dédiée à la Vierge (Crkva Svete Marije) est restée en l'état depuis avec ses murs à l'air libre et son beffroi Saint-Luc (Zvonik Svetog Luke) presque intact. Cette belle ruine présente plusieurs intérêts. Il s'agit d'un des rares bâtiments de style gothique du pays. Il a été édifié à la fin du XIVe siècle par les moines franciscains à l'emplacement d'une église romane du XIIe siècle. Quant aux parois intérieures, elles conservent une fresque relativement bien préservée du Jugement dernier datant du début du XVe siècle. À partir de cette période, le bâtiment fut en effet remanié pour servir d'église royale. C'est là que furent sacrés les derniers rois de Bosnie. En 1459, Stefan (Étienne) Tomašević dota l'église de précieuses reliques de saint Luc (dont un doigt récemment revenu à Jajce) et fit élever le beffroi de 23 m de hauteur. Il y fut sacré le 17 novembre 1461, avant d'être décapité deux ans plus tard dans la forteresse voisine, en mai ou juin 1463, après s'être rendu aux Ottomans à Ključ, près de Sanski Most. En 1582, l'église fut convertie en mosquée et nommée en l'honneur du sultan Soliman le Magnifique (Sultan-Sulejmanova Džamija). Aussi connu comme la mosquée de la Conquête (Fethija Džamija), le bâtiment fut ravagé par les flammes une première fois en 1658, puis restauré. Mais il fut abandonné après l'incendie de 1832. En revanche, il a échappé aux destructions causées par les forces bosno-serbes en 1992-1993.

MOTEL PLAŽA 🛏 €€

M5
✆ +387 30 64 72 00
11 chambres. 48/67 € pour deux avec petit déjeuner. Restaurant : tous les jours 7h-23h, environ 15 km/personne.
Situé à 600 m des moulins des lacs de la Pliva, cet établissement doit son nom à sa plage (*plaža*). Le restaurant au bord de l'eau est très agréable et sert notamment des truites du lac. C'est aussi là qu'est servi le copieux petit déjeuner. Les chambres disposent d'un balcon (vue sur la montagne ou le lac), de la clim, du Wifi et du chauffage. Mais on attend des améliorations : literie un peu molle, problèmes de pression dans les salles de bains, absence d'insonorisation. Prêt de vélos pour des balades autour des lacs, location de VTT, kayaks et bateaux à pédales.

LACS DE LA PLIVA ★★

M5
Accès libre.
Avant d'aller se jeter dans la Vrbas aux remarquables chutes d'eau de la Pliva, à Jajce, la tumultueuse petite rivière de 27 km de longueur forme deux lacs artificiels (Plivska Jezera) qui sont très fréquentés des habitants de la région, aussi bien pour leur cadre naturel, leurs célèbres moulins que pour y faire du kayak. Cet ensemble de 8 km de longueur, de 200 à 600 m de largeur et de 2,8 km^2 de surface est formé par un barrage situé 2 km en amont de Jajce. Le Petit lac de la Pliva (Malo Plivsko Jezero, 20 ha) se poursuit avec le grand lac de la Pliva (Veliko Plivsko Jezero, 260 ha) qui prend fin au village de Jezero (« lac »), en République serbe de Bosnie. Les deux lacs sont séparés par une île et un petit détroit reliés à la rive sud par une passerelle. C'est là, sur la rive nord, qu'ont été installés vingt-quatre moulins en bois aux allures de petites cabanes et dont la présence remonte à la période ottomane. À l'origine éparpillés autour des deux lacs, ils ont été concentrés au même endroit, au lieu-dit Mlinčići (« moulins à eau »), sur une cascade en faible pente. Montés sur pilotis et posés chacun de manière à pouvoir profiter du courant, ces moulins fonctionnent avec des mécanismes différents et sont encore, pour certains, utilisés par leurs propriétaires pour moudre des céréales ou du blé noir. On peut profiter de ce cadre enchanteur pour pique-niquer, faire du vélo ou de la pêche. On peut aussi louer des kayaks dans la petite marina du grand lac de la Pliva, située 600 m à l'est des moulins, devant le Motel Plaža.

MOSQUÉE ESMA-SULTAN

Hrvoja Vukčića Hrvatinića

Visite possible en journée. Tenue correcte exigée, se déchausser, se couvrir la tête pour les femmes.

Les quatre mosquées de la vieille ville ont été détruites durant la dernière guerre et reconstruites depuis. La plus importante est la mosquée Esma-Sultan (Džamija Sultanije Esme). C'est la seule du pays portant le nom d'une femme, avec celle du récent centre culturel Princesse-Al-Jawhara de Bugojno. Elle a été érigée en 1750 à l'emplacement d'une mosquée du XVIe siècle qui constituait le cœur de la charchia, le quartier commerçant et islamique. L'édifice actuel en conserve le souvenir, puisqu'il est aussi appelé mosquée de la Charchia (Čaršijska Džamija). Une plaque indique qu'elle a été érigée en 1749/1750. La tradition attribue la construction à Esma Sutan (1726-1788), fille du sultan Ahmed III. Femme influente, elle fut l'épouse et l'amante de plusieurs personnages de haut rang. Mais il est improbable que la princesse soit à l'origine de la mosquée. Elle s'est bien mariée au gouverneur de Bosnie Muhsinzade Mehmed Paşa, mais seulement en 1758. Celui-ci n'a été nommé à ce poste qu'en 1760. C'est donc après sa construction que la mosquée a pris le nom d'Esma Sultan, sans doute quand son mari devint grand vizir de l'Empire en 1765. De style ottoman, la mosquée est couverte d'un dôme et forme un carré quasi parfait (9,49 × 9,55 m), tandis que son minaret s'élève à 29 m de hauteur. Elle a été détruite en 1993 et reconstruite à l'identique en 2010. À côté se trouve le monument créé en 2017 en l'honneur des « martyrs » bosniaques de Jajce tués lors de la dernière guerre.

Autres mosquées. Au sud-est, près de la porte de Banja Luka, se dresse la mosquée Hadži-Muharem (Hadži Muharemova Džamija), aussi appelée Šamića. Datant du XIXe siècle et dotée d'un minaret en bois, elle a été reconstruite en 2016. Près de la forteresse, la mosquée Dizdareva (Dizdareva Džamija) a été érigée par le *dizdar* Mehmet-beg Kulenović (1776-1806), dont la ville de Vakuf Kulen porte le nom. L'édifice est aussi connu comme la mosquée des Femmes (Ženska Džamija), sans doute en souvenir des sept filles de Mehmet-beg Kulenović mortes pendant que celui-ci effectuait le pèlerinage à La Mecque. Endommagée en 1992 et rénovée en 2002, elle possède une belle décoration intérieure. Enfin, sous la partie orientale de la forteresse, la petite mosquée Sinan-bey (Sinan-Begova Džamija) date de 1689. Elle est surnommée « mosquée des Okić » (Okića Džamija), du nom des imams de la même famille qui se sont succédé ici durant des générations. Tous ses éléments en bois, notamment sa toiture et son minaret, ont brûlé en 1992. Le bâtiment a rouvert en 2002.

MUSÉE DE LA LIBÉRATION NATIONALE

Drugog zasjedanja AVNOJ-a

✆ +387 30 65 79 98

www.muzejavnoj.ba

Tous les jours 8h-18h. 2 km. Possibilité de visite guidée en anglais.

Il s'appelle officiellement « musée de la Deuxième session du Conseil antifasciste de libération nationale de Yougoslavie » (Muzej 2. Zasjedanja AVNOJ-a). Ce nom est aussi long que la visite peut être rapide. Car cette vénérable institution créée en 1953 a été pillée à 90 % par l'armée bosno-serbe lors de la dernière guerre. Mais c'est un lieu historique. C'est dans ce bâtiment, une ancienne école, qu'est née la Yougoslavie socialiste le 30 novembre 1943. Ce jour-là, en pleine guerre, 142 représentants des partisans des six futures républiques établissaient les bases du nouvel État fédéral. L'entrée est gardée par la statue du rédacteur de la déclaration signée ce jour-là : Moša Pijade, un Juif de Serbie, bras droit de Tito, mort à Paris en 1957. Une petite locomotive est aussi placée à l'entrée : c'est ce modèle Krauß de 1903 qui transporta les délégués croates et slovènes à Jajce. À l'intérieur, l'exposition est surtout composée de panneaux sans traduction. Dans la pièce principale est reconstituée la salle de la deuxième session avec, clou du spectacle, l'authentique fauteuil dans lequel prit place Tito. Mais là où le musée est vraiment unique, c'est qu'il est évolutif. Depuis 2015, un réseau de musées de toute l'ex-Yougoslavie s'est créé pour retrouver les objets volés. Par exemple, en 2018, le musée d'Art contemporain de Banja Luka a remis les dessins du peintre slovène Božidar Jakac (1899-1989) réalisés ici en 1943. D'autres restitutions sont à venir.

EKO CENTAR KONOBA SLAPOVI €

Kralja Stjepana Tomaševića

✆ +387 63 48 93 69

Tous les jours 9h-21h. Environ 20 km/personne.

Le restaurant de « l'auberge des chutes d'eau » profite d'un emplacement génial, cerné par les collines verdoyantes et de vastes chutes d'eau de la Pliva, pas très hautes mais superbes. Les tables en bois sont posées sur un îlot ou près de la rivière. Pour ce qui est de la cuisine, c'est sans surprise : truites, *uštipci*, *ćevapi*, plein de viandes grillées et un bon veau fondant. C'est parfois un peu gras et le service est un peu lent. Mais encore, une fois, le lieu est magique.

MUSÉE RÉGIONAL DE JAJCE

Svetog Luke 15
✆ +387 30 65 82 68
Tous les jours 9h-17h (8h-16h en novembre-avril). 2 km ou 8 km avec les chutes d'eau de la Pliva et le temple de Mithra.

Ce petit musée (Zavičajni Muzej), aussi connu sous le nom de Musée ethnographique (Etno Muzej), est installé dans l'ancienne maison des finances de l'administration austro-hongroise bâtie en 1882. On y trouve l'agence de tourisme de Jajce. Au rez-de-chaussée sont rassemblés des objets et costumes traditionnels locaux du XIXe siècle qui sont principalement issus de la communauté bosniaque. À l'étage est présentée une collection de minéraux provenant des mines de la région avec quelques jolis spécimens aux couleurs et formes surprenantes. À l'entrée, l'agence de tourisme propose des souvenirs et des broderies réalisées sur les métiers à tisser qui sont exposés juste à côté, dans la salle voisine. Le bâtiment est encadré par deux édifices de la même période et de même style baroque : à droite, l'ancienne école primaire (1880) aux murs orange vif et, à gauche, la maison Sarač (Saračeva Kuća). Datant de 1899 et en attente de travaux de restauration, cette ancienne habitation de la riche famille Sarač incorpore certains éléments décoratifs néomauresques. C'est ici que fut créée, en 1943, la grande agence de presse yougoslave Tanjug (« Agence télégraphique de la nouvelle Yougoslavie »), désormais petite agence de presse serbe privée basée à Belgrade. L'édifice abrita ensuite l'atelier du sculpteur croate Antun Augustinčić (1900-1979), à qui l'on doit notamment le *Monument aux morts de la Krajina*, à Banja Luka, ou encore le *Monument de la paix* installé devant le siège des Nations unies, à New York.

TEMPLE DE MITHRA ★

Mitrasova 12
✆ +387 30 65 82 68
Tous les jours 9h-19h. 2 km ou 8 km avec les chutes de la Pliva et le Musée régional.

Découvert par hasard lors de la construction d'une maison en 1931, ce petit *mithraeum* romain (Hram Boga Mitre) fut creusé dans la roche entre le IIe et le IVe siècle. Il s'agit du plus ancien monument de la ville. Situé 2,80 m sous le niveau du sol, il est de faibles dimensions (environ 7 × 7 m). Ses murs se sont effondrés, mais il possède un bas-relief bien préservé de la divinité indo-iranienne Mithra. Reconnaissable à son bonnet phrygien et à sa tenue orientale, le dieu apparaît en train de tuer un taureau, entouré de deux personnages portant des oriflammes. C'est une représentation classique de Mithra. Le plus souvent construits sous terre, les *mithræa* (temples dédiés à Mithra) ont pour la plupart été transformés en crypte d'église. Celui-ci semble avoir été créé par des employés de la douane romaine adeptes du mithraïsme. Il serait ensuite tombé dans l'oubli, échappant ainsi à la destruction. La pratique de ce culte monothéisme fut rapportée des frontières orientales de l'Empire romain en Europe par les légionnaires au Ier siècle de notre ère et prospéra avant d'être interdit en 391 après que le Christianisme fut nommé religion officielle. Plusieurs *mithræa* ont été mis au jour dans la région, en Croatie et en Bosnie-Herzégovine. Celui de Konjic, légèrement plus grand (7 × 9 m), est plus tardif et moins bien conservé puisqu'il fut construit à l'air libre. Le musée franciscain abrite quant à lui des bas-reliefs d'autres temples de la période romaine, mais ceux-ci proviennent des environs de Sipovo.

KOD ASIMA €

Hrvoja Vukčića Hrvatinića
✆ +387 63 35 19 85
Tous les jours 8h-23h. Environ 15 km/personne.

Le restaurant familial « chez Asim » est incontournable, ne serait-ce que parce qu'il est stratégiquement placé dans la belle maison Omer-bey, au-dessus de la porte de Travnik. Cadre agréable et cuisine honorable : *ćevapi*, énormes portions de viande, goulasch bosnien, riz à la tomate, petites salades, bouillon de poulet et *čorba Begova* (« soupe du bey »). Tout près, 100 m à l'est, en face du centre d'information de l'agence de tourisme de Jajce, le restaurant Una (tous les jours jusqu'à minuit) est moins touristique et sa terrasse est très prisée des habitants.

TYROLIENNE DE JAJCE

Drugog zasjedanja AVNOJ-a
✆ +387 30 65 82 68
Tous les jours 12h-19h en saison (en théorie). 20 km/personne.

Depuis 2021, cette tyrolienne de 250 m de longueur (Zipline Jajce) permet de traverser la Vrbas tout près des chutes d'eau de la Pliva. Le départ se fait près de celles-ci et l'on passe au-dessus la Vrbas accroché à un filin avec un casque en quelques secondes pour rejoindre le parc de la ville (Gradski Park) sur l'autre rive. L'expérience est sympa, sans plus. Le trajet est un peu trop court pour profiter du paysage, l'accueil n'est pas toujours très courtois et aucune vidéo ou photo n'est proposée. Cette attraction est gérée par l'Agence du tourisme de Jajce.

SANCTUAIRE SAINT-JEAN DE PODMILAČJE ★★

7,5 km au nord-est de Jajce par la route M16 en direction de Banja Luka. ✆ +387 30 64 50 44
www.facebook.com/ZupaPodmilacje
Tous les jours à partir de 8h. Tenue correcte exigée.

Abritant une superbe église contemporaine, ce sanctuaire catholique (Svetište Svetog Ive Krstitelja) est situé le long de la Vrbas, à côté de Podmilačje (650 habitants, à 97 % bosno-croates). En raison de guérisons inexpliquées, le site était considéré comme le « Lourdes de Bosnie » avant l'émergence de Međugorje, près de Mostar, dans les années 1980.

Histoire. L'origine du sanctuaire remonte à la croisade lancée par la papauté contre les bogomiles de Bosnie au XIIIe siècle. Après plusieurs épisodes sanglants, l'intellectuel dominicain Johannes von Wildeshausen (mort à Strasbourg en 1252) est nommé évêque de Bosnie en 1233 et prend le contrepied de ses prédécesseurs. Menant sa mission de manière pacifique et arpentant la province accompagné d'un âne, il rencontre un certain succès dans la conversion des populations locales. En signe de protestation contre la mainmise du royaume de Hongrie sur la Bosnie, il démissionne en 1237. Wildeshausen est dès lors considéré comme un saint en Bosnie. En 1416, Hrvoje Vukčić Hrvatinić, ban de Croatie et fondateur de Jajce, fait ériger à Podmilačje une petite église officiellement dédiée à saint Jean-Baptiste mais conçue pour le culte à « saint Jean de Wildeshausen ». Contrôlée par les franciscains, celle-ci continua d'attirer les pèlerins, en particulier après 1945 quand une cinquantaine de « miracles » eurent lieu. Mais l'église fut rasée en 1992 par l'armée bosno-serbe. C'est dans le cadre de sa reconstruction que fut lancé le projet d'un édifice contemporain capable d'accueillir plus de fidèles.

Visite. Le site est surprenant et magnifique. Ici se côtoient deux églises récentes dédiées à saint Jean-Baptiste, mais de styles diamétralement opposés : une réplique de la petite église médiévale en pierre (15,85 × 8,50 m) et la grande spirale moderniste de la nouvelle église. Le complexe est idéalement placé au bord d'un méandre de la Vrbas et entouré de collines verdoyantes de la vallée de la Podmila dépassant les 700 m d'altitude. Ces dernières ont aussi l'avantage de masquer l'énorme cimenterie voisine. Mais au moins, il n'a pas fallu chercher très loin pour construire la nouvelle église. C'est en effet une immense structure en béton brut qui est sortie de terre à partir de 2003. Consacrée en 2010, cette église est l'œuvre de l'architecte slovène Marko Mušič. Né en 1941, celui-ci a œuvré en Yougoslavie durant la période socialiste. C'est aussi à lui que l'on doit aussi l'église catholique de Kotor Varoš (54 km au nord), achevée en 1999 et assez peu réussie, il faut bien l'avouer. En revanche, à Podmilačje, Mušič a mis en œuvre tout son talent en composant avec la nature. Pour assoir le bâtiment, il a fait creuser une colline aménagée à la manière d'un théâtre grec. L'élément central est le mur sud de l'église : largement ajouré, il laisse passer la lumière dans la nef de 3 000 m², puis monte progressivement pour s'enrouler en spirale et ainsi former le clocher qui atteint 62 m de hauteur, le double du clocher de l'église en pierre. Il faut y voir le symbole d'une communauté en extension perpétuelle. La forme de la spirale renforce cette idée, avec un clocher qui semble ne jamais se terminer. L'aménagement est aussi fonctionnel, puisque le sanctuaire est conçu pour accueillir plus de 100 000 fidèles à la Saint-Jean (autour du 21 juin), aussi bien dans l'église moderne que sur son grand parvis enherbé doté d'un autel en plein air.

La nouvelle église a été consacrée en 2010 et est toujours en travaux.

ŠIPOVO ★★

Šipovo/Шипово (prononcez « chipovo ») est le chef-lieu de la municipalité de Šipovo (10 000 habitants) qui fait partie de la République serbe de Bosnie. Sept liaisons par jour en bus avec Banja Luka et Jajce. Dominée par des montagnes qui culminent à 1 906 m d'altitude, la petite ville est cernée de forêts et située au confluent de la Pliva et du Janj, deux rivières aussi courtes que puissantes. Cette dernière détruisit presque tout. Les réfugiés qui sont revenus ont alors misé sur l'écotourisme avec des chambres chez l'habitant. Cependant, la construction de deux usines hydroélectriques risque de transformer irrémédiablement le cours de la Pliva et du Janj.

ÎLOTS DU JANJ ★

9 km au sud-est de Šipovo par la R415, puis par un chemin carrossable (bien indiqué).
GPS : 44.219860, 17.121318.
Accès libre.
Gîte de Milorad Piljić : 35 € pour 2/3 personnes sans petit déjeuner (+387 65 54 03 90).

Affluent de la Pliva réputé pour ses eaux pures et poissonneuses, le Janj forme ici un groupe de petites îles (Janjske Otoke, prononcez « yangské otoké ») sur 1 km de longueur et 300 m de largeur. Dans une épaisse forêt, la rivière se divise en différents bras à travers les arbres pour former des îlots, des ruisseaux et des cascades. L'endroit est charmant. On y trouve une aire de pique-nique, un restaurant (tous les jours 9h-17h) et deux gîtes. Hélas, ce petit paradis pourrait être bientôt transformé avec la création d'une centrale hydroélectrique en amont.

FORÊT PRIMAIRE DE JANJ ★★

Prašuma Janj ✆ +387 50 37 11 97
prasumajanj.com
Visite guidée de 4h sur réservation : 100 km + 25 km/personne.

Cette forêt de 295 ha est qualifiée de « primaire » ou de « vierge » car elle n'a subi aucune transformation visible de la part de l'homme. Depuis 2021, elle figure sur la liste des « forêts primaires de hêtres des Carpates et d'autres régions d'Europe » du patrimoine mondial de l'Unesco. La plupart des animaux sont difficiles à observer. On recommande donc d'effectuer la visite en hiver pour pouvoir suivre les traces laissées dans la neige par l'ours, par exemple. Il faut faire une demande par courriel, sur le site ou sur place à l'organisme de gestion, Gorica.

MONASTÈRE DE GLOGOVAC ✝

Manastir Glogovac
✆ +387 50 48 32 71
Accès libre au complexe. Visite de l'église sur rendez-vous (tenue correcte exigée).

Ce monastère orthodoxe serbe (Manastir Glogovac/Манастир Глоговац) profite d'un beau cadre naturel : il est complètement isolé dans l'étroite vallée de la Glogovac, sous le mont Visoki Borik (1 351 km d'altitude). Fondé en 1463, il fut restauré à partir de 1867 à l'initiative d'un personnage étrange . Omer Pacha (1806-1871), un militaire serbe de l'Empire austro-hongrois converti à l'islam lors d'une mission en Bosnie et qui devint général puis ministre ottoman. Détruit par les oustachis croates en 1942, le complexe a été reconstruit entre 1960 et 2005.

FORTERESSE DE SOKOGRAD

Tvrđava Sokograd
Accès libre. Excursion à la journée avec l'office de tourisme de Šipovo : 12 km/personne (sur réservation).

Noyée dans la végétation, à 620 m d'altitude, et difficile d'accès par un sentier mal tracé, cette forteresse (Tvrđava Sokograd/Тврђава Сокоград) a été érigée au début du XIIIe siècle. En juillet 1363, celle-ci permit à Stefan Tvrtko Ier de mettre en déroute l'armée de son suzerain, le roi de Hongrie Louis Ier d'Anjou, puis d'être sacré roi de Bosnie. Abandonnée par les Ottomans en 1833, elle ne conserve que les ruines d'une tour. En saison, l'office de tourisme de Šipovo organise des excursions à la journée avec la visite de la grotte et de la vallée voisines.

RÉSERVE NATURELLE SPÉCIALE DE LISINA

18 km au nord-ouest de Šipovo, 11 km au nord-est de l'Eko Zona Zelenkovac.
GPS : 44.379879, 17.048070.
Accès libre.

Située entre le mont Lisina (1 450 m d'altitude) et le hameau de Šibovi, cette aire protégée (Posebni Rezervat Prirode Lisina/Специјални Резерват Природе Лисина) s'étend sur 5,6 km^2. Elle abrite l'une des plus fortes concentrations au monde de champignons avec 1 500 espèces répertoriées, grâce à une géologie particulière et à d'abondantes sources d'eau. La filière mycologique locale organise en septembre une fête internationale du champignon dans la ville voisine de Mrkonjić Grad.

MONT VITOROG ★

35 km au sud de Šipovo. GPS : 44.119336, 17.044236.
✆ +387 65 59 11 71
4h de marche après la fin de la route asphaltée. Club de montagne de Šipovo : contacts ci-dessus.

Vingtième plus haut sommet de la Bosnie-Herzégovine, à 1 906 m d'altitude, le mont Vitorog (Vrh Vitoroga/Врх Витороґа) domine toute la région offrant des vues grandioses jusqu'aux monts Vranica (Bosnie centrale), Troglav (Herzégovine) et Dinara (Croatie). Il constitue une frontière naturelle entre la République serbe de Bosnie, au nord, et la Fédération de Bosnie-et-Herzégovine, au sud, à la limite entre les municipalités de Šipovo et de Glamoč. Appelé Grand Vitorog (Veliki Vitorog), il est relié par une cordillère au Petit Vitorog (Mali Vitorog), situé 2,5 km au sud-est et culminant à 1 747 m d'altitude. Tous deux abritent une faune et une flore très riches, avec notamment des loups et des ours. Pour atteindre le sommet du Grand Vitorog, suivez la R415 jusqu'aux îlots du Janj, puis tournez à droite. Une petite route traverse le hameau de Popuže, puis un champ de dolines (dépressions circulaires), avant de grimper à travers les pins. Un chemin carrossable permet ensuite d'accéder jusqu'au sommet en 4 × 4, en VTT ou à pied. En haut, surprise : un immense bunker souterrain est en accès libre. Il s'agit d'un ancien relais de transmissions de l'armée yougoslave. En cas de mauvais temps, cette base désaffectée sert de refuge au club d'alpinisme de Šipovo, qui peut organiser des randonnées jusqu'ici et dans les environs. Sur le versant oriental du mont Vitorog se trouve la grotte de Vagan (Vaganska Pećina), au-dessus du village du même nom. Explorée pour la première fois en 1999, elle n'est pas ouverte aux visites.

SOURCES DE LA PLIVA

À Dragnić/Драгнић, 9 km au sud-ouest de Šipovo par la R415a, puis en longeant la Pliva.
Accès libre. Restaurant au Pliva Fly Fishing Center : tous les jours 7h-22h, environ 20 km/personne.

Les sources de la rivière (Izvori Plive/Извори Пливе) sont situées dans un beau cadre, au pied du mont Jastrebnjak (1 567 m d'altitude). On en distingue trois principales qui forment deux bras se rejoignant après 1 km à Dragnić (120 habitants en majorité bosniaques). Les deux premières sont proches l'une de l'autre et faciles d'accès par une route longeant le moulin de Vasić (en activité), puis par un sentier. La plus importante de celles-ci semble jaillir des rochers. La troisième source, 400 m au sud, est plus dure d'accès, par un sentier souvent boueux.

EKO ZONA ZELENKOVAC €

Zelenkovac bb
✆ +387 50 27 86 49
zelenkovac.com
8 chalets : 38/44 € pour deux, petit déjeuner 2,50 €/personne. Camping : tente ou camping-car 5 €.

Situé en pleine forêt, à 800 m d'altitude, le long de la rivière Zelenikovac et d'un petit lac, ce complexe est complètement atypique. Il a été créé en 1985, tout d'abord en tant que galerie d'art, par le peintre et écrivain Borislav Boro Janković (né en 1960) dans le moulin de ses parents. Pacifiste et écolo, celui-ci a transformé le lieu en un minivillage de chalets en bois et organise chaque année en juillet un festival de jazz. Le confort est rudimentaire, surtout côté camping, mais on y mange bien et plein d'activités sont proposées. Location de VTT.

PLIVA FLY FISHING CENTER €€

Turistički kompleks Pliva
✆ +387 50 32 00 00 – plivaflyfish.com
10 chambres. 20/50 € pour deux avec petit déjeuner. Restaurant : tous les jours 7h-22h, environ 20 km/personne.

Créé en 2014 par une agence de tourisme de Banja Luka spécialisée dans la pêche à la mouche, ce complexe est ouvert à tous et situé au bord de la Pliva. Les chambres et appartements sont répartis dans huit belles maisons modernes avec toiture en tavaillons. Mais le confort demeure assez simple. Côté restaurant, on conseille de rester sur les fondamentaux : l'ombre et la truite. Pour les pêcheurs : seul le no-kill est autorisé. Vous trouverez des chambres chez l'habitant un peu moins chères au village voisin de Brđani, le long de la Pliva, 2 km en amont.

LADNA VODA €

Čifluk
✆ +387 50 37 16 10
Tous les jours 7h-23h. Environ 20 km/personne.

Cette grosse bâtisse orange ne paye pas de mine avec son panneau « Ресторан Ладна вода » (« restaurant Eau froide »). Il faut y pénétrer pour s'apercevoir que la terrasse donne directement sur le Janj. Commandez alors n'importe quel poisson, cochon de lait à broche ou veau cuit sous la cloche (*teletina ispod sača*) pour découvrir qu'il ne faut pas toujours se fier aux apparences. Dans le genre cuisine traditionnelle bosnienne, c'est parfait : viande fondante, poisson parfaitement cuit. Bonnes frites, grande pelouse et serveur efficace en prime. Une super-adresse.

SANSKI MOST

Sanski Most/Сански Мост compte environ 19 000 habitants, dont 94 % de Bosniaques. C'est le chef-lieu de la municipalité de Sanski Most (45 000 habitants) qui fait partie du canton d'Una-Sana (Fédération de Bosnie-et-Herzégovine). La ville se trouve 64 km à l'ouest de Banja Luka, 93 km au nord-ouest de Jajce et 94 km à l'est de Bihać. Liaisons en bus : voir gare routière.

Le nom de cette ville signifie « pont de la Sana ». Mais n'espérez pas de beau pont ottoman. Il a disparu depuis longtemps. Ne cherchez pas non plus de jolies bâtisses ou d'anciens édifices religieux. Presque tout ici a été détruit au cours des deux dernières guerres. En revanche, il y a toujours la rivière Sana, grand affluent de l'Una que les Romains admiraient tant elle était « saine » (*sana* en latin). Il y a aussi ses huit affluents qui convergent au cœur de la cité en descendant du plateau de Hrustovo, à l'ouest, et du mont Mulež (1 013 m d'altitude), à l'est : la Dabar, la Sanica, la Bliha, la Japra, la Zdena, la Majdanska, la Sasinka et la Kozica. Ce qui vaut à Sanski Most le surnom de « ville aux neuf rivières ». C'est ce qui fait tout son charme. Car chaque quartier et chaque village voisin vit au fil de l'eau avec ses restaurants de poissons, ses chutes d'eau, ses petits ponts de guingois et les histoires qui vont avec. Les environs, ce sont aussi de superbes paysages dans le massif de Grmeč (1 604 m d'altitude) ou a la forteresse de Ključ, sans oublier de l'art contemporain, avec deux émouvants monuments des partisans.

Histoire

La région est habitée depuis environ six mille ans. On retiendra qu'au XIIIe siècle, elle passe sous contrôle des moines cisterciens de Clairvaux (dans l'Aube, en France) par l'intermédiaire de leur grande abbaye de Topusko, en Croatie. La ville est alors fondée sous le nom de Sana et devient une paroisse de Zagreb en 1334. Elle est dès lors l'objet de tensions, les moines catholiques devant faire face à la persistance de l'orthodoxie et à l'émergence du mouvement chrétien bogomile. Après la victoire des Ottomans en 1463, les bogomiles se convertissent en masse à l'islam, tandis qu'arrivent des Juifs chassés d'Espagne et des musulmans de Dalmatie. À la fin de la période austro-hongroise, en 1914, Sanski Most compte 2 234 habitants, dont 1 249 Bosniaques, 679 Serbes, 249 Croates et 55 Juifs. Les tensions, qui n'ont cessé de croître depuis un siècle, dégénèrent en 1941 : les oustachis croates massacrent et déportent toute une partie de la population serbe et juive, parfois avec le soutien de Bosniaques. Mais la ville accueille aussi un congrès des partisans en juin 1944 au cours duquel est proclamée l'égalité entre les communautés. Malgré cela et un fort développement économique durant la période socialiste, la violence explose à nouveau en 1992, quand l'armée yougoslave (sous contrôle serbe) chasse les Bosniaques et les Croates, massacrant plusieurs centaines d'entre eux. La ville est libérée en 1995 par l'armée bosnienne, mais c'est alors la majorité des habitants bosno-serbes qui s'en va.

CHUTE DE LA BLIHA ★

13 km au nord-ouest de Sanski Most par la R405, entre Gornji Kamengrad et Fajtovci.

Accès libre. Nombreuses marches.

Petite rivière de 24 km de longueur qui rejoint la Sana à Sanski Most, la Bliha effectue ici une chute de 56 m de hauteur. Connu sous les noms de *Vodopad Blihe* et *Blihin Skok* (« cascade » ou « saut de la Bliha »), le site est très sauvage avec la rivière jaillissant entre deux falaises. On y accède en passant par un bar-restaurant, puis par un sentier et une longue passerelle en bois. Sur la route de Sanski Most, remarquez le mossalla de Donji Kamengrad, lieu de prière musulman qui conserve, dit-on, le mihrab d'une mosquée érigée par le sultan Mehmed II en 1463.

GROTTE DE LA DABAR

Dabarska pećina

Accès libre. Grotte de Hrustovo : 16 km au sud de Sanski Most, accès libre également (GPS : 44.672839, 16.700555).

Dans cette grotte (*Dabarska Pećina*) prend sa source la Dabar (« castor »), un affluent de la Sana. L'entrée forme un lac où vit une variété endémique de protée anguillard (*Proteus anguinus*), dit « poisson humain » en raison de la couleur de sa peau. La grotte reste inexplorée, mais l'entrée a été occupée par les Illyriens. Plus au sud, se trouve la profonde grotte de Hrustovo (*Hrustovačka Pećina*), près du village du même nom. Elle fut habitée au néolithique par des hommes de la « culture de Hrustovo » dont les poteries sont visibles au Musée national, à Sarajevo.

DOLINES DU PLATEAU DE HRUSTOVO ★

6 km à l'ouest du centre-ville et jusqu'à Husimovci (6 km au nord-ouest) et à Hrustovo (16 km au sud).

Conseil : une route traverse les dolines via Đedovača, Dabar et Donji Dabar jusqu'au massif de Grmeč (26 km).

Longeant Sanski Most et la Sana à l'ouest sur 25 km, le plateau de Hrustovo (Hrustovačka) offre de curieux paysages : il est constellé de centaines de trous de 10 à 20 m de diamètre, donnant l'impression d'un immense champ de bataille après une pluie d'obus. Si la région fut le théâtre de combats au cours de la Seconde Guerre mondiale, puis entre 1992 et 1995, ce n'est pas le résultat d'un intense bombardement, mais un phénomène naturel. Le plateau de Hrustovo, qui s'élève à environ 400 m d'altitude, est une zone karstique où les roches calcaires ont subi une érosion particulièrement intense. On retrouve ici des grottes comme celle de la Dabar, de longues tranchées, mais, surtout, des centaines de dolines, ces « trous » appelés localement *boginjavog krša* (« karsts grêlés ») ou *vrtača* (« gouffres »). Elles sont le résultat de la corrosion ou de l'effondrement du sol. Le plateau de Hrustovo abrite ainsi la plus forte densité de dolines du pays : 90 au kilomètre carré. On retrouve également un beau champ de dolines non loin, au sud du massif de Grmeč, dans le polje de Bravsko (52 km au sud-ouest). Là, la densité atteint encore 80 dolines au kilomètre carré. Sur 20 km, la route qui mène de Bravsko à Krnja Jela en passant par Jasenovac, Janjila, Kapljuh et Smoljana, n'est pas sans évoquer Verdun en 1916. Cet itinéraire aux paysages irréels constitue une bonne option pour rejoindre Bosanski Petrovac et, de là, opter soit pour le parc national de l'Una, soit pour la Tropolje.

FORTERESSE DE KLJUČ ★★

Stari Grad

Accès libre.

Offrant une vue magnifique sur la vallée de la Sana et la ville de Ključ (prononcez « klioutch », 4 000 habitants), cette forteresse (Ključka Tvrđava) fut le dernier refuge du dernier roi de Bosnie. Perchée à 521 m d'altitude, elle surplombe le canyon de Sklop qui encadre la Sana avec, à l'est, le massif du Dimitor (1 483 m d'altitude) et, à l'ouest, celui de Šiša (1 288 m). Elle fut bâtie au XIIe ou XIIIe siècle à l'emplacement d'un *castrum* romain qui contrôlait le passage de la Bosnie à l'Herzégovine. Il s'agit d'un complexe composé de trois parties autrefois reliées entre elles. Au bord de la route, le fort Tomašević est le mieux préservé. C'est ici que le roi Stefan Tomašević se réfugia en mai 1463 alors que les armées du sultan Mehmed II pénétraient en Bosnie. Après quatre jours de siège, il accepta de se rendre, mais il fut exécuté le 25 mai, à Jajce. Le fort qui porte aujourd'hui son nom a été remanié par les Ottomans et récemment rénové. La première tour est couverte d'un toit en tavaillons et dotée d'un hourd en bois. À l'extrémité de la cour, la tour Ljubica, restaurée avec un toit en bois, garde l'entrée du fort Podgrađe installé en contre-bas. Ce dernier, encore bien visible, abritait la vieille ville de Ključ. Ces fortifications sont accessibles par la tour. Mais celle-ci est fermée pour des raisons de sécurité : les remparts de Podgrađe donnent directement sur un précipice. Enfin, tout en haut, au niveau du relais de transmissions, se trouvent les vestiges de la troisième partie du complexe.

Forteresse de Ključ.

MÉMORIAL DE ŠUŠNJAR

Žrtava fašizma

Accès libre.

Ce mémorial du quartier Šušnjar de Sanski Most (Spomen Park Šušnjar) a été créé en 1971 en mémoire de 2 000 à 10 000 habitants serbes et juifs ainsi que de partisans de la région exécutés et déportés par les oustachis (nationalistes croates) en 1941. Il abrite un élégant monument moderniste en aluminium de 15 m de hauteur en forme de flamme qui évoque, selon son concepteur, « le feu » et « la lumière de la vie ». Il a été conçu par l'architecte sarajévien Petar Krstić (1899-1991), à qui l'on doit les monuments de Bratunac (près de Srebrenica) et de Vogošća (près de Sarajevo). L'œuvre est en mauvais état : elle est couverte de graffitis et la partie basse a perdu sa couverture en aluminium. Mais la municipalité de Sanski Most rechigne à entreprendre des travaux. Ceci est le résultat d'un litige entre les communautés. En 1992, lorsque les troupes bosno-serbes s'emparèrent de la ville, elles détruisirent les plaques portant les noms des partisans bosniaques du mémorial. En 1995, quand la ville fut libérée, le site fut de nouveau dégradé par des réfugiés bosniaques. Le mémorial demeure toutefois fréquenté chaque année, le 2 août, pour la fête nationale serbe, Ilinden, c'est-à-dire la Saint-Élie selon le calendrier liturgique orthodoxe. Organisée par les autorités de la République serbe de Bosnie, cette cérémonie se déroule désormais essentiellement devant une stèle portant une croix chrétienne qui fut installée par les troupes bosno-serbes en 1992 quelques mètres à l'écart du monument officiel.

MONUMENT DE KORČANICA ★★

R407

Accès libre.

Installé dans le massif de Grmeč, à 830 m d'altitude, ce mémorial de la période socialiste (Spomenik na Korčanici) est à l'abandon. Mais il conserve son élégant monument principal conçu par le sculpteur serbe Ljubomir Denković (né en 1936) : une structure en béton constituée de deux demi-sphères de 15 m de hauteur et de 10 m de diamètre. Inauguré en 1979, le complexe a été créé en hommage au personnel soignant engagé auprès des partisans durant la Seconde Guerre mondiale. Le site abrita en effet le plus grand hôpital clandestin de Yougoslavie durant le conflit. Actif pendant trois mois à partir de novembre 1942, cet ensemble de dix-neuf bâtiments était capable de traiter jusqu'à 2 800 patients. Il fut évacué en janvier 1943 et rasé par les Allemands le mois suivant. Selon leur concepteur, les deux demi-sphères représentent un bourgeon en train d'éclore. C'est un symbole de la vie mais aussi d'un hôpital constamment prêt à recevoir les blessés arrivant du front. L'œuvre été remarquée par le réalisateur américain Ridley Scott qui l'a fait apparaître comme élément de décor dans son film *Alien Covenant*, sorti en 2017 : le monument est fidèlement reproduit, constituant l'entrée principale d'un grand temple abandonné. C'est un peu la même atmosphère qui se dégage du mémorial aujourd'hui, avec toutes les autres structures du complexe pillées et tombant en ruine, comme la carcasse voisine du grand hôtel Korčanica, qui servait à héberger les anciens combattants lors des cérémonies jusqu'en 1991.

MOSQUÉE HAMZA-BEY

Organizatora otpora

Entrée libre en journée. Tenue correcte exigée, se déchausser, se couvrir la tête pour les femmes.

Inaugurée en 2000, cette mosquée (Hamza-Begova Džamija) est la seule du pays dotée de quatre minarets. Elle a été érigée à l'emplacement d'une mosquée datant de 1984, détruite par l'armée bosno-serbe en 1992. Elle porte le nom du gouverneur ottoman de Bosnie Hamza-bey Biharović, originaire de Sanski Most, qui fit ériger ici une première mosquée vers 1555. L'édifice actuel s'inspire de la mosquée Bleue d'Istanbul. Selon le donateur, un dentiste de la ville, les minarets (51,5 m de hauteur) symbolisent ses deux frères tués en 1992 « et tous les martyrs de Bosnie ».

PONT DE STARI MAJDAN

Rimski Most

Accès libre.

Pont utilisable par les véhicules légers.

Ce petit pont en pierre du village de Stari Majdan (1 100 habitants, à 90 % bosniaques) est localement appelé « pont romain » (Rimski Most). Il s'agit en fait d'un ouvrage médiéval ou ottoman. Doté d'une arche unique qui enjambe la Gračanica, il mesure 8,40 m de longueur pour 4,25 m de largeur. Il est situé à côté d'une église orthodoxe serbe, incendiée en 1995 et reconstruite par les habitants bosniaques en 2015. Le pont a quant à lui été endommagé par les véhicules lourds du contingent canadien de la Force de stabilisation déployé ici entre 1995 et 2004.

GARE ROUTIÈRE DE SANSKI MOST

Bulevar VII Korpusa

✆ +387 37 68 63 04

Trajet Sanski Most-Sarajevo : durée environ 6h, tarif 35 km.

Cette gare routière (Autobuska Stanica Sanski Most) dispose de guichets, d'une salle d'attente, d'un café-restaurant et d'une station de taxi. Liaisons avec Bihać (7/jour), Jajce (4/j.), Sarajevo (3/j.) et Tuzla (1/j.). Très peu de liaisons avec Banja Luka (1/j.), mais il suffit de changer à Prijedor (16/j.). En face de la gare routière se trouve l'agence de location de voitures Exclusiv Cars (www.exclusivcars.ba) qui propose des véhicules de toutes catégories.

RESTORAN EMIR €

Prijedorska 61

✆ +387 61 63 85 30

www.facebook.com/emirrestoran

Tous les jours 7h-23h. Environ 15 km/personne.

Le restaurant le plus fréquenté de la ville. Des *ćevapi* bien sûr, mais aussi des grillades, des pizzas, du poisson, du calamar frit… Ce n'est pas de la grande gastronomie, mais c'est honnête, copieux, pas cher, bien présenté et le cadre est agréable avec vue sur le Korzo. La rue Prijedorska est en effet la promenade de la ville… ouverte à la circulation. Mais elle fermée aux voitures le soir, en tout cas en été. C'est là que se concentrent la plupart des cafés, restaurants, commerces et, vers la Sana, les banques. Bref, c'est le centre névralgique de Sanski Most.

OAZA MIRA SANICA €€

Zeljeznicka 24

✆ +387 65 90 38 38

5 maisons et appartements. 30/50 € pour deux. Pension complète : + 15 €/personne. Paiement en liquide.

Ce complexe ouvert en 2010 dispose d'une grande piscine, d'un jardin, d'une aire de jeux et de logements au confort minimal mais avec cuisine, barbecue, terrasse, salle de bains correcte et Wifi. Tout est très « balkanique », c'est-à-dire super-sympa à condition d'être patient. Par exemple, le restaurant sert plein de produits maison (truites d'élevage, volailles, rakija…), mais le service peut être long et approximatif. Une fois cela intégré, on peut profiter de cette « oasis de la paix » : vue sur le massif de Grmeč, location de matériel de pêche et de VTT.

RIBA ZDENA €

Prvomajska

✆ +387 37 33 14 01

En journée en fonction de la météo. Truite : environ 10 km.

Ce n'est pas vraiment un restaurant, mais cette ferme piscicole possède quelques tables en bois en plein air posées près de la source de la Zdena, un affluent de la Sana. On y sert des truites tout juste sorties de leurs bassins, grillées ou en friture, servies avec des pommes de terre et une salade. C'est très bon marché et les habitants de l'ancien quartier ouvrier de Zdena et de toute la région s'y retrouvent fréquemment pour engloutir un *riba* (« poisson ») et quelques bières. Attention, c'est aussi très informel, puisqu'il n'y pas de toilettes sur place.

HAZAM APARTMANI €

Alagića polje

✆ +387 62 01 67 28

www.facebook.com/hazamapartmani

5 appartements. 20 € pour deux sans petit déjeuner. Parking.

Oubliez les hôtels de Sanski Most : ils sont complètement dépassés (hygiène, facturation, etc.). Mais on trouve dans la ville plein d'appartements et chambres chez l'habitant. Le must, ce sont les appartements Hazam, presque luxueux avec belle chambre, cuisine moderne, salle de bains parfaite, architecture design, etc. Réservation indispensable. Autre logement du même type, un peu plus simple mais tout à fait sympathique, à Husimovci, 4 km au nord-est du centre-ville : Apartmani kod Jasminke (+387 61 40 30 98, www.facebook.com/sobesanskimost).

THERMES DE SANSKI MOST

Ilidža

✆ +387 37 67 71 00

Zone de loisirs : tous les jours 8h-19h. Entrée 6 km, bain de boue 3 km. Hôtel : 67/85 € pour 2 avec petit déjeuner.

Cette vieille station thermale (Banja Ilidža Sanski Most) est en cours de modernisation depuis 2019. Mais sa source d'eau à 32 °C, elle, est réputée depuis l'Antiquité pour ses propriétés curatives, en particulier contre les rhumatismes. Pour l'heure cohabitent ici un centre de soins, une zone de loisirs, un restaurant et un hôtel dont on ne sait encore comment il va évoluer en termes de qualité, si ce n'est que les tarifs ont déjà doublé. Vous pouvez en tout cas venir en journée profiter de la piscine extérieure, de bains de boue et de l'aire de pique-nique.

OŠTRA LUKA

Oštra Luka/Оштра Лука (prononcez « ochtra louka ») compte environ 800 habitants, tous bosno-serbes. C'est le chef-lieu de la municipalité d'Oštra Luka (3 000 habitants) qui fait partie de la République serbe de Bosnie. Le village se trouve 13 km au nord de Sanski Most et 17 km au sud de Prijedor. Liaisons en bus avec Prijedor, Sanski Most et Banja Luka.

Située dans la vallée de la Sana qui remonte vers Prijedor, la municipalité d'Oštra Luka fut créée en 2004 sur la frange nord de la municipalité de Sanski Most restée occupée en 1995. Le village lui-même ne présente pas d'intérêt, si ce n'est pour ses combats de taureaux en été.

CIMETIÈRE DE HAMBARINE

Šehidski mezarluci Hambarine

Accès libre.

Ce cimetière musulman (Šehidski Mezarluci Hambarine/Гробље Мученика Хамбарине) a des allures de carré militaire avec ses 86 nişans alignés au cordeau. Il évoque surtout le cimetière du Mémorial du génocide de Srebrenica. Créé en 2019, il accueille les dépouilles de 86 civils bosniaques de la région qui furent tués par des policiers et miliciens bosno-serbes de Prijedor le 21 août 1992. Les corps ont été retrouvés en 2009 au pied des falaises de Korićani, près de Travnik, où plus de deux cents détenus bosniaques et bosno-croates furent emmenés pour être exécutés.

MONASTÈRE DE KLISINA

M15

✆ +387 52 33 80 83

manastirklisina.com

Visite possible en journée. Tenue correcte exigée.

Situé le long de la Sana, dans un virage sur la route qui relie Prijedor à Sanski Most, ce monastère orthodoxe serbe (Manastir Klisina/Манастир Клисина) impressionne avec sa haute tour carrée banche. Comme beaucoup d'édifices religieux des environs, il est récent. Dédié sainte Marguerite d'Antioche, il a été fondé en 2001 et abrite une communauté de quatre moines. Avant Oštra Luka, la route passe par le village d'Ališići où la mosquée date de 2009. Celle-ci a été érigée à l'emplacement d'une vieille mosquée détruite par les forces bosno-serbes en août 1992.

BOSANSKI PETROVAC

Bosanski Petrovac/Босански Петровац (prononcez « bosanski petrovats ») compte environ 3 400 habitants, dont 54 % de Bosno-Serbes et 43 % de Bosniaques. C'est le chef-lieu de la municipalité de Bosanski Petrovac (7 000 habitants) qui fait partie du canton d'Una-Sana (Fédération de Bosnie-et-Herzégovine). La ville est située 50 km au sud-ouest de Sanski Most et 55 km au sud-ouest de Bihać. Liaisons en bus : voir gare routière.

Dominée à l'ouest par le massif de l'Osječanica, qui culmine à 1 798 m, Bosanski Petrovac est située à 664 m d'altitude, tout près du village de Petrovac (République serbe de Bosnie) et dans le polje de Petrovac. Autrefois habitée par la tribu illyrienne des Deuri, cette plaine karstique de 200 km² s'étend du massif de Grmeč aux environs de Bihać. Fondée par les Ottomans en 1699, la ville est aujourd'hui un des rares exemples dans le pays d'une cohabitation réussie entre communautés depuis la fin de la dernière guerre. Bosniaques et Bosno-Serbes furent pourtant tous chassés, en 1992 pour les premiers, en 1995 pour les seconds. Malgré la destruction des mosquées et de la plupart des maisons en 1992, la vie semble avoir repris un cours presque normal. Cela est dû à un dense tissu associatif et à un certain dynamisme économique. Mais Bosanski Petrovac reste aussi marquée par les idéaux de la Yougoslavie socialiste : durant la Seconde Guerre mondiale, elle fut un bastion des partisans avec le quartier général de Tito situé dans le massif de l'Osječanica.

FORÊT PRIMAIRE DE LOM

16 km au sud-est de Bosanski Petrovac via Drinić.
GPS : 44.475594, 16.491344. ✆ +387 50 48 00 12

Visite guidée sur demande à l'entreprise Oštrelj-Drinić, dans le village de Drinić, en République serbe de Bosnie.

Cette forêt de 298 ha (Prašuma Lom/Прашума Лом) est qualifiée de « primaire » car elle n'a subi aucune transformation visible de la part de l'homme. Composée à 82 % de hêtres, de sapins et d'épicéas, elle est située sur le massif de Klekovača, entre 1 250 et 1 522 m d'altitude. Toute activité humaine est interdite dans le cœur de la forêt (55,8 ha) qui est protégé depuis 1956. On y trouve notamment des ours, des cerfs et des sangliers, mais aussi de la neige jusqu'en juillet, voire en septembre. Pour une visite, contactez l'entreprise forestière Oštrelj-Drinić.

CORRIDA DE GRMEČ ★★

Grmečka korida

Premier week-end d'août. Autres combats dans le reste du pays de mai à septembre.

C'est dans une carrière désaffectée de la colline de Popović (Popovića Brdo/Поповића Брдо), près du petit centre d'Oštra Luka, que se tient chaque année depuis 1996 un prestigieux concours de taureaux de combat connu sous le nom de « corrida de Grmeč » (Grmečka Korida/Грмечка корида). Un spectacle impressionnant, sans réelle cruauté et d'origine très ancienne, qui redevient peu à peu à la mode.

Une tradition délocalisée. La « corrida de Grmeč » (prononcez « greumèche ») est une vieille tradition. Les éleveurs de la région l'organisaient depuis 1772 dans le massif de Grmeč, près de Sanski Most. C'est plus précisément dans le village aujourd'hui abandonné de Međeđe Brdo (38 km au sud d'Oštra Luka) que les combats se déroulaient jusqu'au début de la guerre de Bosnie-Herzégovine, en 1992. À l'issue du conflit, la plupart des habitants bosno-serbes ont quitté Međeđe Brdo et le massif de Grmeč, emmenant avec eux leur bétail. Réinstallés à Oštra Luka, c'est là qu'ils ont relancé la coutume de la « corrida de Grmeč » en 1996. Le nom est resté, mais l'événement se déroule désormais dans une ancienne carrière de la colline de Popović. Jusqu'à présent seuls les éleveurs et certains habitants des environs ainsi que quelques curieux assistaient aux combats organisés dans le cadre d'une petite foire aux bestiaux. À peine 2 000 personnes avant la crise de la Covid-19. Mais cela pourrait bientôt changer, car la municipalité d'Oštra Luka entend à présent promouvoir l'événement pour attirer les touristes. Objectif : renouer avec les grandes heures de la « corrida de Grmeč », lorsque celle-ci attirait jusqu'à 200 000 spectateurs dans les années 1970.

Rien à voir avec la corrida espagnole. Pour l'heure, à part le lieu des combats, la tradition reste la même. La *korida* se déroule le premier dimanche d'août à l'occasion de la grande fête serbe d'Ilinden, le jour de la Saint-Élie, qui correspond au 20 juillet selon le calendrier liturgique orthodoxe mais au 2 août selon le calendrier universel. Une vingtaine de bêtes sont en lice et les règles n'ont aucun rapport avec celles de la corrida espagnole. Deux taureaux s'affrontent. Chacun d'eux essaie de forcer son rival à quitter l'arène, une simple piste en herbe. Le taureau qui est poussé en dehors du cercle ou qui cesse le combat a perdu. Celui qui reste l'emporte, le plus souvent sans effusion de sang. Car les éleveurs tiennent surtout à exhiber la force de ces reproducteurs. Ils n'ont pas le droit d'intervenir et tout repose sur l'instinct de survie des taureaux. Sur une journée ou deux en fonction du nombre de bêtes engagées, les combats se poursuivent jusqu'à la finale de chaque catégorie de poids : jusqu'à 700 kg, jusqu'à 850 kg et plus de 850 kg. Pour cette dernière catégorie, la plus prestigieuse, le propriétaire remporte un prix de 1 500 km (environ 750 €).

L'autre « corrida de Grmeč ». La « corrida de Grmeč » est la plus ancienne et la plus célèbre du pays. Mais elle n'est pas la seule. Déjà, il existe un autre événement qui suit les mêmes règles, jouit du même prestige et porte exactement le même nom. C'est la « corrida de Grmeč » du village de Gornji Budelj, tout près de l'arène ancestrale de Međeđe Brdo. Car, quand les éleveurs bosno-serbes sont partis en 1995, leurs collègues bosniaques et bosno-croates ont eux aussi relancé la tradition après quatre années de guerre. Certains, réfugiés en Suisse durant le conflit, ont même rapporté à Gornji Budelj une nouvelle race : la vache d'Hérens. Elle vient du canton du Valais, où l'on organise aussi des combats traditionnels, mais entre vaches et non entre taureaux. Les éleveurs bosniens ont ainsi sélectionné les meilleurs mâles pour les ramener ici. Autre différence : la date. À Gornji Budelj, la « corrida » a aussi lieu à l'occasion de la Saint-Élie, mais c'est le calendrier « normal » qui est suivi, pas le calendrier orthodoxe. Ces combats-ci se déroulent donc le week-end aux alentours du 20 juillet.

Et aussi en Tropolje, en Bosnie orientale… La rivalité entre les deux « corridas de Grmeč » a largement profité à d'autres combats de taureaux dans la région. Car il existe un réel engouement du public local pour la tauromachie. Organisée depuis la fin de la Seconde Guerre mondiale, la « corrida de Čevljanovići », à Gornji Čevljanovići, 37 km au nord de Sarajevo, est devenue la plus importante du pays. Autour du 20 juillet, elle attire désormais des éleveurs aussi bien bosniaques, bosno-croates que bosno-serbes et, surtout, environ 50 000 spectateurs. Un gros rassemblement qui donne lieu à des repas pantagruéliques, à des spectacles pour public averti et, accessoirement, à des combats de taureaux semblables à ceux d'Oštra Luka et de Gornji Budelj. La municipalité de Bijeljina, au nord-ouest du pays, organise quant à elle depuis peu, début septembre, sa propre *korida* en l'honneur de l'écrivain bosno-serbe Petar Kočić, qui fut le premier à décrire les combats de Grmeč, en 1902. Relancés depuis 1988, les combats de taureaux de Rastovača, en Tropolje, sont également un autre rendez-vous important en juillet et en septembre. Mais ils s'inscrivent dans une tradition beaucoup plus ancienne qu'à Gornji Čevljanovići ou qu'à Bijeljina. En fait, l'existence d'une « tauromachie bosnienne » est attestée historiquement dans au moins une vingtaine de localités à travers le pays, et même dans la région limitrophe de Lika, en Croatie (Dalmatie intérieure). Les origines de cette pratique pourraient remonter à l'Antiquité, comme ce fut le cas en Grèce.

FORTERESSE DE BJELAJ

Stari grad Bjelaj
Accès libre par un petit sentier depuis la route.

Située sur les contreforts du massif de l'Osječenica, au sommet d'une colline, à 725 m d'altitude, cette forteresse (Stari Grad Bjelaj) offre un beau panorama sur les envions. Elle conserve une grosse tour de 16 m de hauteur et deux portions de murs. Sa date de création est inconnue, mais elle fut reconstruite par les Ottomans après leur arrivée, vers 1530. Elle permit à ceux-ci de barrer la route à l'armée austro-hongroise lors d'une victoire décisive, le 19 juillet 1737. Sur la colline voisine, 400 m au nord-ouest, subsistent les traces d'un fort du néolithique.

MUSÉE JOVAN-BIJELIĆ

Bosanska 111
✆ +387 37 88 24 75
bosanskipetrovac.gov.ba
Lundi-vendredi 7h-15h30. 2 km.

Ce musée (*Spomen-Muzej Jovan Bijelić*) est installé dans le centre culturel municipal, un bâtiment de 1936. La collection regroupe quatorze tableaux, des œuvres de jeunesse du peintre bosno-serbe Jovan Bijelić (1884-1964), né à Revenik, 4 km au sud-ouest. Formé à Cracovie et influencé par le fauvisme, Bijelić est considéré comme le plus important peintre de la Yougoslavie des années 1920-1930. Ses œuvres majeures se trouvent à Belgrade et à Novi Sad, en Serbie. En face, au coin de la rue se dresse la mosquée principale de la ville (Gradska Džamija), érigée en 2003.

GARE ROUTIÈRE DE BOSANSKI PETROVAC

120 m à l'est du centre-ville,
250 m au nord-est de la grande mosquée Gradska.
✆ +387 37 88 14 01
Trajet Sarajevo-Bosanski Petrovac : durée 4h30, tarif 24 km.

Cette gare routière (Autobuska Stanica) est minuscule : un guichet, des toilettes et quelques places assises sous un abri. Liaisons avec Sarajevo et Bihać (5/jour), Sanski Most et Banja Luka (4/jour), Dvrar (3/jour), autres liaisons quotidiennes avec Travnik, Donji Vakuf, Jajce, Zenica, Tuzla, Mostar, Goražde et Zagreb (Croatie). Le petit centre-ville de Bosanski Petrovac se concentre au sud-ouest de la gare routière avec des banques, des restaurants et des commerces.

TRAIN DE TITO ★

Titov voz na Oštrelju
Accès libre.
Station de ski : suivez les panneaux « STRC Oštrelj » (renseignements : www.facebook.com/skiostrelj).

Toujours à moitié en ruine depuis 1992, le village d'Oštrelj (prononcez « ochtreille ») ne compte plus que 20 habitants bosniaques et bosno-serbes. Mais il possède un monument classé. Il ne s'agit pas du luxueux Train bleu de Tito, à présent remis en service pour les touristes entre la Serbie et le Monténégro. Ce train-ci (Titov Voz) est vert et ne roule plus depuis 1951. Aujourd'hui presque oublié sous un abri en bois, il servit de quartier général mobile au leader yougoslave durant la Seconde Guerre mondiale. À partir de novembre 1941, six mois après l'invasion allemande, un petit réseau ferroviaire indépendant commença à opérer dans la zone libre de Bihać avec une trentaine de trains. Celui-là en particulier fut conduit par Tito lui-même entre Bosanski Petrovac et sa grotte secrète de Drvar, en Tropolje. Il s'agit de la locomotive originale, un modèle allemand Krauss-Maffei type 12 de 1904 barré du mot ***Proleterka*** (« prolétariat »). Mais le reste de la rame, dont le wagon postal utilisé comme QG, a brûlé, aujourd'hui remplacé par du matériel similaire de la même période. Atteignant 25 km/h, la locomotive fut utilisée jusqu'en 1951 entre Prijedor et Knin (Croatie) sur une ligne à voie étroite fermée en 1975. La visite est rapide, mais le village d'Oštrelj dispose d'un restaurant et de sentiers de randonnée. Le village possède aussi une petite station de ski. Créée en 1984 pour les JO de Sarajevo, elle fonctionne à nouveau depuis 2018 avec 2 km de pistes culminant à 1 210 m d'altitude.

ČARDAKLIJE €

R408b
✆ +387 66 81 00 00 – cardaklije.com
8 chambres. 30/40 € pour deux avec petit déjeuner. Restaurant : tous les jours 10h-22h, environ 25 km/personne.

Conçu comme une ferme du XIXe siècle, avec un ***čardak*** (maison fortifiée typique des Balkans) et des bungalows inspirés de l'architecture locale, ce complexe créé en 2011 constitue une halte agréable. Mais il ne faut pas s'attendre à des miracles. Malgré une bonne literie, le confort des chambres est rudimentaire. Quant au restaurant, très alléchant avec ses recettes traditionnelles (viandes cuites sous la cloche, goulasch bosnien, etc.), il manque un peu de finesse. Concerts le soir, aire de jeux pour enfants et activités variées (équitation, location de VTT...).

KRAJINA BOSNIENNE

BIHAĆ ★★

Bihać/Бихаћ (prononcez « bi[r]atch ») compte environ 43 000 habitants, dont 86 % de Bosniaques et 8 % de Bosno-Croates. C'est le chef-lieu de la municipalité de Bihać (56 000 habitants) et du canton d'Una-Sana (270 000 habitants) qui fait partie de la Fédération de Bosnie-et-Herzégovine. La ville est située 121 km au sud-est de Senj (sur la côte croate), 152 km au nord-ouest de Jajce et 161 km à l'ouest de Banja Luka. Liaisons en bus : voir gare routière.

Frontalière de la Croatie, Bihać est la ville la plus à l'ouest de la Bosnie-Herzégovine. Fondée au XIIIe siècle, c'est aussi l'une des trois plus anciennes cités du pays. Las, depuis les travaux de modernisation entrepris par les Austro-Hongrois jusqu'au terrible siège de 1992-1995, elle a perdu l'essentiel de son patrimoine. Son petit centre historique de 6 ha se parcourt donc très vite. Pour autant, Bihać a bien plus à offrir au visiteur : l'Una. Déjà réputé pour sa beauté « unique » (*una* en latin) à l'époque romaine, ce puissant affluent de la Save se déploie en méandres verdoyants, cascades rugissantes et îlots enchanteurs jusqu'au au cœur de la cité. On s'y promène, on s'y prélasse à la terrasse de ses cafés. On en vit aussi, avec une large vallée fertile qui s'étend jusqu'au massif frontalier de la Plješevica (1 657 m d'altitude). Depuis la création du parc national de l'Una, juste au sud de la ville, en 2008, la belle rivière a fait de Bihać une destination touristique en plein essor avec, à la clé, un large éventail d'activités : rafting, randonnée, plongée…

Histoire

La région de Bihać est habitée à partir du Xe siècle avant notre ère par les Japydes, un peuple mal connu et plus tard soumis par les Celtes et les Illyriens. La ville de Raetinium (actuel village de Golubić, 10 km au sud) se développe durant la période romaine grâce aux terres fertiles de la vallée de l'Una. Le nom de Bihać (« fief royal »), lui, apparaît en 1260, lorsque le roi de Hongrie Béla IV fait don du lieu à des moines catholiques de Zagreb. La ville passe ensuite sous le contrôle des bans et rois de Croatie. Alors que la plus grande partie du territoire bosnien est conquis par les Ottomans à partir de 1463, Bihać tombe plus d'un siècle plus tard. Elle constitue alors le principal rempart face aux Vénitiens et aux Austro-Hongrois. Pour contrôler la région, les Ottomans favorisent les conversions à l'islam et l'implantation de colons musulmans dans la charchia (l'actuel centre historique), tandis que les habitants croates et serbes émigrent vers les faubourgs et la Dalmatie. En septembre 1878, Bihać se soulève contre les nouvelles autorités austro-hongroises. Le retour à la paix s'accompagne d'un développement sur le modèle occidental : urbanisme, services sociaux, éducation, usines, etc. Capturée par les Allemands le 13 avril 1941, la ville est le théâtre de l'un des pires massacres de la Seconde Guerre mondiale dans les Balkans : environ 15 000 personnes, principalement serbes et juives, sont assassinées par les oustachis croates. L'ouest du pays passe brièvement sous le contrôle des partisans en 1942, donnant naissance à l'éphémère « République de Bihać ». En 1944, le centre historique est détruit par erreur lors de bombardements alliés. Bihać est libérée par les partisans le 28 mars 1945. Sous l'impulsion du pouvoir yougoslave socialiste, elle devient alors un grand pôle agricole. Durant le conflit yougoslave, la ville est assiégée par des forces serbes de Croatie et de Bosnie entre le 12 juin 1992 et 5 août 1995, entraînant la mort de plus de 4 800 personnes. Depuis la fin du conflit, la ville s'est dotée d'une université (1997) et a vu son secteur agroalimentaire croître avec le développement du groupe Bihaćka Pivovara (« Brasserie de Bihać »). Elle attire les touristes grâce au parc national de l'Una créé en 2008. Depuis 2016, elle aussi devenue un important point de passage pour les réfugiés arrivés de Turquie qui tentent d'entrer en Croatie et dans l'Union européenne.

CENTRE HISTORIQUE DE BIHAĆ ★

Šetalište Korzo Bihać

Formant un rectangle irrégulier de 300 m du nord au sud et de 200 m d'est en ouest, le centre historique suit le tracé des fortifications du XIIIe siècle détruites par les Austro-Hongrois en 1890. Il est surtout occupé par des bâtiments du XXe siècle. On y trouve toutefois les monuments les plus anciens (mosquée Fethija, tour du Capitaine, etc.). Sur l'axe central, la rue Bosanska, sont placés l'office de tourisme de Bihać et le centre d'information du parc national de l'Una.

ÉGLISE SAINT-ANTOINE-DE-PADOUE DE BIHAĆ

Gazi Husrev-Begova

Ne se visite pas.

Datant de 1891, cette église catholique (Crkva Svetog Ante Padovanskog) reste en ruine depuis un bombardement allié en 1943. Son clocher d'environ 35 m de hauteur demeure en bon état mais ses cloches ont été retirées en 1960. Elle a été volontairement laissée ainsi, comme un rappel de la responsabilité du clergé catholique local lors des massacres commis par les oustachis et certains habitants bosno-croates en 1941. Une autre église du même nom a été érigée en 1977 à l'écart du centre.

FORTERESSE DE SOKOLAC

Sokolačka kula

Accès libre par un sentier de 1 km de longueur. GPS : 44.785469, 15.895343.

Situé à 320 m d'altitude, ce site (Sokolačka Tvrđava) est signalé par un tour ronde de 10 m de diamètre et 16 m de hauteur. Offrant une belle vue sur la vallée de l'Una, il a été occupé dès le Xe siècle avant notre ère, puis sans doute été fortifié par les Iapydes durant l'Antiquité. La forteresse médiévale, en cours de rénovation depuis 2015, se présente sous la forme d'un triangle avec un long mur de 40 m de longueur surplombant le hameau de Sokolac. Mentionnée pour la première fois en 1380, elle a été abandonnée après le départ des Ottomans en 1878.

FORÊT PRIMAIRE DE PLJEŠIVICA

Plješevica

Accès libre. Gîte-restaurant Plješivica : vendredi-dimanche (+387 61 47 93 66).

Cette forêt de 39 ha (Prašuma Plješivica) est située sous le massif du Lička Plješivica (1 646 m d'altitude) où passe la frontière croate. Elle est qualifiée de « primaire » car elle n'a subi aucune transformation visible de la part de l'homme. Constituée de hêtres et de sapins blancs, elle serait âgée de 3 500 ans. On y trouve douze espèces de fleurs endémiques comme la campanule dalmatienne et un œillet rose, le *Dianthus monanthos*. Le gîte Plješivica constitue un bon point de départ.

MUR DE LA LIBÉRATION DU PEUPLE

Trg maršala Tita

Accès libre.

Ce bas-relief en bronze (Narodnooslobodilačkoj Borbi) a été créé en 1960 pour les sept cents ans de Bihać par le sculpteur bosno-croate Vladimir Herljević (né en 1930). Les dates 1260 et 1960 encadrent deux panneaux. Celui de gauche représente le roi Béla IV de Hongrie qui, chassé par les Tatars, se réfugia ici en 1260 et accorda le statut de ville libre à Bihać en 1262. Celui de droite figure Tito à la libération de la ville par une brigade de partisans slovènes le 26 avril 1945.

KRAJINA BOSNIENNE

© ADNAN VEJZOVIC / SHUTTERSTOCK.COM

Rafting sur l'Una.

BASE AÉRIENNE DE ŽELJAVA ★★

Aerodrom Željava
www.zeljava-lybi.com
Pour y accéder en sécurité, s'y rendre avec l'un des guides indiqués ci-après (environ 30 €/ personne).

À l'abandon, cette ancienne base de l'armée de l'air de la Yougoslavie socialiste (Vojni Aerodrom Željava), en partie souterraine, est l'un des sites les plus réputés d'Europe pour les amateurs de vestiges militaires modernes. Située au pied du massif de Lička Plješivica, entre la Bosnie-Herzégovine et la Croatie, elle fut l'une des plus importantes bases aériennes au monde et le plus ambitieux projet réalisé par le régime de Tito. Le chantier est lancé en 1957 sous le nom de code *Objekat 505* (« bâtiment 505 »). Achevé douze ans plus tard, il représenta un coût de l'équivalent de 7 milliards d'euros actuels. Mise en service en 1968, la base de Željava était conçue pour résister à une explosion nucléaire. Trois escadrilles de MIG-21 et de F-84 Thunderjet, soit soixante appareils de combat à réaction, étaient abritées dans les installations souterraines avec tout leur équipement. Les 3,5 km de galeries permettaient en outre d'accueillir un millier de militaires capables de vivre en autonomie pendant deux mois. Grâce à d'autres passages souterrains, la base était reliée à plusieurs sites dans la région, dont un dépôt de carburant à Bihać. Le 16 mai 1992, le site fut saboté par l'armée yougoslave passée sous contrôle serbe.

Visite. Laissé à l'abandon depuis 1995, le site est dangereux. Déjà, les abords sont truffés de mines. Autre souci : les galeries sont polluées par les produits chimiques dégagés lors du sabotage de 1992. La base compte cinq pistes, dont deux aujourd'hui situées en Croatie et trois autres de part et d'autre de la frontière. Les parties asphaltées ne présentent pas de danger. À proximité, subsistent les carcasses de deux avions de fabrication américaine : un F-84 Thunderjet utilisé pour la reconnaissance et un appareil de transport Douglas C-47. Au pied du mont Javornik-Tisov (1 200 m d'altitude), quatre entrées pour les avions s'ouvrent sur les galeries. Seule une partie des immenses « couloirs » où étaient garés les appareils est facile d'accès. Mais des débris en métal, des galeries à moitié effondrées et l'absence d'éclairage ont transformé la base en un immense labyrinthe difficile à pénétrer. Hormis la structure en béton armé elle-même, la partie souterraine n'abrite de toute façon aucun vestige intéressant. Pour visiter ce site dangereux, nous recommandons trois bons connaisseurs de la base et de ses environs : Slavko Crnković (zoranccc@gmail.com, +385 99 452 75 26), Osman Sulić (sulic 23@hotmail.com, +387 62 17 52 01) et Samir Aličić (amai_samir@live.com, +387 61 41 97 28).

ÎLOTS DE BIHAĆ ★

Gradska Otoka
Accès libre par des passerelles à la plupart des îlots.

Au cœur de Bihać, la rivière Una est parsemée d'une dizaine d'îlots qui constituent le poumon vert de la ville. Le plus important, en plein centre, est celui appelé « île de la Ville » (Gradska Otoka). C'est de là que part l'Una Regata, grande course de rafting, chaque année fin juillet. Sa vaste pelouse est le lieu de salons et de spectacles. Relié aux berges par une passerelle, à l'est, et un pont réservé aux véhicules utilitaires, à l'ouest, il accueille un théâtre en plein air et la statue de *La Jeune Fille de l'Una (Djevojka sa Une)*. Ce nu en bronze a été réalisé en 1986 par Vladimir Herljević, à qui l'on doit aussi les bas-reliefs du *Mur de la libération du peuple*, dans le centre historique. Au nord, une passerelle donne accès à la minuscule « île Américaine » (Amerikančeva Otoka). Noyée dans la végétation, elle est dotée de bancs pour profiter de la vue sur plusieurs petites cascades. Plus au nord, on trouve encore l'îlot Husein-bey (Huseinbegova Otoka). Accessible par un pont piéton depuis la rive droite de l'Una, celui-ci abrite quelques maisons, dont une très belle villa tout confort en location (+387 61 53 41 80). On trouve aussi des chambres moins chères environ 600 m plus au nord sur l'îlot Mlin (« moulin »), tout proche de la rive droite, à la Villa Tara (+387 61 86 05 60). Enfin, tout au sud, l'îlot Beton doit son nom à une longue retenue d'eau en béton qui forme une « piscine » très appréciée de la jeunesse locale en été. On y accède par une passerelle derrière l'hôtel Paviljon, au sud du centre historique.

TOUR DU CAPITAINE ★

Gazi Husrev-Begova
✆ +387 37 22 32 14
Lundi-vendredi 7h30-18h30 (en théorie). 2 km.

Symbole de Bihać, cette tour (Kapetanova Kula) affiche une hauteur de 25 m et forme un carré presque parfait de 10 m de côté à sa base. Elle pourrait avoir été construite par les Croates au XIIIe siècle ou par les Ottomans au XVIIe siècle. Ces derniers l'utilisèrent en tout cas comme résidence pour le capitaine de la garnison, forte de 700 hommes en 1789. C'est aussi le dernier bâtiment qui subsiste des remparts de la ville, abattus en 1890. Utilisée comme prison jusqu'en 1959, la tour abrite aujourd'hui un petit musée sur l'histoire du canton d'Una-Sana.

MÉMORIAL DE GARAVICE ★

Spomen-područje Garavice

Accès libre.

Inauguré en 1981, ce mémorial de la période socialiste (Spomen-Područje Garavice) est installé sur la petite colline de Garavice, à 220 m d'altitude. Composé de treize statues abstraites, il marque le souvenir des massacres de juillet-septembre 1941 : de 7 000 à 15 000 hommes, femmes et enfants de Bihać, principalement des Serbes, mais aussi des Roms et des Juifs furent exécutés par l'armée croate à cet emplacement et dans les environs. Les corps furent ensevelis sur place ou jetés dans la rivière Klokot en contrebas. Il s'agit du plus important site d'extermination de la Seconde Guerre mondiale en ex-Yougoslavie après le camp de Jasenovac-Donja Gradina, au nord du pays, à la frontière avec la Croatie. Le mémorial comprend deux autres statues de même type le long de la route nationale, de l'autre côté de la Klokot, 550 m après le pont, à côté de la station-service. Elles marquent l'emplacement d'un autre lieu d'exécution. L'ensemble a été conçu par l'architecte serbe Bogdan Bogdanović (1922-2010), à qui l'on doit la célèbre *Fleur de pierre* de Jasenovac. Les statues sont ici composées de blocs de pierre cubiques gravés de symboles et empilés pour donner la forme de « femmes en deuil ». C'est la pierre calcaire grise locale, la bihacite, qui a été utilisée. On retrouve celle-ci à travers différents monuments de la ville, comme la mosquée Fethija. Le site de Garavice a subi des dégâts durant la dernière guerre, mais aussi des dégradations depuis la fin du conflit. Un projet de rénovation est annoncé depuis 2018.

MOSQUÉE FETHIJA ★★

Trg Džemaludina Čauševića

✆ +387 37 22 84 54

mizbihac.ba

Tous les jours 9h-17h. Tenue correcte exigée, se déchausser, se couvrir la tête pour les femmes.

Cette mosquée dédiée à la « conquête » (Fethija Džamija) est un des très rares lieux de culte islamiques de style gothique en Europe. Et pour cause, il s'agit de l'ancienne église catholique Saint-Antoine-de-Padoue fondée en 1266, reconstruite au XIVe siècle et transformée en mosquée en 1592. De forme rectangulaire (22 m x 11,50 m) et s'élevant à 15,50 de hauteur (sans le minaret), elle a servi de modèle à de nombreuses mosquées de Krajina bosnienne au XVIIe siècle. La façade conserve deux éléments typiques de l'art gothique : la rosace de 2,10 m de diamètre et le portail où subsistent des bas-reliefs végétaux à la base des voussures. Le portail lui-même est surmonté d'une inscription en turc ottoman indiquant la date de la principale restauration du bâtiment, en 1894. Sur la droite, l'imposante base du minaret (42 m de hauteur) semble dénaturer l'ensemble. Elle a pourtant été construite à l'emplacement de l'ancien campanile en 1863. D'autres éléments de la période chrétienne demeurent sur les murs, notamment les symboles (22 types différents) laissés par les tailleurs de pierre lors de la construction : c'était le moyen le plus courant de comptabiliser le travail, payé à la tâche. À l'intérieur, l'abside a été retirée, et un minbar et un mihrab ont été ajoutés. Toutes les boiseries et la toiture du XVIe siècle ont disparu lors de la Seconde Guerre mondiale. En 1894, plusieurs pierres tombales de seigneurs croates du XVe siècle ont été découvertes à l'intérieur. Elles sont aujourd'hui exposées Musée national, à Sarajevo.

TURBË DE BIHAĆ

Gazi Husrev-Begova

Accès réservé au clergé musulman.

Ce mausolée musulman dit « de pierre » (Kameno Turbe) ou « de Bihać » (Turbe u Bihaću) reste un mystère. On ne sait pas quand il fut érigé ni à qui appartiennent les deux cercueils qu'il abrite. Construit en pierre bihacite et couvert d'un dôme en tôle, il s'élève à 7 m de hauteur et daterait des années 1880. Quant aux défunts, il pourrait s'agir de deux hommes de la ville morts en combattant les Austro-Hongrois à leur arrivée, en 1878. Selon la tradition populaire, les cercueils seraient ceux d'un capitaine chrétien de la tour voisine et de son épouse musulmane.

GARE ROUTIÈRE DE BIHAĆ

Put Armije Republike Bosne i Hercegovine

✆ +387 37 31 19 39

www.unatransport.ba

Trajet Bihać-Sarajevo : durée 5h30, tarif 40 km ; Bihać-Banja Luka : durée 3h20, tarif 23 km.

Cette gare routière (Autobuska Stanica Bihać) est moderne avec guichets, salle d'attente climatisée, café-restaurant, kiosque, station de taxi… Quatorze liaisons en bus par jour avec Cazin, 10/jour avec Bosanska Krupa, 8/jour avec Bosanski Petrovac, 6/jour avec Kulen Vakuf et le parc national de l'Una (2-3 bus le week-end), 5/jour avec Sarajevo, 4/jour avec Travnik, Jajce et Zagreb (Croatie), 3/jour avec Sanski Most et Prijedor, 1/jour avec Banja Luka et Ljubljana (Slovénie). Autres liaisons possibles avec l'Allemagne et les Pays-Bas.

MUSÉE DE LA LIBÉRATION NATIONALE

Petog korpusa 2
✆ +387 37 22 32 14
Lundi-vendredi 7h-15h30, sur réservation le week-end. 2 km.

Fondé en 1952, ce musée (Muzej I. Zasjedanja AVNOJ-a) ne passionne plus guère les foules. C'est pourtant un lieu historique. Il est consacré à la première session du Conseil antifasciste de libération nationale de Yougoslavie qui s'est tenue ici du 2 au 4 novembre 1942. Alors que la ville était brièvement libérée, les délégués des partisans de toute la Yougoslavie posèrent les bases du futur État fédéral qui fut proclamé lors de la deuxième session à Jajce, un an plus tard. Ravagé lors de la dernière guerre et restauré en 2013, le musée n'abrite que quelques armes et du matériel d'époque, des tableaux des années 1950 restituant l'événement, des panneaux descriptifs (traduits en anglais) et une reconstitution de la salle où se tint la session. Le bâtiment, de forme trapézoïdale, a été construit en 1939 grâce à un don d'habitants de la ville émigrés aux États-Unis. Il accueille aussi le musée du canton d'Una-Sana (Muzej Unsko-Sanskog Kantona) qui regroupe de petites collections d'archéologie, d'ethnologie et d'arts ainsi qu'une exposition sur la siège de Bihać en 1992-1995. L'entrée est gardée par un canon de l'armée royale yougoslave de fabrication italienne qui fut utilisé par les partisans. En face, le centre culturel (Dom Kulture), érigé en 1959 en tant qu'université des travailleurs, conserve sur sa façade une grande fresque abstraite du peintre sarajévien Vojo Dimitrijević (1910-1980). Des événements et des expositions temporaires y sont organisés (lundi-vendredi 8h-16h).

HOTEL EMPORIUM €€

Dr. Irfana Ljubijankića 90
✆ +387 37 31 66 00
emporium.ba
39 chambres. 49/70 € pour deux avec petit déjeuner. Restaurant : environ 30 km/personne. Parking.

Ce grand bâtiment moderne abrite un restaurant et un hôtel de bonne tenue. Chambres bien conçues, souvent spacieuses et dotées de rangements, bonnes literie et salles de bains, Wifi et clim. Le restaurant est géré par la même équipe que le River Dock : des classiques bosniens, une pointe d'exotisme. L'espace bien-être est, lui, presque superflu (sauna et cabine à UV). Quant au bar, très design, il sert de bons cocktails, mais il est bruyant le week-end. Accueil des clients à mobilité réduite et prise en compte des intolérances alimentaires.

HOTEL KOSTELSKI BUK €€

M14 ✆ +387 37 30 23 40
kostelski-buk.com
40 chambres. 65 € pour deux avec petit déjeuner. Restaurant : tous les jours 7h-22h, environ 30 km/personne. Parking.

Ouvert en 2000 et déjà désuet, cet hôtel de charme conserve un sacré caractère : il est posé juste en face d'îlots et de cascades dont l'Una semble avoir le secret. La beauté du lieu réside en fait dans la petite centrale hydroélectrique située juste en amont. Les chambres avec balcon profitent d'une vue superbe. Wifi, clim, bonnes literie et salle de bains : tout y est, même un centre de bien-être (sauna, hammam, massages...). Petit déjeuner et restaurant parmi les meilleurs de la région. Aire de jeux pour enfants, animaux de la ferme, location de VTT et de kayaks.

HOTEL OPAL €€

Krupska bb
✆ +387 37 22 41 83
hotelopal.ba
23 chambres. 64/80 € pour deux avec petit déjeuner. Restaurant : environ 25 km/personne. Parking.

Le petit déjeuner est agréable sur la terrasse ou dans la véranda donnant directement sur l'Una et ses îlots. On peut aussi profiter de ce cadre le midi et le soir avec le très couru restaurant Obala (« la côte ») : pâtes et risottos, viandes et poissons ainsi que des spécialités bosniennes (*cevapi*, veau sous la cloche...). Quant aux chambres, pas grand chose à redire : déco soignée, bonne literie, super-salle de bains, Wifi, clim, insonorisation. Accueil des clients à mobilité réduite et prise en compte des intolérances alimentaires. Location de VTT et de kayaks.

HOTEL PAVILJON €€

Aleja Alije Izetbegovića
✆ +387 37 22 41 94
www.hotelbos.top
13 chambres. 65/85 € pour deux avec petit déjeuner. Restaurant. Parking peu pratique mais gratuit.

Idéalement situé, à côté du principal axe routier, du pont Alija-Izetbegović et de la plupart des lieux de visite, cet hôtel profite du calme du parc de la Ville. Mais certains esprits chagrins pourront se plaindre du « bruit » de l'Una. L'établissement donne en effet directement sur les cascades de l'îlot Beton. Les chambres sont un peu étroites, bien tenues avec mur coloré, parquet, bonne literie, salle de bains correcte, clim et Wifi. Le petit déjeuner et le restaurant sont sans grand intérêt. Il n'y a de toute façon pas de terrasse pour profiter de la vue.

BELVEDERE €

Trg maršala Tita 7
✆ +387 37 22 01 57
www.facebook.com/Belvedererestoran
Tous les jours 8h-23h. Environ 15 km/personne.

Derrière une façade quelconque se cache ici un bon restaurant populaire. Dans une salle au décor de vieux moulin, sont servis des pizzas parmi les meilleures de la ville ainsi que des sandwichs, des salades, des *ćevapi* et des grillades. Parfait pour une pause pendant la visite du centre historique. Sinon, on trouve aussi des fast-foods servant des *ćevapi* un peu plus au sud en direction de la tour du Capitaine : Panache (jusqu'à 23h), dans la rue Gazi-Husrev-Begova, et Friško (jusqu'à 16h), à l'entrée du pont de l'îlot principal du centre-ville (Gradska Otoka).

ČARDAK NA UNI €

Ulica 502. Viteške Brdske Brigade
✆ +387 37 22 12 38
www.cardaknauni.com
Tous les jours 7h-23h. Environ 20 km/personne.

Situé le long de l'Una et à côté du bâtiment moderniste de la télévision publique du canton d'Una-Sana, ce restaurant présente une architecture inspirée de la maison fortifiée typique des Balkans ottomans, le *çardak*. On n'y sert pas d'alcool, mais toute une panoplie de grillades et de viandes locales : *ćevapi*, brochettes, poulet aux champignons (*jeger šnicla pileća*), etc. Au menu aussi : pizzas, poissons et soupes balkaniques (*tarhana* ou *begova*). Avec sa terrasse près de l'îlot Beton et de la piscine de l'Una, c'est un des lieux les plus populaires de la ville.

MUJO BEJZIN €€

Džemala Bijedića
✆ +387 62 38 85 21
Tous les jours 8h-23h. Environ 15 km/personne.

Installé juste devant des cascades, en face de l'îlot Beton et du bâtiment de la télévision du canton d'Una-Sana, ce restaurant traditionnel dispose d'une agréable terrasse couverte. On y sert *ćevapi*, grillades et salades. Le service est sympa et efficace. Pour profiter de la vue dans le même coin, vous pouvez aussi aller au restaurant River Una, situé plus près du pont Alija-Izetbegović. Ce dernier est plus ancien et plus apprécié des habitants, mais propose les mêmes plats. À vous de voir : vous pouvez prendre un verre à l'un et à l'autre avant de vous décider.

RIVER DOCK €€

Ulica Armije BiH
✆ +387 63 79 78 33
www.facebook.com/RiverDock
Tous les jours 10h-22h. Environ 30 km/personne.

Ce restaurant ouvert en 2016 propose à peu près les mêmes plats carnivores que partout ailleurs. Quelques différences toutefois : un décor plutôt design, des viandes pour certaines de très bonne qualité et un souci de la présentation, voire de la mise en scène. Par exemple, le T-bone flambé fait toujours sensation, surtout le soir, quand la salle est plongée dans le noir, éclairée seulement de bougies posées sur les tables. On peut aussi opter pour une truite. Mais les végétariens, une fois encore, ne seront pas à la fête. Aire de jeux et terrasse près de l'Una.

GIG BAR

Husrefa Redžića 3
✆ +387 61 10 03 60
www.facebook.com/gigbarbihac
Tous les jours 7h-23h.

Bihać n'est pas la cité bosnienne la plus folle question vie nocturne. Du coup, les bars des hôtels font souvent office de rendez-vous festif, au grand dam des gens qui ont la curieuse envie de dormir. Ici, ce sont les clients du beau Konak na Uni (www.facebook.com/konaknauni) qui profitent des décibels. Le bar de cet hôtel est le plus prisé de la ville et, comme son nom l'indique, les concerts sont fréquents. Pour poursuivre la soirée, une seule adresse : la boîte de nuit Bistro (jusqu'à 3h en été), sur la même rive de l'Una, à côté du pont Alija Izetbegović.

PINTHOUSE CITY PUB

Trg maršala Tita
✆ +387 61 75 68 44
Tous les jours 8h-23h.

Appelé Gradska Pivnica jusqu'en 2019, c'est le pub officiel de la Bihaćka Pivovara, la grande brasserie locale. On y sert, entre autres, les deux bières phares de la marque, des blondes : l'Unski Biser et la Preminger. Elles ne jouissent pas de la même réputation que celles de Sarajevo et de Banja Luka. Mais les habitants de Bihać sont très fiers de leur brasserie, créée avec l'aide de brasseurs tchèques en 1990, qui est parvenue à fonctionner pendant le terrible siège de 1992-1995. Terrasse au bord de l'Una, soirées concert et petite restauration.

PARC NATIONAL DE L'UNA ★★★

Le parc national de l'Una (Nacionalni Park Una/Национални Парк Уна) s'étend sur 198 km² et 60 km du nord au sud le long de la Croatie. Il est presque entièrement situé sur la municipalité de Bihać. Seule la pointe sud du parc appartient à la municipalité de Drvar (Tropolje). Le principal village du parc est Kulen Vakuf, 40 km au sud-est de Bihać et 42 km au nord-ouest de Drvar. Le parc est desservi par des bus entre Kulen Vakuf et Bihać avec des arrêts à Ripač, Gorjevac, Dubovsko, Ćukovi, Orašac et Rajinovci : 6 liaisons/jour en semaine, 3 le samedi et 2 le dimanche.

Créé en 2008, c'est peut-être le plus majestueux des quatre parcs nationaux de Bosnie-Herzégovine. C'est en tout cas le plus agréable à parcourir, que ce soit à pied, en VTT, en voiture et, mieux encore, en rafting ou en kayak. Cet ensemble naturel protégé s'articule autour de l'Una (212 km de longueur) et de ses affluents l'Unac (66 km) et la Krka (6 km). Dominées par le mont Ljutoč (1 168 m d'altitude), les trois grandes vallées de Martin Brod, de Kulen Vakuf et de Lohovo abritent des écosystèmes complexes et une riche faune : 30 espèces de poissons, 130 espèces d'oiseaux, des lynx, renards, loups, ours, chamois, etc. Le parc comprend aussi un canyon en aval de Martin Brod, un lac au sud et de magnifiques chutes d'eau, dont les plus belles sont celles de Štrbački Buk. Très peu peuplé, mais largement ouvert aux activités touristiques, le parc est soumis à des règles assez strictes et la plupart de ses accès sont payants.

Pratique

Le parc est accessible par cinq entrées numérotées de 1 à 6, l'entrée n° 4, à Račić, étant désormais fermée. Quatre d'entre elles sont payantes et fermées à la nuit tombée. Elles permettent de pénétrer dans le parc avec un véhicule sauf l'entrée n° 2, réservée aux randonneurs et aux cyclistes. D'autres parties du parc sont en accès libre. Mais les activités (rafting, canoë-kayak, plongée) sont soumises à un droit d'entrée à Martin Brod, à Kulen Vakuf et à Lohovo. (✆ +387 37 22 15 28 - nationalpark-una.ba - info@nationalpark-una.ba. Renseignements au centre d'information du parc national de l'Una à Bihać ou sur le site Internet.)

Entrée n° 1 : Gorjevac – *18 km au sud-est de Bihać par la M5 – 9h-20h en été, jusqu'à 16h/19h au printemps et en automne, 10h-15h en hiver – tarif : 6 km.* Le village de Gorjevac (prononcez « goriévats ») a été déserté après la dernière guerre et ne compte plus qu'une poignée d'habitants, contre une centaine en 1991. De là part un chemin carrossable (recommandé aux 4 × 4 et véhicules robustes) de 14 km qui mène aux chutes de Štrbački Buk. Au bout de 4 km, un sentier de 8 km réservé aux randonneurs et aux cyclistes permet d'accéder au mont Ljutoč (1 168 m d'altitude).

Entrée n° 2 : Ćukovi – *27 km au sud-est de Bihać : suivez la M5 et peu après Gorjevac, prenez à droite la R408 – randonneurs et cyclistes uniquement – mêmes horaires et tarif qu'à Gorjevac.* Le village de Ćukovi (prononcez « tchoukovi ») a perdu la moitié de sa population depuis 1991 et ne compte plus qu'environ 200 habitants, en majorité bosniaques. Sur place, quelques commerces et un hébergement près de la mosquée (+387 60 35 028 60). De là, on peut accéder à Kulen Vakuf et à Martin Brod, mais aussi aux chutes d'eau de Štrbački Buk grâce à un sentier de 4,5 km qui passe par la source de Bukovac.

Entrée n° 3 : Ćelije – *39 km au sud-est de Bihać. GPS : 44.634959, 16.043325 – 9h-20h en été, jusqu'à 16h/19h au printemps et en automne, 10h-15h en hiver – tarif : 6 km.* Le hameau de Ćelije (prononcez « chélié ») du village d'Orašac est le plus proche des chutes de Štrbački Buk. Pour y accéder, passez Ćukovi et Orašac, puis prenez la première sortie à droite. Une petite route de 7,5 km mène à Ćelije. De là, il faut continuer 4,5 km au nord-ouest pour arriver à Štrbački Buk. Ćelije compte quelques maisons le long de l'Una face à la Croatie. Parmi elles, deux hébergements chez l'habitant (+387 61 71 85 14, +387 62 07 93 84).

Entrée n° 5 : Martin Brod – *51 km au sud-est de Bihać.*

Entrée n° 6 : Lohovo – *14 km au sud de Bihać.*

MONASTÈRE DE RMANJ ✠

Manastir Rmanj
✆ +387 37 36 60 47
Mai-septembre : tous les jours 9h-20h.
Tenue correcte exigée.

Fondé en 1498, ce monastère orthodoxe serbe (Manastir Rmanj/Манастир Рмањ) profite d'un cadre magnifique avec, en arrière-plan, le canyon de l'Unac dominé par le mont Šator (876 m d'altitude). Mais ses deux églises, l'une neuve dédiée à saint Jean Chrysostome, l'autre d'allure ancienne mais reconstruite en 2006 et dédiée à saint Nicolas, rappellent que le complexe fut gravement endommagé en 1944 et en 1995. L'intérieur de l'église Saint-Nicolas abrite quelques icônes du XIXe siècle. Les abords sont occupés par une immense ferme aquacole.

CHUTES DE ŠTRBAČKI BUK ★★★

Štrbački buk

Accès payant à Ćelije (6 km).

Constitué de plusieurs cascades et chutes d'eau, dont la plus grande atteint 27 m de hauteur, Štrbački Buk (« bruit de Štrbci ») est le site le plus réputé du parc national de l'Una. Il est situé sur la frontière, dans un canyon dont les parois montent à 500 m d'altitude, à côté de la réserve forestière d'Una Mamea, en Croatie. Il doit son nom au vacarme constant de l'eau de l'Una et à sa proximité avec le hameau de Donji Štrbci (25 habitants), en Croatie. Des deux rives, le spectacle est magnifique. Mais l'accès en voiture, à pied ou à vélo, est nettement plus facile du côté de la Bosnie-Herzégovine, notamment par l'entrée n° 3 du parc national, à Ćelije (autres accès possibles par les entrées n°s 1, 2 et 6). Štrbački Buk constitue le point de départ de nombreuses excursions en rafting ou en kayak en direction de Lohovo (parcours de 17 km) ou de Račić (18 km). Les participants les plus téméraires sont ici invités à suivre leur skipper dans un impressionnant plongeon dans l'écume blanche des chutes d'eau. Les embarcations descendent seules et les autres passagers peuvent, s'ils le veulent, passer au sec par les berges bien aménagées. C'est grâce à l'écosystème particulier de la vallée de l'Una que se sont formées ces cascades et chutes d'eau il y a environ 40 000 ans grâce à une petite algue favorisant la production de calcaire. Sur place, on trouve un point d'observation et le restaurant Buk, mais il n'existe ici aucun hébergement. Pour dormir à proximité, il faut donc se rendre à Ćelije.

© MARCIN JUCHA/SHUTTERSTOCK.COM

GRANDE CASCADE DE L'UNA ★★

Veliki vodopad na Uni

Cette cascade (Veliki Vodopad na Uni) est moins spectaculaire que les chutes d'eau de Štrbački buk. Elle n'en demeure pas moins très belle avec l'Una qui effectue ici un succession de chutes sur 54 m de hauteur juste à côté du village de Martin Brod. Grâce une passerelle en bois financée par l'Union européenne, on profite d'un beau panorama sur cet ensemble composé d'eau, de rochers et d'une végétation luxuriante. En aval, un vieux moulin abandonné vient parfaire le décor. En reprenant le sentier en sens inverse, puis en tournant à gauche dans la « rue principale », on débouche sur un pont suspendu pour piétons qui enjambe l'Una et permet d'admirer une autre série de cascades. La rue se poursuit jusqu'à la gare ferroviaire de Martin Brod où le trafic a cessé depuis 2010. Créée en 1948, la ligne de chemin de fer à voie étroite reliant Bihać à Knin (61 km), en Croatie, fut notamment utilisée par le redoutable Krajina Express, un train blindé de l'armée serbe de Krajina qui a sévi dans la région entre 1991 et 1995, avant de terminer au fond d'un ravin. La ligne pourrait toutefois rouvrir dans les années à venir après rénovation. Tant mieux, car son tracé zigzaguant sur la frontière offre un fabuleux parcours le long de l'Una. En attendant, Martin Brod dispose de belles possibilités de balades à pied, comme celle menant aux deux tunnels abandonnés à 700 m à l'est du monastère de Rmanj. Creusés dans la roche pour faire passer une route jamais achevée le long de l'Unac, ils sont devenus le repère de chauves-souris.

KRAJINA BOSNIENNE

EKO SELO NATURA ART €

Donje Lohovo

✆ +387 37 94 13 70

22 chambres. 64/100 € pour deux avec petit déjeuner. Restaurant : tous les jours 10h-18h, environ 25 km/personne.

Créé en 2015, ce complexe est très beau avec ses maisons inspirées de l'architecture traditionnelle locale posées le long de l'Una. Vous pouvez opter pour une chambre ou un appartement avec cuisine : le confort est variable mais dans l'ensemble assez bon (clim, Wifi, bonne literie, etc.). On recommande surtout pour le restaurant qui propose une très bonne cuisine bosnienne (truites, veau sous la cloche, burek, etc.). Les enfants adoreront les excursions en bateau, la ferme avec les animaux, la grande pelouse et la petite aire de jeux. Location de VTT et de kayaks.

VILLAGE DE KULEN VAKUF ★

R408

Accès en voiture gratuit.

Posé sur un méandre de l'Una, Kulen Vakuf/Кулен Вакуф (prononcez « koulène vakouf ») est le plus important village du parc national. L'endroit est agréable et profite de paysages magnifiques avec deux petites îles et les ruines de forteresses installées sur des collines de part et d'autre de la rivière : Ostrovica domine la vallée à 500 m d'altitude sur la rive gauche (au sud-ouest), tandis que, sur la colline de la rive droite, subsistent les imposantes murailles d'Havala, à 400 m d'altitude. Toutes deux sont accessibles par des sentiers aménagés avec des aires de pique-nique et offrent de beaux panoramas. Au centre du village, la mosquée Sultan-Ahmed marque le souvenir d'un passé tumultueux. Érigée vers 1610, lors de la création du village, elle fut nommée en l'honneur du sultan ottoman Ahmed Ier (1590-1617), mais fut détruite et reconstruite trois fois au cours du XXe siècle. À proximité se trouvent le charmant café de la place centrale, deux épiceries, un bureau de change (dans l'unique bureau de poste du parc), des restaurants au bord de l'Una, la pension Saraj, plusieurs logements chez l'habitant comme Galijašević (+387 37 36 51 11) et deux campings dans les environs.

▸ Ancien port de commerce. Le village compte aujourd'hui un peu moins de 500 habitants, essentiellement bosniaques. Mais avant la dernière guerre, sa population s'élevait à plus de 2 000 personnes, dont 70 % de Bosniaques et 25 % de Bosno-Serbes. Les habitants bosniaques ont fuit lors de la capture du village par l'armée bosno-serbe en 1992. Les Bosno-Serbes ont à leur tour quitté les lieux lorsque l'armée bosnienne a libéré la région en 1995. Seule une partie de la population bosniaque est revenue s'installer. Important port de commerce fluvial durant la période ottomane, la petite ville fut d'abord connue sous les noms de Džisri Kebir (déformation de l'arabe *jisr el-kebir*, « grand pont ») et de Palanka. Elle a pris son nom actuel au XIXe siècle lors de la construction de nouveaux bâtiments érigés grâce à une donation (*vakuf*) d'un officier ottoman originaire de la région, Mahmut pacha Kulenović (1776-1806). Le village a été quasiment rayé de la carte en décembre 1941 lors d'une série de massacres commis par les oustachis croates, les tchetniks serbes et les partisans. Plusieurs agences proposent des descentes de l'Una en rafting et kayak au départ de Kulen Vakuf vers les chutes d'eau de Štrbački Buk. En plus du prix de la location du matériel ou de l'excursion encadrée, il faut s'acquitter d'un droit de 6 à 12 km/personne en fonction de la destination.

VILLAGE DE LOHOVO

14 km au sud de Bihać par la M11, sur la rive gauche (ouest) de l'Una.

Accès au parc national : libre.

Le village de Lohovo/Лохово (prononcez « lo[r]ovo ») constitue le point d'entrée n° 6 du parc national de l'Una. C'est le plus proche de Bihać et le point de départ de nombreuses descentes de l'Una en rafting ou en kayak. On y trouve un petit centre d'information et plusieurs hébergements et restaurants, mais aucun habitant à l'année. Lohovo était peuplé de 700 habitants à 90 % bosno-serbes avant 1991, et toute la population a fui à la fin de la dernière guerre. Si l'entrée est ici gratuite, c'est que la route cesse de suivre l'Una 3,5 km plus au sud. À cet endroit se situe aussi un poste-frontière où les passages ne sont pas trop fréquents et les contrôles pas trop longs. Si l'on dispose d'un véhicule assuré pour entrer dans l'Union européenne, il est possible de poursuivre par la Croatie jusqu'à Nebljusi (10 km au sud de Lohovo). À la sortie de ce village, à gauche une piste (4 × 4 recommandé) traverse la réserve forestière d'Una Mamea où se trouve le hameau de Donji Štrbci avec un camping, puis la chute d'eau de Štrbački Buk. Le point de vue est là aussi magnifique. Pour revenir en Bosnie-Herzégovine, il faut soit reprendre le même chemin en sens inverse, soit faire une longue boucle de 60 km vers le nord jusqu'au poste-frontière de Ličko Petrovo-Izačić, situé 14 km au nord-ouest de Bihać. Vous traverserez alors le parc national des lacs de Plitvice (295 km²), classé au patrimoine mondial de l'Unesco depuis 1979. Sur la route, vous trouverez de nombreuses possibilités d'hébergement (voir *Petit Futé Croatie*).

JAPODSKI OTOCI €

Una Aqua Centar

✆ +387 61 60 43 13

www.una-aqua.com

5 maisons. 50/105 € pour deux.

Petit déjeuner 5 €/personne.

Restaurant et possibilité de camping.

Géré par le club de rafting Una Aqua, ce complexe est installé sur les îlots appelés « îles Japydiennes », du nom du peuple des Japydes établi dans la région à partir du Xe siècle av. J.-C. On y trouve l'unique hébergement de type « cabane dans les arbres » du pays. Il s'agit d'une cabane entre deux arbres montée sur pilotis au bord de l'Una avec salle de bains, clim et Wifi, capable d'accueillir jusqu'à quatre adultes et un enfant. Les autres maisons (2-15 personnes) sont plus confortables et moins chères. Plein d'activités : rafting, 4 × 4, escalade, etc.

VILLAGE DE MARTIN BROD ★★

51 km au sud-est de Bihać. Suivez le même itinéraire que pour Ćukovi (entrée n° 2) et poursuivez sur 24 km.

Accès au parc national : 9h-20h en été, jusqu'à 19h ou 16h au printemps et en automne, 10h-15h en hiver. Tarif : 2 km.

Le village de Martin Brod/Мартин Брод (prononcez « martine brodt ») constitue le point d'entrée n° 5 du parc national de l'Una. L'arrivée n'est pas très engageante : des maisons en ruine, un pont ferroviaire abandonné et un pont routier détruit pendant la guerre remplacé par un autre, dit « provisoire », depuis 1997. Mais des hauteurs de la vallée, la vue ne trompe pas : Martin Brod est le plus beau village du parc national. C'est ici, le long de la Croatie, que l'Unac rejoint l'Una pour former un delta noyé dans la verdure et entouré de sommets dépassant les 800 m d'altitude. Les deux rivières sont ici majestueuses : tandis que son affluent sort d'un profond canyon, l'Una déverse, elle, ses flots tumultueux en une série de cascades, dont l'une est la plus haute du parc. Le nom du village (« passage de Marta ») vient quant à lui d'une légende selon laquelle une jeune femme appelée Marta serait morte emportée par les flots en voulant traverser l'Una pour rejoindre son amoureux sur la rive opposée. Marquée par la guerre, cette petite localité d'environ 130 habitants, en majorité bosno-serbes, revit avec le rafting, mais aussi avec ses eaux poissonneuses, des sentiers bien aménagés, quelques restaurants, des chambres chez l'habitant et l'hôtel Una-C (+387 66 05 80 07). Martin Brod est un bon point de départ pour une descente en rafting ou en kayak jusqu'à Kulen Vakuf (environ 1h30, niveau facile). En plus du prix de la location du matériel ou de l'excursion encadrée, il faut s'acquitter d'un droit de passage de 6 km/personne.

PANSION SARAJ €

R408

✆ +387 37 36 54 02

pansionsaraj.com

10 chambres. 48 € pour deux. Petit déjeuner 5 €. Demi-pension : 68 € pour deux. CB acceptée.

Posé au bord de la – très calme – route principale qui traverse le parc national, ce « palais » (*saraj*) est une grosse maison rose de quatre étages. Les chambres sont charmantes avec leurs teintes pastel et leur mobilier rustique et des balcons offrant une vue magnifique sur l'Una. Il suffit de traverser le pont pour atteindre les commerces et restaurants de Kulen Vakuf. Mais franchement, on mange bien mieux ici. Piscine pour enfants, Wifi, prêt de VTT, bons conseils de randonnée, accueil sympa. Les propriétaires disposent aussi d'appartements sur l'autre rive.

GREEN RIVER RAFTING

M11 ✆ +385 91 181 18 17

unarafting.com

Excursion en rafting : environ 80-90 km/personne. Six participants au minimum (l'agence compose les équipages).

Avec cette agence, la journée type de rafting commence à 8h30 à la base de Lohovo avec petit déjeuner, équipement, puis transfert jusqu'aux chutes d'eau de Štrbački Buk et préparation avec le skipper. Départ à 12h30 pour 3h30 de descente. Déjeuner à l'arrivée à Lohovo à 17h, puis départ, ou fiesta, dîner et nuit sur place. Des stages d'approfondissement et des séjours de deux jours sont aussi au programme, notamment au départ de Grmuša (19 km au nord-est de Bihać) avec passage le long de la forteresse d'Ostrožac et arrivée à Kostela, près de l'hôtel Kostelski Buk.

UNA AQUA

Una Aqua Centar

✆ +387 61 60 43 13

una-aqua.com

Excursion en rafting : environ 80-90 km/personne. Hébergement : voir Japodski Otoci.

L'excursion phare en rafting au départ des chutes de Štrbački buk est un must. Mais ce n'est pas la seule activité proposée par cette agence : visite guidée de Bihać (2h), équitation au complexe Čardaklije (près de Bosanski Petrovac), excursions en 4 × 4, baptêmes de plongée, stages de pêche, randonnée dans le massif de la Plješevica jusqu'au mont Opaliti (1 208 m d'altitude)... Pour l'hébergement, l'agence dispose d'un grand complexe installé sur les « îles Japydiennes » (Japodski Otoci) avec camping, villas tout confort et même une « cabane dans les arbres ».

UNA RC KIRO RAFTING

Golubić bb

✆ +387 37 36 11 10

una-kiro-rafting.com

Excursion en rafting : environ 80-90 km/personne. Villas : à partir de 21 €/personne. Camping.

C'est la plus grosse agence de rafting de la région de Bihać. Elle dispose d'un camping, de villas, d'un restaurant, d'une agence de voyage et propose des mini-séjours rafting de deux ou trois jours sur l'Una, en particulier au départ des chutes d'eau de Štrbački buk, dans le parc national. Parmi les autres activités qui figurent au catalogue, on trouve des descentes en kayak (par exemple de Martin Brod à Kulen Vakuf), de la prise de vue photographique le long de l'Una, du paintball dans un village abandonné et de la plongée (et des baptêmes de plongée).

KRAJINA BOSNIENNE

CAZIN

Cazin/Цазин (prononcez « tsasine ») compte environ 14 000 habitants, dont 97 % de Bosniaques. C'est le chef-lieu de la municipalité de Cazin (65 000 habitants) qui fait partie du canton d'Una-Sana (Fédération de Bosnie-et-Herzégovine). La ville se trouve 26 km au nord-est de Bihać. Fréquentes liaisons en bus avec Bihać. Principale ville de la pointe ouest du pays, Cazin fut à partir de 1576 un bastion ottoman gardant la frontière avec la Croatie. Cette même année fut bâtie la mosquée de la Ville (Gradska Džamija) au sommet de la forteresse médiévale (accès libre) qui domine la cité. La mosquée, reconstruite en 1879, constitue un bon point d'observation pour admirer les environs.

FORTERESSE D'OSTROŽAC ★

Stari grad Ostrožac

✆ +387 61 23 66 41

Tous les jours 9h-21h (en théorie). 4 km.

Surplombant l'Una à 500 m d'altitude, cette forteresse (Tvrđava Ostrožac) est l'une des plus élégantes du pays et l'une des moins authentiques : la partie sud donnant sur la rivière, avec ses belles tours et toitures évoquant le XVe siècle, date des années 1900. Le lieu est pourtant chargé d'histoire. Ce château du XIIIe siècle, transformé en palais au XIXe siècle, a brièvement servi de QG aux partisans en 1943. Dans les années 1960-1990, il a accueilli des artistes qui ont laissé dans la cour des dizaines de sculptures. En été, il sert de cadre à des concerts.

NIŞANS DE LA FAMILLE KAJTAZOVIĆ

M4.2

Accès libre.

Ce cimetière familial (Kajtazovića Nišani) abrite seize nişans érigés de 1913 à 1950. Il est typique de la région avec ses stèles héritées de la culture ottomane installées en bord de route. Mais il se distingue par la hauteur des nişans des hommes qui dépassent pour certains 3 m. Le décor a été réalisé par des artisans locaux : turban, motifs végétaux, armes et inscription en ottoman (turc en écriture arabe). La famille Kajtazović demeure présente à Cazin, à Pećigrad et à Bihać.

FORTERESSE DE VELIKA KLADUŠA

Stari Grad Velika Kladuša

Fermée provisoirement aux visites depuis 2019.

Cette forteresse (Velikokladuška Tvrđava) paraît presque irréelle tant elle ressemble à un décor pour film de cape et d'épée. Elle domine la ville de Velika Kladuša (5 000 habitants, à 81 % bosniaques), 2 km au sud du poste-frontière de Maljevac avec la Croatie. Construite au XIIIe siècle et profondément remaniée par les Ottomans, c'est l'une des rares forteresses du pays de forme circulaire. Défendue par trois tours et un donjon central, elle fut capturée en 1835 par les Austro-Hongrois après une tentative d'invasion de la Croatie par les Ottomans. Plus récemment, de 1993 à 1995, elle fut le siège de l'étrange petite République de Bosnie occidentale. Peuplée en majorité de Bosniaques, cette entité autoproclamée indépendante de 176 km^2 s'allia tantôt avec la République serbe de Krajina, en Croatie, tantôt avec l'État croate et s'opposa pendant trois ans à l'armée bosnienne. Son leader, Fikret Abdić (né en 1939), auparavant directeur d'Agrokomerc, grosse usine agroalimentaire locale, fut condamné pour crimes de guerre par la justice croate en 2002. Tenu pour responsable de la mort de 121 civils bosniaques, il ne purgea pourtant que dix ans de prison. Élu maire de Velika Kladuša en 2016 et impliqué dans plusieurs affaires de corruption, on peut lui reprocher, nous, d'avoir récemment fait fermer la forteresse et l'hôtel-restaurant qu'elle abritait. En attendant la réouverture, il faut se contenter d'admirer celle-ci depuis le café-restaurant Medjan situé juste à côté.

VILLE DE BOSANSKA KRUPA ★

30 km au sud-est de Cazin.

Située sur l'Una, cette ville de 11 500 habitants, à 92 % bosniaques, conserve les ruines d'une forteresse du XIIIe siècle reconstruite par les Ottomans. Juste à côté, comme un symbole, se concentrent une église orthodoxe, une église catholique et une mosquée. Pourtant, la ville est meurtrie par la dernière guerre. Ses restaurants, ses maisons sur pilotis et ses deux îlots n'en sont pas moins charmants. Puis, 12 km au nord, Bosanska Otoka est encore plus paisible avec ses vingt-quatre îlots. Elle possède aussi l'unique mosquée d'Europe installée sur une île.

BOSNIE CENTRALE

La Bosnie centrale (Srednja Bosna/ Средња Босна) s'étend le long de la rivière Bosna et de son affluent la Lašva, à l'est de la région de Sarajevo. Au sud, le mont Vranica domine de ses 2 112 m d'altitude. Un peu plus au nord, le mont Vlašić (1 933 m) abrite une station de ski très active, tandis que dans l'est, le mont Tajan (1 297 m) profite d'une riche aire protégée aux sentiers bien balisés. La Bosnie centrale compte aussi des villes très industrialisées, notamment Zenica. De plus petites cités comme Bugojno et Novi Travnik furent quant à elles spécialisées dans la production d'armements. À ce titre, elles furent très disputées au cours de la dernière guerre. Même l'élégante Travnik, capitale historique de la province, ne fut pas épargnée. Mais les atrocités et destructions furent nettement moindres qu'en Krajina bosnienne et Bosnie orientale. Les populations bosniaque et bosno-croate vivent à présent ici dans une relative harmonie.

Selačka
Vlatkovići
Bric
Imljani
Ugar
JAJCE
ŠIŠAVA
Babanovac
Vinac
Kokići
Gradina
Turbe
TRAVNIK
Hemići
Ljuša
Podobzir
Gornje Pećine
NOVI TRAVNIK
DONJI VAKUF
Rostovo
Seona
BUGOJNO
Vesela
KUPRES
Humac Gornji
Gornji Vakuf-Uskoplje
Svilići
10 KM
Donje Ravno

Malivojevića ravan
Zavidovići
Žepče
Mahoje
Borovnica
A 1
Nemila
Bosnie centrale
Podborje
Ponijeri
Pojske
Gradišće
Puhovac
Pokrajčići
ZENICA
Gornja Zenica
Crnač
VITEZ
Jusići
KAKANJ
Busovača
A 1
VISOKO
Počari Polje
Fojnica
Kiseljak
Brnjaci
Ponjušina
Rakovica
Kreševo

PAGES

311 ## ● ● RÉGION DE TRAVNIK

Dominée par les monts Vranica (2 112 m d'altitude), au sud, et Vlašić (1 933 m), au nord, la vallée de la Lašva a joué un rôle crucial dans l'histoire du pays. Sa ville principale, Travnik, fut la capitale de la Bosnie ottomane (1699-1832) et inspira un chef-d'œuvre à l'enfant du pays, l'écrivain Ivo Andrić. Les villes secondaires de Novi Travnik et de Vitez furent quant à elles d'importants arsenaux de l'armée du régime socialiste. Si la région fut autrefois multiethnique (Grecs, Juifs, Turcs, Aroumains…), elle s'est retrouvée déchirée entre communautés au cours des deux dernières guerres. On prend aujourd'hui plaisir à découvrir ses monuments, à skier sur le mont Vlašić et à goûter le fromage de Travnik.

TRAVNIK ★★

311 Ancienne capitale de la Bosnie ottomane et ville natale du grand écrivain yougoslave Ivo Andrić, Travnik conserve un intéressant patrimoine (forteresse, mosquée Colorée…) ainsi qu'un riche petit musée.

316 ### ŠISAVA ★

316 ### NOVI TRAVNIK

317 ### VITEZ

318 ## ● ● RÉGION DE ZENICA

Proche de Sarajevo, cette partie-là de la Bosnie centrale n'est *a priori* pas la plus intéressante. À l'image de la capitale régionale, Zenica, toutes les villes sont ici marquées par des paysages industriels peu avenants (usines polluantes ou… usines fermées). Mais c'est dans les environs de ces centres urbains tristounets que l'on déniche quelques perles, en particulier près de Kakanj où se trouvent les ruines de Bobovac, l'ancienne cité des rois de Bosnie, mais aussi la méconnue aire protégée du mont Tajan. Bien aménagée avec des sentiers de randonnée et un centre d'information, cette dernière est aussi un des rares endroits des Balkans où les débutants peuvent s'initier à la spéléologie.

318 ### KAKANJ ★

320 ### ZENICA

321 ## ● ● RÉGION DE BUGOJNO

Placées entre la Tropolje (au sud), la Karjina bosnienne (au nord-ouest) et l'Herzégovine (au sud-est), les petites villes de Bugojno et de Donji Vakuf gardent les séquelles de la guerre de 1992-1995. Les bâtiments détruits ont été nombreux, en particulier les mosquées, mais aussi la célèbre villa Gorica de Bugojno, qui fut la résidence préférée de Tito. Aujourd'hui encore, des mines antipersonnel demeurent présentes dans certaines zones de la vaste forêt de Koprivnica, au sud, entre Bugojno et Kupres. Mais près de Donji Vakuf, la même forêt conserve quant à elle une étonnante tradition festive bien ancrée : le grand pèlerinage musulman d'Ajvatovica.

321 ### BUGOJNO

DONJI VAKUF

322 Profondément marquée par l'héritage ottoman et le mysticisme des confréries soufies, Donji Vakuf attire chaque année en juin des dizaines de milliers de pèlerins se rendant au site sacré d'Ajvatovica.

TRAVNIK ★★

▶ Travnik/Травник compte environ 15 000 habitants, dont 67 % de Bosniaques et 25 % de Bosno-Croates. C'est le chef-lieu de la municipalité de Travnik (52 000 habitants) et du canton de Bosnie centrale (245 000 habitants), en Fédération de Bosnie-et-Herzégovine. La ville se trouve 30 km à l'ouest de Zenica (*via* Vitez), 50 km au sud-est de Jajce, 91 km au sud-est de Banja Luka, 92 km au nord-ouest de Sarajevo et 106 km au nord-est de Livno. Liaisons en bus : voir gare routière.

▶ Ancienne capitale de la Bosnie ottomane et ville natale du grand écrivain yougoslave Ivo Andrić, Travnik est encadrée par les remparts d'une cité médiévale et par les hauts sommets du massif du Vlašić, qui culmine à 1 933 m au mont Paljenik. Si elle est aujourd'hui encore la « capitale » du canton de la Bosnie centrale, la ville est retombée dans l'anonymat et a perdu de son aura. Cela notamment avec la disparition de son caractère multicommunautaire, accélérée par les massacres et déplacements de population au cours de deux dernières guerres. Installée dans la vallée de la Lašva (un affluent de la Bosna de 49 km de longueur), à 514 m d'altitude, elle demeure toutefois une cité agréable avec un important patrimoine bien préservé, de beaux paysages et la petite station de ski de Vlašić, toute proche. Pour de nombreux habitants de l'ex-Yougoslavie, elle reste surtout l'âme de la Bosnie centrale et le symbole d'un art de vivre montagnard avec son fameux fromage de Vlašić (aussi appelé « fromage de Travnik ») et son chien de berger rustique, le tornjak.

Histoire

Occupé depuis le néolithique, le site de Travnik n'émerge qu'au Moyen Âge, servant de forteresse durant la période hongroise. Mais le nom de la ville n'est mentionné qu'en 1463, lors de la prise de Jajce par les Ottomans. La ville commence alors à se développer. Le tournant a lieu en 1699, lorsque Eugène de Savoie détruit Sarajevo : le siège de la Bosnie ottomane est transféré ici pour plus d'un siècle (jusqu'en 1832). Travnik devient un formidable creuset où se mêlent Bosniaques, Turcs, Serbes, Croates, Juifs, Grecs, Roms et Aroumains. Une complexité merveilleusement illustrée dans *La Chronique de Travnik* (1945), chef-d'œuvre d'Ivo Andrić. L'écrivain décrit la cité à son apogée, au début du XIXe siècle, lorsqu'elle est brièvement occupée par les troupes napoléoniennes venues de Dalmatie. C'est alors une ville de consuls où les grandes puissances rivalisent pour séduire les dignitaires d'un Empire ottoman sur le déclin. La cité se modernise durant la période austro-hongroise (1878-1918). Mais après un vaste incendie, en 1903, elle est distancée par ses voisines Zenica et Vitez. Pendant la Seconde Guerre mondiale, elle subit la violence des oustachis croates : une grande partie de la population serbe, juive et rom est massacrée à Kruščica, près de Vitez. Travnik a en revanche été presque épargnée par la dernière guerre, avec de brefs combats entre les armées bosnienne et bosno-croate en 1993. Mais elle a vu sa population changer avec le départ des habitants bosno-serbes et l'arrivée de réfugiés bosniaques.

ÉGLISE DE LA DORMITION-DE-LA-MÈRE-DE-DIEU ✝

Gaj

Possibilité de visite en journée.

Tenue correcte exigée.

Cette église orthodoxe serbe (Crkva Uspenja Presvete Bogorodice/Црква Успења Пресвете Богородице) date de 1854. Reconnaissable à son clocher surmonté d'un bulbe (21,40 m de hauteur avec la croix), elle a été plusieurs fois remaniée jusqu'en 1977. À l'intérieur, belle iconostase et les icônes des XVIIe et XVIIIe siècles. Les peintures murales (et trois icônes) ont été réalisées par le peintre expressionniste Roman Petrović (1896-1947), originaire de Donji Vakuf.

MAISON HAFIZADIĆ

Bosanska 135

Café Consul : tous les jours 7h-22h.

Reste de la maison : sur demande plusieurs jours l'avance au Musée régional.

Cette élégante maison du XIXe siècle (Hafizadića Kuća) se repère grâce à sa façade néo-classique et à son pignon couvert de lierre. Abritant le café Consul, il s'agit de la première habitation de style occidental de la ville. Elle fut érigée par Gábor Galantay, médecin hongrois ayant fui l'Autriche en 1848. Achevée en 1858, elle est dotée d'un café où se côtoient les consuls en poste à Travnik, alors siège de la province ottomane de Bosnie. En 1875, la maison est vendue à l'influente famille bosniaque des Hafizadić qui la conserve jusqu'en 1941.

FROMAGE DE VLAŠIĆ

Proche de la feta grecque et de la *brynza* des Carpates, le fromage de Vlašić (*Vlašićki sir*), aussi appelé « fromage de Travnik » (*Travnički sir*), est la grande spécialité de la région de Travnik. Connu dans toute l'ex-Yougoslavie, il vient des monts Vlašić. Comme le fromage de Livno, il est obtenu à l'origine à partir du lait des brebis pramenka. Mais il existe aussi en version au lait de vache ou mixte. Mis en saumure pour soixante à quatre-vingt-dix jours, il est parfois affiné. On obtient alors des pâtes très différentes et plus ou moins salées : blanche, onctueuse et granuleuse façon cottage cheese, blanche et friable comme la feta ou jaunâtre et souple avec une pâte lavée et un goût plus prononcé. Il aurait été mis au point par les Aroumains, aussi appelés les Valaques (*Vlasi* en slave), qui ont donné leur nom aux monts Vlašić. Ce peuple de langue latine des Balkans, réputé pour ses bergers, ses commerçants et les transhumances de ses troupeaux jusqu'en Grèce, fut longtemps présent dans la région de Travnik, mais il a disparu de Bosnie-Herzégovine au XXe siècle. Les Aroumains ont toutefois laissé ici non seulement leur fromage et leurs grands troupeaux de pramenkas, mais aussi leur gros chien de berger, le tornjak (ou « berger de Bosnie-Herzégovine et de Croatie »), puissant et imposant qui peut atteindre 70 cm de hauteur. Quant au fromage de Vlašić, on le retrouve sous ses différentes formes dans la plupart des restaurants de Travnik et dans presque tous les supermarchés du pays.

BOSNIE CENTRALE

TOUR DE L'HORLOGE DE MUSALA

Varoš

Ne se visite pas.

Cette tour (Sahat-Kula na Musali) s'élève à 19,20 m de hauteur sur le plateau de Musala, nom dérivé du turc *musalla* qui signifie « lieu de prière ». Elle fut bâtie vers 1670 pour la première version de la mosquée Colorée du XVIe siècle. Carrée (3,60 m de côté), elle soutient une structure de plâtre et de bois qui abrite l'horloge indiquant les heures de prière aux musulmans. Travnik est la seule ville du pays à posséder deux tours de l'horloge avec celle de la mosquée Hadži Ali-bey.

FORTERESSE DE TRAVNIK ★★

Varoš

✆ +387 30 51 81 40

muzejtravnik.ba

Tous les jours 8h-20h (octobre-mars 10h30-14h30). 4 km.

Située sur un promontoire rocheux, cet ancien ouvrage militaire (Tvrđava Stari Grad) domine le quartier de Varoš (la vieille ville). Si c'est l'une des forteresses médiévales les mieux préservées du pays, ses origines sont mal connues. Elle pourrait avoir été érigée à la fin du XIVe siècle par le roi de Bosnie Stjepan Dabiša ou par l'un de ses successeurs, Tvrtko II, au début du XVe siècle. Reste que l'essentiel des fortifications date des années 1540, lorsque les Ottomans commencèrent à développer la ville. Une garnison y stationna en permanence jusqu'en 1878, année de la capture de la Bosnie-Herzégovine par l'Autriche-Hongrie. D'une surface de 11 000 m², la forteresse est cernée de murs atteignant jusqu'à 2,70 m d'épaisseur pour résister à l'artillerie. Côté ouest, l'accès se fait par un pont en pierre et une grande porte en fer. L'entrée est dominée par le minaret d'une mosquée en partie démolie en 1946. L'intérieur est constitué de trois parties : centrale, haute et basse. Au centre se dresse la tour polygonale (XVIe siècle). D'une hauteur de 11 m, elle abrite un petit musée (costumes et histoire de la ville). À proximité demeure une citerne austro-hongroise bien préservée qui sert de salle de conférence. La partie haute abrite les vestiges pré-ottomans d'un palais et d'une tour. Et, dans la partie basse, près des ruines d'une caserne austro-hongroise, a été aménagé un belvédère qui permet de contempler la ville. En été, la forteresse s'anime avec des concerts et un marché de produits artisanaux.

MAISON NATALE D'IVO ANDRIĆ ★

Zenjak 13
✆ +387 30 51 81 40
muzejtravnik.ba
Tous les jours 9h30-17h. 4 km.

Ceci n'est pas vraiment la « maison natale d'Ivo Andrić » (Rodna Kuća Ive Andrića). L'écrivain n'est pas né ici, mais 1 km au sud, à Dolac, alors que sa mère Katarina rendait visite à une cousine, le 9 octobre 1892. Toujours est-il que c'est dans cette belle maison à encorbellement du milieu du XIXe siècle que l'unique prix Nobel de littérature (1961) de l'ex-Yougoslavie passa les deux premières années de sa vie. En 1894, le décès du père, Antun, contraint la famille à partir s'installer à Višegrad, en Bosnie orientale. Le jeune Andrić reviendra à Travnik vingt ans plus tard : pro-serbe et soupçonné d'avoir été impliqué dans l'attentat de Sarajevo, le 28 juin 1914, il est emprisonné, puis assigné à résidence au monastère catholique d'Ovčarevo (5 km au nord-ouest) en 1915. Mais c'est loin d'ici, à Paris, en 1927, qu'il trouve la matière pour *La Chronique de Travnik* (1945), l'un de ses deux chefs-d'œuvre avec *Le Pont sur la Drina* (1945). Travaillant alors à l'ambassade yougoslave en France, Andrić se plonge dans les rapports du consul français en poste à Travnik de 1809 à 1814, lorsque la région était sous la coupe des troupes de Napoléon. L'écrivain s'en sert pour construire sa trame : l'amitié entre les consuls français et autrichien. Une chronique qui lui permet de donner une description détaillée de Travnik à l'ère ottomane et des relations entre les communautés serbe, juive, turque, aroumaine, grecque, bosniaque et croate de la ville. Toute cette histoire est assez peu évoquée dans cette maison « natale » transformée en musée en 1974. Andrić faisait alors figure d'artiste modèle au sein de la Yougoslavie socialiste : issu d'une famille croate de Bosnie, il avait choisi de devenir serbe et s'était opposé aux Austro-Hongrois, puis au régime royaliste de Yougoslavie. Les visiteurs viennent aujourd'hui de Bosnie-Herzégovine, de Serbie et de Croatie sur les traces de cet « écrivain national » que chacun revendique. C'est donc sans guère de surprise qu'on découvre, au 1er étage, la « chambre de naissance », pièce joliment décorée de mobilier ottoman, où le petit Ivo… n'est pas né. Au rez-de-chaussée, c'est un peu plus sérieux. Plusieurs salles sont consacrées à la place de Travnik dans l'œuvre de l'auteur – mais c'est plus fastidieux pour qui ne sait pas lire le bosno-serbo-croate. Petite séquence émotion tout de même à l'évocation du dernier passage d'Andrić dans sa ville en 1972, trois ans avant son décès à Belgrade, le 13 mars 1975.

MAUSOLÉES « SOUS LE TILLEUL »

Trg grada Leipziga
Accès libre. Parking à proximité.
Église Saint-Jean-Baptiste : accès libre en journée, tenue correcte exigée.

Ces deux mausolées ottomans à coupole (Turbeta Pod Lipom) sont situés le long rue principale du centre-ville, séparés par un tilleul et par une fontaine datant de 1976. Ils abritent les sarcophages sculptés de trois sanjak-beys (gouverneurs) turcs qui siégèrent à Travnik lorsque celle-ci était le chef-lieu de la province ottomane de Bosnie (1699-1832). Le plus richement décoré et le plus imposant, de forme carrée (5,20 m de côté pour 4 m de hauteur), est celui de Muhsinzade Abdullah Pacha (1661-1748), qui occupa plusieurs fois le poste gouverneur de Bosnie de 1721 à 1748 et qui fut brièvement grand vizir (Premier ministre) de l'Empire ottoman en 1737. Le mausolée abrite aussi les sarcophages de Hafız Ali Celaleddin Pacha, gouverneur de Bosnie en 1820-1822, et d'une inconnue nommée Fatima, inhumée ici en 1751. Le second mausolée, de forme hexagonale (3,65 m de côté pour 2,40 m de hauteur), est celui de Perisan Mustafa Pacha, gouverneur de la province de 1796 à 1797. Environ 60 m à l'est des mausolées, toujours le long de la rue Bosanska se dresse l'église Saint-Jean-Baptiste (Crkva Svetog Ivana Krstitelja). Cet édifice rose saumon date de 1887. C'est le principal lieu de culte de la communauté bosno-croate/catholique de la ville. Un buste de l'écrivain Ivo Andrić est placé dans le jardin, à gauche de l'église. Par ailleurs, dans les faubourgs et les environs de la ville se trouvent les mausolées de trois autres gouverneurs ottomans de Bosnie du XVIIIe siècle.

OFFICE DU TOURISME DE BOSNIE CENTRALE

Hadži Ali-bega Hasanpašića 1a
✆ +387 30 511 588
www.srednjabosna.ba
Lundi-vendredi 8h-16h.

Cet office de tourisme (Turistička Zajednica SBK/KSB) est plutôt efficace. Il fournit des infos pour l'ensemble du canton (Travnik, Jajce, Donji Vakuf, Bugojno, Novi Travnik, Vitez…) et surtout pour la station de ski de Vlašić, à Šišava. Vous pouvez aussi vous adresser à l'agence de voyage San Tours (Bosanska 135, +387 30 51 19 10, santours.ba), à la société de pêche locale (Vezirska 4, +387 30 51 12 46, armel@bih.net.ba) ou à l'association du chien de Travnik (+387 61 15 45 90).

BOSNIE CENTRALE

MOSQUÉE COLORÉE ★

Donja čaršija

Visite possible en journée. Tenue correcte exigée, se déchausser, se couvrir la tête pour les femmes.

Cette mosquée (Šarena Džamija) est officiellement nommée en l'honneur du sultan Soliman le Magnifique (Sulejmanija Džamija). Elle fut érigée en 1817 à l'emplacement de deux précédentes mosquées des XVIe et XVIIIe siècles. De forme rectangle (21,76 × 16 m), le bâtiment constitue le centre de l'ancienne charchia, complexe commercial et islamique qui était situé au pied de la forteresse. Il doit son nom actuel à sa riche décoration intérieure et extérieure datant de 1815 constituée de motifs végétaux colorés (cyprès, pruniers, fleurs de lys, tulipes, lilas, bourgeons stylisés, etc.), nettement visible sur les parties hautes de la façade. Ces peintures, rénovées en 2019, paraissent aujourd'hui exceptionnelles. Elles furent pourtant la norme des mosquées ottomanes jusqu'au début du XIXe siècle. L'édifice figure aujourd'hui parmi les très rares mosquées « colorées » des Balkans, avec la mosquée Et'hem Bey de Tirana (Albanie) et la mosquée Peinte de Tetovo (Macédoine du Nord). Autre élément particulier, les arcades du rez-de-chaussée, elles aussi colorées, ont été conçues en 1757 pour abriter un marché couvert aux textiles (bezistan ou bedestan) avec dix boutiques placées sous la salle de prière permettant d'abriter de riches étoffes et des marchandises précieuses. Lors de la reconstruction de 1816-1817, les boutiques furent conservées, mais elles ont aujourd'hui cessé de fonctionner. Avec cette architecture mêlant aussi intimement le profane et le sacré, c'est l'unique mosquée de ce type ayant survécu dans le pays.

MOSQUÉE HADŽI ALI-BEY

Bosanska

Visite possible en journée. Tenue correcte exigée, se déchausser, se couvrir la tête pour les femmes.

Cette mosquée (Hadži Ali-Begova Džamija) fut élevée en 1757 à l'emplacement d'une précédente mosquée par le gouverneur de Bosnie et vizir ottoman Mehmed Pacha Kukavica, grand bâtisseur à qui l'on doit notamment la mosquée de Foča. Elle porte le nom de Hadži Ali bey Hasanpašić, membre d'une grande famille de Trvanik qui finança sa restauration, en 1872, suite à un incendie en 1856. Le nom de celui-ci apparaît au-dessus de la porte d'entrée avec un long texte en turc ottoman et la date de 1282 de l'Hégire (1872). De forme rectangulaire (18,20 x 15,20 m), le bâtiment se caractérise par sa façade dotée d'un vaste porche en bois qui intègre la base du minaret (32 m de hauteur au total), seul élément subsistant de la mosquée érigée par Kukavica. Autre particularité, la mosquée est la seule du pays à posséder un cadran solaire, installé en 1866. Sur la droite se dresse une tour de l'horloge. Elle date de 1817, mais elle a dû être reconstruite deux fois : après l'incendie de 1856 et après son effondrement soudain en 1973 (sans doute dû à son affaiblissement suite à de nombreux tremblement de terre). Avec l'autre tour horloge placée en bas de la forteresse, Trvanik est ainsi la seule ville de Bosnie-Herzégovine à posséder deux tours de l'horloge. Dans le jardin subsistent une partie des tombes d'un ancien cimetière. On peut y voir les pierres tombales richement décorées d'ornementations sculptées et de belles inscriptions en turc ottoman de plusieurs dignitaires, dont celles de Mehmed Pacha Kukavica et de Hadži Ali bey Hasanpašić.

GARE ROUTIÈRE DE TRAVNIK

Stanična

✆ +387 30 51 18 89

Trajet Travnik-Sarajevo : durée 1h45/2h30, tarif 15 km ; Travnik-Jajce : durée 1h30, tarif 10 km.

Cette gare routière (Autobuska Stanica Travnik) est très active, mais les installations sont vieillottes avec guichets, salle d'attente, toilettes, kiosque et café. Liaisons en bus avec Sarajevo *via* Visoko (10/jour), Zenica (6-10/jour), Bugojno (6-8/jour), Jajce (5/jour) et Banja Luka (4/jour). Une liaison/jour avec Mostar, Bihać, Livno, Tomislavgrad, Međugorje, Neum, Tuzla, Doboj et Bijeljina. Nombreuses liaisons locales avec Donji Vakuf, Vitez, Novi Travnik et Kakanj. Liaisons quotidiennes avec la Croatie : Zagreb, Split, Dubrovnik, Zadar, Trogir, Osijek, etc.

HOTEL IUT €

Aleja Konzula bb

✆ +387 61 69 30 22

www.hotelbosnia.top

17 chambres. 41/53 € pour deux avec petit déjeuner. Restaurant : menus à 20/26 km. Parking gratuit.

Ouvert en 2019, cet hôtel est le plus moderne de Travnik et fait partie de l'université de la ville (Internacionalni Univerzitet Travnik). Les chambres sont spacieuses et claires avec bureau, coin cuisine, bouilloire, clim, bonnes literie et salle de bains, sèche-cheveux et Wifi. On y trouve un jardin, un parking et un restaurant. Seul le petit déjeuner est décevant, mais le rapport qualité/prix reste très attrayant. Sinon, renseignez-vous à l'office de tourisme pour des pensions ou des chambres dans le quartier de Plava Voda ou à la station de ski de Vlašić.

MUSÉE RÉGIONAL DE TRAVNIK ★

Mehmed-paše Kukavice 1
✆ +387 30 51 81 40
muzejtravnik.ba
Tous les jours 9h-15h, week-end 9h-14h. 4 km. Possibilité de visite guidée des monuments de la ville sur réservation.

Fondé en 1950, ce musée (Zavičajni Muzej Travnik) est installé depuis 1975 dans un ancien dispensaire de la fondation Rockefeller de 1928. Il mériterait un coup de neuf, mais il est dans l'ensemble plutôt intéressant. Le bâtiment est flanqué sur sa gauche par une petite rame de train composée de deux wagons et d'une locomotive autrichienne de 1893. Cela rappelle que Travnik fut un important nœud ferroviaire, avant la fermeture du trafic en 1979. À l'intérieur, le musée comprend quatre collections. La première, consacrée à l'histoire naturelle, est l'une des plus importantes du pays : animaux naturalisés, fossiles, coquillages, pierres et minéraux provenant de Bosnie-Herzégovine et du monde entier. Elle fut pour l'essentiel composée par le prêtre jésuite et botaniste autrichien Erich von Brandis (1834-1921), fondateur du premier lycée (catholique) de Travnik en 1882. La collection d'archéologie comprend des objets datés du paléolithique au Moyen Âge : céramiques, outils, armes, bijoux, pièces de monnaie… Remarquez en particulier de rares stećci portant des inscriptions en bosančica (alphabet cyrillique). La collection d'histoire s'intéresse pour sa part à la période ottomane, en particulier aux années 1699-1832, lorsque Travnik fut la capitale de la province de Bosnie : armes décorées, vêtements, reconstitution d'une chambre bosniaque, icône orthodoxe serbe, etc. Enfin, la quatrième partie du musée abrite une exposition de photographies sur les coutumes de la région.

QUARTIER DE PLAVA VODA ★

Šumeće
Nombreux cafés et restaurants.

Encaissé entre la forteresse et les contreforts du mont Kotol (1 008 m d'altitude), ce quartier est apprécié pour son cadre idyllique et sa fraicheur en été. Il doit son nom à un affluent de la Lašva, la Plava Voda (« eau bleue »). Ce ruisseau fut aménagé en une série de petites cascades au XVIIIe siècle afin d'y installer des moulins à foulon et à roues à aubes. La plupart ont aujourd'hui disparu, mais de vieilles maisons en pierre demeurent le long des berges rectilignes. C'est un lieu de promenade agréable : une végétation luxuriante, un sentier courant le long des eaux vives, de petites passerelles en bois et, surtout, des restaurants et cafés, et la très réputée taverne Plava Voda. Le quartier est dominé côté oriental par un vaste cimetière installé à mi-pente. Celui-ci, utilisé par les musulmans et les catholiques, est en fait un ancien cimetière juif. Fondé en 1762, il abrite environ 250 tombes de familles juives, portant des inscriptions en hébreu ou en ladino, ainsi qu'un monument aux victimes de la Shoah (1979) en piteux état. Abondamment décrite dans *La Chronique de Travnik* d'Ivo Andrić, la petite communauté juive de la ville comptait 375 personnes avant la Seconde Guerre mondiale. Aucun des rares survivants des massacres n'est revenu s'installer ici. Sur l'autre rive de la Lašva, remarquez le grand bâtiment d'enseignement islamique de style mauresque : la médersa Elči Ibrahim Pacha. Datant de 1805, elle est l'héritière des trois écoles coraniques que comptait la ville au XVIIIe siècle.

MOTEL ABA €

Šumeće 162
✆ +387 30 51 14 62
www.aba.ba
18 chambres. 26/31 € pour deux. Petit déjeuner : 2,60 €. Parking gratuit. Pas de paiement par CB.

Situé dans la rue qui mène à Plava Voda, ce petit hôtel couleur orange dispose de chambres simples à la déco *vintage*. S'il y a le Wifi, la clim est absente et la route nationale qui passe à côté est parfois bruyante. La literie et les salles de bains mériteraient d'être renouvelées et le personnel parle peu l'anglais. Mais c'est propre, pas cher et bien placé entre le centre-ville, la forteresse et le joli quartier de Plava Voda. Le petit déjeuner est bon et copieux : le pain et les viennoiseries proviennent de la boulangerie Aba, rue Bosanska, en centre-ville.

KONOBA PLAVA VODA €

Šumeće 6
✆ +387 30 33 17 39
www.facebook.com/konobaplavavoda
Tous les jours 7h-22h30. Environ 20 km/personne.

La « taverne de l'eau bleue » est une institution : nommée Lutvina Kafa par Ivo Andrić dans sa *Chronique de Travnik*, ce fut le lieu de détente de grands personnages (le prince d'Autriche y reprit deux fois du fromage en 1887). Donnant directement sur les eaux vives de la Plava Voda, le restaurant au décor rustique propose une bonne cuisine traditionnelle : truites, *ćevapi* ou encore, *travnicka muckalica*, la version locale d'un ragoût balkanique, ici à base de veau et de poivrons. Le vin maison est quant à lui plutôt convenable. Agréable terrasse dans le jardin.

ŠISAVA ★

Šišava/Шишава (prononcez « chichava ») compte environ 150 habitants, dont 85 % de Bosniaques, et appartient à la municipalité de Travnik. Le village se trouve 22 km au nord-ouest de Travnik (ou 28 km en hiver *via* Turbe). Deux liaisons en bus/jour avec Travnik.

Abritant la station de ski de Vlašić, ce village est perché à 1 265 m d'altitude, au pied du mont Paljenik (1 933 m). Šišava s'anime surtout l'hiver avec cinq mois de neige et des milliers de skieurs. L'été, c'est la saison où les bergers préparent le fromage artisanal de Vlašić que l'on peut acheter sur place. On trouve aussi du miel, des sentiers de randonnée et plein d'endroits pour dormir et manger.

STATION DE SKI DE VLAŠIĆ

R413a ✆ +387 61 80 71 00
vlasic-online.com

Ski : décembre-avril. Forfait : 28 km/jour, 170 km/semaine, nocturne 17 km (mercredi et vendredi-samedi 18h30-21h).

Cette station de ski (Ski Centar Vlašić) s'étend entre 1 225 et 1 570 m d'altitude. Elle comprend 10 km de pistes, des tremplins pour le saut à ski, 5 remontées mécaniques, dont une adaptée aux enfants, une école de ski, un centre de secours et 15 km de pistes de ski de fond. Créée dans les années 1970, elle souffre à présent d'un développement anarchique avec des hôtels-restaurants et pensions construits partout, deux supermarchés, des magasins de location de matériel de ski, une pharmacie, etc. L'été, c'est plus calme et un télésiège reste ouvert (5 km/trajet).

NOVI TRAVNIK

Novi Travnik/Нови Травник compte environ 9 000 habitants, dont 50 % de Bosniaques et 46 % de Bosno-Croates. C'est le chef-lieu de la municipalité de Novi Travnik (23 000 habitants), dans le canton de Bosnie centrale. La ville se trouve 13 km au sud-est de Travnik (fréquentes liaisons en bus).

Cette « nouvelle Travnik » fut fondée en 1949 pour accueillir la main-d'œuvre de l'usine d'armement Bratstvo (« Fraternité ») qui employa ici jusqu'à 10 000 personnes. Celle-ci n'existe plus, mais Novi Travnik conserve encore environ un millier d'emplois industriels. Les environs comptent de nombreuses nécropoles médiévales liées au mouvement des bogomiles.

LAC PROKOŠKO ★

Prokoško jezero

Accès libre. Restaurants et hébergements sur place.

Ce lac de 5 ha est classé « monument naturel » (Spomenik Prirode Prokoško Jezero) avec une aire protégée de 22 km^2. Situé à 1 670 m d'altitude, il profite d'un cadre magnifique avec le massif de Vranica qui domine à l'ouest, atteignant 2 112 m d'altitude au mont Nadkrstac, le cinquième plus haut sommet du pays. Très fréquenté en été par les habitants de Novi Travnik, de Bugojno et de Fojnica, le lac est cerné de chalets en bois des années 1960. Malgré cela, il abrite plusieurs espèces rares, dont un triton alpestre endémique, l'*Ichthyosaura alpestris reiseri*.

Nécropole Médiévale de Maculje.

NÉCROPOLE DE SMRIKA

M16.4

Accès libre.

Située sur une colline à 510 m d'altitude, cette « nécropole des victimes du fascisme » (Nekropola Žrtvama Fašizma Smrike) date de 1975 et rend hommage aux sept cents habitants serbes, juifs et roms de Travnik tués à cet emplacement en août 1941 par les oustachis croates. Conçue par l'architecte serbe Bogdan Bogdanović, à qui l'on doit notamment les mémoriaux yougoslaves de Bihać et de Mostar, la nécropole est constituée de douze blocs de pierre de 2-3 m de hauteur ornés d'étranges créatures aux yeux tristes et de la lettre oméga (Ω) comme symbole de la mort.

NÉCROPOLE MÉDIÉVALE DE MACULJE ★

22 km au sud de Novi Travnik.
Suivez la route R439 qui mène à Gornji Vakuf-Uskoplje sur 21 km, puis tournez à gauche.
GPS : 44.050556, 17.674999.

Accès libre. Sur la route, 9 km au sud de Novi Travnik, se trouve aussi la nécropole médiévale de Bistro.

Situé à 998 m d'altitude, ce site (Nekropola sa Stećcima Maculje) fait partie des 22 nécropoles médiévales du pays classées au Patrimoine mondial de l'Unesco en 2016. Elle abrite 101 stećci qui datent du XVe siècle et dont un seul est orné d'un bas-relief évoquant une « pomme » ou un cercle. Le site contient par ailleurs 16 stèles cruciformes anthropomorphes du XVIIIe siècle décorées le plus souvent de croix et de croissants de lune, avec également un motif de « pomme ».

VITEZ

Vitez/Витез compte environ 6 000 habitants, dont 55 % de Bosno-Croates et 40 % de Bosniaques. C'est le chef-lieu de la municipalité de Vitez (25 000 habitants), dans le canton de Bosnie centrale. Liaisons fréquentes en bus avec Jajce, Bugojno, Travnik, Zenica et Sarajevo.

Malgré ses origines médiévales et son nom qui signifie « chevalier », cette petite ville s'est surtout développée à partir de 1950 autour de l'usine d'explosifs Vitezit, très réputée dans le monde militaire. Le long de la rivière Lašva, le centre-ville est dominé par la mosquée Ahmed-Aga (1590), l'église catholique Saint-Georges (1900) et, un peu plus loin, le village folklorique Čardaci.

ÉGLISE NOTRE-DAME-DES-DOULEURS ✝

Crkva Gospe Žalosne

Église ouverte lors des processions de Notre-Dame des Douleurs (15 septembre) et du vendredi saint (date variable).

Située au sommet d'une colline, à 490 m d'altitude, cette petite église catholique (Crkva Gospe Žalosne) profite d'une belle vue sur la vallée de la Lašva. Construite en 1912 par les jésuites sur des vestiges romains, elle est accessible par un impressionnant chemin de croix qui zigzague le long de la colline appelée Sveta Gora (« sainte montagne ») ou Kalvarija (« calvaire »). Mais la partie arrière de cette même colline est grignotée depuis 1948 par une immense carrière de dolomie.

MAISON NOIRE DE KRUŠČICA

Crna Kuća

Accès libre aux abords de la maison.

Construite en bois et classée monument national, cette maison (Crna Kuća) faisait partie d'un terrible petit camp de concentration de la Seconde Guerre mondiale. Environ 3 000 Serbes, Juifs et Roms de la région de Travnik furent tués ici par les oustachis croates entre août et octobre 1941. Transformé en mémorial dans les années 1960, le site conserve une statue et quelques plaques rendant hommage aux victimes. Mais le complexe fut saccagé après avoir servi de lieu de détention et de torture pour des détenus bosno-croates d'une unité de l'armée bosnienne en 1993.

VILLAGE FOLKLORIQUE ČARDACI

2, Poslovni centar 96 ✆ +387 30 718 718
www.cardaci.ba

Parc aquatique : tous les jours 9h-20h en été.
Hébergement : 50/62 € pour 2 avec petit déjeuner.
Restaurants : 7h-23h.

Créé en 2011, ce complexe de loisirs (Etno Selo Čardaci) est l'une des principales attractions pour les habitants de la région de Travnik. Il s'étend de part et d'autre de la rivière Lašva, à côté d'un petit barrage et d'une usine de meubles. Il comprend un parc aquatique, un pub-brasserie, un restaurant plutôt convenable (Kod Mina), un étang où acheter des poissons d'élevage et deux hôtels, dont l'un est installé dans des reproductions de maisons traditionnelles de la Bosnie centrale.

KAKANJ ★

Kakanj/Какањ (prononcez « kakagne ») compte environ 11 000 habitants, dont 86 % de Bosniaques. C'est le chef-lieu de la municipalité de Kakanj (38 000 habitants), dans le canton de Zenica-Doboj. La ville est située 24 km au sud-est de Zenica et 48 km au nord-est de Sarajevo (*via* Visoko). Liaisons en bus/train avec Zenica et Sarajevo.

Traversée par la Bosna, cette ville industrielle (centrale électrique, cimenterie…) fut au néolithique un important foyer humain avec la société dite « culture de Kakanj ». Elle ne présente aujourd'hui guère d'intérêt, hormis pour ses environs avec, en particulier, la cité royale de Bobovac et la superbe aire protégée du mont Tajan.

CITÉ ROYALE DE BOBOVAC ★

Stari grad Bobovac

Tous les jours 7h-20h, 2 km.
Centre d'information au départ du sentier menant à la forteresse (708 m d'altitude).

© WIRESTOCK CREATORS - SHUTTERSTOCK.COM

Cette forteresse (Kraljevski Grad Bobovac) se dresse au fond du canyon de la Kraljevska Sutjeska (« vallée des rois »). Elle fut la capitale du royaume de Bosnie aux XIVe et XVe siècles. Érigée sous le règne de Stefan II Kotromanić (1322-1353), elle abrita les sépultures de six souverains, dont le corps décapité du dernier roi bosnien, Stefan Tomašević, exécuté à Jajce par les Ottomans en 1463. On distingue les fondations de remparts, d'une tour et du mausolée dans lequel furent retrouvés les squelettes des rois. Plus bas se dresse une chapelle restaurée.

COUVENT FRANCISCAIN DE KRALJEVA SUTJESKA ✝

R466 ✆ +387 32 77 17 01
www.kraljeva-sutjeska.com
Tous les jours sauf dimanche.
Visite sur réservation au +387 32 55 21 60, au +387 63 54 41 24 ou au +387 61 43 34 70.

Cet immense couvent catholique du XIXe siècle (Franjevački Samostan Kraljeva Sutjeska) se trouve dans le village de Kraljeva Sutjeska, peuplé de 300 habitants majoritairement bosno-croates. Bâti à l'emplacement d'un monastère du XIVe siècle, il comprend notamment l'église Saint-Jean-Baptiste dont les deux clochers s'élèvent à 45 m de hauteur. Le musée et la bibliothèque abritent de nombreux objets liturgiques et une riche collection d'incunables classés au patrimoine national.

FORÊT PRIMAIRE DE ŽUČA-RIBNICA

Izvor Žuča
Accès libre.

Cette forêt de 32 ha (Prašuma Žuča-Ribnica) est qualifiée de « primaire » car elle n'a subi aucune transformation visible de la part de l'homme. Elle est située à 960 m d'altitude au milieu d'une zone boisée qui fut exploitée depuis le XIXe siècle. Mais dans un rayon de 300 m autour de la source de la Žuča (un affluent de la Ribnica), les arbres ont été laissés intacts. On y trouve surtout le sapin blanc, le hêtre des Balkans et l'épicéa, ainsi que le frêne et l'érable sycomore.

MUSÉE DE KAKANJ

Šehida
✆ +387 32 77 19 20
ksckakanj.ba/muzej
Tous les jours sauf dimanche 9h-15h. Gratuit.

Créé en 2015, ce musée municipal (Muzej Kaknja) abrite une petite collection de poteries et objets des hommes de la « culture de Kakanj » (de 6000 à 4900 av. J.-C.) provenant notamment du site d'Obre (6 km au sud-est). Il comprend aussi des stećci du Moyen Âge (en extérieur) ainsi que des machines, outils et meubles traditionnels des XIXe et XXe siècle. Enfin, une partie est consacrée à la guerre de 1992-1995 (armes, munitions…). Kakanj fut en effet une importante base de l'armée bosnienne et un grand centre d'accueil pour les réfugiés bosniaques du reste du pays.

MONT TAJAN ★★

R466 ✆ +387 32 85 10 90
www.tajan.ba
Accès libre, sauf lac Mašica, grottes Lukina et Srednja Stijena (10 km). Centre d'information : 7h-15h30.

Cette montagne qui s'élève à 1 297 m d'altitude est, depuis 2008, classée « monument naturel » (Tajan Spomenik Prirode). L'aire protégée s'étend sur 50 km² de part et d'autre de la route R466 (Kadanj-Zavidovići) et des gorges de la rivière Gostović. On y trouve une centaine de grottes et cavités karstiques, quantité de sources, ruisseaux et rivières, des cascades, des canyons et un petit lac. Grâce à un financement de l'UE, le site est bien aménagé (sentiers, terrains de sport, activités encadrées) et dispose de deux restaurants et d'hébergements, dont 25 chalets en location. Le centre d'information est situé au bord de la R466.

Activités. L'été, le mont Tajan est un des rares endroits des Balkans où de simples touristes débutants peuvent s'initier à la spéléologie avec des professionnels. Le site compte aussi 60 km de sentiers balisés, plus de 100 km de pistes pour VTT, des terrains de sport et des aires de jeux pour enfants. On peut y louer des VTT et du matériel d'escalade ou de spéléologie. Il est également possible de pratiquer la plongée dans le lac Mašica et du kayak sur certaines rivières. Par ailleurs, dans le même périmètre, mais en dehors de l'aire protégée, se trouvent une station de ski et un terrain de golf. Le Golf Klub Krivaja (golfclubkrivaja.com) est situé 6,5 km au nord-ouest du centre d'information. Avec ses 18 trous, c'est l'un des trois seuls terrains de golf du pays. 17 km au sud du centre d'information, en suivant la R466, on peut skier à Ponijeri. Culminant à 1 215 m d'altitude, cette ministation possède une piste de 900 m de longueur éclairée le soir en hiver, des sentiers de randonnée et des hébergements.

Lac, grottes et canyons. Situé à 720 m d'altitude dans la partie ouest de l'aire protégée, le lac Mašica se trouve à 12 km du centre d'information. On peut y accéder par un sentier ou par la route. Noyée dans la verdure, cette petite étendue d'eau de 180 m de longueur pour 30 m de largeur s'est formée suite à un glissement de terrain en 1985 au niveau de la rivière Mašica. En contrebas, cette même rivière a creusé l'une des plus belles gorges du pays : le canyon de la Mašica atteint jusqu'à 350 m de profondeur et ne dépasse pas les 3 m de largeur dans sa dernière partie. Depuis le lac, en grimpant environ 30 minutes, on accède aux deux seules grottes aménagées pour des visites classiques. Il y a tout d'abord la grotte Srednja Stijena (« roche moyenne »), avec une grande salle qui s'enfonce sur 140 m de longueur. C'est la plus visitée aujourd'hui. Mais comme son entrée n'est pas grande, elle ne fut découverte qu'en 2004. Non loin, se trouve la grotte Lukina. Celle-ci s'enfonce de manière rectiligne sur 200 m de longueur sans montée ni descente, mais plusieurs passages étroits nécessitent de s'accroupir. Par endroits, elle est décorée de peintures rupestres datant sans doute du paléolithique. Dans la partie orientale de l'aire protégée, environ 10 km au sud du centre d'information, la grotte Duboka Tajašnica est signalée par une immense entrée et s'enfonce sur 225 m de longueur sous la montagne. C'est ici que se trouve la source de la rivière Tajašnica, dont le canyon de 8 km de longueur n'a pas encore été complètement exploré. Près de Duboka Tajašnica se trouve la petite grotte Pavlova. Si son entrée est cachée par une épaisse couche de lierre, ce fut pourtant la première du site à avoir été cartographiée en 1986. Toujours à proximité, se trouvent les entrées des grottes Jama Atom et Ponor. Il a fallu plusieurs expéditions pour que les spéléologues découvrent récemment que ces deux cavités profondes et complexes étaient reliées. Elles ne forment qu'une seule grotte, désormais appelée Atom-Ponor. Avec ses 2 000 m de longueur, c'est donc la quatrième plus longue grotte du pays après celles de la Vjetrenica (Herzégovine), de Bijambare et d'Orlovača (région de Sarajevo).

Faune et flore. L'aire protégée est densément boisée avec principalement le sapin blanc et le hêtre des Balkans, suivis de l'érable sycomore, du frêne et de l'érable plane. Interdite aux chasseurs, cette forêt accueille ainsi environ 25 ours qui pour certains hivernent dans de petites grottes du canyon de la Mašica. On trouve aussi des loups, des renards, des cerfs, des lapins, des loutres, des chats sauvages et une cinquantaine de hardes de sangliers. Quant aux rivières, aux ruisseaux et au lac Mašica, ils sont riches en poissons, notamment la truite fario. Chez les oiseaux figurent le tétras lyre, l'alouette hausse-col, la mésange huppée, quelques faucons et deux couples d'aigles royaux. Certaines grottes comme Duboka Tajašnica servent pour leur part de refuge aux chauves-souris. Les grottes du Tajan abritent aussi une faune endémique : une sous-espèce du triton alpestre (*Ichthyosaura alpestris reiseri*), un isopode troglodyte uniquement présent ici (*Cyphonetes tajanus*) et une araignée récemment signalée de la famille des *Linyphiidae*. Côté flore, trois espèces des Balkans ont été identifiées ici pour la première fois : une variante du lierre grimpant dotée de grosses feuilles de 30 cm, une jolie pensée (*Viola beckiana*) et l'euphorbe de Gregersen (*Euphorbia gregersenii*), étrange plante grasse aux petits pétales jaunes qui pousse sur les affleurements de serpentine. Mais les stars sont deux fleurs endémiques typiques du pays : le lys martagon (*Lilium martagon*) et, surtout, le lys bosniaque (*Lilium bosniacum*) qui fut l'emblème des rois de Bosnie au Moyen Âge et qui est aujourd'hui le symbole de la communauté bosniaque.

ZENICA

Zenica/Зеница (prononcez « zénitsa ») compte environ 70 000 habitants, dont 84 % de Bosniaques. C'est le chef-lieu de la municipalité de Zenica (110 000 habitants) et du canton de Zenica-Doboj (350 000 habitants).

Quatrième ville la plus peuplée du pays et deuxième grand pôle industriel après Tuzla, Zenica peut faire l'objet d'une petite étape en chemin vers des destinations plus intéressantes comme Jajce, Travnik ou les environs de Kakanj. Elle est marquée par une architecture socialiste et vit au rythme de l'un des plus importants sites sidérurgiques des Balkans, désormais propriété du groupe ArcelorMittal. Placée dans la vallée de la Bosna, la ville fut fondée par les Romains sous le nom de Bistua Nova.

FORTERESSE DE VRANDUK ★

R445

Tous les jours 8h-19h. Fermé en hiver. 2 km.

Installée sur un beau méandre de la Bosna, cette forteresse (Tvrđava Vranduk) domine le village de Vranduk, qui compte environ 400 habitants. Érigée par les rois de Bosnie à la fin du XIVe siècle, elle fut brièvement le siège du royaume. Capturée par les Ottomans en 1463, elle servit de prison aux XVIIIe et XIXe siècles. De 1878 à 1890, les Austro-Hongrois y rétablirent une garnison, mais l'édifice fut ensuite abandonné. Aujourd'hui bien restaurée, la forteresse offre un panorama dégagé sur les environs. Un petit musée est installé dans la tour principale.

MONUMENT DE SMETOVI

Smetovski put

Accès libre. Restaurant Salčinović : tous les jours 7h-20h.

Installé depuis 1968 sur le mont Smetovi, à 1 025 m d'altitude, ce monument commémoratif de la Yougoslavie socialiste (Spomenik Smetovi) offre un magnifique point de vue sur Zenica et les montagnes environnantes. Entouré de quelques pins, il est dédié à trente-deux partisans de Zenica qui furent massacrés à cet emplacement le 8 mai 1942 par des tchetniks serbes. Il s'agit d'un obélisque en aluminium surmonté de deux « cornes » atteignant 13 m de hauteur et portant une étoile rouge sur sa face nord. C'est l'œuvre la plus connue du peintre et sculpteur bosnien Arfan Hozić (1928-1991). La base est constituée de plaques de marbre portant les noms des 32 partisans morts ici ainsi que deux inscriptions. L'une rappelle l'événement. L'autre est un extrait d'une œuvre d'Izet Sarajlić (1930-2002), le plus célèbre poète de la Yougoslavie socialiste, originaire de Doboj : *« Et ne demandez pas "Pouvaient-ils revenir" / Et ne demandez pas "Était-il possible de revenir" / Quand, enfin, rouge comme le communisme, brûlait l'horizon de leurs désirs. »* En contre-bas de l'obélisque subsiste la forme de l'amphithéâtre où se tenaient les cérémonies commémoratives en l'honneur des partisans. Un autre petit monument a été ajouté de l'autre côté. Celui-ci rend hommage aux soldats de Zenica engagés dans l'armée bosnienne morts durant la guerre de 1992-1995. Enfin, le long de la route, 1,4 km avant le monument, le restaurant Salčinović se trouve au point de départ de plusieurs sentiers de randonnée à travers les montagnes voisines.

MUSÉE MUNICIPAL DE ZENICA

Muhameda Seida Serdarevića bb

✆ +387 32 20 95 15

zemuzej.ba

Lundi-vendredi 9h-16h30. 2 km.

Créé en 1966, ce musée (Muzej Grada Zenica) est installé dans un vaste bâtiment jaune. Il ne fourmille pas de trésors, mais il est bien conçu avec des collections d'archéologie (petites mosaïques romaines), de numismatique, d'histoire, d'ethnologie, d'art et une autre consacrée aux médias au XXe siècle. Cette dernière abrite l'appareil avec lequel furent prises les dernières photos de l'archiduc François-Ferdinand et de sa femme juste avant l'assasinat de Sarajevo, le 28 juin 1914.

SYNAGOGUE DE ZENICA ✡

Jevrejska 1

Expositions temporaires : renseignements au Musée municipal.

Ce bâtiment jaune et orange de style néomauresque (Sinagoga u Zenici) est situé dans la rue « juive » (Jevrejska). Il fut érigé en 1907 pour les besoins de la communauté juive de la ville qui comptait alors environ 300 personnes. Utilisée comme écurie par les Allemands durant la Seconde Guerre mondiale, la synagogue a abrité le Musée municipal (1967-2007) et sert aujourd'hui de salle d'exposition. Elle accueille aussi des fêtes laïques pour les quinze membres de l'actuelle communauté juive qui, faute de rabbin, n'organise plus de cérémonie religieuse dans ces murs.

BUGOJNO

Bugojno/Бугојно (prononcez « bougono ») compte environ 15 000 habitants, dont 79 % de Bosniaques et 16 % de Bosno-Croates. C'est le chef-lieu de la municipalité de Bugojno (30 000 habitants), dans le canton de Bosnie centrale. La ville se trouve 44 km au sud-ouest de Travnik, 46 km au sud-est de Jajce, 47 km au nord-ouest de Pozor-Rama et 67 km au nord-est de Livno (*via* Kupres). Liaisons en bus avec Sarajevo, Banja Luka, Mostar et les villes voisines.

Ville choyée par Tito, qui possédait ici sa résidence préférée, Bugojno affichait l'un des plus hauts revenus par habitant de la Yougoslavie socialiste. Cela grâce à son usine Slavko-Rodić qui, avec 7 000 employés, produisait des mines antipersonnel exportées partout à travers le monde. Mais en 1993, Bugojno s'est retrouvée au centre de violents combats entre Bosniaques et Bosno-Croates, entraînant des morts, la destruction du patrimoine islamique et un exode massif. L'église catholique Saint-Antoine-de-Padoue (1896) a été préservée, la mosquée Sultan Ahmed II (1694) a été reconstruite, mais l'usine a fermé, plongeant la population dans le désarroi. Sous l'influence d'un élégant, mais très rigoriste centre culturel financé par l'Arabie saoudite, certains jeunes de Bugojno se sont alors tournés vers le terrorisme, provoquant ici un mort, en 2010. Les responsables ont depuis été condamnés. Le calme est revenu. Mais Bugojno n'en a pas fini avec son passé. Les mines antipersonnel qui firent naguère sa richesse parsèment depuis 1993 certaines zones de la belle forêt de Koprivnica, au sud de la ville.

CENTRE CULTUREL PRINCESSE-AL-JAWHARA ☪

Nugla II

✆ +387 30 26 02 30

Lundi-vendredi 8h-16h.

Mosquée : tenue correcte exigée, se déchausser, se couvrir la tête pour les femmes.

Ouvert en 2001, ce centre culturel islamique financé par l'Arabie saoudite (Kulturni Centar Princeze Dževhere) s'articule autour d'une grande mosquée blanche circulaire pouvant accueillir 1 700 fidèles et dotée d'un minaret de 60 m de hauteur. Il est dédié à la quatrième épouse du roi saoudien Fahd (1921-2005), la princesse Al Jawhara bint Ibrahim Al Ibrahim (née en 1951). Ce centre est lié à l'essor d'un islam radical, à l'origine d'un attentat qui a tué un policier à Bugojno en 2010.

VILLA GORICA 📷

Park šuma Gorica

Accès libre. Villa Kupres (accès libre aussi) : 18 km au sud-ouest, vers Kupres (GPS : 44.028639, 17.304722).

Une carcasse en béton de trois étages à l'abandon dans une clairière : voilà tout ce qu'il reste aujourd'hui de la villa Gorica (Vila Gorica), bâtiment le plus célèbre de Bugojno. Ce fut la résidence préférée de Tito (1892-1980) parmi les trente-quatre villas que celui-ci possédait à travers la Yougoslavie. Construite en 1974 pour servir de pavillon de chasse au président de la Yougoslavie socialiste, elle fut dessinée par l'architecte bosnien Zlatko Ugljen (né en 1929), à qui l'on doit notamment la mosquée Blanche de Visoko (1980) et le monastère Saints-Pierre-et-Paul de Tuzla (1989). Mais la villa fut détruite treize ans après la mort de Tito, au cours de la guerre de Bosnie-Herzégovine : les troupes du Conseil de défense croate (HVO) firent sauter les explosifs qu'elles y avaient entreposés lors de leur retraite face à l'armée bosnienne, à l'issue de la bataille de Bugojno, le 29 juillet 1993. Depuis, malgré plusieurs projets de réhabilitation, la villa Gorica reste ouverte à tous vents, couverte de graffitis et servant parfois d'abri pour les troupeaux des bergers.

Chasse à l'ours et vente d'armes. Désormais, il faut se contenter d'imaginer le luxe de ce pavillon de chasse aux allures de grand chalet : des balcons à chaque chambre, un ascenseur, des portes coulissantes électriques, une piscine souterraine… Rien n'était trop beau pour Tito qui adorait cette région découverte pendant ses années de guerre, alors qu'il se cachait dans la grande forêt de Koprivnica, entre Bugojno et Kupres. Aussi, en 1968, il fit bâtir entre les deux villes la « villa Kupres » – elle aussi saccagée en 1993. Mais l'altitude de celle-ci ne lui convint pas. Une nouvelle résidence fut donc bâtie à Bugojno, ici, dans la clairière de la petite forêt de Gorica. C'est désormais là, à partir de 1974, que le leader yougoslave passa la plus grande partie de ses « vacances » : 165 jours en l'espace de six ans, repartis entre 17 séjours. Tito ne venait pas ici que pour se prélasser ou tuer des ours et des faisans. Il y travaillait aussi et aimait y recevoir des amis et des chefs d'État. C'est ainsi qu'en 1973, Mouammar Kadhafi (1942-2011) put assister au chantier de la villa et se promener dans rues de Bugojno entre deux phases de négociations de ventes d'armes yougoslaves à la Libye. Ces « années fastes » restent gravées dans la mémoire des vieux habitants de la ville. Nombreux sont ceux qui se souviennent avoir découvert l'intérieur encore rutilant de la villa Gorica, entre 1984 et 1990, lorsqu'elle fut transformée en musée « Tito dans notre région ».

DONJI VAKUF

Donji Vakuf/Доњи Вакуф (prononcez « dogni vakouf ») compte environ 6 500 habitants, dont 95 % de Bosniaques. C'est le chef-lieu de la municipalité de Donji Vakuf (13 000 habitants), dans le canton de Bosnie centrale. La ville se trouve 13 km au nord-ouest de Bugojno, 31 km au sud-ouest de Travnik et 35 km au sud-est de Jajce. Liaisons en bus avec Sarajevo, Tuzla, Banja Luka, Bihać, Livno et les villes voisines.

Située à proximité d'Ajvatovica, le plus important lieu de pèlerinage musulman en Europe, cette petite ville bénéficie d'un très beau cadre qui mérite bien une halte sur la route vers la Krajina bosnienne. Dominée à l'ouest par le mont Komar (1 510 m d'altitude), Donji Vakuf est située à l'entrée de l'étroite vallée de la Vrbas qui débouche sur Jajce, puis sur Banja Luka plus au nord. Son nom, qui signifie « fondation du bas », évoque sa création en 1572 par Malkoçoğlu İbrahim, chef de la redoutable unité de cavalerie irrégulière ottomane des akıncılar. Le nom initial turc, Aşağı Vakıf, fut plus tard traduit en langue slave du Sud. Hélas, Donji Vakuf a subi d'importants dégâts au cours de la dernière guerre. Elle fut occupée par les forces bosno-serbes pendant quatre ans, avant d'être libérée par l'armée bosnienne en 1994, perdant alors presque toute sa population bosno-serbe (35 % en 1991). Mais en plein centre, le long de la Vrbas subsiste l'église orthodoxe serbe de la Dormition-de-la-Mère-de-Dieu (1888) qui fait face à la mosquée Baš à coupole bleue construite en 2000 à l'emplacement d'une mosquée du XVIe siècle détruite en 1992.

VILLAGE DE PRUSAC

R481

Mosquées (tenue correcte exigée) et forteresse en accès libre.
Seulement deux cafés dans le village.

Le joli village de Prusac (prononcez « prous-sats ») compte environ 1 200 habitants, tous bosniaques. Grand foyer du soufisme bosnien avec le site voisin d'Ajvatovica, il conserve un important patrimoine de l'ère ottomane, notamment les mosquées Hasan Kjafija (1607), Handanija (1617) – qui est la plus élégante – et Malkoč Alaj-bey (1828) ainsi qu'une tour de l'horloge du XVIIIe siècle installée sur les ruines de la forteresse médiévale qui domine le village. Tous les monuments islamiques ont été endommagés lors de la dernière guerre et rénovés depuis.

AJVATOVICA

Dovište Ajvatovica

Accès libre. Pèlerinage en juin.

Légende et histoire. Ajvatovica doit son nom à Ajvaz Dede (« le vénérable Ajvaz »), chef spirituel d'une confrérie soufie arrivé dans la région peu après la victoire ottomane de Jajce en 1468. En 1510, Ajvaz se rend à Prusac et s'aperçoit que le hameau ne dispose pas d'assez d'eau, élément fondamental de la culture islamique. Il arpente les environs à la recherche d'une source et finit par en découvrir une au pied du mont Šuljaga. Mais celle-ci est, selon lui, bloquée par un immense rocher de 70 m de hauteur et 30 m de largeur. La légende veut qu'Ajvaz se soit mis à prier et qu'au bout de quarante jours d'invocations à Allah, la roche se soit ouverte en laissant s'écouler l'eau. Les habitants de Prusac y voient aussitôt un miracle. Tandis qu'ils installent un aqueduc en bois permettant à l'eau d'atteindre leur village, ils célèbrent Ajvaz comme un saint. C'est ainsi que naît le pèlerinage d'Ajvatovica dont on a fêté le cinq cent-dixième anniversaire en 2020. S'il a ainsi perduré, avancent certains historiens, c'est qu'il s'inscrit dans la continuité de rites des chrétiens de la Bosnie médiévale, en particulier ceux liés au culte de l'eau célébrés dans la région par les bogomiles et les fidèles de l'Église bosnienne. Ajvatovica s'est en tout cas imposé comme une alternative pour la plupart des musulmans de Bosnie trop pauvres pour se rendre à La Mecque.

Pèlerinage. De nouveau organisé depuis 1990, il se déroule chaque année, pendant vingt jours au mois de juin. Ajvatovica accueille alors des milliers de pèlerins et de touristes du monde entier. Avec ses derviches danseurs, son défilé de cavaliers, ses chants traditionnels bosniaques, ses petites échoppes installées au bord des routes, le pèlerinage prend des allures de carnaval à l'ambiance bon enfant où l'alcool demeure interdit. Le 26 juin est la journée la plus importante. Ce jour-là de 3 000 à 5 000 hommes et femmes partent à l'aube de Prusac pour rejoindre l'étonnant petit canyon d'Ajvatovica où ont été reconstituées les anciennes canalisations en bois. Puis, après une grande prière collective dans la clairière voisine, les pèlerins repartent, toujours à pied, au village. La fête sert aussi de tribune à certains dirigeants bosniaques qui y voient l'occasion de mettre en avant l'islam au sein de la culture bosnienne et aussi de réaffirmer les liens avec la Turquie. Mais comme cette tradition d'origine soufie est mal vue des extrémistes sunnites influencés par le wahhabisme et le salafisme, la fête se déroule désormais sous surveillance policière.

BOSNIE ORIENTALE

La Bosnie orientale (Istočna Bosna/ Источна Босна) regroupe les régions situées le long du Monténégro, de la Serbie et du nord-est de la Croatie. Au sud, le point culminant du pays, le mont Maglić, atteint 2 388 m d'altitude. Quant à la Save, au nord, elle forme la frontière naturelle avec la région croate de la Slavonie. Ce grand affluent du Danube est lui-même irrigué par les eaux de la Tara et de la Drina qui forment ici les deuxième et troisième plus profonds canyons au monde. Les beaux paysages ne manquent pas, ne serait-ce que dans les parcs nationaux de Sutjeska et de la Drina. Mais la Bosnie orientale est aussi la partie du pays qui fut la plus touchée par la guerre en 1992-1995 avec les villes martyres de Srebrenica, Višegrad, Goražde, Foča, Brčko et Bijeljina. Elle est aujourd'hui partagée entre les trois entités du pays : la République serbe de Bosnie, la Fédération de Bosnie-et-Herzégovine et le minuscule district de Brčko.

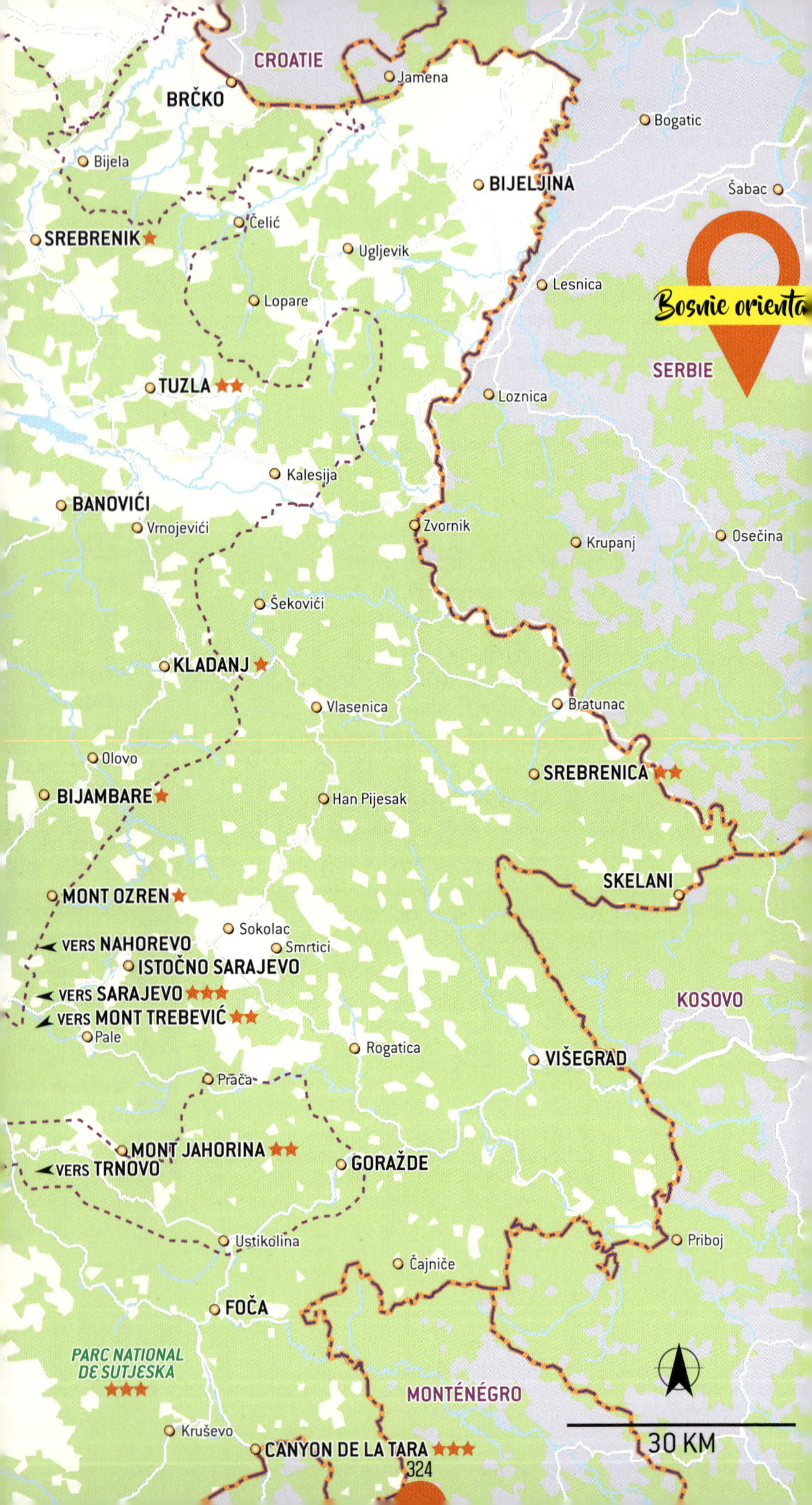
CROATIE
Jamena
BRČKO
Bogatic
Bijela
BIJELJINA
Šabac
Čelić
SREBRENIK
Ugljevik
Lesnica
Bosnie orientale
Lopare
SERBIE
TUZLA
Loznica
Kalesija
BANOVIĆI
Vrnojevići
Zvornik
Krupanj
Osečina
Šekovići
KLADANJ
Vlasenica
Bratunac
Olovo
SREBRENICA
BIJAMBARE
Han Pijesak
SKELANI
MONT OZREN
Sokolac
VERS NAHOREVO
Smrtici
ISTOČNO SARAJEVO
KOSOVO
VERS SARAJEVO
VERS MONT TREBEVIĆ
Pale
Rogatica
VIŠEGRAD
Prača
MONT JAHORINA
GORAŽDE
VERS TRNOVO
Ustikolina
Priboj
Čajniče
FOČA
PARC NATIONAL DE SUTJESKA
MONTÉNÉGRO
Kruševo
30 KM
CANYON DE LA TARA

● ● RÉGION DE TUZLA

Cette région, peu touchée par la dernière guerre et surtout peuplée de Bosniaques, marque la rupture entre la plaine de Panonnie, au nord, et les Alpes dinariques, au sud. Elle est dominée par la grande cité industrielle de Tuzla, qui constitue le 2e pôle urbain du pays. Cette ville est aussi devenue la première destination touristique des Bosniens grâce l'étonnant complexe des « lacs de Pannonie » dont les eaux salées attirent 400 000 baigneurs chaque été. Le petit centre-ville de Tuzla est quant à lui charmant avec ses maisons colorées. Et les environs réservent de belles surprises avec les derniers trains à vapeur de Banovići, les métropoles médiévales de Kladanj classées à l'Unesco et l'impressionnante forteresse de Srebrenik.

TUZLA ★★

Troisième ville la plus peuplée de Bosnie-Herzégovine, Tuzla est un grand pôle industriel à l'histoire très riche. En plein centre, d'étonnants lacs salés en font une destination prisée des habitants du pays. Prévoyez deux jours au moins pour découvrir les lieux de visite (musées, mosquées, églises…) et quelques très bons restaurants.

BANOVIĆI

Cette cité industrielle de l'agglomération de Tuzla abrite la très belle zone protégée du mont Konjuh et aussi certaines des dernières locomotives à vapeur fonctionnant tous les jours en Europe.

KLADANJ ★

Déjà nettement plus champêtre que Tuzla, Kladanj abrite dans ses environs de nombreuses nécropoles classées à l'Unesco et une grotte mystérieuse.

SREBRENIK ★

Aux confins de la Bosnie orientale et de la Krajina bosnienne, cette petite ville abrite l'une des plus belles forteresses médiévales du pays, où fut fondé le royaume de Bosnie à la fin du XIVe siècle.

● ● RÉGION DE FOČA

Située le long de la Drina et près du Monténégro, au passage entre l'Herzégovine et la Bosnie orientale, Foča est une bourgade maussade. Mais elle constitue le centre d'une des plus belles régions du pays. Au sud de la ville se trouvent en effet le parc national de Sutjeska qui abrite une une primaire âgée de 20 000 ans et un splendide monument de la période socialiste, mais aussi le canyon de la Tara, le plus profond d'Europe. Ce dernier se trouve pour l'essentiel au Monténégro, dans le parc national de Dumitor, et il se parcourt uniquement en rafting avec une vingtaine d'agences basées en Bosnie-Herzégovine, au confluent de la Tara et de la Piva qui forment ici la Drina.

FOČA

À cheval entre l'Herzégovine et la Bosnie orientale, et toute proche du Monténégro, Foča est une petite ville maussade aux paysages grandioses. C'est une bonne base de départ pour le canyon de la Tara et le parc national de Sutjeska.

CANYON DE LA TARA ★★★

À la frontière entre le Monténégro et la Bosnie-Herzégovine, la rivière Tara a creusé le plus profond canyon d'Europe. Des paysages splendides à découvrir à l'occasion d'une journée en rafting.

PAGES

343 **PARC NATIONAL DE SUTJESKA ★★★**

Le plus vaste et plus ancien parc national de Bosnie-Herzégovine possède l'un des dernières forêts vierges d'Europe classée au patrimoine mondial de l'Unesco et un magnifique monument de la période socialiste, sur les lieux de la grande bataille de Sutjeska.

344

●● RÉGION DE LA HAUTE-DRINA

Placée dans un méandre de la Drina, entre le Monténégro et la Serbie, cette région est la plus marquée par la guerre de 1992-1995. C'est dans la petite ville de Srebrenica qu'eut lieu le plus grave massacre en Europe depuis 1945. On y trouve aujourd'hui un remarquable mémorial et, à proximité, près du village de Skelani, le parc national de la Drina. La cité industrielle de Goražde n'offre quant à elle que peu d'intérêt, mais c'est un carrefour important entre Foča, Sarajevo, le Monténégro et la terrible ville de Višegrad. Cette dernière fut aussi le théâtre d'abominables tueries pendant la dernière guerre, jusque sur son vieux pont ottoman classé par l'Unesco. Mais ici, contrairement à Srebrenica, toute trace de ce passé sanglant a été effacée.

344 **GORAŽDE**

346 **VIŠEGRAD**

351 **SREBRENICA ★★**

Principale ville martyre au cours de la guerre de Bosnie-Herzégovine, Srebrenica est devenue un haut lieu du tourisme mémoriel en Europe avec son mémorial du Génocide et son immense cimetière musulman. La ville est facile à visiter à la journée depuis Tuzla ou Sarajevo.

357 **SKELANI**

359

●● RÉGION DE BIJELJINA ET DE BRČKO

Coincée entre la Drina et la Save, cette région excentrée forme la pointe nord-est de la Bosnie-Herzégovine, aux confins de la Serbie et de la Croatie. Elle est dominée par deux villes très différentes. Majoritairement peuplée de Bosniaques avant la guerre de 1992-1995 et aujourd'hui tournée vers la Serbie, Bijeljina constitue la capitale de la petite région historique de la Semberija, au sein de l'entité de la République serbe de Bosnie. Située juste en face de la Croatie, Brčko est quant à elle une ville à part, puisqu'elle est la capitale du petit « district de Brčko », la troisième entité politique du pays. Elle conserve à ce titre une population mixte qui en fait un laboratoire du « vivre ensemble » en Bosnie-Herzégovine.

359 **BIJELJINA**

La deuxième ville la plus peuplée de la République serbe de Bosnie déploie bien des efforts pour se rendre attractive (musée, village folklorique, statues, vieux bâtiments rénovés…). Mais elle traîne derrière elle une sale réputation depuis la dernière guerre.

363 **BRČKO**

Gros port fluvial relié à la Croatie par un pont enjambant la Save, Brčko forme une mini-entité politique unique en Europe. Mais elle ne possède guère d'attrait, hormis pour quelques bâtiments austro-hongrois et une petite fondation d'art.

TUZLA ★★

Tuzla/Тузла (prononcez « touzla ») compte environ 80 000 habitants, dont 73 % de Bosniaques et 14 % de Bosno-Croates. C'est le chef-lieu de la municipalité de Tuzla (110 000 habitants) et du canton de Tuzla (430 000 habitants), en Fédération de Bosnie-et-Herzégovine. Liaisons : voir gare routière et aéroport.

Cette ville de la « mine de sel » (*tuzla* en turc) ne manque pas de saveur. Grande cité ouvrière, très vivante et parfois remuante, elle conserve un joli centre d'allure austro-hongroise et ottomane, mais aussi un esprit de tolérance hérité de la Yougoslavie socialiste. Peu touchée par la dernière guerre, elle a en revanche souffert des privatisations de ses usines et de l'effondrement de ses galeries de sel creusées depuis l'Antiquité. Si sa municipalité de 110 000 habitants est la troisième du pays, Tuzla possède une banlieue de 250 000 habitants qui constitue le deuxième pôle urbain de Bosnie-Herzégovine, devant Banja Luka. Elle aussi dispose elle d'un aéroport international avec, par exemple, des vols réguliers pour Bâle-Mulhouse.

Histoire

Depuis six mille cinq cents ans, les hommes exploitent ici le sel laissé par l'ancienne mer de Pannonie. Cela fait de Tuzla l'un des plus anciens lieux habités de manière continue en Europe. Le sel, c'est aussi le nom de la ville. Fondée durant l'Antiquité par la tribu illyrienne des Breuces, puis occupée par les Celtes, elle est d'abord connue sous le nom grec de *Salines*. Elle est ensuite baptisée *Salina* par les Romains, puis *Soli* par les Slaves. Capturée par les Ottomans en 1463, elle est renommée *Tuzla* (« mine de sel » en turc). Dès l'arrivée des Austro-Hongrois, en 1878, un soulèvement bosniaque est réprimé. Mais les nouveaux occupants intensifient aussi la production de sel et développent l'industrie après la découverte d'un premier gisement de charbon en 1895. Tuzla s'impose dès lors comme la plus grande ville ouvrière bosnienne. L'intégration au royaume de Yougoslavie, en 1918, se traduit par une dégradation des conditions de travail, provoquant, le 21 décembre 1920, la révolte des mineurs du faubourg de Husino, qui sera durement réprimée. Plus tard, le 21 décembre sera célébré par la Yougoslavie socialiste en tant que « journée des mineurs ». Au cours de la Seconde Guerre mondiale, Tuzla est un bastion des partisans. Elle parvient à se libérer dès le 2 octobre 1943. Considérée comme une ville modèle par Tito, elle profite d'immenses investissements : grandes usines autogérées, université, complexes de loisirs, etc. Avant la guerre de 1992-1995, elle était aussi un exemple de mixité avec 48 % de Bosniaques, 17 % de Yougoslaves, 16 % de Bosno-Croates et 15 % de Bosno-Serbes. À ce titre, c'est une des rares villes à avoir échappé aux destructions. Mais elle est marquée par deux massacres. Le 15 mai 1992, 92 soldats de l'armée yougoslave sont tués par la garde territoriale bosnienne. Le 25 mai 1995, l'armée bosno-serbe vise une manifestation en l'honneur de Tito, faisant 71 morts. Ces deux bains de sang attisent les tensions, si bien que Tuzla a aujourd'hui perdu la plus grande partie de sa population bosno-serbe. La ville souffre aussi de la pollution industrielle, de l'effondrement de son sous-sol à cause des mines de sel et de la privatisation de ses usines, qui a entraîné chômage et corruption. Face à cette situation, Tuzla a été le foyer du « printemps bosnien » en 2014. Mais grâce au complexe des lacs de Pannonie, la ville est devenue une destination prisée, attirant 400 000 Bosniens chaque été.

Transports

Bon à savoir. La gare ferroviaire de Tuzla a fermé en 2020. Mais la ville conserve une très bonne gare routière (voir description) avec de nombreuses liaisons. On peut aussi arriver ici en avion. L'aéroport (voir description) se trouve dans le quartier de Dubrave, 14 km au sud-est du centre. Malgré un réseau de bus urbains bien développé, il n'est pas desservi directement. La ligne n° 11 relie la gare routière à l'arrêt Dubrave Aerodrom… situé à 1 km de l'aéroport. Ainsi, en sortant du terminal, il faut marcher 800 m sur la route principale, puis tourner à droite vers l'hôtel Mövenpick et marcher encore 200 m : l'arrêt de bus se trouve en face, dans le virage. Avec une liaison par heure, le trajet dure 30 minutes et revient à 2,50 km. Cela témoigne d'un bon lobbying de la part des taxis qui peuvent facturer la course 40 km, voire plus, puisqu'ils n'ont pas de compteur. À ce tarif-là, il vaut mieux louer une voiture : les agences de l'aéroport proposent des citadines à moins de 30 km/jour. Toutefois, dans Tuzla, préférez vous déplacer à pied. Comme la ville est relativement plate, pédaler peut sembler une bonne option. Sauf que, depuis 2019, il est interdit de rouler à vélo dans les rues piétonnes (indiquées par les panneaux « Pješačka zona ») sous peine d'une amende de 40 km. Vous pouvez quand même louer un vélo chez M-Bike Shop (tous les jours sauf dimanche 9h-19h, jusqu'à 16h samedi).

CATHÉDRALE DE LA DORMITION-DE-LA-MÈRE-DE-DIEU

Đorđa Mihajlovića 3
✆ +387 35 36 43 07
Tous les jours 8h-17h en dehors des liturgies. Tenue correcte exigée.

Dominée par un clocher de 34,5 m de hauteur, cette petite cathédrale orthodoxe serbe (Hram Uspenja Presvete Bogorodice/Саборни Храм Успења Пресвете Богородице) date de 1882. De style néoclassique, elle a survécu aux guerres, mais une restauration lui a ôté tout charme en 2009. L'intérieur est richement décoré et l'iconostase en bois sculpté (1910) abrite 20 icônes. La cathédrale constitue le siège l'éparchie de Zvornik-Tuzla. Toutefois, depuis 1992, le métropolite demeure à Bijeljina.

GALERIE INTERNATIONALE DU PORTRAIT ★

II Tuzlanske brigade 13
✆ +387 35 27 61 50
Tous les jours sauf dimanche 8h-15h, samedi 9h-13h. Gratuit.

Fondée en 1964, cette institution nationale (Međunarodna Galerija Portreta) est consacrée à l'art du portrait depuis le XIXe siècle. Elle regroupe 86 portraits de Tito, mais aussi les peintures, gravures, dessins, sculptures et photographies des principaux artistes du pays, dont une vaste collection du grand peintre Ismet Mujezinović (1907-1984) qui fit ses études à Paris. Dans l'atelier de ce dernier *(rue Klosterska, 550 m à l'est)* ont lieu des expositions temporaires et des concerts.

LAC MODRAC

Jezero Modrac

Ce lac artificiel de 17 km² (Jezero Modrac) est né en 1964 avec l'édification d'un barrage hydroélectrique sur la Spreča. S'étirant sur 11 km d'est en ouest et 1,6 km de largeur, il atteint jusqu'à 20 m de profondeur. À l'ouest, il est traversé par un téléphérique de 11 km de longueur transportant le calcaire de Vijenac (au sud) à la cimenterie de Lukavac (banlieue de Tuzla). Interdit d'accès pour cause de pollution en 2005, le lac est redevenu un lieu de pêche (carpes, brochets…) et de loisirs. Au sud, Priluk conserve une rare mosquée en bois du XVIIIe siècle.

LACS DE PANNONIE ★

Šetalište Slana Banja
✆ +387 35 24 67 11
panonika.ba
Tous les jours 8h-20h. 5 km (3 km après 17h). Musée Pannonica : 1 km. Grand parking gratuit.

Créé en 2003, cet étonnant complexe de loisirs (Panonska Jezera) abrite aujourd'hui trois lacs artificiels d'eau salée qui attirent jusqu'à 15 000 visiteurs par jour en été. Il doit son nom à la mer de Pannonie qui, en s'asséchant il y a 10 millions d'années, a laissé d'importants dépôts de sel dans le sous-sol de la région et formé la grande plaine de Pannonie qui s'étend jusqu'en Hongrie. Le projet est né en 2000, à une époque où Tuzla subissait non seulement le contrecoup de la guerre et une crise industrielle, mais aussi l'effondrement de son sous-sol causé par l'exploitation des mines de sel. L'idée était d'inverser la tendance en utilisant de nouveau le sel comme un moteur pour l'économie locale. Grâce à un système de filtration complexe (chlore, sable…), un premier lac salé a été créé en 2003 en combinant la saumure pompée aux puits salins de Tetima (10 km au nord à vol d'oiseau) à l'eau douce provenant du lac artificiel de Modrac (10 km au sud-ouest). Résultat : une eau salée comme celle de la mer, mais aseptisée comme celle d'une piscine et conservant certaines propriétés curatives. Malgré les réticences d'une partie de la population face aux coûts d'une telle réalisation, Tuzla est devenue l'unique ville européenne à posséder un lac salé en son centre. Elle en compte désormais trois. Car, dès l'été 2003, le premier lac a rencontré un grand succès, attirant 100 000 visiteurs en moins de deux mois.

▸ **Musée et village néolithique.** Deux autres lacs salés ont été ajoutés, l'un en 2008, l'autre en 2012, de manière à pouvoir recevoir jusqu'à 17 000 baigneurs par jour. Grâce à cela, le tourisme est devenu le premier secteur économique à Tuzla. Le complexe s'étend aujourd'hui sur 75 000 m². Le lac salé n° 1 est le plus vaste : 10 140 m² de surface, 15 000 m³ d'eau et 1,6 m de profondeur. Les deux autres font respectivement 5 300 et 3 800 m², avec une profondeur de 1,8 m pour le lac n° 3. Ce dernier est équipé de toboggans, de contours en dur comme une piscine et d'une passerelle qui le traverse. Les deux autres sont aménagés avec des plages de sable ou de galets. De plus, cinq petits bassins et deux piscines tombant en cascade dans le lac n° 1 et servent de parcs aquatiques pour les enfants. En été, les abords des trois lacs sont noirs de monde. Les familles trouvent aussi sur place un terrain de jeux, quatorze bars et/ou restaurants ainsi que deux espaces de découverte scientifique : la reconstitution d'un village lacustre du néolithique (5000 av. J.-C.) et le musée Pannonica consacré à la géologie de la région.

© AJDIN KAMBER - SHUTTERSTOCK.COM

Lacs de Pannonie.

MAISON DE LA FLAMME DE LA PAIX

Šetalište Slana banja bb
✆ +387 35 27 63 30
www.kpm.ba
Lundi-vendredi 10h-16h.

Au pied du parc Slana Banja, cette belle maison moderne (Kuća Plamena Mira) est le siège de l'association Flamme de la paix fondée en 1994 pour aider les athlètes des JO de Sarajevo victimes de la guerre. Celle-ci organise des événements tout au long de l'année. À côté se trouvent le mémorial des Combattants antifascistes (1941-1945), le mémorial des Défenseurs de Tuzla (1992-1995) et le cimetière de Vidikovac où reposent les 71 victimes du massacre de Tuzla (25 mai 1995).

MONUMENT DE LA RÉVOLTE DE HUSINO

Husinske bune
Accès libre.

Érigé en 1956, ce monument (Spomen Rudarima Husinske Bune) rend hommage aux 7 000 mineurs de la région qui se révoltèrent en décembre 1920. Représentant un mineur brandissant un fusil, ce bronze est l'œuvre du sculpteur Ivan Sabolić (1921-1986), à qui l'on doit les *Trois Poings*, près de Niš (Serbie). En face se trouve le mémorial du bataillon croate Zrinski, composé de recrues locales et d'anciens de la Légion étrangère française, qui prit part à la défense de Tuzla en 1992-1994.

MONASTÈRE SAINTS-PIERRE-ET-PAUL ✝ ★

Franjevačka 26
✆ +387 35 26 63 14
www.fst.ba
Tous les jours 7h30-18h. Tenue correcte exigée. Messes à 8h, 11h et 18h.

Achevé en 1986, ce couvent catholique de l'ordre des Franciscains (Samostan Sveti Petra i Pavla) affiche une architecture moderniste avec sa lumineuse église avant-gardiste et son beffroi déstructuré. Il a été érigé à l'emplacement d'un précédent monastère du XIXe siècle endommagé par l'effondrement d'une mine de sel. Abritant une galerie d'art, le complexe est l'œuvre de l'architecte bosniaque Zlatko Ugljen, né à Mostar en 1929, à qui l'on doit notamment la mosquée Blanche de Visoko.

MOSQUÉE DŽINDIĆ ☪

Džindić mahala 13
www.medzlistuzla.ba
Accès libre en dehors des heures de prière. Tenue correcte exigée, se déchausser, se couvrir la tête pour les femmes.

Dotée d'un minaret et d'une toiture en bois, cette vieille mosquée (Džindijska Džamija) est aussi connue sous le nom de *Husein Čauševa Džamija*. Elle fut fondée vers 1590 par Mustafa Džindić, fils de Gazi Turali-bey, premier gouverneur ottoman de Tuzla en 1563, puis fut restaurée par son cousin Husein Čauš au XVIIe siècle. Construite en pisé et en bois, elle forme un carré de 7 m de côté avec un intérieur très simple percé de seize fenêtres. Elle constituait le centre du quartier de Džindić, en partie disparu à cause de l'effondrement des mines de sel.

MOSQUÉE BEHRAM-BEY ☪ ★

Gradska

www.medzlistuzla.ba

Visite possible le matin. Tenue correcte exigée, se déchausser, se couvrir la tête pour les femmes.

Cette mosquée (Behram-Begova Džamija) est connue sous différents noms : *Atik* (« ancienne »), *Ćasna* (« vénérable ») mais surtout *Šarena* (« colorée ») en raison de son riche décor intérieur. Elle a été érigée en 1888 à l'emplacement d'une précédente mosquée du XVIe siècle qui fut elle-même rénovée à l'initiative d'un grand responsable soufi local, Behram bey, au début du XVIIe siècle. Elle est de taille modeste (10 × 10 m de côté). Quant à son style mauresque, il reflète bien la mode architecturale imposée par le pouvoir austro-hongrois visant à se démarquer de l'héritage ottoman. En témoigne son minaret de 22 m de hauteur qui se termine par un « kiosque » en bronze peu commun dans les Balkans. La mosquée faisait partie d'un vaste complexe islamique auquel appartenait la médersa Behram-bey et dont ne subsiste aujourd'hui que la porte (Kapija Behram-Begove Medrese). Celle-ci est située 60 m au nord de la mosquée, sur le rond-point Skver. Le bâtiment néomauresque de cette école coranique fut érigé en 1907 à l'emplacement d'une précédente médresa ottomane, la plus ancienne du pays, fondée au début du XVIe siècle. Durant la période socialiste, la médresa fut fermée en 1949, puis détruite en 1974 et seule la porte fut conservée. En 1994, une nouvelle médersa reprenant le nom de Behram-bey a été reconstruite 1,5 km au sud-ouest, le long de la grande artère Rudarska. Elle dispose elle-même d'une mosquée conçue par Zlatko Ugljen, le même architecte qui a réalisé à Tuzla le monastère franciscain Saints-Pierre-et-Paul.

MOSQUÉE TURALI-BEY ☪

Turalibegova

www.medzlistuzla.ba

Visite possible le matin. Tenue correcte exigée, se déchausser, se couvrir la tête pour les femmes.

Cette mosquée (Turalibegova Džamija) est le plus ancien bâtiment islamique de Tuzla. Aussi appelée mosquée Poljska (« de la plaine »), elle a été érigée entre 1548 et 1572 à l'initiative du fondateur de la ville actuelle, Gazi Turali bey, gouverneur ottoman sans doute originaire de la région. Du fait de son affaissement causé par une mine de sel souterraine, elle a dû être partiellement reconstruite en 2007 avec une étrange toiture conique. La mosquée longe le *korzo*, la promenade Turalibegova, qui relie Stari Grad (la vieille ville) à la ville moderne, à l'est.

MUSÉE DE LA BOSNIE ORIENTALE

Džindić mahala 21 ✆ +387 35 31 83 21

muzejibtuzla.podkonac.org

Lundi-vendredi 8h-15h. Gratuit.

Collection de sciences naturelles : lundi-vendredi 9h-14h, gratuit.

Ce musée (Muzej Istočne Bosne) dispose d'un important fonds sur l'histoire du nord-est du pays depuis le néolithique, mais il a changé vingt fois de lieu depuis sa création en 1947. Dans l'attente de travaux d'agrandissement, il est aujourd'hui réparti entre deux sites. Est ici présenté un échantillon des collections d'archéologie, d'histoire, d'ethnologie et d'art. Au 2, rue Jevrejska (à côté de la place du Sel) se trouve la collection de sciences naturelles (Biološka Zbirka).

MUSÉE DU SEL ★

XVIII Hrvatske brigade

✆ +387 35 28 23 42

solana.ba/muzej

Sur rendez-vous. Gratuit.

Éloigné du centre-ville, installé dans une vieille usine, sans traduction en anglais et ouvert seulement sur rendez-vous, ce musée (Muzej Solarstva) vaut quand même un effort. Créé en 1975 dans un des sites de la compagnie bosnienne Solana, il retrace l'histoire du sel dans la région de Tuzla depuis le néolithique. Exposée simplement mais de manière didactique, la collection est très riche : machines, combinaison intégrale d'ouvrier, plans, photographies, reproduction des premiers ustensiles d'extraction, ancien atelier… On peut y passer une heure sans souci.

PLACE DE LA LIBERTÉ

Trg Slobode

Place piétonne.

Parking public payant à proximité.

Avec ses 7 000 m², cette esplanade piétonne (Trg Slobode) est la plus grande place publique du pays. C'est ici qu'ont lieu les plus importantes manifestations et animations de la ville. La place est aménagée avec une grande fontaine, un espace de spectacle à ciel ouvert et de nombreux cafés et restaurants. Côté sud, elle est dominée par le Barok, un bâtiment datant de 2009 qui est la réplique d'un vaste édifice austro-hongrois érigé à cet emplacement en 1914 et détruit en 1983. Au-delà, se trouve le grand marché couvert ouvert tous les jours à partir de 7h.

PLACE DES VICTIMES-DU-GÉNOCIDE-DE-SREBRENICA ★

Trg žrtava genocida u Srebrenici

Place piétonne avec cafés et restaurants.

Cette jolie petite place pavée a été rebaptisée en souvenir du plus important massacre de la dernière guerre (Trg Žrtava Genocida u Srebrenici). Elle est dominée par la mosquée Čaršijska, fondée en 1580 et rebâtie en 1874. Au centre se dresse la fontaine de la mosquée (*šadrvan*), détruite en 1945 et reconstruite en 1997. Très agréable avec ses terrasses et ses façades colorées austro-hongroises, la place accueille chaque mois une manifestation de l'association des Femmes de Srebrenica.

PLACE DU SEL

Solni Trg

Place piétonne avec l'office de tourisme de la ville de Tuzla.

Centre historique de Tuzla, cette place (Solni Trg) est marquée par le souvenir de l'exploitation souterraine du sel attestée ici depuis le néolithique, non seulement par son nom, mais aussi par son architecture. En effet, les galeries creusées sous la ville causèrent l'effondrement de la place en 1997. Aujourd'hui cernée d'édifices sans charme, elle abrite l'office de tourisme de la ville. 50 m au nord-est, sur la place Kapija, une plaque est installée à l'emplacement du « massacre de Tuzla » : 71 habitants tués par un bombardement bosno-serbe le 25 mai 1995.

PONT DES STATUES ★

Tabašnice

Pont piéton.

Enjambant la Jala depuis en 1936, ce pont (Kipovi Most) est orné de quatre sculptures représentant des hommes portant des amphores surmontées de lampadaires colorés en forme de cristaux de sel. Il s'agit d'une réalisation de Franjo Leder (1905-1963), seule œuvre majeure de cet artiste bosno-croate de Tuzla, ses autres grands travaux à Zagreb ayant été détruits par les oustachis (nationalistes croates) durant la Seconde Guerre mondiale. Mais deux petites statues de Leder sont aussi visibles aux abords des lacs de Pannonie : *Léda* et un *Lanceur de disque* (1938-1939).

AÉROPORT DE TUZLA

Gornje Dubrave b.b.

✆ +387 35 30 24 00 – tuzla-airport.ba

3-4 liaisons/semaine avec Bâle-Mulhouse : 1h50 de vol, à partir de 100 €. Taxi pour le centre-ville : environ 40 km.

Ce petit aéroport international (Međunarodni Aerodrom Tuzla) est le deuxième du pays après celui de Sarajevo avec environ 500 000 passagers/an hors Covid. Ancienne base militaire yougoslave ouverte au trafic civil depuis 2012, c'est un hub de la compagnie hongroise à bas prix Wizz Air : nombreuses liaisons notamment avec l'Allemagne et la Suède, mais aussi avec l'aéroport franco-suisse de Bâle-Mulhouse. Sur place : loueurs de voitures, cafés-restaurants et boutique hors taxes, mais mauvaises conditions d'accueil (longue attente à l'arrivée et au départ).

GARE ROUTIÈRE DE TUZLA

Bosne Srebrene 60

✆ +387 35 32 03 25

www.transturist.ba

Trajet Tuzla-Sarajevo : durée 3h, tarif 25 km ; Tuzla-Bijeljina : durée 1h30, tarif 13 km. Vente de billets en ligne.

Cette gare routière (Autobusna Stanica Tuzla) est moderne : guichets, salle d'attente climatisée, consignes, restaurant, banque, kiosque, toilettes, station de taxi et bus de ville sur place. Liaisons avec Sarajevo (12-18/jour *via* Kladanj), Zenica et Travanik (7-9/jour), Srebrenik, Brčko et Bijeljina (5-6/jour), Donji Vakuf (4/jour), Bugojno (2/jour) et 1/jour avec Banja Luka, Doboj, Srebrenica, Livno, Kupres, Jajce, Sanski Most, Cazin, Split et Zagreb (Croatie), Belgrade (Serbie) et plusieurs villes d'Allemagne. Pas de liaison directe avec Mostar et Bihać.

PANSION KIPOVI €

Franjevačka 10

✆ +387 62 38 94 78

www.pansionkipovi.com

9 chambres. 35 € pour deux avec petit déjeuner. Parking à proximité : 6 km/jour. Navette pour l'aéroport : 20 km.

Une valeur sûre depuis 2008. À l'entrée la vieille ville, le long de la rive nord de la Jala et à côté du pont des Statues, ce petit hôtel est visible de loin grâce à sa couleur orange et à son gros panneau « Pansion ». Les chambres sont simples et impeccablement tenues avec clim, Wifi et de petites salles de bains propres qui mériteraient toutefois un coup de neuf. Mais à ce prix et vu l'emplacement, il n'y a rien à dire. Le patron, Naim, qui est là tout le temps, est très sympathique et peut vous véhiculer dans les environs ou à l'aéroport.

SO&SOL HOTEL €

Obala Zmaja od Bosne
✆ +387 35 29 41 00
www.soisolhotel.ba
9 chambres. 71 € pour deux avec petit déjeuner. Parking privé gratuit.

Installée au bord de la voie rapide qui longe la Jala dans une bâtisse noire à double balcon, cette maison-hôtel est bien située, juste à côté du centre-ville. Ouverte en 2018, elle dispose de chambres spacieuses et lumineuses avec une déco moderne et soignée, des salles de bains nickel et des rangements ainsi que la clim et un Wifi qui fonctionne bien. Le petit déjeuner est sans réelle surprise mais au-dessus de la moyenne, les propriétaires sympa et de bon conseil. Petit bémol pour le bruit de la route sur les balcons. Mais un gros atout : le parking.

HEARTLAND CITY HOTEL €€

Kazan Mahala 10
✆ +387 35 25 51 11
heartland.ba
9 chambres. 68/75 € pour deux avec petit déjeuner. Parking public gratuit à proximité. Navette pour l'aéroport.

Super-bien placé dans la vielle ville et installé dans un petit immeuble jaune et orange de la période austro-hongroise, cet hôtel abrite des chambres modernes et confortables avec une bonne salle de bains, un sèche-cheveux, un Wifi efficace, la clim et quelques rangements. Le buffet du petit déjeuner est varié et riche en fruits. Créé en tant que pizzeria en 2007, l'hôtel conserve son four à feu de bois dans la salle commune et, sur demande, des paniers-repas peuvent être préparés par les propriétaires, par ailleurs adorables. Une très bonne adresse.

MELLAIN HOTEL €€€

Aleja Alije Izetbegovića 3
✆ +387 35 36 55 00
unibristol-tuzla.ba
239 chambres. 131/165 € pour deux avec petit déjeuner. Parking : 20 km/jour. Restaurant et navette pour l'aéroport.

Installé dans la plus grande tour du pays en dehors de Sarajevo (110 m de hauteur, 24 étages), cet hôtel ouvert en 2015 dispose de tout le confort possible : chambres confortables et bien équipées, piscine extérieure et piscine avec vue panoramique au 19e étage, restaurant, centre de bien-être, etc. Malgré une débauche de luxe, on trouve mieux ailleurs pour ce qui est du petit déjeuner et du tarif du parking. La même tour abrite un appartement à louer pour quatre fois moins cher au 4e étage (+387 61 19 41 72, facebook.com/apartmandreamtuzla).

ČARŠIJSKA ČESMA €

Trg žrtava genocida u Srebrenici 2
✆ +387 35 25 84 08
www.facebook.com/carsijskacesma1
Tous les jours 7h-22h. Environ 20 km/personne.

Déco rustique et bonne cuisine purement locale : depuis 2005, la « fontaine de la charchia » propose une ambiance très bosniaque sur cette jolie place dont les façades colorées sont un héritage austro-hongrois, mais qui fut le centre de la charchia, quartier commercial et islamique typique de l'ère ottomane. Installé entre la mosquée Čaršijska et son chadirvan (fontaine aux ablutions), le restaurant ne sert donc pas d'alcool mais, par exemple, un excellent café bosnien ainsi que le *boza*, boisson fermentée à base de céréales (très légèrement alcoolisée, cela dit).

HOTEL SENAD OD BOSNE €

R471
✆ +387 35 56 12 22
hotelsenadodbosne.com
28 chambres. 59/72 € pour deux avec petit déjeuner. Restaurant : tous les jours 8h-23h, environ 25 km/personne.

Ouvert en 1988, cet établissement couleur rose bonbon est placé près du barrage du lac de Modrac. Il vaut surtout pour son restaurant Jezero, l'un des meilleurs de l'agglomération de Tuzla. La salle, avec une belle vue sur le lac, est grande mais feutrée. Bel effort de qualité sur les plats, par ailleurs pas foncièrement originaux. Les poissons du lac sont à l'honneur (carpes et perches), mais plus chers qu'ailleurs. Côté hébergement, vu les tarifs, on attend des chambres plus modernes et moins bruyantes. Mais le Wifi et le service sont de qualité. Parking.

PIVNICA TAVERNA €

Maršala Tita 163
✆ +387 35 30 01 10
www.pivaratuzla.ba
Tous les jours 7h-23h. Environ 20 km/personne.

C'est le pub-restaurant de la Pivara Tuzla (« brasserie de Tuzla »), installé juste à l'entrée du site de production fondé en 1884. On y sert donc toute la gamme des bières de la marque (pils, blanche, brune…) à la pression ou en bouteille. Le tout accompagné de spécialités bosniennes, d'une truite grillée ou d'une copieuse *pivska plata*, un mix-gril spécial bière avec *ćevapi*, saucisse fumée, etc. Concerts fréquents et service un peu lent, mais en anglais. Le week-end, l'endroit est pris d'assaut et une réservation est nécessaire pour avoir une table.

MAMA MIA ORIGINS €€

Trg Slobode
✆ +387 61 18 83 33
Tous les jours 9h-23h. Environ 30 km/personne.

L'adresse la plus chic de Tuzla depuis 2012 : nappes blanches, belle carte des vins d'Herzégovine, quelques plats italiens et de superbes poissons de l'Adriatique. Mais ce qui vaut ici vraiment le coup, ce sont les viandes, certaines maturées quarante jours. Les amateurs connaissent déjà le bœuf persillé façon wagu du Japon. Mais en ont-ils déjà goûté qui vienne de Bosnie ? Les animaux sélectionnés appartiennent à la race locale, la gatačko, mais aussi aux célèbres vaches combattantes du Valais, en Suisse : la race d'Hérens, implantée ici depuis les années 2000.

HEMINGWAY CAFÉ BAR

Đorđa Mihajlovića 10b
✆ +387 65 01 75 07
www.facebook.com/HemingwayTuzla
Tous les jours sauf dimanche 7h-23h.

Situé entre le parc de la ville (Gradski Park) et la bibliothèque universitaire, ce café est réputé pour sa terrasse, son café espresso et son ***američka pita***, la tarte aux pommes américaine, ici déclinée avec toutes sortes de fruits. Le soir, testez le *pelinkovac*, liqueur amère des pays d'ex-Yougoslavie à base d'armoise (herbe utilisée pour l'absinthe). Pour les couche-tard, le centre-ville dispose de deux discothèques ouvertes jusqu'à 4h du matin : le Club Palma (rue Kulina-Bana, jeudi-dimanche) et le Club Viva (à l'hôtel Tuzla, vendredi-samedi).

BOSFAM

Fra Stjepana Matijevića Solinjanina 11
✆ +387 61 73 20 27
bosfam.ba
Tous les jours sauf dimanche 9h-17h, samedi jusqu'à 14h. Kilim à partir de 160 km (sur place ou boutique en ligne).

Cette association de femmes de Srebrenica propose depuis 1994 des produits textiles faits main et aux motifs traditionnels de Bosnie : courtepointes (couvertures doublées), kilims (tapis tissés), sacs à main et ponchos. Le résultat est souvent très coloré et assez moderne. L'association réalise aussi des patchworks géants en hommage aux victimes des massacres de 1995 à Srebrenica et environ 20 % du produit des ventes servent à aider des familles sur place. Le nom BosFam signifie « familles bosniennes » : c'est la contraction des mots *bosanska* et *familija*.

BANOVIĆI

- Banovići/Бановићи (prononcez « banovichi ») compte environ 6 500 habitants, dont 94 % de Bosniaques. C'est le chef-lieu de la municipalité de Banovići (22 000 habitants), dans le canton de Tuzla. La ville se trouve 29 km au sud-ouest de Tuzla et 42 km au nord-ouest de Kladanj. Fréquentes liaisons en bus avec Tuzla et Sarajevo.
- Cité minière réputée pour la qualité de son lignite, Banovići n'a *a priori* rien d'une destination touristique. Ce n'est pas son architecture 100 % béton qui risque de vous séduire. Mais on y trouve la précieuse zone naturelle du mont Konjuh et les quasi-derniers trains à vapeur d'Europe.

VILLAGE FOLKLORIQUE DE MAČKOVAC

Etno avlija Mačkovac
✆ +387 61 14 68 00
www.facebook.com/etnoavlijamackovac
Tous les jours 11h-22h. Restaurant : environ 15 km/personne.

Créé en 2012, ce petit complexe touristique (*Etno Avlija Mačkovac*) regroupe une dizaine de reproductions de maisons en bois bosniaques du XVe au XIXe siècle. On y trouve un musée, des ateliers-boutiques et un restaurant. Si vous y mangez, optez pour une truite pêchée dans l'Oskova qui passe juste à côté et descend du mont Konjuh. Pour plus d'authenticité, mieux vaut se rendre à Gornja Tuzla (11 km au nord-est de Tuzla), village qui conserve de nombreuses maisons de la période ottomane.

HOTEL ZLAČA €

Zlača
✆ +387 35 88 06 00
www.rmub.ba
29 chambres. 35/40 € pour deux avec petit déjeuner. Restaurant : environ 15 km/personne.

Propriété de la compagnie minière RMU Banovići, cet ancien hôtel pour ouvriers de la période socialiste mériterait bien une petite rénovation. Ses chambres à la déco *vintage* disposent tout de même du Wifi, de la clim et de balcons. Mais son principal atout est d'être situé dans l'aire protégée du Konjuh, dans la zone de loisirs de Zlača. On trouve là le départ de plusieurs sentiers de randonnée, des terrains de sport, un parcours de tyrolienne, des VTT à la location et d'autres possibilités d'hébergement. L'hôtel dispose quant à lui d'un bon restaurant.

MONT KONJUH ★★

Grab potok bb
✆ +387 35 88 06 36
www.zpkonjuh.ba
Entrée dans l'aire protégée : 6 km/personne. Accueil à Grab Potok, 1 km après le village folklorique de Mačkovac.

Créé en 2011, le « paysage protégé du Konjuh » (Zaštićeni Pejzaž Konjuh) s'étend sur 80 km² entre les municipalités de Banovići, de Kladanj et de Živinice. Cette aire occupe le massif du Konjuh (« dos de cheval ») qui s'élève à 1 000 m d'altitude en moyenne et culmine à 1 328 m. Elle est recouverte d'une forêt dense où dominent le sapin blanc, l'épicéa et le hêtre. On y trouve aussi des chênes et l'érable de Bosnie (*Acer obtusatum*), avec lequel Stradivarius fabriqua ses célèbres violons. Le massif compte des fleurs rares comme l'endémique lys bosniaque (*Lilium bosniacum*) qui, avec ses pétales jaunes, est le symbole du pays. Il y a aussi l'iris bosniaque (*Iris bosniaca*) ou, encore, une variété de gentiane jaune aux vertus curatives. Il est recommandé d'être prudent du fait de la présence d'ours, de loups et de serpents. Le Konjuh accueille d'autres espèces menacées : la gélinotte des bois et le grand tétras chez les oiseaux et, côté aquatique, la loutre et le barbillon du Danube (*Barbucus balcanicus*). L'eau est en effet très pure malgré la proximité de la zone industrielle de Tuzla. Le massif abrite les sources d'une dizaine de rivières ainsi que le petit lac Paučko (44 ha), à 711 m d'altitude, et plusieurs cavités comme la grotte Djevojačka, près de Kladanj. On recense aussi une vingtaine de nécropoles médiévales autour de Kladanj et de Živinice, mais peu d'installations touristiques hormis des sentiers, la zone de loisirs de Zlača, trois hôtels et deux refuges de montagne.

© NEDIM DZAKA/SHUTTERSTOCK.COM

TRAIN À VAPEUR DE BANOVIĆI ★★

Gare et dépôt à l'entrée nord de Banovići.
GPS : 44.411488, 18.531389.
✆ +387 35 87 41 36 – turizambanovici.ba
Train touristique : en fonction des réservations, de 5 à 15 km/personne.

Avec son train à vapeur (Banovićki Ćiro), la ville minière de Banovići est une halte prisée des amoureux du monde ferroviaire. Outre Zenica (Bosnie orientale) et Wolsztyn (Pologne), c'est d'ici que partent les derniers convois de marchandise tractés par des locomotives à vapeur en Europe. On peut non seulement voir celles-ci tirant des wagons chargés de lignite, mais aussi monter à bord. Depuis 2015, la compagnie minière RMU Banovići a mis en service deux lignes touristiques d'une dizaine de kilomètres : l'une vers Turija (près du lac Modrac), l'autre vers la zone de loisirs de Zlača, dans l'aire protégée du Konjuh, avec un arrêt au village folklorique de Mačkovac. Selon la saison et la demande, les rames comptent un wagon-restaurant et de deux à quatre wagons « panoramiques » équipés d'une rangée de bancs placée au centre. Le voyage aller-retour s'effectue à une vitesse de 26 km/h, avec des pointes à 35 km/h, pour profiter du paysage. Mais aussi parce que les locomotives sont très âgées. Il s'agit du modèle Decapod BR 52, dit « train de guerre » (*Kriegslok* en allemand). Conçu pour les besoins du IIIe Reich à partir de 1942, il a aussi été construit après-guerre dans différents pays, comme en France jusqu'en 1959 sous la dénomination « Y 150 ».

Les dernières BR 52 d'Europe. Utilisée de la Russie à la Turquie, la BR 52 fut la locomotive à vapeur la plus massivement produite de l'histoire avec environ 7 000 exemplaires. La plupart furent mis à la casse dans les années 1970-1980, sauf ici où six sont encore utilisés, dont une très rare BR 52 classe 33 qui était destinée aux chemins de fer yougoslaves. Au départ de Banovići, le *Ćiro* – nom affectueux donné aux locomotives à vapeur en ex-Yougoslavie – dessert une à deux fois par jour les mines voisines de Dubrava, Sikulja et Đurđevik. La fumée des trains noircit aussi le ciel jusqu'au port fluvial de Brčko, où le lignite de Banovići embarque à bord de péniches sur la Save en direction du Danube. Le petit réseau ferroviaire local et la ligne vers Brčko (92 km) ont été créés en 1946. Il s'agit d'une voie ferrée de type « écartement bosnien » (*Bosnische Spurweite* en allemand), que l'on retrouve à travers tout l'ancien Empire austro-hongrois. Elle est très étroite avec 760 mm entre les deux rails, contre 1 435 mm pour la voie dite « normale », comme en France ou aux États-Unis. On retrouve ce même « écartement bosnien » à Višegrad, où un autre *Ćiro* – uniquement touristique celui-là – relie la Serbie.

KLADANJ ★

Kladanj/Кладањ (prononcez « kla-daï ») compte environ 4 000 habitants, dont 97 % de Bosniaques. C'est le chef-lieu de la municipalité de Kladanj (12 000 habitants), dans le canton de Tuzla. La ville se trouve 49 km au sud de Tuzla (*via* Živinice) et 73 km au nord-est de Sarajevo (fréquentes liaisons en bus).

Située dans la vallée de la Drinjačka, au sud mont du Konjuh, Kladanj profite d'un bel environnement et vit surtout de l'exploitation du bois et des sources d'eau de Muška Voda. Son joli petit centre abrite la mosquée Kuršumlija (XVIe siècle) et ses environs sont riches en chambres d'hôte, en grottes et en nécropoles médiévales.

GROTTE DJEVOJAČKA ★

8 km au sud-ouest de Kladanj.
Après le village de Brateljevići, sentier à droite de la route. GPS : 44.214145, 18.645485.
Accès libre.

La grotte dite « de la Jeune Fille » (Djevojačka Pećina) est un de ces endroits étranges dont les Balkans semblent avoir le secret : lieu de culte depuis le néolithique, c'est devenu à l'époque ottomane un site de pèlerinage musulman lié au martyr chrétien saint Georges. Profonde de 200 m et facilement accessible par une entrée triangulaire de 10 m de hauteur, la grotte doit son nom à une légende du XVIIe siècle : en voulant prouver son courage, une jeune fille du village voisin de Brateljevići y serait morte de peur en s'y rendant de nuit. Peu après l'entrée, la paroi de gauche porte sur 15 m des gravures qui pourraient remonter à 8 000 ans avant notre ère : des hommes à cheval, trois femmes, une scène de chasse, des chevreuils et des formes triangulaires incorporant des phallus, des hommes ou des points. Plus loin, parmi un champ de stalagmites, des concrétions blanches évoquent la forme d'une stèle où la tradition veut que la jeune fille de la légende repose. Deux tombes ont aussi été récemment installées près de l'entrée, dont l'une portant l'inscription « Djevojaka » (« Jeune fille ») et sur laquelle sont déposés des objets votifs : tapis, foulards et *tasbih* (rosaires musulmans). Considéré comme un personnage prophétique dans plusieurs textes de l'islam, saint Georges fait ici l'objet d'un pèlerinage auquel participent des dizaines de milliers de femmes bosniaques. Le cycle débute en juillet avec la célébration du prophète Élie, pour atteindre son apogée fin août avec la *Kišna Dova* (« prière pour la pluie »).

NÉCROPOLES MÉDIÉVALES DES ENVIRONS DE KLADANJ ★★

Dans un rayon de 50 km autour de Kladanj.
Accès libre.

Nécropole de Mramor-Musići (Nekropola Mramor u Musićima) – *32 km au sud-ouest de Kladanj, à Klinčići, par la M18 en direction de Sarajevo. GPS : 44.104052, 18.519491.* C'est la nécropole la plus intéressante de la région. Elle est aussi assez facile d'accès : après Ovolo, tournez à droite à Dolovi. Au prochain embranchement, tournez à gauche jusqu'au hameau de Musići. Le site se trouve 1 km au sud. Il contient 80 stećci, dont 47 sont de type « toiture à pignon ». Douze sont décorés, principalement de rosaces, spirales, bandeaux torsadés et croix. Cette richesse ornementale est liée à la présence de mines de plomb qui permirent à la région de se développer à partir de 1370.

Nécropole d'Olovci (Nekropola Olovci) – *17 km au nord de Kladanj, à côté du hameau d'Olovci par une petite route passant par Brateljevići, Tuholj et Goletići. GPS : 44.287778, 18.647778.* La nécropole se trouve dans un très beau site de l'aire protégée du Konjuh, entre les gîtes Javorje et Meldić. On y trouve 18 stećci (XIVe-XVIe siècles). Trois sont décorés de bas-reliefs identiques : double spirale et croix aux extrémités arrondies. Un stećak porte une rare inscription en alphabet bosančica qui pourrait dater du XVe siècle : *« Au nom du Père, du Fils et du Saint-Esprit, repose ici Radomir Jurisalić sur sa noble terre. »* Mystère, car dans les sources, aucun seigneur local de ce nom n'est mentionné.

Nécropole de Bečani (Nekropola u Bečanima/Некропола у Бечанима) – *25 km au nord-est de Kladanj, à Đurići/Ђурићи (République serbe de Bosnie), au lieu-dit de la « demi-roche » (Pola Stijene), 8 km au nord de Šekovići/Шековићи. GPS : 44.327803, 18.844939.* Elle abrite 138 stećci, dont 77 sont des « piliers », la forme la plus tardive, apparue à la fin du XVe siècle. Seuls sept sont décorés. Le site est assez difficile d'accès, à 700 m d'altitude. Il est recommandé de s'y rendre avec une voiture solide.

Nécropole de Luburića Polje (Nekropola u Luburića Polju/Некропола у Лубурић Пољу) – *53 km au sud de Kladanj, à Košutica/Кошутица (République serbe de Bosnie) par la M18 et la R468. GPS : 43.957872, 18.842903.* Peu avant le village de Košutica, on trouve ici deux nécropoles distantes de 150 m. Elles sont composées de tumulus préhistoriques (vers 3000 av. J.-C.) et de 134 stećci (XIIe-XVe siècles), dont neuf sont ornés de bas-reliefs (armes, croix latine, rosettes). Les environs sont marqués par la présence de 50 collines artificielles et de 1 200 tumulus sans doute érigés par les Illyriens.

BOSNIE ORIENTALE

SREBRENIK ★

▶ Srebrenik/Сребреник compte environ 6 500 habitants, dont 90 % de Bosniaques. C'est le chef-lieu de la municipalité de Srebrenik (39 000 habitants), dans le canton de Tuzla. La ville se trouve 36 km au nord-ouest de Tuzla, 38 km au sud-ouest de Brčko et 42 km à l'est de Doboj. Nombreuses liaisons en bus avec Tuzla, Doboj, Gračanica et Brčko.

▶ Célèbre pour sa forteresse qui vit naître le premier roi de Bosnie au XIVe siècle, Srebrenik est placée dans la vallée de la rivière Tinja, un affluent de la Save, entre les petits massifs isolés de la Majevica (916 m d'altitude, à l'est) et de la Trebava (692 m, à l'ouest), derniers contreforts des Alpes dinariques avant la grande plaine de Pannonie. La ville elle-même est plutôt maussade avec son architecture fonctionnelle héritée de la période socialiste. Elle n'a réellement émergé qu'après la Seconde Guerre mondiale, en profitant de la création de la voie ferrée Brčko-Banovići et de la route reliant les parties nord et sud de la Croatie. Si son nom évoque la cité martyre de Srebrenica (142 km au sud-est), elle n'a en commun avec celle-ci qu'un passé minier : *srebro* signifie « argent » en proto-slave. Durant la guerre de 1992-1995, Srebrenik demeura à l'écart des combats et fut relativement épargnée par les violences entre communautés, même si la population bosno-serbe fut chassée. Les paysages des alentours sont en tout cas superbes. Depuis 1977, ils servent d'inspiration aux peintres qui viennent pour le festival d'art de Srebrenik en août-septembre.

FORTERESSE DE GRADAČAC ★

À Gradačac, 25 km au nord de Srebrenik.
GPS : 44.877931, 18.425487.
✆ +387 61 63 92 04
www.facebook.com/welcometogradacac
Tous les jours 8h-22h. 2 km. Parking à proximité.

Érigée entre 1765 et 1824, cette forteresse (Gradačačka Tvrđava) fut le fief du « Dragon de Bosnie », le héros national Husein-kapetan Gradaščević (1802-1834), gouverneur qui lança la révolte de 1831-1832 contre les Ottomans. Avec sa tour de 18,20 m de hauteur, le petit fort domine le joli centre-ville de Gradačac (13 000 habitants). On y trouve la maison familiale du héros, qui abrite un musée et un restaurant, ainsi que plusieurs monuments bâtis sous l'impulsion de celui-ci, notamment l'élégante mosquée Husejnija et la tour de l'horloge (21,50 m de hauteur).

FORTERESSE DE SREBRENIK ★★

Au-dessus du village de Gornji Srebrenik, 6 km à l'est de Srebrenik via Donji Srebrenik.
✆ +387 35 64 58 22
Tous les jours 8h-18h (9h-17h en hiver). 2 km. Prévoir de l'eau et de bonnes chaussures.

Cette forteresse grise (Tvrđava Srebrenik) est l'un des plus belles du pays. Elle est installée sur un éperon rocheux à 400 m d'altitude qui offre des vues magnifiques sur les environs. Avec sa position stratégique gardant l'entrée de la plaine de Pannonie et la vallée de la Tinja, le site fut sans doute occupé très tôt. Mais la forteresse n'est mentionnée pour la première fois qu'en 1333. Elle sert alors de monnaie d'échange dans le conflit qui oppose le roi serbe Stefan Dušan à son vassal, le ban de Bosnie Stefan II Kotromanić : ce dernier perd ses possessions sur la côte adriatique, mais il récupère Srebrenik qu'il fait fortifier. C'est là que naît son fils, en 1353, celui qui va fonder le royaume de Bosnie : Stefan Tvrtko Ier (1377-1391). Mais la forteresse est capturée par les Hongrois dès 1408 et devient en 1464 la capitale du banat hongrois de Bosnie. Les Ottomans s'en emparent vers 1510, y installant une garnison et y font construire une mosquée. Elle fait alors partie, avec la forteresse de Sokol (près de Gračanica), d'un réseau de douze places fortes gardant la frontière entre les empires ottoman et austro-hongrois. Elle est finalement abandonnée en 1835.

▶ **Visite.** On accède à la forteresse par la route puis, à pied, par une passerelle en bois qui enjambe un large fossé creusé dans la roche. Les fortifications n'occupent qu'une toute petite surface, environ 60 m x 30 m. Mais leur concentration n'en est que plus impressionnante. Il s'agit de trois tours reliées entre elles par des remparts sinueux dominées par un palais et un donjon. La première tour, rectangulaire, garde l'entrée et s'élève à 7,5 m de hauteur. Elle conserve son arche ornée d'un croissant de lune. Un rempart en forme de L (restauré en 1954) descend jusqu'à la deuxième tour. Semi-circulaire et en partie effondrée, celle-ci n'atteint plus que 4 m de hauteur. La belle portion de rempart qui suit, en lacet, date de la période ottomane avec des murs de 2,10 m d'épaisseur percés d'ouvertures pour sept canons. La troisième tour, rectangulaire, a perdu l'essentiel de ses murs. Elle abrite une citerne et un puits. C'est là que fut bâtie la mosquée, disparue au XIXe siècle. Des escaliers mènent ensuite à la partie haute, avec une citerne, puis le donjon. Les murs de celui-ci atteignent près de 3 m d'épaisseur à la base et 6,7 m de hauteur. À côté se trouve le palais (24 x 6,5 m). Bâti sur deux étages au-dessus d'une cave voûtée, il fut utilisé comme caserne par les soldats ottomans. Un rempart descend en zigzag pour défendre l'accès sud.

Forteresse de Srebrenik.

MONASTÈRE D'OZREN

Kaluđerica 1
✆ +387 53 26 01 88
Tous les jours 8h-18h. Tenue correcte exigée.

Fondé durant la seconde moitié du XVIe siècle, ce monastère orthodoxe serbe (Manastir Ozren/Манастир Озрен) est situé au pied du mont Ozren qui atteint 918 m d'altitude. Il conserve une belle église ornée de fresques du XVIIe siècle. Celle-ci abrite plusieurs icônes intéressantes, dont l'une de la Mère de la Dieu Glykophilousa (de « douceur ») exécutée par Emmanuel Lambardos (1567-1631), grand maître grec de l'école crétoise, et une autre, sur toile, de l'Ascension du Christ, par le peintre serbe de Roumanie Sava Petrović (1794-1857).

VILLE DE GRAČANICA

20 km à l'ouest Srebrenik, entre Tuzla et Doboj.

Située dans la vallée de la Sokoluša, cette ville de 13 000 habitants conserve un important patrimoine de la période ottomane : mosquées, églises, maison Popović, médersa, hammam et tour de l'horloge de 27 m de hauteur qui a la particularité d'être penchée. Les environs offrent de beaux paysages avec les ruines de la forteresse de Sokol (à Soko, 6 km au nord-est), qui remontent au XVe siècle, ou encore, Delići, hameau du village de Lukavica (18 km au nord-ouest), qui possède une jolie petite mosquée (1905) posée au sommet d'une colline parsemée de stèles blanches.

DESTILERIJA & HOTEL MONOGRAM €

Donji Skugrić bb
✆ +387 66 58 30 01
www.distillerymonogram.com
26 chambres. 44/76 € pour deux avec petit déjeuner. Restaurant : environ 40 km/personne.

La meilleure adresse à 50 km à la ronde. Cette distillerie élabore des rakijas et liqueurs à base de fruits provenant de ses grands vergers (pomme, poire, coing…), puis vieillis en fûts de chêne. L'hôtel bénéficie d'une attention semblable avec chambres modernes et bien équipées, espaces verts, aire de jeux, etc. Le restaurant est du même tonneau. Mais vérifiez s'il est bien ouvert le soir, car après la visite (gratuite) des caves, vous allez avoir du mal à aller dîner ailleurs.

RESTORAN ČARDAK €

Nenavište bb
✆ +387 61 830 240
Tous les jours 7h-0h. Environ 25 km/personne. Parking à proximité.

Ce restaurant est installé dans la forteresse de Gradačac, directement dans la tour de la maison fortifiée du « Dragon de Bosnie », le héros national Husein-kapetan Gradaščević. Le quatrième étage étages offre de belles vues sur les environs et les spécialités traditionnelles servies ici sont plutôt correctes (viandes grillées, salades, soupes). Malgré un personnel parfois débordé, l'endroit reste très plaisant, ne serait-ce que pour un verre. L'établissement dispose en outre de quatre chambres au confort assez rudimentaire.

FOČA

Foča/Фоча (prononcez « fot-cha ») compte environ 12 000 habitants, dont 79 % de Bosno-Serbes et 20 % de Bosniaques. C'est le chef-lieu de la municipalité de Foča (18 000 habitants), en République serbe de Bosnie. La ville est située 24 km au nord-ouest du Monténégro (poste frontière de Hum-Šćepan Polje), 32 km au sud-ouest de Goražde, 72 km au sud-est de Sarajevo, 133 km au nord-est de Trebinje et 194 km au sud de Tuzla (*via* Sarajevo). Liaisons en bus : voir gare routière.

Ville sans charme, meurtrie par la guerre, Foča profite pourtant d'un emplacement de choix : bâtie sur la Drina et son affluent la Ćehotina (125 km de longueur), elle est dominée par les plus hauts sommets du pays, dont le point culminant, le mont Maglić (2 388 m d'altitude), situé 30 km au sud, à la frontière monténégrine. Abritant sur son territoire une partie de la forêt primaire du parc national de Sutjeska, Foča est surtout devenue la base arrière pour les agences bosniennes proposant des descentes en rafting depuis le Monténégro dans le grandiose canyon de la Tara. Quelques heures suffisent pour découvrir la ville elle-même, pas spécialement accueillante au demeurant. Si vous êtes là pour le rafting, préférez dormir à Hum, base de départ et d'arrivée des excursions sur la Tara. Ce hameau, très festif en été, est aussi l'unique poste frontière des environs pour le Monténégro. À ce titre, la région bénéficie d'importants investissements européens en matière d'infrastructures, puisqu'elle constitue un point de passage essentiel entre Sarajevo et Podgorica.

Histoire

Carrefour entre la Bosnie, l'Herzégovine et le Monténégro, la ville médiévale de Hotča fut une possession serbe, puis bosnienne avec les Kosača, fondateurs du duché d'Herzégovine. Place marchande liée à Raguse (l'actuelle Dubrovnik), elle devint capitale de la province ottomane d'Herzégovine de 1470 à 1572, date à laquelle le siège fut transféré à Pljevlja (Monténégro). Peu de vestiges subsistent de cette riche histoire, car Foča a subi deux traumatismes majeurs au XXe siècle. Au cours de la Seconde Guerre mondiale, les habitants bosno-serbes furent victimes des oustachis (nationalistes croates) et les tchetniks (nationalistes serbes) massacrèrent les habitants bosniaques. Puis, pendant la guerre de Bosnie-Herzégovine, les nationalistes bosno-serbes s'en prirent de nouveau aux Bosniaques, alors majoritaires : la plupart d'entre eux trouvèrent refuge au Monténégro, mais plus de 1 500 furent tués tandis qu'une centaine de femmes subirent des viols répétés. La grande charchia (quartier commercial et islamique ottoman), la prestigieuse médersa (école coranique) et les mosquées furent rasées. En 1994, la ville ainsi « ethniquement nettoyée » fut rebaptisée Srbinje/Србиње (« Aux Serbes »), mais ce changement fut invalidé par le Conseil constitutionnel du pays vingt ans plus tard. Depuis, quelques mosquées ont été reconstruites et environ 4 000 Bosniaques sont revenus s'installer. Mais Foča a perdu plus d'un tiers de ses habitants et dépend aujourd'hui économiquement de la ville « bosniaque » de Goražde.

MOSQUÉE ALADŽA ☪ ★

Meše Selimovića

✆ +387 62 07 61 54

Tous les jours 9h-22h (en théorie).

Tenue correcte exigée, se déchausser, se couvrir la tête pour les femmes.

Cette mosquée (Aladža Džamija/Алаџа Џамија) fut une des plus importantes du pays. Érigée en 1549, elle a été détruite par les nationalistes bosno-serbes en 1992 avec douze autres mosquées de Foča. L'édifice que l'on peut voir aujourd'hui en est une réplique fidèle. Il a été achevé en 2018 et ouvert au culte l'année suivante. La mosquée d'origine a été conçue par le notable local Hasan Nezir, élève et ami du plus grand architecte ottoman, Mimar Sinan (1490-1588). Surnommée la « perle de Bosnie », elle a influencé de nombreux édifices, telle la mosquée Ali Pacha de Sarajevo (1560). Formant presque un carré au sol (11,22 m sur 11,30), le bâtiment correspond au plan ottoman classique : grand dôme recouvert de cuivre (11 m de diamètre,19,85 m de hauteur), porche doté de trois petites coupoles et flanqué d'un minaret (36 m de hauteur). Elle se distingue par son riche décor qui lui valut le nom de « colorée » (*alaca* en turc) : ornementations végétales, rosette en forme de fleur, somptueuses calligraphies. Quant au mihrab (niche indiquant La Mecque), au minbar (chaire utilisée pour le sermon) et au mahfili (mezzanine réservée au muezzin), finement sculptés et peints, ils sont considérés par certains historiens de l'art comme les plus beaux des Balkans. À l'entrée sont disposés des éléments provenant du bâtiment original. D'autres, plus précieux, sont conservés au Musée national, à Sarajevo. Enfin, dans la cour ont été reproduits le chadirvan (fontaine pour les ablutions rituelles) et le türbe (mausolée) où reposait Hasan Nezir.

MUSÉE DE LA VIEILLE HERZÉGOVINE

Kralja Petra I 20
✆ +387 58 21 11 35
muzejfoca.com
Lundi-vendredi 7h-15h. Gratuit.
Visite guidée sur rendez-vous.

Installé dans un ancien bâtiment austro-hongrois de 1906, ce musée municipal (Muzej Stare Hercegovine/Музеј Старе Херцеговине) s'intéresse à l'histoire de Foča depuis la préhistoire. S'il est plutôt intéressant, il passe sous silence les atrocités subies par les Bosniaques en 1943 et 1992. Il fut fondé en 1956 en tant que « musée de la Guerre de libération nationale » (1941-1945) et abrite toujours une collection d'armes et de documents sur la bataille de Sutjeska (mai-juin 1943).

NÉCROPOLE MÉDIÉVALE DE CRKVINA ★

R457
www.stecciwh.org
Accès libre.

Ce site (Nekropola Crkvina/Некропола Црквина) est caché dans une forêt à 948 m d'altitude près du Monténégro. Il fait partie des 22 nécropoles médiévales du pays classées au Patrimoine mondial de l'Unesco en 2016 avec six autres en Serbie, en Croatie et au Monténégro. Particulièrement précieux, il abrite 211 sépultures, dont trois tombes antiques décorées, un autel romain, deux tombes du Haut Moyen Âge et 207 stećci, tombes des XIIe-XVe siècles typiques de la région associées au mouvement chrétien des bogomiles et/ou à l'Eglise bosnienne. Parmi ces stećci, 19 possèdent des ornementations : personnages humains, animaux, épées, couteaux, rosettes, croissants de lune, etc. Pour faire apparaître ces motifs, retirez la mousse qui les recouvre en frottant à l'aide d'un bâton en bois. Le nom du site, Crkvina (« petite église »), pourrait être lié à la présence d'un ancien lieu de culte chrétien. Mais aucune ruine de ce genre n'a encore été mise au jour ici. La nécropole est aussi connue sous le nom de Mramor (« marbre ») et a été utilisée comme lieu de sépulture jusque dans les années 1930. La découverte dans les environs de peintures rupestres, d'objets funéraires et de plusieurs tumulus indique une présence humaine continue depuis le néolithique. Durant toute l'Antiquité, la vallée de la Ćehotina, de Pljevlja (nord-ouest du Monténégro) à Foča, fut un territoire de la tribu des Pyrustes, peuple illyrien allié aux Romains et réputé pour ses mineurs.

GARE ROUTIÈRE DE FOČA

Cara Dušana bb
✆ +387 58 21 18 05
autobuskafoca.com
Trajet Foča-Istočno Sarajevo : durée 1h45, tarif 9 km – Foča-Trebinje : durée 3h10, tarif 22 km.

Cette gare routière (Autobuska Stanica Foča/Аутобуска Станица Фоча) mériterait un coup de neuf : des guichets souvent fermés l'après-midi, une salle d'attente sans chauffage ni clim, un petit café crasseux et pas toujours de taxis. Liaisons en bus avec Istočno Sarajevo (8/jour), Pale (4/jour), Goražde (4/jour), Tjentište, Gacko, Bileća et Trebinje (4/jour), Sarajevo (2/jour), Višegrad et Bijeljina (2/jour), Banja Luka (1/jour) et Zvornik (1/jour). Pour la Serbie : 2/jour avec Belgrade, 1/jour avec Novi Sad. Pour le Monténégro : 4/jour avec Podgorica.

MOTEL BAVARIA €

M20
✆ +387 65 54 53 08
7 chambres. 22/42 € pour deux avec petit déjeuner. Restaurant : environ 15 km/personne. Parking gratuit.

Cette auberge propose des chambres simples mais très confortables, au charme rural et d'une propreté irréprochable. L'établissement ouvert toute l'année est tenu avec un grand professionnalisme par Gaby, la patronne bavaroise, et son mari bosno-serbe. Posé dans un cadre bucolique en bord de Drina, leur restaurant est réputé. On peut y déguster du poisson frais et, sur commande préalable, un sympathique et croustillant cochon de lait à la broche. L'été, les tables sont dressées dans l'herbe et le restaurant se transforme en *biergarten* les pieds dans l'eau.

KONOBA ZLATNA DUNJA €

Njegoševa 1
✆ +387 58 21 02 70
Tous les jours 8h-23h. Menu du jour 5 km (plat et salade), menu complet 12/20 km.

Placée au bord de la Ćehotina, « l'auberge de Dunja la dorée » est assez charmante avec sa grande salle de bois et de briques aux plafonds bas. On y sert de solides petits déjeuners (œufs, saucisses, poulet...) et des spécialités nationales roboratives telles le *mućkalica* (ragoût au paprika), le burek *ispod sača* (« cuit sous la cloche ») ou le goulasch bosnien, mais aussi quantité de grillades et plats balkaniques comme le *pasulj sa kobasicom* (sorte de cassoulet). Le soir, le niveau sonore peut rapidement monter très haut en cas de fête ou de concert.

CANYON DE LA TARA ★★★

Le canyon de la Tara (Kanjon Rijeke Tare/ Кањон Реке Таре) s'étend sur 82 km de longueur depuis le Monténégro avant de rejoindre la Piva pour former la Drina en Bosnie-Herzégovine. À cette confluence se font face les hameaux de Hum/Хум (municipalité de Foča) et de Šćepan Polje (Monténégro). Ceux-ci abritent les bases d'arrivée des excursions en rafting et un poste-frontière. Hum (prononcez « choum ») compte environ 15 habitants et se trouve 24 km au sud-est de Foča et 73 km au nord-ouest de Žabljak (Monténégro). Les agences bosniennes de rafting effectuent la navette entre le Žabljak, Hum et Foča pendant toute la saison (mai-octobre).

Si vous êtes amateur de beaux paysages, mais pas de sensations fortes, vous allez peut-être quand même vous laisser embarquer sur un radeau pneumatique pour une excursion sur la Tara. Et pour cause, les gorges de la Tara, c'est le « Colorado européen » : le deuxième canyon le plus profond au monde. Atteignant 1 300 m au-dessus de l'eau, les parois enserrent la rivière parfois presque à pic. La nature est partout, sauvage. Ce pur joyau monténégrin demeure presque inconnu. Le canyon fait pourtant partie du parc national de Durmitor qui fut l'un des premiers sites naturels inscrits au patrimoine mondial de l'Unesco, en 1982. Seuls les fondus de rafting et de sensations fortes feront un peu la fine bouche. Car la Tara est ici relativement sage, surtout en été quand les eaux se calment. Voilà qui laisse aux petites familles et aux grands frileux le loisir de profiter du spectacle.

Pratique

Le point de départ des excursions en rafting dans le canyon de la Tara vers la Bosnie-Herzégovine est situé au Monténégro : le parc national du Durmitor (Nacionalni Park Durmitor/Национален Парк Дурмитор) s'étend sur 321 km^2 et concentre une richesse incroyable : 48 sommets à plus de 2 000 m d'altitude, 18 glaciers, des lacs, des grottes, des rivières souterraines et deux autres canyons en plus de celui de la Tara. Inscrit au patrimoine mondial de l'Unesco en 1982, le site abrite 1 600 espèces végétales dont 15 % sont endémiques, des pins noirs âgés de quatre cents ans, quantité de tritons, lézards, grenouilles et insectes, 163 espèces d'oiseaux (aigle royal, percnoptère d'Egypte, grand tétras...), mais aussi des ours, des loups, des chamois... Hélas, depuis quelques années, le Monténégro surexploite ce trésor. La petite station de ski de Savin Kuk est devenue le premier domaine skiable du pays (4,7 km de pistes). Le village de Žabljak (2 000 habitants) arrive quant à lui à saturation, surtout en été, puisqu'il sert de base de départ à toutes sortes d'excursions (rando, rafting...). L'État a aussi laissé se propager les armes issues du conflit yougoslave, si bien que les braconniers ont décimé les troupeaux de chamois à coup de kalachnikov. Depuis 2019, l'Unesco menace de retirer le parc de la liste du patrimoine mondial.

✆ +382 52 36 02 28 - nparkovi.me - npdurmitor@nparkovi.me

Centre d'accueil : tous les jours 9h-17h. Accès au parc : 3 €. Situé à Žabljak, près du lac Noir (Crno Jezero), 73 km au sud-est de Hum par la route. 43.154979, 19.104746.

DIVLJA RIJEKA

M18

✆ +387 65 22 98 19

divljarijeka.com

Rafting de 45 €/journée à 186 €/3 jours. Hébergement : 40 bungalows.

Très professionnelle, l'agence Rivière sauvage dispose du camp le mieux placé, tout près de la confluence de la Piva et de la Tara, là où naît la Drina. Le tout agrémenté de jolis chalets en pierre et en bois. L'offre rafting est moins étendue que chez les concurrents, mais un peu plus personnalisée, comme cette excursion de deux jours pour les familles qui panache randonnée, rafting et 4 x 4. On retrouve aussi l'esprit bivouac avec une expédition de trois jours au départ du pont Đurđevića-Tara. Pas de surprise niveau tarifs et bonne cuisine.

RAFTING CENTER DRINA TARA

M18 ✆ +387 65 90 61 88

www.raftingtara.com

Rafting de 45 €/journée à 230 €/4 jours tout compris. Hébergement : 100 bungalows (avec salle de bains privée + 10 €).

Cette agence réputée propose des sorties rafting classiques à la journée au départ de Brštanovica. L'offre monte en gamme avec quatre jours au départ de Splavište, le point le plus extrême dans le parc national de Durmitor, et nuit à Radovan Luka. Autres activités : canyoning dans le parc national de Sutjeska, quad, rando... Aussi des activités mixtes : rafting et quad, rafting et 4 × 4, etc. Tarifs tout compris sauf boissons mais avec transfert de/vers Foča, menus soignés, bon Wifi.

DESCENTE DE LA TARA EN RAFTING ★★★

De 15 à 100 km sur la Tara au départ du Monténégro. Transport en minibus depuis Hum ou Bastasi, en Bosnie-Herzégovine.

Mai-octobre. 45/300 € par personne selon le parcours et l'agence choisis. Pièce d'identité indispensable.

À moins de venir survoler la région en hélicoptère, le rafting constitue l'unique moyen de découvrir le magnifique canyon de la Tara, le plus long et plus profond d'Europe. Ces gorges creusées dans le calcaire s'étirent sur 82 km au Monténégro avec les trente derniers kilomètres formant une frontière naturelle avec la Bosnie-Herzégovine. Encore pratiquement vierge, le canyon a valu au parc national monténégrin de Durmitor d'être inscrit au patrimoine mondial de l'Unesco en 1982. Pour descendre le canyon dans sa totalité, il faut prévoir de trois à quatre jours et un budget d'environ 250 € par personne, mais celui-ci comprend les repas, l'hébergement ainsi qu'une partie des transferts en minibus.

Ce qu'il faut savoir

La Tara. S'étirant sur 149 km, cette rivière est la plus longue du Monténégro. Elle naît au sud-est du pays, près de l'Albanie, à 1 100 m d'altitude, de la rencontre de l'Opasanica et de la Veruša, dans le massif du Žijevo qui culmine à plus de 2 000 m. Elle est navigable en kayak sur presque toute sa longueur. Mais c'est la deuxième partie de son parcours qui est la plus prisée. Sur ses 82 derniers kilomètres, la Tara a creusé des gorges calcaires qui constituent le plus long et plus profond canyon d'Europe avec des parois s'élevant jusqu'à 1 300 m de hauteur. C'est bien moins que le Grand Canyon, aux États-Unis, qui s'étend sur 450 km avec une profondeur atteignant 1 800 m. Mais c'est un peu plus que le canyon de la Drina *(voir région de la Haute-Drina)*, le deuxième plus profond d'Europe, et nettement plus encore que les gorges de Vikos, en Grèce (20 km et 500 m de profondeur), et celles du Verdon, en France (25 km et 700 m de profondeur). L'ensemble du canyon de la Tara fait partie du parc national monténégrin de Durmitor et les trente derniers kilomètres forment une frontière naturelle avec la Bosnie-Herzégovine. La rivière s'achève à Hum, à la confluence de la Piva (120 km de longueur), venant, elle aussi, du Monténégro, pour donner naissance à la Drina (346 km) qui va ensuite rejoindre la Save, un affluent du Danube. Très peu soumise aux activités humaines et encore bien préservée, la Tara constitue avec la Drina un refuge pour de nombreuses espèces menacées tel le saumon du Danube (*Hucho hucho*). Mais comme de nombreuses rivières des Balkans, la Tara pourrait un jour être transformée avec l'installation de barrages. Depuis 2005, plusieurs projets d'aménagement ont déjà été annoncés.

Rafting. Si la Tara a accueilli les championnats du monde de rafting en 2009 (avec la Vbras, à Banja Luka), elle ne présente pas de grande difficulté pour des débutants accompagnés d'un bon skipper. Dans le canyon, les rapides les plus techniques sont de classe III ou IV sur une échelle comprenant six niveaux. Il faut aussi préciser que le débit est plus faible de juin à octobre. Une trentaine d'agences bosniennes et monténégrines proposent des descentes en rafting du canyon de la Tara, soit en totalité, sur 82 km à partir du Monténégro, depuis le pont Đurđevića-Tara (ou un peu plus en amont), soit sur le dernier tronçon de 15 km, depuis le camp de Brštanovica situé sur la rive bosnienne de la Tara. C'est cette dernière partie, à la frontière entre les deux pays, de Brštanovica à Hum, qui est la plus riche en rapides. Pour un parcours complet du canyon, deux journées bien remplies avec une nuit d'étape à Radovan Luka, au Monténégro, sont nécessaires.

Descente de la Tara en Rafting.

Descente de la Tara en Rafting.

Mais la plupart des agences bosniennes affichent un programme sur quatre journées : un après-midi en plus, la veille du départ, pour se préparer et faire connaissance, puis une matinée en plus, le lendemain de l'arrivée, pour se reposer. Par ailleurs, certaines agences monténégrines proposent aussi un parcours de 120 km de longueur sur la Tara au départ de Kolašin (68 km au sud-est du pont Đurđevića-Tara).

Formalités. L'encadrement des excursions se fait en anglais avec des groupes d'environ huit passagers-pagayeurs par embarcation. Avant de vous lancer, n'hésitez pas à demander si votre skipper possède bien l'autorisation nécessaire pour accompagner un groupe en rafting. Par exemple, une licence de moniteur de canoë-kayak est reconnue par la Fédération internationale de rafting. Vérifiez aussi ce que comprend le tarif de votre excursion. Sont toujours inclus le prêt du matériel (casque, combinaison) ainsi que les frais de nourriture, d'hébergement et de transport jusqu'au point de départ de l'excursion. La plupart des agences intègrent aussi une assurance (5 €) ainsi que les taxes de séjour dans le parc national de Durmitor (45 € pour y dormir). Mais rares sont celles qui offrent la navette gratuite pour Foča : c'est un supplément. Moyennant finance aussi, il est possible d'être pris en charge depuis Sarajevo ou d'autres villes. Enfin, prenez bien avec vous une pièce d'identité : elle est indispensable pour pénétrer au Monténégro puis revenir en Bosnie-Herzégovine. Des contrôles ont lieu à l'arrivée, au poste-frontière de Hum-Šćepan Polje situé à la confluence de la Piva et de la Tara.

Le parcours complet

Splavište. Les plus longues excursions proposées par les agences bosniennes partent de Splavište, au Monténégro, 100 km en amont de Hum. De la frontière, il faut environ 4h pour y parvenir en minibus. Une fois à l'eau, les embarcations passent le long de la grande cascade de la Ljutica (35 m de hauteur) et du village de Šljivansko, autre point de départ possible.

Pont Đurđevića-Tara. C'est l'une des grandes attractions du parcours et le principal point de départ des excursions. Cet ouvrage d'art reliant le village touristique de Žabljak au reste du Monténégro, marque l'entrée du canyon et du parc national de Durmitor. Construit en 1940, il s'étire sur 365 m de longueur et ses cinq arches s'élèvent à 170 m de hauteur.

Nisovo Vrelo. Après le pont Đurđevića-Tara, la Tara longe le monastère de l'Archange-Michel (XVe siècle), une ancienne voie romaine, puis les chutes d'eau de Funjički Bukovi et de Bijele Ploče, avant d'arriver à Nisovo Vrelo, la zone la plus encaissée du canyon avec des parois abruptes s'élevant à 1 100 m de hauteur et des rapides de classe III et IV. Les paysages sont magnifiques avec le mont Ćurevac qui domine à 1 650 m d'altitude.

Radovan Luka. Après la chute d'eau de la Draga, la première journée prend fin au gros chalet en bois de Radovan Luka. La plupart des équipages se retrouvent là comme dans un refuge de montagne avec au programme barbecue, rakija et extinction des feux à 22h, quand s'arrêtent les groupes électrogènes.

Tepački Bukovi. La journée du lendemain comprend un parcours de 35 km jusqu'à Hum. Après 4 km et un frêle pont de bois, le relief apaisé se durcit au lieu-dit Tepački Bukovi (« tapis de hêtres ») : si les parois sont relativement évasées, elles s'élèvent à 1 300 m au-dessus de l'eau. Quelques kilomètres plus loin, sur la droite, commence la Bosnie-Herzégovine, tandis que le Monténégro occupe la rive gauche.

Canyon de la Sušica. Devenue binationale, la Tara reçoit les eaux de la Sušica qui a, elle aussi, creusé son propre canyon. Un lieu magnifique où certaines agences proposent de faire du canyoning. S'ensuivent la cascade de Bailovića Sige (20 m de hauteur) et l'entrée de la grotte de Đalovića, l'une des plus longues des Balkans, qui s'enfonce 17 km sous la terre.

Brštanovica. Peu après le pont suspendu de Popova Lučica, se trouve le camp de Brštanovica : c'est d'ici que partent les mini-excursions « à la journée » qui durent de 3 à 4h. Il reste encore 15 km à parcourir jusqu'à Hum avec une succession de rapides de classe IV créés par de petits affluents de la Tara : l'Urva, la Ljutnica, la Šipčanica…

Hum. La Piva et le pont routier du poste-frontière de Hum-Šćepan Polje sont en vue. Pour ceux dont le camp de base se situe à Bastasi, il faudra poursuivre sur la Drina sur encore 5 km. Certaines agences proposent aussi de pousser jusqu'à Foča et Goražde ou, encore, d'explorer la Piva. Mais pour la plupart des clients partis de Brštanovica ou de Splavište commence une longue soirée de fiesta au bord du confluent de la Piva et de la Drina : ambiance familiale ou alcool à gogo, cela fait en tout cas partie du concept « rafting sur la Tara ».

PARC NATIONAL DE SUTJESKA ★★★

Le parc national de Sutjeska s'étend sur 17 km² sur les municipalités de Foča et de Gacko, en République serbe de Bosnie. À l'entrée nord, au bord de la route M20, le village de Tjentište/Тјентиште compte environ 80 habitants. Il est situé 27 km au sud de Foča et 34 km au nord-est de Gacko. Liaisons en bus avec Foča et Gacko. C'est le plus grand et le plus ancien parc national bosnien. Le parc est composé aux deux tiers de forêts jusqu'à 1 600 m d'altitude, essentiellement des conifères. On recense 2 600 espèces végétales, dont certaines rares et/ou endémiques, et 300 espèces d'oiseaux, dont l'aigle royal, des tétras et la perdrix bartavelle. C'est aussi l'endroit du pays avec la plus forte concentration d'ours et de loups.

FORÊT PRIMAIRE DE PERUĆICA ★★★

Prašuma Perućica

De mi-avril à fin octobre. Visite seulement avec guide : 3h30 de marche, 196 km/personne (4 personnes au minimum).

Cette forêt (Prašuma Perućica/Прашума Перућица) s'étend sur 1 434 ha. Âgée d'environ 20 000 ans, c'est l'une des dernières forêts d'Europe à n'avoir jamais été influencée par l'action de l'homme. Protégée depuis 1952 et inscrite sur la liste indicative de l'Unesco en vue d'un classement au patrimoine mondial depuis 2017, elle est complètement préservée. Située à la frontière du Monténégro, sous les monts Maglić et Volujak, elle abrite des arbres de plus de 300 ans, des hêtres dépassant les 50 m de hauteur et la chute de Skakavac, haute de 75 m. La faune est très riche avec des lynx, des loups, des ours et la présence de neuf espèces de picadés, oiseaux qui dépendent des arbres vieux ou morts pour se nourrir et nidifier. L'accès à la forêt est strictement encadré et le nombre de visiteurs est limité. Aussi, pensez à réserver votre excursion bien à l'avance auprès du centre d'information du parc national.

Randonnée : de Dragoš Sedlo à Suha. Vous pouvez prendre rendez-vous directement avec les guides du parc national à Tjentište ou opter pour l'une des offres proposées par les agences de rafting de la Tara. La randonnée n'est pas difficile. Elle nécessite quand même une bonne condition physique et des chaussures adaptées. Un petit repas est fourni, mais prenez de l'eau et de quoi vous protéger de la pluie.

MONUMENT DE LA BATAILLE DE SUTJESKA ★★★

Tjentište spomenik

Monument principal : accès libre.
Maison-mémorial : tous les jours 8h-16h, 5 km.
Visite guidée de l'ensemble : 50 km.

Installé à mi-pente dans la vallée de la Sutjeska, ce monument (Spomenik Bitke na Sutjesci/Споменик Бици на Сутјесци) est l'une des œuvres les plus fortes de la Yougoslavie socialiste. De style moderniste, il rend hommage aux partisans tombés en 1943 lors d'une des grandes « retraites victorieuses » de Tito. Aussi appelé « monument de Tjentište » (Tjentište Spomenik), l'œuvre est très impressionnante et bénéficie d'un cadre magnifique. Elle fait partie du complexe mémorial de la « Vallée des héros » composé de quatre-vingts installations à travers le parc national.

Monument principal. Il a été érigé de 1969 à 1971 sous la direction du sculpteur serbe Miodrag Živković (1928-2020). La structure en béton armé mesure 19 m de hauteur pour 25 m de largeur. Installée sur un terre-plein en haut de deux escaliers semi-circulaires, elle est constituée de deux grandes « ailes » aux contours anguleux. Pour son concepteur, ces ailes représentent à la fois la percée et la victoire des partisans à l'issue de la bataille : ils parvinrent à briser l'encerclement en passant entre les lignes ennemies, figurées par les deux ailes, qui sont aussi une évocation de la victoire, traditionnellement représentée sous les traits d'une femme ailée dans la Grèce antique. Les formes anguleuses à l'intérieur des ailes figurent des partisans qui par leur sacrifice ont rendu la percée possible. Important lieu de célébrations jusqu'en 1991, le monument a été la cible de soldats bosno-serbes durant la dernière guerre. Il a bien résisté aux explosifs et a été restauré en 2017.

Vallée des Héros (Dolina Heroja). Dans un rayon de 10 km autour du monument principal, dans des endroits marqués par les combats et accessibles seulement à pied, sont installés 79 petits monuments rendant hommage aux partisans. On trouve ainsi une plaque à l'endroit où est tombé Nurija Pozderac, bras droit de Tito, à Dragoš Sedlo, dans la forêt primaire de la Perućica, ou encore, le *Monument de la 2e brigade dalmate*, sur un plateau à 1 400 m d'altitude *(GPS : 43.3215, 18.6331)*.

Maison-mémorial (Spomen Kuća). Située en contrebas du monument principal, cette bâtisse de béton armé aux toitures pointues est due à l'architecte serbo-monténégrin Ratko Radović (1935-2005). Achevée en 1975, elle a nécessité cinq ans de travaux. L'intérieur est décoré d'un cycle de fresques macabres du peintre croate Krsto Hegedušić (1901-1975). Plus bas, un musée retrace les différentes phases de la bataille.

GORAŽDE

Goražde/Горажде (prononcez « gorage-dé ») compte environ 11 000 habitants, dont 94 % de Bosniaques. C'est le chef-lieu de la municipalité de Goražde (20 000 habitants) et du canton du Podrinje bosnien (23 000 habitants), en Fédération de Bosnie-et-Herzégovine. La ville se trouve 32 km au nord-ouest du Monténégro (poste-frontière de Metaljka), 33 km au nord-est de Foča, 39 km au sud-ouest de Višegrad, 76 km au sud-est de Sarajevo (*via* Pale) et 151 km au sud-ouest de Srebrenica. Liaisons en bus : voir gare routière.

Enclave bosniaque dans une région désormais majoritairement bosno-serbe, cette petite cité industrielle présente peu d'intérêt, si ce n'est son emplacement sur un large et beau méandre de la Drina. La ville porte toujours les séquelles de la guerre. Outre les nombreux immeubles criblés d'impacts de balles et d'obus, Goražde est une ville isolée. Depuis 1995, elle est rattachée par un corridor à la Fédération de Bosnie-et-Herzégovine. Elle est pourtant devenue le second poumon économique de la Bosnie orientale, derrière Tuzla, attirant chaque jour des centaines d'ouvriers bosno-serbes de Foča et de Višegrad. Relativement prospère, la ville est connue des fans de BD grâce à l'album *Safe Area Goražde* (2000) du dessinateur et journaliste maltais Joe Sacco. Publiée en français sous le titre *Goražde : la guerre en Bosnie orientale, 1993-1995*, cette œuvre majeure constitue un modèle dans le genre « reportage en bande dessinée ». C'est l'un des ouvrages qui retranscrit le mieux l'horreur et la complexité du conflit en Bosnie-Herzégovine.

Histoire

Place fortifiée serbe au Moyen Âge, la ville s'est largement développée durant la période ottomane. Mais elle a hélas perdu l'essentiel de son patrimoine au cours du XXe siècle. Durant la Seconde Guerre mondiale, elle est au cœur d'âpres combats entre les partisans et les tchetniks (nationalistes serbes), ces derniers massacrant une partie de la population croate et bosniaque. Goražde est ensuite prise et perdue trois fois par les troupes de Tito. À sa libération, le 6 mars 1945, la ville est en ruine. Durant la période socialiste, la reconstruction et sa transformation en pôle industriel (agroalimentaire, textile, munitions) n'arrange pas vraiment les choses au point de vue architectural. Au début de la guerre de 1992-1995, la ville compte 60 % de Bosniaques, mais considérée comme « historiquement serbe », elle devient l'une des principales cibles de l'armée de Ratko Mladić. Assiégée, elle est placée sous protection internationale à partir de 1993, faisant partie des trois « espaces de sûreté » créés par l'ONU avec Srebrenica et Žepa. Cela n'empêche pas les troupes bosno-serbes de lancer une grande offensive du 30 mars au 23 avril 1994. Celles-ci prennent en otage 350 casques bleus et obtiennent un retrait quasi complet de l'ONU. Grâce à un détachement de casques bleus britanniques resté sur place qui bloque l'entrée principale, l'armée bosnienne parvient à repousser les assauts. Mais le bilan est lourd : environ 700 morts et 2 000 blessés parmi les civils et les défenseurs.

ÉGLISE SAINT-GEORGES DE SOPOTNICA ✝ ★

M20

✆ +387 58 43 02 15

obnovasopotnice.wordpress.com

Visite possible en journée ou sur rendez-vous. Tenue correcte exigée.

Fondée en 1454 par la famille noble bosnienne des Kosača, cette église orthodoxe serbe (Crkva Svetog Đorđa u Sopotnici/Црква Светог Ђорђа у Сопотници) ne présente pas un intérêt architectural majeur. Mais elle occupe une place importante dans l'histoire de la Bosnie-Herzégovine et du peuple serbe. Elle a été profondément modifiée au cours des siècles, avec par exemple l'ajout du clocher en 1894. Incendiée durant le siège de 1992-1995, l'édifice a été restauré en 2002 et se trouve aujourd'hui en territoire de la République serbe de Bosnie, sur la commune d'Ustiprača (municipalité de Novo Goražde), à 400 m de la Fédération de Bosnie-et-Herzégovine et de la municipalité de Goražde. L'église accueillit en 1519 la deuxième imprimerie en langue serbe au monde, après l'atelier de Makarijeva, au Monténégro. Alors que Goražde était déjà sous domination ottomane depuis 1481, l'imprimerie publia trois livres religieux en vieux-slave liturgique, dont un psautier, en 1521, dont les copies circulèrent à travers tout le monde slave. L'atelier fut relocalisé en Roumanie en 1544. Et il fallut attendre le XIXe siècle pour qu'une imprimerie soit de nouveau créée en Bosnie-Herzégovine. Mais l'édition du « Psautier de Goražde » est restée comme l'un des meilleurs exemples du savoir-faire des premiers imprimeurs serbes. Seuls dix exemplaires non complets de ce précieux livre sont aujourd'hui connus, dont quatre en Serbie, deux en Ukraine, deux en Croatie, un en Russie et un en République tchèque.

FORTERESSE DE SAMOBOR

Hladila

Accès libre, mais chemin difficile.

Les ruines de cette forteresse médiévale (Stari Grad Samobor/Стари град Самобор) sont impressionnantes : elles se dressent à 720 m d'altitude dans le massif de la Borovska (1 387 m) et au-dessus du canyon de la Janjina, rivière qui se jette dans la Drina 1 km plus loin. Un sentier abrupt permet d'atteindre une partie des vestiges. Mais la tour principale (11 m de hauteur), bâtie sur un éperon rocheux, est inaccessible. La forteresse fut érigée à la fin du XIVe siècle par la famille noble bosnienne des Kosača et resta occupée par les Ottomans jusqu'en 1832.

MOSQUÉE KAYSERI

Ibrahima Čelika ✆ +387 38 22 41 14

medzlisgorazde.ba

Visite possible en journée. Tenue correcte exigée, se déchausser, se couvrir la tête pour les femmes.

© AMER SILAJDZIC/SHUTTERSTOCK.COM

Encadrée par deux minarets de 43,5 m de hauteur, cette mosquée (Kajserija Džamija) est la plus grande de Bosnie orientale. Achevée en 2009, elle doit son nom à la ville turque de Kayseri, en Cappadoce, dont la communauté islamique a cofinancé la construction. De style pseudo-ottoman, elle a été érigée à l'emplacement d'une ancienne mosquée détruite dans les années 1960. Sur l'autre rive de la Drina se dresse la petite mosquée Sinan-Pacha-Sijerčić datant de 1859. Très endommagée lors du siège, en 1993, elle a été rénovée grâce à l'aide de l'Arabie saoudite.

NÉCROPOLES MÉDIÉVALES DES ENVIRONS DE GORAŽDE ★

Au nord et à l'ouest de Goražde.

www.stecciwh.org

Accès libre.

La région compte de nombreux *stećci*, tombes des XIIe-XVe siècles liées au mouvement chrétien bogomile et/ou à l'Église bosnienne. Les deux sites suivants font partie des vingt-deux nécropoles médiévales du pays classées au Patrimoine mondial de l'Unesco en 2016 avec six autres en Serbie, en Croatie et au Monténégro.

- **Nécropole de Kučarin** (Nekropola Kučarin) – *39 km à l'ouest de Goražde par la R448, puis par un chemin carrossable, au lieu-dit Gorsic Polje, peu avant le village de Žilići (municipalité de Goražde). GPS : 43.683603, 18.759312.* Situé dans une épaisse forêt de hêtres, au confluent de deux petits affluents de la Drina (la Parovska et l'Osanica), le site compte 325 *stećci* éparpillés sous les arbres. Seules quatre tombes sont ornées de bas-reliefs (un cerf, des motifs géométriques). Mais l'une d'elles porte une rare inscription en alphabet bosančica (cyrillique) indiquant qu'ici repose un certain Njegoš Vidojević.
- **Nécropole de Borak** (Nekropola Borak/Некропола Борак) – *46 km au nord de Goražde par les routes M5 et M19.3 en direction de Sarajevo* via *Rogatica, à côté du village de Burati/Бурати), en République serbe de Bosnie. GPS : 43.837614, 18.884349.* Cachée dans une chênaie, la nécropole abrite 212 *stećci*, dont cinq ornés de bas-reliefs : croissants de lune, rosettes, épée, chien, cerf, ours et personnages humains. Pour faire apparaître ces motifs, retirez la mousse en frottant à l'aide d'un bâton en bois ou d'un objet pas trop dur afin de ne pas endommager les pierres.

GARE ROUTIÈRE DE GORAŽDE

Ruždije Islamagića 15

✆ +387 38 22 11 57

www.facebook.com/centroprevoz.ba

Trajet Goražde-Sarajevo : durée 2h10, tarif 16 km ; Goražde-Višegrad : 50 min, 8 km.

Cette gare routière (Autobuska Stanica Goražde) est assez rudimentaire avec des guichets, un café, une salle d'attente, des toilettes, une station de taxi et un parking gratuit. Mais l'on trouve juste à côté le centre commercial Bingo avec un café-restaurant. Liaisons en bus avec Višegrad (7/jour), Foča (4/jour), Sarajevo (3/jour), Istočno Sarajevo (2/jour), Gacko et Bileća (2/jour), Mostar (1/jour), Trebinje (1/jour) et Međugorje (1/jour). Il existe aussi des liaisons quotidiennes avec la Serbie (Belgrade, Novi Sad…) et le Monténégro (Pljevlja).

BOSNIE ORIENTALE

HOTEL BEHAR €€

Trg Branilaca
✆ +387 38 22 79 97
www.behar.co.ba
24 chambres. 64 € pour deux avec petit déjeuner. Restaurant : environ 20 km/personne. Parking gratuit sur réservation.

Ouvert en 2006, cet hôtel dispose d'une piscine intérieure, d'un restaurant et d'une agréable terrasse le long de la Drina. Chambres avec vue sur la rivière, salles de bains modernes, clim et Wifi. Les propriétaires parlent parfaitement français est sont fiers d'avoir reçus ici Angelina Jolie et Brad Pitt en 2011. Moins glamour, mais moins cher, l'hôtel Casablanca (+387 61 19 21 02) offre aussi de bonnes prestations, mais sans la piscine et à l'écart du centre : 7 km au sud de Goražde, le long de la M20 et près d'une inscription géante en l'honneur de Tito.

BOSANKA €

Trg Branilaca
✆ +387 61 57 30 22
Tous les jours 6h-23h. Environ 15 km/personne.

Si vous ne faites que passer, voici l'adresse qu'il vous faut pour calmer votre faim et profiter de ce que Goražde a de mieux à offrir : une terrasse sur la Drina. Au menu : *ćevapi*, saucisses, brochettes, salades, mais aussi épigramme d'agneau, copieux et bien tendre, et pain maison, cuit au feu de bois. Pour en profiter, il suffit de vous garer sur le parking situé juste à côté ou, si vous arrivez en bus, de traverser la rivière par la passerelle nommée en l'honneur d'Alija Izetbegović (1925-2003), premier président de la Bosnie-Herzégovine indépendante.

PANSION SOMUN €

Kulina Bana 17
✆ +387 38 94 19 91
5 chambres. 24/27 € pour deux avec petit déjeuner. Restaurant : tous les jours 7h-20h, environ 15 km/personne.

Une institution depuis 1983. On recommande pour le restaurant, vieillot mais agréable avec sa terrasse sous la tonnelle. Vaste choix de spécialités bosno-balkaniques comme la *teleća kremenadla* (côte de veau marinée et fondante), les *uštipci* (beignets) à la farine de sarrasin servis avec jambon, saucisse et crème, les *teleći ražnjići* (brochettes de veau) ou les *pureći odrezak* (filets de dinde frits), sans oublier poissons, pâtes et pizzas. Quant aux chambres, à vous de voir, mais c'est pas le luxe : salle de bains commune, ménage aléatoire et literie hors d'âge.

VIŠEGRAD

Višegrad/Вишеград (prononcez « vichégrad ») compte environ 5 500 habitants, dont 88 % de Bosno-Serbes. C'est le chef-lieu de la municipalité de Višegrad (10 000 habitants), en République serbe de Bosnie. La ville se trouve 20 km à l'ouest de la Serbie (poste-frontière de Vardište), 39 km au nord-est de Goražde et 133 km au sud de Srebrenica. Liaisons en bus : voir gare routière.

Višegrad est célèbre pour son pont Mehmed-Pacha-Sokolović. Classé au patrimoine mondial de l'Unesco depuis 2007, cet ouvrage d'art inspira à Ivo Andrić *Le Pont sur la Drina* (1945), chef-d'œuvre de la littérature yougoslave. Oui, mais voilà, Višegrad est aussi la ville la plus complexe à visiter de Bosnie-Herzégovine. Ici, les autorités locales cherchent à attirer les touristes en faisant tout ce qu'elles peuvent pour dissimuler un effroyable passé récent, à savoir *« l'une des campagnes de nettoyage ethnique les plus complètes et les plus impitoyables du conflit bosnien »*, selon le Tribunal pénal international pour l'ex-Yougoslavie. Autrefois multiculturelle, la municipalité de Višegrad comptait 63 % de Bosniaques et 32 % de Bosno-Serbes en 1991. Dès l'année suivante, les habitants bosniaques furent systématiquement chassés ou massacrés. Višegrad est aujourd'hui devenue la vitrine du nationalisme serbe avec ses rues et ses monuments à la gloire des criminels de guerre ainsi qu'un étrange complexe touristique dédié à Ivo Andrić. Celui-ci a été créé par le cinéaste franco-serbe Emir Kusturica sur les lieux mêmes des tueries de 1992.

Histoire

Višegrad naît au XIVe siècle. Il s'agit alors d'une cité marchande liée à Raguse (Dubrovnik) et une ville-frontière avec le monastère de Dobrun gardant la limite orientale du royaume de Serbie. Prise par les Ottomans vers 1454, Višegrad se développe grâce au pont Sokolović. Principalement peuplée de musulmans (bosniaques, turcs et roms), elle compte aussi des marchands catholiques (croates) et juifs, tandis que les paysans des environs sont surtout orthodoxes (serbes). Les relations entre communautés se détériorent après la révolte de la Serbie en 1804. À partir de 1878, les Austro-Hongrois s'appuient sur l'élite bosniaque, mais favorisent les échanges avec la Serbie grâce à la ligne de chemin de fer du « Huit de Šargan ». Conquise par l'armée serbe au début de la Première Guerre mondiale, la ville est reprise par les Austro-Hongrois en 1915. En 1918, Višegrad intègre le royaume de Yougoslavie dominé par les Serbes. Les tensions s'exacerbent et les habitants turcs partent. La violence éclate après l'invasion des Balkans par l'Allemagne en avril 1941. Les Bosniaques des environs sont massacrés par les tchetniks serbes. Les oustachis croates recrutent des rescapés bosniaques et massacrent à leur tour environ 6 000 Serbes de Bosnie fuyant vers la Serbie. En octobre 1942, la ville tombe aux mains des tchetniks qui tuent plus de 2 000 Bosniaques. Après huit jours, ils abandonnent la ville aux partisans de Tuzla. Mais Višegrad sera encore le lieu de combats jusqu'en 1946 avec la capture du chef tchetnik Draža Mihailović au monastère de Dobrunska. Après cela, au nom de la réconciliation, les autorités yougoslaves taisent les massacres. Lorsque la Fédération éclate, l'armée yougoslave (sous contrôle serbe) bombarde, puis s'empare de Višegrad en avril 1992. Elle se retire fin mai, laissant la ville aux paramilitaires serbes locaux et à des miliciens russes. Jusqu'en octobre 1992, 3 000 enfants, femmes et hommes bosniaques ainsi que des Serbes antinationalistes sont exécutés. Tortures, viols et exécutions seront pratiqués dans les hôtels, et jusqu'en 1995 au camp d'Uzamnica (2 km au sud). Parmi les coupables, un seul sera condamné à perpétuité par la justice internationale. Aujourd'hui peuplée à 88 % de Bosno-Serbes (32 % en 1991), la ville réécrit son passé. Les bourreaux sont glorifiés. Certains circulent librement, croisant chaque jour les rares familles de victimes revenues s'installer.

BIENFAITEUR

L'homme qui ordonna en 1571 la construction du pont de Višegrad est considéré comme un bienfaiteur aussi bien par les Bosniaques que par les Serbes. Mehmed Pacha Sokolović est né en 1505 dans une famille serbe de Sokolovići, 32 km au sud. Vers l'âge de 5 ans, il est enlevé pour servir dans le corps d'élite de l'armée ottomane, les janissaires. Envoyé à Constantinople et converti à l'islam, il gravit les échelons et devient général. Ses victoires contre les Autrichiens et les Hongrois lui valent d'accéder aux plus hautes sphères politiques. Nommé grand vizir (Premier ministre) de Soliman le Magnifique en 1565, il occupe ce poste sous le règne de trois sultans. Immense bâtisseur, on lui doit des édifices à travers tout l'empire, le plus souvent avec l'aide de son fidèle architecte Mimar Sinan. Toujours attaché à la Bosnie-Herzégovine, Mehmed Pacha Sokolović y finance des mosquées, et fait ériger toute une série de ponts de Trebinje à Sarajevo, avec celui de Višegrad comme œuvre majeure. On retient aussi de lui le rétablissement de l'autocéphalie (indépendance) de l'Église orthodoxe serbe en 1557. Cette décision lui permet à la fois de limiter l'influence du puissant clergé grec, d'acheter la paix sociale en Serbie et de percevoir plus d'impôts collectés par le clergé serbe. Mais elle lui coûte la vie. Jugé trop tolérant à l'égard des chrétiens, le grand vizir est assassiné par un musulman fanatique le 11 octobre 1579.

CIMETIÈRE DE STRAŽIŠTE

M5

Accès libre.

Installé à flanc de colline, ce cimetière musulman (Groblje Stražište/Гробље Стражиште) abrite le seul véritable monument rappelant les massacres de Višegrad de 1992. Il s'agit d'une stèle blanche installée en 2012 par des associations de victimes et le ministère fédéral des Réfugiés avec l'inscription suivante : « Mémorial à tous les Bosniaques tués et disparus, enfants, femmes et hommes, victimes de génocide à Višegrad. » Mais cette phrase a été modifiée sur décision de la municipalité : en 2014, le mot « génocide » a été effacé par des employés de la mairie.

MÉMORIAL DE STARI BROD

Stari Brod

Accès libre.

Inauguré en 2019, ce mémorial (Spomen-Kompleks Stari Brod/Спомен-Комплекс Стари Брод) marque le souvenir du massacre de 6 150 Bosno-Serbes de Bosnie orientale au printemps 1942 par les oustachis croates et leurs supplétifs bosniaques dans le cadre d'une vaste opération allemande contre les partisans. Au pied d'un bâtiment en béton orné de triangles noirs, des statues posées dans la Drina représentent 326 femmes et enfants qui se noyèrent ici en tentant d'échapper aux oustachis le 22 mars 1942. Le site abrite aussi une église orthodoxe serbe.

MONASTÈRE DE DOBRUN

M5

✆ +387 58 61 20 22

Accès libre en journée. Tenue correcte exigée.

Maintes fois détruit et reconstruit, ce monastère orthodoxe serbe du XIVe siècle (Manastir Dobrun/Манастир Добрун) est dédié à la Dormition de la Mère de Dieu – l'équivalent de l'Assomption de la Vierge pour les catholiques – et conserve quelques fresques d'origine. Situé le long de la rivière Rzav et de la ligne de chemin de fer du « Huit de Šargan », ce grand complexe est gardé par une vieille locomotive à vapeur allemande (modèle Henschel de 1923) et par une imposante porte couleur orange, elle-même surmontée d'une chapelle dotée d'un clocher-mur. Le monastère a été fondé vers 1340 par le župan Pribil, un comte serbe chargé de contrôler cette région qui constituait la frontière orientale du royaume de Serbie sous le règne du puissant roi Stefan Dušan (1331-1355). Le complexe constituait alors le cœur de la cité monastique de Dobrun, comptant sept cents moines, et dont subsistent quelques vestiges 1 km en amont de la Rzav. Les siècles et les envahisseurs sont passés, la ville a disparu et le monastère a fini par être complètement détruit par une explosion, en janvier 1945, alors qu'il servait de dépôt de munitions à l'armée allemande. Mais le site sera réoccupé par des moines dès l'année suivante.

▶ **Fresques et musées.** Lors de travaux de reconstruction, en 1994, quelques fresques de l'ancien catholicon (église principale) du XIVe siècle ont été redécouvertes, presque intactes. Elles ont été installées sur le mur nord de l'actuelle église de la Dormition-de-la-Mère-de-Dieu qui trône au milieu de la cour du complexe. On reconnaît notamment le župan Pribil portant une miniature de l'église et accompagné de ses fils Petar et Stefan. Autre beau portait, celui du roi Stefan Dušan, de son épouse Hélène et de leur fils, le futur Uroš V, dit « le Faible », qui provoquera la chute de la riche dynastie serbe des Nemanjić. Depuis 1994, le monastère a été sans cesse agrandi avec l'ajout de nouveaux bâtiments. Un grand *konak* (auberge) blanc abrite deux musées. L'un est consacré à la révolte serbe de 1804-1813 menée par Georges Petrovitch, dit Karađorđe (« Georges le Noir » en turc), et fondateur de la dynastie des Karađorđević (1842-1945). L'autre s'intéresse à l'histoire ecclésiastique de la région et abrite une chapelle dédiée à l'apôtre André. Depuis 2004, la cour du monastère est dominée par une statue de Karađorđe installée en hauteur sur une falaise. Enfin, 1 km plus loin, près des ruines de l'ancienne Dobrun, se dresse à nouveau depuis 2006 la mosquée Careva, fondée en 1445 et détruite par les nationalistes serbes en 1992.

MONASTÈRE DE DOBRUNSKA

R449

✆ +387 58 21 09 07

Visite possible en journée. Tenue correcte exigée.

Fondé en 2009 et dédié à saint Nicolas, ce monastère orthodoxe serbe (Manastir Dobrunska/Манастир Дражевина) est un des hauts lieux du nationalisme serbe. Il est installé à l'emplacement de l'arrestation, le 13 mars 1946, de Draža Mihailović (1893-1946), chef des Tchetniks durant la Seconde Guerre mondiale. Jugé puis exécuté à Belgrade le 17 juillet 1946 pour collaboration avec les nazis, Mihailović a été la figure tutélaire des extrémistes serbes durant les guerres de Yougoslavie (1991-2001). Une statue à son effigie est installée à l'intérieur du monastère.

MOSQUÉE GAZANFER-BEY

Kralja Petra I Karađorđevića

✆ +387 61 14 27 08

mizvisegrad.blogspot.com

Visite sur rendez-vous avec l'imam Bilal Memišević (coordonnées ci-dessus).

Cette petite mosquée (Gazanfer-Begova Džamija/Газанфер-Бегова Џамија) possède un joli minaret en bois typiquement bosniaque. Il s'agit d'une reconstitution (2012) de la mosquée originale érigée vers 1590 par Gazanfer bey, un gouverneur bosniaque de l'Empire ottoman et ami de Mehmed Pacha Sokolović. Détruite par les tchetniks serbes en 1943 et reconstruite en 1989, elle fut rasée par l'armée bosno-serbe en 1993. Comme la mosquée de l'Empereur (*Careva Džamija*, 200 m au nord-est), elle est peu utilisée par les rares survivants bosniaques revenus vivre à Višegrad.

MUSÉE IVO-ANDRIĆ

Kralja Petra I Karađorđevića

✆ +387 58 62 02 71

Lundi-vendredi 7h-15h. 2KM.

Situé à côté de la Maison de la culture et d'une locomotive à vapeur du « Huit de Šargan », le « mémorial de la salle de classe d'Ivo Andrić » (Spomen Učionica Ive Andrića/Спомен Учионица Иве Андрића) est installé dans un bâtiment de 1892 qui fut l'école d'Ivo Andrić (1892-1975) de l'âge de 6 à 10 ans. Une salle de classe du début du XXe siècle est reconstituée et décorée de reproductions de photos de Višegrad prises par l'auteur du *Pont sur la Drina*. La maison (couleur rose) où vivait alors le jeune Andrić se trouve sur la rive ouest de la Drina.

QUARTIER DE BIKAVAC

500 m au nord-est du pont Sokolović,
accès par la rue Svetog-Save depuis la mosquée Gazanfer-Bey.

Surplombant le centre-ville, ce quartier (Бикавац) est signalé par le clocher à bulbe de l'église orthodoxe serbe de la Nativité-de-la-Mère-de-Dieu (1884). Habité dès le Moyen Âge, c'est à lui que la ville doit son nom : en vieux-slave, *višegrad* désigne une « ville haute ». Les rues sont hantées par le souvenir du massacre du 27 juin 1992, au cours duquel 70 civils moururent dans une maison incendiée par des Bosno-Serbes. Depuis 2017, la colline voisine est ornée d'une croix de 5,5 m de hauteur à la gloire des miliciens russes pro-serbes de la dernière guerre.

RUE PIONIRSKA

700 m au nord-est du pont Sokolović,
après le pont routier enjambant la Rzav,
face au village folklorique d'Andrićgrad.

L'ancienne « rue des Pionniers » (Ulica Pionirska/Улица Пионирска) fut le théâtre d'un massacre le 14 juin 1992 : 59 Bosniaques, dont des enfants, y furent brûlés vifs dans des maisons par des voisins bosno-serbes. Aujourd'hui rebaptisée en l'honneur du voïvode (commandant) Stepa Stepanović (1856-1929), héros serbe de la Première Guerre mondiale, la rue porte encore les traces des flammes et abrite un petit mémorial informel au toit vert. L'un des auteurs du massacre, Radomir Sušnjar, fut arrêté en France en 2014, extradé et condamné à vingt ans de prison en 2019.

VILLAGE FOLKLORIQUE D'ANDRIĆGRAD

Mlade Bosne
✆ +387 66 70 37 22
www.andricgrad.com
Entrée libre. Hébergement : se renseigner.

Appelé « ville d'Andrić » (Andrićgrad/Андрићград), ce gros complexe touristique a été créé en 2014 à l'initiative du cinéaste franco-serbe Emir Kusturica. Conçu comme une « ville serbe idéale » et en hommage au romancier Ivo Andrić, il est très décrié : Andrićgrad a été bâti avec les pierres arrachées à la forteresse austro-hongroise de Petrinja (près de Trebinje) et apparaît comme le symbole de la serbisation de Višegrad. On y trouve des hôtels, une église, un cinéma et des commerces.

AVERTISSEMENT

Comme certains de nos lecteurs, nous nous sommes fait avoir. Sans le savoir, nous avons dormi à Višegrad dans des chambres qui furent des lieux de torture, de viol et d'exécution pendant la guerre. Déjà, depuis plusieurs éditions, nous avions retiré de nos pages le sinistre hôtel Vilina Vlas (6 km au nord-est). Toujours vanté par l'office de tourisme de Višegrad, cet établissement fut utilisé en 1992 pour interner 200 femmes bosniaques livrées à la sauvagerie de miliciens bosno-serbes. Des années plus tard, Kym Vercoe, une Australienne, y séjourna sur les conseils d'un guide de voyage britannique. Soudain, une nuit, seule dans sa chambre, elle comprit le drame qui s'y était déroulé. Cette terrifiante découverte a été portée à l'écran : il s'agit du film *Les Femmes de Višegrad*, sorti en 2014. Nous avons vécu une expérience similaire à l'hôtel Višegrad, à côté du pont Sokolović. Là aussi, des femmes ont subi les pires atrocités en 1992. De nouveaux hébergements ont été créés dans la ville et ses alentours, parfois sur des lieux de massacres, comme ces maisons d'hôte de l'ex-rue Pionirska ou du quartier Bikavac. Dès lors, la question se pose : que s'est-il passé dans ces endroits pendant la guerre ? Faute de réponse, le doute s'insinue et il n'est plus possible pour nous de recommander un seul établissement à Višegrad. Si vous devez séjourner dans la région de la Drina, nous conseillons donc de dormir à Goražde, voire à Srebrenica : là, au moins, la vérité sur les massacres n'est pas cachée.

EXCURSIONS SUR LA DRINA

Embarquement à côté du pont Sokolović ou au village folklorique d'Andrićgrad.43.782551, 19.289356 ✆ +387 58 62 09 50
visegradturizam.com
Tous les jours en été. 10-60 km/personne. Renseignements auprès de l'office de tourisme.

Une flottille d'une dizaine de petits navires opérés par différentes agences navigue sur la Dina au départ de Višegrad. Les bateaux peuvent embarquer de 10 à 65 passagers, effectuant le plus souvent des boucles de 45 minutes entre le pont Sokolović et l'entrée du canyon de la Drina. Des excursions plus longues ont lieu jusqu'au mémorial de Stari Brod (10 km en aval) ou dans le parc national de la Drina jusqu'au lac de Perućac, près de Skelani (52 km en amont), avec, dans ce cas, un retour en bus via la Serbie. Sur place aussi : location de kayaks et de VTT.

PONT MEHMED-PACHA-SOKOLOVIĆ

Most Mehmed-paše Sokolovića

Pont piéton.

Construit entre 1571 et 1577, ce pont (Most Mehmed-Paše Sokolovića/Мост Мехмед-Паше Соколовића) est inscrit au patrimoine mondial de l'Unesco depuis 2007. Il a été conçu par le prestigieux architecte ottoman Mimar Sinan (1489-1588) pour le grand vizir Mehmed Pacha Sokolović (1505-1579). Source d'inspiration du roman *Le Pont sur la Drina* (1945) d'Ivo Andrić, cet ouvrage d'art a aussi été le lieu de terribles massacres en 1943 et 1992. Hélas, cette partie de l'histoire n'est mentionnée ni par l'Unesco ni sur les panneaux explicatifs installés sur place. Cela rend la visite particulièrement troublante.

Histoire. Le pont a été pensé pour faciliter les échanges entre la Serbie et Raguse (Dubrovnik, en Croatie). Mais les berges sont jugées inconstructibles à cause des crues violentes de la Drina. Pour édifier l'ouvrage, Mimar Sinan va mettre sept ans et profiter d'un budget illimité de la part de Mehmed Pacha Sokolović. Solidement construit, le pont est toutefois submergé en 1896. Les piles sont ébranlées et érodées, les parapets, emportés. L'ouvrage est restauré et renforcé en 1911-1912. En 1915, pour couvrir leur retraite face aux Austro-Hongrois, les troupes serbes détruisent deux des piles. Le pont reste ainsi éventré pendant vingt-cinq ans. En octobre 1943, il sert de lieu d'exécution aux tchetniks serbes qui massacrent les Bosniaques de Višegrad. Les mêmes tchetniks demandent ensuite aux artificiers britanniques qui les accompagnent de dynamiter l'ouvrage. Cette fois, la moitié du pont disparaît, avant d'être reconstruite en 1950-1952. En 1987, l'inauguration du pont moderne de Garč, 1 km en aval, permet de limiter les passages de véhicules qui menaçaient la structure. Mais les travaux de renforcement sont interrompus par la guerre. De juin à octobre 1992, le vieux pont est une nouvelle fois utilisé par les nationalistes serbes pour exécuter les civils bosniaques. Les cadavres jetés dans la Drina continuent d'être retrouvés régulièrement. Cela n'empêche pas l'office de tourisme d'y organiser un concours de plongeons en juillet depuis 2007.

Visite. Long de 179,5 m, le pont possède onze arches de 11 à 15 m de largeur, ainsi qu'une rampe d'accès en biais de quatre arches sur la rive gauche de la Drina. Le mur érigé au centre porte deux inscriptions rédigées en turc ottoman rendant hommage à Mehmed Pacha Sokolović. En haut : « Il a construit un pont magnifique sur la Drina de Bosnie avec une ligne d'arches au-dessus d'une rivière profonde et bruyante. Ses ancêtres ne furent pas capables d'édifier une chose semblable, le grand pacha le fit selon la volonté de Dieu, pour que son nom soit mentionné avec respect et gratitude. Il a construit un pont qui n'existe nulle part au monde. » En bas : « Le grand philanthrope Mehmed Pacha qui fut un grand vizir pour trois sultans laisse le plus bel héritage qui porte la marque de Dieu. Animé d'une intention pure, il décida de construire un immense pont sur la rivière Drina. Le pont fut si bien construit que le passant en le traversant pourrait le voir comme une perle sur l'eau avec le ciel pour écrin. » Sur la rive droite, se dressent l'hôtel Višegrad, autre lieu de massacres en 1992, et le monument d'Ivo Andrić, sculpture de marbre blanc réalisée en 1984 par le sculpteur sarajévien Ljupko Antunović (1939-2012), qui fut ami d'Andrić. Détruite en 1994, l'œuvre a été refaite par l'artiste après la guerre.

Pont Mehmed-Pacha-Sokolović.

TRAIN TOURISTIQUE DU « HUIT DE ŠARGAN »

Cara Lazara
✆ +381 11 360 28 99
www.srbvoz.rs/en/nostalgija-2
Réservations auprès de l'office de tourisme de Višegrad ou des Chemins de fer de Serbie (contacts ci-dessus).

Surnommé le « Huit de Šargan » (Šarganska Osmica/Шарганска Осмица) en raison de son parcours sinueux à travers les montagnes qui évoque un 8 vu du ciel, ce tronçon ferroviaire de 35 km relie Višegrad au village de Šargan Vitasi, en Serbie. Il s'agit d'une portion de l'ancienne ligne Sarajevo-Belgrade construite entre 1903 et 1925. Fermée en 1974, cette voie étroite (760 mm d'écartement) a été d'abord restaurée pour les besoins du film *La vie est un miracle* (2004) d'Emir Kusturica, puis ouverte aux trains touristiques en 2010 avec des motrices diesel et une seule locomotive à vapeur dite *Nostalgija*. Exploité par les Chemins de fer de Serbie, le « Huit de Šargan » fonctionne surtout en été, entre les villages de Mokra Gora et de Šargan Vitasi, en Serbie. Le parcours est très beau, passant à travers trente tunnels et par la réserve naturelle de Šargan-Mokra Gora. La portion jusqu'à Višegrad n'est en général accessible qu'aux groupes, et non aux individuels. Renseignez-vous toutefois auprès de l'office de tourisme de Višegrad pour savoir s'il reste des places. Mais vous pouvez aussi l'emprunter à l'occasion d'une minicroisière en bateau sur la Drina au départ du lac de Perućac : l'agence Taratours organise un retour avec le « Huit de Šargan » au départ de Višegrad *(voir Skelani)*. Si vous faites ce trajet, le train marque le plus souvent l'arrêt au monastère de Dobrun et au village folklorique de Drvengrad, créé en 2004 par Emir Kusturica en Serbie, près de la frontière.

GARE ROUTIÈRE DE VIŠEGRAD

Sur le parking en face du pont Sokolović.
Trajet Višegrad-Istočno Sarajevo : durée 3h, tarif 18 km ; Višegrad-Foča : durée 1h30, tarif 10 km.

Cette gare routière (Autobuska Stanica Višegrad/Аутобуска Станица Вишеград) consiste juste en un parking avec, à proximité, un centre d'information de l'office de tourisme et deux cafés-restaurants. Les billets doivent être achetés auprès des chauffeurs. Liaisons en bus avec Goražde (7/jour), Foča (5/jour), Istočno Sarajevo et Pale (3/jour), Bijeljina (2/jour) et une liaison/jour avec Sarajevo, Banja Luka, Mostar et Trebinje. Plusieurs liaisons avec la Serbie : Belgrade, Novi Sad, Niš…

SREBRENICA ★★

▶ Srebrenica/Сребреница (prononcez « srébrénitsa ») compte environ 2 500 habitants, dont 51 % de Bosniaques et 49 % de Bosno-Serbes. C'est le chef-lieu de la municipalité de Srebrenica (13 000 habitants), en République serbe de Bosnie. La ville est située 14 km au sud de la Serbie (poste-frontière de Bratunac-Ljubovija), 105 km au sud-est de Tuzla et 133 km au nord-est de Sarajevo. Liaisons en bus avec Tuzla (4/jour), Sarajevo et Bijeljina (3/jour), Belgrade (2/jour), Banja Luka et Brčko (1/jour).

▶ Comme Auschwitz et Hiroshima, l'histoire a transformé Srebrenica en un lieu de souffrance et de mémoire. La plupart des touristes qui viennent ici le font à la journée, à l'occasion d'une excursion depuis Sarajevo pour visiter le mémorial du Génocide. Ce lieu unique et très émouvant a été créé en hommage aux victimes du plus important massacre commis en Europe depuis la fin de la Seconde Guerre mondiale : plus de 8 300 Bosniaques tués par l'armée serbe de Bosnie en juillet 1995. La ville, autrefois prospère grâce aux mines d'argent et au thermalisme, porte encore les stigmates de la catastrophe : bâtiments en ruines et graffitis nationalistes qui témoignent de vives tensions entre communautés. Mais Srebrenica commence à renaître avec la création d'un nouveau complexe thermal et grâce au projet « Srebrenica City of Hope ». Ce dernier apporte un peu d'espoir à la ville. Il permet aussi de se loger pour pas cher en découvrant la nature, les traditions et les habitants d'une région aussi compliquée qu'attachante.

Histoire

La ville est fondée sous le nom de Domavia par les Romains au Ier siècle av. J.-C. sur un territoire habité par les Scordiques (celtes) et les Dindariens (illyriens). Elle se développe grâce à ses sources d'eau et à ses mines d'argent qui, au Moyen Âge, lui valent d'être appelée Argentina, puis Srebrenica (*srebro* signifie « argent » en vieux-slave). Reliée à l'Adriatique par la Via Argentina, elle attire les marchands croates de Raguse (Dubrovnik) et les mineurs saxons d'Allemagne. Possession des rois de Bosnie à partir du XIIIe siècle, Srebrenica est plusieurs fois conquise par les rois de Serbie et les Ottomans avant que ces derniers s'imposent en 1460. Avec une forte population catholique, elle demeure longtemps une exception en Bosnie orientale. Tout change après l'invasion austro-hongroise de 1686 et la révolte serbe de 1804 : la ville s'islamise et voit s'installer de nouveaux habitants orthodoxes.

Bosniaques, Croates et Serbes vont ainsi cohabiter jusqu'en 1941. Srebrenica est alors victime de massacres et de destructions causés les oustachis croates et leurs supplétifs bosniaques, mais aussi par les tchetniks serbes. Meurtrie et divisée, Srebrenica devient une ville essentiellement bosniaque avec des villages voisins surtout peuplés de Serbes. Malgré une nouvelle ère de prospérité, grâce aux mines de sel et aux thermes durant la période socialiste, les tensions montent dans les années 1980, jusqu'à basculer dans l'horreur avec le pire massacre commis en Europe depuis la fin de la Seconde Guerre mondiale.

ÉGLISE DE LA PROTECTION-DE-LA-MÈRE-DE-DIEU ✝

150 m au nord-ouest du rond-point central.
✆ +387 65 79 63 57
Accès possible en journée. Tenue correcte exigée.

Datant de 1903, cette église orthodoxe serbe (Crkva Pokrova Presvete Bogorodice/Црква Покрова Пресвете Богородице) se distingue par son clocher à bulbe. Elle est dédiée au linceul (*pokrov*) de Marie qui, selon la tradition russe, assure la protection des chrétiens depuis un miracle à Constantinople au Xe siècle. Endommagée par les oustachis en 1943 et par les forces bosniennes en 1992, elle a été restaurée en 2003. Elle abrite une relique du roi serbe Stefan Lazarević (1374-1427).

GRAFFITIS DE SREBRENICA

Du centre-ville au mémorial du Génocide de Srebrenica.

Ils sont partout, dès l'entrée de la ville, où des nationalistes serbes repeignent régulièrement un portrait du général et criminel de guerre Ratko Mladić : c'est lui qui dirigea les massacres en 1995. Les Bosniaques, eux, ont écrit sur les murs des maisons abandonnées de grands « *Never forget Srebrenica* » (« N'oubliez jamais Srebrenica ») en souvenir des victimes. Au sein du musée du mémorial du Génocide, on retrouve le graffiti, abject mais ultraconnu à travers le pays, laissé par un casque bleu néerlandais en 1995, à l'issue de quatre années de siège de la ville : « *No teeth… ? A moustache… ? Smell like shit… ? Bosnian girl !* » (« Pas de dents… ? Une moustache… ? Je sens la m****… ? Je suis une Bosnienne ! »). Sur un ton plus léger, on trouve aussi des mots comme « *Svima je potrebna ljubav* » (« Tout le monde a besoin d'amour »), « Солидарност » (« Solidarité »), « *Poštovanje* » (« Respect ») ou des gros tags à la gloire du club de football local, le FK Guber, une équipe composée, il faut le souligner, de joueurs aussi bien bosniaques que bosno-serbes. La ville inspire aussi les artistes étrangers comme l'Italien Manu Invisible qui a laissé deux graphes en centre-ville. L'un est facile à comprendre : le mot « Dialogue » avec les symboles du christianisme, du judaïsme et de l'islam. L'autre est plus élaboré : « СВИJEST ». Il s'agit du terme bosno-croate *svijest* (« conscience ») mais dont les trois premières lettres sont écrites en cyrillique serbe : un clin d'œil pour le rapprochement entre les communautés.

FORTERESSE DE SREBRENICA

Tvrđava Srebrenica
Accès libre.

Il ne reste que des ruines de cette forteresse (Tvrđava Srebrenica/Тврдава Сребреница). Érigée au XIIe siècle, elle a connu une vie tumultueuse avant d'être détruite en 1686 par les Ottomans pour ne pas tomber aux mains des Autrichiens. Le site offre un intéressant point de vue sur le centre-ville, plus joli vu d'en haut. En contrebas, le long de la route menant à Skelani, se trouve la petite église catholique Sainte-Marie (1985). Celle-ci est installée à l'emplacement d'un ancien monastère franciscain du XIVe siècle détruit en même temps que la forteresse.

MÉMORIAL DE BRATUNAC ★

Spomen-Park Bratunac
Accès libre. Poste-frontière de Ljubovija à proximité (24h/24).

Située le long de la Drina et de la frontière serbe, la ville de Bratunac (8 000 habitants, dont 61 % de Bosno-Serbes) abrite un parc mémorial des partisans yougoslaves morts durant la Seconde Guerre mondiale (Spomen-Park Bratunac/Спомен-Парк Братунац). S'y dresse un impressionnant obélisque tubulaire en métal de 17 m de hauteur avec, au centre, un renflement fait de tuyaux transversaux. L'œuvre a été réalisée en 1978 par le sculpteur serbe Petar Krstić (1926-1990). Autrefois majoritairement bosniaque, Bratunac fut le théâtre d'importants massacres en 1995.

LE GÉNOCIDE DE SREBRENICA

C'est le pire massacre commis en Europe depuis 1945 : plus de 8 300 personnes exécutées, en majorité des hommes bosniaques, en juillet 1995, par l'armée serbe de Bosnie. Depuis 2004, ce crime est qualifié de « génocide » par la justice internationale. Le terme est rejeté par la Serbie et la République serbe de Bosnie, qui reconnaissent toutefois un « massacre ». Srebrenica a été la ville la plus touchée par le conflit bosnien : plus de 12 000 morts de 1992 à 1995. Chaque année, on continue de découvrir des corps de victimes dans la vallée de la Drina et dans les environs de Srebrenica.

Une ville assiégée. Majoritairement bosniaque, mais située seulement 13 km au sud de la Serbie, Srebrenica est un objectif prioritaire de la politique « d'épuration ethnique » menée par les nationalistes serbes. Dès le 11 avril 1992, elle est assiégée par l'armée yougoslave (sous contrôle serbe), puis par l'armée serbe de Bosnie du général Ratko Mladić (né en 1942). La résistance bosniaque commet une série de « bavures », provoquant des représailles à grande échelle : dans les envions, les Bosniaques et Bosno-Croates sont chassés, déportés ou tués par les troupes de Mladić. Début 1993, on compte plus de 3 000 morts. Alors que le ravitaillement devient impossible, la population de Srebrenica passe de 5 700 à 70 000 habitants avec l'arrivée de réfugiés.

Un « espace de sécurité ». Le 16 mars 1993, après la visite du général français Philippe Morillon, chef des forces de l'ONU en Bosnie-Herzégovine, Srebrenica est décrétée « espace de sécurité » (*safe zone* en anglais). Des casques bleus sont déployés et le ravitaillement peut passer. Mais, début 1995, les Bosno-Serbes bloquent les convois. La situation se dégrade encore quand, le 8 mars, le président de la République serbe de Bosnie Radovan Karadžić (né en 1945) demande à Mladić de « créer une situation invivable d'insécurité totale, ne laissant aucun espoir de survie aux habitants de Srebrenica ».

L'offensive serbe. Elle débute le 6 juillet 1995. Les casques bleus néerlandais censés défendre la ville se rendent ou fuient avec les habitants vers leur quartier général à Potočari, 7 km au nord de Srebrenica. Des incidents éclatent entre Bosniaques et Néerlandais, faisant un mort du côté des casques bleus. Ces derniers réclament des frappes aériennes à l'Otan. Mais Mladić menace de faire exécuter les 40 soldats néerlandais qu'il détient. Le 11 juillet, il entre dans Srebrenica et trinque avec le commandant du bataillon néerlandais qui croit encore pouvoir sauver la population.

La marche de la mort. Les intentions de Mladić sont connues des autorités bosniennes de Sarajevo, qui, le 11 juillet, lancent l'alerte : tous les hommes de 15 à 65 ans qui seront capturés seront exécutés. Le jour-même, 14 000 personnes, en large majorité des hommes et jeunes hommes bosniaques non armés, entreprennent de rejoindre à pied les lignes bosniennes. La plupart partent pour Nezuk, dans la région de Tuzla, 80 km au nord-ouest, en traversant une zone sous contrôle bosno-serbe le long de la Drina. La colonne est harcelée et se disloque. Certains hommes, exténués, se rendent et sont exécutés sur place. D'autres préfèrent se suicider. La plupart sont capturés, fusillés et enterrés dans la vallée de la Drina, désormais connue comme la « vallée de la mort ». Le 22 juillet, 3 500 survivants sont parvenus à Nezuk.

L'enfer de Potočari. Pendant ce temps, de 25 000 à 30 000 civils se sont massés au QG des casques bleus néerlandais, à Potočari. Quand les troupes de Mladić arrivent, les soldats de l'ONU refusent d'intervenir et forcent 5 000 personnes à quitter leur base. Durant deux jours, Potočari est le théâtre d'atrocités : les hommes « en âge combattre » (le plus jeune a 14 ans) sont exécutés, des centaines de femmes sont violées, des enfants égorgés. Le 13 juillet, les survivants sont forcés à partir en bus vers les lignes bosniennes. Certains bus de femmes n'arriveront toutefois jamais.

Les coupables. Les exécutions de Bosniaques de Srebrenica se poursuivent jusqu'au 1er novembre 1995. Le 16 novembre, Radovan Karadžić et Ratko Mladić sont inculpés par le Tribunal pénal international pour l'ex-Yougoslavie. Ils ont été, respectivement, arrêtés en 2008 et 2011, et condamnés, en 2019 et 2017, à l'emprisonnement à perpétuité pour le génocide de Srebrenica. Onze autres Bosno-Serbes ont été condamnés pour le même motif à des peines de dix à quarante-deux ans de prison. En 2020, des familles de victimes sont parvenues à faire reconnaître une responsabilité partielle des casques bleus devant la justice néerlandaise.

MÉMORIAL DU GÉNOCIDE DE SREBRENICA ★★★

R453 ✆ +387 56 99 19 43
srebrenicamemorial.org
Tous les jours 8h-16h (fermé le week-end en hiver). Gratuit. Visite guidée en anglais sur réservation.

Voici le principal lieu de mémoire de la guerre de Bosnie-Herzégovine (1992-1995) et l'endroit où sont enterrées une partie des victimes du plus important massacre commis en Europe depuis la fin de la Seconde Guerre mondiale. Le site est officiellement appelé « Centre commémoratif de Srebrenica-Potočari et cimetière des victimes du génocide de 1995 » (Memorijalnom Centru Srebrenica-Potočari Spomen Obilježje i Mezarje za Žrtve Genocida iz 1995. Godine/Меморијалном Центру Сребреница-Поточари Спомен Обиљежје и Мезарје за Жртве Геноцида из 1995. Године). Il est situé dans la zone industrielle de Srebrenica, à Potočari, qui abrita la base des soldats néerlandais de l'ONU de 1994 à 1995. C'est ici que débuta le massacre de 8 372 personnes par les forces serbes de Bosnie, à partir du 11 juillet 1995 et jusqu'au 1er novembre suivant. Pour la très grande majorité des victimes, il s'agissait d'hommes bosniaques de Srebrenica. Le centre a été inauguré le 20 septembre 2003 par Bill Clinton, président des États-Unis au moment des faits (1993-2001). Il est géré par une petite équipe de conservateurs-traducteurs qui sont, pour certains, des survivants des massacres de 1995 et qui effectuent des visites guidées gratuitement sur demande. Du fait de plusieurs profanations commises par des nationalistes serbes, le site est placé sous la surveillance de la police. Il se compose de monuments, d'un grand cimetière, d'un musée et d'un centre de documentation. En face de l'entrée du cimetière, une petite boutique vend la « Fleur de Srebrenica » à onze pétales blancs et au cœur vert : le chiffre 11 en souvenir du 11 juillet, date du début du massacre, le blanc comme symbole de l'innocence des victimes, et le vert en signe d'espoir et de justice.

Monuments. L'entrée du mémorial est marquée par un mur de marbre blanc et de forme demi-circulaire qui porte le prénom, le nom de famille et la date de naissance des 8 372 disparus des massacres recensés à la fin de la guerre. Au centre se trouve un pavillon. Il s'agit d'un musalla, un oratoire couvert de culte musulman destiné au recueillement et à la prière. Ce grand dôme vert abrite un mihrab qui indique la qibla (la direction de La Mecque) et une grande dalle de pierre sur laquelle sont gravés, en arabe et en bosno-croate, les versets 154-156 de la 2e sourate du Coran : « *Et ne dites pas de ceux qui sont tués dans le sentier d'Allah qu'ils sont morts. Au contraire ils sont vivants, mais vous en êtes inconscients. Très certainement, Nous vous éprouverons par un peu de peur, de faim et de diminution de biens, de personnes et de fruits. Et fais la bonne annonce aux endurants, qui disent, quand un malheur les atteint : "Certes nous sommes à Allah, et c'est à Lui que nous retournerons".* » De part et d'autre du mur circulaire sont installées deux stèles. La plus grande est gravée du chiffre 8 372 suivi de points de suspension, de la phrase « *Le nombre de victimes du génocide n'est pas définitif* » et de treize communes martyres du conflit bosnien comme Sarajevo, Višegrad ou la ville voisine de Bratunac (4 km au nord). Sur la seconde stèle est inscrite la « prière de Srebrenica » : « *Au nom du Dieu de miséricorde, Dieu tout-puissant, que la tristesse se métamorphose en espoir ! Que la vengeance devienne justice ! Que la larme de la mère devienne prière ! Que jamais plus ne se répète Srebrenica !* »

Mémorial du génocide de Srebrenica.

Cimetière. Il est très impressionnant avec ses immenses rangées de *nişans* blancs, stèles funéraires de style ottoman au nombre d'environ 6 700 actuellement. Créé en 2003, il s'étend à présent sur 350 m vers le nord, progressant au fur et à mesure de la découverte des victimes dissimulées dans une centaine de fosses communes dans la vallée et à travers toute la haute Drina. Chaque 11 juillet, à la date anniversaire du début du massacre de 1995, les nouveaux corps découverts et identifiés au cours de l'année sont inhumés à l'occasion d'une grande cérémonie réunissant environ 30 000 personnes, parmi lesquelles des personnalités politiques nationales et internationales. Le 11 juillet 2022, cinquante nouveaux cercueils couverts d'un drap vert ont été mis en terre. Cinquante nouveaux *nişans* ont été dressés, portant le nombre de victimes reposant ici à 6 721 cette année-là. Parmi les morts des massacres de 1995, la plus grande partie étaient des hommes et des adolescents à partir de 16 ans. Le plus âgé, Šaha Izmirlić, avait 94 ans, et la plus jeune victime était une fille, Fatima Muhić, un bébé né dans la nuit du 12 au 13 juillet, et exécuté devant sa mère dès le lendemain par les soldats bosno-serbes. Environ 140 autres cercueils attendent à Tuzla, au centre de médecine légale de la Commission internationale pour les personnes disparues. Ils contiennent des dépouilles incomplètes : les familles préfèrent attendre dans l'espoir que d'autres parties des corps soient retrouvées avant l'inhumation. Avec un nombre total de victimes estimé à 8 372, plus d'un millier de corps sont encore à découvrir dans la « vallée de la mort », le long de la Drina. À noter que parmi toutes les sépultures musulmanes, l'une d'elle est catholique. Placée légèrement à l'écart, une stèle porte une croix chrétienne et le nom de Rudolf Hern, un Bosno Croate de Srebrenica tué à l'âge de 35 ans avec ses amis bosniaques entre le 11 et le 16 juillet 1995.

Musée. Appelé « salle-monument » (Spomen Soba), il est consacré au massacre de 1995 et à l'échec de la communauté internationale, incapable d'empêcher le bain de sang. Très pédagogique et partiellement conçu avec l'Imperial War Museum de Londres, il est situé de l'autre côté de la route, à 400 m à pied du mémorial, mais à 1 km en voiture. Il se trouve dans l'ancienne Fabrika Akumulatora, l'usine de batteries de Potočari. S'étendant sur 120 000 m², celle-ci servait de caserne (« base Charlie ») au bataillon néerlandais (« Dutchbat ») des casques bleus au moment des massacres et c'est là que commença celui du 11 juillet 1995. Les dessins et graffitis des soldats de l'ONU, parfois jugés obscènes, ont été volontairement conservés pour mieux comprendre le contexte. À travers vingt-six salles sont présentés des objets découverts dans les fosses communes aux côtés de victimes identifiées (briquets, albums photo, clés, étuis à cigarettes, etc.), des témoignages de survivants et de proches des victimes, de nombreuses photos, dont celles du photographe bosnien Tarik Samarah, plusieurs fois récompensé pour son travail entrepris en 2002 sur les massacres de Srebrenica, et aussi une salle de projection où est diffusé *Cry from the Grave* (*Un cri d'outre-tombe*). Ce documentaire de 1999 du réalisateur britannique Leslie Woodhead reste la référence sur le sujet. Il reconstitue en 2h30 le déroulé des événements en se basant sur les témoignages des survivants et des casques bleus néerlandais, une séquence tournée au moment les faits en 1995, puis les images de l'exhumation des corps des fosses communes.

© KAACA/SHUTTERSTOCK.COM

Mémorial du Génocide de Srebrenica.

Centre de documentation. Depuis 2014, l'ancienne Fabrika Akumulatora abrite le Centre de documentation de Srebrenica. Celui-ci a été créé par l'agence de presse Sense (South East News Service Europe) qui a suivi toutes les activités du Tribunal pénal international pour l'ex-Yougoslavie entre 1998 et 2017. Il accueille une partie des archives du tribunal et montre comment celui-ci a enquêté sur les faits qui se sont déroulés à partir de juillet 1995, comment il a reconstitué le fil des événements, instruit les affaires, en se fondant sur les dépositions des témoins et les éléments présentés durant les procès. À la fin du parcours, un film de 30 minutes est diffusé. Attention, certaines images sont très dures (scène d'exécution).

Marche de la Paix. Cette marche (Marš Mira) est organisée chaque année par des proches des victimes depuis 2005. Sur environ 100 km, elle suit le parcours inverse de la « marche de la mort » au cours de laquelle furent tuées la plupart des victimes de 1995. Le départ se fait le 8 juillet de Nezuk (37 km au sud-est de Tuzla), pour arriver le jour de la grande cérémonie, le 11 juillet, au mémorial. Plus de 10 000 personnes de différents pays participent à l'événement (renseignements : www.marsmira.net).

BOSNIE ORIENTALE

MOSQUÉES DE SREBRENICA

Crni Guber ✆ +387 56 44 03 91

Accès possible en journée. Tenue correcte exigée, se déchausser, se couvrir la tête pour les femmes.

Aujourd'hui au nombre de trois, elles sont concentrées dans le même périmètre. Elles remplacent les précédentes mosquées rasées par les forces bosno-serbes en 1995.

- **Mosquée Čaršijska** (Čaršijska Džamija/Чаршијска Џамија). Située en plein centre, elle date de 2011. C'est elle qui dispose du plus haut minaret, de près de 40 m de hauteur. Son nom indique qu'ici se trouvait la charchia, quartier commercial et islamique qui comptait six mosquées, des bains, un caravansérail et un tekké au XVIIe siècle. Le bâtiment actuel est installé à l'emplacement d'une mosquée en bois érigée en 1836 qui, très délabrée, fut démolie en 1988. Une nouvelle mosquée était en chantier quand la guerre a éclaté en 1992.
- **Mosquée blanche** (Bijela Džamija/Бијела Џамија). Placée à l'entrée du chemin menant à la forteresse, à 100 m de la mosquée Čaršijska, elle fut construite en 2002. Elle conserve le nom et l'architecture très simple de la mosquée disparue en 1995 qui datait de 1689. Celle-ci fut érigée à partir de matériaux provenant du monastère catholique Sainte-Marie, alors abandonné et détruit en 1686, en même temps que la mosquée de la forteresse, premier bâtiment islamique de la ville fondé en 1462.
- **Mosquée Đozić** (Đozića Džamija/Ђозића Џамија). Il faut grimper encore 150 m pour y parvenir. Datant de 2015, elle reprend le style bosniaque de la mosquée d'origine (XVIIIe siècle) avec un petit minaret et un proche en bois. C'est la même famille Đozić qui a financé la construction des deux bâtiments à trois siècles d'intervalle.

NÉCROPOLE MÉDIÉVALE DE GRAČIĆ-POTOČARI

Nekropola Stećaka Gračić-Potočari

Accès libre.

Cette nécropole (Nekropola Gračić-Potočari/Некропола Грачић-Поточари) fait partie des cinquante-trois sites des environs de Srebrenica abritant des stećci, pierres tombales médiévales liées au mouvement chrétien des bogomiles et/ou à l'Église bosnienne. Celle-ci compte douze stećci qui ne portent pas de bas-relief mais sont les plus anciens de la région (XIIe-XIIe siècles). Pour visiter d'autres nécropoles médiévales de la municipalité, renseignez-vous auprès de l'office de tourisme.

SOURCES GUBER

Crni Guber

Accès libre.

Ces sources d'eau (Banja Guber/Бања Губер) sont situées à 560 m d'altitude dans la vallée de la Crvena. Riches en minéraux et utilisées depuis l'Antiquité, elles sont une quarantaine ayant presque chacune des propriétés distinctes. La plus importante est la Crni Guber (« Guber noire »), réputée pour ses vertus dermatologiques. L'Izvor Ljepotica (« Source de la Beauté ») est censée atténuer les effets du vieillissement de la peau et l'Očna Voda (« Eau de l'Œil ») semble efficace contre les problèmes de cécité. Un centre thermal devrait prochainement y ouvrir.

HOSTEL SREBRENICA €

Maršala Tita 80

✆ +387 65 61 03 21

www.facebook.com/Hostel.Srebrenica

4 dortoirs pour 2/4 personnes. 28 € pour deux sans petit déjeuner. Parking.

Ouverte en 2011, cette auberge de jeunesse propose des dortoirs simples et bien tenus avec lits superposés, clim, Wifi et salle de bains commune ou privée. Elle est facile à repérer avec ses murs couleur saumon. Le propriétaire, Miloš, est très accueillant et de bon conseil pour découvrir la région, surtout autour d'un verre de rakija maison. Cuisine commune pour préparer le petit déjeuner, machine à laver et commerces à proximité. Possibilités d'excursions à Ljubovija (Serbie), à Skelani ou au lac de Perućac et de rafting sur la Drina en Serbie.

PANSION MISIRLIJE €

R453

✆ +387 56 44 52 95

19 chambres. 41/57 € pour deux avec petit déjeuner. Restaurant : environ 20 km/personne. Parking.

Cet hôtel-restaurant familial tenu par des survivants des massacres de 1995 est l'un des plus anciens établissements de Srebrenica. Ouverte depuis la fin du conflit, cette grosse bâtisse a d'abord accueilli une clientèle d'humanitaires et aujourd'hui les touristes dans un cadre toujours très simple et avec toujours un vrai sens de l'hospitalité. Les chambres, un peu kitsch mais bien tenues, ont toutes une salle de bains et le Wifi. C'est aussi une table réputée dans la région pour ses plats simples mais copieux : grillades, salades, pain et rakija maison.

SREBRENICA CITY OF HOPE €

Maršala Tita ✆ +387 60 34 89 538
srebrenicahope.wordpress.com
8 maisons pour 4-6 personnes.
7,50-10 €/personne avec petit déjeuner et navette de Srebrenica.

Lancé en 2016 par Irvin Mujčić, un ancien réfugié de Srebrenica revenu d'Italie, ce projet écotouristique comprend plusieurs types d'hébergement aussi bien en ville que dans les villages d'Osmače (14 km au sud-est) et de Ljeskovik (22 km au sud) qu'au lac de Perućac (voir Skelani). Chambres ou maisonnettes avec salle de bains, coin cuisine et Wifi. Activités proposées : randonnées d'une à trois jours dans la région et dans le canyon de la Drina, découverte des nécropoles médiévales, visite du mémorial du Génocide, travaux de la ferme, atelier d'herboristerie, etc.

RESTORAN BATO €

Vase Jovanovića 4
✆ +387 66 87 65 11
Tous les jours sauf dimanche 7h-19h.
Environ 15 km/personne.

Installé dans une petite bicoque rose légèrement en retrait de la route principale, ce resto sert une cuisine plutôt serbe. On trouve là aussi des grillades et des salades ainsi que du pain et de la rakija maison. Service sympa, mais presque personne ne parle anglais, sauf le fils du patron. Miniterrasse face au petit parking. Comme la plupart des restaurants de Srebrenica, celui-ci est fermé le soir. Juste à côté se trouve toutefois le restaurant Lipa, parfois ouvert jusqu'à 23h, mais il est sans grand intérêt. Mieux vaut dîner à la Pansion Misirlije.

RESTORAN TOČAK €

R454
✆ +387 66 96 05 04
Tous les jours 7h-23h.
Environ 25 km/personne.

Dans un cadre rustico-traditionnel, juste en face de la Serbie, le restaurant « la roue » offre une cuisine balkanique un peu plus haut de gamme qu'à Srebrenica : viandes grillées, mijotées, cuites au four ou sous la cloche, soupes, poissons et légumes souvent bio. D'une manière générale, les restos sont meilleurs, ouverts plus tard et un peu plus chers à Bratunac qu'à Srebrenica. Pour la petite histoire, c'est ici que se retrouvent les officiels serbes avant d'aller chaque 11 juillet, la mort dans l'âme, déposer une gerbe au mémorial du Génocide.

SKELANI

Skelani/Скелани compte environ 850 habitants, en majorité bosniaques, et appartient à la municipalité de Srebrenica. Il est relié à Srebrenica par les minibus Laki Nin une fois par jour ; nombreuses liaisons pour la Serbie au départ de Bajina Bašta. Situé au bord de la Drina, Skelani est encore peu développé, mais constitue le principal accès au parc national de la Drina créé en 2017. Celui-ci reste hanté par les horreurs de la dernière guerre, mais il possède de magnifiques paysages avec le lac de Perućac et le profond canyon de la Drina. Le village est aussi un point de passage vers la Serbie avec le poste-frontière de Skelani-Bajina Bašta.

LAC DE PERUĆAC ★

Perućačko jezero
Chemins de randonnée et sites de visite surtout du côté serbe.

Partagé avec la Serbie, ce lac artificiel (Perućačko Jezero/Перућачко Језеро) marque l'entrée dans le parc national de la Drina. Créé en 1966 avec un barrage de 93 m de hauteur, le lac s'étend de 150 à 1 000 m en largeur et sur 52 km de longueur pour une surface de 12,4 km², dont les cinq sixièmes en Bosnie-Herzégovine. Le contraste entre le bleu des eaux et les collines boisées des alentours rend les paysages superbes, avec, côté Serbie, le parc national de la Tara et, côté Bosnie, le parc national de la Drina. Hélas, ce lac est considéré comme la plus grande fosse commune d'Europe. De 1992 à 2001, il a été utilisé par différentes unités serbes pour dissimuler les corps de leurs victimes des guerres de Yougoslavie. Près de 400 cadavres ont déjà été découverts et les enquêteurs estiment que le lac abrite encore environ 2 000 corps. Pour autant, l'endroit reste apprécié des pêcheurs et des baigneurs. Le lac accueille même en juillet la régate de la Drina, un grand festival nautique serbe créé en 1994. Pour accéder au barrage, vous avez le choix entre deux itinéraires. Côté bosnien, suivez la R454 jusqu'à la mosquée Dobrak, puis continuez tout droit par une mauvaise route longeant la Drina. En passant côté serbe au poste-frontière de Skelani-Bajina Bašta, la route n° 172 est plus rapide et vous pouvez vous arrêter à la nécropole médiévale de Mramorje, inscrite au patrimoine mondial de l'Unesco. Après le barrage, la route monte jusqu'à 1 000 m d'altitude à Banjska Stena, où un promontoire offre une vue grandiose sur le lac.

BOSNIE ORIENTALE

MAISON SUR LA DRINA ★

Kućica na Drini

À voir depuis les berges serbes ou bosniennes de la Drina.

Une photo à ne pas manquer : cette insolite maison en bois (Kućica na Drini/Кућица на Дрини) est posée sur un rocher au centre de la Drina, entre la Serbie et la Bosnie-Herzégovine. Installée une première fois en 1968 par un groupe de nageurs serbes, elle a été plusieurs fois été emportée par les flots et reconstruite. Côté bosnien, on peut s'en approcher en roulant 2 km au nord-est de Skelani, puis en tournant à droite et en finissant à pied jusqu'à la berge. Côté Serbie, la terrasse du restaurant Studenac, au nord de Bajina Bašta, offre une meilleure vue.

MUSÉE ARCHÉOLOGIQUE MUNICIPIUM

R452

✆ +387 56 47 10 29

www.municipiumskelani.net

Lundi-vendredi 8h-16h. 4 km.

Créé en 2010, ce petit musée (Muzej Rimski Municipium/Музеј Римски муниципијум) est installé à côté de vestiges de la ville romaine de Municipium Malvesiatium, fondée au Ier siècle av. J.-C. et engloutie par la Drina au IVe siècle. Ses trois salles abritent quelques stèles et les fragments de deux mosaïques découvertes dans la région depuis 1896. À l'extérieur, la base d'un bâtiment des IIIe-IVe siècles, conserve une mosaïque romaine de 30 m² aux motifs géométriques bien préservés.

TARATOURS

Svetosavska 80

BAJINA BAŠTA (БАЈИНА БАШТА)

✆ +381 31 86 15 01 – taratours.rs

Croisière sur la Drina jusqu'au canyon de la Drina (7/10 €) ou jusqu'à Višegrad (21/30 €), repas non compris.

Cette agence de tourisme serbe propose tous les jours en saison des croisières de 2 à 10h dans le canyon de la Drina au départ de la partie serbe du lac de Perućac (à côté du barrage). Les plus longues excursions, jusqu'à Višegrad, se font sur un catamaran moderne de 140 places, le *Grizzly 2*. Le retour peut s'effectuer soit en totalité en bus, soit partiellement avec le train « Huit de Šargan » depuis Višegrad jusqu'à Mokra Gora (Serbie), puis en bus de Mokra Gora à Bajina Bašta. Il est aussi possible de faire uniquement un trajet simple et de rester à Višegrad.

PARC NATIONAL DE LA DRINA ★★

Nacionalni park Drina

✆ +387 56 47 10 21 – npdrina.com

Centre d'information, dans le centre de Skelani, le long de la route R452 traversant le village : lundi-vendredi 7h-15h.

Ce parc national s'étend sur 63 km² en longeant la rive ouest de la Drina sur 40 km de longueur à partir du lac de Perućac, à l'est. En forme de V, il épouse la partie saillante de la Serbie qui abrite, elle, le parc national de la Tara. Il demeure mal aménagé avec peu de sentiers balisés et aucune route permettant de le traverser. Le canyon mesure 11 km de longueur et possédant des parois de plus de 900 m de hauteur, il est considéré comme le troisième canyon le plus profond au monde après ceux du Colorado (États-Unis) et de la Tara (Monténégro).

Hameaux bosniaques et épicéa de Serbie. À travers le parc, le relief escarpé rend les trajets longs avec des sommets comme les monts Ljutica (1 238 m) et Luceva Ravan (1 146 m), au nord, et les monts Stijene (1 244) et Sanik (1 237), à l'ouest. On y trouve des hameaux peuplés de Bosniaques comme Međe (60 habitants), Klotjevac (40 habitants) et Luka (60 habitants). Mais la police locale interdit désormais aux habitants de reconstruire leurs maisons détruites durant la guerre de 1992-1995, sous prétexte de préserver le parc. Au bord de la Drina, près de Klotjevac, un camping sommaire accueille l'été un « camp de la paix » en souvenir du génocide de Srebrenica. Les forêts se composent surtout de pins noirs, de hêtres et de chênes. On trouve aussi l'épicéa de Serbie, une espèce endémique de l'ère tertiaire, principalement implantée à l'ouest du parc. Quelques fleurs très rares ne poussent également que dans la région, comme la centaurée de la Derventa.

DINNA APARTMANI €

Đurđevac bb

✆ +387 61 25 27 30

1 appartement pour 3 personnes. 33 € avec petit déjeuner. Possibilité de repas (20 km/personne). Parking.

C'est pour l'heure une des seules possibilités d'hébergement sur la rive bosnienne de la Drina. La maison est sans charme, mais elle bien placée, à l'entrée du parc national, au bord du lac de Perućac et avec une plage près d'un café-restaurant. Elle dispose en outre du Wifi, d'un jardin, d'une terrasse avec barbecue. Quant aux sanitaires, ils sont vieillots mais bien entretenus. À Skelani, le bureau d'information du parc national peut vous proposer d'autres logements chez l'habitant. Mais les meilleures adresses se trouvent sur l'autre rive, en Serbie.

BIJELJINA

Bijeljina/Бијељина (prononcez biyélyina) compte environ 42 000 habitants, dont 84 % de Bosno-Serbes. C'est le chef-lieu de la municipalité de Bijeljina (105 000 habitants), en République serbe de Bosnie. La ville se trouve 11 km au sud-ouest de la Serbie (pont Pavlović), 40 km au sud-est de Brčko et de la Croatie, 70 km au nord-est de Tuzla et 107 km au nord de Srebrenica (*via* Zvornik). Liaisons en bus : voir gare routière.

Avec son agglomération de 105 000 habitants, Bijeljina est la deuxième ville la plus peuplée de la République serbe de Bosnie après Banja Luka et la cinquième du pays. Placée dans une plaine agricole à la pointe nord-est de la Bosnie-Herzégovine, c'est la capitale de la petite région historique de la Semberija, séparée de la Serbie par la Save et la Drina. Autrefois surtout peuplée de Bosniaques, elle a subi de plein fouet le nationalisme serbe dès le début du conflit de 1992-1995. Si les massacres ont été moins terribles qu'à Višegrad ou à Srebrenica, Bijeljina traîne une sale réputation causée par une des photos les plus emblématiques des guerres de Yougoslavie, prise ici le 2 avril 1992. La ville se présente aujourd'hui avec fierté comme culturellement « serbe » en oubliant son riche passé multiethnique. Elle donne même l'apparence d'une cité tranquille avec son architecture austro-hongroise bien préservée, son petit complexe folklorique et touristique d'allure médiévale, sa vieille mosquée reconstruite et sa grande esplanade centrale constamment animée (basket-ball en été, patin à glace en hiver).

Histoire

À partir de 5 000 ans av. J.-C., la région de la Semberija est peuplée par les premières grandes sociétés des Balkans, telle la culture de Vučedol (nord de la Croatie). Durant l'Antiquité, la région est dominée par les Breuces, une tribu illyrienne qui résiste aux Romains. Les Slaves s'implantent au VIIe siècle, mais Bijeljina émerge tardivement, surtout avec les Ottomans, au début du XVIe siècle. Ceux-ci encouragent les conversions à l'islam pour contrer l'Empire autrichien. Ce dernier s'empare brièvement de la région en 1718-1739, favorisant l'arrivée de Croates. Les orthodoxes de Semberija participent quant à eux activement aux grandes révoltes serbes qui aboutissent à l'autonomie de la Serbie voisine en 1834. Mais Bijeljina demeure ottomane et largement musulmane. À partir de 1878, la seconde période austro-hongroise s'accompagne d'une modernisation mais aussi d'une montée des tensions. Bijeljina est alors une des villes les plus multiethniques de Bosnie. Elle compte des Slaves de toutes confessions mais aussi des Bijeljincuris, des Roms musulmans qui ont pris le nom de la cité. Relégués aux faubourgs, Serbes et Bijeljincuris se sentent défavorisés face à l'élite urbaine bosniaque et croate. La tendance s'inverse en 1918 lorsqu'est formée la Yougoslavie dirigée par les Serbes. Mais tout explose en 1941 : les Serbes et les Bijeljincuris sont massacrés et déportés par les nazis et leurs alliés croates. La Yougoslavie de Tito ne parvient pas à calmer les rancœurs. Les Croates émigrent, puis les Bijeljincuris, surtout vers l'Italie. Lorsque la guerre éclate à nouveau, les Bosniaques de Bijeljina sont les premières victimes de la politique « d'épuration ethnique » serbe. Les 1er et 2 avril 1992, de 48 à 78 habitants de la ville sont tués par l'armée yougoslave et les paramilitaires bosno-serbes. Une image fait le tour du monde : le photojournaliste américain Ron Haviv a saisi l'instant où un milicien serbe frappe du pied une Bosniaque en train d'agoniser. La région de Bijeljina accueille par la suite le premier camp de concentration du conflit, à Batković (11 km au nord de Bijeljina). Au total, on estime qu'environ 2 000 personnes sont mortes dans la région jusqu'en 1996. En parallèle, les habitants non serbes ont été chassés et les cinq mosquées de la ville, détruites. Les Bosniaques, qui constituaient 52 % de la population de Bijeljina en 1991, ne sont plus que 10 % aujourd'hui.

MONASTÈRE SAINT-BASILE-D'OSTROG DE BIJELJINA ✞

Patrijarha Pavla
✆ +387 55 22 23 00
eparhijazt.com
Tous jours 8h-15h. Tenue correcte exigée.

Doté d'un beffroi de 37 m de hauteur, ce monastère-cathédrale (Manastir Sveti Vasilija Ostroškog/Манастир Светог Василија Острошког) date de 2001. Grandiloquent mais sans charme, le complexe abrite une communauté de cinq religieuses et l'éparchie orthodoxe serbe de Zvornik-Tuzla, déplacée à Bijeljina depuis 1992. On y trouve des fresques du peintre serbe Dragan Marunić (1942-2017), un musée d'icônes ainsi qu'une relique du saint et métropolite d'Herzégovine Basile d'Ostrog (1610-1671).

MONASTÈRE DE TAVNA ✝ ★

Banjica

✆ +387 55 55 24 55

Tous les jours 10h30-14h et 15h30-17h30, dimanche 10h-18h. Tenue correcte exigée.

Ce monastère orthodoxe serbe (Manastir Tavna/Манастир Тавна) est le plus ancien de la Semberija. Il bénéfice d'un beau cadre, au bord de la Tavna, un affluent de la Drina, et au pied du massif de la Majevica (916 m d'altitude). Le complexe a été fondé une première fois au XIe siècle par Jovan Vladimir, roi serbe de la Dioclée (sud du Monténégro et nord de l'Albanie), puis refondé à la fin du XIVe siècle par Stefan Dragutin de la prestigieuse dynastie serbe des Nemanjić. Constamment pillé, mais épargné lors de la dernière guerre, il conserve son catholicon du XIVe siècle dédié à la Trinité. Cette élégante église à nef unique (18,95 x 6,15 m) est surmontée d'un dôme de 12,75 m de hauteur et d'un clocher de 21,32 m ajouté en 1884. Toutes les fresques originales ont été perdues et l'intérieur a été repeint en 1995 par l'artiste Dragan Marunić à qui l'on doit aussi le décor du monastère Saint-Basile-d'Ostrog de Bijeljina. L'iconostase date quant à elle de 1984. Cerné de murs, le complexe abrite des bâtiments annexes restaurés ou reconstruits de 1954 à nos jours ainsi que la tombe du chef partisan Zdravko Jovanović, tué ici en 1943 par les oustachis (nationalistes croates). Une communauté composée de seize moniales et de deux moines occupe les lieux et tire ses revenus d'une vaste exploitation agricole. Dans le village voisin de Banjica un petit complexe folklorique rend hommage au haïdouk (brigand) serbe Starina Novak (1530-1601), qui, selon la légende locale, aurait financé la restauration du monastère à la fin du XVIe siècle.

MONASTÈRE SAINTE-PETKA ✝

Mučenika Romanovih

✆ +387 55 25 13 80

Visite possible en journée. Tenue correcte exigée.

Fondé en 2006, ce monastère orthodoxe serbe (Manastir Svete Petke/Манастир Свете Петке) étonne avec son catholicon doté de cinq clochers à bulbe dorés de style russe. Situé dans le récent quartier de Pet Jezera (« cinq lacs »), il est dédié à sainte Parascève des Balkans, une ascète orientale du XIe siècle qui s'est substituée localement à Petka, ancienne divinité des Slaves du Sud. Dans le complexe, un énorme bâtiment sert de maison de retraite aux religieux de la région. Richement décoré, il est surnommé le « petit Versailles » (*mali Versaj*) par les habitants.

MONUMENT AUX SOLDATS DE BIJELJINA ET DE SEMBERIJA 📷

Sur l'esplanade de l'hôtel de ville.

Datant de 1998, cette sculpture (Spomenik Borcima Bijeljine i Semberije/Споменик борцима Бијељине и Семберије) représente dix hommes penchés enserrés dans une porte d'acier en forme de croix. Elle rend hommage aux soldats bosno-serbes de la région morts durant les guerres de Yougoslavie (1991-2001). Il s'agit d'une œuvre mineure du sculpteur serbe Miodrag Živković à qui l'on doit le fantastique *Monument de la bataille de la Sutjeska* (1971), près de Foča.

Monastère de Tavna.

MOSQUÉE ATIK

Vuka Karadžića

Visite parfois possible en journée.
Tenue correcte exigée, se déchausser, se couvrir la tête pour les femmes.

Le nom de cette mosquée (Atik Džamija/Атик Џамија) est dérivé du terme arabe *atiq* qui signifie « vieille ». Elle est aussi connue sous le nom turc de *Sultan Süleyman Camii*. Elle a en effet été édifiée sous le règne de Soliman le Magnifique, entre 1520 et 1566, au début de la présence ottomane à Bijeljina. Son histoire est mouvementée. Le bâtiment actuel, rectangulaire (11,5 x 21,5 m), est une réplique fidèle de la mosquée originelle. Celle-ci a été détruite par les nationalistes serbes en 1993, puis reconstruite pour être ouverte au culte en 2014. Avant cela, en 1718, elle servit de position défensive aux Ottomans face aux Autrichiens qui s'emparèrent de la ville et transformèrent l'édifice en église catholique pour les besoins de la communauté croate. Reconvertie en mosquée au XIXe siècle, elle a alors été dotée d'un nouveau minaret. Rehaussé à 30,5 m de hauteur en 1912, ce fut la plus haute structure de la ville. Sa réplique est à présent dominée par le beffroi du récent monastère Saint-Basile-d'Ostrog qui lui fait face. Autour de la mosquée, le harem (espace sacré) abritait un hammam et un cimetière musulman qui furent démolis durant la Seconde Guerre mondiale. Au début de la reconstruction de la mosquée, en 2002, ont été mises au jour des tombes serbes des XIVe et XVe siècles. Cette découverte a servi de prétexte pour retarder le chantier de dix ans. Les tombes, portant des inscriptions en cyrillique, constituent les plus anciens vestiges de la ville et sont exposées au musée voisin.

MUSÉE DE LA SEMBERIJA

Karađorđeva 2

✆ +387 55 20 12 93

Tous les jours sauf dimanche 8h-16h, mercredi jusqu'à 20h, samedi 10h-14h.
5 km.

Ce musée (Muzej Semberije / Музеј Семберије) est installé dans le plus vieil édifice de la ville, un *konak* (palais) ottoman de style néomauresque de 1876. Fondé en 1970, il abrite quatre salles retraçant l'histoire de la région avec en particulier une riche collection archéologique : poteries et outils des premiers agriculteurs du néolithique, statues de la période illyro-romaine, tombes serbes découvertes à l'emplacement de la mosquée Atik. Hélas, les parties historique et ethnologique font abstraction du passé ottoman, bosniaque, croate et rom de la région.

PONT PAVLOVIĆ

Pavlovića most

Pont routier. Poste-frontière de Popovi-Badovinci : 24h/24.

Ce pont de 180 m de longueur (Pavlovića Ćuprija/Павловића Ћуприја) relie la Bosnie-Herzégovine à la Serbie en enjambant la Drina. Achevé en 1996, il porte le nom de celui qui l'a financé, le millionnaire Slobodan Pavlović. Ce Bosno-Serbe né ici en 1938 et émigré aux États-Unis est revenu en 1991. Il a racheté une banque et des entreprises bosniennes, fondant même 4 km avant le pont l'université Slobomir (« paix et liberté »). En 2016, des poursuites pour blanchiment d'argent l'ont contraint d'abandonner son projet de créer une ville de part et d'autre du pont.

RÉSERVE NATURELLE SPÉCIALE DE GROMIŽELJ

21 km au nord-est de Bijeljina, peu avant le poste-frontière de Rača. GPS : 44.901376, 19.313401.

Accès libre, mais peu de sentiers aménagés.
Possibilité de visite avec l'association Gromiželj (ljekobilje@teol.net).

Cette zone humide de 831 ha (Posebni Rezervat Prirode Gromiželj/Посебни Резерват Природе Громижељ) est située près du confluent de la Save et de la Drina. Classée depuis 2011, elle compte 90 espèces d'oiseaux (cigogne noire, héron pourpré, aigrette garzette...). Le site abrite aussi l'un des plus anciens vertébrés connus au monde : le poisson-chien (*Umbra krameri*), une espèce âgée de 25 millions d'années. Ce petit poisson (15 cm pour 30 g) peut survivre hors de l'eau pendant dix heures.

STATUE DU ROI PIERRE IER

Devant l'hôtel de ville.

Cette statue équestre en bronze (Spomenik Kralju Petru I Karađorđeviću / Споменик Краљу Петру I Карађорђевићу) se trouve devant la mairie, un bâtiment néoclassique de 1912. Érigée en 1993, c'est une réplique de la statue installée ici en 1937 et détruite en 1941. Elle représente Pierre Ier Karađorđević (1844-1921), roi de Serbie (1903-1918), puis des Serbes, Croates et Slovènes (1918-1921). Le souverain terrasse un homme à trois têtes : c'est une allégorie du christianisme triomphant des autres religions symbolisées par Triglav, ancienne divinité slave tricéphale.

BOSNIE ORIENTALE

VILLAGE FOLKORIQUE STANIŠIĆ

6 km au nord-est de Bijeljina en direction du pont Pavlović vers de la Serbie.
✆ +387 55 35 03 06 – etno-selo.com
Tous les jours 7h-23h. Gratuit.
Hébergements : voir Hôtels Pirg et Ras.

Ce complexe touristique (Etno Selo Stanišić/ Етно Село Станишић) a été créé en 2003 par l'entrepreneur local Borislav Stanišić. Il regroupe trois hôtels et dix-neuf maisons « des villages serbes de Bosnie », des créations et d'authentiques bâtisses en bois déplacées ici. On y trouve trois lacs, trois restaurants, un café, des magasins, un musée, un petit train, des terrains de sport et un monastère de style russo-serbe abritant une relique de l'empereur serbe Stefan Uroš (XIVe siècle).

GARE ROUTIÈRE DE BIJELJINA

150 m à l'est de l'hôtel de ville.
✆ +387 55 20 11 26
semberijatransport.com
Trajet Bijeljina-Sarajevo : durée 5h, tarif 25 km ; Bijeljina-Belgrade : durée 2h30, tarif 16 km.

Cette gare routière (Autobuska Stanica Bijeljina/ Аутобуска станица Бијељина) est petite mais bien organisée : salle d'attente, guichets, kiosque, banque et taxis. Liaisons en bus avec Brčko (29/jour), Banja Luka (16/jour), Belgrade (en Serbie, 6/jour), Sremska Mitrovica (en Serbie, 5/jour), Doboj (4/jour), Tuzla (2/jour), Sarajevo et Kladanj (2/jour), Istočno Sarajevo (2/jour), Srebrenica (2/jour), Novi Sad (en Serbie, 2/jour), Foča et Trebinje (1/jour), Šabac (en Serbie, 1/jour).

MOTEL MILOŠEVIĆ €

Filipa Višnjića 151
✆ +387 55 42 56 66
motelmilosevic.com
14 chambres. 31 € pour deux avec petit déjeuner. Restaurant et parking.

Son nom fait froid dans le dos. Qu'on se rassure, Milošević est un patronyme serbe très courant pas uniquement porté par des chefs d'État sanguinaires. Voici d'ailleurs un bon établissement, bien tenu, bien placé et bon marché. Bémols : cet hôtel créé en 2015 dispose d'un bar un peu bruyant avec machines à sous, le Wifi n'est pas toujours au top et la déco pourrait être plus gaie. Mais il a aussi pour lui son agence de location de voitures sur place et son personnel sympa. Clim, rangements et bonnes salles de bains. Restaurant et petit déjeuner corrects.

HÔTELS PIRG ET RAS €€

Pavlovića put 32
✆ +387 55 35 03 06
etno-selo.com
70 et 80 chambres. 72 € pour deux avec petit déjeuner. Parking et restaurants.

Intégrés au complexe hôtelier et touristique du village folklorique Stanišić, ces deux établissements de qualité proposent des prix et des prestations identiques. La seule différence tient à leur architecture. L'hôtel Pirg est une réplique de la tour du monastère serbe de Hilandar, au mont Athos (Grèce). L'hôtel Ras est quant à lui de style russo-serbe et jouxte la piscine et le centre de bien-être du parc. Par ailleurs, toujours dans le parc folklorique, un troisième hôtel (Etno Kuće za Odmor), moins cher, est installé dans des chalets en bois.

SEMBERSKI SALAŠ €

Pavlovića put
✆ +387 55 25 75 00 – www.semberskisalas.com
Tous les jours 7h-23h. Environ 30 km/personne.
Hébergement : 25 chambres, 20/50 € pour deux avec petit déjeuner.

Conçu en 2012 comme une « ferme » (*salaš*) de la Voïvodine (région nord de la Serbie), ce restaurant moderne propose des spécialités balkaniques comme l'agneau ou le veau cuit au gril sous cloche de fer (*ispod sača*) et des desserts aussi bien bosniaques (*hurma* et *tufahije*) que serbes (*lijena pita*). L'immense salle aux poutres apparentes fait désormais partie d'un complexe très prisé le week-end avec piscines, aire de jeux, animaux de la ferme et hôtel. Ce dernier comprend aussi bien des chambres très simples que des appartements plus haut de gamme.

LOCAL LOUNGE

Trg Kralja Petra I Karađorđevića 4
✆ +387 55 49 04 65
www.facebook.com/localloungebn
Tous les jours 7h-23h. Restauration : environ 15 km/personne.

Certainement pas la meilleure adresse pour manger dans la région de Bijeljina (nuggets de poulet, frites, saumon trop cuit), mais un super-endroit pour boire un verre en terrasse et, surtout, à l'intérieur. Derrière l'immense bar très design : une impressionnante collection de bouteilles. Depuis 2016, on concocte ici les meilleurs cocktails du nord-est de la Bosnie-Herzégovine. Pour finir la soirée, ne reste ensuite que le Klub Kodeks, 350 m au sud-est, dans la grande rue Nikola-Tesla, ouvert du jeudi au samedi jusqu'à 3h du matin.

BRČKO

Brčko/Брчко (prononcez « beurtchko ») compte environ 38 000 habitants, dont 49 % de Bosno-Serbes et 44 % de Bosniaques. Elle est le chef-lieu du district de Brčko (82 000 habitants). La ville se trouve le long de la Croatie, 32 km au sud-est de Županja (Croatie), 40 km au nord-ouest Bijeljina et 55 km au nord de Tuzla. Liaison en bus : voir gare routière.

Placée le long de la Save, en face de la Croatie, Brčko est une ville plutôt riche grâce à son grand port fluvial. Si elle ne présente guère d'intérêt, hormis un agréable petit centre rénové datant de la période austro-hongroise, c'est une ville à part en Bosnie-Herzégovine. Occupant 1,5 % du territoire national, le district de Brčko est l'une des trois entités politiques du pays avec la Fédération de Bosnie-et-Herzégovine et la République serbe de Bosnie. Possédant ses propres institutions (police, justice, administration, éducation), c'est l'unique municipalité d'Europe à être entièrement autonome. Cette situation est le résultat d'une impasse lors des accords de Dayton en 1995. Brčko occupe une place stratégique que personne ne voulait lâcher : elle se trouve aux confins de la Serbie (20 km à l'est à vol d'oiseau) et de la Croatie, mais aussi à la limite entre les deux autres entités du pays. Par la force des choses, le district est devenu un laboratoire de la mixité dans les Balkans. Sur les 82 000 habitants de l'entité, 42 % sont bosniaques, 35 % bosno-serbes, 21 % bosno-croates. Et tous sont obligés de vivre ensemble.

Histoire

Le nom de la ville vient de la tribu illyrienne des Breuces qui occupa la région durant l'Antiquité. La plaine de la Posavina passe ensuite entre les mains des Romains/Byzantins, des Huns, des Ostrogoths, des Lombards, des Bulgares, puis des rois de Croatie, de Bosnie et de Serbie. Ce n'est toutefois qu'avec les Ottomans que la ville apparaît au XVIe siècle. Celle-ci prospère à partir de 1830 grâce au commerce fluvial, qui se développe encore davantage sous l'ère austro-hongroise. Une richesse qui permettra longtemps aux différentes communautés de cohabiter dans une relative harmonie. Mais en 1992, Brčko est capturée par les forces serbo-yougoslaves en lutte contre la Croatie et la Bosnie-Herzégovine. Les habitants non serbes sont expulsés, et pour certains exécutés ou internés au camp de Luka. Jusqu'en 1995, le « corridor de Brčko » (ou « couloir de la Posavina ») permettra de relier la région de Banja Luka au reste de la « Grande Serbie ». À l'issue de la guerre, alors que les réfugiés commencent à revenir, la ville devient l'enjeu de négociations qui vont durer cinq ans entre la Fédération de Bosnie-et-Herzégovine et la République serbe de Bosnie. En 2000, faute d'accord, l'ONU décide de créer le district de Brčko en tant que troisième entité politique au sein de la Bosnie-Herzégovine. Complètement autonome, la municipalité dispose de ses propres institutions. Elle demeure toutefois sous le contrôle du « superviseur international de Brčko », un poste uniquement confié à des diplomates américains depuis sa création.

FONDATION EKMEČIĆ ★

En face du pont de la Save,
à côté du poste-frontière,
le long boulevard de la Paix (Bulevar Mira).
✆ +387 62 11 11 07
Week-end 11h-20h. Gratuit.

Installée dans un bâtiment austro-hongrois, cette fondation (Foundacija Legat Ekmečić) a été créée en 2017 par la famille Ekmečić, qui compte les artistes et écrivains les plus réputés de Brčko. On y trouve des tableaux de Mevludin Ekmečić (1929-2021), des sculptures de Sead Ekmečić (1933-2012), auteur de la *Fontaine de la jeunesse* sur la place du même nom, les livres de Fadil Ekmečić (né en 1936), écrivain et éditeur installé en France depuis 1968, ainsi que des œuvres de proches de la famille, dont des sculptures du Franco-Bosnien Mirza Morić (né en 1954).

HÔTEL DE VILLE DE BRČKO ★

Trg Robertsa B. Owena
Ne se visite pas.

Monument phare de Brčko, ce bâtiment de style néo-mauresque (Gradska Vijećnica) a été érigé en 1892. S'il évoque l'ancien hôtel de ville de Sarajevo, c'est qu'il est dû aux mêmes architectes : le Tchèque Alexander Wittek et le Croate Ćiril Iveković. L'entrée est située sur une petite place renommée en l'honneur du diplomate américain Roberts Bishop Owen (1926-2016). C'est grâce à lui que fut créée en 2000 l'entité autonome du district de Brčko sous l'égide de l'ONU. Juste à côté se trouvent le Grand Hotel Posavina et la place de la Jeunesse.

MOSQUÉE DE LA SAVE

Islahijet

Visite possible en journée. Tenue correcte exigée, se déchausser, se couvrir la tête pour les femmes.

Construite en 2006, cette mosquée (Savska Džamija) est située au confluent de la Brka et de la Save. Il s'agit de la réplique de la plus ancienne mosquée de la ville, érigée vers 1650 et détruite par les nationalistes serbes en 1992. Juste à côté se trouve le vieux bazar, dit « marché vert » (Zelena Pijaca, tous les jours 6h-13h30), constitué d'échoppes variées et parfois improbables. Au sud de la mosquée, en longeant la Brka, subsistent les vieilles maisons bosno-ottomanes du quartier Rošulje (« courbé »), dont certaines abritent d'agréables bars et cafés.

PONT DE LA SAVE

Savski most

Pont routier avec poste-frontière (24h/24), ✆ +387 49 23 59 60.

Long de 755 m et soutenu par six piles, cet ouvrage d'art en métal (Savski Most) relie Brčko à la Croatie en enjambant la Save. Érigé par les Austro-Hongrois en 1893, c'est un ancien pont ferroviaire transformé en pont routier en 1974. Il fut saboté deux fois au cours de la Seconde Guerre mondiale et une nouvelle fois en 1992. Rouvert à la circulation depuis 2000, il dispose d'un poste-frontière. En face, le bourg de Gunja (environ 3 000 habitants, dont 30 % de Bosniaques) est sans intérêt et seule une petite route mène à la belle région croate de la Slavonie.

PARC DU 9-JANVIER

Park Devetog Januara

Parc public avec parking payant. Supermarché, centre culturel, hôtels et commerces à proximité.

Ce petit parc (Park Devetog Januara) attise les tensions entre les communautés de Brčko. Installé au bord du quartier bosno-serbe de Srpska Varoš qui longe la Save, il est nommé en l'honneur du jour de la création de la République serbe de Bosnie, le 9 janvier 1992, prélude à la guerre de Bosnie-Herzégovine. Or, la célébration de cette date est déclarée illégale par la justice du pays. Le parc abrite le *Monument des défenseurs serbes de Brčko* (1997) qui lui aussi heurte la mémoire de la ville, ravagée par ces mêmes « défenseurs serbes » durant la dernière guerre.

GARE ROUTIÈRE DE BRČKO

Željeznička

✆ +387 49 36 01 25

Trajet Brčko-Bijeljina : durée 35 min/1h, tarif 6/8 km ; Brčko-Sarajevo : durée 6h15, tarif 30 km.

Cette gare routière (Autobuska Stanica Brčko) est assez rudimentaire : guichets, café, toilettes et station de taxi. Liaisons en bus avec Bijeljina (29/jour), Banja Luka (18/jour), Tuzla et Srebrenik (7-9/jour), Doboj (6/jour), Sarajevo (3-4/jour), Srebrenica (2/jour), Šipovo (2/jour), Konjic, Jablanica et Mostar (1/jour). Autres liaisons avec la Serbie (12/jour avec Belgrade,10/jour avec Novi Sad) et la Croatie (5/jour avec Zagreb et Pula). La gare ferroviaire située en face ne sert plus qu'au trafic de marchandises depuis 2020 (présence de locomotives à vapeur).

PLACE DE LA JEUNESSE

Trg Mladih

Place piétonne avec banques, magasins, cafés et restaurants. Parking souterrain payant en face de l'hôtel de ville.

Bordée de terrasses de cafés, la place centrale (Trg Mladih) est dominée par deux édifices néo-mauresques : l'hôtel de ville (1892) et le Grand Hotel Posavina (1891), à présent fermé. On y trouve les monuments des victimes bosniaques et bosno-croates de la dernière guerre ainsi que la *Fontaine de la jeunesse* (1963), œuvre de Sead Ekmečić (1933-2012) représentant deux enfants tenant un poisson. La place se poursuit par la rue Bosna-Srebrena, aux façades néo-classiques, qui mène à l'église catholique du Sacré-Cœur (1861), puis au parc de la Justice et au Grand parc.

SHEHER LA PETITE CUISINE €

Islahijet

✆ +387 62 63 35 55

www.facebook.com/sheherrestoran

Tous les jours 7h-23h. Environ 30 km/personne. Parking.

Ce restaurant dispose d'une agréable terrasse au ras des flots avec vue sur la Croatie et le pont voisin. En revanche, son nom est plutôt déroutant : ce n'est pas une « ville » (*sheher*, un mot d'origine turco-persanne), mais un ponton amarré dans le petit port de plaisance, et « la petite cuisine » servie ici n'a rien de française. Le chef propose des spécialités croates de Slavonie, ainsi que du poisson et des grillades. Venant du Danube, quelques bateaux de croisière reliant Budapest (Hongrie) à Belgrade (Serbie), puis à Zagreb (Croatie) font parfois escale ici.

BOSNIE ORIENTALE

ORGANISER SON SÉJOUR

Vous n'arriverez sans doute pas en Bosnie directement depuis Paris. Faute de compagnie aérienne nationale, il faudra souvent s'en remettre à des *low cost* qui opèrent depuis Bâle-Mulhouse, Paris-Beauvais et Bruxelles-Charleroi avec les aéroports de Sarajevo et de Tuzla. Il est souvent plus aisé d'arriver par l'aéroport tout proche de Dubrovnik, en Croatie. Mais ensuite, il est facile de s'organiser et de séjourner dans le pays en fonction de son budget. On trouve tout : des hôtels de luxe à Mostar, Sarajevo et Banja Luka, des hôtels de charme, des auberges de jeunesse, des chambres d'hôte et des campings, surtout dans l'Herzégovine et près des grands sites de rafting. L'offre est large et, d'une manière générale, pas chère du tout. Il faut profiter de ce pays en dehors des sentiers battus. Les grandes agences de voyages axées sur les Balkans n'ont pas encore un catalogue très étoffé concernant la Bosnie-Herzégovine.

PRATIQUE

ORGANISER SON SÉJOUR

ARGENT

La monnaie du pays est le mark convertible, dont le symbole est MK ou BAM. Il est lié à l'euro par un taux fixe : 1 MK = 0,5113 € et 1 € = 1,95583 km. L'astuce : il est d'usage de simplement diviser par deux les prix affichés ici pour connaître leur valeur en euros. Les billets existent en coupures de 10, 20, 50, 100 et 200 km. Les pièces ont une valeur faciale de 5, 10, 20 et 50 feminga (100 feminga = 1 km), mais aussi de 1 et 2 km. À noter que dans le sud du pays, certains commerçants bosno-croates acceptaient volontiers les kunas croates. Celles-ci ont été remplacées par l'euro en 2023.

BUDGET / BONS PLANS

Le coût de la vie est en moyenne deux fois moins élevé qu'en France. Mais les salaires sont trois ou quatre fois plus bas. Il convient donc d'être généreux en pourboire avec le personnel des restaurants, cafés et hôtels, souvent mal payé. Prévoyez un budget d'environ 100-150 €/jour pour deux personnes pour vous loger et vous nourrir si vous évitez les hôtels de luxe et les rares restaurants gastronomiques. Cela grimpe un peu à Sarajevo, à Mostar et à Banja Luka.

PASSEPORT ET VISAS

Les citoyens français peuvent entrer dans le pays avec un passeport ou une carte nationale d'identité en cours de validité pour un séjour qui ne doit pas dépasser 90 jours.

PERMIS DE CONDUIRE

Le permis de conduire national français est accepté. Si vous venez avec votre véhicule, la carte verte internationale est exigée à l'entrée du pays. Les conditions pour les locations de voiture sont les mêmes qu'en France. Mais il se peut que vous preniez votre location dans un autre pays (généralement aux aéroports de Split et de Dubrovnik, en Croatie). Dans ce cas, vous devez vous acquitter de frais d'assurance supplémentaires pour entrer en Bosnie-Herzégovine. Conseil : si vous payez avec une carte de « crédit » (une non une simple carte de « débit »), ces frais seront considérablement réduits.

SANTÉ

L'eau potable ne présente pas de risque. Si le système de santé est défaillant, il reste correct. Toutefois, il vaut mieux éviter un pépin sur place. Par ailleurs, on recommande aux personnes souffrant de problèmes respiratoires de ne pas se rendre à Sarajevo en hiver : c'est la capitale la plus polluée d'Europe avec des taux de particules fines dépassant les 300 µg/m^3 d'air lors des mois les plus froids à cause du bois et charbon de chauffage.

VACCINS OBLIGATOIRES

Aucun vaccin spécifique n'est requis. Concernant la Covid-19, les autorités locales ont supprimé les restrictions d'entrée le 26 mai 2022 (tenez-vous au courant d'éventuelles évolutions sur le site du ministère des Affaires étrangères de votre pays). Par ailleurs, le ministère des Affaires étrangères français recommande une vaccination préventive contre l'encéphalite à tiques d'Europe centrale en cas de séjour prolongé en zone rurale ou forestière.

SÉCURITÉ

En 2022, on estimait qu'il subsistait encore 175 000 mines antipersonnel dans le pays du fait de la guerre de 1992-1995. Il faudra encore attendre les années 2030-2040 pour que toutes soient retirées. Les zones à risques sont en théorie bien indiquées et aucun accident grave n'a été signalé dernièrement. Toutefois, évitez de vous aventurer hors des routes dans les zones boisées des anciennes lignes de front. Vous trouverez des cartes et des conseils sur le site Internet du BHMAC (bhmac.org), le Centre d'action contre les mines de Bosnie-Herzégovine.

INTERVIEW

L'ASSURANCE VOYAGE, LE BON RÉFLEXE POUR PARTIR L'ESPRIT TRANQUILLE

avec CATHERINE DIBOUES, responsable du marché voyage, loisir et mobilités chez Allianz TraveL

En cas d'annulation de voyage, peut-on bénéficier d'un remboursement des frais engagés ?

L'assurance voyage propose une indemnisation lorsque l'on doit abandonner son projet de séjour pour une raison indépendante de sa volonté. Contrairement aux idées reçues, les assurances liées aux cartes bancaires ne proposent pas toutes une assurance annulation.

Que se passe-t-il en cas de retard de vol ?

Avec l'assurance voyage Allianz Travel, les frais supplémentaires liés à l'attente sont pris en charge, à partir de 2h de retard. Il peut s'agir des frais de restauration, de transport lors d'un changement d'aéroport ou d'une éventuelle nuit d'hôtel.

L'assurance voyage couvre-t-elle la perte ou le dommage des bagages ?

Allianz Travel indemnise les voyageurs en cas de bagages endommagés ou perdus par la compagnie aérienne. Cela comprend l'indemnisation du bagage et son contenu.

Quelles sont les destinations couvertes par votre zoning Europe svp ? Est-ce uniquement l'UE ou l'ensemble du continent européen ?

Les pays européens ont des accords avec l'administration française. Avant de partir, il faut demander la carte européenne d'assurance maladie. La sécurité sociale et la mutuelle prennent alors en charge les frais médicaux, selon leurs barèmes. Les frais médicaux étant majoritairement plus élevés qu'en France, l'assurance voyage permet de se voir remboursé du reste à charge.

En cas de souci de santé sur place, que faut-il faire ?

En cas de doute ou pour des symptômes légers, nous proposons un service de téléconsultation médicale, par téléphone et en visio, qui permet d'être conseillé et orienté par un professionnel ainsi que d'obtenir une ordonnance si besoin. Pour une situation plus grave, il est nécessaire d'appeler les urgences locales, dont les numéros sont disponibles sur notre application mobile. Une fois à l'hôpital et dans un état stable, on appelle Allianz Travel pour déclencher les procédures de prises en charge. Notre centre d'assistance fonctionne 24h/24, 7j/7.

© ELIZAVETA - STOCK.ADOBE.COM

DÉCALAGE HORAIRE

Aucun décalage avec la France métropolitaine, même fuseau horaire.

LANGUES PARLÉES

Il existe trois langues officielles : le bosnien, le serbe et le croate. Il s'agit en fait presque de la même langue (le bosno-serbo-croate). Le serbe s'écrit en alphabet cyrillique, mais il se prononce de la même manière que les deux autres langues.
Sinon, toute une partie de la jeunesse se débrouille bien en anglais. De nombreux Bosniens ayant travaillé et vécu à l'étranger parlent allemand ou italien. Le français n'est maîtrisé que par une petite minorité.

COMMUNIQUER

Dans certaines zones rurales ou montagneuses, votre téléphone portable sera inopérant. Mais sur la plupart des routes, vous aurez du réseau. Concernant Internet, le Wifi est accessible gratuitement dans tous les hébergements que nous vous proposons, à une ou deux exceptions près.
C'est également souvent le cas dans les cafés et restaurants.

ELECTRICITÉ ET MESURES

Les prises électriques sont de type Schuko ou F comme dans la plus grande partie de l'Europe. Elles sont différentes de celles de France, de Belgique et de Suisse. Mais elles acceptent « nos » appareils électriques. Pas besoin d'adaptateur, donc. Sinon, la Bosnie-Herzégovine suit le système métrique et l'unité de température est le degré Celsius.

BAGAGES

En été, il fait très chaud, mais parfois frisquet le soir dans les vallées et près des rivières. Vous partirez donc avec des vêtements légers, une seule petite laine, de l'antimoustique, de la crème solaire, un chapeau et une gourde. Si vous ne voulez pas être pris au dépourvu, emportez aussi un imperméable car les pluies sont fréquentes. Au printemps et en automne, il faut prévoir des vêtements plus chauds et l'imperméable devient indispensable. Quant à l'hiver, qui s'étale de novembre à avril dans les zones montagneuses de la partie nord, il requiert des vêtements bien chauds, des gants, un bonnet, une écharpe, voire des après-ski. Toute l'année, pensez à emporter de bonnes chaussures qui vous permettent d'arpenter aussi bien les villes que les sentiers de randonnée. Une lampe frontale peut aussi être utile pour explorer certaines cavités et recoins de forteresses.

LES PHRASES CLÉS

Bonjour, je voudrais réserver un billet aller/retour pour…
Hello, I'd like to book a single/return ticket to…

J'ai raté mon avion. Je voudrais échanger mon billet s'il vous plaît.
I missed my plane.I'd like to change my ticket please.

Mon vol est très en retard. Ma correspondance sera bien assurée ?
My flight is very delayed. Will I make my connection?

Mes bagages ont été égarés, à qui dois-je m'adresser ?
My luggage has been lost, who should I talk to?

Louez-vous des voitures avec chauffeur ?
Do you hire cars with a driver?

Je n'ai presque plus d'essence. Où se trouve la station-service la plus proche ?
I'm almost out of petrol. Where is the nearest petrol station?

S'Y RENDRE

La Bosnie-Herzégovine est *a priori* difficile d'accès en avion depuis l'Europe francophone. Elle ne compte actuellement plus de compagnie aérienne nationale, après plusieurs tentatives avortées : B&H Airlines (1994-2015), Air Srpska (1999-2003), Fly Bosnia (2017-2022)... Mais la compagnie *low cost* hongroise Wizz Air assure des liaisons toute l'année au départ de Bâle-Mulhouse, de Paris-Beauvais et de Bruxelles-Charleroi avec les aéroports de Sarajevo et de Tuzla. En 2022, il existait par ailleurs des vols réguliers entre Bruxelles-Charleroi et Banja Luka avec Ryanair. Nous avons aussi testé d'arriver par l'aéroport de Dubrovnik, en Croatie. Celui-ci possède deux avantages : sa proximité avec l'Herzégovine et ses nombreuses liaisons saisonnières (Paris, Genève, Bruxelles, Nantes, Bordeaux...). Enfin, il est également possible de rejoindre la Bosnie-Herzégovine par la route : 1 250 km entre le tunnel du Mont-Blanc et Sarajevo.

RYANAIR

✆ 08 92 56 21 50
www.ryanair.com

Ses vols décollent de Beauvais, dans l'Oise, avec des navettes assurées en bus depuis Paris, Porte Maillot. On aime souvent ses prix attractifs, mais ses conditions de voyage un peu moins. Pour vous rendre à votre destination sans supplément, par exemple, il vous faudra maintenant voyager avec un sac qui se place sous le siège passager. Et le billet est non-remboursable. Mais ces conditions de transport mises à part, il faut reconnaître à Ryanair des rotations intéressantes à prix très doux. La compagnie opère deux vols par semaine de Bruxelles à Banja Luka.

VOLOTEA

✆ +34 931 22 07 17
www.volotea.com
Service client au téléphone de 7h à 19h, 7 jours sur 7.

Cette compagnie aérienne espagnole à bas prix basée à Nantes couvre surtout la France et l'Espagne. Elle propose des liaisons saisonnières entre l'aéroport de Dubrovnik (Croatie) et ceux de Nantes, de Bordeaux, de Marseille, de Lyon, de Strasbourg et de Toulouse. Par ailleurs, d'autres compagnies assurent des liaisons avec Dubrovnik durant la saison estivale : Air France et Croatia Airlines (de Paris-Roissy CDG), Transavia (de Paris-Orly et Nantes), TUIfly et Brussels Airlines (de Bruxelles), Swiss (de Genève), EasyJet (de Nantes, Bâle-Mulhouse, Lyon et Toulouse).

WIZZAIR

✆ 08 99 86 07 29
www.wizzair.com

Cette compagnie aérienne hongroise à bas prix basée à Budapest couvre surtout l'Europe de l'Est et les Balkans. Elle propose des liaisons régulières entre l'aéroport de Sarajevo et ceux de Paris-Beauvais, de Bâle-Mulhouse et de Bruxelles-Charleroi. En 2022, elle assurait aussi une liaison entre Bâle-Mulhouse et Tuzla, la deuxième agglomération du pays en termes de population. Wizz Air assure surtout des vols entre la Bosnie-Herzégovine et l'Europe du Nord (Allemagne, Pays-Bas, Scandinavie), où réside la plus grande partie de la diaspora bosnienne.

SÉJOURS ET CIRCUITS

Les grandes agences de voyages françaises axées sur les Balkans sont bien frileuses concernant la Bosnie-Herzégovine. Elles sont peu nombreuses à proposer la destination dans leurs catalogues. Quand elles le font, elles sortent rarement des sentiers battus : Sarajevo, Mostar et guère plus. Heureusement, quelques spécialistes comme Randocheval (équitation) et DHD Laïka (pêche à la mouche) ont compris le potentiel « nature » de la destination. Mais aucun voyagiste parisien ne s'aventure, par exemple, en Tropolje pour vous faire découvrir les chevaux sauvages de Livno ou vous envoler en montgolfière au-dessus du parc naturel de Blidinje. Certaines agences locales le font. Au fil de nos pages, vous verrez que celles-ci proposent une large palette d'activités : rafting aux quatre coins du pays, visites guidées des ruines de la guerre, dégustations de vins, rencontre des habitants dans des villages isolés, pèlerinages religieux…

BEMEX TOURS

13 bis, avenue de la Motte-Picquet
PARIS (7e)
✆ 01 46 08 40 40
www.bemextours.com
Tous les jours sauf dimanche 10h-18h.

Spécialiste de la Croatie depuis 1985, ce voyagiste propose aussi des excursions dans certains autres pays des Balkans. En Bosnie-Herzégovine, il est ainsi possible de faire un périple itinérant en voiture de neuf jours/huit nuits au départ de Split (Croatie) et en terminant à Dubrovnik (Croatie) avec trois nuits à Mostar, trois nuits à Sarajevo et deux nuits à Trebinje. Dans le catalogue, il existe aussi un tour de l'Herzégovine, de la Dalmatie et du Monténégro ainsi qu'une incursion dans la région de Mostar comprise dans certains séjours sur la côte Adriatique.

AMSLAV

60, rue de Richelieu - **PARIS** (2e)
✆ 01 44 88 20 40 - www.amslav.com
Lundi, mardi, jeudi et vendredi 10h-12h, 13h-15h.

Amslav Tourisme est l'un des leaders des voyages sur l'Europe de l'Est, les Balkans et le Caucase. L'agence propose ainsi un séjour de huit jours/sept nuits en Bosnie-Herzégovine en arrivant et en repartant par l'aéroport de Dubrovnik, en Croatie. Le programme se concentre sur les villes de Neum, de Sarajevo et de Mostar avec des visites de la vieille ville de Dubrovnik, de Jajce, de Travnik, de Jablanica, des chutes de Kravica, de Međugorje, de Trebinje, de la nécropole médiévale de Radimlja à Stolac, de Blagaj, de Počitelj et de la vallée de la Neretva.

DHD-LAÏKA VOYAGES

4, rue Paul-Cézanne
PARIS (8e)
✆ 01 42 89 32 64
www.dhdlaika.com
Lundi-vendredi 10h-18h.

Cette agence parisienne organise des voyages thématiques sur la chasse et la pêche partout à travers le monde depuis 1995. En Bosnie-Herzégovine, elle propose en général des séjours de huit jours/sept nuits entre la fin de l'été et l'automne dans la moitié ouest de la Bosnie-Herzégovine pour pêcher la truite et l'ombre à la mouche sur les rivières Una et Unac (parc national de l'Una), sur la Ribnik (au nord de Bihać) et sur la Pliva (près de Jajce). Mais pour trouver le huchon (« le saumon du Danube »), c'est davantage entre février et mai qu'il faut venir ici.

RANDOCHEVAL

2, place Charles-de-Gaulle
VIENNE
✆ 04 37 02 20 00
www.randocheval.com
Lundi-vendredi 10h-17h30.

Cette agence française spécialiste des voyages à cheval depuis 1998 propose huit jours/sept nuits dans une ferme équestre de Tropolje, à Kupres, chez un couple de cavaliers émérites et accueillants. Ce séjour appelé « Galop dans les plaines » comprend des randonnées à cheval plutôt physiques, notamment dans le polje (plaine karstique) de Kupres, dans la réserve naturelle de Hutovo Blato, près de Čapljina, et sur le mont Stožer, à 1 758 m d'altitude, près de Kupres. Hébergement de qualité. Transfert depuis l'aéroport de Sarajevo ou celui de Split (Croatie).

ALMIRA TRAVEL

Mala Tepa 9 - **MOSTAR**

✆ +387 36 55 18 73

almira-travel.ba

Tous les jours 9h-22h (17h hors saison). Visite de Mostar 40 km/personne, route des vins 80 km, rafting 110 km, etc.

Bien placée dans la vielle ville, cette agence de tourisme appartient à une guide francophone expérimentée, Almira Grčić, qui a appris notre langue avec les soldats français de l'ONU qui stationnèrent à l'aéroport de Mostar de 1995 à 2000. Services proposés : visites guidées de la ville et des environs (Blagaj, Podveležk, Jablanica…), de Dubrovnik et de Sarajevo, descente en rafting de la Neretva, location de voiture, organisation de voyages dans les Balkans (Croatie, Monténégro, Macédoine du Nord, Albanie), etc. Autre bureau à la villa Almira.

VIA DINARICA

Vladimira Nazora 2 - **SARAJEVO**

✆ +387 63 27 29 35

viadinarica.com

Nombreuses infos sur le site Internet : itinéraires, météo, refuges de montagne, location de VTT, activités sportives…

Depuis 2010, ce réseau de chemins de randonnée traverse les Alpes dinariques de la Slovénie à l'Albanie en passant par la Croatie, la Bosnie-Herzégovine, la Serbie, le Monténégro et la Macédoine du Nord. Rassemblés autour des agences bosniennes Green Visions et Terra Dinarica BH, des professionnels de ces différents pays se chargent de tracer les chemins et d'accueillir les marcheurs. Le site Internet viadinarica.com recense les hébergements et itinéraires possibles et met les randonneurs en relation avec des guides locaux tout au long des 1 300 km du parcours.

QUOTATRIP

www.quotatrip.com

Voyages sur mesure.

QuotaTrip est une nouvelle plateforme de réservation de voyage en ligne qui met en relation des voyageurs à la recherche d'expériences authentiques et uniques et des agences de voyages locales sélectionnées pour leurs compétences et leur sérieux. Le réseau de QuotaTrip couvre près de 200 destinations dans le monde entier. Le but de ce rapprochement est simple : proposer un séjour entièrement personnalisé aux utilisateurs. QuotaTrip promet ainsi l'assurance d'un voyage serein, sur mesure, sans intermédiaires et sans frais supplémentaires.

SE LOGER

On trouve plein de bons hébergements dans le pays : des hôtels de luxe à Mostar, Sarajevo et Banja Luka, des hôtels de charme, des auberges de jeunesse, des maisons/chambres d'hôte un peu partout, et des campings, surtout dans l'Herzégovine et près des grands sites de rafting. L'offre est large et, d'une manière générale, pas chère du tout : à deux, il n'est pas rare de payer moins de 50 € la nuit pour une chambre moderne avec copieux petit déjeuner. En dehors des villes, la mode locale est au « village folklorique » : des hôtels installés dans des maisons traditionnelles reconstituées. Vous trouverez aussi des hébergements à prix avantageux dans des lieux aussi inattendus que des stations-service – c'est parfois super-bien. Quant à la qualité du service, elle est très variable. Mais avec des salaires vraiment bas et une formation tout aussi minimale, on peut comprendre la démotivation du personnel de certains établissements.

BEWELCOME €€

www.bewelcome.org

Le système est simple : être hébergé chez l'habitant, partout dans le monde. C'est le site Internet qui se charge de contacter les accueillants et les postulants puis de les mettre en contact, que ce soit en ligne ou dans la vraie vie. Avec leur carte interactive, les profils *des « welcomers »* s'affichent, avec leurs disponibilités. Certains font part de leurs projets de voyage afin de pouvoir trouver des affinités, des opportunités d'action avec les membres du site. Idéal pour un voyage solidaire et plein de belles rencontres !

HOSTELWORLD €

www.hostelworld.com

Depuis 2005, cette centrale de réservation en ligne permet de planifier son séjour à prix corrects dans le monde entier. Afrique, Asie, Europe, Amérique… Hostelworld est spécialisé dans les logements peu onéreux (auberges de jeunesse ou hostels…) mais proposant des services et un cadre plutôt soignés. Pour chaque grande ville, le site propose une sélection pointue d'enseignes partenaires et vous n'aurez plus qu'à choisir l'adresse la plus pratique, la mieux située, ou tout simplement la moins chère. Une plateforme bien pratique pour les baroudeurs.

HOME EXCHANGE €€

www.homeexchange.fr

Abonnement annuel 149 €.

Et si vous échangiez votre maison avec d'autres pour partir en vacances ? HomeExchange est une plateforme d'échange de maisons et d'appartements entre particuliers. L'idée : un site Internet pour échanger son logement (studio, appartement, villa…) moyennant un abonnement annuel à l'agence en ligne, qui se charge de la présentation du bien et de la mise en contact des intéressés. Un excellent moyen de faire des économies pour partir en vacances et réduire ainsi les frais d'hébergement sur place. Le choix est large, avec plus de 450 000 offres dans 159 pays.

UHR BIH €€

Blažujski drum 80

ILIDŽA

✆ +387 33 63 96 26

uhr-bih.ba

L'Association des hôteliers et restaurateurs de Bosnie-Herzégovine (Udruženje Hotelijera i Restoratera BiH/Удружење Хотелијера и Ресторатера БиХ) n'est pas d'un grand secours pour dénicher un hébergement. Son site Internet ne possède pas de version en anglais et aucune liste d'établissements n'est proposée. Pour vous faire une idée : sa direction s'est même opposée à la récente loi sur l'interdiction de fumer dans les hôtels et restaurants… En cas de souci, vous pouvez toujours essayer de contacter le siège de l'association à Ilidža, en banlieue de Sarajevo.

SE DÉPLACER

Aux beaux jours, les motards et les camping-caristes étrangers sont nombreux sur les routes de Bosnie-Herzégovine : c'est un indice sur la beauté des paysages et sur l'état relativement bon du réseau routier du pays. Pour autant, les distances peuvent sembler longues du fait du relief accidenté, des routes étroites et sinueuses, du trafic parfois dense sur les axes principaux et des importantes limitations de vitesse (attention aux radars et aux contrôles fréquents !). On trouve facilement des loueurs de voitures locaux et internationaux à Sarajevo, à Tuzla, à Banja Luka, à Mostar, à Bihać, ou encore à Split et à Dubrovnik, en Croatie. Quant au réseau ferroviaire, il est géré par deux compagnies publiques distinctes et il a fortement rétréci depuis la dernière guerre. Mais la ligne entre Sarajevo et l'Herzégovine est vraiment superbe. Enfin, le bus constitue un moyen très pratique et peu onéreux de se déplacer.

CENTROTRANS

Kurta Schorka 14
SARAJEVO
✆ +387 33 213 100
centrotrans.com

Avec une flotte de plus de 200 véhicules, Centrotrans est la principale compagnie de bus du pays. Elle dessert la plupart des grandes villes, assure des liaisons urbaines à Sarajevo ou à l'international en tant que partenaire d'Eurolines et ses bus peuvent être affrétés pour des voyages organisés. Fondée en 1948, cette ancienne société coopérative est aujourd'hui concurrencée par une myriade de petites compagnies privées. S'il n'existe pas d'organisme centralisant les horaires des bus à l'échelle nationale, on trouve facilement ceux-ci dans les gares routières.

ŽRS

Svetog Save 71 - **DOBOJ**
✆ +387 53 209 000
zrs-rs.com

Trajet Banja Luka-Novi Grad : durée 1h50, tarif 9,80 km ; Banja Luka-Doboj : durée 2h, tarif 10,10 km.

La compagnie des Chemins de fer de la République serbe de Bosnie (Željeznice Republike Srpske/Жељезнице Републике Српске) ne gère plus actuellement qu'une seule ligne de passagers au départ de Doboj, au nord-est du pays, avec 4 trains/jour. Celle-ci passe notamment par Banja Luka et Prijedor. Elle a pour terminus Novi Grad, au nord-ouest. Depuis 2019, le réseau de la ŽRS/ЖРС n'est plus connecté à Sarajevo. Du fait de graves problèmes financiers, les liaisons pour Belgrade (Serbie) et Zagreb (Croatie) ont également été supprimées.

ŽFBH

Musala 2
SARAJEVO
✆ +387 33 655 330
zfbh.ba

Trajet Sarajevo-Mostar : durée 2h, tarif 12 km ; Sarajevo-Zenica : durée 1h30/1h45, tarif 8,60 km.

La compagnie des Chemins de fer de la Fédération de Bosnie-et-Herzégovine (Željeznice Federacije Bosne i Hercegovine) gère deux lignes de passagers au départ de la gare ferroviaire de Sarajevo : l'une vers la Bosnie centrale (Visoko, Kakanj, Zenica) avec 2-4 trains/jour ; l'autre vers l'Herzégovine (Konjic, Jablanica, Mostar, Čapljina) avec 2 trains/jour et de somptueux paysages. Depuis 2022, cette dernière se poursuit en été jusqu'à Ploče, sur la côte croate, du vendredi au dimanche (en théorie, départ de Sarajevo à 7h15, de Ploče à 18h26).

BIHAMK

Skenderija 23
SARAJEVO
✆ +387 33 282 100
bihamk.ba

Numéros d'urgence locaux : 1282 (BIHAMK), 1288 (AMS u BIH) et 1285 (AMS RS).

Le Club auto-moto de Bosnie-Herzégovine (Bosanskohercegovački Auto-Moto Klub) est la principale association d'automobilistes du pays. Elle assure l'assistance et le dépannage sur les routes d'une grande partie du pays. En Tropolje et une partie de l'Herzégovine, c'est l'AMS u BIH qui joue ce rôle (+387 36 331 991). En République serbe de Bosnie, il faut joindre l'AMS RS/AMC PC (+387 51 341 285). Les applications pour smartphones BIHAMK et AMSRS fournissent des cartes ainsi que des infos sur les radars, les travaux et l'état des routes.

S'INFORMER

Il n'existe pas beaucoup de sources d'informations journalistiques sur la Bosnie-Herzégovine. Sur place, presque aucun média ne publie en anglais (et encore moins en français). Les quelque 180 journaux et magazines ainsi que la quarantaine de chaînes de télévision du pays ne sont de toute façon pas d'une très grande qualité. Ceux de la République serbe de Bosnie font l'objet d'une censure et relaient la propagande nationaliste des autorités locales. Ailleurs, les journalistes sont un peu plus libres, mais le manque d'argent les empêche de traiter des vrais problèmes comme la corruption des élites. À l'étranger, seuls trois sites Internet de qualité suivent l'actualité locale au quotidien : *Osservatorio Balcani e Caucaso Transeuropa* (en italien et en anglais), *Balkan Insight* (en anglais) et *Courrier des Balkans* (en français). Avant de partir, faites aussi un tour sur le site Internet du ministère des Affaires étrangères de votre pays.

AL JAZEERA BALKANS

Trg djece Sarajeva 1
SARAJEVO
✆ +387 33 897 200
balkans.aljazeera.net

Basée à Sarajevo, cette chaine de télévision d'information internationale a été lancée en 2011 par le groupe de médias qatarien Al Jazeera (« la péninsule » en arabe). Elle est retransmise 20h par jour dans toute l'ex-Yougoslavie en langue bosno-serbo-croate et avec des décrochages des chaînes anglophones du groupe qui sont sous-titrés. Elle se démarque du reste des télévisions locales par une plus grande indépendance vis-à-vis des politiques. Vous aurez l'occasion de la suivre, puisqu'elle tourne souvent en boucle dans des cafés, restaurants et hôtels.

COURRIER DES BALKANS

26, rue Émile Raspail
ARCUEIL
✆ 09 50 72 22 26
courrierdesbalkans.fr

Basé en France, ce site d'information payant est publié en français. Il s'intéresse à l'actualité dans les Balkans au travers d'articles traduits de la presse de la péninsule et de reportages par les membres de la rédaction. Il a été fondé en 1998 par le journaliste et historien français Jean-Arnault Dérens. Ce spécialiste de la Bosnie-Herzégovine et des Balkans est toujours rédacteur en chef du site. *Courrier des Balkans* collabore avec d'autres médias comme *Mediapart*. C'est la seule véritable source d'information en français sur la région.

BALKAN INSIGHT

Kolarčeva 7
BELGRADE (БЕОГРАД)
✆ +381 11 40 30 306
balkaninsight.com

Basé en Serbie, ce site d'information en grande partie gratuit est publié en anglais et en langues locales. Il s'intéresse à l'actualité des Balkans et se distingue par ses enquêtes, ses sujets variés et sa ligne éditoriale indépendante. Fondé en 2004 par le Réseau de reportage d'investigation des Balkans (BIRN), *Balkan Insight* est principalement financé par l'Union européenne. Il collabore régulièrement avec des journaux tels *Le Monde*, *The Guardian* ou *Süddeutsche Zeitung*. C'est la principale source d'information fiable dans les pays d'ex-Yougoslavie.

CARNETS DE VOYAGE

36, Boulevard de la Bastille
PARIS (12e)
www.us.phoenix-publications.com

Publié par les éditions Phoenix, qui comptent déjà plusieurs revues à leur actif, ce trimestriel est consacré aux voyages avec des focus dédiés à la découverte d'une ville, d'une région, que ce soit en France, en Europe ou dans le monde. *Carnets de Voyage*, un magazine utile pour nous faire découvrir le meilleur d'une destination et nous faciliter le voyage. Pour de grandes ou petites escapades, les rédacteurs nous invitent à entrer dans leurs textes vivants, complétés de conseils pratiques, d'un agenda, de bonnes adresses et de superbes photos.

RESTER

Loin de nous l'idée de vouloir vous dissuader de venir habiter en Bosnie-Herzégovine. Mais la tendance est plutôt inverse : très peu d'étrangers viennent s'installer ici, tandis que 47 % des jeunes Bosniens pensent à émigrer et qu'environ 50 000 habitants partent chaque année. D'ailleurs, pour ceux de nos lecteurs qui auraient des projets immobiliers dans le coin, les maisons vides et les villages abandonnés à retaper ne manquent pas… Au cours de nos pérégrinations dans le pays, nous avons croisé quelques Français et étrangers francophones heureux de vivre ici. Heureux, mais souvent incertains quant aux perspectives d'un pays toujours fragilisé par les divisions de l'après-guerre. Des opportunités existent pourtant, notamment celle pour un jeune de travailler pour une ONG dans le domaine caritatif ou culturel. C'est ce que permet le dispositif français du volontariat international en entreprise (VIE).

ACTION CONTRE LA FAIM

102, rue de Paris - **MONTREUIL**
✆ 01 70 84 70 70
www.actioncontrelafaim.org
Par téléphone de 9h à 13h et de 14h à 18h.

ONG internationale spécialisée dans la lutte contre la faim dans le monde, active dans les domaines de la nutrition, santé, sécurité alimentaire, de l'eau, de l'assainissement. L'association intervient dans des situations de crise. Le but étant de rendre les populations autonomes d'un point de vue de la nutrition, en apportant une aide concrète et en formant les intervenants locaux qui prendront le relais. Ses missions de volontariat durent de trois mois à un an en Afrique, Asie, Amérique, Europe centrale, dans le Caucase, au Moyen-Orient et dans les Caraïbes.

AMBASSADE DE BOSNIE-HERZÉGOVINE EN FRANCE

174, rue de Courcelles
PARIS (17e)
✆ 01 42 67 34 22
Horaires : se renseigner.

Pour rester dans le pays, il faut faire une demande à l'ambassade pour un « visa court » de 90 jours sur une période de six mois. Pour un « visa long » de six mois sur une période d'un an, il faut s'adresser au service des affaires étrangères du ministère de la Sécurité (Ministarstvo Sigurnosti - Služba za Poslove sa Strancima). Contact : A Transverzala - Michael Schumacher 10 (dans la ville moderne de Sarajevo, près de l'aéroport), info@sps.gov.ba - +387 33 77 29 52.

AMBASSADE DE FRANCE EN BOSNIE-HERZÉGOVINE

Mehmed Bega Kapetanovića Ljubušaka 18
SARAJEVO ✆ +387 33 28 20 50
ba.ambafrance.org
Section consulaire : sur rendez-vous, lundi-vendredi 9h-12h, 14h30-17h (16h le vendredi).

Outre l'ambassade (Francuska Ambasada), la France dispose aussi ici d'un institut français (avec des antennes à Mostar et à Banja Luka) et d'un collège international français géré par le groupe privé Odyssey. Pour la région, l'Agence française de développement est basée à Belgrade, en Serbie. On trouve également à Sarajevo l'ambassade de Suisse (Zmaja od Bosne 11, +387 33 27 58 50) et le bureau diplomatique de la Belgique à l'ambassade des Pays-Bas (Grbavička 4, +387 33 20 83 62).

VIE - VOLONTARIAT INTERNATIONAL EN ENTREPRISE

✆ 04 96 17 26 50
mon-vie-via.businessfrance.fr

Le VIE est destiné aux jeunes de 18 à 28 ans. Il s'effectue en entreprise, dans une ONG, dans une collectivité locale ou dans un service de l'État – allant de l'ambassade à l'établissement culturel en passant par le consulat. Par ailleurs, il peut durer de 6 à 24 mois et être renouvelé une fois, de deux ans au plus. Enfin, sa rémunération mensuelle est constituée d'un salaire fixe de 749,33 € et d'une indemnité supplémentaire dont le montant varie selon la mission.

INDEX

D

E

F

G

H

N

O

ÉDITION

Directeurs de collection et auteurs : Dominique AUZIAS et Jean-Paul LABOURDETTE

Auteurs : Nicolas JURY, Baptiste THARREAU, Mathias DESHOURS, Amandine GLEVAREC, Juliette COURTOIS, Adélaïde SAUTER, Romain RISSO, Sylvie DEL COTTO, Kevin GIRAUD, Ulysse LEFEBVRE, François-Xavier DELISSE, Jean-Paul LABOURDETTE, Dominique AUZIAS et alter

Directeur Editorial : Stéphan SZEREMETA

Rédaction Monde : Laure CHATAIGNON, Morgane VESLIN, Pierre-Yves SOUCHET, Natalia COLLIER, Julie BEZ

Rédaction France : Briséis TEMPLE-BOYER, Audrey VEDOVOTTO, Marie VIGNERON, Nicolas WODARCZAK, Mélanie PEILLET

FABRICATION

Maquette et Montage : Romain AUDREN, Julie BORDES, Delphine PAGANO

Iconographie et Cartographie : Anne DIOT, Julien DOUCET

WEB ET NUMÉRIQUE

Directeur Web : Louis GENEAU de LAMARLIERE

Technical Project Manager : Hervé MARION

Développeurs : Guillaume BARBET, Adeline CAUX

Intégrateur Web : Mickael LATTES, Antoine DION

Webdesigner : Caroline LAFFAITEUR

Community Traffic Manager : Alice BARBIER, Noémie LE SAUX

Content Manager : Aliénor de PERIER

DIRECTION COMMERCIALE

Directeur commercial : Guillaume VORBURGER

Coordinatrice des Régies commerciales : Manon GUERIN

Account Manager Marketplace : Leila ROUGEOT

Responsable Régies locales : Michel GRANSEIGNE

Responsables Développement régie inter : Jean-Marc FARAGUET, Guillaume LABOUREUR et Camille ESMIEU

Assistante commerciale Régie internationale : Leila ANTRI-BOUZAR

Chefs de Publicité Régie nationale : Caroline AUBRY, François BRIANCON-MARJOLLET, Perrine DE CARNE MARCEIN, Jonathan TOUTOUX

DIFFUSION ET PROMOTION

Directrice des Ventes : Bénédicte MOULET assistée d'Aissatou DIOP

Responsable des ventes : Jean-Pierre GHEZ assisté de Nelly BRION

Relations Presse-Partenariats : Jean-Mary MARCHAL

ADMINISTRATION

Président : Jean-Paul LABOURDETTE

Directrice des Ressources Humaines : Dina BOURDEAU assistée de Sandra DOS REIS et Eva BAELEN

Directrice Administrative et Financière : Valérie DECOTTIGNIES

Comptabilité : Guillaume PETIT, Aminata BAGAYOKO, Jeannine DEMIRDJIAN et Adama DIABY

Recouvrement : Fabien BONNAN assisté de Sandra BRIJLALL

Responsable informatique : Elie NZUZI-LEBA

PETIT FUTÉ BOSNIE-HERZÉGOVINE

LES NOUVELLES ÉDITIONS DE L'UNIVERSITÉ
18, rue des Volontaires - 75015 Paris.
✆ 01 53 69 70 00 - Fax 01 42 73 15 24
Internet : www.petitfute.com
SAS au capital de 1 000 000 €
RC PARIS B 309 769 966

Couverture : Mostar © IMIKEEE - ISTOCKPHOTO.COM

Impression : GROUPE CORLET IMPRIMEUR 14110 Condé-sur-Noireau

Achevé d'imprimer : Mai 2023

Dépôt légal : 14/06/2023

ISBN : 9782305077574

Pour nous contacter par email, indiquez le nom de famille en minuscule suivi de @petitfute.com
Pour le courrier des lecteurs : info@petitfute.com

IMPRIMÉ EN FRANCE